Passo a Passo

Microsoft®

Project 2010

C492m Chatfield, Carl.

Microsoft Project 2010 : passo a passo / Carl Chatfield, Timothy Johnson ; tradução: Altair Dias Caldas de Moraes ; revisão técnica: Luciana Monteiro Michel. – Porto Alegre : Bookman, 2012.

xxix, 474 p. : il. ; 25 cm.

ISBN 978-85-407-0082-6

1. Programa de computador. 2. Software. 3. Microsoft Office – Project 2010. I. Johnson, Timothy. II. Título

CDU 004.4Project 2010

Catalogação na publicação: Ana Paula M. Magnus – CRB 10/2052

Carl Chatfield e Timothy Johnson

Passo a Passo

Microsoft® Project 2010

Tradução:
Altair Dias Caldas de Moraes

Revisão técnica:
Luciana Monteiro Michel
Profissional com certificações MCSA, MCSE, MCTS, MCITP, MCT
Instrutora da Alfamídia Prow – Educação Profissional

bookman

2012

Obra originalmente publicada sob o título *Microsoft Project 2010 Step by Step*, autoria de Carl Chatfield e Timothy Johnson.
ISBN 978-0-7356-2695-9

Capa: *VS Digital*, arte sobre capa original

Leitura final: *Mirella Nascimento*

Gerente editorial – CESA: *Arysinha Jacques Affonso*

Editora responsável por esta obra: *Mariana Belloli Cunha*

Projeto e editoração: *Techbooks*

Bookman® Companhia Editora Ltda., uma divisão do Grupo A Educação S.A.
Av. Jerônimo de Ornelas, 670 – Santana
90040-340 – Porto Alegre – RS
Fone: (51) 3027-7000 Fax: (51) 3027-7070

Unidade São Paulo
Av. Embaixador Macedo Soares, 10.735 – Pavilhão 5 – Cond. Espace Center
Vila Anastácio – 05095-035 – São Paulo – SP
Fone: (11) 3665-1100 Fax: (11) 3667-1333

SAC 0800 703-3444 – www.grupoa.com.br

IMPRESSO NO BRASIL
PRINTED IN BRAZIL

Os autores

Carl Chatfield

Carl é um dos principais gerentes de projeto de conteúdo da Microsoft. Nessa função, supervisiona o desenvolvimento de material de assistência, texto de interface de usuário (UI) e conteúdo da Web para uma variedade de produtos e serviços V.1. Ele também ensina assistência de usuário de software no departamento de Human Centered Design and Engineering na Universidade de Washington. Carl é mestre em Comunicação Técnica pela Universidade de Washington e tem certificação Project Management Professional (PMP) pelo Project Management Institute. Carl escreve regularmente em seu blog sobre o Microsoft Project, gerenciamento de projeto e equipes de profissionais do conhecimento, em www.projhugger.com.

Timothy Johnson

Tim teve seu primeiro contato com o Project quando era um profissional de suporte de produto na Microsoft, iniciando com o Project 3.0. Mais tarde, trabalhou na equipe de assistência ao usuário do Project, de onde trouxe seu conhecimento dos problemas de usuários para novas soluções de aprendizado do software. Tim ainda está envolvido na área de computadores e continua a procurar formas de ajudar os clientes a entender e usar melhor seus aplicativos.

Agradecimentos

Gostaríamos de agradecer a nossas famílias pela paciência e incentivo enquanto escrevemos este livro. De Carl: *merci*, meus irmãos mais velhos Butch e George. De Tim: *jai khawp* Ratsamy (Mimi), Brian e Brenda. Também agradecemos aos nossos revisores técnicos, Le Thuy, PMP, EPM Solutions Architect da Microsoft e ao gerente de programa Project Adrian Jenkins, por seus comentários oportunos e valiosos e respostas às nossas perguntas técnicas.

Finalmente, agradecemos à nossa editora de projeto, Rosemary Caperton, e nossa editora de conteúdo, Susan McClung, pelo seu excelente trabalho.

Apresentando o Microsoft Project 2010

O Microsoft Project 2010 é um programa poderoso que ajuda a planejar e gerenciar diversos projetos. Desde reunir prazos de entrega e orçamentos cruciais a selecionar os recursos certos, o Project 2010 oferece experiências mais fáceis e mais intuitivas para ajudá-lo a ser mais produtivo e realizar melhores resultados. Você pode usar o Project para:

- Criar planos de projeto com níveis de detalhe que sejam os corretos para seu projeto. Trabalhar com dados de resumo e mudar para um enfoque mais detalhado quando for conveniente. Controlar quais tarefas o Project pode agendar automaticamente ou quais você agendará manualmente.
- Gerenciar tarefas, custos, trabalho e recursos em qualquer nível de detalhe que seja apropriado para as necessidades do seu projeto.
- Consultar os dados do seu plano de projeto em vários modos de exibição. Aplicar agrupamento, realce, classificação e filtro para consultar os dados na forma desejada.
- Controlar e gerenciar seu plano de projeto durante toda a execução.
- Colaborar e compartilhar dados com outras pessoas na sua organização usando uma variedade de aplicativos de produtividade.
- Usar pools de recursos, projetos consolidados e vínculos entre projetos para estender o foco do gerenciamento por vários projetos.

O Project 2010 se baseia em versões anteriores para fornecer ferramentas de gerenciamento de projetos. Essa introdução fornece uma visão geral dos novos recursos que exploraremos em todo o livro.

Novos recursos

Se você estiver atualizando para o Project 2010 a partir de uma versão anterior, provavelmente está mais interessado nas diferenças entre as versões antigas e a nova e em como elas o afetarão. As seções a seguir listam os novos recursos que você vai querer conhecer, dependendo do Project a partir do qual você está atualizando.

Se você está atualizando do Project 2007

Se você estava usando o Project 2007, ficará surpreso com os novos recursos e alterações de interface que a Microsoft adicionou ao seu aplicativo de área de trabalho de gerenciamento de projeto. A lista de novos recursos inclui:

- **A interface Microsoft Office Fluent (a "Faixa de Opções")** Não há mais procura por meio de menus, submenus e caixas de diálogo. Essa nova interface organiza em uma nova disposição de todos os comandos que as pessoas mais usam, tornando-os rapidamente acessíveis a partir de guias na parte superior da janela de programa.
- **O modo de exibição Backstage** Finalmente, todas as ferramentas necessárias para trabalhar com seus arquivos podem ser acessadas em apenas um local.
- **Tarefas agendadas manualmente** Comece a criar tarefas com quaisquer informações (dados numéricos ou texto) que você tenha e não se preocupe com seu agendamento automático até que esteja tudo pronto. As tarefas agendadas manualmente não são afetadas pelas alterações na duração, datas de início ou término, dependências ou outros problemas que o Project poderia causar ao reagendar uma tarefa. Você pode então trocar tarefas individuais ou um plano de projeto inteiro do agendamento manual para o automático.
- **Modo de exibição Linha do Tempo** Crie um modo de exibição "visão geral do projeto" convincente que inclui apenas as tarefas de resumo, tarefas e etapas que você escolher. Copie o modo de exibição Linha do Tempo como uma imagem gráfica para colar em outros aplicativos.
- **Melhor recurso de colar para o Excel e o Word** Cole os dados do Project no Excel ou no Word e preserve os cabeçalhos de coluna e a estrutura de tópicos dos seus dados do Project.
- **Faixa de opções personalizável** Crie suas próprias guias e grupos para se ajustarem ao modo como você trabalha.
- **Campos personalizados** Basta começar a digitar um valor numérico, valor de data ou sequência de caracteres de texto na coluna mais à direita em uma tabela e o Project identificará o tipo de dado correto.
- **Melhoramentos do AutoFiltro** Use o filtro como no Microsoft Excel, assim como a classificação e agrupamento, diretamente nas setas do AutoFiltro nos cabeçalhos de coluna.
- **Salvar como PDF ou XPS** Crie documentos no formato PDF ou XPS diretamente do Project.
- **Modo de exibição Planejador de Equipe (somente no Project Professional)** Execute ações como reatribuir uma tarefa de um recurso para outro simplesmente arrastando no modo de exibição Planejador de Equipe.
- **Tarefas inativas (somente no Project Professional)** Desative (mas não exclua) as tarefas selecionadas em um plano de projeto para que elas não tenham efeito no agendamento global mas possam ser reativadas mais tarde se necessário.

- **Integração com as Listas de Tarefas do SharePoint (somente no Project Professional)** Publique e sincronize as tarefas entre o Project e um novo tipo de lista do Microsoft SharePoint denominada Lista de Tarefas do Project.

Se você está atualizando do Project 2003

Além dos recursos listados na seção anterior, se você estiver atualizando do Project 2003, vai querer anotar os recursos introduzidos no Project 2007:

- **Relatórios Visuais** Exporta tarefa, recurso ou detalhes de atribuição do Project para o Excel ou Visio em um formato gráfico altamente estruturado.
- **Realce de alteração** Veja que valores foram alterados em todo o plano de projeto imediatamente após fazer uma alteração em um valor calculado de tarefa, recurso ou atribuição.
- **Recursos de custo** Atribua esse tipo especial de recurso às tarefas para acumular categorias de custos que você deseja controlar, como viagens ou entretenimento. Os recursos de custo não têm efeito sobre o agendamento das tarefas às quais eles estão atribuídos.
- **Painel Inspetor de Tarefas** Denominado painel Drivers de Tarefa no Project 2007, o painel Inspetor de Tarefas mostra os detalhes que afetam o agendamento de uma tarefa selecionada.
- **Desfazer em vários níveis** Retorna uma série de ações quando você precisar.
- **Exceções de período útil do calendário** Registra não apenas a data, mas também uma explicação de um recurso ou exceção de período útil do calendário de projeto.

Vamos começar!

Temos trabalhado com o Project desde que ele estreou no Windows, e a cada versão ele ofereceu algo que tornou o planejamento e o gerenciamento de projeto um pouco mais fácil. O Project 2010 é uma atualização substancial para o gerenciamento de projeto de área de trabalho e estamos ansiosos para mostrá-lo a você.

Modificando a exibição da Faixa de Opções

O objetivo do ambiente de trabalho do Microsoft Office é trabalhar com documentos, incluindo planos do Microsoft Project, documentos do Microsoft Word, pastas de trabalho do Microsoft Excel, apresentações do Microsoft PowerPoint, mensagens de email do Microsoft Outlook e tabelas de bancos de dados do Microsoft Access, tão intuitivamente como possível. Você trabalha com um documento do Office e seu conteúdo fornecendo comandos ao programa no qual o documento está aberto. Todos os programas do Office 2010 organizam os comandos em uma barra horizontal denominada Faixa de Opções, que aparece ao longo da parte superior de cada janela de programa esteja o documento ativo ou não.

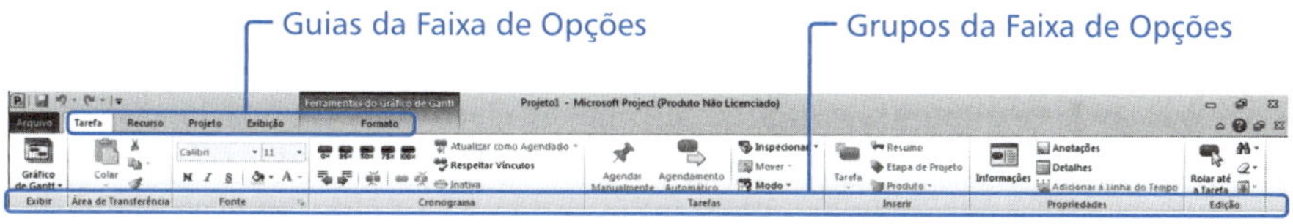

Uma Faixa de Opções típica de uma janela de programa.

Os comandos são organizados na Faixa de Opções em guias específicas e em grupos específicos, de recursos ou de tarefas, em cada guia. Os comandos em geral assumem a forma de botões e de listas. Alguns aparecem em galerias. Alguns grupos têm caixas de diálogo relacionadas ou painéis de tarefas que contêm comandos adicionais.

Em todo este livro, discutiremos os comandos e elementos da Faixa de Opções associados ao recurso do programa discutido. Neste tópico, vamos discutir a aparência geral da Faixa de Opções, procedimentos que afetam essa aparência e maneiras de localizar os comandos não visíveis nos modos de exibição compactos da faixa de opções.

Consulte também Para obter informações detalhadas sobre a faixa de opções no Microsoft Project, consulte a seção "A Faixa de Opções e as guias: encontre os recursos que deseja", no Capítulo 1, "Visão geral do Project". Para obter informações sobre como personalizar a faixa de opções e outras partes da interface do Project, consulte o Capítulo 16, "Personalize o Project".

Dica Alguns comandos mais antigos não constam mais na Faixa de Opções, mas ainda estão disponíveis no programa. Para que fiquem disponíveis, adicione-os à Barra de ferramentas de Acesso Rápido. Para mais informações, consulte a seção "Personalizando a faixa de opções e a barra de ferramentas de Acesso Rápido", no Capítulo 16, "Personalize o Project".

Elementos dinâmicos da Faixa de Opções

A Faixa de Opções é dinâmica, isto é, a aparência dos comandos se altera quando a largura da faixa muda de tamanho. Um comando pode ser exibido na Faixa de Opções na forma de um botão grande, um botão pequeno, um botão pequeno com um rótulo ou uma entrada de lista. Conforme a largura da Faixa de Opções diminui, o tamanho, a forma e a presença dos botões se ajustam ao espaço disponível.

Por exemplo, quando há espaço horizontal suficiente, os botões na guia Tarefa da janela de programa do Project se estendem e você pode ver mais comandos disponíveis em cada grupo.

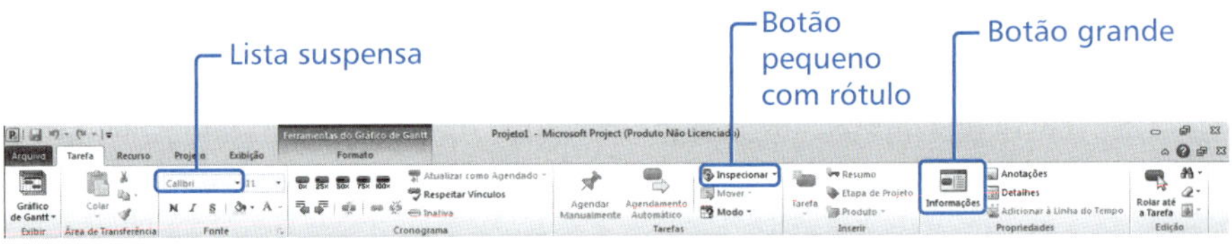

A guia Tarefa da janela de programa do Project com 1.280 pixels de largura.

Se você diminuir a largura da Faixa de Opções, os rótulos de um botão pequeno desaparecem e grupos inteiros de botões podem ser ocultados sob um botão que representa o grupo. Clique no botão do grupo para exibir uma lista de comandos disponível nele.

A guia Tarefa da janela de programa do Project com 800 pixels de largura.

Quando a janela se torna muito estreita para exibir todos os grupos, uma seta de rolagem aparece na sua extremidade direita. Clique na seta de rolagem para exibir os grupos ocultos.

Seta de rolagem

A guia Tarefa da janela de programa do Project com 393 pixels de largura.

Alterando a largura da Faixa de Opções

A largura da Faixa de Opções depende do espaço horizontal disponível para ela, o que depende de três fatores:

- **Largura da janela do programa** A maximização da janela de programa fornece mais espaço para os elementos da Faixa de Opções. Para redimensionar a janela de programa, clique no botão no canto superior direito ou arraste a borda de uma janela não maximizada.

  Dica Em um computador com Windows 7, para maximizar a janela de programa, arraste sua barra de título para a parte superior da tela.

- **Resolução da tela** A resolução de tela é o tamanho da exibição da sua tela expressa como pixels de largura × pixels de altura. Quanto maior a resolução, maior a quantidade de informações que caberão em uma tela. As opções de resolução de tela dependem do seu monitor. Quando este livro foi escrito, as faixas possíveis de resoluções variavam de 800 × 600 a 2.048 × 1.152. No caso da faixa de opções, quanto maior o número de pixels de largura (o primeiro número), maior o número de botões que podem ser mostrados na faixa de opções e maiores podem ser os botões.

Em um computador com Windows 7, é possível alterar sua resolução de vídeo na janela Resolução de Tela do ícone de Vídeo do Painel de Controle.

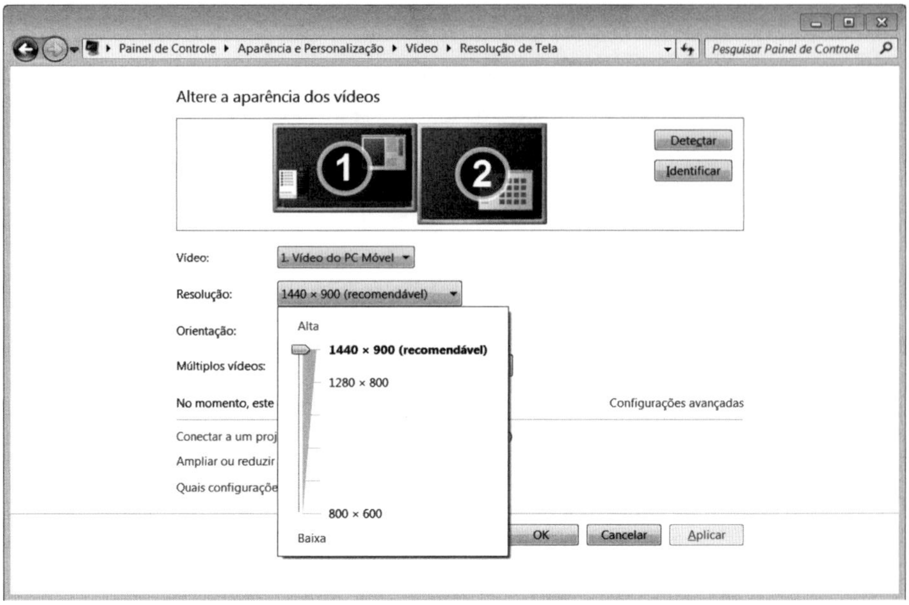

Para definir a resolução, arraste o ponteiro no controle deslizante.

- **Densidade de exibição em tela** Você pode não estar ciente de que pode mudar a ampliação de tudo o que aparece na tela alterando a configuração de ampliação de tela no Windows. Configurar a ampliação da tela para 125% torna o texto e os elementos de interface de usuário maiores. Isso aumenta a legibilidade das informações, mas também significa que cabem menos informações em cada tela.

Em um computador com Windows 7, é possível alterar a ampliação da tela no ícone de Vídeo do Painel de Controle.

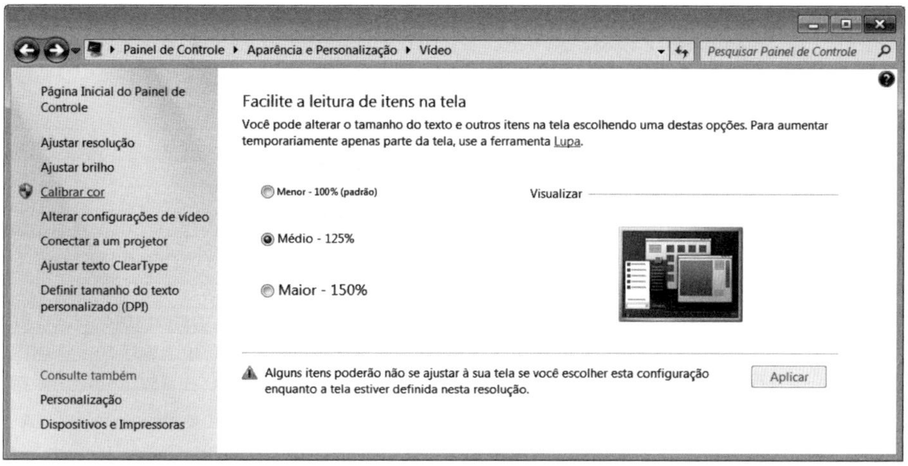

Você pode escolher uma das opções de ampliação de tela padrão ou criar outra configurando um tamanho de texto personalizado.

A ampliação de tela está diretamente relacionada à densidade dos elementos de texto na tela, que é expressa em pontos por polegada (dots per inch, dpi ou points per inch, ppi – Os termos são intercambiáveis e, na verdade, ambos são usados na caixa de diálogo do Windows na qual você altera a configuração). Quanto maior o dpi, maior o texto e os elementos de interface de usuário que aparecem na tela. Por padrão, o Windows exibe o texto e os elementos de tela em 96 dpi. A opção de configuração de tela Médio - 125% altera o dpi do texto e dos elementos de tela para 120 dpi. Você pode escolher uma configuração personalizada de até 500% de ampliação ou 480 dpi, na caixa de diálogo Configuração de DPI Customizada.

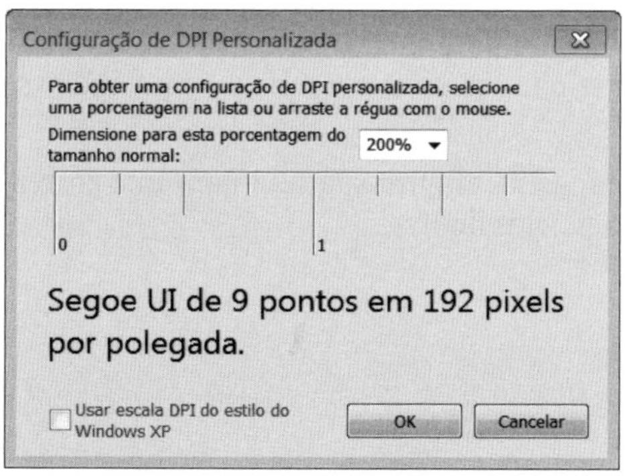

Você pode escolher uma ampliação de até 200% nas listas ou escolher uma ampliação maior arrastando a régua da esquerda para a direita.

Consulte também Para mais informações sobre configurações de tela, consulte o *Windows 7 Passo a Passo* (2010), *Windows Vista Passo a Passo* (2007) ou *Windows XP Step by Step* (2002), de Joan Lambert Preppernau e Joyce Cox.

Adaptando as etapas dos exercícios

As imagens de tela mostradas nos exercícios deste livro foram capturadas em uma resolução de tela de 1.280 × 800, em ampliação de 100% e o tamanho de texto padrão (96 dpi). Se alguma das suas configurações for diferente, a Faixa de Opções na sua tela pode não ser igual àquela mostrada no livro. Por exemplo, você pode ver mais ou menos botões em cada um dos grupos, os botões podem ser representados por ícones maiores ou menores do que aqueles mostrados ou o grupo pode ser representado por um botão que você clica para exibir os comandos do grupo.

Quando instruímos você a dar um comando na Faixa de Opções em um exercício, fazemos isso neste formato:

- Na guia **Projeto**, no grupo **Propriedades**, clique em **Informações do Projeto**.

Se o comando estiver em uma lista, nós daremos a instrução neste formato:

- Na guia **Exibição**, no grupo **Dados**, clique em **Tabelas** e em **Custo**.

Na primeira vez em que instruirmos você a clicar em um botão específico em cada exercício, exibiremos uma imagem do botão na margem da página à esquerda da etapa do exercício.

Se as diferenças entre suas e as nossas configurações de exibição fizerem um botão na sua tela parecer diferente do mostrado no livro, você pode adaptar as etapas para localizar o comando. Primeiro, clique na guia especificada. Depois, localize o grupo específico. Se um grupo estiver recolhido em uma lista de grupo ou botão de grupo, clique na lista ou no botão para exibir os comandos do grupo. Finalmente, procure um botão que tem o mesmo ícone em um tamanho maior ou menor do que o mostrado no livro. Se necessário, aponte para os botões no grupo para exibir seus nomes nas Dicas de Tela.

Se preferir não adaptar as etapas, configure sua tela para que corresponda à nossa enquanto lê e trabalha nos exercícios do livro.

Recursos e convenções do livro

Este livro foi concebido para levá-lo passo a passo pelas muitas tarefas que você provavelmente vai executar no Microsoft Project Professional 2010 ou Microsoft Project Standard 2010. Se você começar no início e trabalhar em todos os exercícios, vai ganhar proficiência suficiente para criar e trabalhar com uma ampla gama de recursos do Project. Entretanto, cada tópico é independente. Se você trabalhou com uma versão anterior do Project, ou se completar todos os exercícios e depois precisar de ajuda para lembrar como executar um procedimento, os recursos a seguir irão ajudá-lo a localizar as informações específicas:

- **Sumário detalhado** Pesquise a lista de tópicos e os boxes de texto em cada capítulo.
- **Guias indicativas de início de capítulo** Localize facilmente o início do capítulo necessário.
- **Glossário** Localize o significado de uma palavra ou a definição de um conceito.
- **Índice detalhado** Localize tarefas e recursos específicos no índice, cuidadosamente elaborado sob a perspectiva do leitor.

Você pode economizar tempo ao ler este livro entendendo como a série *Passo a Passo* mostra as instruções dos exercícios, teclas a serem pressionadas, botões a serem clicados e outras informações.

Convenção	Significado
PREPARAÇÃO	Quando este parágrafo aparece, indica os arquivos de exercício que você usará no exercício passo a passo. Também indica os requisitos aos quais você deve atender ou as ações a serem executadas para iniciar o exercício.
LIMPEZA	Quando aparece depois de um exercício passo a passo, este parágrafo fornece instruções para salvar e fechar os arquivos ou programas abertos, antes de passar para outro tópico. Também ensina a reverter as alterações efetuadas em seu computador ao trabalhar no exercício.
1 2	As etapas com números azuis orientam nos exercícios práticos de cada tópico.
1 **2**	As etapas com números pretos orientam nos procedimentos apresentados em boxes de texto explicativo.
Importante	Dá informações importantes para concluir um procedimento.
Nota	Descreve informações que merecem atenção especial
Consulte também	Indica como obter mais informações sobre um tópico, neste livro ou em outro local.
Dica	Fornece uma dica ou atalho que facilita ainda mais a execução da tarefa.

(continua)

Convenção	Significado
Ctrl+G	Um sinal de (+) entre duas teclas significa que você deve pressioná-las simultaneamente. Por exemplo, "Pressione Ctrl+G" significa que você deve manter pressionada a tecla Ctrl enquanto pressiona a tecla G.
	As imagens de botões aparecem na margem, na primeira vez em que o botão é usado em um capítulo.
Preto negritado	Nos exercícios que iniciam com a informação do parágrafo PREPARAÇÃO, os nomes de elementos do programa, como botões, comandos, janelas e caixas de diálogo, assim como arquivos, pastas ou texto com os quais você interage nas etapas, são exibidos com fonte em negrito e na cor preta.
Azul negritado	Nos exercícios que iniciam com a informação do parágrafo PREPARAÇÃO, o texto a ser digitado é mostrado com fonte em negrito na cor azul.
Negrito e Itálico azul	Os termos definidos no Glossário estão formatados dessa maneira.

Usando os arquivos de exercícios

Para concluir os exercícios deste livro, você precisa copiar os arquivos de exercícios para seu computador. Para fazer o download dos arquivos, cadastre-se no site do Grupo A e acesse a área de conteúdo online na página do livro, em:

www.grupoa.com.br

Exiba a página no seu navegador e siga as instruções para baixar os arquivos.

Importante O programa Microsoft Project 2010 não está disponível neste site. Você deve comprar e instalar o programa antes de usar este livro.

A tabela a seguir lista os arquivos de exercícios para este livro.

Nota O mesmo conjunto de arquivos de exercícios funciona com o Microsoft Project Professional 2010 e o Microsoft Project Standard 2010. As diferenças entre as duas edições do Project estão explicadas onde necessário.

Capítulo	Arquivo
Capítulo 1: Visão geral do Project	Visao Geral_Inicio.mpp
Capítulo 2: Crie uma lista de tarefas	(nenhum arquivo de exercício inicial)
Capítulo 3: Configure recursos	Recursos Simples_ Inicio.mpp
Capítulo 4: Atribua recursos às tarefas	Atribuicoes Simples_ Inicio.mpp
Capítulo 5: Formate e compartilhe seu plano	Formatacao Simples_ Inicio.mpp
Capítulo 6: Controle o andamento das tarefas	Controle Simples_ Inicio.mpp
Capítulo 7: Ajuste os detalhes das tarefas	Tarefas Avancadas A_ Inicio.mpp Tarefas Avancadas B_ Inicio.mpp
Capítulo 8: Ajuste os detalhes dos recursos	Recursos Avancados_ Inicio.mpp
Capítulo 9: Ajuste os detalhes das atribuições	Atribuicoes Avancadas A_ Inicio.mpp Atribuicoes Avancadas B_ Inicio.mpp
Capítulo 10: Ajuste o plano de projeto	Plano Avancado_ Inicio.mpp
Capítulo 11: Organize e formate os detalhes do projeto	Organizacao Avancada_ Inicio.mpp
Capítulo 12: Controle o andamento das tarefas e atribuições	Controle Avancado A_ Inicio.mpp Controle Avancado B_ Inicio.mpp Controle Avancado C_ Inicio.mpp Controle Avancado D_ Inicio.mpp
Capítulo 13: Visualize e relate o status do projeto	Relatando Status_ Inicio.mpp

Capítulo	Arquivo
Capítulo 14: Retome o controle do projeto	Retomada Controle_ Inicio.mpp
Capítulo 15: Aplique formatação e impressão avançadas	Formatacao Avancada_ Inicio.mpp
Capítulo 16: Personalize o Project	Personalizacao A_ Inicio.mpp Personalizacao B_ Inicio.mpp
Capítulo 17: Compartilhe informações do Project com outros programas	Lista de Tarefa Simples.xls Compartilhamento_Inicio.mpp
Capítulo 18: Consolide projetos e recursos	Consolidacao A_ Inicio.mpp Consolidacao B_ Inicio.mpp

Obtendo ajuda

Todos os esforços foram feitos para garantir a precisão das informações contidas neste livro. Se você tiver alguma dúvida, entre em contato com as fontes citadas nas seções a seguir.

Obtendo ajuda para este livro e seus arquivos de exercícios*

Os arquivos de exercícios deste livro estão disponíveis para download na Web. Para obter mais informações, consulte "Usando os arquivos de exercícios", no início deste livro.

Se sua pergunta ou problema se refere ao conteúdo deste livro ou seus arquivos de exercícios, consulte primeiro a página de errata em:

go.microsoft.com/fwlink/?LinkId=191765

Essa página fornece informações sobre correções de erros conhecidos feitas ao livro. Se você não encontrar sua resposta na página de errata, envie sua pergunta ou comentário para a Microsoft Press Technical Support em:

mspinput@microsoft.com

Obtendo ajuda com o Project 2010

Se sua pergunta é sobre o Microsoft Project 2010, e não sobre o conteúdo deste livro ou dos arquivos de exercícios, procure o Microsoft Support ou o Microsoft Knowledge Base em:

http://support.microsoft.com

Nos Estados Unidos, os problemas de suporte de software da Microsoft não abordados pelo Microsoft Knowledge Base são tratados pelo Microsoft Product Support Services. As opções de suporte de software da Microsoft disponíveis nos Microsoft Product Support Services estão listadas em:

http://support.microsoft.com/gp/selfoverview/

---

* N. de E.: Comentários sobre a edição brasileira desta obra podem ser encaminhados para secretariaeditorial@grupoa.com.br.

Sumário

Parte 1

Um projeto simples

Resumo do Capítulo

Percorra as novas guias e faixas na interface do Project, **p. 5**

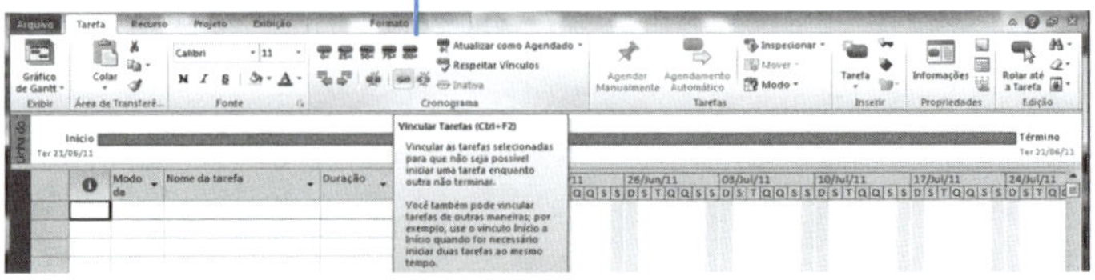

Explore o modo de exibição Backstage, a interface central para gerenciamento de arquivo e outros recursos, **p. 7**

Veja como funcionam os diferentes tipos de comandos, **p. 10**

Use diferentes modos de exibição para ver os dados do Project da maneira desejada, **p. 15**

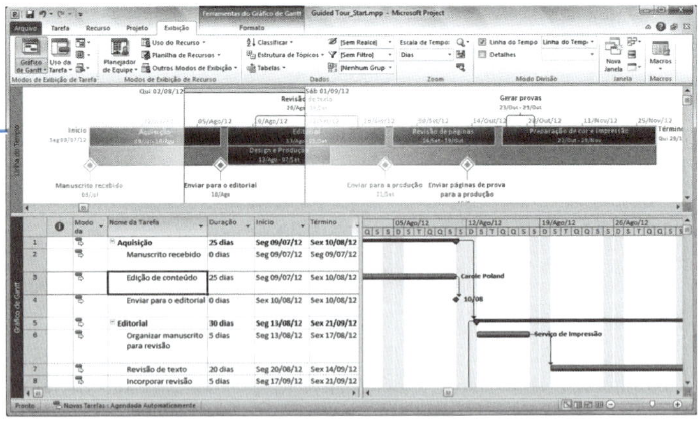

Capítulo 1

Visão geral do Project

Neste capítulo, você vai aprender a:

- Usar o modo de exibição Backstage para abrir e salvar arquivos do Project.
- Trabalhar com comandos em diferentes guias da faixa da interface, a maior alteração visual introduzida no Project 2010.
- Usar diferentes modos de exibição para ver as informações do Project apresentadas de diferentes maneiras.

O Microsoft Project 2010 pode ser a ferramenta mais importante da sua caixa de ferramentas de gerenciamento de projetos. Este livro explica como usar o Project para construir planos de projeto completos com *tarefas* e *recursos*, usar os recursos de formatação de maneira abrangente para organizar e formatar os detalhes do plano de projeto, controlar o trabalho real em relação ao plano e realizar ações corretivas quando algo estiver fora do controle.

O gerenciamento de projetos é arte e ciência amplamente praticadas. Se você está lendo este livro, provavelmente está ou quer estar envolvido em gerenciamento de projetos.

Essencialmente, o gerenciamento de projetos é uma combinação de habilidades que ajuda a prever e controlar os resultados dos esforços empreendidos pela sua empresa. Sua empresa pode estar envolvida com outros trabalhos além de projetos. *Projetos* (como a publicação de um novo livro infantil) são diferentes de *operações continuadas* (como executar serviços de folha de pagamento). Os projetos são definidos como esforços empreendidos temporariamente para criar algum tipo de resultado único. Com a utilização de um bom sistema de gerenciamento de projetos, você deve ser capaz de responder a perguntas como:

- Que tarefas devem ser executadas, e em que ordem, para produzir o resultado do projeto?
- Quando cada tarefa deve ser executada e qual o *prazo final*?
- Quem completará essas tarefas?

- Qual será o seu custo?
- E se algumas tarefas não forem concluídas de acordo com o cronograma?
- Qual é a melhor maneira de comunicar os detalhes do projeto às pessoas interessadas nele?

Um bom gerenciamento de projeto não garante o sucesso dele, mas um projeto mal gerenciado geralmente é malsucedido.

Dica Se você é iniciante em gerenciamento de projetos, consulte o Apêndice A, "Uma introdução ao gerenciamento de projetos", antes de prosseguir com a leitura deste capítulo. Ele não é muito longo e lhe ajudará a avaliar e organizar adequadamente as necessidades específicas do projeto e a criar planos sólidos no Project.

Neste capítulo, você terá uma visão geral do Project. Se você for um novato no programa, verá os recursos e atividades essenciais que o tornam uma aplicação poderosa. Se estiver atualizando de uma versão anterior, verá as notas sobre alguns dos novos recursos principais da versão 2010.

O Project 2010 está disponível em duas edições:

- Project Standard é um aplicativo de área de trabalho de nível de entrada, com o qual você pode criar e modificar planos de projeto.
- Project Professional inclui todas as funcionalidades do Project Standard com recursos adicionais que você pode usar para criar e modificar os planos de projeto. Além disso, o Project Professional pode se conectar ao Microsoft Project Server, a solução ***Enterprise Project Management*** (EPM) da Microsoft.

Este livro enfoca a funcionalidade de área de trabalho no Project Standard e no Project Professional. Quando aparecer um recurso de área de trabalho que é exclusivo do Project Professional, você verá instruções especiais para os usuários do Project Standard e do Project Professional.

A maioria dos exercícios deste livro é baseada em uma editora de livros infantis fictícia, a Lucerne Publishing. Cada novo livro (inclusive este) constitui um projeto próprio; de fato, alguns são razoavelmente complexos, envolvendo recursos caros e prazos finais curtos. Acreditamos que você será capaz de reconhecer grande parte dos problemas de agendamento que os gerentes de projeto da Lucerne Publishing enfrentam e aplicar as soluções às suas próprias necessidades.

Arquivos de exercícios Para concluir os exercícios deste capítulo, copie os arquivos do livro para seu computador. Os arquivos que você usará para finalizar esses exercícios encontram-se na pasta Capitulo01. Na seção "Usando os arquivos de exercícios", no início deste livro, existe uma lista completa desses arquivos.

Importante Se você estiver executando o Project Professional, talvez seja necessário fazer uma alteração de configuração. Isso ajuda a garantir que os arquivos de exercícios com os quais você trabalhar neste capítulo não afetem os dados do seu Project Server. Para mais informações, consulte o Apêndice C, "Usando os arquivos de exercícios se estiver conectado ao Project Server".

Apresentando o Project

Você pode iniciar o Project no menu Iniciar ou abrindo um arquivo do Project. Neste exercício, você vai iniciar o Project sem abrir um plano de projeto e examinar as áreas principais da interface.

1. Na barra de tarefas do **Windows**, clique em **Iniciar**.

   O menu Iniciar é exibido.

2. No menu **Iniciar**, aponte para **Todos os programas**, clique em **Microsoft Office** e, em seguida, em **Microsoft Project 2010**.

   O Project aparece. Sua tela deve ser similar à figura a seguir.

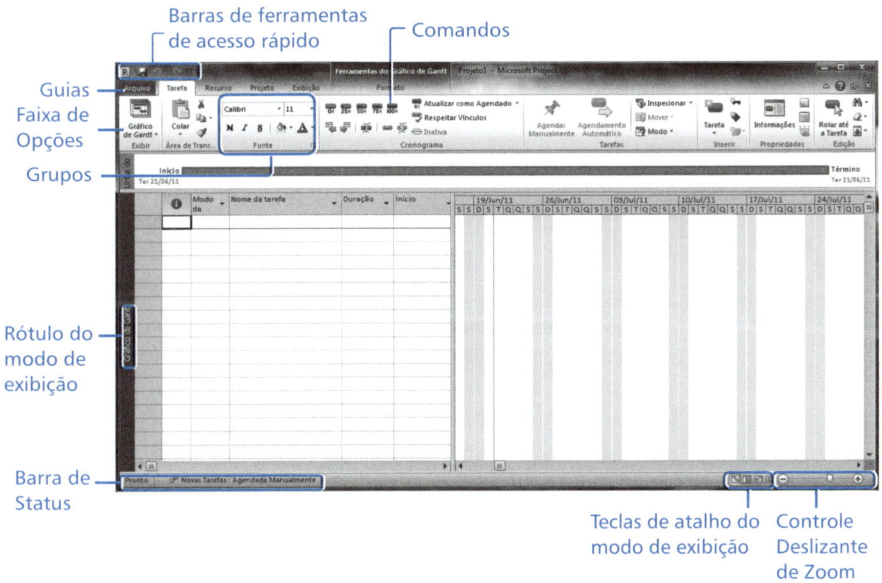

O que você vê na sua tela pode ser diferente do que é mostrado neste livro. Isso depende da resolução da sua tela e algumas personalizações anteriores feitas ao Project no seu computador.

Você pode observar que a interface de usuário do Project 2010 é muito diferente das versões anteriores. Para a sua versão 2010, o Project adotou a interface Fluent (geralmente chamada de *Faixa de Opções*), introduzida primeiramente em alguns aplicativos do Microsoft Office 2007 como o Word e o Excel.

Vamos examinar as partes principais da interface do Project.

- A **Barra de Ferramentas de Acesso Rápido** é uma área personalizável da interface onde você pode adicionar seus comandos favoritos ou mais usados. Para obter mais informações, consulte o Capítulo 16, "Personalizando o Project".
- As **Guias** e a **Faixa de Opções** ativas substituem os menus suspensos e as barras de ferramentas com os quais você pode estar familiarizado. O grupo de guias de alto nível enfoca todas as áreas do Project. Uma guia está sempre selecionada e sua Faixa de Opções está visível. A Faixa de Opções contém os comandos que você usará para controlar o Project.
- **Grupos** são coleções de comandos relacionados. Cada Faixa de Opções está dividida em múltiplos grupos.
- **Comandos** são os recursos específicos a serem usados para controlar o Project. Cada Faixa de Opções contém vários comandos. Alguns, como Recortar na guia Tarefa, executam uma ação imediata. Outros, como Alterar Período de Trabalho na guia Projeto, exibem uma caixa de diálogo ou solicitam que você execute uma ação adicional de algum outro jeito. Você pode ver uma descrição da maioria dos comandos apontando o ponteiro do mouse sobre eles.

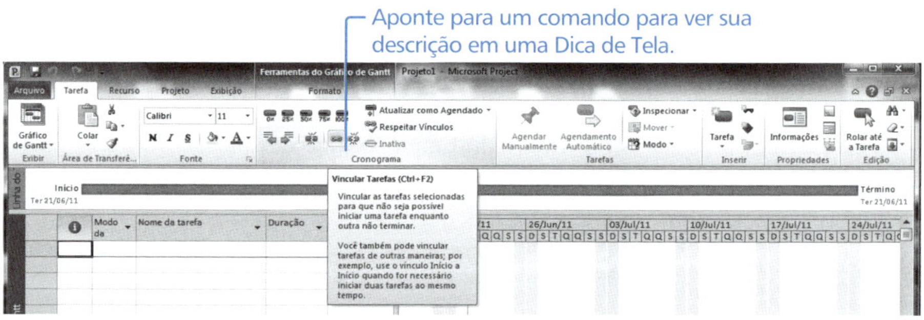

- O modo de exibição ativo aparece na janela principal do Project. O Project pode exibir um ou múltiplos modos de exibição em painéis separados.
- O rótulo **Modo de Exibição** aparece ao longo da extremidade esquerda do modo de exibição ativo. O Project inclui dezenas de modos de exibição, portanto esse é um lembrete útil do modo ativo no qual você está.
- **Atalhos de modos de exibição** permitem que você alterne rapidamente entre alguns dos modos de exibição usados com mais frequência no Project. O **Controle Deslizante de Zoom** aumenta ou diminui o zoom do modo de exibição ativo.

- A **Barra de Status** exibe alguns detalhes importantes, como o modo de agendamento de novas tarefas (manual ou automático), e se um filtro foi aplicado no modo de exibição ativo.
- *Os menus de atalho* e as **minibarras de ferramentas** podem ser acessados clicando com o botão direito do mouse na maioria dos itens que você vê em um modo de exibição.

Se estiver atualizando de uma versão anterior do Project, você deve querer saber o que aconteceu a algumas partes da interface não mencionadas aqui:

- Menus e barras de ferramentas foram substituídas por guias e faixas de opções.
- A barra de entrada (também denominada barra de fórmula) está oculta por padrão. Para exibi-la, na guia Arquivo, clique em Opções. Na caixa de diálogo Opções do Project, clique na guia Exibir. Abaixo de "Mostrar estes elementos ", clique na caixa de seleção "Barra de entrada".

Em seguida, você usará o modo de exibição Backstage para abrir um plano de projeto simples.

O modo de exibição Backstage: Gerenciamento de arquivos e opções de configuração

O modo de exibição Backstage é uma parte padrão da interface Fluent, e você verá um modo de exibição Backstage similar na maioria dos outros aplicativos do Office 2010. O Backstage contém opções de personalização e compartilhamento, além de comandos essenciais para gerenciamento de arquivos como Abrir, Novo e Salvar.

Neste exercício, você navegará para o modo de exibição Backstage e verá suas partes principais.

1. Clique na guia **Arquivo**.

   O Project exibe o modo de exibição Backstage.

2. No lado esquerdo do modo de exibição **Backstage**, clique em **Ajuda**.

   O Project exibe as opções para obter ajuda e detalhes sobre a sua versão instalada.

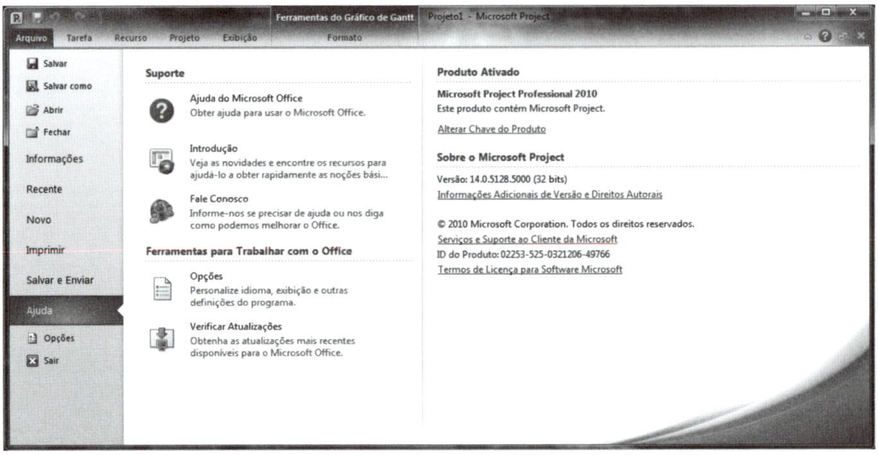

Aqui, está uma pequena lista dos recursos no modo de exibição Backstage. Na maioria dos casos, você pode clicar no nome da guia para ver mais opções.

- **Salvar**, **Salvar como**, **Abrir** e **Fechar** são comandos de gerenciamento de arquivo padrão.
- **Informações** permite que você acesse o Organizador, um recurso usado para compartilhar elementos personalizados como modos de exibição entre planos de projeto; o Organizador será descrito no Capítulo 16. Informações também permite mostrar informações de projeto como datas de início e de término, estatísticas e propriedades avançadas. Você trabalhará com as propriedades avançadas e estatísticas de projeto no Capítulo 2, "Crie uma lista de tarefas".
- **Recente** exibe os últimos arquivos do Project que você abriu.
- **Novo** exibe as opções para criar um novo plano de projeto, a partir do zero ou baseado em um modelo. Você usará o comando Novo na próxima seção.
- **Imprimir** inclui opções para imprimir um plano de projeto e a visualização de impressão.
- **Salvar e Enviar** inclui opções para anexar um plano de projeto a uma mensagem de email, gerar um arquivo de formato PDF (Portable Document Format) ou XPS (XML Paper Specification) do plano de projeto e outras opções de colabo-

ração. Você trabalhará com esses recursos no Capítulo 15, "Aplique formatação e impressão avançadas".

- **Ajuda** fornece opções para visualizar a Ajuda online instalada com o Project, além de vários recursos da Web. A Ajuda também inclui os detalhes "Sobre o Microsoft Project", incluindo a sua edição do Project: Standard ou Professional.
- **Opções** exibe a caixa de diálogo Opções do Project (similar ao comando Opções no menu Ferramentas da versão anterior do Project). Essa caixa de diálogo contém várias guias por meio das quais você pode ajustar diversos comportamentos no Project, como o modo de exibição padrão que você deseja ver quando o Project inicia.
- **Sair** fecha o Project.

Nota Se você estiver executando o Project Standard, verá algumas opções relativas ao Project Professional e integração com o Project Server.

Em seguida, você abrirá o arquivo de exercício com o qual trabalhará durante o restante deste capítulo.

3. Na guia **Arquivo**, clique em **Abrir**.

   A caixa de diálogo Abrir é exibida.

4. Abra **Visão Geral_Início** na pasta de arquivos de exercícios Capitulo01.

   O arquivo de exercício é aberto.

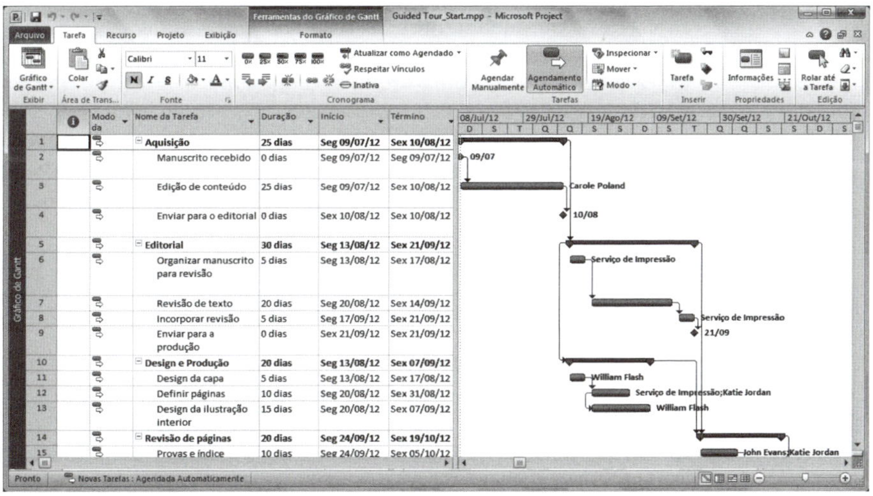

Em seguida, você salvará o arquivo de exercício com um nome diferente.

5. Na guia **Arquivo**, clique em **Salvar como**.

   A caixa de diálogo Salvar como é exibida.

6. Na caixa **Nome do arquivo**, digite *Visao Geral* e, em seguida, clique em **Salvar**.

Modelos: como evitar a reinvenção da roda

Em vez de criar um plano de projeto a partir do zero, é possível usar um *modelo* que inclua grande parte das informações iniciais das quais você necessita, como nomes de tarefas e relacionamentos. As fontes de modelos incluem:

- Modelos instalados com o Project. Esses modelos podem variar dependendo das opções de instalação que foram selecionadas quando o Project foi instalado no seu computador.
- Modelos do site Office Online, *www.office.com.* A Microsoft disponibiliza um grande número de modelos do Project para download grátis via Web.
- Modelos da sua organização. Você pode estar em uma organização que tem uma biblioteca central de modelos. Esses modelos podem conter definições de tarefas detalhadas, atribuições de recursos e outros detalhes que são únicos para a organização.
- Modelos que você casualmente compartilha com outros usuários do Project.

Para ver os modelos disponíveis, clique na guia Arquivo e, em seguida, em Novo.

Você também pode criar modelos a partir dos seus planos de projeto para uso ou compartilhamento posterior. Uma preocupação comum em relação ao compartilhamento de planos de projeto é que eles podem conter informações confidenciais, como taxas de pagamentos de recursos. Você pode salvar um plano de projeto como um modelo e limpar essas informações, assim como o andamento do projeto. Para fazer isso, na guia Arquivo, clique em Salvar como. Na caixa "Tipo", clique em Modelo do Project, insira o nome de arquivo do modelo desejado e, em seguida, clique em Salvar. Quando a caixa de diálogo Salvar como modelo for fechada, selecione os tipos de informações, como taxas de pagamento, que você deseja remover do modelo. O plano de projeto original não é afetado.

A Faixa de Opções e as guias: encontre os recursos que deseja

O Project 2010 se une a outros aplicativos do Office ao adotar a interface Fluent. As partes mais importantes dessa nova interface são as Guias e a Faixa de Opções que se estendem ao longo da parte superior da janela do Project. Nesta seção, você trabalhará com elas para ver como estão organizadas. Para começar, examine os rótulos das guias. Esses rótulos agrupam logicamente os comandos que se aplicam às partes principais do Project:

- As guias **Tarefa** e **Recurso** se referem aos dados com os quais você trabalha com frequência no Project.
- A guia **Projeto** contém os comandos que se aplicam ao plano de projeto inteiro.
- A guia **Exibição** ajuda a controlar o que você vê na janela do Project e como essas informações são exibidas.
- A guia **Formato** é contextual; os comandos exibidos variam de acordo com o tipo de informação que é mostrada no modo de exibição ativo, ou com o tipo de item selecionado no momento. Por exemplo, quando um modo de exibição de tarefas, como o *modo de exibição Gráfico de Gantt*, é exibido, os comandos da guia Formatar se aplicam às tarefas e aos itens do Gráfico de Gantt como as barras de Gantt. O contexto atual da guia Formato aparece acima do rótulo da guia – Ferramentas do Gráfico de Gantt, por exemplo.

Vamos examinar mais de perto a guia Tarefa.

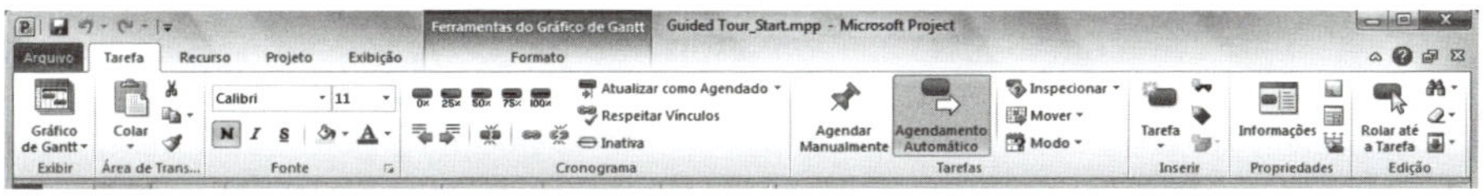

Como todas as guias, Tarefa contém um grande número de comandos organizados em grupos. A guia Tarefa inclui Exibir, Área de Transferência, Fonte e outros grupos.

Alguns comandos executam uma ação imediata, enquanto outros oferecem mais opções. Você examinará alguns exemplos em diferentes guias.

1. Clique no rótulo da guia **Recurso**.

   A Faixa de Opções Recurso substitui a Faixa de Opções Tarefa.

2. No grupo **Atribuições**, clique em **Atribuir Recursos**.

   Esse comando tem um efeito imediato; ele exibe a caixa de diálogo Atribuir Recursos.

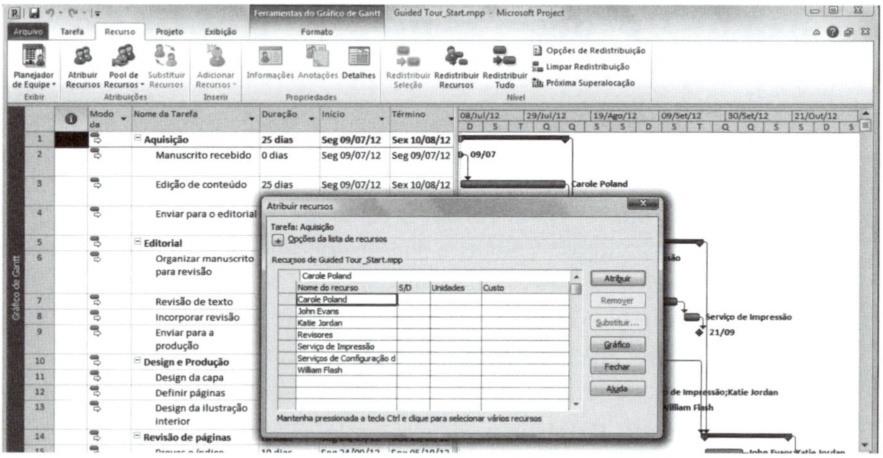

Você pode deixar a caixa de diálogo Atribuir Recursos aberta enquanto executa outras ações no Project. Mas, por enquanto, você irá fechá-la.

3. Na caixa de diálogo **Atribuir Recursos**, clique em **Fechar**.
4. Clique no rótulo da guia **Exibição**.

   Essa guia contém uma mistura de tipos de comandos. Como você pode ver, alguns comandos, como Nova Janela, têm apenas um ícone e rótulo de comando.

Clicar nesse tipo de comando executa uma ação imediata.

Na maioria dos casos, esses comandos executam uma ação imediata.

Outros comandos, como Classificar, incluem um rótulo e uma seta.

Clicar nesse tipo de comando exibe mais opções.

5. Na guia **Exibição**, no grupo **Dados**, clique em **Classificar**.

   Esse comando exibe uma lista de opções de classificação.

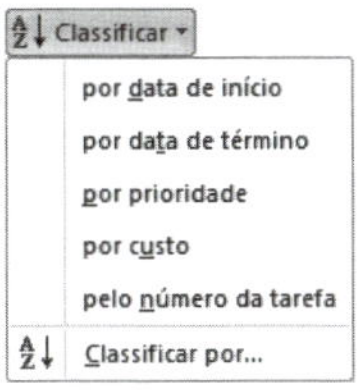

Outro tipo de comando pode executar uma ação imediata ou mostrar mais opções. Você examinará um exemplo agora.

6. Na guia **Modo de Exibição**, no grupo **Modos de Exibição de Tarefa**, clique na parte da imagem do botão **Calendário**.

Alguns comandos são divididos em duas partes; clicar na seta exibe mais opções.

Clicar na parte da imagem do comando executa o comando com a sua configuração atual; nesse caso, o Project alterou do modo de exibição Gráfico de Gantt para o modo de exibição Calendário.

7. Na guia **Exibição**, no grupo **Modos de Exibição de Tarefa,** clique na parte da imagem do botão **Gráfico de Gantt**.

Clicar na parte da imagem desse comando executa a configuração atual do comando.

Clicar na parte da seta desse comando exibe as opções e configurações.

O Project muda o modo de exibição ativo para o modo de exibição Gráfico de Gantt.

8. Na guia **Exibição**, no grupo **Modos de Exibição de Tarefa**, clique na seta abaixo do botão **Gráfico de Gantt**.

Clicar na parte do rótulo de texto do comando (ou apenas na seta para os comandos que têm uma seta mas nenhum rótulo de texto) mostra as configurações disponíveis para ele. Nesse caso, você pode ver outros tipos de modos de exibição de gráfico de Gantt e outras opções. Se você selecionar, digamos, Gantt de Controle, na próxima vez em que você clicar na imagem do botão Gráfico de Gantt, seu modo de exibição atual mudará para o modo de exibição Gantt de Controle.

Dica Em todo este livro, quando você vê uma instrução para clicar em um comando que tem uma imagem, bem como uma seta que exibe mais opções, queremos dizer para clicar na imagem (salvo indicação em contrário).

9. Na guia **Formato**, no grupo **Estilo de Gráfico de Gantt**, clique na seta '**Mais**' para exibir estilos de cores predefinidos.

Uma galeria de opções de barra de Gantt pré-formatadas é exibida.

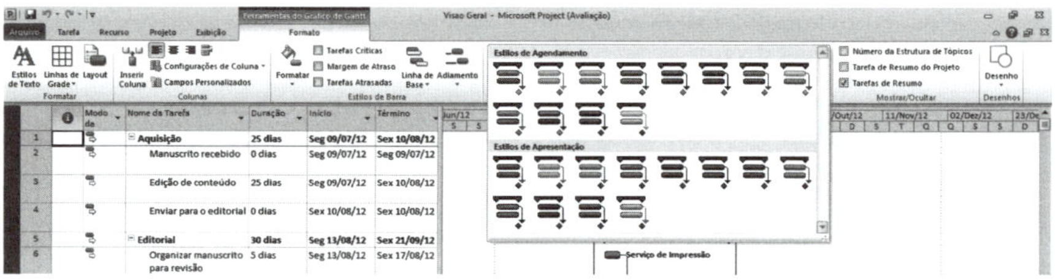

Você trabalhará com essas opções no Capítulo 5, "Formate e compartilhe o seu plano".

10. Pressione a tecla Esc ou clique na guia **Formato** para fechar a galeria.

    Existem ainda mais opções de formatação de barra de Gantt a serem vistas.

11. Na guia **Formato**, no grupo **Estilo do Gráfico de Gantt**, clique no botão **Formatar Estilos de Barra** no canto inferior direito do grupo.

    A caixa de diálogo Estilos de Barra é exibida.

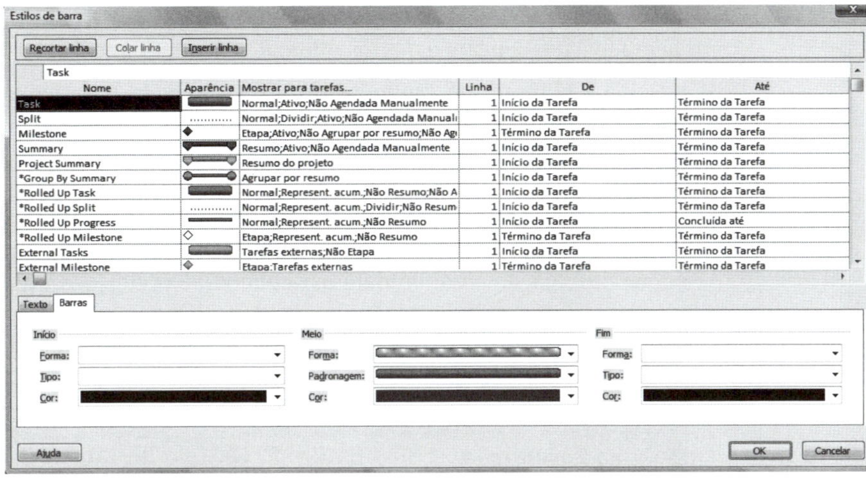

O botão Formatar Estilos de Barra é um exemplo de um ativador de caixa de diálogo. Ao contrário da caixa de diálogo Atribuir Recursos estudada anteriormente, você deve fechar a caixa de diálogo Estilos de Barra para que possa executar outras ações.

12. Clique em **Cancelar** para fechar **Estilos de Barras**.

    Existem outras maneiras de acessar os comandos no Project, mas o que você viu neste exercício abrange a maioria das interfaces de comandos do Project.

Em seguida, você irá alterar o modo de exibição ativo e outros detalhes com os quais trabalha no Project.

Modos de exibição: trabalhando com os detalhes de cronograma que você deseja

O espaço de trabalho do Project é denominado um *modo de exibição*. O Project contém dezenas de modos de exibição, mas você normalmente só trabalha com um (às vezes, dois) de cada vez. Você usa os modos de exibição para inserir, editar, analisar e exibir as informações de projeto. O modo de exibição padrão, o que você vê quando o Project inicia, é o modo de exibição Gráfico de Gantt.

Em geral, os modos de exibição enfocam os detalhes da tarefa, do recurso ou da *atribuição*. O modo de exibição Gráfico de Gantt, por exemplo, lista os detalhes da tarefa em uma tabela no lado esquerdo e representa graficamente cada tarefa como uma barra no gráfico no lado direito do modo de exibição. O modo de exibição Gráfico de Gantt é uma maneira comum de representar um plano de projeto, especialmente quando o apresentamos para outras pessoas. É útil também para inserir e ajustar os detalhes da tarefa e para analisar seu projeto.

Neste exercício, você vai começar no modo de exibição Gráfico de Gantt e alternar para outros modos que realçam aspectos diferentes de um plano de projeto.

1. Na guia **Exibição**, no grupo **Zoom**, clique na seta para baixo ao lado da caixa **Escala de Tempo** e em **Dias**.

   O Project ajusta a escala de tempo para mostrar os dias individuais. Os dias de folga, como fins de semana, estão formatados em cinza claro.

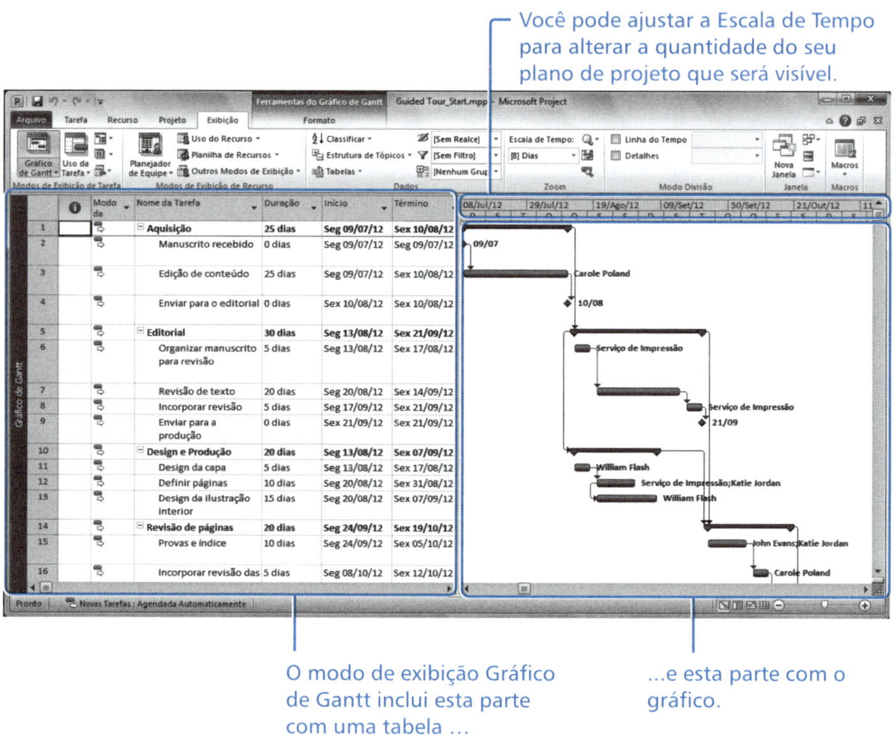

Você pode ajustar a escala de tempo no modo de exibição Gráfico de Gantt de várias maneiras. Aqui, você usou a caixa Escala de Tempo na guia Exibição. Você também pode usar os controles Reduzir e Ampliar na barra de status no canto inferior direito da janela do Project.

Em seguida, você exibirá um segundo modo de exibição.

2. Na guia **Exibição**, no grupo **Modo Divisão**, clique na caixa de seleção **Linha do Tempo**.

   O Project mostra o modo de exibição Linha do Tempo, uma maneira prática de ter uma visão geral do plano de projeto.

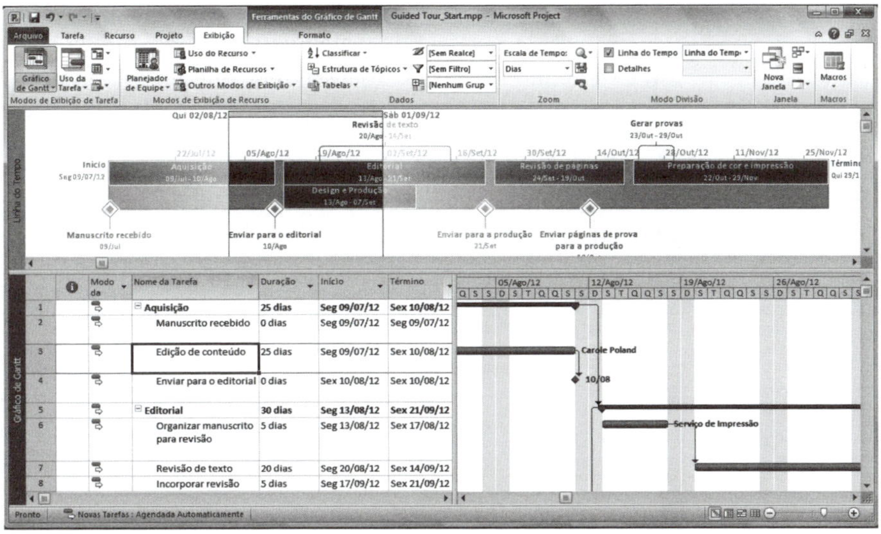

   Esse modo de exibição Linha do Tempo foi preenchido para você com alguns detalhes do plano de projeto. Você criará um modo de exibição Linha do Tempo personalizado no Capítulo 5.

3. Clique em qualquer lugar no modo de exibição **Linha do Tempo**.

   Observe que o rótulo acima da guia Formato mudou para Ferramentas da Linha do Tempo. Os comandos exibidos na guia Formatar agora são específicos para o modo de exibição Linha do Tempo. Em todo este exercício, à medida que você vê diferentes modos de exibição, note que o rótulo acima da guia Formato muda de acordo.

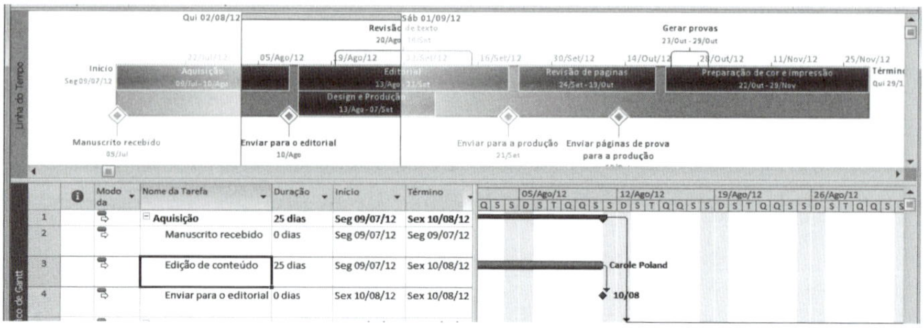

4. Na guia **Exibição**, no grupo **Modo Divisão**, limpe a caixa de seleção **Linha do tempo**.

   O Project oculta o modo de exibição Linha do Tempo. (As informações no modo de exibição não são perdidas; por enquanto, elas apenas estão ocultas.)

   Em seguida, você alternará para o modo de exibição de Planilha de recursos.

5. Na guia **Exibição**, no grupo **Modos de Exibição de Recurso**, clique em **Planilha de recursos**.

   O modo de exibição Planilha de recursos substitui o modo de exibição Gráfico de Gantt.

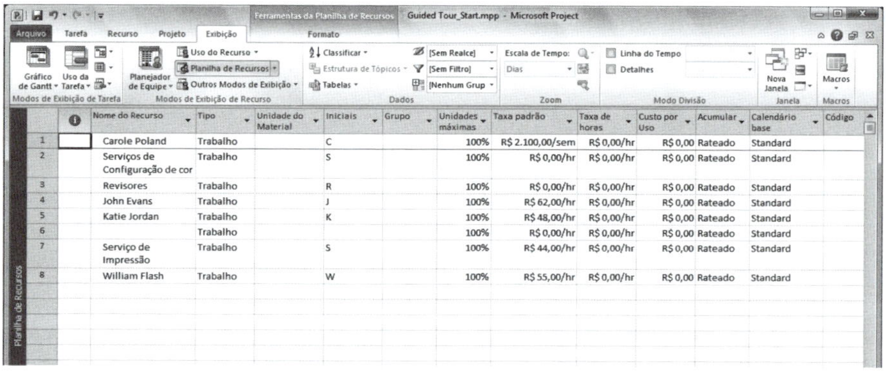

O modo de exibição Planilha de Recursos exibe detalhes sobre os recursos em um formato de linhas e colunas (denominado tabela), com um recurso por linha. Esse modo é chamado de modo de exibição de planilha. Outro modo de exibição de planilha, denominado modo de exibição Planilha de Tarefas, lista os detalhes das tarefas. Observe que a Planilha de Recursos não informa sobre as tarefas às quais os recursos poderão ser atribuídos. Para ver esse tipo de informação, será necessário alternar para um modo de exibição diferente.

6. Na guia **Exibição**, no grupo **Modos de Exibição de Recurso**, clique em **Uso dos recursos**.

   O modo de exibição Uso dos recursos substitui o modo Planilha de recursos. Esse modo de exibição de uso agrupa as tarefas às quais cada recurso está atribuído e mostra as atribuições de trabalho por recurso em uma escala de tempo, como diária ou mensalmente.

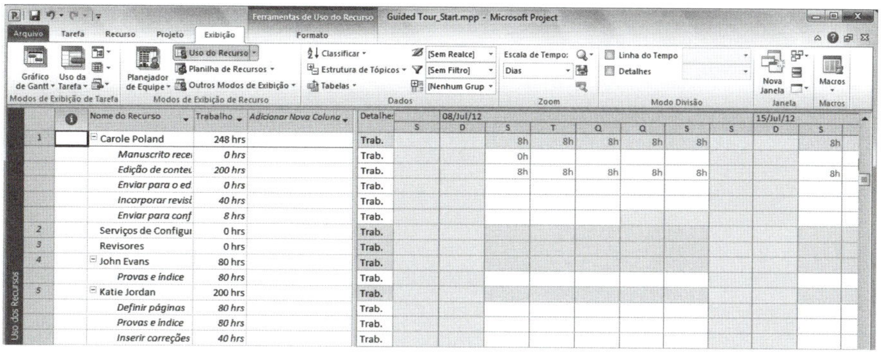

Na grade de escala de tempo no lado direito da tabela de uso, você pode ver algumas atribuições de trabalho de Carole Poland no plano de projeto. Atualmente, a linha de tempo do modo de exibição de uso mostra o trabalho atribuído por dia. Como na escala de tempo do Gráfico de Gantt, você pode ajustar essa escala de tempo usando o comando Escala de Tempo na guia Exibição, ou os controles Reduzir e Ampliar na barra de status no canto inferior direito da janela do Project.

Outro modo de exibição de uso, o modo de exibição Uso da Tarefa, dispõe os dados para exibir todos os recursos atribuídos a cada tarefa. Você trabalhará mais com esses modos de exibição de uso no Capítulo 7, "Ajuste os detalhes da tarefa".

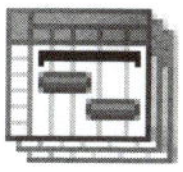

7. Na guia **Exibição**, no grupo **Modos de Exibição de Tarefa**, clique em **Gráfico de Gantt**.

   O modo de exibição Gráfico de Gantt aparece.

   Para concluir este exercício, você exibirá um modo de exibição com divisão diferente.

8. Se necessário, role a parte do gráfico do modo de exibição Gráfico de Gantt para que a tarefa 12 fique visível.

9. Na coluna **Nome da tarefa**, clique no nome da tarefa 12, *Definir páginas*.

10. Na guia **Exibição**, no grupo **Modo Divisão**, clique em **Detalhes**.

    O Formulário de tarefas aparece abaixo do modo de exibição Gráfico de Gantt.

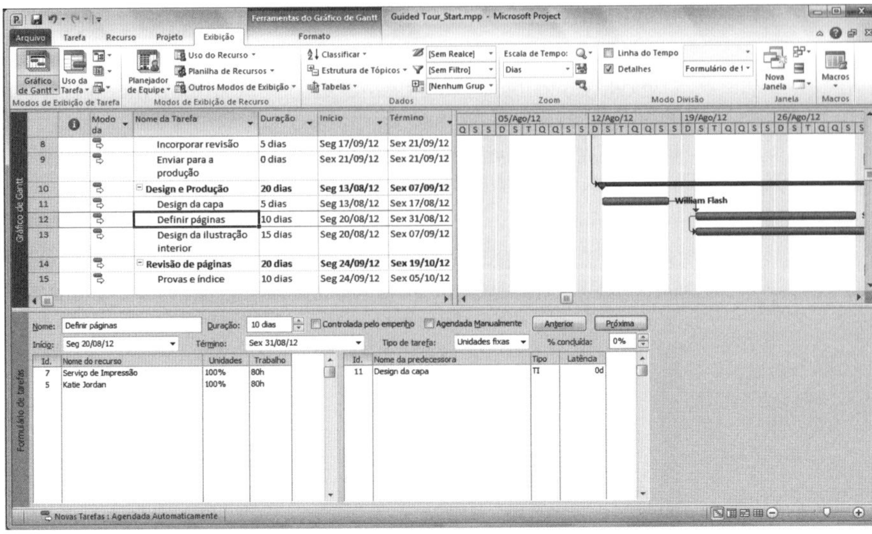

Nesse tipo de modo de exibição com divisão, o Gráfico de Gantt é o modo de exibição principal e o Formulário de Tarefas é o painel de detalhes. Os detalhes sobre a tarefa selecionada no modo de exibição Gráfico Gantt aparecem no Formulário de tarefas. Você também pode editar os valores diretamente no Formulário de tarefas. Você trabalhará com o Formulário de tarefas no Capítulo 4, "Atribua recursos às tarefas", e com o Formulário de Recursos similar no Capítulo 3, "Configure recursos".

11. Na guia **Exibição**, no grupo **Modo Divisão**, limpe a caixa de seleção **Detalhes**.

O Formulário de Tarefas é fechado.

Existem muitos outros modos de exibição no Project. Você pode vê-los clicando em Mais Modos de Exibição no grupo Modos de Exibição de Tarefa ou Modos de Exibição de Recursos na guia Exibição. É importante entender que em todos esses modos de exibição, assim como em todos os outros modos do Project, você está examinando diferentes aspectos do mesmo conjunto de detalhes sobre um plano de projeto. Mesmo um simples plano de projeto pode conter muitos dados para serem exibidos de uma vez. Use os modos de exibição para ajudar a enfocar detalhes específicos.

LIMPEZA Feche o arquivo Visao Geral.

Pontos principais

- O modo de exibição Backstage é o local central para gerenciar arquivos e personalizar o Project.
- A interface de usuário Fluent, chamada de Faixa de Opções, é uma importante alteração introduzida no Project 2010. Os comandos são agrupados em guias para acesso rápido.
- O espaço de trabalho principal do Project é um modo de exibição. Um modo de exibição (ou, às vezes, dois modos de exibição) é exibido de cada vez. O modo de exibição Gráfico de Gantt é o padrão; o Gráfico de Gantt é provavelmente é o modo de exibição mais conhecido do Project e o Gráfico de Gantt é o conceito mais conhecido no gerenciamento de projeto como um todo.

Resumo do Capítulo

Crie uma lista de tarefas, p. 27

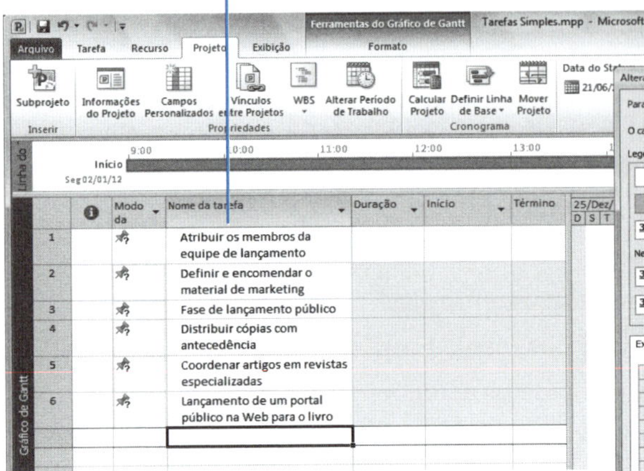

Altere o horário de trabalho do projeto, p. 46

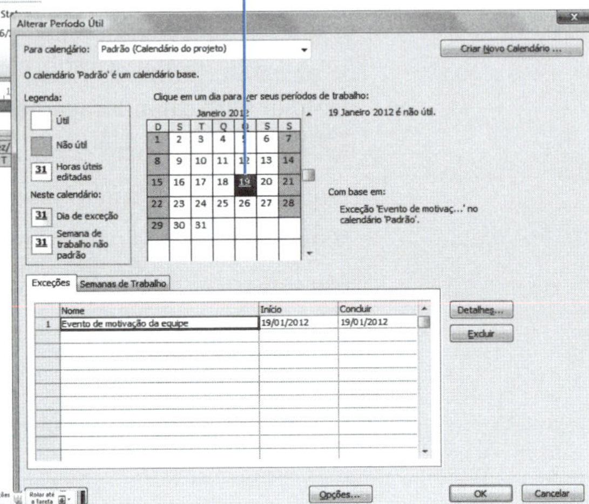

Crie tarefas de resumo, p. 35

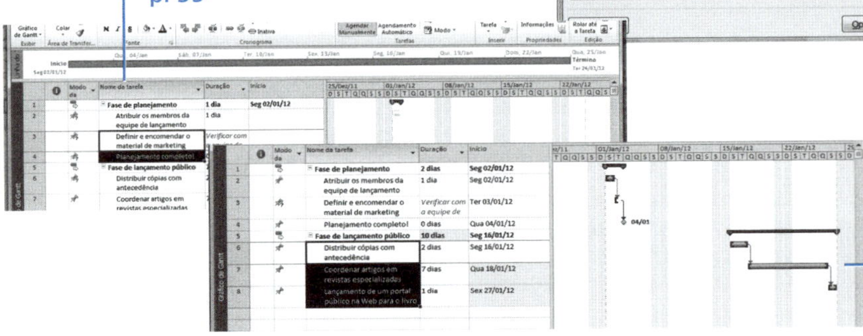

Vincule tarefas e crie dependências, p. 37

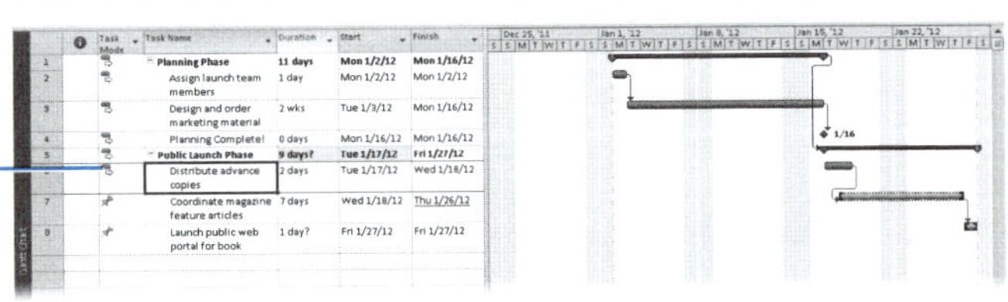

Controle se as tarefas são agendadas manual ou automaticamente, p. 43

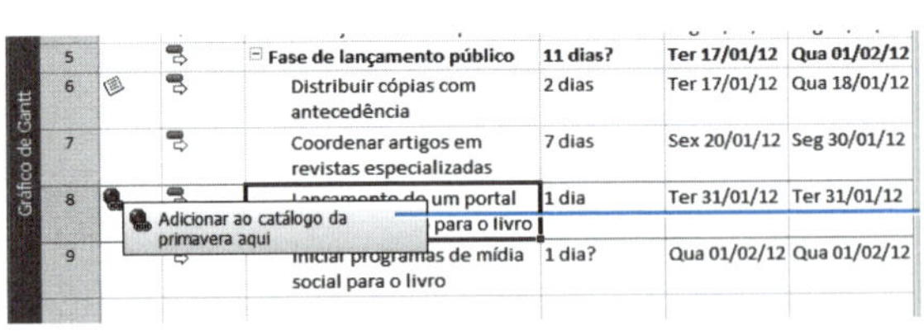

Adicione anotações e hiperlinks para a Web, p. 50

Capítulo 2

Crie uma lista de tarefas

Neste capítulo, você vai aprender a:

- Iniciar o Project e salvar um novo plano de projeto.
- Inserir as informações sobre a tarefa.
- Estimar e inserir a duração de cada tarefa.
- Criar uma etapa para controlar um evento importante.
- Organizar as tarefas em fases.
- Vincular as tarefas para criar relações entre elas.
- Mudar o agendamento da tarefa de manual para automático.
- Definir dias de folga para o plano de projeto.
- Verificar a duração global do plano de projeto.
- Registrar os detalhes da tarefa em anotações e inserir um hyperlink ao conteúdo na Web.

As tarefas são a parte mais básica de qualquer projeto – e elas representam o trabalho a ser feito para completar os objetivos. As tarefas descrevem o trabalho do projeto em termos de ***sequência***, ***duração*** e necessidades de recursos. No Project, existem vários tipos de tarefas, como tarefas de resumo, subtarefas e etapas (todas discutidas neste capítulo). Mais largamente, o que no Project chamamos de tarefas, muitas vezes são chamados de atividades ou pacotes de trabalho.

Neste capítulo, você vai gerenciar o agendamento das tarefas de duas maneiras:

- Inserir as tarefas como agendadas manualmente para capturar rapidamente alguns detalhes sem, na verdade, agendar as tarefas.
- Trabalhar com tarefas agendadas automaticamente para começar a tirar vantagem do mecanismo de agendamento poderoso do Project.

Arquivos de exercícios Para concluir os exercícios deste capítulo, copie os arquivos de exercícios para seu computador. Os arquivos que você usará para finalizar os exercícios deste capítulo encontram-se na pasta Capitulo02. Na seção "Usando os arquivos de exercícios", no início deste livro, existe uma lista completa dos arquivos de exercícios.

Importante Se você estiver executando o Project Professional, talvez seja necessário fazer uma alteração de configuração. Isso ajuda a garantir que os arquivos de exercícios com os quais você trabalhar neste capítulo não afetem os dados do seu Project Server. Para obter mais informações, consulte o Apêndice C, "Usando os arquivos de exercícios se estiver conectado ao Project Server".

Criando um novo plano de projeto

Um plano de projeto é essencialmente um modelo que você constrói a partir de alguns aspectos de um projeto que você está antecipando – o que você acha que vai acontecer ou o que deseja que aconteça (em geral, é melhor que não sejam muito diferentes). Esse modelo enfoca alguns, mas não todos, aspectos do projeto real – tarefas, recursos, períodos de tempo e seus custos associados. Note que, em todo este livro, faremos referência aos tipos de documentos com o qual o Project trabalha como planos de projeto, não documentos nem agendas.

Como você poderia esperar, o foco do Project é principalmente o tempo. Algumas vezes, você pode querer saber a data de início planejada de um projeto, a data de término planejada ou ambas. Entretanto, ao trabalhar com o Project, você especifica apenas uma data, não ambas: a data de início ou a data de término do projeto. Por quê? Porque depois que você insere a data de início ou de término do projeto e as durações das tarefas, o Project calcula a outra data para você. Lembre-se de que o Project não é meramente um repositório estático das suas informações de cronograma ou uma ferramenta de desenho do gráfico de Gantt; ele é um mecanismo de agendamento ativo.

A maioria dos projetos deve ser agendada a partir da data de início, mesmo que você saiba que o projeto deve terminar em uma determinada data limite. Agendar a partir de uma data de início faz com que todas as tarefas iniciem logo que possível e dá a você uma maior flexibilidade de agendamento. Neste capítulo e nos posteriores, você verá essa flexibilidade em ação à medida que trabalharmos com um projeto que está agendado a partir da data de início.

Foco do gerenciamento de projeto: o projeto faz parte de um contexto maior

Dependendo das suas necessidades e das informações às quais você tem acesso, os planos de projeto que você desenvolve podem não lidar com aspectos importantes dos seus projetos. Por exemplo, muitos projetos grandes são realizados em organizações que têm um processo formal de gestão de mudança. Antes que uma mudança importante ao escopo de um projeto seja permitida, ela deve ser avaliada e aprovada pela equipe de gerenciamento e implementação. Mesmo que essa seja uma atividade de gerenciamento importante, não é algo executado diretamente no Project.

Agora que você teve uma visão rápida das partes importantes da interface do Project no Capítulo 1,"Visão geral do Project", está pronto para criar o plano de projeto que usará em toda a Parte 1 deste livro, "Um projeto simples". Você fará o papel de um gerente de projeto na Lucerne Publishing, uma editora de livros especializada em livros infantis. A Lucerne está prestes a publicar um novo livro e você foi convidado a desenvolver um plano para o lançamento. Neste exercício, vai criar um novo plano de projeto, definir sua data de início e salvá-lo.

PREPARAÇÃO Inicie o Project, caso ele ainda não esteja em execução.

1. Clique na guia **Arquivo**.

   O Project exibe o modo de exibição Backstage.

2. Clique em **Novo**.

   O Project exibe suas opções para a criação de um novo plano de projeto.

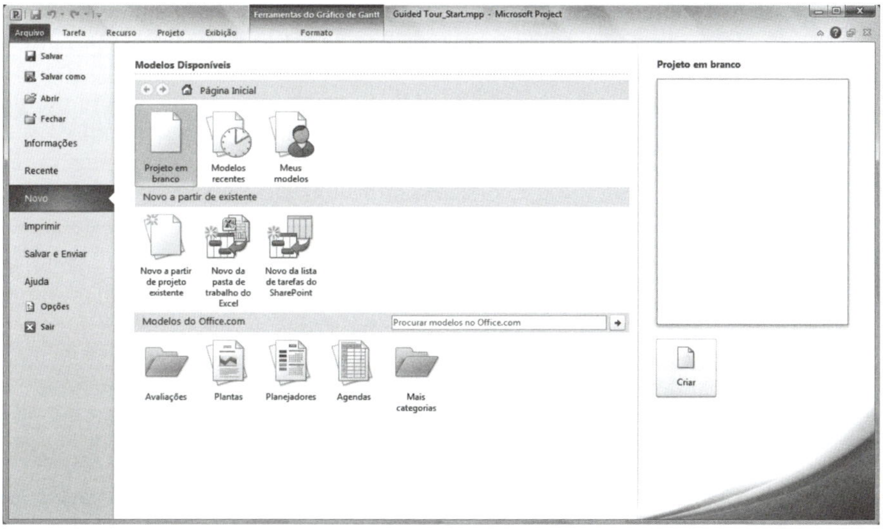

   Essas opções incluem o uso de modelos instalados com o Project ou disponíveis na Web. Para este exercício, você criará um novo plano de projeto em branco.

3. Abaixo de **Modelos Disponíveis**, verifique se **Projeto em branco** está selecionado e, em seguida, clique no botão **Criar** no lado direito do modo de exibição Backstage.

   O Project cria um novo plano de projeto. Você pode ver uma pequena nota lembrando que as novas tarefas são criadas no modo Agendada Manualmente. Essa informação permanece visível também na barra de status.

Observe a linha cor de laranja fina e vertical na parte gráfica do modo de exibição Gráfico de Gantt. Ela indica a data atual. Quando você cria um novo plano de projeto, o Project define a data de início do plano como a data atual. Em seguida, você irá mudar a data de início do plano.

4. Na guia **Projeto**, no grupo **Propriedades**, clique em **Informações do Projeto**.

   A caixa de diálogo Informações do Projeto é exibida.

Importante Se você estiver usando o Project Professional em vez de Project Standard, as informações do projeto e algumas outras caixas de diálogo conterão opções adicionais relativas ao ProjectServer. Neste livro, não usaremos o Project Server, por isso você pode ignorar essas opções. Para obter mais informações sobre o Project Server, consulte o Apêndice C.

5. Na caixa **Data de Início**, digite 02/01/12, ou clique na seta para baixo para exibir o calendário e selecione **2 de janeiro de 2012**.

Dica No calendário, você pode navegar para qualquer mês e, depois, clicar na data desejada, ou clicar em Hoje para escolher a data atual.

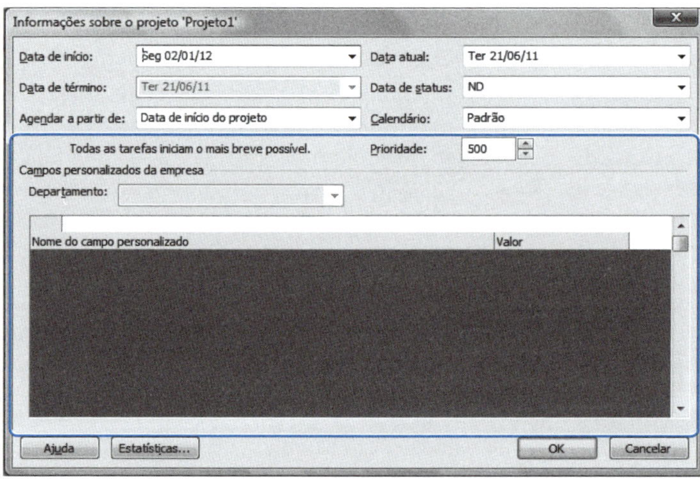

Os usuários do Project Standard não veem esta parte da caixa de diálogo.

6. Clique em **OK** para aceitar essa data de início e feche a caixa de diálogo **Informações do Projeto**.

7. Na guia **Arquivo**, clique em **Salvar**.

   Como esse plano de projeto não foi salvo anteriormente, a caixa de diálogo Salvar Como é exibida.

8. Localize a pasta Capitulo02 na pasta Project 2010 Passo a Passo no seu disco rígido.
9. Na caixa **Nome do arquivo**, digite **Tarefas Simples**
10. Clique em **Salvar** para fechar a caixa de diálogo **Salvar Como**.

Inserindo nomes de tarefas

Conforme mencionado, as tarefas representam o trabalho a ser feito para realizar os objetivos do projeto. Por esse motivo, vale a pena desenvolver boas práticas sobre como nomear tarefas nos seus planos de projeto.

Os nomes de tarefas devem ser reconhecíveis e fazer sentido para as pessoas que executarão essas tarefas e para outros interessados que verão os nomes. Aqui, estão algumas diretrizes para criar bons nomes de tarefas:

- Use frases curtas que descrevam o trabalho a ser feito, como "Editar manuscrito".
- Se as tarefas forem organizadas em *fases*, não repita os detalhes do nome da tarefa de resumo no nome da subtarefa, a menos que isso aumente a clareza.
- Se as tarefas tiverem recursos atribuídos a elas, não inclua os nomes de recursos nos nomes das tarefas.

Lembre-se de que você sempre pode editar os nomes das tarefas posteriormente, portanto não se preocupe em obter exatamente os nomes de tarefa corretos quando as estiver inserindo no plano de projeto pela primeira vez. Tenha como objetivo usar frases concisas e descritivas que comuniquem o trabalho necessário e façam sentido para você e para as outras pessoas que o executarão.

Neste exercício, você vai inserir algumas tarefas iniciais necessárias para os eventos de lançamento do novo livro.

1. Clique na célula imediatamente abaixo do cabeçalho de coluna **Nome da Tarefa**.
2. Digite **Atribuir os membros da equipe de lançamento** e, em seguida, pressione a tecla Enter.

   Um número de ID é dado à tarefa que você digitou. Cada tarefa tem um número de ID único, mas ele não representa necessariamente a ordem na qual as tarefas ocorrem. Sua tela deve estar similar à figura a seguir.

Os indicadores nesta coluna informam se uma tarefa está agendada manual ou automaticamente.

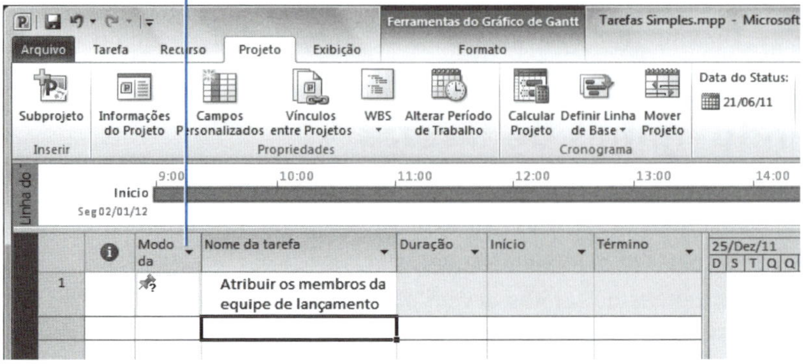

Como essa é uma tarefa agendada manualmente (conforme indicado na coluna Modo da Tarefa), os valores de duração ou data não aparecem, e a tarefa ainda não tem uma barra de Gantt na parte gráfica do modo de exibição Gráfico de Gantt. Mais tarde, você trabalhará com tarefas agendadas automaticamente que sempre têm duração, datas de início e de término. Imagine uma tarefa agendada manualmente como um espaço reservado inicial que você pode criar a qualquer hora sem afetar o restante do agendamento. Agora, talvez você não saiba mais do que um nome de tarefa e é o suficiente. À medida que descobrir ou decidir mais detalhes sobre a tarefa, como quando ela deve ocorrer, poderá adicionar esses detalhes ao plano de projeto.

3. Insira os nomes de tarefa a seguir, pressionando Enter após cada nome de tarefa:

   Definir e encomendar o material de marketing

   Fase de lançamento público

   Distribuir cópias com antecedência

   Coordenar artigos em revistas especializadas

   Lançamento de um portal na Web para o livro

Sua tela deve estar similar à figura a seguir.

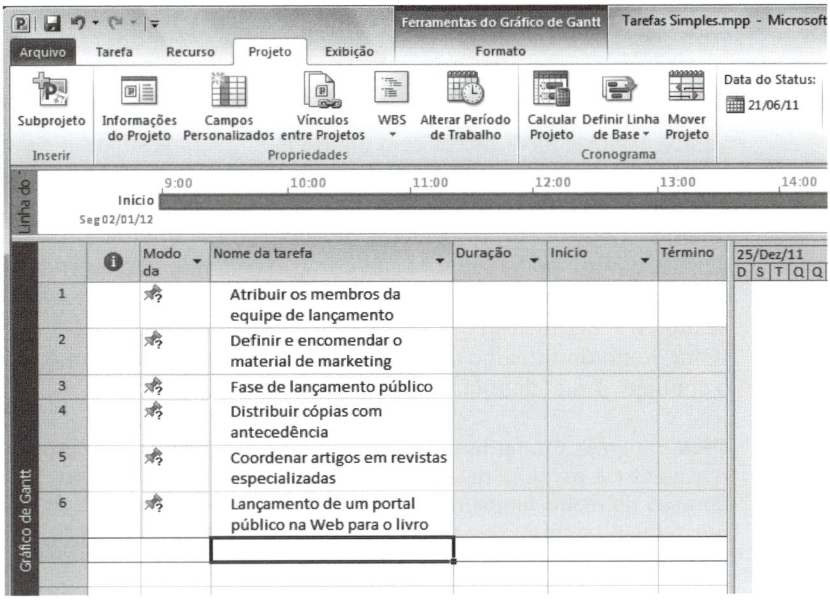

Foco do gerenciamento de projeto: definir as tarefas certas para o resultado

Cada projeto tem um objetivo principal: a razão pela qual o projeto foi iniciado, o resultado (entregável) do projeto. Esse resultado (entregável) pode ser um produto tangível, como um novo livro, um serviço, ou evento, como uma festa de lançamento de um produto. A definição das tarefas certas para criar um resultado (entregável) é uma habilidade essencial para um gerente de projeto. As listas de tarefas que você cria no Project devem descrever todo o trabalho necessário, e apenas o trabalho necessário, para concluir o projeto com êxito.

Ao desenvolver suas listas de tarefas, talvez seja útil distinguir o escopo do produto do escopo do projeto. O escopo do produto descreve a qualidade, recursos e funções do projeto. No cenário usado na Parte 1 deste livro, por exemplo, o resultado é um novo livro e o escopo do produto pode incluir o número de páginas e as ilustrações. O escopo do projeto, por outro lado, descreve o trabalho necessário para executar um produto ou serviço. No nosso cenário, o escopo do projeto inclui as tarefas detalhadas relativas às revisões avançadas e geração de publicidade para o livro.

Inserindo as durações

Nesta seção, você começa a trabalhar com durações de tarefas — o tempo previsto para concluir a tarefa. O Project pode trabalhar com durações de tarefa que variam de minutos a meses. Dependendo do escopo do projeto, você provavelmente desejará trabalhar com durações de tarefas na escala de horas, dias e semanas.

Vamos explorar as durações com um exemplo. Vamos supor que um projeto tenha um calendário com um período útil definido, como das 8:00 às 17:00, com uma hora de almoço, de segunda à sexta-feira, deixando um período não útil definido como noites (após as 17:00) e fins de semana. Se você estimar que uma tarefa irá durar 16 horas de período útil, poderá inserir sua duração como 2d para agendar o trabalho em dois dias úteis de oito horas. Você deve então esperar que iniciar a tarefa às 8:00 de uma sexta-feira significa que ela não seja concluída até as 17:00 da próxima segunda-feira. Nenhum trabalho deve ser agendado para o fim de semana, porque o sábado e o domingo foram definidos como período não útil.

Dica O Project determina a duração global de um plano de projeto calculando a diferença entre a primeira data de início e a última data de término das tarefas do plano. A duração do plano também é afetada por outros fatores, como as relações entre tarefas, que serão discutidas na seção "Vinculando tarefas" neste capítulo. Como o Project distingue entre o período útil e o não útil, a duração de uma tarefa não corresponde necessariamente ao período decorrido.

Ao trabalhar no Project, você poderá usar abreviações para as durações.

Se você inserir esta abreviação	Ela será exibida assim	E significa
m	min	minuto
h	hr	hora
d	dia	dia
s	sem	semana
me	mês	mês

As *tarefas agendadas automaticamente* sempre têm uma duração (por padrão, um dia). Entretanto, *as tarefas agendadas manualmente*, no início não têm duração. A duração de uma tarefa é essencial para que o Project possa agendá-la, por isso faz sentido uma tarefa agendada manualmente não exigir uma duração, já que ela não foi agendada pelo Project. É possível, no entanto, inserir valores de duração para tarefas agendadas manualmente – você fará isso nesta seção.

Com as tarefas agendadas manualmente, você pode inserir valores de duração regulares usando as abreviações mostradas anteriormente; por exemplo, 3d para três dias. Você também pode inserir valores de texto, como "Verificar com Bob". Esses valores de texto são substituídos pelo valor de duração padrão de 1 dia quando você converter uma tarefa do agendamento manual para automático.

O Project usa valores-padrão de minutos e horas para as durações: 1 minuto é igual a 60 segundos e 1 hora é igual a 60 minutos. Para as durações de dias, semanas e meses você pode usar os padrões do Project (por exemplo, 20 dias por mês) ou definir seus próprios valores. Para tanto, na guia Arquivo, clique em Opções e, na caixa de diálogo Opções, clique em Cronograma, ilustrada aqui:

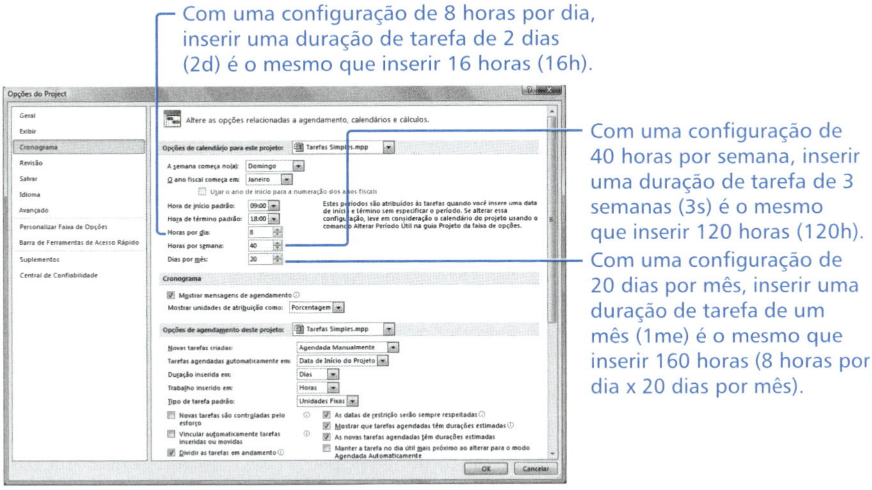

Os exercícios deste capítulo usam os valores-padrão: 8 horas por dia, 40 horas por semana e 20 dias por mês.

Neste exercício, você vai inserir valores de duração para as tarefas criadas.

1. Clique na célula abaixo do cabeçalho de coluna **Duração** referente à tarefa 1, *Atribuir membros da equipe de lançamento*.

   O campo **Duração** da tarefa 1 é selecionado.

2. Digite **1d** e pressione Enter.

   O valor *1 dia* é exibido no campo Duração. O Project desenha uma barra de Gantt para a tarefa, começando na data de início do projeto definida anteriormente.

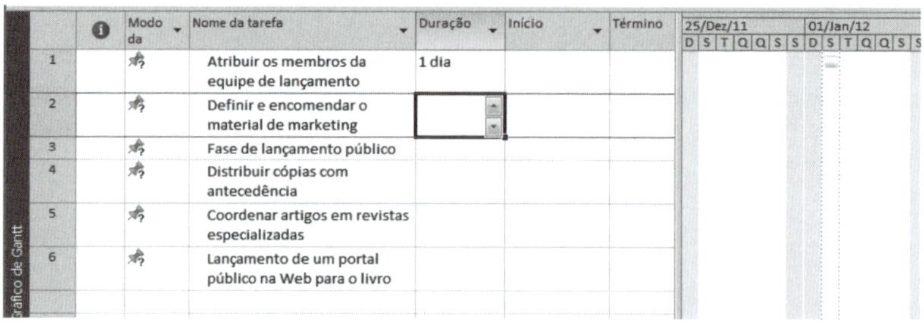

Até que as tarefas sejam vinculadas, ou uma data de início ou de término seja definida, o Project definirá todas as novas tarefas que têm um valor de duração para começarem na data de início do Project. Isso é verdade para as tarefas agendadas tanto manual quanto automaticamente.

3. Digite as seguintes durações ou frases para as seguintes tarefas:

ID da tarefa	Nome da tarefa	Duração
2	Definir e encomendar o material de marketing	**Verificar com a equipe de marketing**
3	Fase de lançamento público	(pressione Enter para pular essa tarefa por enquanto)
4	Distribuir cópias com antecedência	**2d**

Para a tarefa 5, Coordenar artigos em revistas especializadas, você irá inserir datas de início e de término e o Project calculará a duração.

4. No campo **Início** (não o campo Duração) da tarefa 5, digite ou selecione 16/01/12 e, em seguida, pressione a tecla Tab.
5. No campo **Término** da mesma tarefa, digite ou selecione 24/01/12 e, em seguida, pressione Enter.

   O Project calcula a duração como sete dias. Observe que são sete dias úteis: de segunda a sexta da primeira semana e, então, de segunda a terça na semana seguinte. O Project também desenha a barra de Gantt para a tarefa se estender por esses dias úteis e mais os dias não úteis (o fim de semana) existentes entre eles, conforme mostrado aqui.

Os dias não úteis do calendário do projeto, nesse caso, sábado e domingo, estão formatados na cor cinza.

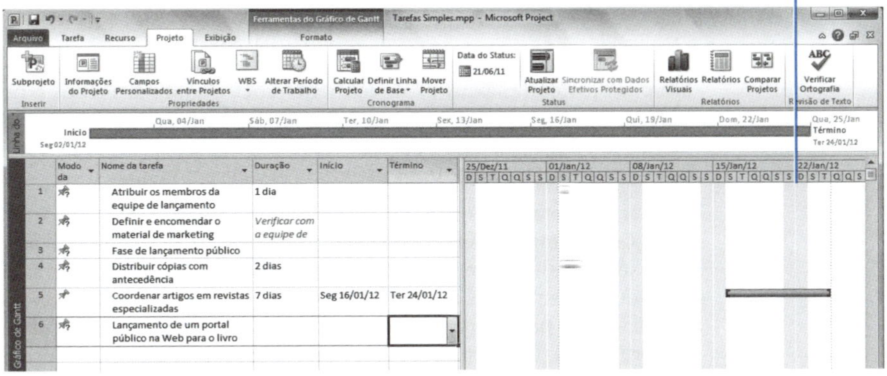

6. Para a tarefa 6, *Lançamento de um portal na Web* para o livro, você ainda não sabe a duração, uma data de início ou de término, mas pode incorporar o que sabe.
7. No campo **Início** da tarefa 6, digite **Cerca de duas semanas antes de completar o lançamento** e, em seguida, pressione Enter.

   Como no valor de duração de uma tarefa agendada manualmente, você também pode inserir uma string de texto para uma data de início ou de término, ou para ambas. Quando a tarefa for trocada para ser agendada automaticamente, as strings de texto serão substituídas pelas datas específicas.

Foco do gerenciamento de projeto: como estabelecer durações de tarefas precisas?

Você deve considerar duas regras gerais ao estimar as durações das tarefas.

- A duração global do Project geralmente está relacionada à duração da tarefa; projetos longos tendem a ter tarefas com durações maiores do que as tarefas dos projetos curtos.
- Se você controlar o andamento das tarefas em relação ao plano de projeto (descrito no Capítulo 6, "Controle o andamento das tarefas", e na Parte 2, "Agendamento avançado"), precisará ponderar sobre o nível de detalhes que deseja aplicar às tarefas. Se for um projeto de vários anos, por exemplo, talvez não seja prático, ou até mesmo possível, controlar as tarefas medidas em minutos ou horas. Em geral, você deve medir as durações das tarefas no nível mais baixo de detalhe ou controle que for importante para você, mas nunca abaixo desse nível.

Para os projetos nos quais você trabalhará neste livro, as durações serão fornecidas. Nos seus projetos, será necessário estimar as durações das tarefas. Boas fontes para estimar a duração de tarefas são:

- Informações históricas de projetos similares anteriores.
- Estimativas das pessoas que completarão as tarefas.

- O julgamento especializado de pessoas que gerenciaram projetos similares.
- Os padrões de profissionais ou empresas do setor que executam projetos semelhantes aos seus.

Em projetos complexos, provavelmente você combinará essas e outras estratégias para estimar as durações das tarefas. Como as estimativas imprecisas de duração de tarefas são a principal fonte de *risco* em qualquer projeto, todo esforço despendido no intuito de fazer boas estimativas valerá a pena.

Uma regra geral a considerar é denominada *regra 8/80*. Essa regra sugere que as durações de tarefas entre 8 horas (ou um dia) e 80 horas (10 dias de trabalho ou duas semanas) geralmente têm uma duração gerenciável. Tarefas menores que um dia podem ser muito pequenas e tarefas maiores que duas semanas podem ser muito longas para gerenciar adequadamente. Existem muitas razões legítimas para quebrar essa regra, mas, para a maioria das tarefas do seu projeto, vale a pena considerar.

Inserindo uma etapa

Além de inserir as tarefas a serem concluídas, talvez você queira registrar um evento importante para o seu projeto, como o término da fase principal do projeto. Para fazer isso, você criará uma etapa.

As etapas são eventos significativos a serem alcançados (como a conclusão de uma fase de trabalho) ou impostos sobre o projeto (como uma data limite até a qual o financiamento deve ser solicitado). Como, em geral, a etapa propriamente dita não inclui qualquer trabalho, as etapas são representadas como tarefas com duração zero.

Neste exercício, você vai criar uma tarefa de etapa.

1. Clique no nome da tarefa 3, *Fase de lançamento público*.
2. Na guia **Tarefa**, no grupo **Inserir**, clique em **Etapa**.

   O Project insere uma linha para uma nova tarefa e renumera as tarefas subsequentes. O Project nomeia a nova tarefa "<Nova Etapa>" e dá a ela uma duração de zero dias. Como nas outras novas tarefas, a etapa é inicialmente agendada na data de início do projeto como 2 de janeiro.
3. Digite **Planejamento completo!** e, em seguida, pressione Enter.

   A etapa é adicionada ao seu plano.

No gráfico de Gantt, a etapa aparece como um losango.

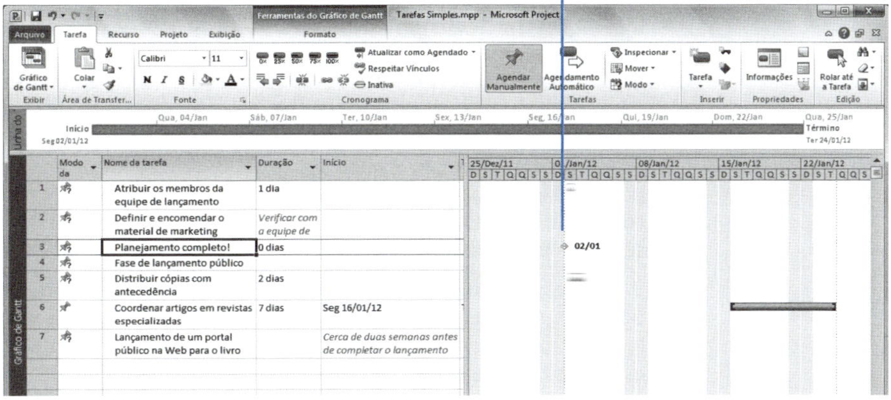

Dica Você pode marcar uma tarefa de qualquer duração como uma etapa. Clique duas vezes no nome da tarefa para exibir a caixa de diálogo Informações sobre a tarefa, clique na guia Avançado e selecione a opção Marcar tarefa como etapa.

Organizando as tarefas em fases

É muito prático organizar grupos de tarefas relacionadas em fases. Ao rever um plano de projeto, a observação das tarefas organizadas em fases ajuda você e seus *stakeholders* a pensarem em termos de itens de trabalho principais. Por exemplo, é comum dividir projetos de publicação de livro nas fases Editorial, Design e Produção. As fases são criadas recuando as tarefas para a esquerda e para a direita. No Project, as fases são representadas por tarefas de resumo, e as tarefas recuadas abaixo da tarefa de resumo são denominadas *subtarefas*.

Quando uma tarefa de resumo for agendada manualmente, sua duração será calculada com base nas suas subtarefas, exatamente como a duração de uma tarefa de resumo agendada automaticamente. Entretanto, você pode editar a duração de uma tarefa agendada manualmente, e o Project controlará a duração manual que você inseriu e a duração calculada.

A duração de uma tarefa de resumo agendada automaticamente é calculada pelo Project como a extensão de tempo que vai desde a primeira data de início até a última data de término de suas subtarefas. Se você editar a duração de uma tarefa de resumo agendada automaticamente, ou sua data de início ou de término, ela se tornará uma tarefa agendada manualmente.

Foco do gerenciamento de projeto: Planejamento de cima para baixo (top-down) e de baixo para cima (bottom-up)

Os dois enfoques mais comuns para o desenvolvimento de tarefas e fases são o planejamento de-cima-para-baixo e de-baixo-para-cima.

- *Planejamento de cima para baixo (top-down)* identifica as fases ou componentes principais do projeto antes de preencher as tarefas necessárias para concluir essas fases. Os projetos complexos podem ter várias camadas de fases. Esse enfoque trabalha do geral para o específico.
- *Planejamento de baixo para cima (bottom-up)* identifica a maior quantidade de tarefas de nível inferior possível antes de organizá-las em grupos lógicos, denominados fases ou tarefas de resumo. Esse enfoque trabalha do específico para o geral.

A criação de tarefas e fases precisas para a maioria dos projetos complexos requer uma combinação dos planejamentos de-cima-para-baixo e de-baixo-para-cima. É comum o gerente de projeto começar com fases abrangentes e estabelecidas para um projeto (de-cima-para-baixo) e fornecer para os recursos que executarão o projeto as tarefas detalhadas que preencherão cada fase (de-baixo-para-cima).

Neste exercício, você vai organizar o plano de lançamento do novo livro em duas fases.

1. Selecione os nomes das tarefas 5 a 7.

   Essas são as tarefas que você deseja tornar subtarefas da tarefa Fase de lançamento público.

2. Na guia **Tarefa**, no grupo **Cronograma**, clique em **Recuar tarefa**.

   O Project promove a tarefa 4 a uma tarefa de resumo. Ou você pode pensar nisso como o Project rebaixando as tarefas 5 a 7 a subtarefas; de qualquer forma, o plano de projeto agora inclui uma tarefa de resumo.

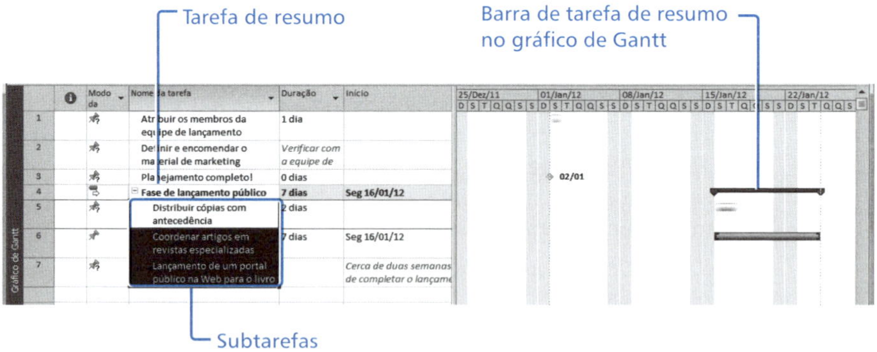

Observe o efeito no agendamento da criação da tarefa de resumo. Como a tarefa 6 já tinha datas de início e de término específicas, o Project define a data de início da tarefa de resumo (e sua outra subtarefa com uma duração) com a mesma data, 16 de janeiro.

Em seguida, você criará outra tarefa de resumo de uma maneira diferente.

3. Selecione o nome da tarefa 1, *Atribuir os membros da equipe de lançamento*.
4. Na guia **Tarefa**, no grupo **Inserir**, clique em **Resumo**.

   O Project inseriu uma linha para uma nova tarefa, recuou a tarefa logo abaixo dela e renumerou as subsequentes. O Project nomeia a nova tarefa como "<Nova Tarefa de Resumo>".
5. Com o nome da nova tarefa de resumo selecionado, digite **Fase de Planejamento** e pressione Enter.
6. Selecione os nomes das tarefas 3 e 4. Você recuará essas tarefas abaixo da tarefa de resumo 1.
7. Na guia **Tarefa**, no grupo **Cronograma**, clique em **Recuar tarefa**.

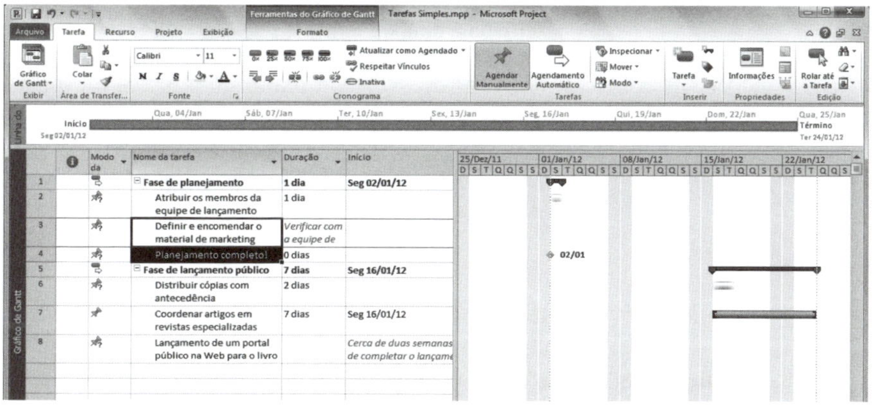

Agora, o plano de projeto está organizado em duas fases de trabalho.

Vinculando tarefas

A maioria dos projetos requer que as tarefas sejam executadas em uma ordem específica. Por exemplo, a tarefa de escrever um capítulo de um livro deve ser concluída antes que a tarefa de edição do capítulo possa ocorrer. Essas duas tarefas têm uma relação término-a-início (também denominada *vínculo* ou *dependência*), que tem dois aspectos:

- A segunda tarefa precisa ocorrer após a primeira; isso é uma sequência.
- A segunda tarefa só poderá ocorrer se a primeira estiver concluída; isso é uma dependência.

No Project, a primeira tarefa ("escrever o capítulo") é chamada de *predecessora*, pois precede as tarefas que dependem dela. A segunda tarefa ("editar o capítulo") é denominada *sucessora* porque sucede, ou segue, as tarefas das quais ela é dependente. Qualquer tarefa pode ser uma predecessora de uma ou mais tarefas sucessoras. Da mesma forma, qualquer tarefa pode ser uma sucessora de uma ou mais tarefas predecessoras.

Embora isso possa parecer complicado, as tarefas podem ter um de apenas quatro tipos de relações:

Essa relação entre tarefas	Significa	Como é exibida no gráfico de Gantt	Exemplo
Término-a-início (TI)	A data de término da tarefa predecessora determina a data de início da tarefa sucessora.		Um capítulo do livro deve ser escrito para que ele possa ser editado.
Início-a-início (II)	A data de início da tarefa predecessora determina a data de início da tarefa sucessora.	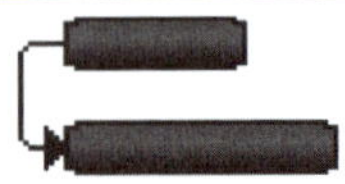	O pedido de pré-impressão e o pedido de papel estão relacionados e devem ocorrer simultaneamente.
Término-a-término (TT)	A data de término da tarefa predecessora determina a data de término da tarefa sucessora.	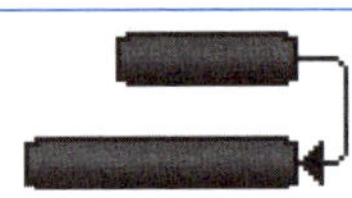	As tarefas que exigem um equipamento específico devem terminar quando o aluguel do equipamento terminar.
Início-a-término (IT)	A data de início da tarefa predecessora determina a data de término da tarefa sucessora.	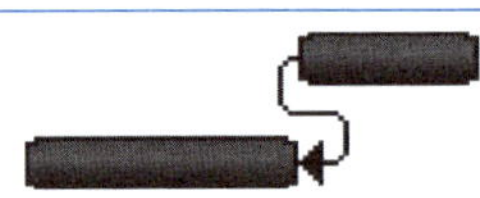	A hora em que execução da impressão for agendada determinará a hora que a tarefa de seleção de encadernação deverá terminar. (Esse tipo de relação raramente é usado.)

Dica Você pode ajustar a relação de agendamento entre as tarefas predecessoras e sucessoras com tempo de avanço e latência. Por exemplo, você pode definir um atraso de dois dias entre o final de uma tarefa predecessora e o início da sua tarefa sucessora. Para obter mais informações, consulte o Capítulo 7, "Ajuste os detalhes das tarefas".

A representação das relações entre as tarefas e o tratamento das alterações feitas às datas de início e às de término agendadas são duas áreas em que o uso de um mecanismo de agendamento, como o Project, realmente vale a pena. Por exemplo, você pode alterar a duração das tarefas, ou adicionar ou remover tarefas de uma cadeia de tarefas vinculadas, e o Project agendará as tarefas de acordo.

As relações entre tarefas aparecem de várias maneiras no Project, incluindo:

- Nos modos de exibição Gráfico de Gantt e Diagrama de Rede, as relações entre tarefas aparecem como linhas que conectam as tarefas.
- Nas tabelas, como na ***Tabela Entrada***, os números de ID das tarefas predecessoras aparecem nos campos Predecessoras das tarefas sucessoras. (Você talvez precise arrastar a barra divisora vertical para a direita para ver a coluna Predecessoras.)

Você pode criar relações entre tarefas por meio de vínculos entre elas. Neste exercício, você vai usar diferentes métodos para criar vínculos entre várias tarefas, criando relações término-a-início.

Primeiro, você vai criar uma dependência término-a-início entre duas tarefas.

1. Selecione os nomes das tarefas 2 e 3.
2. Na guia **Tarefa**, no grupo **Cronograma**, clique em **Vincular tarefas**.

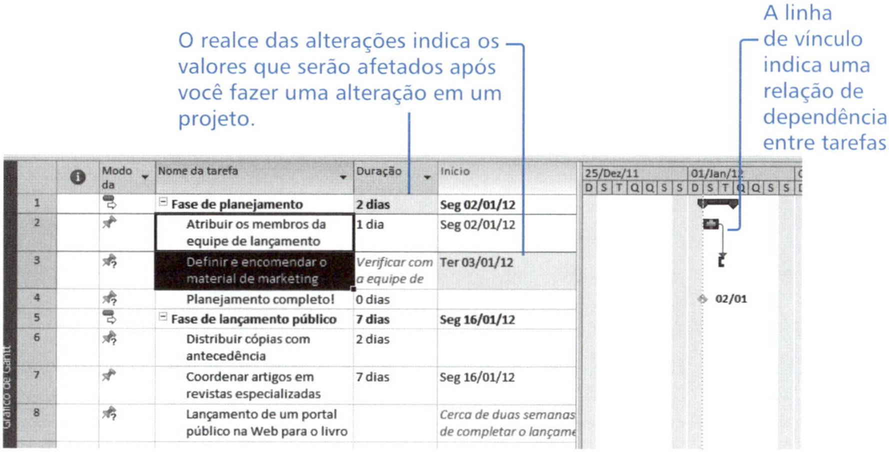

As tarefas 2 e 3 são vinculadas com uma relação término-a-início. Observe que a tarefa 3 não tinha data de início ou de término, mas tornando-a uma sucessora da tarefa 2, você forneceu ao Project informações suficientes para dar à tarefa 3 uma data de início: 3 de janeiro, o próximo dia útil após o final da tarefa 2.

Você observou o realce azul claro de alguns campos de Duração, Início e Término enquanto vinculava as tarefas? O Project realça os valores que são afetados após cada alteração feita em um plano de projeto.

Dica Para desvincular as tarefas, selecione as tarefas que você deseja desvincular e, em seguida, clique em Desvincular Tarefas no grupo Cronograma na guia Tarefa.

Em seguida, você irá vincular as tarefas 3 e 4 de um jeito diferente.

3. Selecione o nome da tarefa 4, *Planejamento completo!*
4. Na guia **Tarefa**, no grupo **Propriedades**, clique em **Informações**.

   A caixa de diálogo Informações sobre a tarefa é exibida.

Informações

5. Clique na guia **Predecessoras**.
6. Clique na célula vazia abaixo do cabeçalho da coluna **Nome da tarefa** e na seta que aponta para baixo que aparece no canto direito.
7. Na lista **Nome de tarefas**, clique em *Definir e encomendar o material de marketing*.

8. Clique em **OK** para fechar a caixa de diálogo **Informações** sobre a tarefa.

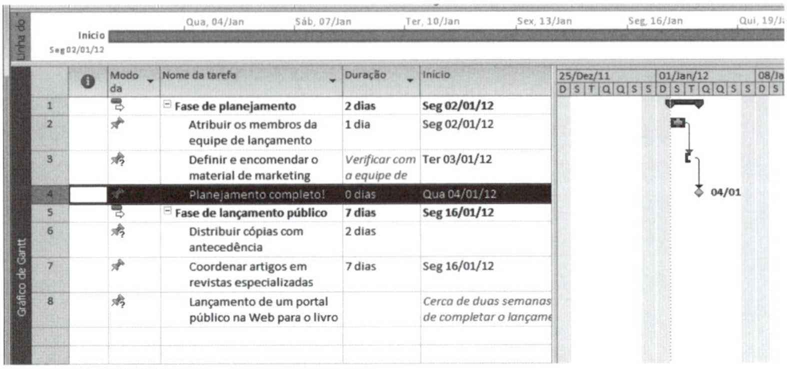

As tarefas 3 e 4 são vinculadas com uma relação término-a-início.

Para finalizar este exercício, você vai vincular as tarefas de produção restantes e, em seguida, vincular as duas tarefas de resumo.

Dica Lembre-se de que qualquer tarefa pode ter várias predecessoras. Uma maneira de especificar tarefas predecessoras adicionais é adicioná-las na guia Predecessoras da caixa de diálogo Informações sobre a tarefa. Para as relações término-a-início (o tipo de vínculo padrão), a predecessora com data de término posterior determinará a data de início da tarefa sucessora.

Em seguida, você irá vincular as subtarefas abaixo da tarefa Fase de lançamento público em uma única ação.

9. Selecione os nomes das tarefas 6 a 8.
10. Na guia **Tarefa**, no grupo **Cronograma**, clique no botão **Vincular tarefas**. As tarefas 6 a 8 são vinculadas.

Dica Para selecionar tarefas não adjacentes, selecione a primeira tarefa, mantenha pressionada a tecla Ctrl e, em seguida, selecione a segunda.

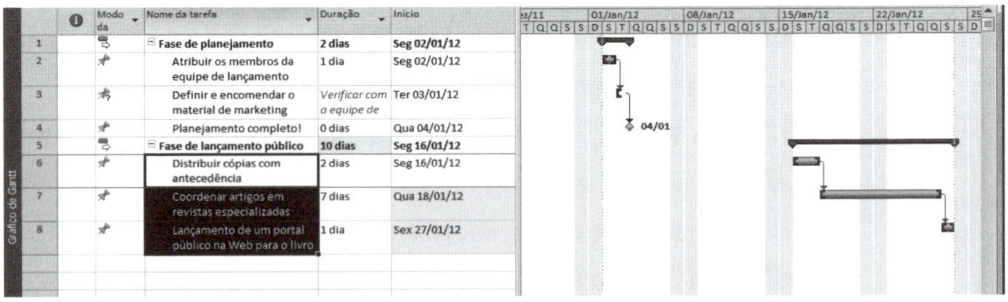

Há várias maneiras de vincular tarefas e você usará uma ou mais para vincular as duas fases do plano de lançamento do novo livro.

11. Na parte gráfica do modo de exibição Gráfico de Gantt, aponte o ponteiro do mouse na barra de Gantt para a tarefa 1, *Fase de Planejamento* e, em seguida, clique e arraste para a barra de Gantt da tarefa 5, *Fase de lançamento público*.

Quando o ponteiro do mouse estiver sobre a tarefa 5, observe a linha de vínculo e o ícone que aparecem. Libere o ponteiro do mouse.

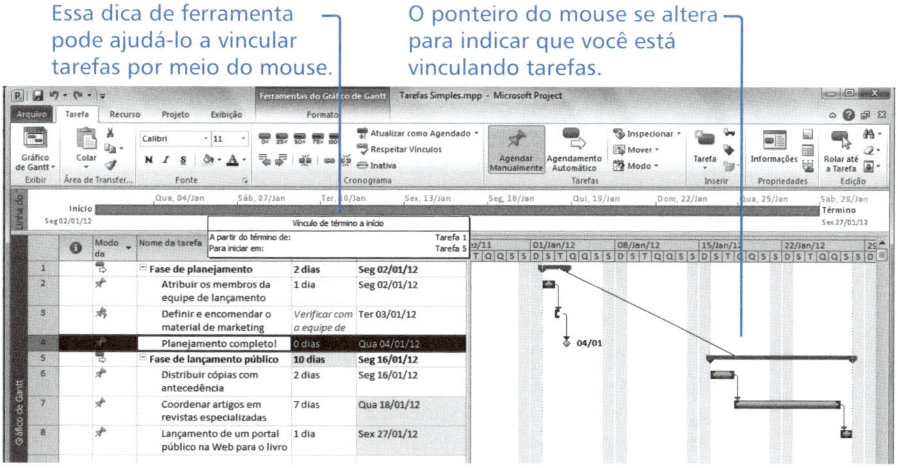

As tarefas de resumo 1 e 5 são vinculadas com uma relação término-para-início.

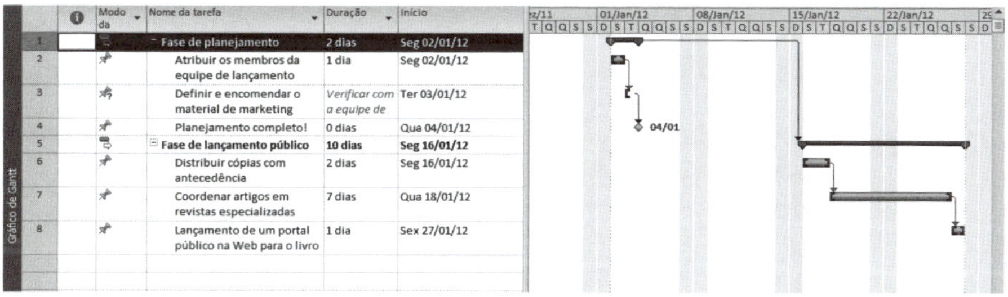

Até aqui, você usou três técnicas para vincular tarefas. À medida que você usar mais o Project, provavelmente descobrirá que prefere uma dessas ou outra maneira de vincular tarefas.

Dica Ao trabalhar com tarefas de resumo, você pode vinculá-las diretamente (como fez acima) ou vincular a última tarefa da primeira fase com a primeira tarefa da segunda fase. O resultado final do agendamento é o mesmo, mas é preferível vincular as tarefas de resumo para refletir melhor a natureza sequencial das duas fases. Entretanto, em nenhuma circunstância você poderá vincular uma tarefa de resumo a uma de suas subtarefas. Se fizer isso, você criará um problema de agendamento circular e, por isso, o Project não permitirá.

Para concluir este exercício, você irá inserir um valor de duração específico para a tarefa 3. A equipe de marketing reportou que sua estimativa é que a tarefa 3 deve ter uma duração de duas semanas.

12. No campo duração para a tarefa 3, digite **2s** e, em seguida, pressione Enter.

Se aparecer uma linha vermelha rabiscada, esta indica um problema de agendamento potencial.

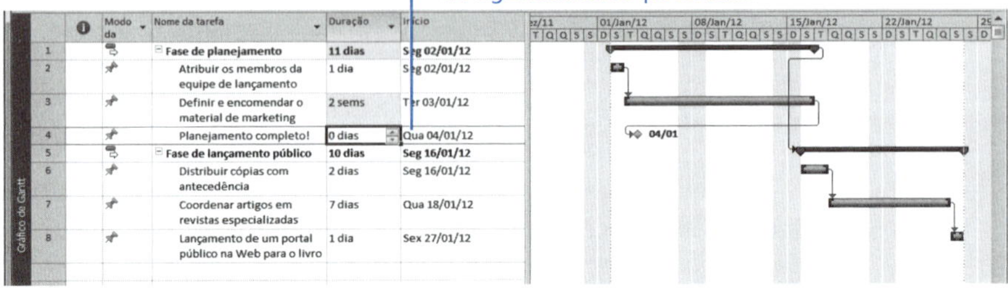

Observe que a nova duração da tarefa 3 fez com que a duração da tarefa de resumo Fase de planejamento aumentasse, mas isso não afetou o agendamento da etapa da tarefa 4. Por que não? Lembre-se de que essa tarefa ainda está agendada manualmente. Você pode forçar o Project a ajustar as datas de início e de término dessa tarefa embora as deixe agendadas manualmente.

13. Selecione o nome da tarefa 4.

14. Na guia **Tarefa**, no grupo **Cronograma**, clique em **Respeitar vínculos**.

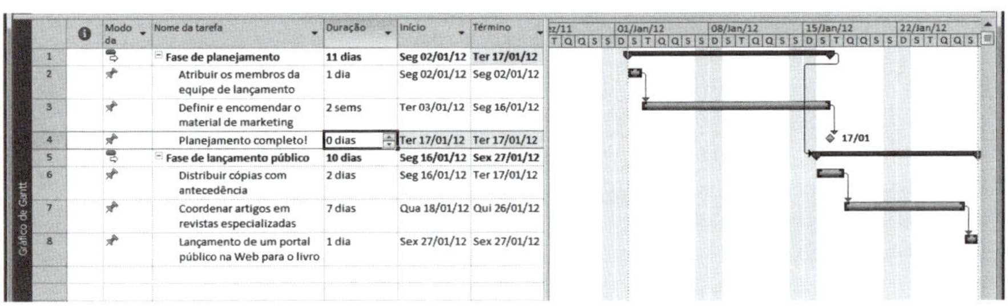

O Project reagenda a tarefa 4 para iniciar após a conclusão da sua predecessora, a tarefa 3.

Você talvez tenha observado que o início da tarefa de resumo Fase de lançamento público não respeita seu vínculo à sua predecessora, a tarefa de resumo Fase de planejamento. Clicar no botão Respeitar vínculo com a tarefa de resumo Fase de lançamento público selecionada não fará ela ser reagendada, como aconteceu com a tarefa 4. Isso ocorre porque as datas de início e de término da tarefa de resumo são definidas pelas datas de início e de término de suas subtarefas, que nesse caso ainda estão agendadas manualmente. Você irá resolver esse problema em seguida, trocando para o agendamento automático.

Trocando o agendamento da tarefa de manual para automático

Até agora, você trabalhou com tarefas agendadas manualmente no projeto do novo livro. As tarefas agendadas manualmente permitem que você enfoque na captura de detalhes básicos da tarefa, como nome e sequência, sem lidar com a complexidade do poderoso mecanismo de agendamento do Project. Entretanto, à medida que um plano de projeto se tornar mais detalhado, você estará pronto para trocar algumas ou todas as tarefas para o agendamento automático e para alterar o padrão das novas tarefas para agendamento automático.

Neste exercício, você irá converter algumas tarefas e, em seguida, o plano de projeto inteiro para o agendamento automático.

1. Selecione os nomes das tarefas 2 a 4.

   Essas tarefas estão definidas como agendadas manualmente, conforme mostrado pelo indicador do alfinete na coluna **Modo da Tarefa**.

2. Na guia **Tarefa**, no grupo **Tarefas**, clique em **Agendamento Automático**.

   O Project troca essas tarefas para serem agendadas automaticamente.

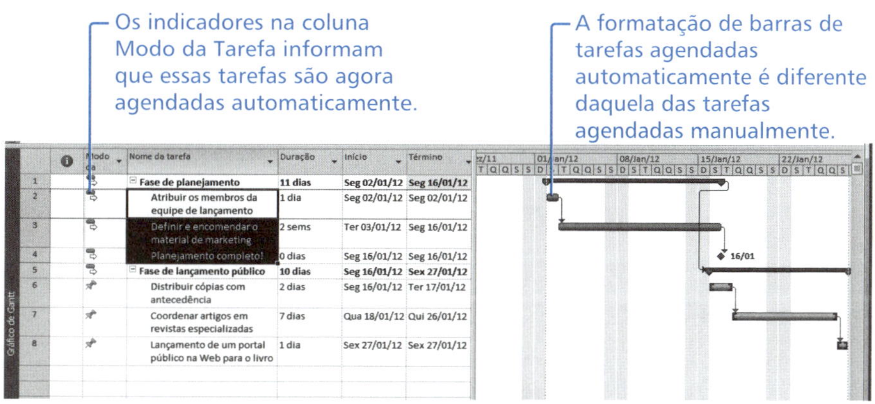

   O Project altera os ícones do Modo da Tarefa e a formatação das barras de Gantt da tarefa para indicar que elas agora são agendadas automaticamente.

3. Selecione o nome da tarefa 6, *Distribuir cópias com antecedência*.
4. Na guia **Tarefa**, no grupo **Tarefas**, clique em **Agendamento Automático**.

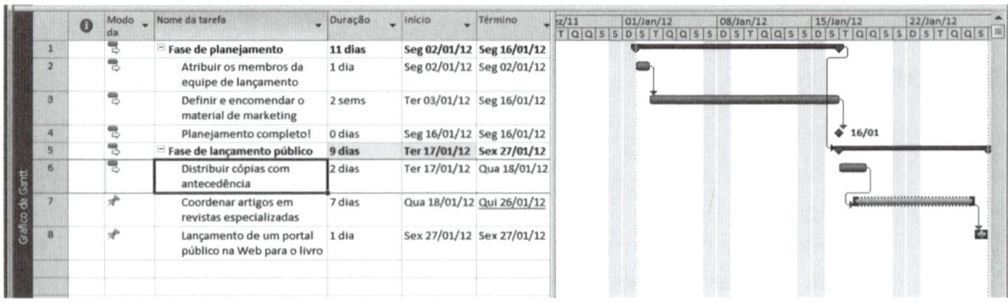

Dessa vez, a tarefa 6 foi reagendada para iniciar mais tarde. Por que isso aconteceu? Lembre-se da dependência entre as duas tarefas de resumo. A dependência estabelecia que a Fase de Lançamento Público deveria iniciar depois que a Fase de Planejamento estivesse concluída. Entretanto, como a tarefa 6 e as outras subtarefas da Fase de Lançamento Público foram agendadas manualmente, o Project não as reagendou por conta dessa dependência. No entanto, logo que você definiu a tarefa 6 para o agendamento automático, o Project fez exatamente isso e ajustou também a data de início da sua tarefa de resumo.

As subtarefas 7 e 8 restantes ainda estão agendadas manualmente, por isso o Project as deixa de lado. Você trocará essas tarefas em seguida.

5. Selecione os nomes da tarefa 7 e 8.
6. Na guia **Tarefa**, no grupo **Tarefas**, clique em **Agendamento Automático**.

O Project reagenda as tarefas restantes. Isso estende a duração da Fase de Lançamento Público e do projeto inteiro.

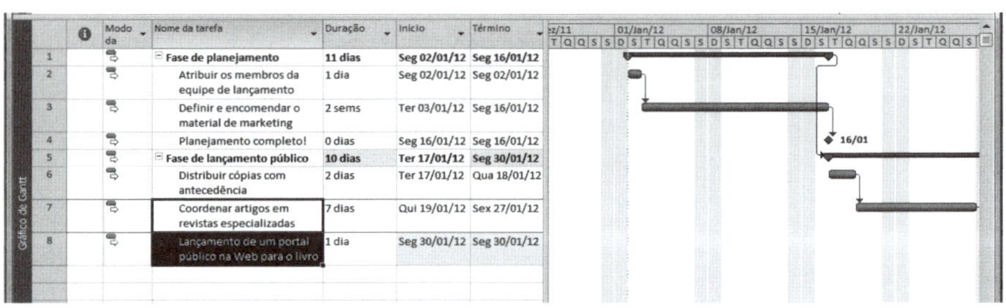

Observe que o Project forneceu uma duração de um dia para a tarefa 8, que tinha uma nota de texto para a sua duração. O Project fez isso porque ele requer um valor de tempo numérico para o valor de duração de cada tarefa agendada automaticamente. O ponto de interrogação que segue o valor de duração indica que essa é uma duração estimada; ela não tem efeito sobre o agendamento da tarefa.

Agora, esse plano de projeto está configurado para tratar todas as novas tarefas inseridas como agendadas manualmente. Você pode deixar essa configuração como está e, então, trocar as tarefas específicas para serem agendadas automaticamente. Entretanto, esse plano de projeto agora é desenvolvido o suficiente para mudar para o agendamento automático e, mais tarde, configurar algumas tarefas específicas para agendadas manualmente, conforme necessário.

7. Na guia **Tarefa**, no grupo **Tarefas**, clique em **Modo** e, em seguida, em **Agendamento Automático**.

Dica Você também pode alternar o modo de agendamento clicando no texto da barra de status Novas Tarefas e selecionando outro modo de agendamento.

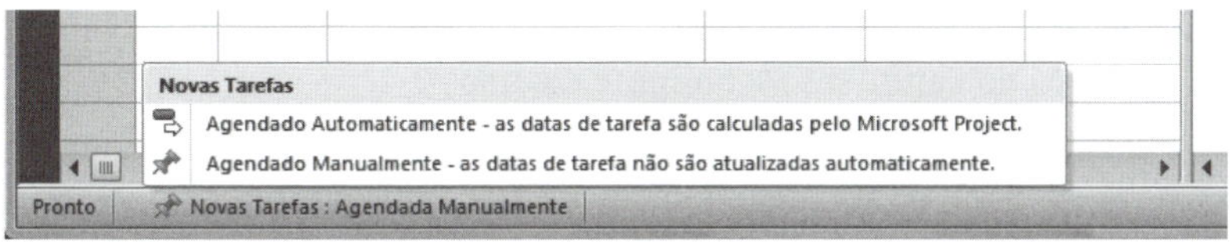

Para ver o agendamento automático em ação, você irá adicionar uma nova tarefa ao plano de projeto.

8. No campo **Nome da Tarefa**, abaixo da tarefa 8, digite **Iniciar programas de mídia social para o livro** e pressione Enter.

   O Project adiciona a nova tarefa ao plano. Por padrão, ela não está vinculada a outra tarefa e está agendada para iniciar na data de início da sua tarefa de resumo. Para terminar este exercício, você irá vinculá-la a outra tarefa.

9. Selecione os nomes das tarefas 8 e 9.

10. Na guia **Tarefa**, no grupo **Cronograma**, clique em **Vincular Tarefas**.

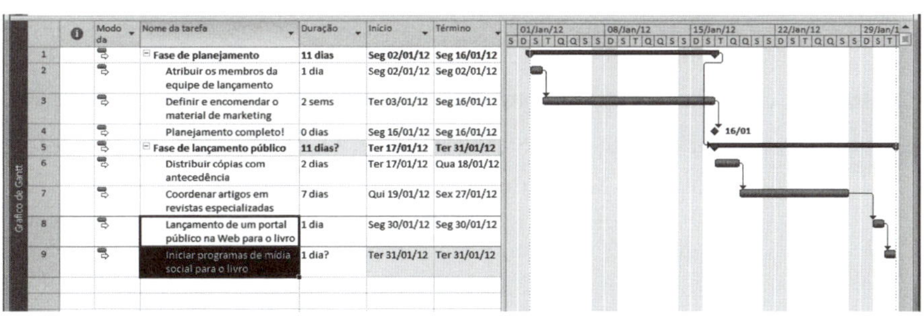

O Project vincula as duas tarefas. Observe que a duração da tarefa de resumo Fase de lançamento público foi atualizada automaticamente de 10 para 11 dias.

Definindo dias não úteis

Este exercício apresenta os calendários, o principal meio pelo qual você controla quando cada tarefa e recurso podem ser agendados para trabalhar no Project. Nos capítulos posteriores, você trabalhará com outros tipos de calendários; neste, usará somente o calendário do projeto.

O *calendário do projeto* define o período útil e não útil para as tarefas. O Project inclui vários calendários, chamados *calendários base*, e qualquer um deles serve como o calendário do projeto. Você seleciona o calendário na caixa de diálogo Informações do Projeto. Pense no calendário de projeto como as horas úteis normais da sua empresa. Por exemplo, poderia ser de segunda a sexta, das 9:00 às 18:00, com um intervalo de almoço de uma hora cada dia. Recursos específicos ou da empresa poderiam ter exceções a essas horas úteis, como feriados e férias. Você irá tratar das férias dos recursos no Capítulo 3, "Configure recursos".

Neste exercício, você criará uma exceção para o período útil no calendário do projeto.

1. Se necessário, role a parte gráfica do modo de exibição Gráfico de Gantt para que a semana de 15 de janeiro esteja visível.

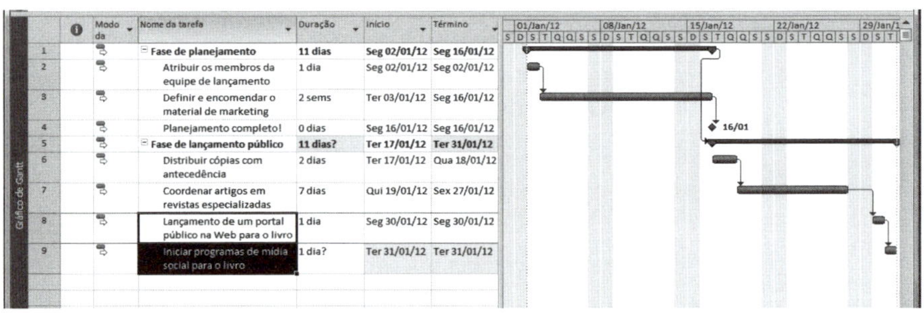

Você deseja indicar que quinta-feira, 19 de janeiro, será um dia não útil na sua empresa.

2. Na guia **Projeto**, no grupo **Propriedades**, clique em **Alterar Período de Trabalho**.

   A caixa de diálogo Alterar Período Útil é exibida.

3. Na caixa **Para calendário**, clique na seta para baixo.

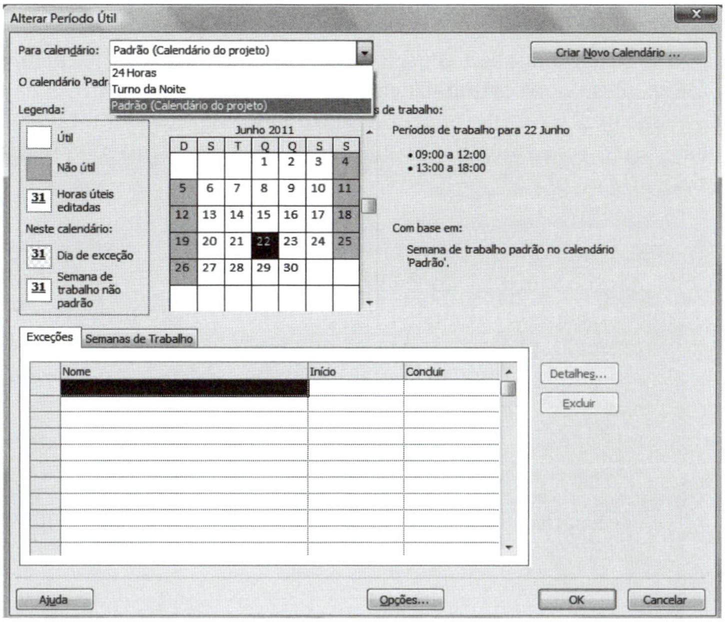

A lista que aparece contém os três calendários base incluídos no Project. Esses calendários são

- **24 Horas** Não tem período não útil
- **Turno da Noite** Abrange um agendamento do turno do "cemitério", de segunda-feira à noite até sábado pela manhã, das 23:00 às 8:00, com um intervalo de uma hora por dia
- **Padrão** O dia útil tradicional, de segunda a sexta de 9:00 às 18:00, com um intervalo de uma hora por dia

Apenas um dos calendários base serve como o calendário do projeto. Para esse projeto, você usará o *calendário base Padrão*, portanto deixe-o selecionado.

Você sabe que toda a equipe estará em um evento de motivação em 19 de janeiro; portanto, nenhum trabalho deve ser agendado para esse dia. Você vai registrar esse evento como uma exceção do calendário.

4. No campo **Nome** da guia **Exceções** na parte inferior da caixa de diálogo, digite **Evento de motivação da equipe** e, em seguida, clique no campo **Início**.

5. No campo **Início**, digite 19/01/12 e pressione Enter.

   Você poderia também ter selecionado a data desejada no calendário acima da guia Exceções ou no calendário suspenso no campo Início.

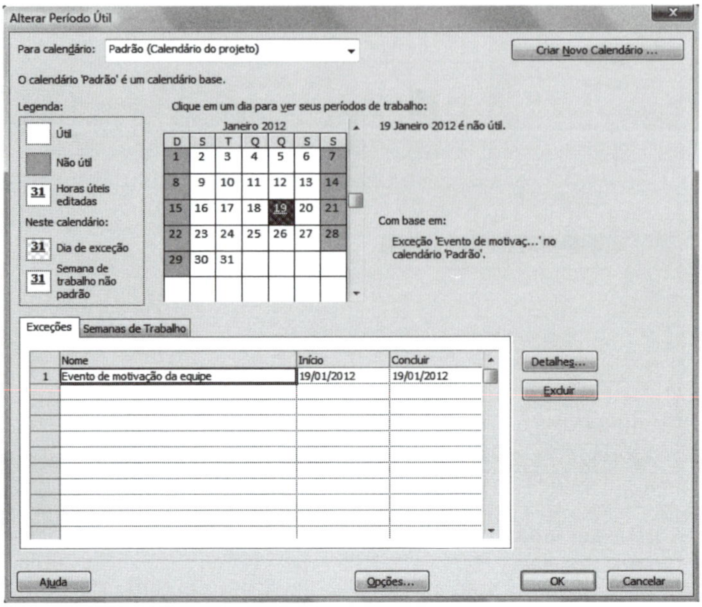

   A data agora está agendada como um período não útil para o projeto. Na caixa de diálogo, a data aparece sublinhada e uma formatação em cor é aplicada para indicar um dia de exceção.

6. Clique em **OK** para fechar a caixa de diálogo **Alterar Período Útil**.

   Para verificar a alteração feita ao calendário do projeto, note no gráfico que quinta-feira, 19 de janeiro, agora está formatada na cor cinza para indicar um período não útil (exatamente como os fins de semana). As tarefas subsequentes são automaticamente reagendadas para iniciarem no próximo dia útil, 20 de janeiro.

Nesta seção, você transformou apenas um dia específico em um dia não útil. Outros exemplos comuns de período não útil incluem feriados recorrentes ou horas úteis únicas. Você fará essas configurações no Capítulo 3, “Configure recursos”.

Dica Se necessário, você pode agendar tarefas para que ocorram durante os períodos útil e não útil. Para fazer isso, atribua uma *duração decorrida* a uma tarefa. Você insere uma duração decorrida colocando uma letra *d* como sufixo da duração. Por exemplo, digite **3dd** para indicar três dias decorridos. Você pode usar uma duração decorrida para uma tarefa que dura 24 horas em vez de durar apenas as horas úteis normais. Por exemplo, um projeto de construção poderia ter as tarefas *Despejar o concreto da fundação* e *Remover as formas da fundação*. Nesse caso, você poderia ter também uma tarefa chamada Esperar o concreto curar, porque você não deseja remover as formas até que o concreto tenha curado. A tarefa *Esperar* o concreto curar deve ter uma duração decorrida, porque a cura do concreto ocorrerá ao longo de um intervalo contíguo de dias, sejam eles dias úteis ou não úteis. Se o concreto demorar 48 horas para curar, você poderá inserir a duração para esses dias como **2dd**, agendar a tarefa para iniciar na sexta-feira às 9:00 e esperar que ela esteja concluída no domingo às 9:00. Na maioria dos casos, entretanto, você trabalhará com durações não decorridas no Project.

Verificando a duração do plano

Nesse ponto, você talvez queira saber a duração prevista para o projeto. Você não inseriu uma duração total do projeto ou uma data de término, mas o Project calculou esses valores, com base nas durações das tarefas individuais e nas relações entre elas. Uma maneira fácil de ver as datas de início e de término agendadas do projeto é por meio do modo de exibição Linha do Tempo e da caixa de diálogo **Informações sobre o projeto**.

Neste exercício, você verá a duração total atual e a data de término agendada do projeto, com base nas durações e relações entre tarefas que foram inseridas.

1. No modo de exibição Linha do Tempo acima do modo de exibição Gráfico de Gantt, observe as datas de início e de término atuais do plano de projeto.

No modo de exibição Linha do Tempo, você pode ver as datas de início e de término do projeto.

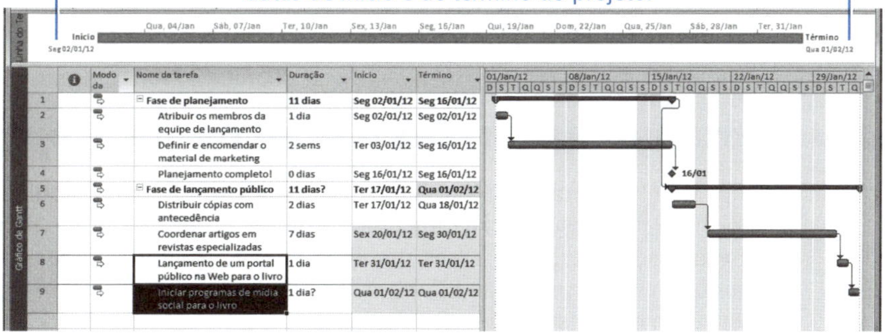

Dica Se o modo de exibição Linha do Tempo não estiver sendo mostrado, na guia Exibição, no grupo Modo Divisão, clique na caixa de seleção Linha do Tempo.

O modo de exibição Linha do Tempo é um modo prático de ter uma visão geral do plano de projeto. Aqui, nós estamos examinando apenas as datas de início e de término, mas nos capítulos posteriores, você irá trabalhar com a Linha do Tempo de diferentes maneiras.

Em seguida, você examinará a duração do plano mais detalhadamente.

2. Na guia **Projeto**, no grupo **Propriedades**, clique em **Informações do Projeto**.

   A caixa de diálogo Informações do Projeto é exibida.

   Aqui, novamente, você vê a data de término: 01/02/12. Você não pode editar a data de término diretamente, porque esse plano de projeto está definido para ser agendado a partir da data de início. O Project calcula a data de término com base na quantidade de dias úteis necessários para completar as tarefas, começando na data de início do plano. Qualquer alteração feita à data de início fará o Project recalcular a data de término.

   Em seguida, examinaremos as informações de duração mais detalhadamente.

3. Clique em **Estatísticas**.

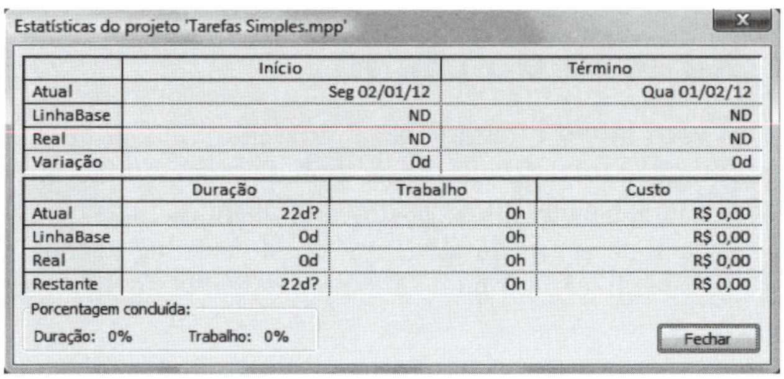

	Início	Término
Atual	Seg 02/01/12	Qua 01/02/12
LinhaBase	ND	ND
Real	ND	ND
Variação	0d	0d

	Duração	Trabalho	Custo
Atual	22d?	0h	R$ 0,00
LinhaBase	0d	0h	R$ 0,00
Real	0d	0h	R$ 0,00
Restante	22d?	0h	R$ 0,00

   Você ainda não precisa entender todos esses números, mas vale a pena observar a duração atual. A duração é o número de dias úteis (dias não decorridos) entre a data de início e a data de término.

   Você pode verificar visualmente esses números no gráfico de Gantt ou no modo de exibição Linha do Tempo.

4. Clique em **Fechar** para fechar a caixa de diálogo **Estatísticas do Projeto**.

Documentando as tarefas e o plano de projeto

É possível registrar as informações sobre uma tarefa em uma anotação. Por exemplo, você pode ter descrições detalhadas sobre uma tarefa e mesmo assim querer atribuir-lhe um nome sucinto. Esses detalhes podem ser adicionados a uma anotação da tarefa. Dessa maneira, as informações ficarão contidas no plano de projeto e poderão ser facilmente visualizadas ou impressas.

Existem três tipos de anotações: anotações de tarefas, anotações de recursos e anotações de atribuições. Você insere e revê as anotações de tarefas na guia Anotações na caixa de diálogo Informações sobre a tarefa. As anotações no Project suportam diversas opções de formatação; é possível até vincular ou armazenar imagens gráficas e outros tipos de arquivos nas anotações.

Os ***hiperlinks*** permitem que você conecte uma tarefa específica a informações adicionais que residem fora do plano de projeto – como outro arquivo, uma página na Web ou uma página em uma intranet.

Neste exercício, você vai inserir anotações e hiperlinks em tarefas para documentar informações importantes sobre algumas tarefas.

1. Selecione o nome da tarefa 6, *Distribuir cópias com antecedência*.

2. Na guia **Tarefa**, no grupo **Propriedades**, clique em **Anotações da tarefa**.

   Dica Você também pode clicar com o botão direito do mouse no nome da tarefa e clicar em Anotações no menu de atalho correspondente.

   O Project exibe a caixa de diálogo Informações sobre a tarefa com a guia Anotações visível.

3. Na caixa **Anotações**, digite **Obter listas de destinatários do agente publicitário**.

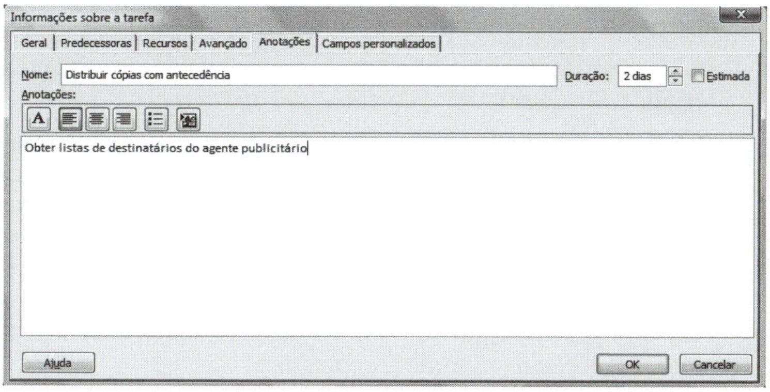

4. Clique em **OK**.

   Um ícone de anotação é exibido na coluna Indicadores.

5. Aponte para o ícone da anotação.

   A anotação é exibida em uma Dica de tela. Quando a anotação for longa demais para ser exibida em uma Dica de tela, clique duas vezes no seu ícone para exibir o texto completo.

   Para concluir este exercício, você criará um hiperlink.

6. Clique com o botão direito do mouse no nome da tarefa 8, *Lançamento do portal na Web para o livro*, e em seguida, em **Hiperlink** no menu de atalho.

   A caixa de diálogo Inserir Hiperlink é exibida.

7. Na caixa **Texto para exibição**, digite Adicionar ao catálogo da primavera aqui.
8. Na caixa **Endereço**, digite http://www.lucernepublishing.com
9. Clique em **OK**.

   Um ícone de hiperlink é exibido na coluna Indicadores. Se você apontar para o ícone, verá o texto descritivo digitado anteriormente.

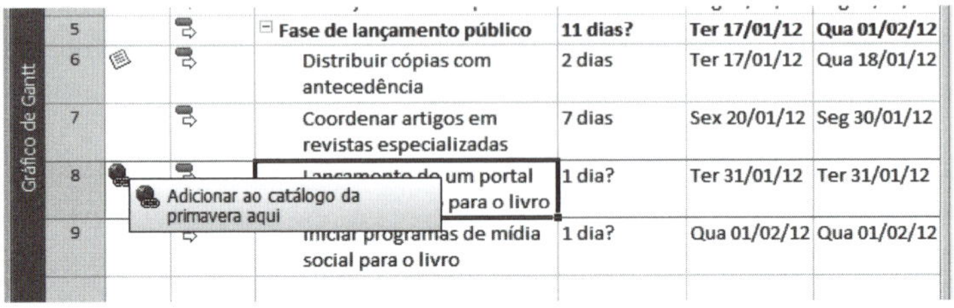

Para abrir a página da Web no seu navegador, clique com o botão direito do mouse no ícone do hiperlink e no menu de atalho que aparece, clique em Hiperlink e, em seguida, clique em Abrir Hiperlink.

Para concluir este exercício, você irá registrar algumas informações sobre o plano de projeto. Como outros programas do Microsoft Office, o Project mantém o controle de diversas propriedades de arquivo. Algumas dessas propriedades são estatísticas, como a quantidade de vezes que o arquivo foi revisado. Outras propriedades incluem informações que você talvez queira registrar sobre um plano de projeto, como o nome do gerente de projeto ou palavras-chave que dão suporte a uma pesquisa de arquivo. O Project também usa as propriedades em cabeçalhos e rodapés de página durante a impressão.

Nas etapas seguintes, você vai inserir algumas propriedades que usará mais tarde durante a impressão e para outras finalidades.

10. Clique na guia **Arquivo**.

    O modo de exibição Backstage é exibido. A opção Info deve estar selecionada por padrão. Observe a imagem em miniatura e as estatísticas principais, como a data de início e a data de término no lado direito do modo de exibição Backstage.

11. Clique no botão **Informações do Projeto** logo abaixo da imagem em miniatura. No menu exibido, clique em **Propriedades Avançadas**.

    A caixa de diálogo Propriedades é exibida com a guia Resumo visível.

12. Na caixa **Assunto**, digite Agendamento do lançamento do novo livro.
13. Na caixa **Autor**, digite seu nome.
14. Na caixa **Empresa**, digite Lucerne Publishing.

15. Marque a caixa de seleção **Salvar visualização da imagem**.

Na próxima em vez que esse arquivo aparecer na caixa de diálogo Abrir com o Painel de Visualização ativado, uma imagem em miniatura mostrando as primeiras tarefas do plano será exibida.

16. Clique em **OK** para fechar a caixa de diálogo.

LIMPEZA Feche o arquivo Tarefas Simples.

Pontos principais

- Entre os aspectos essenciais das tarefas em um plano de projeto estão sua duração e ordem de ocorrência.
- Os vínculos entre tarefas, ou relações, fazem com que o início ou o término de uma tarefa afete o início ou o término de outra. Uma relação entre tarefas comum é uma relação término a início, na qual a conclusão de uma tarefa controla o início da outra.
- No Project, as fases de um projeto são representadas como tarefas de resumo.
- As tarefas podem ser agendadas manual ou automaticamente. Para as tarefas agendadas manualmente, você pode registrar qualquer tipo de informação que possa ter sobre valores de duração, início e término de uma tarefa.
- Use os calendários do Project para controlar quando o trabalho pode ser agendado para ocorrer.
- Você pode documentar os detalhes adicionais usando as anotações de tarefas e criar hiperlinks para a Web.

Resumo do Capítulo

Crie uma lista de recursos, **p. 56**

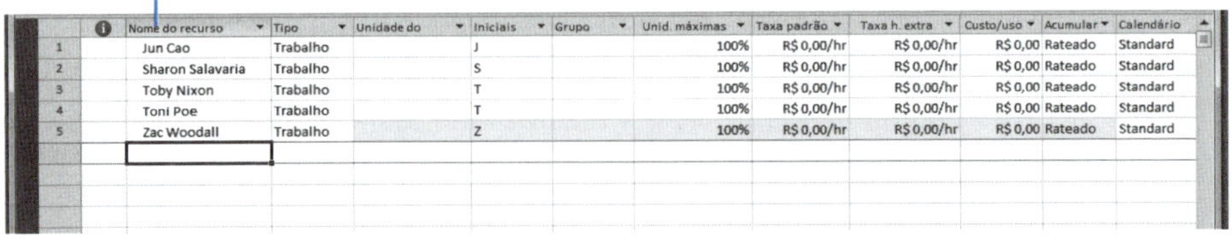

Altere a capacidade de um recurso para executar trabalho, **p. 59**

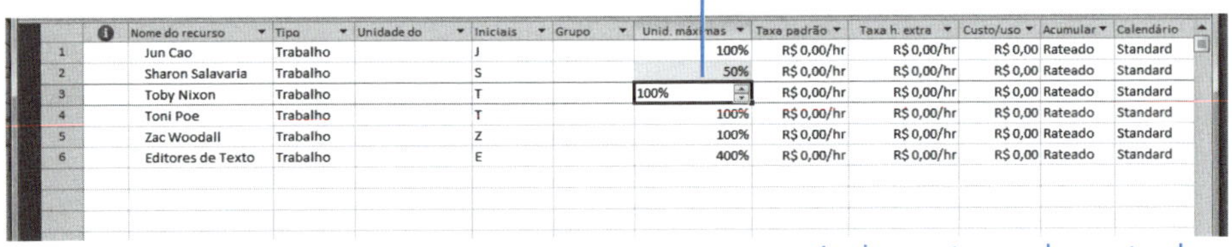

Insira as taxas de custo do recurso, **p. 60**

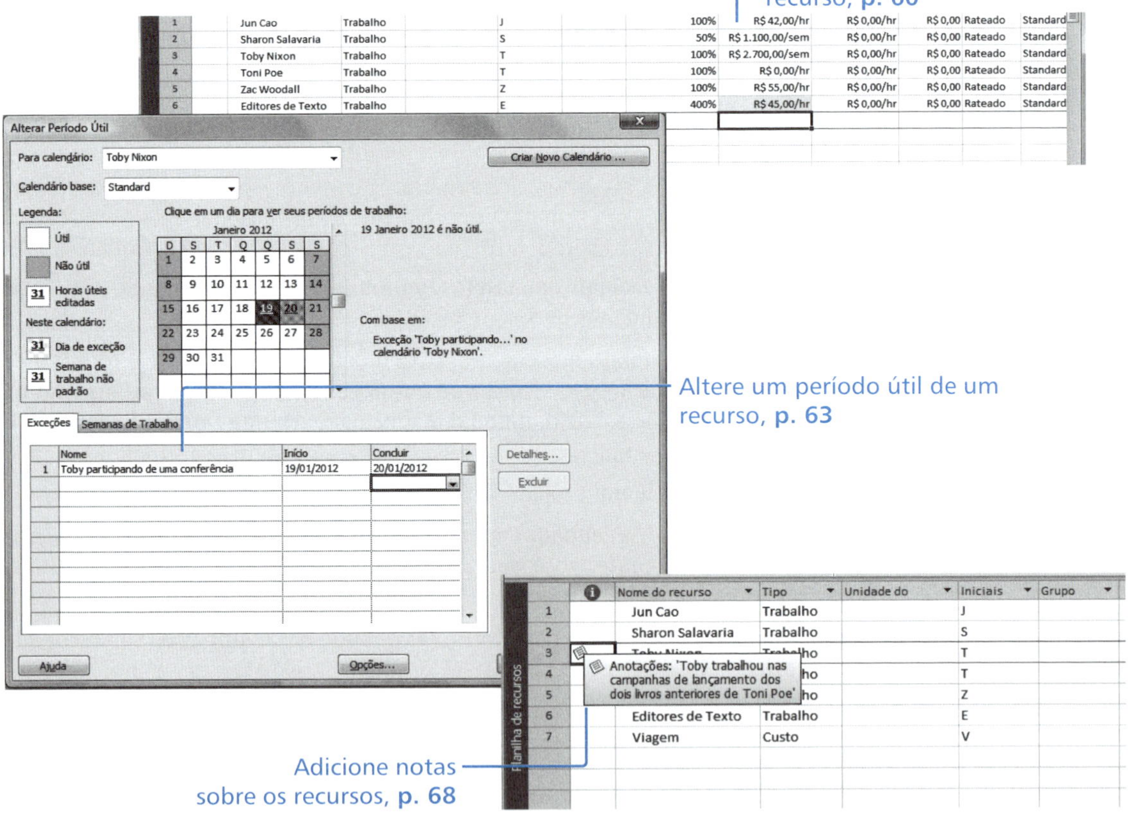

Altere um período útil de um recurso, **p. 63**

Adicione notas sobre os recursos, **p. 68**

Capítulo 3

Configure recursos

Neste capítulo, você vai aprender a:

- Definir as informações básicas de recursos para as pessoas que trabalham no projeto.
- Ajustar a capacidade máxima de um recurso para executar tarefas do projeto.
- Configurar as informações de custo para os recursos de trabalho.
- Alterar a disponibilidade de um recurso para o trabalho.
- Inserir informações sobre recurso de custo para controle financeiro.
- Registrar as informações adicionais sobre um recurso em uma anotação.

O Microsoft Project 2010 dá suporte a três tipos de *recursos*: de trabalho, de custo e materiais. Resumidamente, aqui está como abordar os três:

- *Recursos de trabalho* incluem pessoas e equipamentos necessários para completar as tarefas em um projeto.
- *Recursos de custo* representam um custo financeiro associado a uma tarefa para a qual você precisa prestar contas. Os exemplos incluem categorias de despesas como viagens, entretenimento e assim por diante.
- *Recursos materiais* são artigos de consumo que você usa à medida que o projeto está em andamento. Por exemplo, um projeto de construção talvez seja necessário controlar o aço ou o concreto à medida que ele é usado em todo o projeto.

Neste capítulo, você irá configurar os recursos de trabalho e de custo. Os recursos materiais serão descritos no Capítulo 8, "Ajuste os detalhes dos recursos".

Neste capítulo, você vai definir os recursos de trabalho e de custo necessários para completar o lançamento do novo livro da Lucerne Publishing. O gerenciamento eficaz de recursos é uma das vantagens mais poderosas de usar o Project em vez de as ferramentas de planejamento focadas em tarefas, como organizadores baseados em papéis. Não é necessário configurar os recursos e atribuí-los às tarefas no Project; entretanto, sem essas informações, você talvez seja menos eficiente ao gerenciar seu cronograma. As configurações das informações de recursos no Project exigem um pouco de esforço, mas o tempo será bem aproveitado se o seu projeto estiver sendo orientado principalmente pelas restrições de tempo ou custo (e quase todos os projetos são orientados por um desses fatores, se não por ambos.)

Arquivos de exercícios Para conclir os exercícios deste capítulo, copie os arquivos de exercícios para seu computador. Os arquivos que você usará para finalizar os exercícios deste capítulo encontram-se na pasta Capitulo03. Na seção "Usando os arquivos de exercícios", no início deste livro, existe uma lista completa dos arquivos de exercícios.

Importante Se você estiver executando o Project Professional, talvez seja necessário fazer uma alteração de configuração. Isso ajuda a garantir que os arquivos de exercícios com os quais você trabalhar neste capítulo não afetem os dados do seu Project Server. Para obter mais informações, consulte o Apêndice C, "Usando os arquivos de exercícios se estiver conectado ao Project Server".

Recursos de trabalho

Os recursos de trabalho são as pessoas e os equipamentos que realizam o trabalho do projeto. O Project enfoca em dois aspectos dos recursos de trabalho: suas disponibilidades e seus custos. A disponibilidade determina quando recursos específicos podem trabalhar em tarefas e a quantidade de trabalho que eles podem executar, e os custos se referem ao montante de dinheiro que será necessário para pagar esses recursos.

Alguns exemplos de recursos de trabalho estão listados nesta tabela.

Recurso de trabalho	Exemplo
Pessoas identificadas pelos nomes	Jun Cao; Zac Woodall
Pessoas identificadas por título de cargo ou função	Editora; Especialista em contrato
Grupos de pessoas que têm habilidades comuns (Quando atribuir esses recursos intercambiáveis a uma tarefa, você não precisa se preocupar com qual recurso individual usar desde que eles tenham as habilidades corretas)	Editores de texto; Tipógrafos
Equipamento	Impressora offset

Considerações sobre recursos de equipamento

No Project, você configura recursos de pessoas e equipamentos exatamente da mesma maneira. Eles são exemplos de recursos de trabalho. Entretanto, você deve estar ciente das diferenças importantes no modo como pode agendar esses dois tipos de recursos. A maioria dos recursos de pessoas tem um dia útil de 8 horas a 12 horas, mas os recursos de equipamentos podem ter capacidades muito mais variadas para trabalhar, de durações curtas (seguidas de manutenção) a continuamente sem interrupção. Além disso, os recursos de pessoas podem ser flexíveis nas tarefas que executam, enquanto os recursos de equipamentos tendem a ser mais especializados. Por exemplo, um editor de conteúdo para um projeto de livro também pode atuar como um editor em uma emergência, mas uma copiadora não pode substituir uma prensa tipográfica.

Você não precisa controlar cada equipamento que será usado no seu projeto, mas talvez queira configurar recursos de equipamentos quando:

- Várias equipes ou pessoas precisarem de um equipamento para realizar diferentes tarefas simultaneamente e ele estiver com excesso de reservas.
- Você quiser planejar e controlar os custos associados a esse equipamento.

Considere estas questões se seus projetos envolverem recursos de equipamentos.

O Project pode ajudá-lo a tomar decisões mais inteligentes sobre o gerenciamento de recursos de trabalho e monitoramento de custos financeiros.

Neste exercício, você vai inserir os nomes de vários recursos de pessoas.

PREPARAÇÃO Inicie o Project, caso ele ainda não esteja em execução.

Você precisa do plano de projeto Recursos Simples_Inicio localizado na sua pasta de arquivos de exercícios Capitulo03 para completar este exercício. Abra o plano de projeto Recursos Simples_Inicio e siga estas etapas.

1. Na guia **Arquivo**, clique em **Salvar Como**.

   Project exibe a caixa de diálogo Salvar Como.

2. Na caixa **Nome do Arquivo**, digite **Recursos Simples** e clique em **Salvar**.

   Dica Você pode instruir o Project para salvar automaticamente o plano de projeto ativo em intervalos predefinidos, como a cada 10 minutos. Na guia Arquivo, clique em Opções. Na caixa de diálogo Opções do Project, clique em Salvar, marque a caixa de seleção Salvar automaticamente a cada e especifique o intervalo de tempo desejado.

3. Na guia **Exibição**, no grupo **Modos de Exibição de Recursos**, clique em **Planilha de Recursos**.

Você usará o modo de exibição Planilha de Recursos para inserir a lista inicial de recursos para o projeto de lançamento do novo livro.

4. Clique na célula logo abaixo do cabeçalho de coluna **Nome do recurso**.
5. Digite **Jun Cao** e pressione a tecla Enter.

   O Project cria um novo recurso.

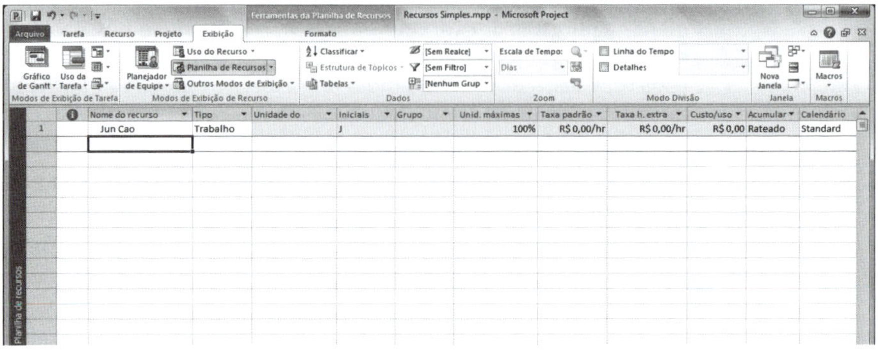

6. Nas linhas vazias seguintes da coluna **Nome do recurso**, insira os nomes:

   Sharon Salavaria

   Toby Nixon

   Toni Poe

   Zac Woodall

Quando você cria um novo recurso de trabalho, por padrão, o Project atribui a ele Unidades Máximas igual a 100%.

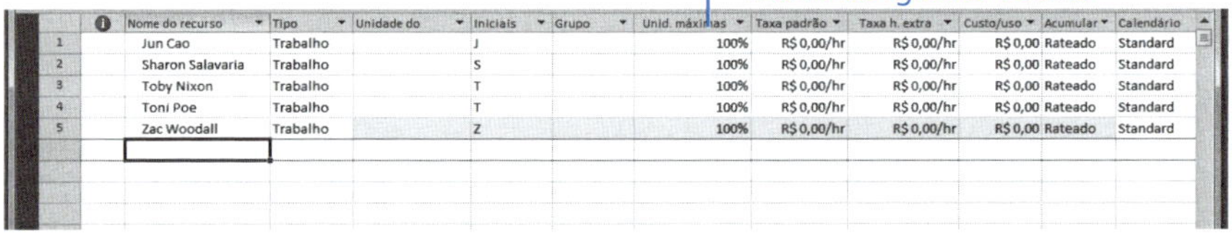

Esses recursos são todos pessoas individuais. É possível também ter um recurso que represente várias pessoas. Você o inserirá em seguida.

7. No campo **Nome do Recurso**, abaixo do último recurso, digite **Editores de Texto** e pressione Enter.

Qual é a melhor maneira de inserir os nomes dos recursos?

No Project, os nomes dos recursos de trabalho podem fazer referência a pessoas (Sharon Salavaria) ou a títulos de cargos (como Editor ou Especialista em Contrato). Use a convenção de nomes que fizer mais sentido para você e para aqueles que verão as informações do plano de projeto. As perguntas importantes são: quem verá os nomes dos recursos e como eles os identificarão? Os nomes de recursos escolhidos serão exibidos tanto no Project quanto nas informações de recursos compartilhadas no Project. Por exemplo, no modo de exibição Gráfico de Gantt padrão, o nome do recurso é exibido ao lado das barras de tarefas às quais esse recurso é atribuído.

Um recurso pode fazer referência a alguém que já pertence à equipe ou a uma posição a ser preenchida posteriormente. Se você ainda não preencheu todas as posições de recursos necessárias, talvez ainda não tenha os nomes reais para inserir. Nesse caso, use nomes descritivos ou títulos de cargos quando estiver configurando os recursos no Project.

Capacidade de recurso

O campo Unidades Máximas representa a capacidade máxima de um recurso para executar qualquer tarefa. Especificando que um recurso tem ***unidades máximas*** igual a 100%, significa que 100% do período útil do recurso está disponível para trabalhar nas tarefas atribuídas no plano de projeto. O Project irá alertá-lo se você atribuir o recurso a mais tarefas do ele pode executar dentro das unidades máximas em 100% (em outras palavras, se o recurso se tornar ***superalocado***). 100% é o valor padrão para Unidades Máximas referente aos novos recursos.

Para um recurso que representa não uma pessoa, mas uma categoria de pessoas intercambiáveis com um conjunto de habilidades comuns, você pode inserir um valor maior para as Unidades Máximas para indicar o número de pessoas disponíveis. Inserir uma configuração de Unidades Máximas como 800% para um recurso significa que você pode esperar que oito pessoas que pertençam a essa categoria de recurso estarão disponíveis para trabalhar em tempo integral em todos os dias úteis.

Neste exercício, você irá ajustar os valores de Unidades Máximas para indicar um recurso que representa várias pessoas e outro recurso cuja capacidade para trabalhar nesse plano de projeto não é em horário integral.

1. Clique no campo **Unid. Máximas** para o recurso *Editores de Texto*.
2. Digite ou selecione 400% e pressione Enter.

Dica Quando você clica em um valor numérico em um campo como Unidades Máximas, as setas para cima e para baixo aparecem. Você pode clicar nelas para exibir o número desejado ou simplesmente digitar o número no campo.

Em seguida, você atualizará o valor de Unidades Máximas de Sharon Salavaria para indicar que ela trabalha em meio período.

3. Clique no campo **Unid. Máximas** para Sharon Salavaria, digite ou selecione 50% e, em seguida, pressione Enter.

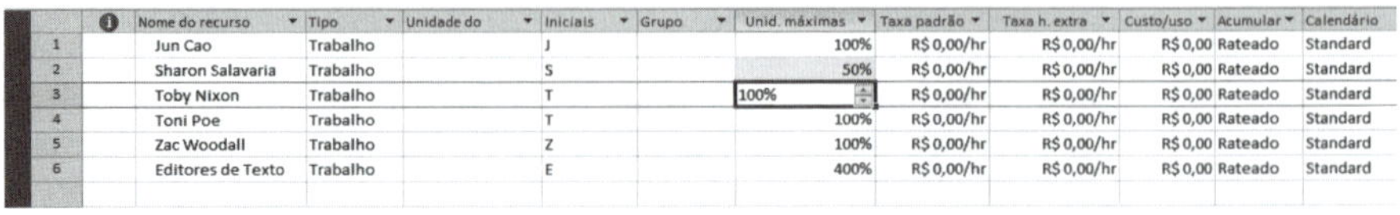

		Nome do recurso	Tipo	Unidade do	Iniciais	Grupo	Unid. máximas	Taxa padrão	Taxa h. extra	Custo/uso	Acumular	Calendário
1		Jun Cao	Trabalho		J		100%	R$ 0,00/hr	R$ 0,00/hr	R$ 0,00	Rateado	Standard
2		Sharon Salavaria	Trabalho		S		50%	R$ 0,00/hr	R$ 0,00/hr	R$ 0,00	Rateado	Standard
3		Toby Nixon	Trabalho		T		100%	R$ 0,00/hr	R$ 0,00/hr	R$ 0,00	Rateado	Standard
4		Toni Poe	Trabalho		T		100%	R$ 0,00/hr	R$ 0,00/hr	R$ 0,00	Rateado	Standard
5		Zac Woodall	Trabalho		Z		100%	R$ 0,00/hr	R$ 0,00/hr	R$ 0,00	Rateado	Standard
6		Editores de Texto	Trabalho		E		400%	R$ 0,00/hr	R$ 0,00/hr	R$ 0,00	Rateado	Standard

Dica Se você preferir, pode inserir as unidades máximas como números parciais ou inteiros (0,5, ou 1, 4) em vez de porcentagens (50%, 100%, 400%). Para usar esse formato, na guia Arquivo, clique em Opções. Na caixa de diálogo Opções do Project, clique na guia Cronograma. Na caixa Mostrar unidades de atribuição como, clique em Decimal.

Com essas alterações para Unidades Máximas, o Project identificará esses recursos como superalocados quando seu trabalho atribuído exceder suas capacidades. Você trabalhará com superalocação de recursos nos Capítulos 8 e 9.

Inserindo taxas de pagamento para os recursos

Quase todos os projetos têm algum aspecto financeiro e os limites de custo orientam o escopo de muitos deles. O controle e gerenciamento das informações de custo permitem que o gerente de projeto faça perguntas importantes como:

- Com base nas nossas estimativas de duração de tarefas e atribuição de recursos, qual é o custo total esperado do projeto?
- Estamos usando recursos muito caros para realizar um trabalho que poderia ser executado por recursos mais baratos?
- Quanto custará um tipo específico de recurso ou tarefa durante a realização do projeto?
- Poderemos manter esse nível de despesa ao longo da duração planejada do projeto?

Você pode inserir taxas e custos por uso padrão para recursos de trabalho e material, além de taxas de horas extras para recursos de trabalho. Os recursos de custo não usam taxas de pagamento e serão descritos neste capítulo.

Quando um recurso de trabalho tem uma taxa de pagamento padrão inserida e é atribuído a uma tarefa, o Project calcula o custo da atribuição. O Project faz isso multiplicando o valor do trabalho da atribuição pela taxa de pagamento do recurso – ambos usando um incremento comum de tempo (como horas). Você pode, então, ver o custo por recurso, por atribuição e por tarefa (assim como os custos acumulados para as tarefas de resumo e o plano de projeto inteiro). Você irá atribuir recursos às tarefas no Capítulo 4, "Atribua recursos às tarefas".

O Project manipula as despesas de horas extras de maneira diferente. Ele só aplicará a taxa de pagamento de hora extra quando você especificamente registrar as horas extras para uma atribuição. Há mais informações sobre como trabalhar com horas extras no Capítulo 14, "Retome o controle do projeto". O Project não calcula automaticamente as horas extras e os custos associados, porque as chances de ele aplicar horas extras onde elas não existem são grandes. No plano de projeto do lançamento do novo livro, o cronograma de trabalho de Jun Cao fornece um bom exemplo. No próximo exercício, você irá configurar um cronograma de trabalho de 10 horas por dia, quatro dias por semana para Jun. Essa ainda é uma semana de trabalho regular de 40 horas, embora 2 horas por dia possam ser consideradas erroneamente como horas extras devido à premissa normal de um dia de 8 horas.

Além das taxas de custos, ou em vez delas, um recurso pode incluir uma taxa estabelecida que o Project acumula a cada tarefa para a qual o recurso é atribuído. Isso é chamado de "custo por uso". Ao contrário das taxas de custo, o custo por uso não varia com a duração da tarefa ou a quantidade de trabalho que o recurso executa. Você especifica o custo por uso no campo Custo/uso no modo de exibição Planilha de Recursos.

Neste exercício, você vai inserir as taxas de pagamento padrão e de hora extra para cada recurso de trabalho.

1. Na **Planilha de Recursos**, clique no campo **Taxa padrão** referente a Jun Cao.
2. Digite 42 e pressione Enter.

   A taxa semanal padrão de R$ 42,00 para Jun é exibida na coluna Taxa padrão. Observe que a taxa padrão é hora, portanto, você não precisa especificar custo por hora.
3. No campo **Taxa padrão** para Sharon Salavaria, digite 1100/s e pressione Enter.

   A taxa de pagamento semanal de Sharon é exibida na coluna Taxa padrão.

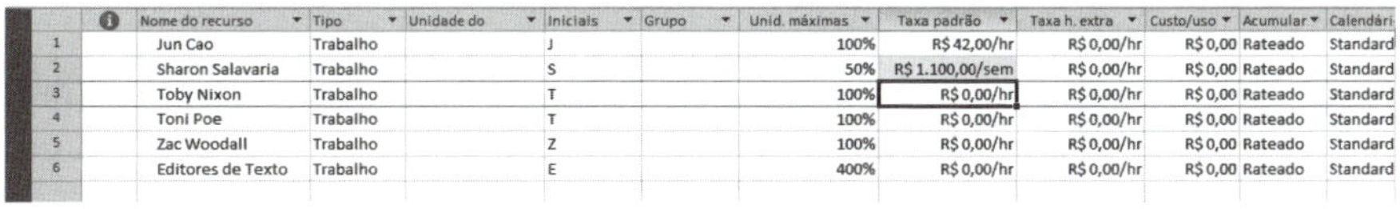

	ⓘ	Nome do recurso	Tipo	Unidade do	Iniciais	Grupo	Unid. máximas	Taxa padrão	Taxa h. extra	Custo/uso	Acumular	Calendári
1		Jun Cao	Trabalho		J		100%	R$ 42,00/hr	R$ 0,00/hr	R$ 0,00	Rateado	Standard
2		Sharon Salavaria	Trabalho		S		50%	R$ 1.100,00/sem	R$ 0,00/hr	R$ 0,00	Rateado	Standard
3		Toby Nixon	Trabalho		T		100%	R$ 0,00/hr	R$ 0,00/hr	R$ 0,00	Rateado	Standard
4		Toni Poe	Trabalho		T		100%	R$ 0,00/hr	R$ 0,00/hr	R$ 0,00	Rateado	Standard
5		Zac Woodall	Trabalho		Z		100%	R$ 0,00/hr	R$ 0,00/hr	R$ 0,00	Rateado	Standard
6		Editores de Texto	Trabalho		E		400%	R$ 0,00/hr	R$ 0,00/hr	R$ 0,00	Rateado	Standard

4. Insira as taxas de pagamento padrão a seguir referentes aos recursos dados:

Nome do recurso	Taxa padrão
Toby Nixon	2700/sem
Toni Poe	Deixar como 0 (Toni é o autor do livro e você não está controlando seus custos com base em taxas neste plano de projeto)
Zac Woodall	55
Editores de texto	45

	Nome do recurso	Tipo	Unidade do	Iniciais	Grupo	Unid. máximas	Taxa padrão	Taxa h. extra	Custo/uso	Acumular	Calendári
1	Jun Cao	Trabalho		J		100%	R$ 42,00/hr	R$ 0,00/hr	R$ 0,00	Rateado	Standard
2	Sharon Salavaria	Trabalho		S		50%	R$ 1.100,00/sem	R$ 0,00/hr	R$ 0,00	Rateado	Standard
3	Toby Nixon	Trabalho		T		100%	R$ 2.700,00/sem	R$ 0,00/hr	R$ 0,00	Rateado	Standard
4	Toni Poe	Trabalho		T		100%	R$ 0,00/hr	R$ 0,00/hr	R$ 0,00	Rateado	Standard
5	Zac Woodall	Trabalho		Z		100%	R$ 55,00/hr	R$ 0,00/hr	R$ 0,00	Rateado	Standard
6	Editores de Texto	Trabalho		E		400%	R$ 45,00/hr	R$ 0,00/hr	R$ 0,00	Rateado	Standard

Como você pode ver, é possível inserir taxas de pagamento com várias bases de tempo – por hora (o padrão), diária, semanal e assim por diante. Na verdade, você pode inserir as taxas de pagamento em todos os incrementos de tempo para os quais deseja inserir durações de tarefa – de minutos a anos.

Em seguida, você inserirá um taxa de pagamento de horas extras para um dos recursos.

5. No campo **Taxa h. extra** para *Jun Cao*, digite 67 e pressione Enter.

Dica Se você trabalha com um grande número de recursos que têm as mesmas taxas de pagamento padrão e horas extras, pode configurar o Project para aplicar essas taxas de pagamento automaticamente sempre que adicionar um novo recurso. Você faz isso na guia Avançado da caixa de diálogo Opções do Project, que pode ser acessada na guia Arquivo.

Foco do gerenciamento de projeto: obter as informações sobre os custos dos recursos

Os recursos de trabalho podem contabilizar grande parte dos custos da maioria dos projetos. Para aproveitar plenamente os recursos de gerenciamento de custos extensivos no Project, o gerente de projeto deve conhecer os custos associados a cada recurso de trabalho. Com relação aos recursos de pessoas, talvez seja difícil obter tais informações. Em muitas empresas, apenas o gerente sênior e os especialistas em recursos humanos têm acesso às taxas de pagamento de todos os recursos que trabalham em um projeto e eles podem considerar essas informações confidenciais. Dependendo das suas prioridades de projeto e da política organizacional, você talvez não consiga controlar as taxas de pagamento dos recursos. Se não for possível controlar as informações de custo de recursos e seu projeto for limitado pelo custo, sua eficiência como gerente de projeto poderá ser reduzida e os patrocinadores dos seus projetos deverão compreender essa limitação. Se você efetivamente incluir os detalhes de custo no seu plano de projeto e essas informações forem consideradas confidenciais, considere exigir uma senha para abrir os planos de projeto. Para definir uma senha, clique na guia Arquivo e em Salvar Como. Na caixa de diálogo Salvar Como, clique em Ferramentas e em Opções Gerais.

Ajustando o período de trabalho dos recursos individuais

O Project usa diferentes tipos de calendários para finalidades distintas. No Capítulo 2, "Criando uma lista de tarefas", você modificou o ***calendário do projeto*** para especificar os dias não úteis para o projeto inteiro. Neste exercício, você abordará o calendário do recurso. O ***calendário do recurso*** controla os dias úteis e não úteis de um recurso individual. O Project usa os calendários dos recursos para determinar quando o trabalho para um recurso específico pode ser agendado. Os calendários dos recursos só se aplicam a recursos de trabalho (pessoas e equipamentos) e não a recursos de custos e materiais.

Quando você cria os recursos em um plano de projeto, o Project cria um calendário do recursos para cada recurso de trabalho. As configurações dos períodos úteis iniciais dos calendários dos recursos correspondem exatamente àquelas do calendário do projeto, que por padrão é o ***calendário base padrão***. O calendário base padrão é incorporado ao Project e acomoda uma agenda de trabalho padrão das 8:00 às 17:00, de segunda a sexta-feira com uma hora de almoço a cada dia. Se todos os períodos úteis dos seus recursos corresponderem ao período útil do calendário do projeto, não será necessário editar os calendários dos recursos. Entretanto, o mais provável é que para alguns recursos haja exceções para o período útil no calendário do projeto, como:

- Uma agenda de trabalho com horário flexível
- Período de férias
- Outros períodos em que um recurso não estará disponível para trabalhar no projeto, como o tempo gasto em treinamento ou assistindo a uma conferência.

Dica Se houver um recurso que estará disponível para trabalhar no projeto apenas em tempo parcial, talvez você fique tentado a definir o período de trabalho do recurso no projeto, de modo a refletir uma agenda em tempo parcial – por exemplo, das 8:00 às 12:00 diariamente. Uma abordagem mais apropriada seria ajustar a disponibilidade do recurso no campo Unid. Máximas para 50%, como você fez no exercício anterior para o recurso chamado Sharon Salavaria. A alteração da disponibilidade unitária do recurso mantém o foco na capacidade do recurso para trabalhar no projeto, em vez dos períodos específicos do dia em que o trabalho poderá ocorrer. Você define as unidades máximas de um recurso no modo de exibição Planilha de Recursos.

As alterações feitas ao calendário do projeto são refletidas automaticamente nos calendários dos recursos derivados do mesmo calendário do projeto. Por exemplo, no Capítulo 2, você especificou um dia não útil para um evento de motivação da equipe e o Project reagendou todo o trabalho para pular esse dia.

Neste exercício, você vai especificar os períodos úteis e não úteis para recursos de trabalho individuais.

1. Na guia **Projeto**, no grupo **Propriedades**, clique em **Alterar Período de Trabalho**.

   A caixa de diálogo Alterar Período Útil é exibida.

2. Na caixa **Calendário para**, clique em *Toby Nixon*.

   O calendário do recurso de Toby Nixon é exibido na caixa de diálogo Alterar Período Útil. Toby avisou que não estará disponível para trabalhar na quinta e na sexta-feira, 19 e 20 de janeiro, porque planeja participar de uma conferência do setor de livros.

3. Na guia **Exceções** na caixa de diálogo **Alterar Período Útil**, clique na primeira linha imediatamente abaixo do cabeçalho da coluna **Nome** e digite **Toby participando de uma conferência**.

   A descrição para a exceção do calendário é um lembrete útil para você e outras pessoas que poderão visualizar o plano de projeto mais tarde.

4. Clique no campo **Início** e digite ou selecione 19/01/2012.

5. Clique no campo **Concluir**, digite ou selecione 20/01/2012 e pressione Enter.

Dica Como alternativa, no calendário você pode primeiramente selecionar a data ou intervalo de datas para a qual deseja criar uma exceção e, em seguida, inserir o nome da exceção. O Project inserirá as datas de início e de término automaticamente com base na sua seleção e, em seguida, pressione a tecla Enter.

Cada calendário de recurso de trabalho é baseado no calendário do projeto; o calendário do projeto padrão é o calendário base Padrão (Standard).

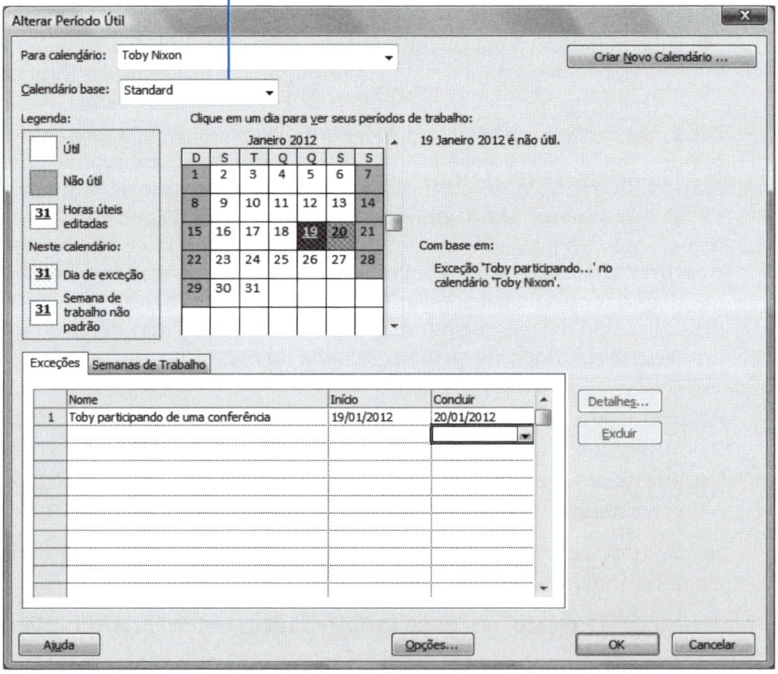

O Project não agendará trabalho para Toby nessas datas.

Dica Para configurar uma exceção de trabalho parcial para um recurso, como uma parte de um dia em que um recurso não possa trabalhar, clique em Detalhes. Na caixa de diálogo Detalhes, você também pode criar exceções recorrentes para a disponibilidade do recurso.

Para concluir este exercício, você vai definir uma agenda de trabalho "4 por 10" (isto é, 4 dias por semana, 10 horas por dia) para um recurso.

6. Na caixa **Para calendário**, clique em *Jun Cao*.
7. Quando solicitado a salvar as alterações do calendário de recursos feitas para Toby Nixon, clique em **Sim**.
8. Clique na guia **Semanas de Trabalho** na caixa de diálogo **Alterar Período Útil**.
9. Clique em **[Padrão]** logo abaixo do cabeçalho de coluna **Nome** e, em seguida, em **Detalhes**.

   Depois, você modificará os dias e as horas da semana de trabalho padrão para Jun Cao.
10. Abaixo de **Selecionar dia(s)**, selecione de **Segunda-feira** até **Quinta-feira**.

    Esses são os dias da semana que Jun pode trabalhar.
11. Clique em **Definir dia(s) para os períodos de trabalho específico**.

    Em seguida, você modificará o cronograma diário regular de Jun para os dias em que ela normalmente trabalha.
12. Na linha 2, clique em **17:00** e substitua esse valor por 19:00 e pressione Enter.

    Finalmente, você marcará a sexta-feira como um dia não útil para Jun.
13. Clique em **Sexta-feira**.
14. Clique em **Definir dias para o período de folga**.

    Agora, o Project pode agendar trabalho para Jun até as 19:00 de segunda a quinta, mas não agendará nada para ela às sextas-feiras.

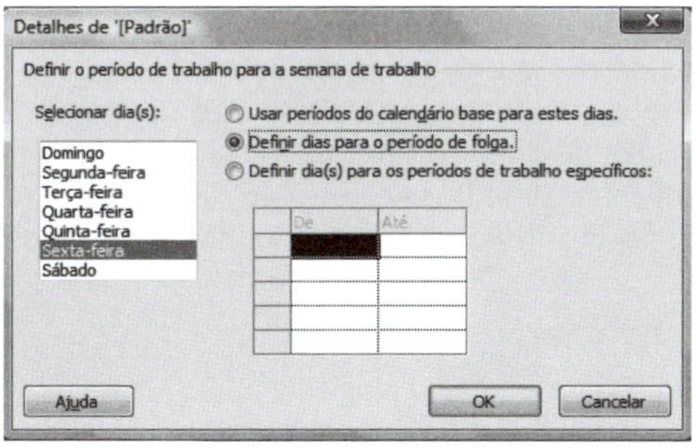

15. Clique em **OK** para fechar a caixa de diálogo **Detalhes**.

Você pode ver no calendário da caixa de diálogo Alterar período útil que as sextas-feiras (como sábados e domingos) estão marcadas como dias não úteis para Jun Cao.

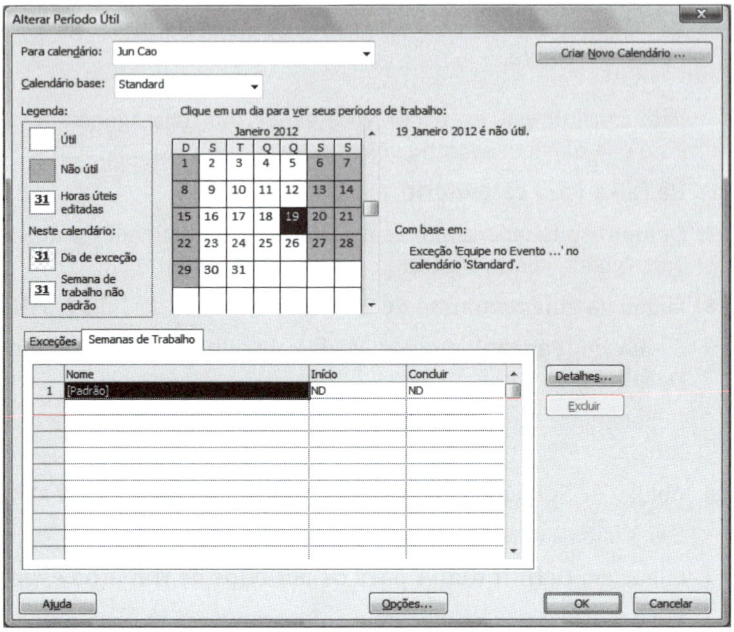

16. Clique em **OK** para fechar a caixa de diálogo **Alterar Período Útil**.

Como você ainda não atribuiu tarefas a esses recursos, os efeitos do agendamento das suas configurações de período não útil não podem ser vistos. Você os observará no Capítulo 4.

Dica Se for necessário editar vários calendários dos recursos de maneira similar (para manipular um turno da noite, por exemplo), talvez seja mais fácil atribuir um calendário base diferente a um recurso ou coleção de recursos. Esse procedimento é mais eficiente do que editar os calendários individuais e permite que você faça ajustes em todo projeto em um único calendário base, se necessário. Por exemplo, se o seu projeto inclui um turno de dia e um turno da noite, é possível aplicar o calendário base Turno da Noite para os recursos que trabalharão no turno da noite. Você altera um calendário base na caixa de diálogo Alterar Período Útil. Para coleções de recursos, você pode selecionar um calendário base específico diretamente na coluna Calendário Base da tabela Entrada, no modo de exibição Planilha de Recursos.

Configurando recursos de custo

Você pode usar um recurso de custo para representar um custo financeiro associado a uma tarefa em um projeto. Embora os recursos de trabalho, como pessoas e equipamentos, possam ter custos associados (taxas por hora e custos fixos por atribuição), a única finalidade de um recurso de custo é associar um tipo específico de custo a uma ou mais tarefas. Os tipos comuns de recursos de custos podem incluir categorias de despesas que você deseja controlar em um projeto para fins de contabilidade ou relatório financeiro, como viagens, entretenimento ou treinamento.

Os recursos de custo não trabalham e não têm efeito no agendamento de uma tarefa. Os campos de taxas Padrão e de Horas Extras e Unidades Máximas e Custo/uso não se aplicam aos recursos de custo. Após atribuir um recurso de custo a uma tarefa e especificar o montante de custo por tarefa, você poderá ver os custos acumulados para esse tipo de recurso de custo, como o total dos custos de viagem em um projeto.

A maneira como os recursos de custo geram valores de custo difere daquela dos recursos de trabalho. Quando você atribui um recurso de trabalho a uma tarefa, ele pode gerar um custo com base em uma taxa de pagamento (como em R$ 40,00 por hora para a duração da atribuição), um custo por uso uniforme (como em R$ 100,00 por atribuição) ou ambos. Você configura essas taxas de pagamento e custo por uso uma vez para o recurso de trabalho, como fez na seção "Inserindo taxas de pagamento para os recursos" neste capítulo. Entretanto, você insere o valor do custo de um recurso de custo somente quando o atribui a uma tarefa. Você pode fazer isso no campo Custo da caixa de diálogo Atribuir recursos.

A Lucerne Publishing mantém uma planilha de lucros e perdas (P&L) para cada livro que publica. Viagem é a maior despesa incorrida no lançamento de um livro.

Neste exercício, você configurará um recurso de custo.

1. Na **Planilha de Recursos**, clique na próxima célula vazia na coluna **Nome do recurso**.
2. Digite Viagem e pressione a tecla Tab.
3. No campo **Tipo**, clique em **Custo**.

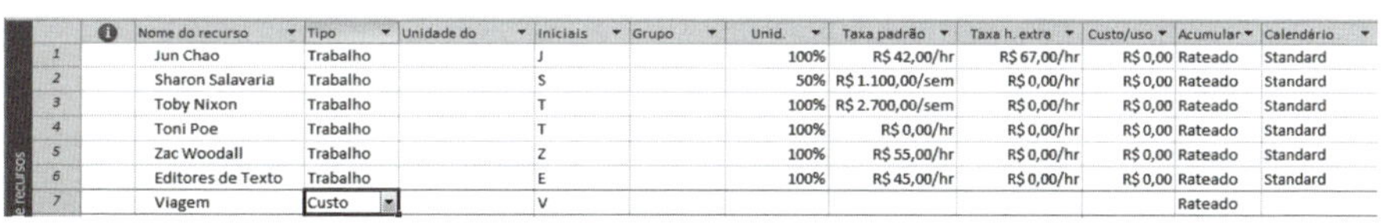

		Nome do recurso	Tipo	Unidade do	Iniciais	Grupo	Unid.	Taxa padrão	Taxa h. extra	Custo/uso	Acumular	Calendário
1		Jun Chao	Trabalho		J		100%	R$ 42,00/hr	R$ 67,00/hr	R$ 0,00	Rateado	Standard
2		Sharon Salavaria	Trabalho		S		50%	R$ 1.100,00/sem	R$ 0,00/hr	R$ 0,00	Rateado	Standard
3		Toby Nixon	Trabalho		T		100%	R$ 2.700,00/sem	R$ 0,00/hr	R$ 0,00	Rateado	Standard
4		Toni Poe	Trabalho		T		100%	R$ 0,00/hr	R$ 0,00/hr	R$ 0,00	Rateado	Standard
5		Zac Woodall	Trabalho		Z		100%	R$ 55,00/hr	R$ 0,00/hr	R$ 0,00	Rateado	Standard
6		Editores de Texto	Trabalho		E		100%	R$ 45,00/hr	R$ 0,00/hr	R$ 0,00	Rateado	Standard
7		Viagem	Custo		V						Rateado	

Você atribuirá um recurso de custo no Capítulo 4.

Documentando os recursos

No Capítulo 2, vimos que é possível registrar qualquer informação adicional sobre uma tarefa, recurso ou atribuição em uma *anotação*. Por exemplo, se um recurso tem habilidades flexíveis que podem ajudar o projeto, é bom registrar essa informação em uma anotação. Dessa maneira, a anotação constará no plano de projeto e poderá ser facilmente visualizada ou impressa.

Neste exercício, você vai inserir as anotações relevantes de recursos para o projeto de lançamento do novo livro. No Capítulo 2, você inseriu uma anotação de tarefa por meio do botão Anotações de Tarefa na guia Tarefa do grupo Propriedades. Você pode inserir anotações de recursos de maneira similar (por meio do botão Anotações, na guia Recurso, no grupo Propriedades), mas neste exercício, você vai usar um método diferente. Você usará o formulário de Recurso, que permite visualizar e editar anotações para vários recursos mais rapidamente.

Neste exercício, você irá inserir anotações no Formulário de Recursos.

1. Na coluna **Nome do Recurso**, clique em *Toby Nixon*.

2. Na guia **Recurso**, no grupo **Propriedades**, clique no botão **Detalhes**.

Dica Você também pode clicar em Detalhes, Formulário de recursos, na guia Exibição, no grupo Modo Divisão.

O Formulário de Recursos aparece abaixo do modo de exibição Planilha de Recursos.

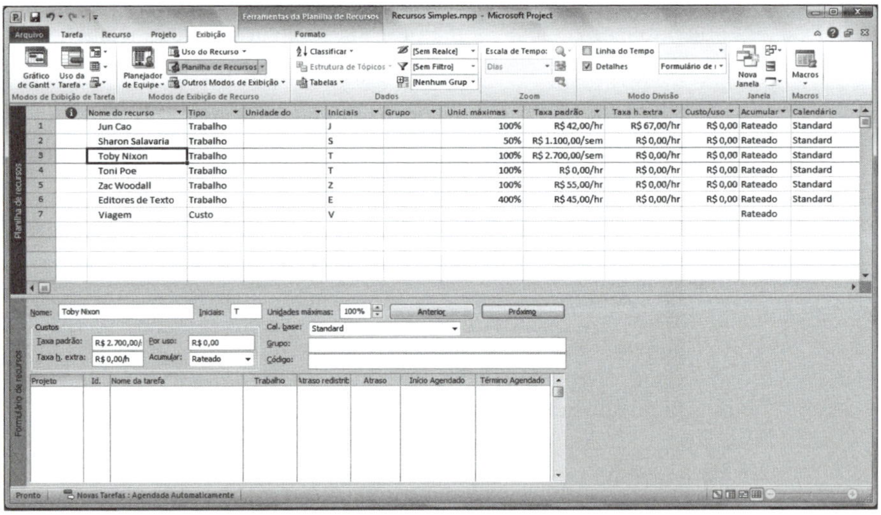

Nesse tipo de modo de exibição dividido, os detalhes sobre o item selecionado no modo de exibição superior (um recurso, no caso) aparecem no modo de exibição inferior. Você pode alterar o nome do recurso selecionado no modo de exibição superior clicando diretamente em um nome, usando as setas para cima ou para baixo ou clicando em Anterior ou Próximo no Formulário de recursos.

O Formulário de recursos pode exibir um de vários detalhes; inicialmente, ele exibe os detalhes do Cronograma. Em seguida, você irá alterná-lo para exibir os detalhes das Anotações.

3. Clique em qualquer lugar do **Formulário de recursos**.

4. Na guia **Formato**, no grupo **Detalhes**, clique em **Anotações**.

Dica Você também pode clicar com o botão direito do mouse no fundo cinza da área do Formulário de Recursos e, no menu de atalho que aparecer, em Anotações.

Os detalhes das Anotações aparecem no Formulário de recursos.

5. Na caixa **Anotações**, digite **Toby trabalhou nas campanhas de lançamento dos dois livros anteriores de Toni Poe.**

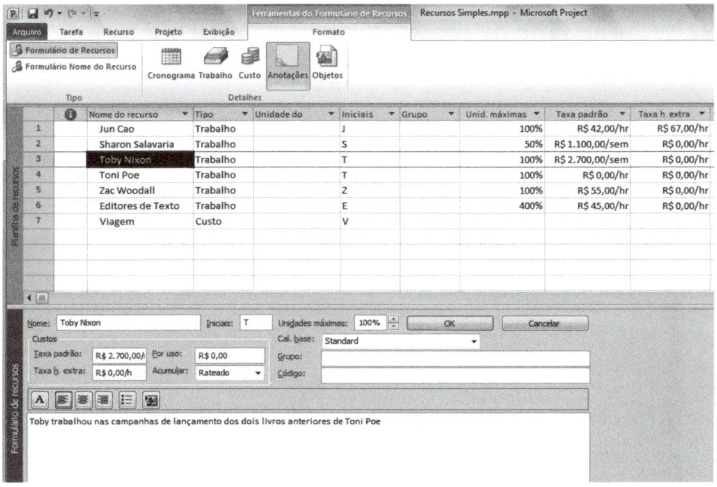

Observe que logo que você começa a digitar a anotação, os botões Anterior e Próximo se alteram para OK e Cancelar.

6. Clique em **OK**.

No modo de exibição Planilha de Recursos, um ícone de anotação é exibido na coluna Indicadores.

7. Aponte para o ícone da anotação que aparece ao lado do nome de Toby na Planilha de Recursos.

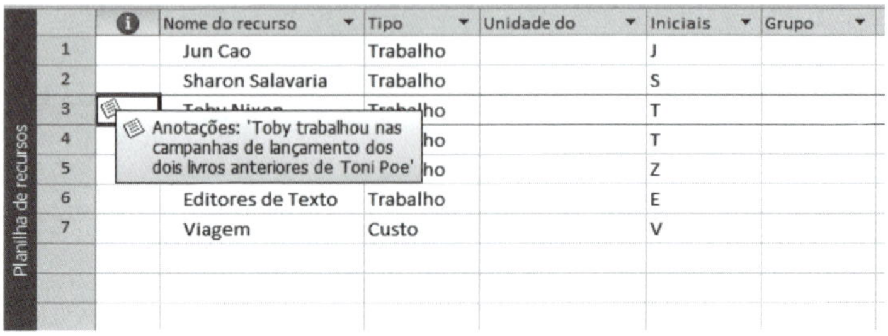

A anotação é exibida em uma Dica de Tela. Quando as anotações forem longas demais para serem exibidas em uma Dica de tela, clique duas vezes no seu ícone para exibir o texto completo. Você também pode ver as anotações mais longas no Formulário de recursos ou na caixa de diálogo Informações sobre recursos.

Para concluir este exercício, você irá adicionar uma anotação para mais um recurso.

8. No **Formulário de recursos**, clique em **Anterior** para deslocar o foco para Sharon Salavaria e exibir seus detalhes.

Dica Você também pode clicar no nome de Sharon no modo de exibição Planilha de Recursos acima do Formulário de Recursos.

9. Na caixa **Anotações**, digite **A taxa de pagamento de Sharon é ajustada para seu cronograma de trabalho de meio período.** Depois clique em **OK**.

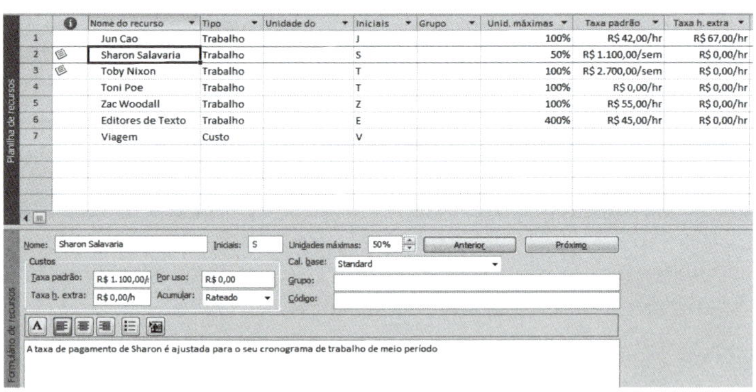

Finalmente, você fechará o Formulário de recursos.

10. Na guia **Recurso**, no grupo **Propriedades**, clique no botão **Detalhes**.

    O Formulário de Recursos é fechado, deixando a Planilha de Recursos exibida.

    Neste exercício, você inseriu anotações para alguns recursos. Essas informações são exclusivas desses recursos.

LIMPEZA Feche o arquivo Recursos Simples.

Pontos principais

- Registrar as informações do recurso nos seus planos de projeto ajuda a controlar quem faz qual trabalho, quando e a que custo.
- Os recursos de trabalho (pessoas e equipamentos) executam o trabalho em um projeto.
- Os recursos de custos descrevem tipos de despesas que você pode controlar em todo o projeto.

Resumo do Capítulo

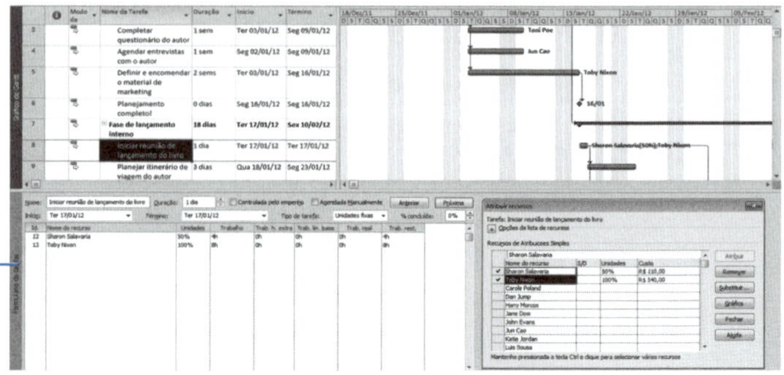

Use o Formulário de Tarefas para ver os detalhes de cronograma para tarefas e recursos, **p. 74**

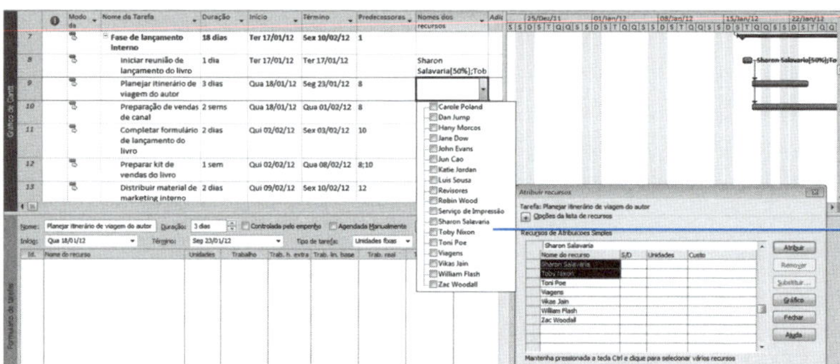

Atribua recursos de trabalhos às tarefas, **p. 74**

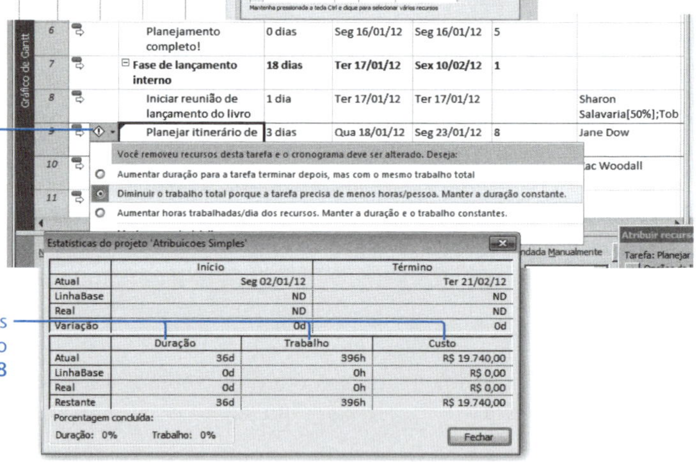

Controle como o Project ajusta o cronograma quando você adiciona ou remove recursos, **p. 82**

Verifique os detalhes essenciais do plano de projeto, como duração e custo, **p. 88**

Capítulo 4

Atribua recursos às tarefas

Neste capítulo, você vai aprender a:

- Atribuir recursos de trabalho às tarefas.
- Controlar o modo como o Project agenda atribuições de recursos adicionais.
- Atribuir recursos de custo às tarefas.

Nos Capítulos 2 e 3, você criou tarefas e recursos. Agora, está pronto para atribuir os recursos às tarefas. Uma ***atribuição*** é a ligação de um ***recurso*** a uma ***tarefa***, a fim de realizar o trabalho. Do ponto de vista de uma tarefa, você poderia chamar de atribuição de tarefa o processo de atribuir um recurso; do ponto de vista de um recurso, você poderia chamá-lo de atribuição de recurso. É a mesma coisa nos dois casos: uma tarefa ligada a um recurso equivale a uma atribuição.

Importante Quando falarmos sobre recursos durante este capítulo, estaremos falando de recursos de trabalho (pessoas e equipamentos), a menos que especifiquemos recursos de custo ou materiais. Para lembrar os tipos de recursos, consulte o Capítulo 3, "Configurando recursos".

Você não precisa atribuir recursos às tarefas no Microsoft Project 2010; é possível trabalhar apenas com tarefas. Mas existem várias boas razões para atribuir recursos ao seu plano de projeto. Quando você atribuir recursos às tarefas, poderá fazer perguntas como:

- Quem deve estar trabalhando em que tarefas e quando?
- Você tem o número correto de recursos para executar o escopo do trabalho que seu projeto requer?
- Você alocou um recurso para trabalhar em uma tarefa durante um período em que ele não estará disponível (por exemplo, quando alguém estiver de férias)?
- Você atribuiu um recurso a tantas tarefas que excedeu a sua capacidade de trabalhar – em outras palavras, você ***superalocou*** o recurso?

Neste capítulo, você vai atribuir ***recursos de trabalho*** às tarefas e observar onde as atribuições dos recursos afetam ou não a duração da tarefa. Você, então, vai atribuir um ***recurso de custo*** e ver que efeito isso tem sobre uma tarefa.

Arquivos de exercícios Para concluir os exercícios deste capítulo, copie os arquivos de exercícios para seu computador. Os arquivos que você usará para finalizar os exercícios deste capítulo encontram-se na pasta Capitulo04. Na seção "Usando os arquivos de exercícios" no início deste livro, existe uma lista completa dos arquivos de exercícios.

Importante Se você estiver executando o Project Professional, talvez seja necessário fazer uma alteração de configuração. Isso ajuda a garantir que os arquivos de exercícios com os quais você vai trabalhar neste capítulo não afetem os dados do seu Project Server. Para obter mais informações, consulte o Apêndice C, "Usando os arquivos de exercícios se estiver conectado ao Project Server".

Atribuindo recursos de trabalho às tarefas

A atribuição de um recurso de trabalho a uma tarefa permite que você controle o andamento do trabalho do recurso na tarefa. Se as taxas de pagamento do recurso forem inseridas, o Project também calculará os custos do recurso e da tarefa para você.

No Capítulo 3, vimos que a capacidade de um recurso para trabalhar é medida em unidades (um nível de medida de esforço) e registrada no campo *Unid. Máximas*. A menos que você especifique o contrário, o Project atribui 100% de unidades do recurso para a tarefa – isto é, o Project assume que todo o período de trabalho do recurso pode ser alocado para a tarefa. Se o recurso tiver menos de 100% de unidades máximas, o Project atribuirá as tarefas baseado no valor do campo Unid. Máximas do recurso.

Neste exercício, você fará algumas atribuições iniciais de recursos às tarefas.

PREPARAÇÃO Inicie o Project, caso ele ainda não esteja em execução.

Você precisa do plano de projeto Atribuicoes Simples_Inicio localizado na sua pasta de arquivos de exercícios Capitulo04 para completar este exercício. Abra o plano de projeto Atribuicoes Simples_Inicio e, em seguida, siga estas etapas.

1. No menu **Arquivo**, clique em **Salvar como**.

   O Project exibe a caixa de diálogo Salvar como.

2. Na caixa **Nome do arquivo**, digite **Atribuicoes Simples** e clique no botão Salvar.

   Antes de fazer qualquer atribuição de recursos, você verificará a duração e os valores de custo atuais do plano de projeto para comparação posterior.

3. Na guia **Projeto**, no grupo **Propriedades**, clique em **Informações do Projeto** e, em seguida, em **Estatísticas**.

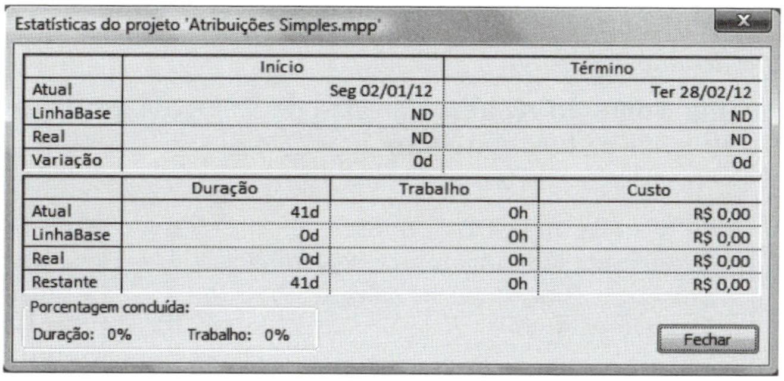

Observe a duração atual de 41 dias e custo zero. Após atribuir trabalho e recursos de custo, você verificará esses valores novamente.

4. Clique em **Fechar**.

   Em seguida, você fará a primeira atribuição de recurso.

5. Na guia **Recurso**, no grupo **Atribuições**, clique em **Atribuir recursos.**

   A caixa de diálogo Atribuir recursos é exibida. Nela, você vê os nomes dos recursos que inseriu no Capítulo 3, além de recursos adicionais.

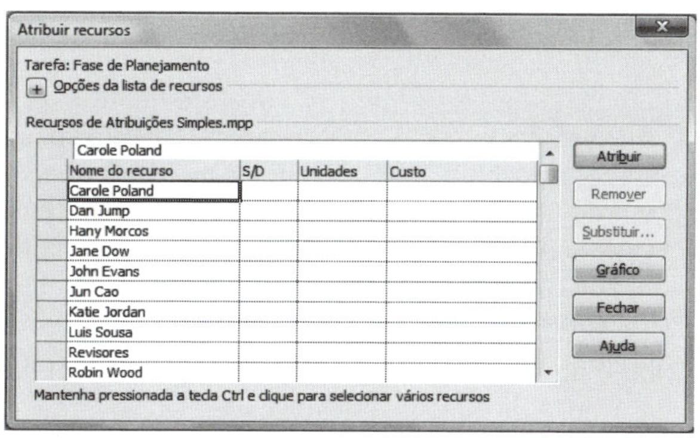

Exceto para os recursos atribuídos, que sempre aparecem no topo da lista, os recursos são classificados em ordem alfabética na caixa de diálogo Atribuir recursos.

Importante Se você estiver usando o Project Professional em vez de o Project Standard, a caixa de diálogo Atribuir recursos e algumas outras caixas de diálogo que você verá contêm opções adicionais referentes ao Project Server. Em todo este livro, não usaremos o Project Server, portanto você pode ignorar essas opções.

6. Na coluna **Nome da Tarefa**, clique no nome da tarefa 2, *Atribuir membros da equipe de lançamento*.
7. Na coluna **Nome do recurso** da caixa de diálogo **Atribuir recursos**, clique em *Carole Poland* e no botão **Atribuir**.

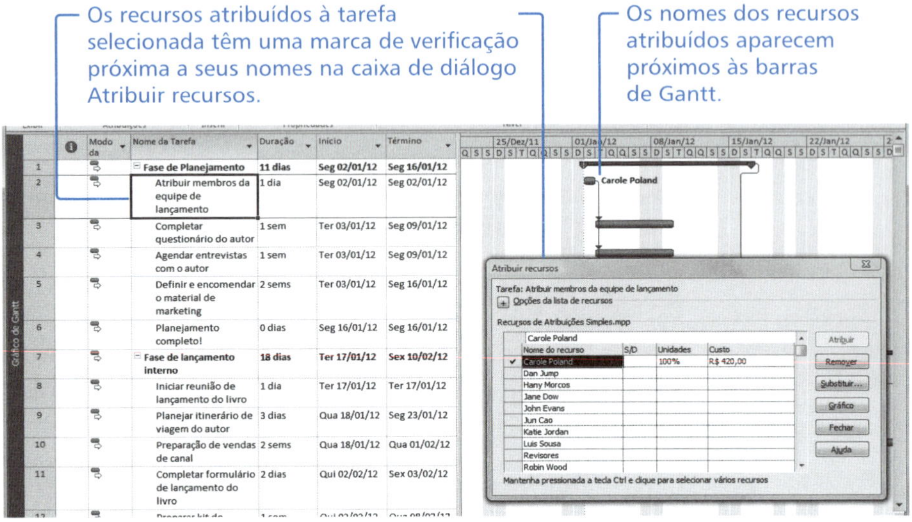

Um valor de custo e uma marca de seleção aparecem próximos ao nome de Carole, indicando que você a atribuiu à tarefa. O nome de Carole também aparece próximo à barra de Gantt da tarefa 2. Como Carole tem uma taxa de custo padrão registrada, o Project calcula o custo da atribuição (a taxa de custo padrão de Carole vezes sua quantidade de trabalho agendado na tarefa) e exibe esse valor, R$ 420, no campo Custo da caixa de diálogo Atribuir recursos.

8. Na coluna **Nome da Tarefa**, clique no nome da tarefa 3, *Completar questionário do autor*.
9. Na coluna **Nome do recurso**, da caixa de diálogo **Atribuir recursos**, clique em *Toni Poe* e, em seguida, em **Atribuir**.

Os nomes dos recursos atribuídos aparecem na parte superior da lista.

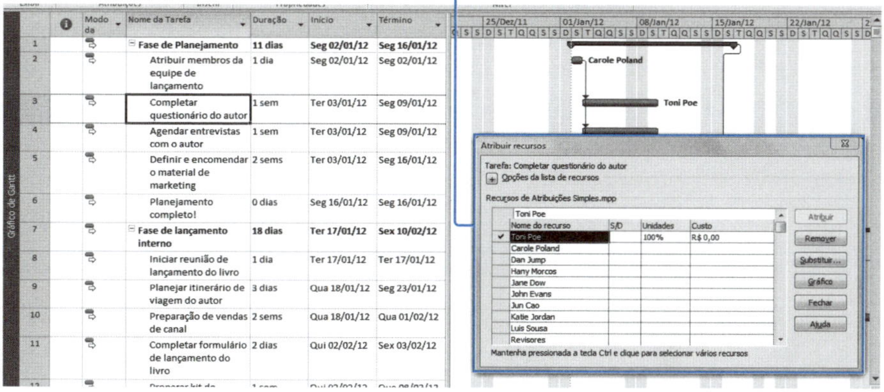

Dica Para remover ou desatribuir um recurso da tarefa selecionada, na caixa de diálogo Atribuir recursos, clique no nome do recurso e, em seguida, em Remover.

Em seguida, você vai examinar os detalhes da Tarefa 3, usando um modo de exibição prático denominado Formulário de Tarefas.

10. Na guia **Exibição**, no grupo **Modo Divisão**, clique em **Detalhes**.

    O Project divide a janela em dois painéis. No painel superior, está o modo de exibição Gráfico de Gantt, e, abaixo dele, está o Formulário de tarefas.

Os nomes do modo de exibição ou modos de exibição exibidos aparecem aqui.

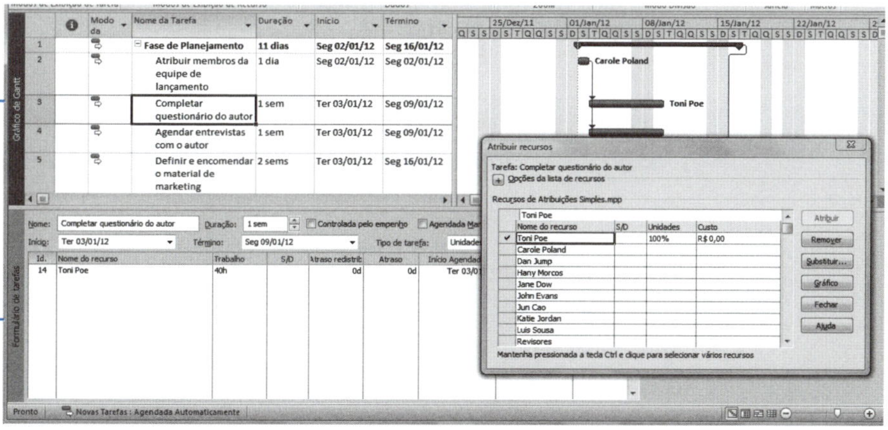

Se você concluiu o Capítulo 3, talvez reconheça que o Formulário de tarefas é similar ao Formulário de recursos, mas mostra detalhes diferentes. Nesse tipo de modo de exibição dividido, os detalhes sobre o item selecionado no modo de exibição superior (nesse caso, uma tarefa) aparecem no modo de exibição inferior, similar ao Formulário de recursos. O Formulário de tarefas exibe um dos vários detalhes. Em seguida, você irá alterar os detalhes exibidos.

11. Clique em qualquer lugar do **Formulário de tarefas** e, em seguida, na guia **Formato**, no grupo **Detalhes**, clique em **Trabalho**.

Os detalhes do trabalho aparecem.

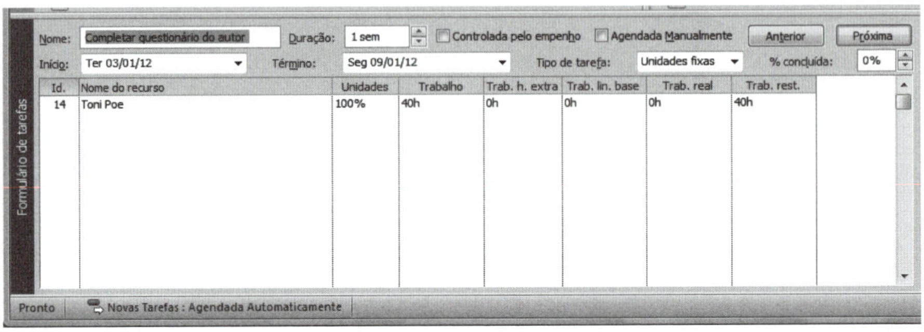

Agora, no Formulário de tarefas, você pode ver os valores essenciais de agendamento para essa tarefa: duração de uma semana, 40 horas de trabalho e 100% de unidades atribuídas. Como o Formulário de tarefas é uma maneira prática de ver os valores de trabalho, unidades e duração de uma tarefa, você o deixará em exibição, por enquanto.

12. Usando a caixa de diálogo **Atribuir recursos**, atribua os seguintes recursos às tarefas. Enquanto faz as atribuições, observe os valores de **Duração**, **Unidades** e **Trabalho** no **Formulário de tarefas**.

Para esta tarefa	Atribua este recurso
4, Agendar entrevistas com o autor	*Jun Cao*
5, Definir e encomendar o material de marketing	*Toby Nixon*

Quando tiver terminado, sua tela deverá estar parecida com a figura a seguir.

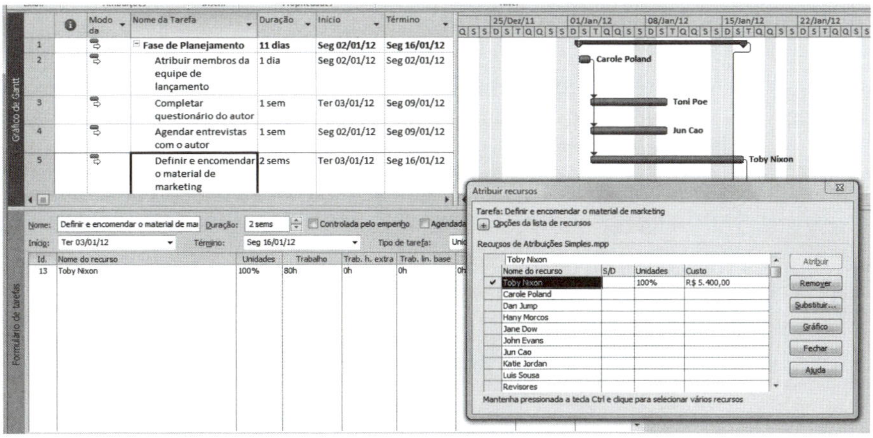

Em seguida, você vai atribuir dois recursos a uma tarefa.

13. Na coluna **Nome da Tarefa**, clique no nome da tarefa 8, *Iniciar reunião de lançamento do livro*.
14. Na caixa de diálogo **Atribuir recursos**, selecione os nomes de *Sharon Salavaria* e *Toby Nixon* e, em seguida, clique em Atribuir.

Dica Para selecionar nomes de recursos não adjacentes, selecione o primeiro nome, mantenha pressionada a tecla Ctrl e, em seguida, selecione os nomes adicionais.

Sharon e Toby são atribuídos à tarefa. Você pode ver seus nomes também próximos à barra de Gantt da tarefa 8.

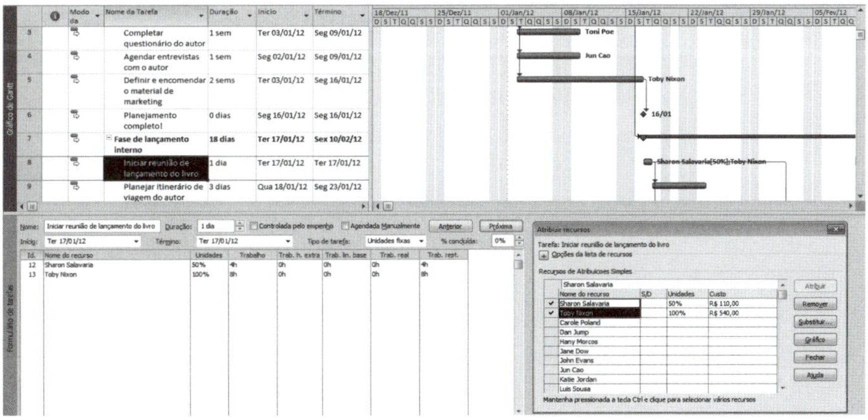

Lembre-se, do Capítulo 3, de que Sharon tem um valor de 50% para Unidades Máximas, indicando que ela trabalha em meio período. Como resultado, o Project atribuiu a ela 50% em unidades.

Para concluir este exercício, você vai usar métodos diferentes de atribuição de recursos.

15. No modo de exibição Gráfico de Gantt, arraste a barra divisora vertical para a direita até que a coluna Nomes dos Recursos esteja visível.

Novo no 2010

16. Clique na coluna **Nomes dos recursos** para a tarefa 9, *Planejar itinerário de viagem do autor*, e clique na seta que é exibida.

Os nomes dos recursos aparecem.

Arraste essa barra divisora vertical para ver mais ou menos da parte da tabela do modo de exibição Gráfico de Gantt.

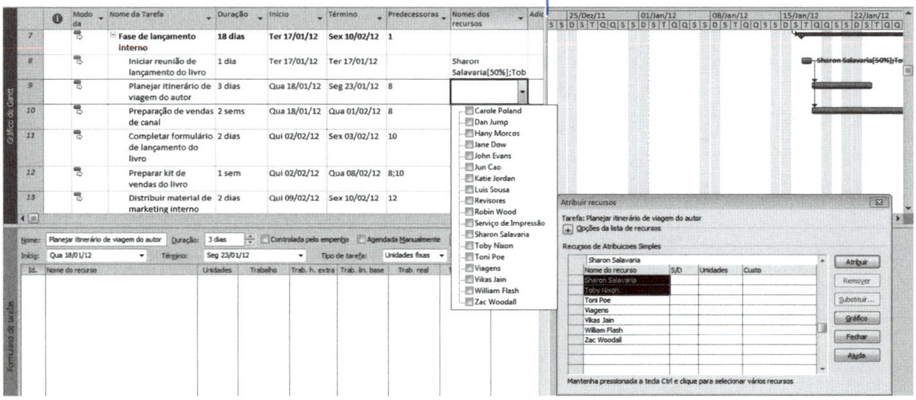

17. Na lista de nomes de recursos, clique nas caixas de seleção referentes a *Jane Dow* e *Zac Woodall* e, em seguida, pressione a tecla Enter.

Jane e Zac são atribuídos à tarefa 9.

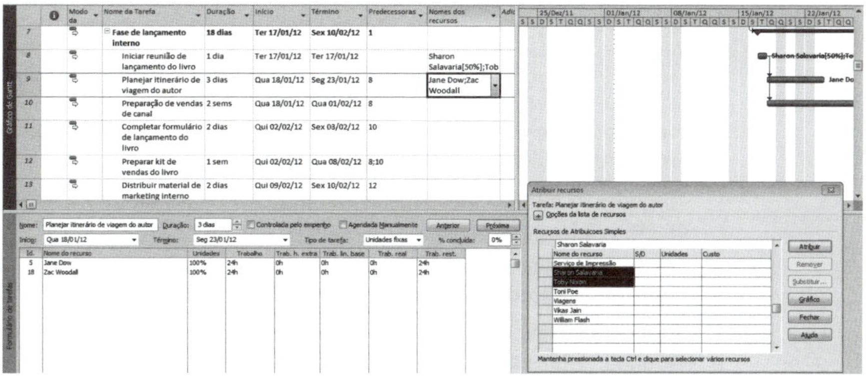

18. Clique na coluna **Nomes dos recursos** para a tarefa 10, *Preparação de vendas de canal*, e na seta que é exibida. Na lista de nomes de recursos que aparece, marque *Zac Woodall* e pressione a tecla Enter.

    Zac está atribuído à tarefa 10.

Dica Neste exercício, você atribuiu recursos usando a caixa de diálogo Atribuir Recursos e a coluna Nomes de Recursos no modo de exibição Gráfico de Gantt. Além disso, você pode atribuir recursos no Formulário de tarefas e na guia Recursos da caixa de diálogo Informações sobre a tarefa, entre outros. À medida que você usar o Project, provavelmente desenvolverá preferências próprias para atribuir recursos.

A fórmula de agendamento: duração, unidades e trabalho

Depois que você cria uma tarefa, mas antes de atribuir um recurso a ela, essa tarefa tem uma duração, mas nenhum trabalho associado a ela. Por que nenhum? Porque o trabalho representa a quantidade de empenho que um recurso (ou recursos) terá de despender para completar uma tarefa. Por exemplo, se você tem uma pessoa trabalhando em tempo integral, a quantidade de tempo medida como trabalho é a mesma quantidade de tempo medida como duração. Em geral, a quantidade de trabalho irá corresponder à duração, a menos que você atribua mais de um recurso a uma tarefa ou que o único recurso atribuído não esteja trabalhando em tempo integral.

O Project calcula o trabalho usando o que às vezes é chamado de fórmula de agendamento:

$$\text{Duração} \times \text{Unidades} = \text{Trabalho}$$

Vamos examinar um exemplo específico e encontrar esses valores no Formulário de Tarefas. A duração da tarefa 3 é de uma semana, ou cinco dias. Para o nosso projeto de lançamento do livro, cinco dias equivalem a 40 horas. Quando você atribuiu Toni Poe à tarefa 3, o Project aplicou 100% do período de trabalho de Toni a essa tarefa. A fórmula de agendamento referente à tarefa 3 seria:

40 horas (o mesmo que uma semana) de duração da tarefa × 100% de unidades de atribuição = 40 horas de trabalho

Em outras palavras, com Toni atribuído à tarefa 3 com 100% de suas unidades, a tarefa deverá exigir 40 horas de trabalho.

Aqui está um exemplo mais complexo. Você atribuiu dois recursos, Jane Dow e Zac Woodall, à tarefa 9, cada um deles com 100% de suas unidades de atribuição. A fórmula de agendamento para a tarefa 9 seria:

24 horas (o mesmo que três dias) de duração da tarefa × 200% de unidades de atribuição = 48 horas de trabalho

As 48 horas de trabalho são a soma das 24 horas de trabalho de Jane mais as 24 horas de trabalho de Zac. Ou seja, conforme agendado atualmente, os dois recursos trabalharão em tempo integral na tarefa, em paralelo, para a sua duração de três dias.

Controlando trabalho ao adicionar ou remover atribuições

Como já foi visto, você define a quantidade de trabalho que uma tarefa representa quando atribui um recurso ou recursos a ela. Ao usar tarefas agendadas automaticamente, o Project fornece uma opção para controlar o modo como ele deve calcular o trabalho em uma tarefa quando você atribui recursos adicionais ou remove a atribuição de recursos para ela. Essa opção é denominada ***agendamento controlado pelo empenho***. A aplicação do agendamento controlado pelo empenho é muito flexível. Você pode ativá-lo para um projeto inteiro ou apenas para tarefas específicas. Também pode usar as opções em uma lista de Ações para controlar como o Project deve recalcular o trabalho em uma tarefa imediatamente após fazer uma atribuição de recurso. O agendamento controlado pelo empenho só se aplica quando você atribui recursos adicionais ou os remove de tarefas agendadas automaticamente.

A esta altura, algum tempo se passou desde que você fez as atribuições dos recursos iniciais para o lançamento do novo livro na Lucerne Publishing. Você precisa adicionar e remover algumas atribuições.

Neste exercício, você ajustará as atribuições de recursos nas tarefas e informará ao Project como ele deve ajustar as tarefas.

1. No modo de exibição Gráfico de Gantt, clique no nome da tarefa 5, *Definir e encomendar o material de marketing*.

   Atualmente, Toby está atribuído a essa tarefa. Uma verificação rápida da fórmula de agendamento seria:

   80 horas (o mesmo que 10 dias, ou duas semanas) de duração de tarefa × 100% de unidades de atribuição de Toby = 80 horas de trabalho.

2. Na coluna **Nome do recurso** na caixa de diálogo **Atribuir recursos**, clique em *Zac Woodall* e em **Atribuir**.

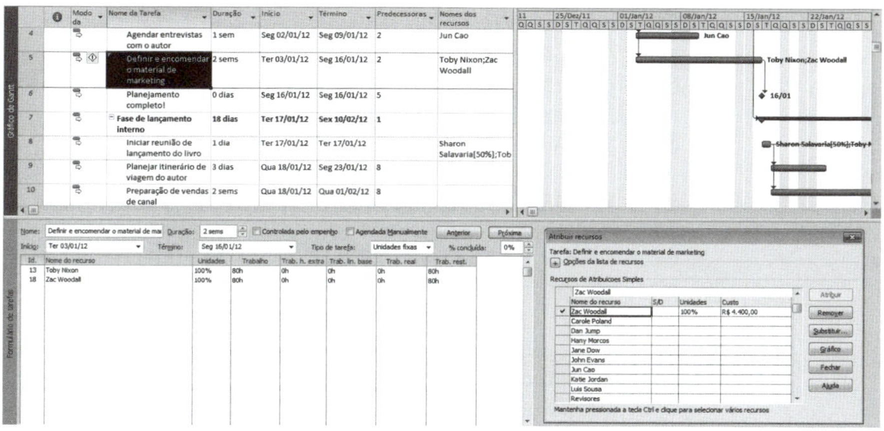

Zac é atribuído à tarefa 5, e o Project atualiza os valores da fórmula de agendamento:

80 horas (o mesmo que 10 dias, ou duas semanas) de duração de tarefa × 200% (isto é, a soma das unidades de atribuição de Toby e Zac) = 160 horas de trabalho.

A seguir, você vai usar um recurso denominado Lista de Ações para controlar o modo como o Project agendará o trabalho nas tarefas quando adicionar ou remover recursos.

Observe o pequeno triângulo no canto superior esquerdo do nome da tarefa 5. Esse é o indicador gráfico de que uma ação agora está disponível. Até executar outra ação, você pode usá-la para escolher o modo como deseja que o Project trate a atribuição do recurso adicional.

3. Clique no nome da tarefa 5 e, em seguida, no botão **Ações** que aparece à esquerda do nome da tarefa. Examine as opções que aparecem na lista.

Veja as opções na lista que aparece.

		Modo da	Nome da Tarefa	Duração	Início	Término	Predecessoras	Nomes dos recursos
4			Agendar entrevistas com o autor	1 sem	Seg 02/01/12	Seg 09/01/12	2	Jun Cao
5			Definir e encomendar o material de marketing	2 sems	Ter 03/01/12	Seg 16/01/12	2	Toby Nixon;Zac Woodall
6			Planejamento completo!	0 dias	Seg 16/01/12	Seg 16/01/12	5	
7			**Fase de lançamento interno**	**18 dias**	**Ter 17/01/12**	**Sex 10/02/12**	1	
8			Iniciar reunião de lançamento do livro	1 dia	Ter 17/01/12	Ter 17/01/12		Sharon Salavaria[50%];Tob
9			Planejar itinerário de viagem do autor	3 dias	Qua 18/01/12	Seg 23/01/12	8	
10			Preparação de vendas de canal	2 sems	Qua 18/01/12	Qua 01/02/12	8	

Gráfico de Gantt

Essas opções permitem que você escolha o resultado desejado para o agendamento. Você pode ajustar a duração da tarefa, o trabalho dos recursos ou as unidades de atribuição.

Dica Você verá outros indicadores de Ações enquanto estiver usando o Project. Eles geralmente aparecem quando surge uma pergunta do tipo, "Por que o Project fez isso?" (como quando uma duração de tarefa muda depois que você atribui um recurso adicional). A lista de Ações permite alterar o modo como o Project responde às suas ações.

Para esta tarefa, você deseja que a atribuição adicional signifique trabalho adicional executado na duração original. Essa é a configuração padrão, portanto você fechará a lista de Ações sem fazer uma alteração.

4. Clique no botão **Ações** mais uma vez para fechar a lista.

   Em seguida, você irá remover um recurso de uma tarefa e instruir o Project sobre como agendar a atribuição de recursos restantes na tarefa.

5. Clique no nome da tarefa 9, *Planejar itinerário de viagem do autor*.

   Atualmente, tanto Jane quanto Zac estão atribuídos à tarefa. Jane disse que precisa completar o trabalho planejado sozinha, mas durante um período de tempo maior. Isso é aceitável para você, portanto será removida a atribuição de Zac.

6. Na coluna **Nome do recurso** na caixa de diálogo **Atribuir recursos**, clique em **Zac Woodall** e em **Remover**.

O pequeno triângulo no canto superior esquerdo do campo indica que a lista de Ações está disponível. Clique no campo para vê-lo.

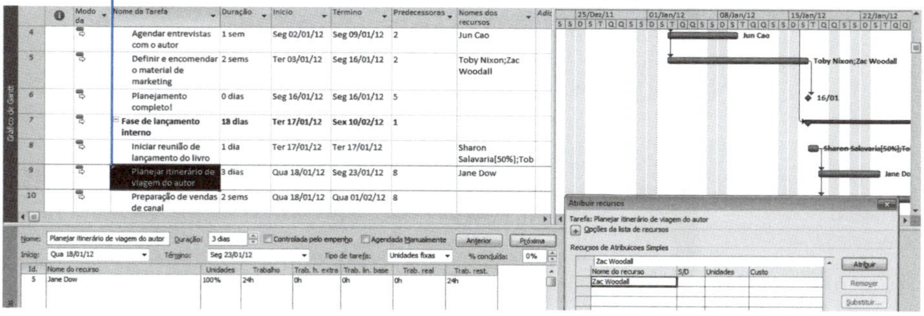

O Project remove a atribuição de Zac da tarefa. Em seguida, você ajustará o modo como o Project deve manipular a alteração nas atribuições.

7. Clique no botão **Ações** que aparece à esquerda do nome da tarefa.

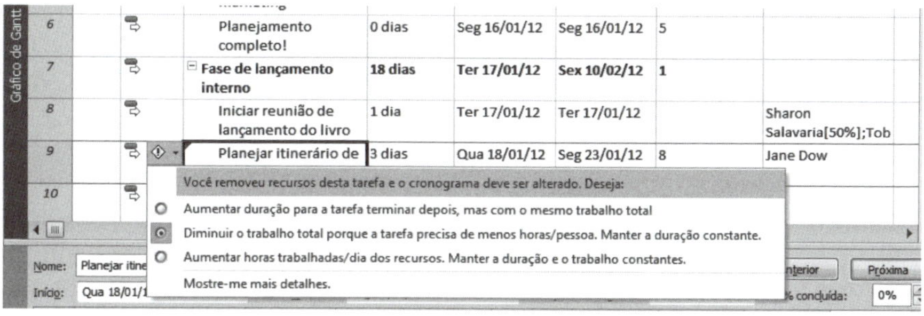

8. Clique em **Aumentar duração para a tarefa terminar depois, mas com o mesmo trabalho total.**

O Project aumenta a duração da tarefa de três para seis dias e aumenta o trabalho total de Jane de 24 para 48 horas. Essas 48 horas correspondem ao trabalho total na tarefa quando Jane e Zac estavam atribuídos, mas agora todo o trabalho pertence à Jane.

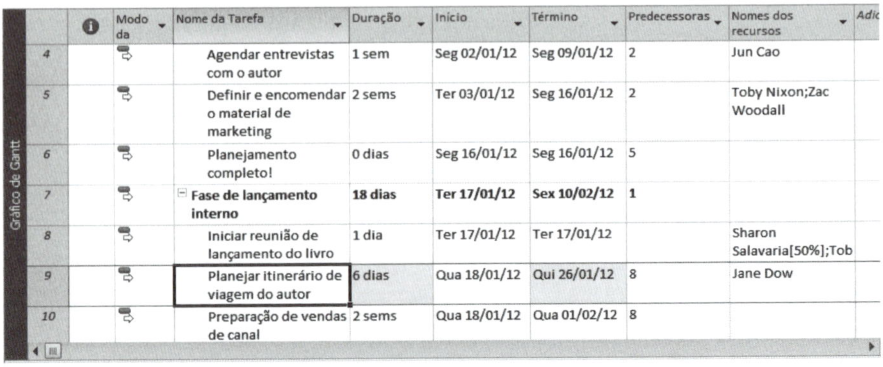

Até aqui, você ajustou os valores de duração e trabalho ao adicionar ou remover recursos das tarefas. É possível também alterar a configuração padrão de uma tarefa, como quando adiciona recursos a ela e reduz sua duração. É isso que você fará a seguir.

9. No modo de exibição Gráfico de Gantt, clique no nome da tarefa 10, *Preparação de vendas do canal*.

   Atualmente, apenas Zac está atribuído a essa tarefa e ela tem duas semanas de duração.

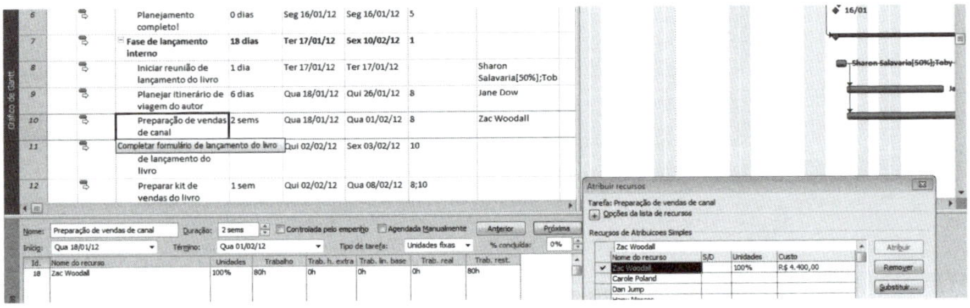

10. No **Formulário de tarefas**, clique em **Controlada pelo empenho** e, em seguida, em **OK** no canto superior direito do **Formulário de Tarefas**.

    Não há alteração para os valores de duração, unidades ou trabalho dessa tarefa, mas observe o que acontece quando você atribui um recurso adicional.

11. No modo de exibição Gráfico de Gantt, clique no nome da tarefa 10 e na caixa de diálogo **Atribuir recursos**, em *Hany Morcos* e, em seguida, clique em **Atribuir**.

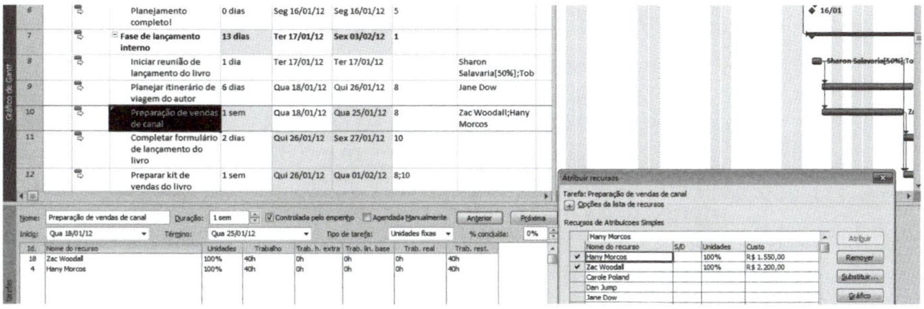

A duração da tarefa 10 é reduzida de duas para uma semana. O trabalho total na tarefa permanece de 80 horas, mas agora ela está dividida igualmente entre Zac e Hany. Esse é o resultado do agendamento que você queria. Se não, você deverá usar a lista de Ações para alterar o modo como o Project responde à atribuição de recursos adicionais.

Dica Por padrão, o agendamento controlado pelo empenho está desativado para todas as tarefas que você cria no Project. Para alterar a configuração padrão para todas as tarefas novas em um plano de projeto, na guia Arquivo, clique em Opções. Na caixa de diálogo Opções do Project, clique na guia Cronograma e, em seguida, marque a caixa de seleção "Novas tarefas são controladas pelo empenho". Para controlar o agendamento controlado pelo empenho para uma tarefa ou tarefas específicas, selecione primeiramente as tarefas. Depois, na guia Tarefa, no grupo Propriedades, clique em Informações e na guia Avançado da caixa de diálogo Informações sobre a tarefa, marque ou desmarque a caixa de seleção "Controlada pelo empenho".

A ordem das suas ações são relevantes no que diz respeito ao agendamento controlado pelo empenho. Se você atribuir inicialmente dois recursos a uma tarefa com uma duração de três dias (igual a 24 horas), o Project agendará cada recurso para trabalhar 24 horas com um total de 48 horas de trabalho na tarefa. Entretanto, você poderia atribuir um recurso a uma tarefa com uma duração de 24 horas e mais tarde adicionar um segundo recurso. Nesse caso, o agendamento controlado pelo empenho fará com que o Project agende cada recurso para trabalhar 12 horas em paralelo com um total de 24 horas de trabalho na tarefa. Lembre-se de que, quando ativado, o agendamento controlado pelo empenho só ajustará a duração da tarefa se você adicionar ou remover recursos a uma tarefa.

Foco do gerenciamento de projeto: quando o agendamento controlado pelo empenho deve ser aplicado?

Você deve considerar quando o agendamento controlado pelo empenho se aplica às tarefas dos seus projetos. Por exemplo, se um recurso demora 10 horas para completar uma tarefa, será que 10 recursos completariam a mesma tarefa em uma hora? E 20 recursos a completariam em 30 minutos? Provavelmente não; seria necessária uma coordenação adicional para que eles pudessem completar a tarefa. Se a tarefa fosse muito complicada, talvez fosse necessário um período de adaptação significativo até que um recurso pudesse contribuir plenamente. A produtividade total poderia até diminuir se você atribuísse mais recursos à tarefa.

Não existe uma regra única sobre quando você deve aplicar ou não o agendamento controlado pelo empenho. Como gerente do projeto, você precisa analisar a natureza do trabalho necessário para cada tarefa do projeto e usar o bom senso.

Atribuindo recursos de custos às tarefas

Você se lembra do Capítulo 3, onde vimos que os recursos de custos são usados para representar um custo financeiro associado a uma tarefa em um projeto? Os recursos de custos não executam trabalho e não têm efeito algum sobre o agendamento de uma tarefa. Os recursos de custos podem incluir categorias de despesas que você deseja orçar e controlar para fins de contabilidade ou relatório financeiro. Em uma abordagem mais ampla, os custos aos quais as tarefas estão sujeitas podem incluir:

- Custos de recursos de trabalho, como a taxa de pagamento padrão da pessoa vezes a quantidade de trabalho que ela executa na tarefa.
- Custos de recursos de custos, que são um montante fixo que você insere quando atribui o recurso de custos a uma tarefa. O montante não é afetado por alterações na duração (ou qualquer outra alteração de agenda) feitas para a tarefa, embora você possa editar o montante a qualquer momento. Você também pode ver os custos acumulados resultantes da atribuição do mesmo recurso de custo a múltiplas tarefas.

Para o plano de projeto de lançamento do novo livro, você deve inserir os custos planejados para viagem para determinadas tarefas. Como o trabalho ainda não começou, nesse momento esses custos representam custos orçados ou planejados (de fato, você deve considerar todos os custos que o Project calculou até aqui na agenda como custos planejados, como aqueles resultantes das atribuições de recursos de trabalho às tarefas). Mais tarde, você poderá inserir os custos reais se quiser compará-los com o orçamento.

Neste exercício, você vai atribuir um recurso de trabalho e um recurso de custo a uma tarefa e verificar os valores de custo e a duração total do plano.

1. Clique no nome da tarefa 17, *Leitura e assinatura na feira de livros*.

   Essa tarefa requer uma viagem aérea pelo autor e você alocou R$ 800,00 antecipadamente para a despesa.

   Atualmente, a tarefa 17 não tem recurso nem custo atribuído. Primeiro, você atribuirá o autor à tarefa.

2. Na coluna **Nome do recurso** na caixa de diálogo **Atribuir recursos**, clique em *Toni Poe* e, em seguida, clique em **Atribuir**.

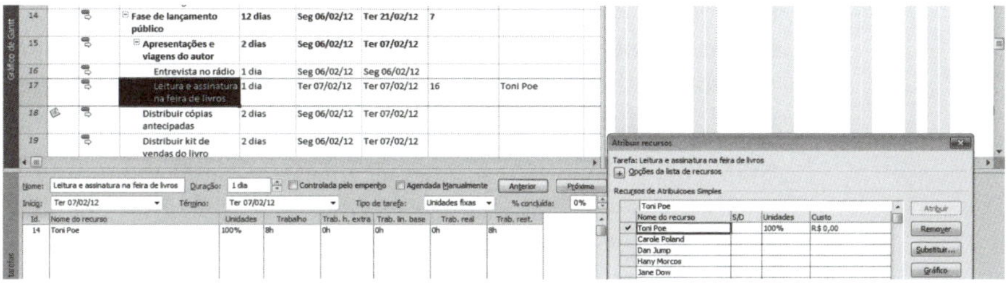

   O Project atribui Toni Poe, um recurso de trabalho, à tarefa. Como você pode ver no campo Custo da caixa de diálogo Atribuir recursos, essa atribuição não tem custo. Isso porque esse recurso de trabalho, Toni Poe, não tem taxa de pagamento padrão ou custo por uso atribuídos a ele. Portanto, embora a atribuição tenha gerado trabalho, não há custo com ele. Em seguida, você irá atribuir um recurso de custo.

3. Na caixa de diálogo **Atribuir recursos**, selecione o campo **Custo** para o recurso de custo **Viagens**, digite 800 e, em seguida, clique em **Atribuir**.

   O Project atribui o recurso de custo à tarefa.

4. Para ver ambos os recursos atribuídos, role a lista de recursos para cima na caixa de diálogo **Atribuir recursos**.

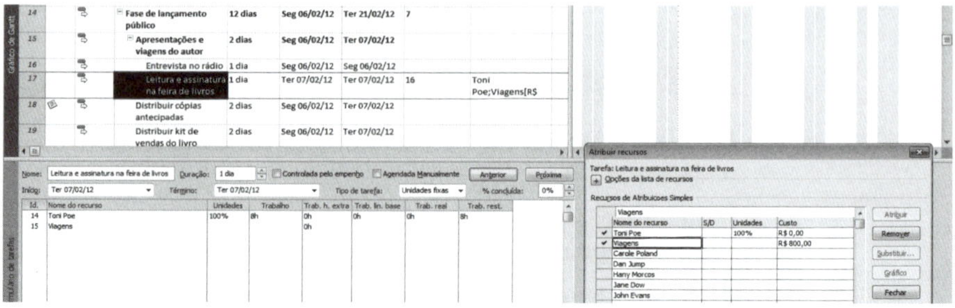

Você pode verificar o custo gerado (ou informar esse custo) por essa atribuição na coluna Custo da caixa de diálogo Atribuir recursos. O valor do custo da viagem permanecerá o mesmo independentemente de quaisquer alterações feitas ao agendamento da tarefa, como recursos de trabalho que podem ser atribuídos ou removidos da atribuição, ou ainda alteração da duração da tarefa.

Note que a tarefa tem a mesma duração de um dia e Toni Poe tem os mesmos valores de trabalho e unidades de antes. A atribuição do recurso de custo afetou somente o custo por essa tarefa.

Para concluir este exercício, você irá revisitar os valores de custo e duração total do projeto agora que fez algumas atribuições de recurso.

5. Na guia **Projeto**, no grupo **Propriedades**, clique em **Informações do Projeto** e em **Estatísticas**.

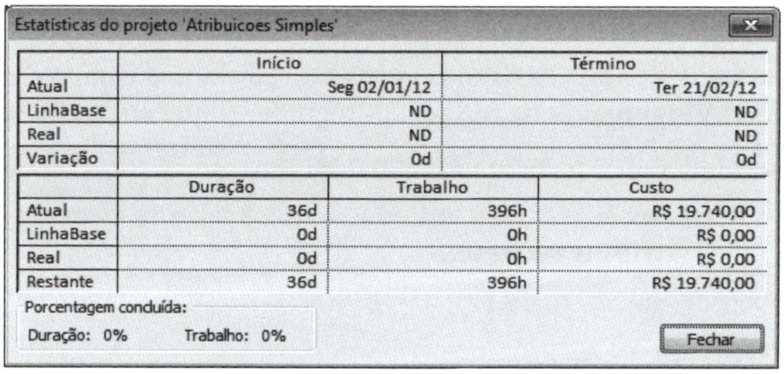

Estatísticas do projeto 'Atribuicoes Simples'

	Início	Término
Atual	Seg 02/01/12	Ter 21/02/12
LinhaBase	ND	ND
Real	ND	ND
Variação	0d	0d

	Duração	Trabalho	Custo
Atual	36d	396h	R$ 19.740,00
LinhaBase	0d	0h	R$ 0,00
Real	0d	0h	R$ 0,00
Restante	36d	396h	R$ 19.740,00

Porcentagem concluída:
Duração: 0% Trabalho: 0%

Fechar

Observe a duração mais curta de 36 dias (ela era de 41 dias) e o custo de R$ 19.740,00. A duração mais curta é o resultado da aplicação do agendamento controlado pelo empenho a algumas tarefas. O custo é a soma das atribuições de recurso de trabalho mais a atribuição de recurso de custo.

6. Clique em **Fechar**.

LIMPEZA Feche o arquivo Atribuicoes Simples.

Pontos principais

- No Project, geralmente o trabalho é associado a uma tarefa depois que um recurso de trabalho (que pode ser uma pessoa ou equipamento) é atribuído a ela.
- Você deve atribuir recursos às tarefas antes que possa controlar o andamento ou custo dos recursos.
- O Project segue a fórmula de agendamento Duração × Unidades = Trabalho.
- O agendamento controlado pelo empenho determina se o trabalho permanecerá constante quando você atribuir recursos adicionais às tarefas. O agendamento controlado pelo empenho está desativado, por padrão.
- A maneira mais fácil de entender o agendamento controlado pelo empenho é fazendo a si próprio esta pergunta: Se uma pessoa pode fazer esta tarefa em 10 dias, duas pessoas poderão realizá-la em cinco dias? Se a resposta for positiva, então o agendamento controlado pelo empenho deverá ser aplicado à tarefa.
- A Lista de Ações aparece depois que você executa determinadas ações no Project. Elas permitem que você altere rapidamente o efeito da sua ação para algo diferente do padrão.
- A atribuição de recursos de custo permite que você associe a uma tarefa os custos financeiros diferentes daqueles derivados dos recursos materiais e de trabalho.

Resumo do Capítulo

Crie um modo de exibição Gráfico de Gantt personalizado e formatado, **p. 94**

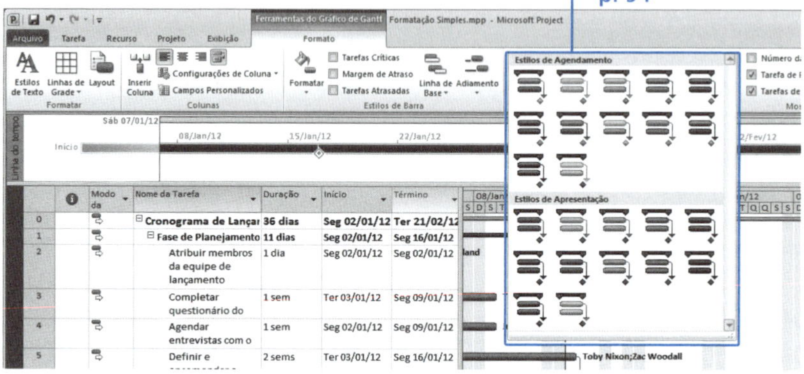

Personalize a Linha do Tempo para um projeto conciso em um modo de exibição rápido, **p. 101**

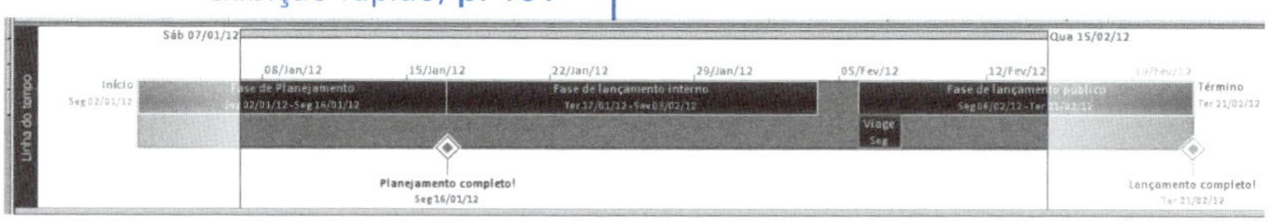

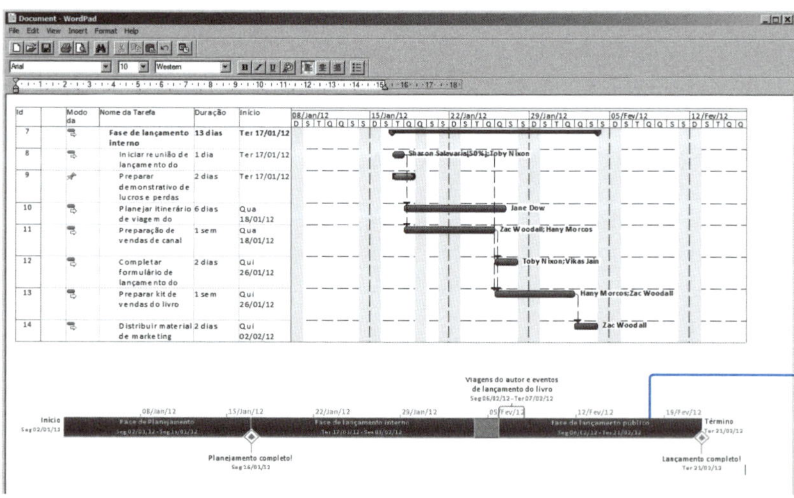

Copie instantâneos dos modos de exibição do Project para outros aplicativos, **p. 106**

Capítulo 5

Formate e compartilhe seu plano

Neste capítulo, você vai aprender a:

- Personalizar um modo de exibição Gráfico de Gantt.
- Personalizar um modo de exibição da Linha do Tempo.
- Desenhar na parte gráfica do modo de exibição Gráfico de Gantt.
- Copiar instantâneos da Linha do Tempo e dos modos de exibição Gráfico de Gantt para outro aplicativo.
- Imprimir modos de exibição.
- Editar e imprimir relatórios.

Neste capítulo, você vai usar alguns dos recursos de formatação do Microsoft Project 2010 para alterar o modo como seus dados serão exibidos e, em seguida, copiar e imprimir um plano de projeto.

As barras da parte gráfica do modo de exibição Gráfico de Gantt são a principal forma de representação gráfica das tarefas no Project. Elas são denominadas barras de Gantt. Em um gráfico de Gantt, as *tarefas*, as *tarefas de resumo* e as *etapas* são exibidas como barras de Gantt ou símbolos, e cada tipo de barra tem seu próprio formato. Sempre que você trabalhar com as barras de Gantt, lembre-se de que elas representam as tarefas em um plano de projeto.

Em alguns aspectos, um plano de projeto é realmente um banco de dados de informações, parecido com um arquivo de banco de dados do Microsoft Access. Você normalmente não vê todos os dados em um plano de projeto de uma vez. Em vez disso, enfoca no aspecto do plano no qual tem interesse em visualizar no momento. Os modos de exibição e relatórios são as maneiras mais comuns de observar ou imprimir os dados de um plano de projeto. Em ambos os casos (especialmente com os modos de exibição), você pode formatar os dados para atender às suas necessidades.

Dica Este capítulo apresenta alguns dos recursos mais simples de formatação dos modos de exibição e relatórios no Project. Você encontrará mais material sobre como formatar, imprimir e publicar seus planos de projeto no Capítulo 11 "Organize e formate os detalhes do projeto", e no Capítulo 15, "Aplicando formatação e impressão avançadas".

Arquivos de exercícios Para concluir os exercícios deste capítulo, copie os arquivos de exercícios para seu computador. Os arquivos que você usará para finalizar os exercícios deste capítulo encontram-se na pasta Capitulo05. Na seção "Usando os arquivos de exercícios", no início deste livro, existe uma lista completa dos arquivos de exercícios.

Importante Se você estiver executando o Project Professional, talvez seja necessário fazer uma alteração de configuração. Isso ajuda a garantir que os arquivos de exercícios com os quais você trabalhar neste capítulo não afetem os dados do seu Project Server. Para obter mais informações, consulte o Apêndice C, "Usando os arquivos de exercícios se estiver conectado ao Project Server".

Personalizando o Gráfico de Gantt

O gráfico de Gantt se tornou uma maneira padrão de visualizar o plano do projeto quando, no início do século XX, o engenheiro americano Henry Gantt desenvolveu um gráfico de barras mostrando a utilização dos recursos ao longo do tempo. Para muitas pessoas, um gráfico de Gantt é sinônimo de um plano de projeto. No Project, o modo de exibição padrão é o Gráfico de Gantt. Você provavelmente passará uma boa parte do seu tempo nesse modo de exibição quando trabalhar no Project.

O modo de exibição Gráfico de Gantt consiste em duas partes: uma tabela à esquerda e um gráfico de barras à direita. O gráfico de barras inclui uma faixa de escala de tempo ao longo da parte superior que indica as unidades de tempo. As barras do gráfico representam as tarefas na tabela em termos de datas de início e de término, duração e status (por exemplo, se o trabalho na tarefa foi iniciado ou não). Outros elementos do gráfico, como as linhas de vínculo, representam as relações entre as tarefas. O gráfico de Gantt é uma representação das informações do projeto entendida e conhecida por todos aqueles que trabalham com gerenciamento de projetos.

Dica Por padrão, o Project exibe um modo de exibição Gráfico de Gantt quando você inicia o programa. Entretanto, é possível alterar essa configuração para exibir qualquer outro modo na inicialização. Na guia Arquivo, clique em Opções. Na caixa de diálogo Opções do Project, clique em Geral. Na caixa Modo de exibição padrão, clique no modo desejado. Quando você inicializar o Project novamente e criar um novo plano de projeto, o modo de exibição escolhido será exibido.

A formatação padrão aplicada ao modo de exibição Gráfico de Gantt funciona bem para a visualização na tela, no compartilhamento com outros programas e na impressão. Entretanto, você pode alterar a formatação de quase todos os seus elementos.

Existem três maneiras de formatar as barras de Gantt:

- Aplicar rapidamente as combinações de cores predefinidas do grupo Estilo de Gráfico de Gantt, que você pode ver na guia Formato, quando um Gráfico de Gantt é exibido.

- Aplicar formatação altamente personalizada às barras de Gantt na caixa de diálogo Estilos de barra. Você pode abri-la clicando na guia Formato quando um gráfico de Gantt é exibido, depois, no grupo Estilos de Barra, clique em Formatar, Estilos de Barra. Nesse caso, as alterações de formatação que você fizer em um tipo específico de barra de Gantt (uma tarefa de resumo, por exemplo) serão aplicadas a todas as barras de Gantt no gráfico de Gantt respectivo.
- Formatar as barras de Gantt individuais diretamente. As alterações de formatação direta que você fizer não terão efeito nas outras barras do gráfico de Gantt. Você pode clicar duas vezes em uma barra de Gantt para visualizar suas opções de formatação ou na guia Formato no grupo Estilos de Barra, clicar em Formatar, Barra. Para obter mais informações, consulte o Capítulo 15.

Neste exercício, você vai alterar a formatação do modo de exibição do Gráfico de Gantt.

PREPARAÇÃO Inicie o Project, caso ele ainda não esteja em execução.

Você precisa do plano de projeto Formatacao Simples_Inicio localizado na sua pasta de arquivos de exercícios Capitulo05 para completar este exercício. Abra o plano de projeto Formatacao Simples_Inicio e siga estas etapas.

1. Na guia **Arquivo**, clique em **Salvar como**.

   O Project exibe a caixa de diálogo Salvar como.

2. Na caixa **Nome do arquivo**, digite **Formatacao Simples** e clique em **Salvar**.

   Para começar, você vai exibir a tarefa de resumo do projeto para ver os detalhes em nível superior ou consolidados. O Project gera automaticamente a tarefa de resumo do projeto, mas não a exibe por padrão.

3. Na guia **Formato**, no grupo **Mostrar/Ocultar**, clique em **Tarefa de Resumo do Projeto**.

O Project exibe a tarefa de resumo do projeto na parte superior do modo de exibição Gráfico de Gantt.

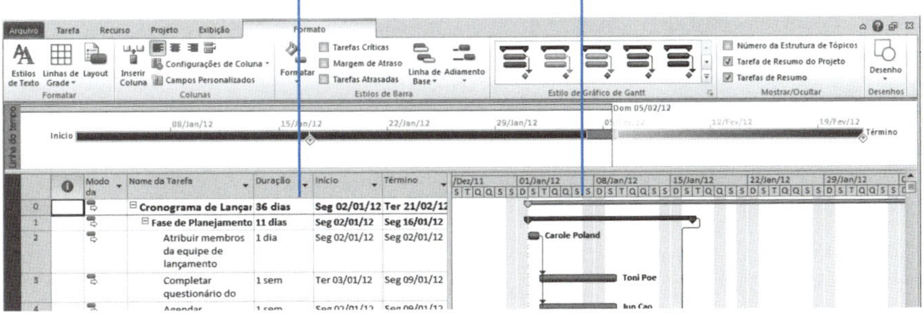

A tarefa de resumo do projeto e sua barra de tarefas exibem a duração total do projeto.

A tarefa de resumo do projeto, sempre numerada como a tarefa 0, contém informações importantes como duração, trabalho e custos para o projeto inteiro. O nome da tarefa de resumo do projeto é proveniente do título inserido nas propriedades avançadas do plano no modo de exibição Backstage. Se ele estiver em branco, o Project usará o nome de arquivo como o nome da tarefa de resumo.

Em seguida, você vai ajustar as cores das barras de Gantt e etapas na parte gráfica do modo de exibição Gantt Personalizado. Você começará visualizando a barra de Gantt referente a uma tarefa manual para que possa ver como ela é afetada pela formatação da barra de Gantt.

4. Na coluna **Nome da Tarefa**, clique no nome da tarefa 9, *Preparar demonstrativo de lucros e perdas*.

5. Na guia **Tarefa**, no grupo **Edição**, clique em **Rolar até a Tarefa.**

Dica Você pode executar esse mesmo procedimento clicando com o botão direito do mouse no nome da tarefa e, no meu de atalho que aparece, clicar em Rolar até a Tarefa.

O Project rola a parte gráfica do modo de exibição Gráfico de Gantt para exibir a barra de Gantt para uma tarefa agendada manualmente que foi previamente adicionada ao plano de lançamento do livro.

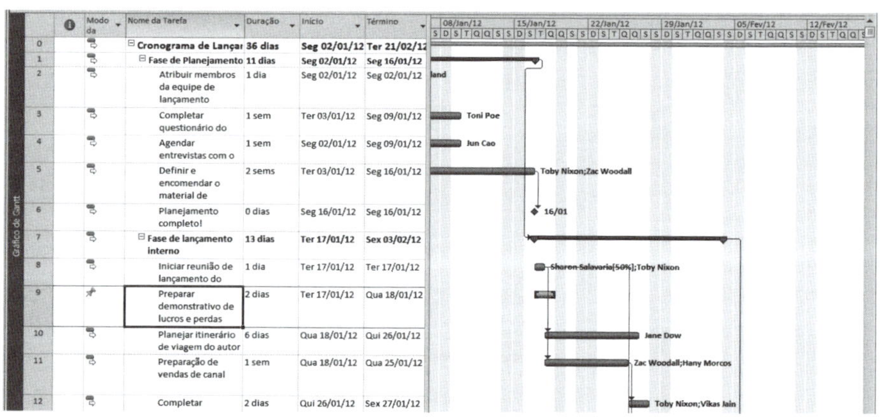

Fique de olho nessa barra de Gantt enquanto aplicamos um estilo diferente de Gráfico de Gantt ao plano de projeto.

6. Na guia **Formato**, no grupo **Estilo do Gráfico de Gantt**, clique em **Mais** para exibir os estilos de cor predefinidos.

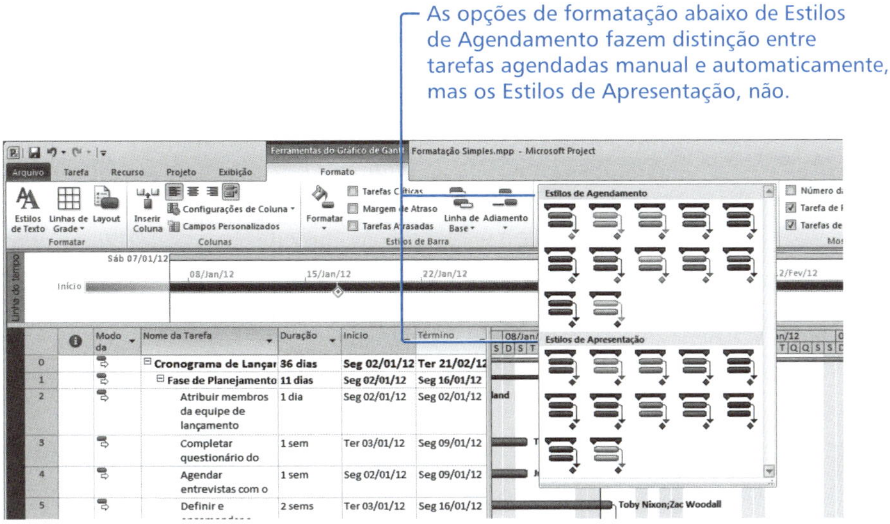

Os estilos do Gráfico de Gantt são divididos em dois grupos:

- Os Estilos de Agendamento distinguem entre tarefas agendadas manual e automaticamente.
- Os Estilos de Apresentação não fazem essa distinção.

7. Abaixo de **Estilos de Apresentação**, clique no esquema de cor laranja.

   O Project aplica esse estilo às barras de Gantt no plano de projeto.

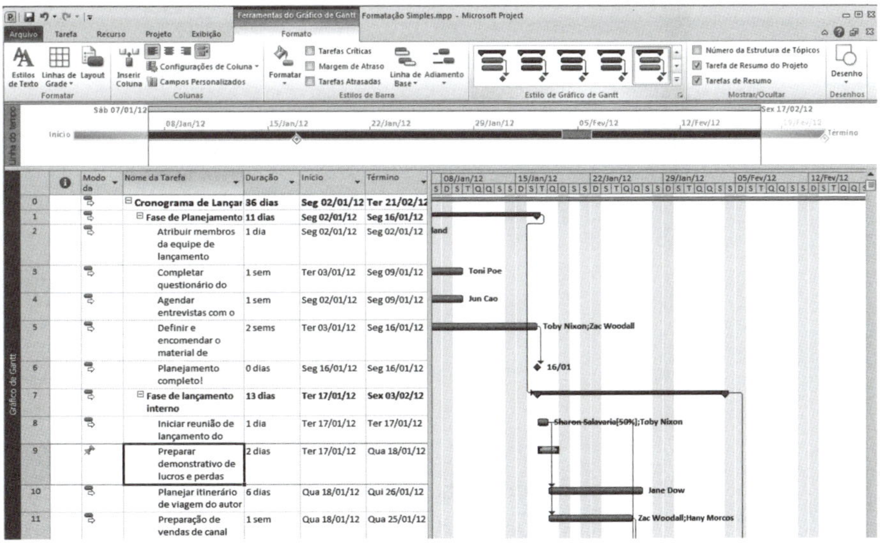

A barra de Gantt da tarefa 9, a tarefa agendada manualmente, não está mais distinta das tarefas agendadas automaticamente.

Aplicar um estilo de apresentação ao modo de exibição Gráfico de Gantt é uma opção que você pode usar quando não quiser fazer distinção entre tarefas agendadas manual e automaticamente – por exemplo, quando mostrar o Gráfico de Gantt a uma audiência para a qual você não deseja fazer essa distinção.

Sua próxima etapa neste exercício será reformatar um nome de tarefa para realçá-lo visualmente.

8. Na coluna **Nome da Tarefa**, clique com o botão direito do mouse no nome da tarefa 6, *Planejamento Completo!*

   Essa é uma tarefa de etapa que descreve o final da primeira fase do lançamento do novo livro da Lucerne Publishing. Você gostaria de realçar esse nome da tarefa.

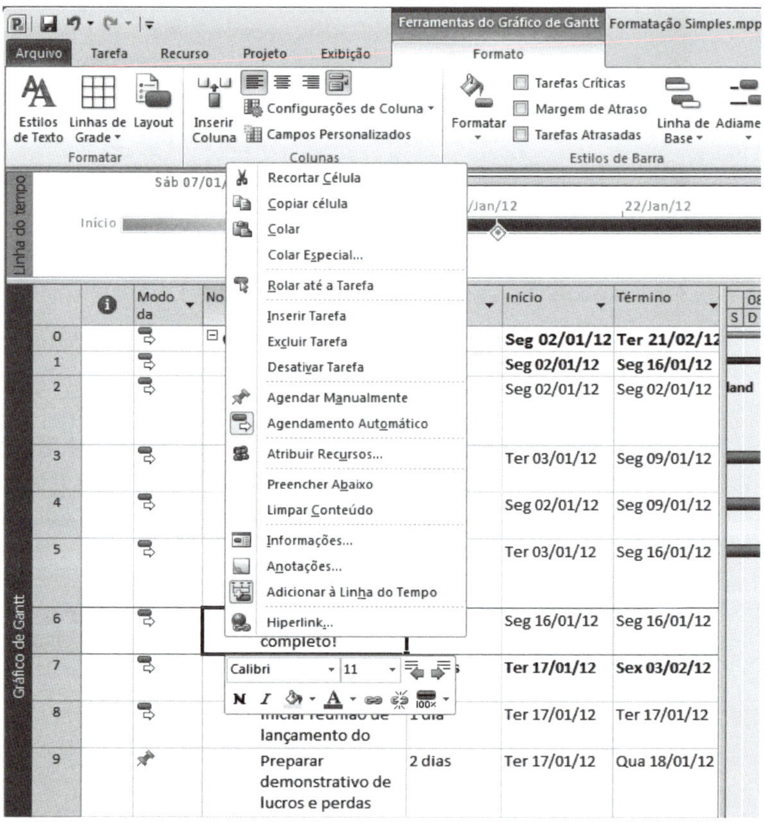

Além do menu de atalho regular, observe a minibarra de ferramentas.

9. Na minibarra de ferramentas, clique na seta próxima ao botão **Cor de Plano de Fundo** e, abaixo de **Cores Padrão**, em Amarelo.

Dica Você também pode clicar na guia Tarefa e, no grupo Fonte, em Cor de Plano de Fundo.

O Project aplica a cor de segundo plano amarelo à célula do nome da tarefa.

10. Clique com o botão direito do mouse no nome da tarefa mais uma vez, e na mini-barra de ferramentas, clique no botão **Itálico**.

Esta célula foi formatada com a formatação direta.

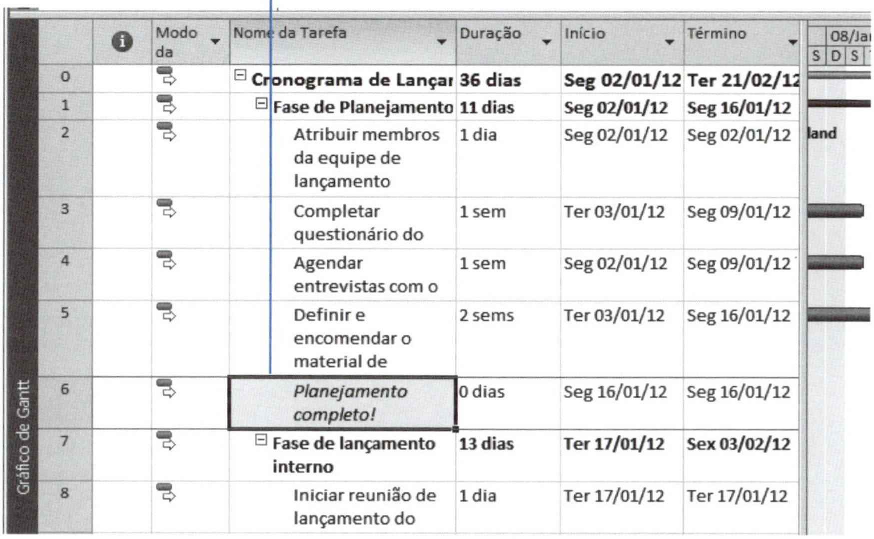

	Modo da	Nome da Tarefa	Duração	Início	Término
0		Cronograma de Lançar	36 dias	Seg 02/01/12	Ter 21/02/12
1		Fase de Planejamento	11 dias	Seg 02/01/12	Seg 16/01/12
2		Atribuir membros da equipe de lançamento	1 dia	Seg 02/01/12	Seg 02/01/12
3		Completar questionário do	1 sem	Ter 03/01/12	Seg 09/01/12
4		Agendar entrevistas com o	1 sem	Seg 02/01/12	Seg 09/01/12
5		Definir e encomendar o material de	2 sems	Ter 03/01/12	Seg 16/01/12
6		*Planejamento completo!*	0 dias	Seg 16/01/12	Seg 16/01/12
7		Fase de lançamento interno	13 dias	Ter 17/01/12	Sex 03/02/12
8		Iniciar reunião de lançamento do	1 dia	Ter 17/01/12	Ter 17/01/12

Agora, o nome da etapa está destacado. É possível também formatar o indicador de etapa no gráfico. É o que você fará a seguir.

11. Na guia **Formato**, no grupo **Estilos de Barra**, clique em **Formatar** e em **Barra**.

12. Na caixa de diálogo **Formatar barra**, abaixo de **Início**, clique na lista suspensa **Forma**.

O Project exibe os símbolos que você pode usar como uma forma da barra de Gantt, ou, nesse caso para uma etapa, como um símbolo de etapa.

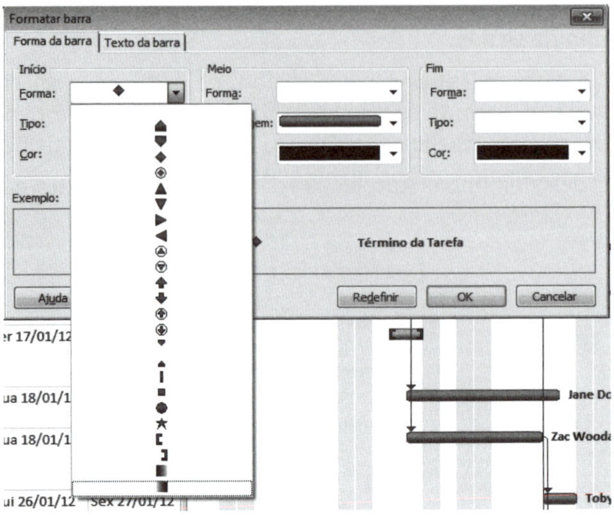

13. Clique no símbolo de estrela e em **OK**.

    O Project usa o símbolo de estrela como o símbolo de etapa para essa tarefa.

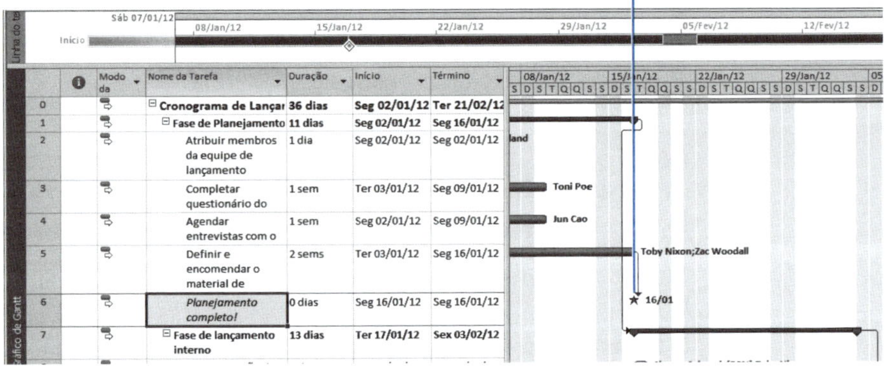

Dica Neste exercício, você usou o comando Barra para formatar uma única barra de Gantt. Você também pode personalizar categorias inteiras de barras de Gantt, como todas as etapas, por meio do comando Estilos de Barra. Para obter mais informações, consulte o Capítulo 15.

Para concluir este exercício, você adicionará linhas de grade horizontais à parte gráfica do modo de exibição Gráfico de Gantt para que possa associar mais facilmente as barras de Gantt às suas tarefas.

14. Na guia **Formato**, no grupo **Formatar**, clique em **Linhas de Grade** e, em seguida, em **Linhas de Grade**.

15. Abaixo de **Alterar linha**, deixe a opção Linhas de Gantt selecionada e, na caixa **Tipo** abaixo de **Normal**, selecione a linha com tracejado pequeno (a terceira opção de cima para baixo) e clique em **OK**.

    O Project desenha linhas tracejadas ao longo da parte gráfica do modo de exibição Gráfico de Gantt.

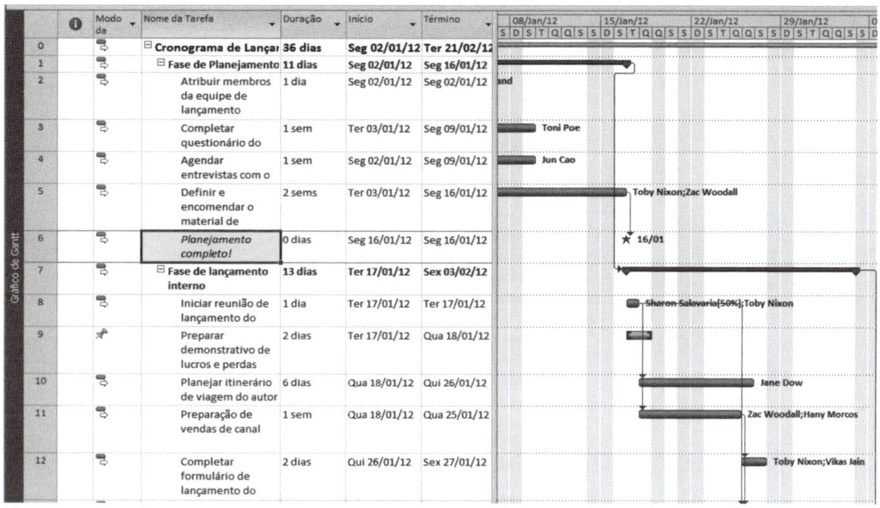

Personalizando o modo de exibição Linha do Tempo

Novo no 2010

O modo de exibição Linha do Tempo é mais adequado para exibir algumas tarefas no modo de exibição Gráfico de Gantt em um formato menos complicado. O modo de exibição Linha do Tempo é especialmente adequado para apresentar resumos rápidos de planos de projeto, como você verá neste exercício. Mais tarde, neste capítulo, você vai copiar um modo de exibição Linha do Tempo para outro aplicativo como uma imagem de uma "visão rápida do projeto".

Neste exercício, você vai personalizar o modo de exibição Linha do Tempo e ajustar alguns detalhes de exibição na Linha do Tempo.

1. Se a linha do tempo não estiver aparecendo, na guia Exibição, no grupo Modo Divisão, clique para marcar a caixa de seleção Linha do Tempo. Clique em qualquer lugar no modo de exibição Linha do Tempo.

   O Project desloca o foco para o modo de exibição Linha do Tempo e exibe as Ferramentas da Linha do Tempo na guia Formato.

2. Na guia **Formato**, no grupo **Inserir**, clique em **Tarefas Existentes**.

   A caixa de diálogo Adicionar Tarefas à Linha do Tempo é exibida.

   Essa caixa de diálogo contém uma estrutura dos tópicos do resumo e das subtarefas no plano de projeto.

3. Marque as caixas dos nomes de tarefas a seguir:
   - **Fase de Planejamento**
   - **Planejamento completo!**
   - **Fase de lançamento interno**
   - **Fase de lançamento público**
   - **Viagens do autor e eventos de lançamento do livro**

Use esta caixa de diálogo para indicar as tarefas que você deseja incluir no modo de exibição Linha do Tempo.

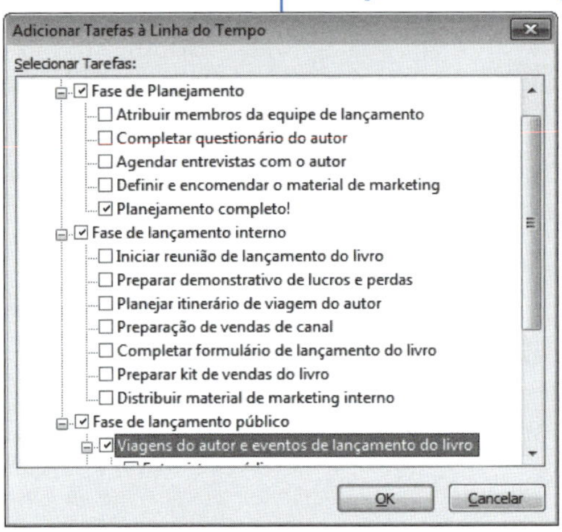

Essas são tarefas de resumo e uma tarefa de etapa que você vai adicionar ao modo de exibição Linha do Tempo.

4. Clique em **OK**.

   O Project adiciona as tarefas de resumo ao modo de exibição Linha do Tempo. Se necessário, ajuste a barra divisora horizontal para que você possa ver mais do modo de exibição Linha do Tempo.

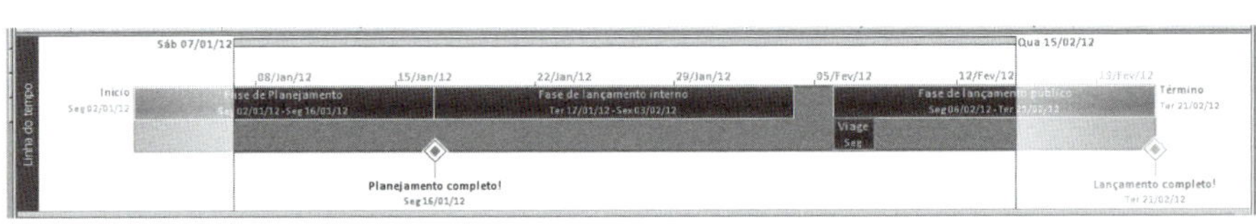

Em seguida, você ajustará a formatação da tarefa de resumo *Viagens do autor e eventos de lançamento do livro* na Linha do Tempo.

5. No modo de exibição **Linha do Tempo**, clique na barra da tarefa de resumo *Viagens do autor e eventos de lançamento do livro*.

   Apenas uma parte do nome da tarefa de resumo está visível. Passe o mouse sobre o nome na barra e o Project exibirá uma Dica de Tela com o nome completo e outros detalhes da tarefa.

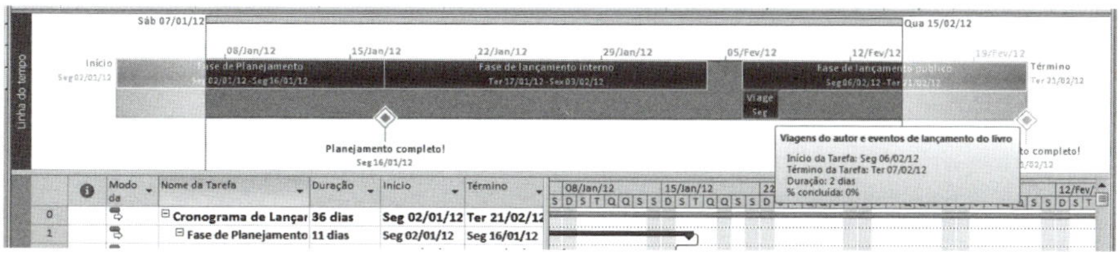

6. Na guia **Formato**, no grupo **Seleção Atual**, clique em **Exibir como Texto Explicativo**.

   O Project exibe essa tarefa de resumo como um texto explicativo (callout), que, para essa tarefa, tem a vantagem de tornar visível o seu nome completo.

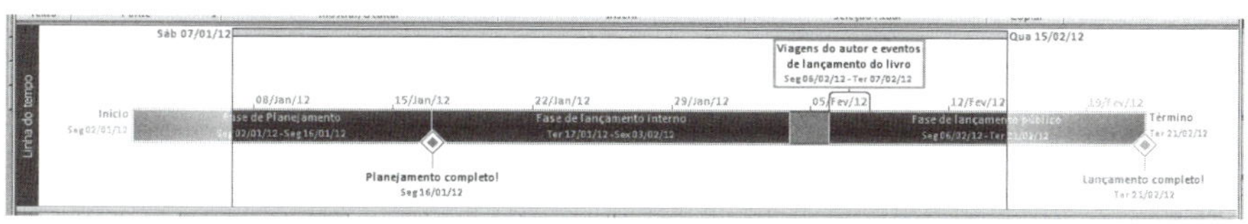

Em seguida, você vai adicionar a tarefa de etapa final à Linha do Tempo, mas usando uma técnica diferente.

7. Na coluna **Nome da Tarefa**, clique no nome da tarefa 24, *Lançamento completo!*

8. Na guia **Tarefa**, no grupo **Propriedades**, clique em **Adicionar Tarefa à Linha do Tempo**.

Dica Você também pode clicar com o botão direito do mouse no nome da tarefa e clicar Adicionar à Linha do Tempo no menu de atalho exibido.

O Project adiciona essa tarefa de etapa ao modo de exibição Linha do Tempo.

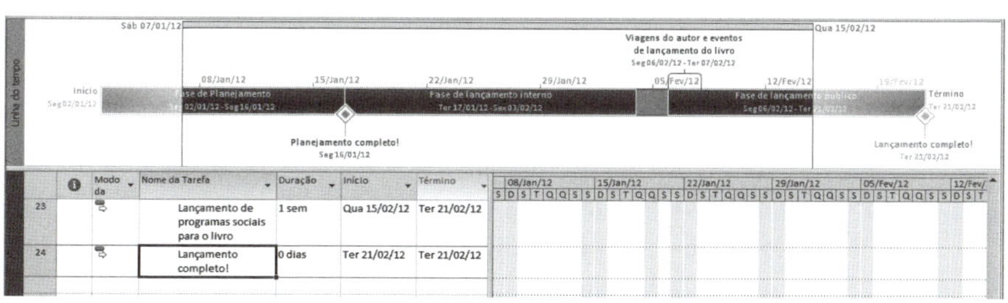

Como você pode ver na Linha do Tempo, o Project exibe as tarefas de etapas como texto explicativo e usa o marcador em forma de losango, que é uma convenção visual para as etapas.

Visão panorâmica e zoom do modo de exibição Gráfico de Gantt a partir do modo de exibição Linha do Tempo

Você notou o sombreamento, as linhas verticais e a barra horizontal no modo de exibição Linha do Tempo? Esses são os controles de visão panorâmica e zoom que você pode usar para rolar o modo de exibição Gráfico de Gantt horizontalmente ou alterar sua escala de tempo.

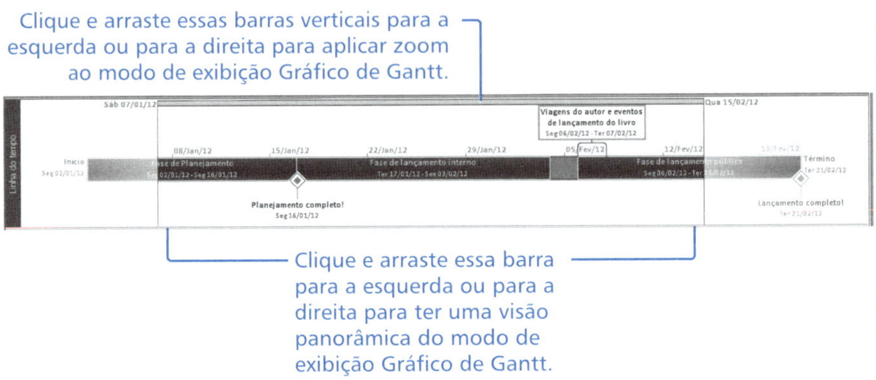

Esses controles de visão panorâmica e zoom aparecem no modo de exibição Linha do Tempo quando a linha de tempo do Gráfico de Gantt não mostra a duração completa do plano de projeto na tela.

Para rolar o modo de exibição Gráfico de Gantt, clique e arraste a barra horizontal que aparece acima de uma parte da Linha do Tempo. Essa é uma maneira conveniente de exibir uma faixa de datas específica no modo de exibição Gráfico de Gantt.

Para alterar a escala de tempo, arraste a linha vertical esquerda ou direita sobre a borda da barra de rolagem no modo de exibição Linha do Tempo. À medida que você arrasta, o Project ajusta a escala de tempo na parte gráfica do modo de exibição Gráfico de Gantt para que o quadro de tempo que aparece na parte não sombreada do modo de exibição Linha do Tempo também fique visível no modo de exibição Gráfico de Gantt.

Você pode achar o modo de exibição Linha do Tempo útil não apenas para criar representações simplificadas de detalhes importantes dos seus planos de projeto, mas também para navegar com o modo de exibição Gráfico de Gantt.

Desenhando em um Gráfico de Gantt

O Project inclui uma ferramenta Desenho, com a qual você pode desenhar objetos diretamente na parte gráfica de um gráfico de Gantt. Por exemplo, se você quiser anotar um evento específico ou destacar graficamente um determinado item, pode desenhar objetos, como caixas de texto, setas e outros itens diretamente em um gráfico de Gantt. Você também pode vincular um objeto desenhado a uma das extremidades de uma barra de Gantt ou a uma data específica na escala de tempo. Aqui, está como escolher o tipo de vínculo de que você precisa:

- Vincule objetos a uma barra de Gantt quando o objeto for específico para a tarefa que a barra representa. O objeto se moverá com a barra de Gantt, se a tarefa for reagendada.
- Vincule objetos a uma data quando as informações às quais o objeto se refere dependerem dessa data. O objeto permanecerá na mesma posição em relação à escala de tempo, independentemente da parte da escala de tempo que estiver sendo exibida.

Neste exercício, você vai adicionar uma caixa de texto ao modo de exibição Gráfico de Gantt.

1. Role o modo de exibição Gráfico de Gantt para a parte superior da tabela, para que a tarefa 0 fique visível.

2. Na guia **Formato**, no grupo **Desenhos**, clique em **Desenho**.

   O menu de objetos de desenho é exibido. Isso inclui todas as formas internas que você pode desenhar, além de outros comandos para formatar formas.

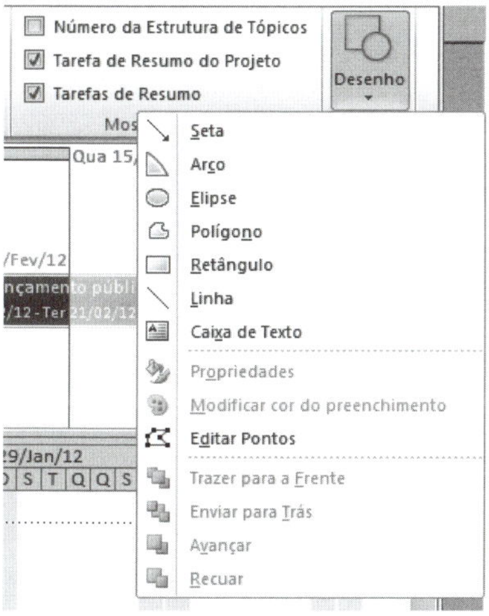

3. Clique em **Caixa de texto** e, em seguida, arraste um pequeno quadrado em qualquer lugar na parte gráfica do modo de exibição Gráfico de Gantt.
4. Na caixa que você acabou de desenhar, digite **Evento de motivação em 19 de jan.**
5. Na guia **Formato**, no grupo **Desenhos**, clique em **Desenho** e, em seguida, em **Propriedades**.

   A caixa de diálogo Formatar desenho é exibida.

Dica Você também pode clicar duas vezes na borda da caixa de texto para exibir suas propriedades.

6. Verifique se a guia **Linha e preenchimento** está exibida, e, na caixa **Cor** abaixo do rótulo **Preenchimento**, clique em amarelo.

   Em seguida, você vai anexar a caixa de texto a uma data específica na escala de tempo.

7. Clique na guia **Tamanho e posição**.
8. Certifique-se de que a opção **Anexar à escala de tempo** está marcada e, na caixa **Data**, digite ou clique na data 19/01/12.
9. Na caixa **Vertical** em **Anexar à escala de tempo**, digite 5 (essa é a quantidade de centímetros abaixo da escala de tempo onde o topo da caixa será posicionado) e, em seguida, clique em **OK** para fechar a caixa de diálogo **Formatar desenho**.

   O Project colore a caixa de texto de amarelo e a posiciona abaixo da escala de tempo próxima à data que você especificou.

10. Clique em uma área em branco do modo de exibição Gráfico de Gantt para desmarcar a caixa de texto.

Clique duas vezes na borda do objeto desenhado para alterar sua formatação ou outras propriedades.

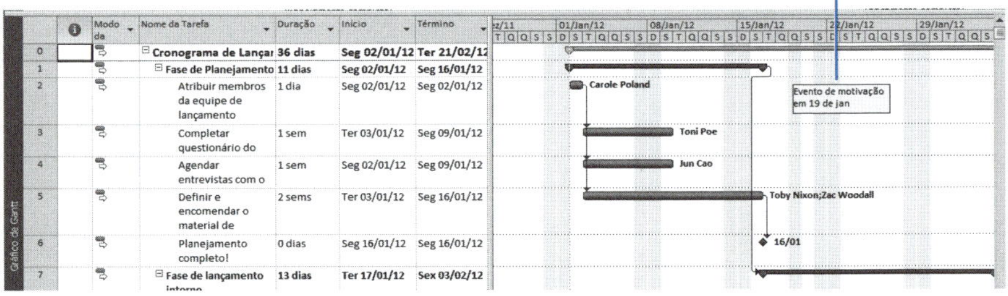

Como você anexou a caixa de texto a uma data específica na escala de tempo, ela sempre aparecerá perto dessa data, mesmo que você aumente ou reduza o zoom da escala de tempo ou role o gráfico para a direita ou para a esquerda. Se você tivesse anexado a caixa de texto a uma barra de Gantt, ela se moveria com a barra de Gantt caso a tarefa fosse reagendada.

Copiando modos de exibição

Você talvez precise compartilhar detalhes dos seus planos de projeto com colegas que não têm o Project, ou que prefiram um simples instantâneo do cronograma. Além do recurso de relatórios descritos mais tarde neste capítulo, você pode copiar ou imprimir os modos de exibição do Project. Os modos de exibição copiados podem, então, ser colados em mensagens de email, documentos, apresentações e outros elementos.

Ambos os modos de exibição Gráfico de Gantt e Linha do Tempo são adequados para compartilhar os detalhes do cronograma – a Linha do Tempo é um modo de exibição conciso, uma visão rápida do projeto, e o Gráfico de Gantt é um formato de cronograma muito usado.

Neste exercício, você vai copiar o Gráfico de Gantt e o modo de exibição Linha do Tempo para outro aplicativo.

1. Na coluna **Nome da Tarefa**, clique no nome da tarefa 7, *Fase de lançamento interno*.
2. Na guia **Tarefa**, no grupo **Edição**, clique em **Rolar até a Tarefa**.

   As barras de Gantt da tarefa de resumo Fase de Lançamento Interno e suas subtarefas são exibidas. Esta imagem é parecida com a que você gostaria de copiar.

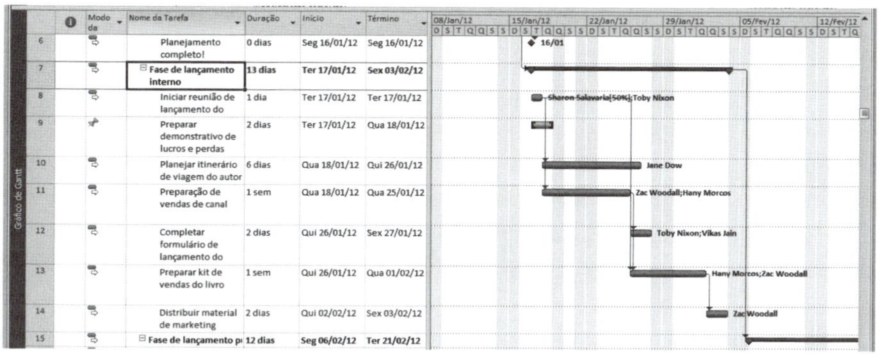

3. No modo de exibição Gráfico de Gantt, selecione os nomes das tarefas 7 a 14.

   Essas são a tarefa de resumo *Fase de Lançamento Interno* e suas subtarefas.
4. Na guia **Tarefa**, no grupo **Área de Transferência**, clique na seta próxima a **Copiar** e em **Copiar Imagem**.

   A caixa de diálogo Copiar imagem é exibida.

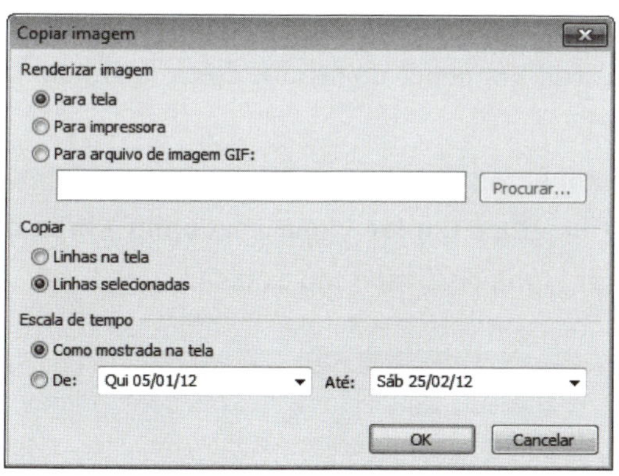

Nessa caixa de diálogo, você pode controlar o modo como o Project copia os detalhes do plano de projeto para a Área de Transferência ou os salva em um arquivo. As duas primeiras opções abaixo de Renderizar imagem oferecem opções de mandar a imagem do Gráfico de Gantt que você copia para "tela" ou impressora; a terceira permite salvar a imagem copiada como um arquivo de imagem GIF (Graphics Interchange Format). As opções Copiar e Escala de Tempo permitem ajustar o que você deseja copiar.

Para este exercício, você deseja copiar as linhas selecionadas para a tela e deixar a escala de tempo conforme mostrada.

5. Clique em **OK**.

   Project copia uma imagem gráfica apenas das linhas selecionadas do Gráfico de Gantt para a Área de Transferência do Windows.

6. No menu **Iniciar**, clique em **Todos os Programas** e, no grupo de programas **Acessórios**, em **WordPad**.

   WordPad abre e cria um novo documento.

7. No WordPad, clique em **Colar**.

   O WordPad cola a imagem gráfica do modo de exibição Gráfico de Gantt no novo documento.

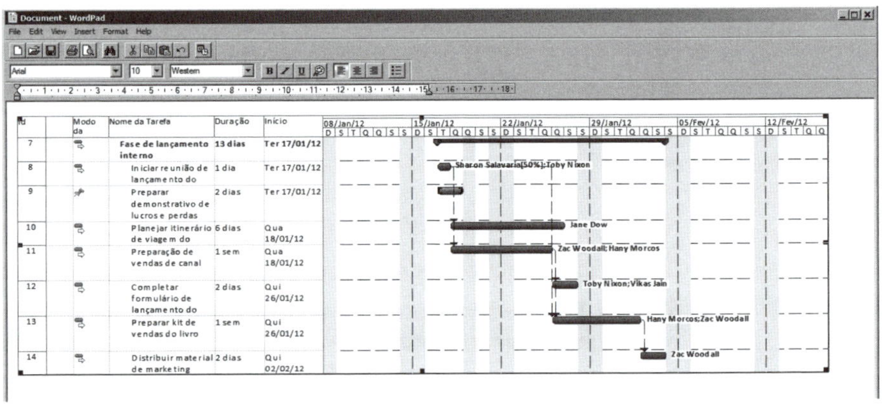

O modo de exibição Gráfico de Gantt é um formato padrão para apresentar cronogramas e pode mostrar um pouco do detalhe do cronograma.

8. Volte para o Project.

9. Clique em qualquer lugar no modo de exibição Linha do Tempo.

10. Na guia **Formato**, no grupo **Copiar**, clique em **Copiar Linha do Tempo**.

    As opções de Copiar Linha do Tempo são exibidas.

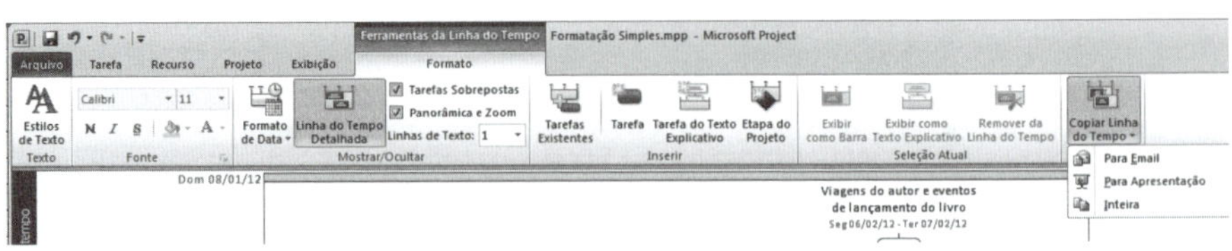

Dica Aproveite para experimentar as opções de Copiar Linha do Tempo e colar os resultados em qualquer aplicativo que seja relevante para você. Para este exercício, nós colaremos no WordPad, um editor rich-text incluído no Windows.

11. Clique em **Inteira**.

    O Project copia uma imagem gráfica da Linha do Tempo para a Área de Transferência.

12. Volte para o WordPad e pressione a tecla Enter algumas vezes para adicionar algum espaço abaixo da imagem do Gráfico de Gantt.

13. No WordPad, clique em **Colar**.

    O WordPad cola a imagem gráfica do modo de exibição Linha do Tempo no novo documento.

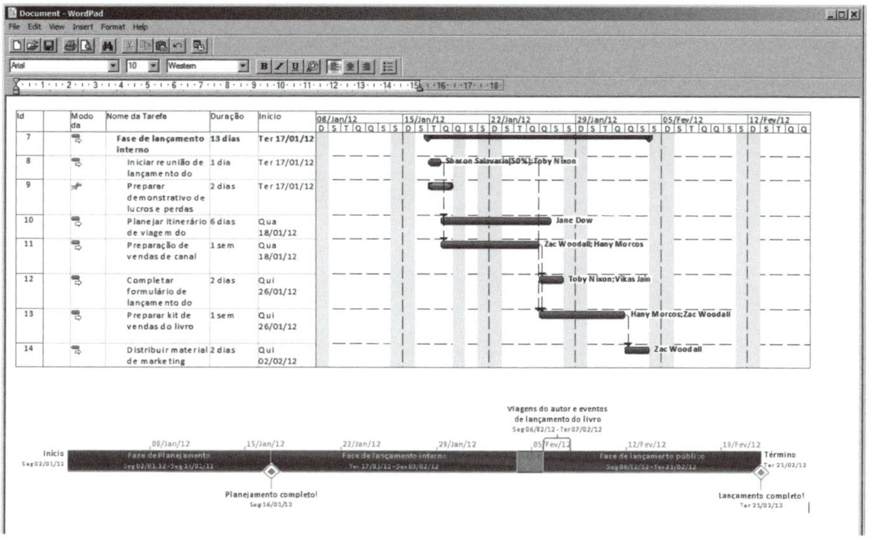

14. Feche o WordPad sem salvar o documento, retorne ao Project e clique em qualquer lugar no modo de exibição Gráfico de Gantt.

Imprimindo modos de exibição

A impressão de modos de exibição permite colocar no papel quase tudo o que você vê na tela. Para um projeto com muitas tarefas, o que você pode ver ao mesmo tempo na tela pode ser uma parte relativamente pequena do projeto todo. Ao usar um papel tamanho carta padrão, talvez sejam necessárias várias folhas para imprimir o plano de projeto completo. Por exemplo, um modo de exibição Gráfico de Gantt de um projeto de seis meses com 100 ou mais tarefas pode exigir 12 ou mais páginas de papel carta. A impressão do Project pode usar muito papel; de fato, alguns usuários do Project que têm planos de projetos muito grandes fazem impressões em tamanho poster usando plotters. Sempre que for usar uma impressora ou um plotter, é bom visualizar a impressão dos modos de exibição que você pretende imprimir, antes de efetivamente solicitar a impressão.

Dica Para obter instruções avançadas sobre como imprimir modos de exibição, consulte o Capítulo 15.

Neste exercício, você verá a Visualização de Impressão dos modos de exibição Gráfico de Gantt e Linha do Tempo.

1. Na guia **Arquivo**, clique em **Imprimir**.

   A Visualização de Impressão é exibida no modo de exibição Backstage com o Gráfico de Gantt na visualização.

Aqui, você pode ver a legenda para o modo de exibição Gráfico de Gantt. É possível controlar o modo como ela é exibida usando a caixa de diálogo Configurar página.

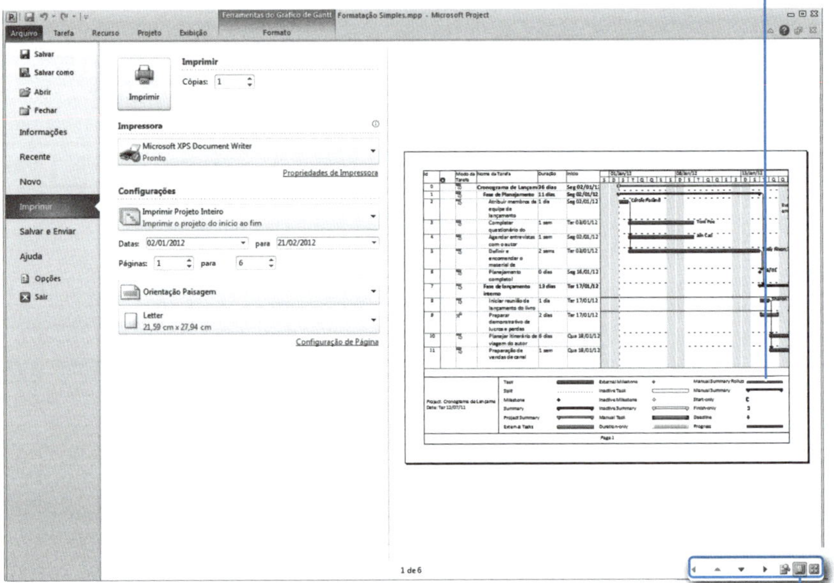

Use estes botões para navegar na Visualização de Impressão.

A Visualização de Impressão tem várias opções a serem exploradas. Você começará com os botões de navegação de página no canto inferior direito da tela. Para observar a visualização mais abrangente do resultado da impressão, você mudará para uma visualização em várias páginas.

2. Clique em **Várias Páginas**.

   O Gráfico de Gantt completo aparece na Visualização de Impressão. Assumindo que você tenha uma folha tamanho carta como tamanho de página, você deve ver o Gráfico de Gantt se estendendo por várias páginas – o que você vê na Visualização de Impressão pode variar de acordo com a sua impressora específica. Aqui, há mais informação do que o que você precisa comunicar agora, por isso, ajuste a Visualização de Impressão para incluir apenas a parte do Gráfico de Gantt que abrange o mês de janeiro.

Nota Se você tem um plotter selecionado como sua impressora padrão ou um tamanho de página diferente selecionado para a sua impressora padrão, o que você vê nas janelas da Visualização de Impressão pode ser diferente do que é mostrado aqui. As próximas etapas assumirão que você vê o modo de exibição Gráfico de Gantt dividido em seis páginas.

3. Abaixo de **Configurações**, no lado esquerdo da janela Visualizar Impressão, clique em **Imprimir Projeto Inteiro** para exibir as opções adicionais de impressão.

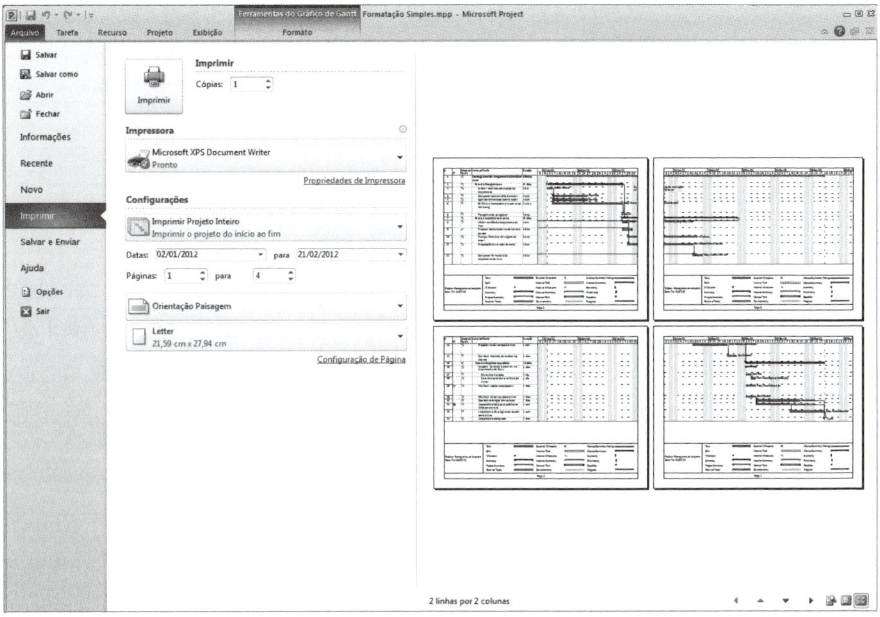

Essas opções permitem personalizar os detalhes que serão impressos.

4. Clique em **Imprimir Datas Específicas**.

   Observe os dois campos de data logo abaixo da configuração Imprimir Datas Específicas. No primeiro campo de data, *02/01/2012* já deve estar selecionada. Essa é a data de início do projeto.

5. No campo **para**, selecione **31/01/2012**.

   O Project ajusta a Visualização de Impressão para incluir apenas as tarefas que aparecem no mês de janeiro.

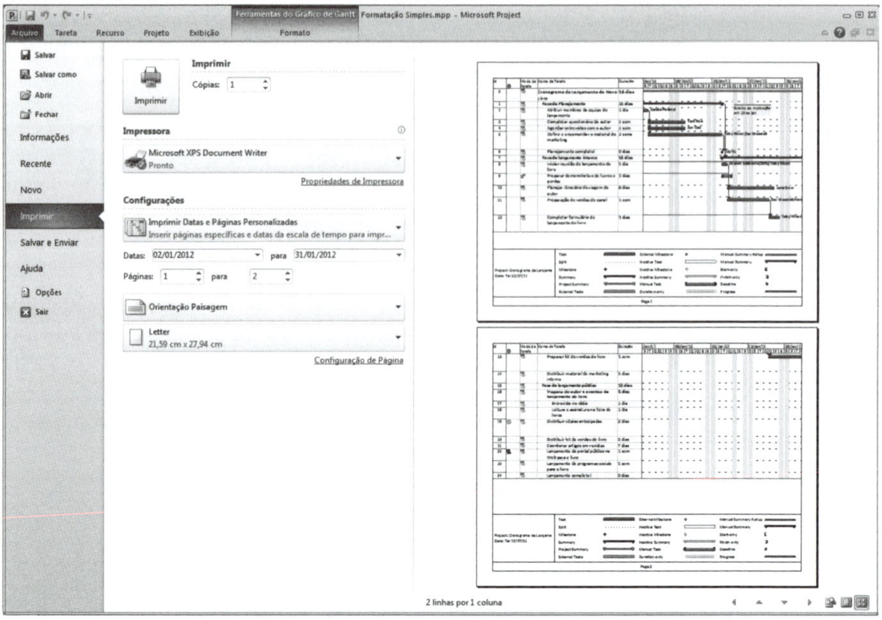

6. Clique na guia **Tarefa** para fechar o modo de exibição Backstage.

   Em seguida, você trabalhará com o modo de exibição Linha do Tempo.

7. Clique em qualquer lugar no modo de exibição Linha do Tempo.

   Isso coloca o foco na Linha do Tempo. O Project pode imprimir apenas um modo de exibição de cada vez, portanto, quando trabalhar com um modo de exibição de divisão, você deve especificar que modo de exibição pretende imprimir.

8. Na guia **Arquivo**, clique em **Imprimir**.

   A Visualização de Impressão é exibida no modo de exibição Backstage.

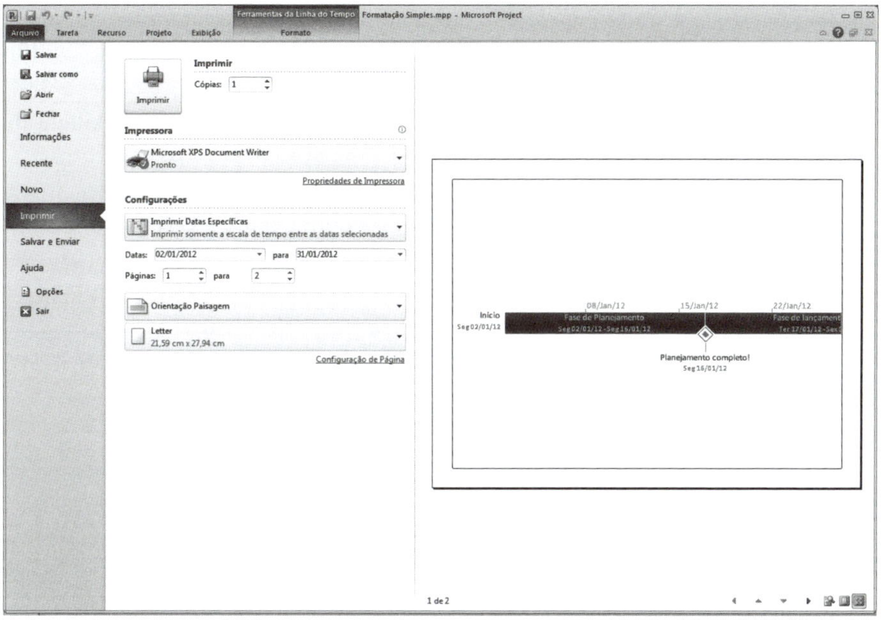

9. Clique em **Página à direita** para exibir a segunda página da Linha do Tempo.
10. Clique em **Várias Páginas**.

O modo de exibição Linha do Tempo inteiro é exibido na janela Visualizar Impressão.

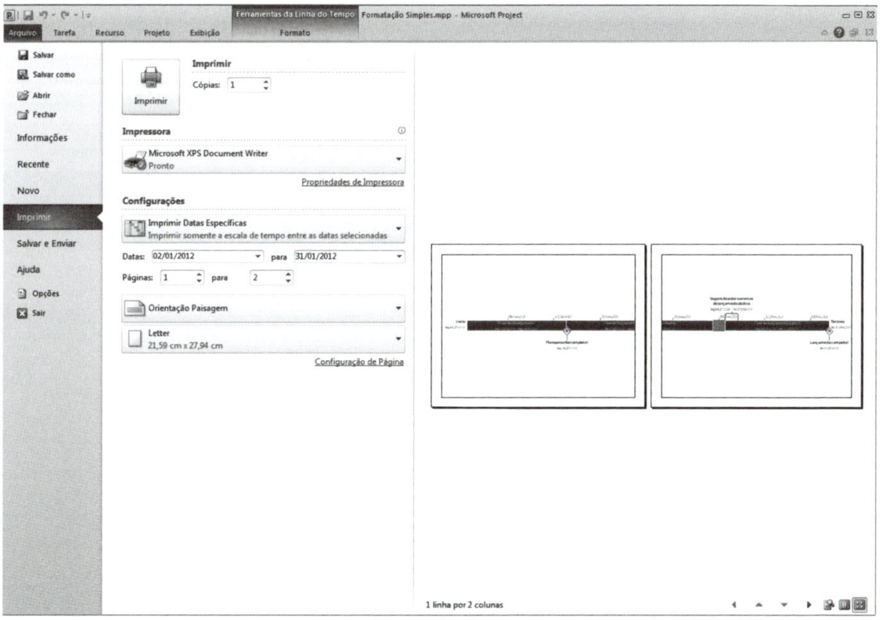

Para um modo de exibição único como a Linha do Tempo, ajustá-lo ao tamanho de uma única página é bom para as suas necessidades de comunicação. Depois, você ajustará as opções de configuração de página.

11. Clique em **Configuração de página**; essa opção é exibida na parte inferior dos controles, à esquerda da Visualização de Impressão.

    A caixa de diálogo Configurar página é exibida – note que o título da caixa de diálogo inclui a palavra "Linha do Tempo". Você pode personalizar as opções de configuração de página que se aplicam a esse modo de exibição específico.

12. Verifique se a guia **Página** está visível e, abaixo de **Escala**, clique em **Ajustar para: 1 páginas de largura por 1 de altura**.

Aqui, você pode ver o nome do modo de exibição ou do relatório com o qual está trabalhando. As guias e as opções que estão disponíveis dependem do tipo do modo de exibição ou relatório.

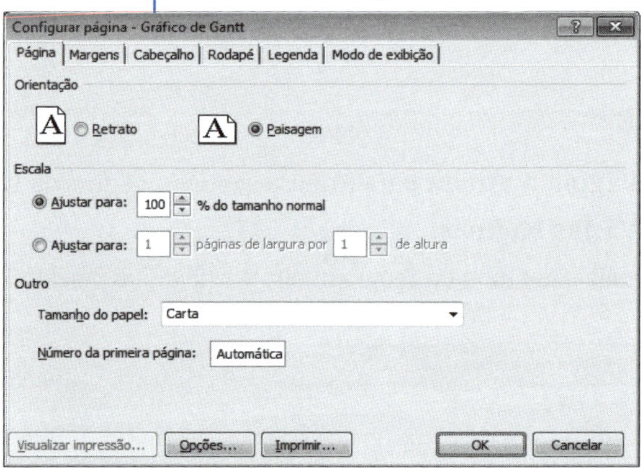

13. Clique em **OK**.

    O Project redimensionou a Visualização de Impressão da Linha do Tempo, portanto ela agora cabe em uma página.

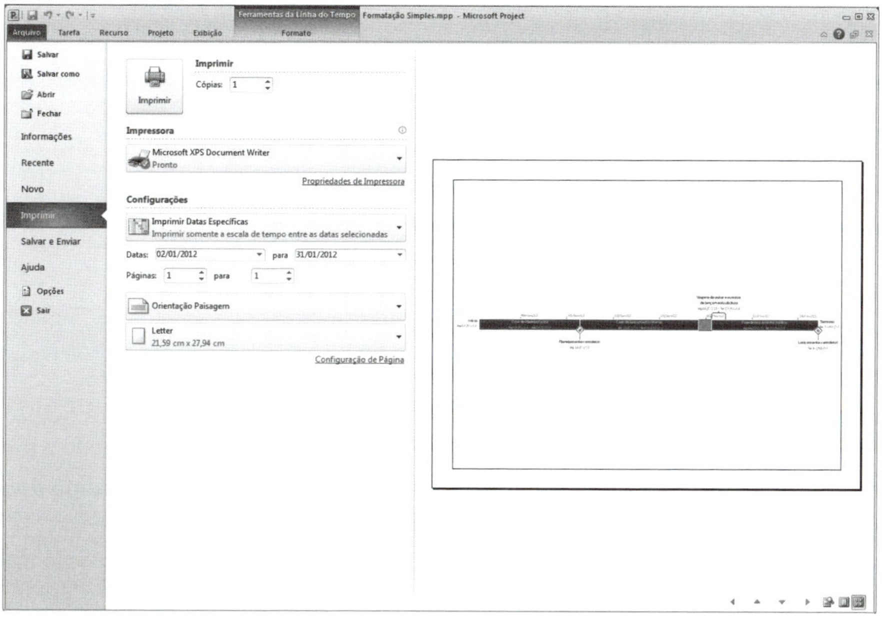

14. Clique na guia **Tarefa** para fechar o modo de exibição Backstage.

Personalizando e imprimindo relatórios

Os *relatórios* têm a finalidade de imprimir dados do Project. Diferentemente dos modos de exibição, com os quais você pode imprimir ou trabalhar na tela, os relatórios se destinam exclusivamente à impressão ou à visualização na janela Visualizar impressão. Não é possível inserir dados diretamente em um relatório. O Project inclui diversos relatórios predefinidos de tarefas, recursos e atribuições que você pode editar para obter as informações desejadas.

Você pode personalizar a maneira como imprime os modos de exibição e relatórios; entretanto, o Project tem algumas opções para formatar relatórios. Ao imprimir, muitas das mesmas opções são encontradas tanto para modos de exibição quanto para relatórios, assim como algumas opções específicas para modos de exibição ou relatórios.

Dica Para obter instruções avançadas sobre como imprimir relatórios, consulte o Capítulo 15.

Neste exercício, você vai exibir relatórios na janela Visualizar impressão e, em seguida, editar seus formatos para incluir informações adicionais.

1. Na guia **Projeto**, no grupo **Relatórios**, clique em **Relatórios**.

   A caixa de diálogo Relatórios é exibida, mostrando as categorias de relatórios disponíveis.

2. Clique em **Visão geral** e, em seguida, em **Selecionar**.

   A caixa de diálogo Relatórios gerais é exibida, listando os cinco relatórios predefinidos no Project que fornecem informações gerais de todo o projeto.

3. Na caixa de diálogo **Relatórios gerais**, clique em **Resumo do projeto** e em **Selecionar**.

   O Project exibe a visualização da impressão do relatório no modo de exibição Backstage. Esse relatório é um resumo útil das tarefas, recursos, custos e do status atual do plano de projeto. Você poderá usar esse relatório, por exemplo, como um relatório de status recorrente que poderá ser compartilhado com os clientes e outros *stakeholders* do projeto.

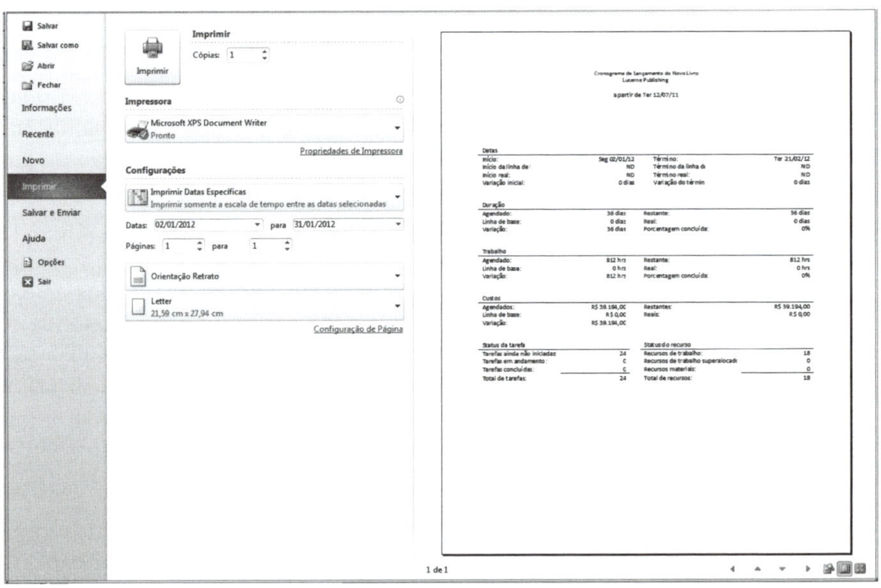

Dependendo da resolução da sua tela, o texto do relatório talvez não seja legível ao ser visualizado em página cheia.

4. Na janela **Visualizar impressão**, clique na metade superior da página com o ponteiro do mouse.

O Project aumenta o zoom para mostrar a página em uma resolução legível.

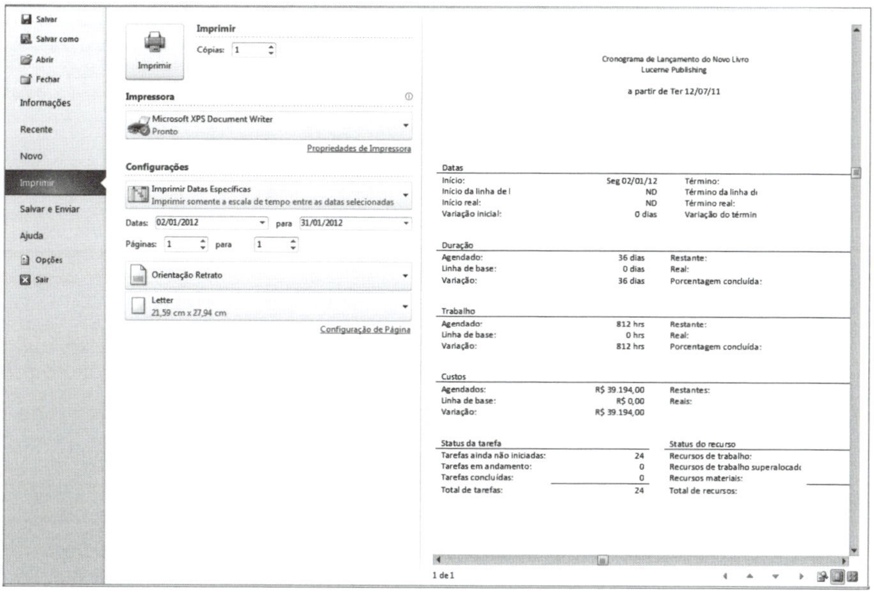

Nesse ponto do ciclo de vida do projeto, as partes mais pertinentes de informações são as datas de início e de término planejadas e o custo total. Se algum desses valores não estiver dentro das expectativas do *responsável* pelo projeto ou outros stakeholders, essa é uma boa hora de descobrir essas informações.

5. Na guia **Projeto**, no grupo **Relatórios**, clique em **Relatórios**.

   A janela Visualizar impressão fecha e a caixa de diálogo Relatórios reaparece. Em seguida, você vai visualizar e editar um relatório diferente.

   Para um projeto simples e pequeno, como o lançamento do novo livro, um relatório é uma maneira simples de comunicar as atribuições aos recursos envolvidos. Para fazer isso, você vai trabalhar com o relatório Quem Faz o Que.

6. Clique em **Atribuições** e, em seguida, em **Selecionar**.

   A caixa de diálogo Relatórios de atribuições é exibida, listando os quatro relatórios predefinidos do Project, que fornecem informações sobre as atribuições de recursos.

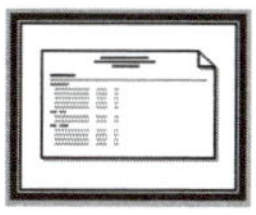

7. Na caixa de diálogo **Relatórios de atribuições**, clique em **Quem Faz o Que** e no botão **Selecionar**.

   O Project exibe as várias páginas do relatório Quem Faz o Que na janela Visualizar impressão.

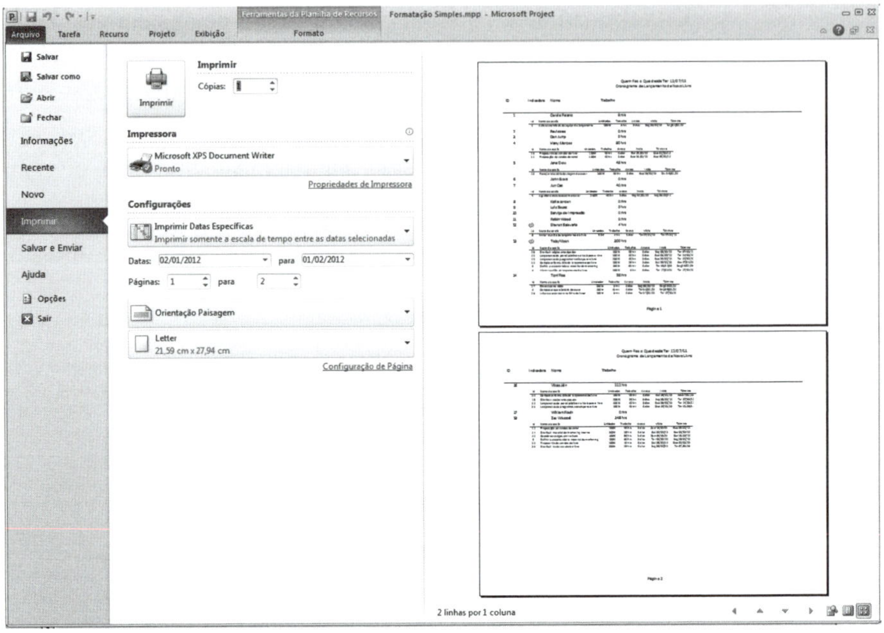

8. Clique em **Uma Página**.

A primeira página do relatório é exibida na janela Visualizar impressão; se ela não estiver legível na sua tela, clique na metade superior da página com o ponteiro do mouse para ampliá-la.

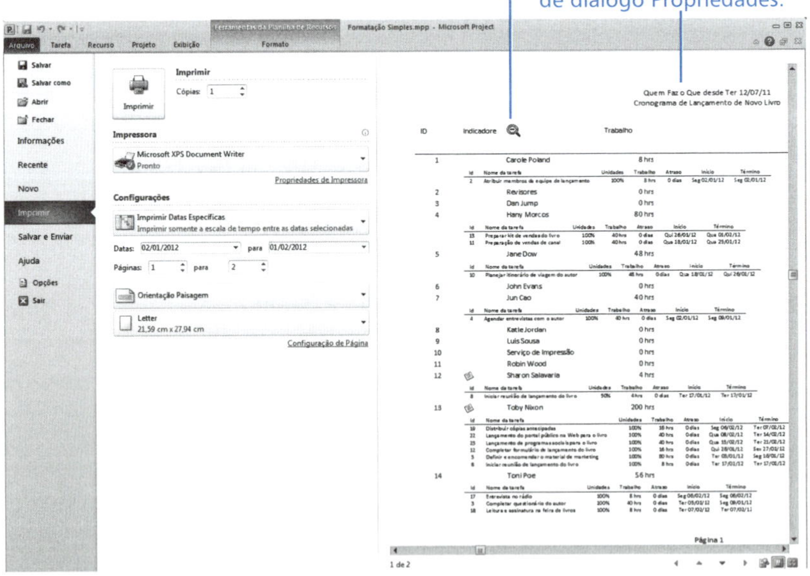

Para concluir este exercício, você vai reformatar o nome do projeto conforme exibido no título do relatório.

9. Clique em **Configuração de Página** na parte inferior dos controles na Visualização de Impressão.

   A caixa de diálogo Configurar página é exibida. Dessa vez, ela mostra as opções que você pode ajustar quando trabalhar com esse relatório.

10. Clique na guia **Cabeçalho**.

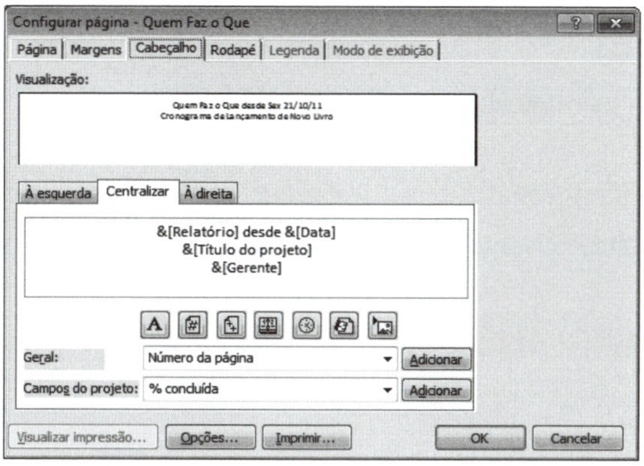

Na parte superior da guia, você vê uma visualização de impressão do cabeçalho do relatório. Abaixo dele, você pode ver os códigos que compõem o texto do cabeçalho. Esses códigos incluem o título do projeto e o nome do gerente, que são duas propriedades do plano de projeto que você pode se lembrar do Capítulo 2, "Criando uma lista de tarefas".

11. Na guia **Centralizar**, selecione o texto **&[Título do Projeto]** e clique em **Formatar fonte do texto**.

    A caixa de diálogo Fonte é exibida.

12. Abaixo de **Estilo de fonte**, clique em **Negrito** e, abaixo de **Tamanho**, em **14.** Clique em **OK**.

    O cabeçalho do relatório personalizado aparece na caixa de diálogo Configurar página.

13. Clique em **OK** para fechar a caixa de diálogo **Configurar página**.

    O nome do projeto reformatado é exibido da janela Visualizar impressão.

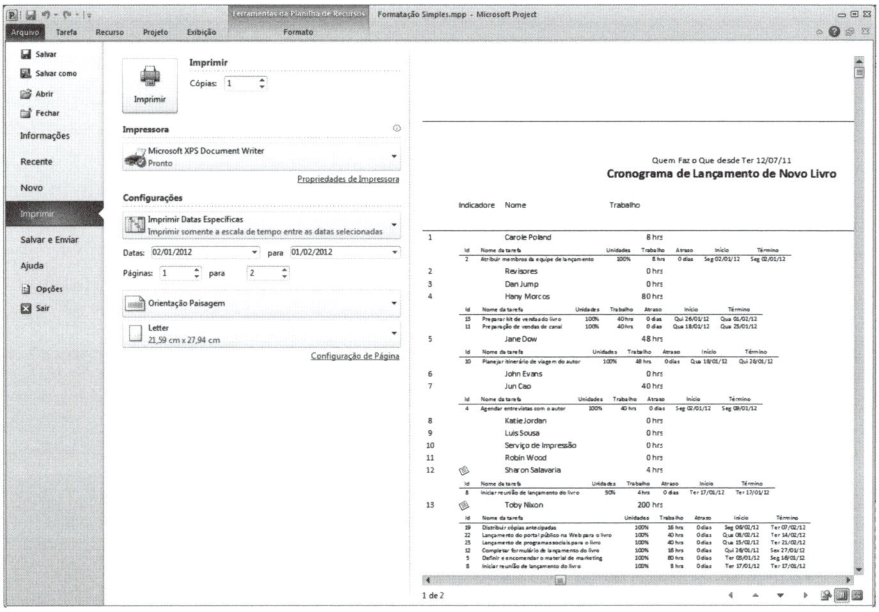

14. Clique na guia **Tarefa** para retornar ao modo de exibição Gráfico de Gantt.

    Você pode alterar os cabeçalhos e rodapés dos modos de exibição da mesma maneira que os altera nos relatórios. Lembre-se de que essas alterações feitas na configuração de página de qualquer modo de exibição ou relatório só se aplicam a esse modo de exibição ou relatório. Entretanto, o método geral usado para personalizar a configuração de página é o mesmo para qualquer relatório ou modo de exibição.

LIMPEZA Feche o arquivo Formatacao Simples.

Pontos principais

- Os estilos de apresentação ocultam alguns detalhes do Gráfico de Gantt que as opções de formatação Estilos de Agendamento mostram.
- Você pode formatar as barras de Gantt individuais ou categorias inteiras de barras de Gantt fazendo o seguinte: Na guia Formato, no grupo Estilos de Barra, clique em Barra ou Estilos de Barra.
- Personalize o modo de exibição Linha do Tempo quando precisar mostrar uma representação gráfica simplificada de um plano de projeto.
- Você pode desenhar ou inserir objetos gráficos na parte gráfica de um modo de exibição Gráfico de Gantt, mas não na parte da tabela.
- Use o recurso Copiar Imagem (acessado ao clicar a guia Tarefa no grupo Área de Transferência) para criar um instantâneo de imagem gráfica do modo de exibição ativo e copiá-lo para a Área de Transferência, por exemplo. Para o modo de exibição Linha do Tempo, use o recurso Copiar Linha do Tempo (acessado ao clicar a guia Formato no grupo Copiar).
- A finalidade dos relatórios é apenas visualizar a impressão ou imprimir; você não pode inserir ou editar dados diretamente em um relatório.

Resumo do Capítulo

Defina uma linha de base para criar um "instantâneo" da agenda atual para comparação futura, **p. 124**

Defina o andamento das tarefas por uma data específica, **p. 128**

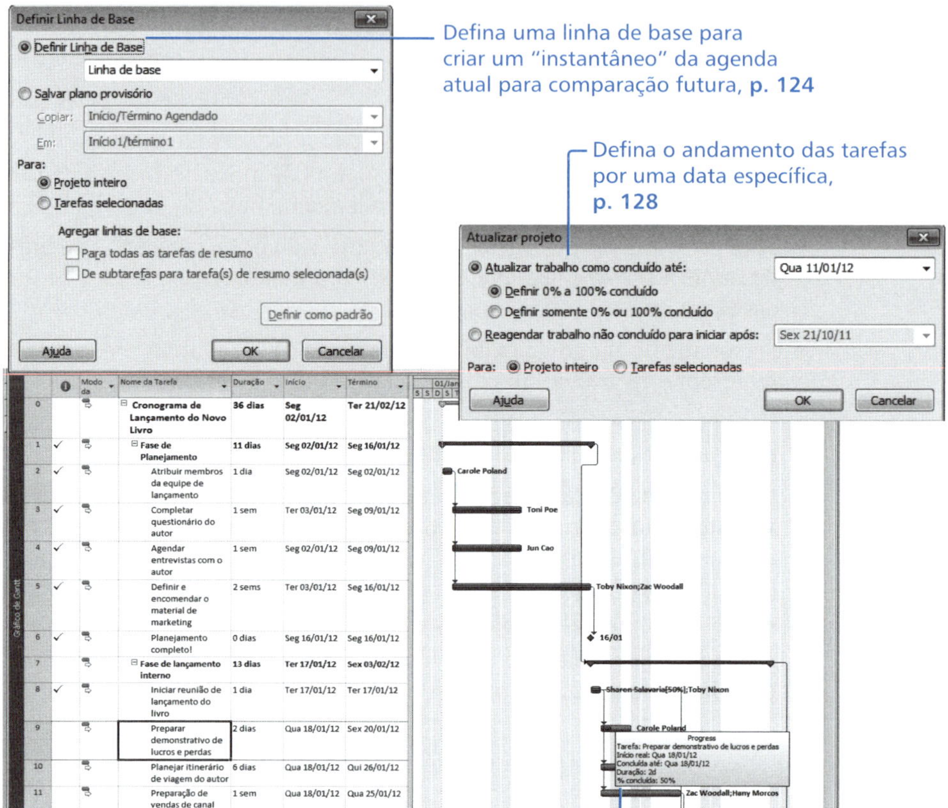

Registre a duração real das tarefas, **p. 132**

Insira a porcentagem concluída de tarefas específicas, **p. 129**

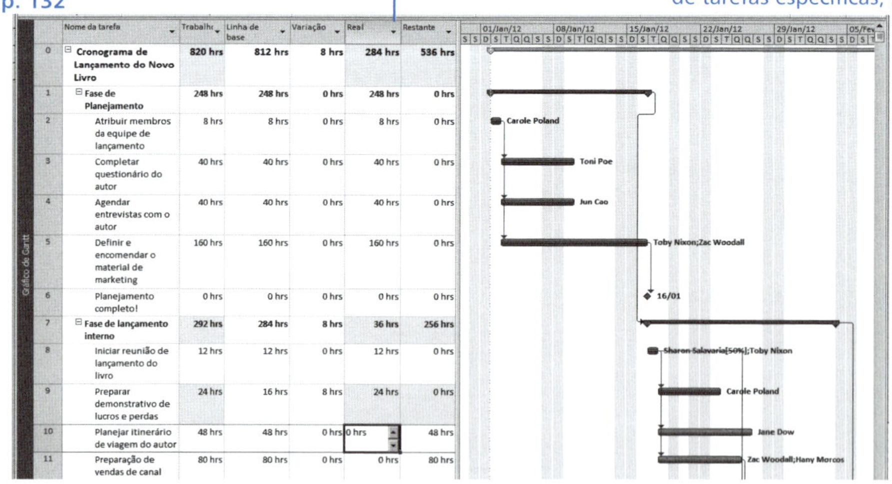

Capítulo 6

Controle o andamento das tarefas

Neste capítulo, você vai aprender a:

- Salvar os valores atuais de um agendamento como uma linha de base.
- Registrar o andamento das tarefas por uma data específica.
- Registrar a porcentagem concluída de uma tarefa.
- Inserir os valores reais de trabalho e duração das tarefas.

Até agora, você enfocou o ***planejamento*** de projeto – desenvolvendo e comunicando os detalhes de um plano de projeto antes de o trabalho real começar. Ao iniciar o trabalho, começa também a fase seguinte do gerenciamento de um projeto: o ***controle*** do andamento do projeto. Controlar significa registrar os detalhes do projeto, como quem fez qual trabalho, quando o trabalho foi feito e a que custo. Esses detalhes são chamados de valores ***reais***.

O controle dos valores reais é essencial para gerenciar corretamente um projeto. O gerente de projeto deve saber se a equipe está tendo um bom desempenho e quando realizar uma ação corretiva. Controlar adequadamente o desempenho do projeto e compará-lo com o plano original permite que você responda a perguntas como:

- As tarefas estão iniciando e terminando conforme planejado? E, se não estão, qual será o impacto sobre a data de término do projeto?
- Os ***recursos*** estão gastando mais ou menos do que o planejado para concluir as tarefas?
- Os custos das tarefas estão mais altos do que o previsto e estão aumentando o custo total do projeto?

O Microsoft Project 2010 fornece suporte a várias maneiras de controlar o andamento do projeto. Sua opção por um método de controle depende do nível de detalhe ou controle necessário para você, o responsável pelo projeto e outros stakeholders. Controlar os mínimos detalhes de um projeto exige mais dedicação de você e possivelmente dos recursos que trabalham no projeto. Portanto, antes de iniciar o controle do andamento do projeto, você deve determinar o nível de detalhe de que precisa. Os diferentes níveis de controle de detalhe são:

- Registrar o trabalho do projeto conforme agendado. Isso funciona melhor se tudo ocorrer exatamente como planejado. Sim, isso pode acontecer!
- Registrar a porcentagem concluída de cada tarefa, em valores precisos ou em incrementos, como 25%, 50%, 75% ou 100%.
- Registrar as datas de início e término reais, o trabalho real e a duração real e restante de cada tarefa ou atribuição.
- Controlar o trabalho em nível de atribuição por período de tempo. Esse é o nível de controle mais detalhado. Aqui, você registra os valores do trabalho real por dia, semana ou outro intervalo.

Como diferentes partes de um projeto podem ter diferentes necessidades de controle, você talvez precise aplicar uma combinação desses enfoques dentro de um único plano de projeto. Por exemplo, você talvez queira controlar as tarefas de alto risco mais de perto do que as tarefas de baixo risco. Neste capítulo, você vai executar as três primeiras ações da lista anterior; a quarta (controlar o trabalho em nível de atribuição por período de tempo) será tratada no Capítulo 12, "Controle o andamento de tarefas e atribuições."

Arquivos de exercícios Para concluir os exercícios deste capítulo, copie os arquivos de exercícios para seu computador. Os arquivos que você usará para finalizar os exercícios deste capítulo encontram-se na pasta Capitulo06. Na seção "Usando os arquivos de exercícios", no início deste livro, existe uma lista completa dos arquivos de exercícios.

Importante Se você estiver executando o Project Professional, talvez seja necessário fazer uma alteração de configuração. Isso ajuda a garantir que os arquivos de exercícios com os quais você trabalhar neste capítulo não afetem os dados do seu Project Server. Para obter mais informações, consulte o Apêndice C, "Usando os arquivos de exercícios se estiver conectado ao Project Server".

Salvando a linha de base de um projeto

Depois de desenvolver um plano de projeto, uma das atividades mais importantes de um gerente de projeto é registrar os valores reais e avaliar o desempenho do projeto. Para julgar o desempenho corretamente, é útil compará-lo ao seu plano original, denominado plano de linha de base ou apenas de ***linha de base***. Uma linha de base é um conjunto de valores importantes, como datas de início e de término planejadas, e custos das tarefas, recursos e atribuições. Quando você salva uma linha de base, o Project cria um "instantâneo" dos valores existentes e o salva no plano do projeto para comparação futura.

Os valores específicos salvos em uma linha de base são os campos tarefa, recurso e atribuição, assim como os campos divididos em fases.

Campos das tarefas	Campos dos recursos	Campos das atribuições
Início	Trabalho e trabalho dividido em fases	Início
Término	Custo e custo dividido em fases	Término
Duração		Trabalho e trabalho dividido em fases
Trabalho e trabalho dividido em fases		Custo e custo dividido em fases

Dica Os campos divididos em fase mostram os valores de tarefas, recursos e atribuições ao longo do tempo. Por exemplo, você pode examinar uma tarefa com cinco dias de trabalho planejado em nível semanal, diário ou horário e ver os valores do trabalho da linha de base específica por incremento de tempo. No Capítulo 12, você vai trabalhar com valores divididos em fase.

Você deve salvar a linha de base quando:

- Desenvolveu o plano de projeto da forma mais completa possível. (Entretanto, isso não significa que você não possa adicionar tarefas, recursos ou atribuições ao projeto depois do trabalho ter começado; geralmente, isso é inevitável.)
- Você ainda não começou a inserir os valores reais, como a porcentagem concluída de uma tarefa.

O Project suporta não apenas uma, mas até 11 linhas de base em um único plano. A primeira delas é denominada Linha de Base e as restantes são Linha de Base 1 a Linha de Base 10. Salvar várias linhas de base pode ser útil para projetos com fases de planejamento especialmente úteis nos quais você deseja comparar diferentes conjuntos de valores de linha de base. Por exemplo, você talvez queira salvar e comparar os planos de linha de base a cada mês como a alteração dos detalhes de planejamento. Ou talvez queira salvar uma nova linha de base em vários pontos durante a execução do plano de projeto. Você poderá, por exemplo, salvar a Linha de Base antes de o trabalho começar, depois a Linha de Base 1 após um mês de o trabalho ter começado, a Linha de Base 2 após dois meses de o trabalho ter começado e assim por diante. Poderá, então, visualizar as várias linhas de base e compará-las com o cronograma real em toda a duração do projeto.

Dica Salvar várias linhas de base em um plano de projeto pode aumentar o tamanho do seu arquivo.

O plano de projeto do novo livro da Lucerne Publishing agora está totalmente desenvolvido e o trabalho real no projeto começará em breve.

Neste exercício, você salva a linha de base para um plano de projeto e então visualiza os valores da tarefa de linha de base.

PREPARAÇÃO Inicie o Project, caso ele ainda não esteja em execução.

Você precisa do plano de projeto Controle Simples_Inicio localizado na sua pasta de arquivos de exercícios Capitulo06 para completar este exercício. Abra o plano de projeto Controle Simples_Inicio e, em seguida, siga estas etapas.

1. Na guia **Arquivo**, clique em **Salvar Como**.

   O Project exibe a caixa de diálogo Salvar como.

2. Na caixa **Nome do arquivo**, digite **Controle Simples** e clique em **Salvar**.

3. Na guia **Projeto**, no grupo **Cronograma**, clique em **Definir Linha de Base** e em **Definir Linha de Base**.

   A caixa de diálogo Definir Linha de Base é exibida.

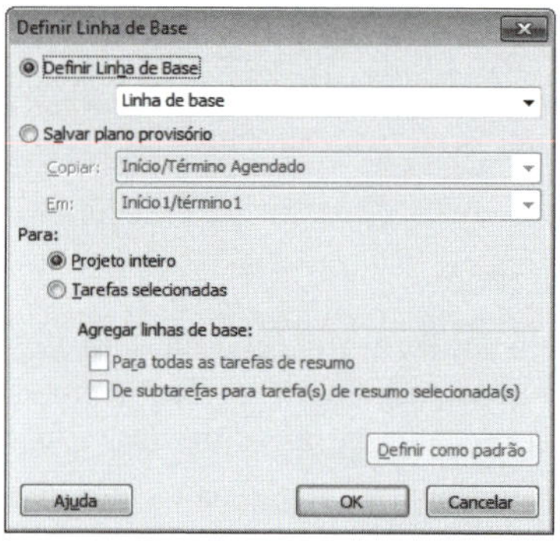

   Você vai definir a linha de base para o projeto inteiro usando as configurações padrão da caixa de diálogo.

4. Clique em **OK**.

   O Project salva a linha de base, embora não haja uma indicação no modo de exibição Gráfico de Gantt de que algo mudou. Você agora verá algumas das alterações causadas pelo salvamento da linha de base.

5. Na guia **Exibição**, no grupo **Modos de Exibição de Tarefa**, clique para alterar o modo de exibição atual e, em seguida, em **Planilha de Tarefas** (Pode ser usado o botão para alterar o modo de exibição "Mais Modos de Exibição", ou a opção Mais modos de exibição na lista do botão do Gráfico de Gantt).

   O modo de exibição Planilha de tarefas é exibido. Como esse não é um modo de exibição tabular, ele não inclui o gráfico de Gantt, portanto você tem mais espaço disponível para ver os campos na tabela.

   Agora, você vai alternar para a tabela Variação no modo de exibição Planilha de tarefas. A tabela Variação é uma das várias tabelas predefinidas que inclui valores de linha de base.

6. Na guia **Exibição**, no grupo **Dados**, clique em **Tabelas**.

   Nas tabelas listadas, note uma marca de seleção próxima à Entrada. Isso significa que a tabela Entrada é exibida atualmente no modo de exibição Planilha de Tarefas. Você alternará para outra tabela a seguir.

7. Clique em **Variação**.

Dica Você também pode clicar com o botão direito do mouse no botão **Selecionar tudo** no canto superior esquerdo da tabela ativa para mudar para uma tabela diferente.

A tabela Variação é exibida. Ela inclui as colunas de início e término agendadas e da linha de base, mostradas lado a lado para facilitar a comparação.

Planilha de Tarefas

	Modo da	Nome da tarefa	Início	Término	Início da Linha de Base	Término da Linha de Base	Var. do início	Var. do término
0		**Cronograma de L:**	**Seg 02/01/12**	**Ter 21/02/12**	**Seg 02/01/12**	**Ter 21/02/12**	**0 dias**	**0 dias**
1		**Fase de Planejam**	**Seg 02/01/12**	**Seg 16/01/12**	**Seg 02/01/12**	**Seg 16/01/12**	**0 dias**	**0 dias**
2		Atribuir memb	Seg 02/01/12	Seg 02/01/12	Seg 02/01/12	Seg 02/01/12	0 dias	0 dias
3		Completar que	Ter 03/01/12	Seg 09/01/12	Ter 03/01/12	Seg 09/01/12	0 dias	0 dias
4		Agendar entre	Seg 02/01/12	Seg 09/01/12	Seg 02/01/12	Seg 09/01/12	0 dias	0 dias
5		Definir e encor	Ter 03/01/12	Seg 16/01/12	Ter 03/01/12	Seg 16/01/12	0 dias	0 dias
6		Planejamento	Seg 16/01/12	Seg 16/01/12	Seg 16/01/12	Seg 16/01/12	0 dias	0 dias
7		**Fase de lançamen**	**Ter 17/01/12**	**Sex 03/02/12**	**Ter 17/01/12**	**Sex 03/02/12**	**0 dias**	**0 dias**
8		Iniciar reunião	Ter 17/01/12	Ter 17/01/12	Ter 17/01/12	Ter 17/01/12	0 dias	0 dias
9		Preparar demo	Qua 18/01/12	Sex 20/01/12	Qua 18/01/12	Sex 20/01/12	0 dias	0 dias
10		Planejar itinerá	Qua 18/01/12	Qui 26/01/12	Qua 18/01/12	Qui 26/01/12	0 dias	0 dias
11		Preparação de	Qua 18/01/12	Qua 25/01/12	Qua 18/01/12	Qua 25/01/12	0 dias	0 dias
12		Completar forn	Qui 26/01/12	Sex 27/01/12	Qui 26/01/12	Sex 27/01/12	0 dias	0 dias
13		Preparar kit de	Qui 26/01/12	Qua 01/02/12	Qui 26/01/12	Qua 01/02/12	0 dias	0 dias
14		Distribuir mate	Qui 02/02/12	Sex 03/02/12	Qui 02/02/12	Sex 03/02/12	0 dias	0 dias
15		**Fase de lançamen**	**Seg 06/02/12**	**Ter 21/02/12**	**Seg 06/02/12**	**Ter 21/02/12**	**0 dias**	**0 dias**
16		**Viagens do aut**	**Seg 06/02/12**	**Ter 07/02/12**	**Seg 06/02/12**	**Ter 07/02/12**	**0 dias**	**0 dias**
17		Entrevista n	Seg 06/02/12	Seg 06/02/12	Seg 06/02/12	Seg 06/02/12	0 dias	0 dias
18		Leitura e ass	Ter 07/02/12	Ter 07/02/12	Ter 07/02/12	Ter 07/02/12	0 dias	0 dias
19		Distribuir cópia	Seg 06/02/12	Ter 07/02/12	Seg 06/02/12	Ter 07/02/12	0 dias	0 dias
20		Distribuir kit d	Seg 06/02/12	Ter 07/02/12	Seg 06/02/12	Ter 07/02/12	0 dias	0 dias
21		Coordenar arti	Qua 08/02/12	Qui 16/02/12	Qua 08/02/12	Qui 16/02/12	0 dias	0 dias
22		Lançamento dc	Qua 08/02/12	Ter 14/02/12	Qua 08/02/12	Ter 14/02/12	0 dias	0 dias
23		Lançamento de	Qua 15/02/12	Ter 21/02/12	Qua 15/02/12	Ter 21/02/12	0 dias	0 dias
24		Lançamento co	Ter 21/02/12	Ter 21/02/12	Ter 21/02/12	Ter 21/02/12	0 dias	0 dias

Como ainda não ocorreu um trabalho real e não foram feitas alterações no trabalho agendado, os valores nos campos Início e Início da linha de base são idênticos, como são os valores dos campos Término e Término da linha de base. Depois que o trabalho real for registrado ou os ajustes posteriores na agenda forem feitos, os valores de início e término agendados poderão diferir dos valores da linha de base. Você verá então as diferenças exibidas nas colunas de variação.

8. Na guia **Exibição**, no grupo **Modos de Exibição de Tarefa**, clique em **Gráfico de Gantt**.

   O modo de exibição Gráfico de Gantt é exibido.

Dica O Project inclui os modos de exibição que comparam o agendamento atual para a linha de base, mas aqui está uma maneira rápida de ver os valores de linha de base no modo de exibição Gráfico de Gantt: na guia Formato, no grupo Estilos de Barra, clique em Linha de Base e, em seguida, na linha de base (Linha de base ou Linha de base1 a Linha de base10) que você deseja exibir. O Project desenhará as barras de Gantt da linha de base para a linha de base que você escolher.

Agora que você já examinou alguns campos da linha de base, está na hora de inserir alguns valores reais!

Controlando um projeto conforme agendado

O enfoque mais simples para controlar o andamento é relatar que o trabalho real está prosseguindo exatamente como planejado. Por exemplo, se o primeiro mês de um projeto de cinco meses tiver terminado, e todas as suas tarefas tiverem iniciado e terminado de acordo com o agendamento, você poderá registrar rapidamente isso na caixa de diálogo Atualizar projeto. Quando você registra o andamento por meio de uma data específica, o Project calcula a duração real, a duração restante, os custos reais e os outros valores até a data que você inseriu.

No projeto lançamento do novo livro, suponha que algum tempo já se passou desde que você salvou a linha de base. O trabalho foi iniciado e, até aqui, está tudo bem.

Neste exercício, você vai gravar os valores reais do projeto atualizando o trabalho para uma data específica.

1. Na guia **Projeto**, no grupo **Status**, clique em **Atualizar Projeto**.

   A caixa de diálogo Atualizar projeto é exibida.

2. Certifique-se de que a opção **Atualizar trabalho como concluído até** está selecionada. Na caixa de datas adjacente, digite ou selecione 11/01/12.

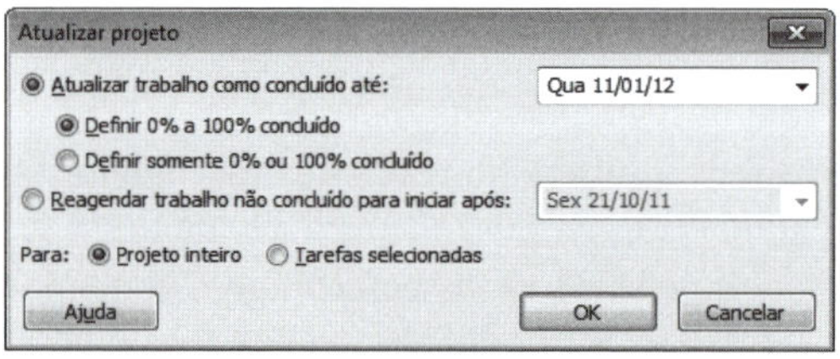

3. Clique em **OK**.

   O Project registra a porcentagem concluída das tarefas que foram agendadas para iniciarem antes de 11 de janeiro. Depois, exibe esse andamento desenhando as ***barras de progresso*** nas barras de Gantt referentes àquelas tarefas.

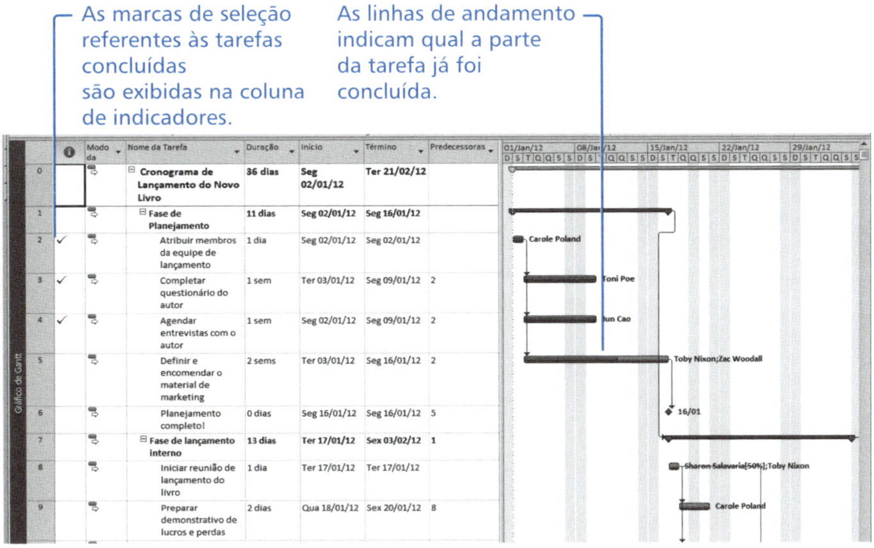

No modo de exibição Gráfico de Gantt, a linha de andamento mostra a quantidade da tarefa que já está concluída. Como as tarefas 2, 3 e 4 já foram concluídas, uma marca de seleção para essas tarefas é exibida na coluna Indicadores e a linha de andamento se estende até o comprimento total das barras de Gantt daquelas tarefas. Entretanto, a Tarefa 5 é a única parcialmente completa.

Inserindo a porcentagem concluída de uma tarefa

Depois que o trabalho tiver começado em uma tarefa, você poderá registrar seu andamento como uma porcentagem. Ao inserir uma porcentagem concluída diferente de zero, o Project altera a data de início real da tarefa para corresponder à sua data de início agendada. O Project, então, calcula a duração real, a duração restante, os custos reais e outros valores, com base na porcentagem que você inserir. Por exemplo, se você especificar que uma tarefa de quatro dias está 50% concluída, o Project calculará que sua duração real foi de dois dias e que ela tem dois dias de duração restantes.

Aqui, estão algumas maneiras de inserir as porcentagens concluídas:

- Use os botões 0%, 25%, 50%, 75% e 100% Concluído no grupo Cronograma da guia Tarefa.
- Insira qualquer valor de porcentagem desejado na caixa de diálogo Atualizar tarefas (para acessar essa caixa de diálogo, na guia Tarefa, no grupo Cronograma, clique na seta para baixo à direita de Atualizar como Agendado e em Atualizar tarefas).

Dica Se você puder coletar a data de início real de uma tarefa, é recomendável registrá-la (conforme descrito na próxima seção) e, em seguida, registrar uma porcentagem de conclusão.

Neste exercício, você vai registrar as porcentagens concluídas de algumas tarefas no plano de projeto de lançamento do novo livro.

1. Na coluna **Nome da Tarefa**, selecione o nome da tarefa 5, *Definir e encomendar o material de marketing.*

   Essa tarefa tem algum andamento registrado para ela no exercício anterior, mas ainda não foi definida como concluída.

2. Na guia **Tarefa**, no grupo **Cronograma**, clique no botão **100% Concluído**.

   O Project registra o trabalho real para a tarefa conforme agendado e estende uma linha de andamento por todo o comprimento da barra de Gantt.

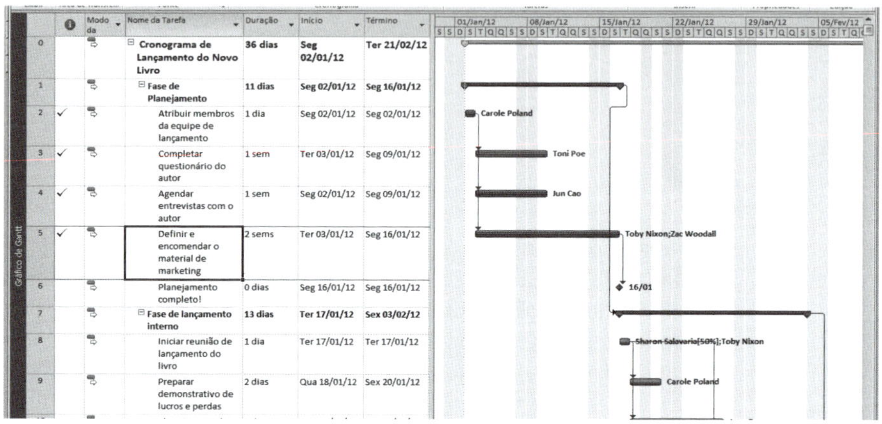

Em seguida, você registrará que a etapa de conclusão para a Fase de Planejamento e a primeira tarefa da Fase de Lançamento interno estão concluídas.

3. Na coluna **Nome da Tarefa**, selecione o nome da tarefa 6, *Planejamento completo!*, e, enquanto mantém pressionada a tecla Ctrl, selecione o nome da tarefa 8, *Iniciar reunião de lançamento do livro*.
4. Na guia **Tarefa**, no grupo **Cronograma**, clique em **100% Concluído**.

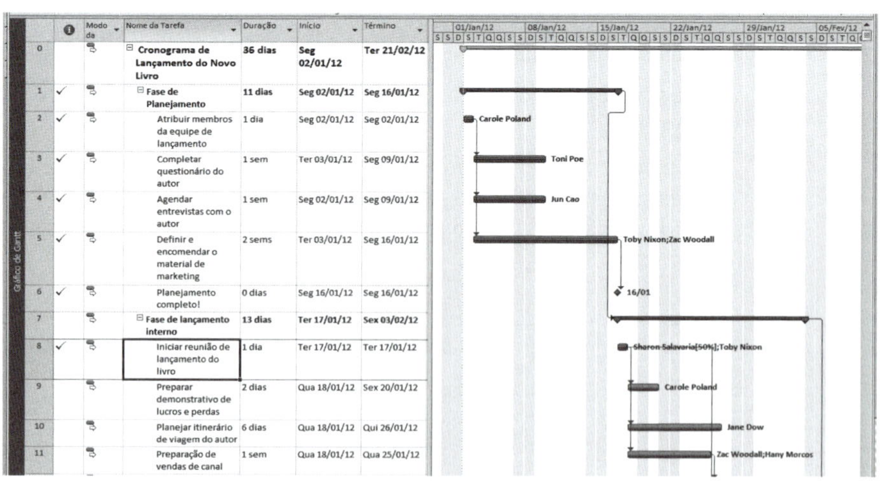

Em seguida, você vai examinar melhor como o andamento é exibido em uma barra de Gantt da tarefa.

Você vai inserir o valor da porcentagem concluída para uma tarefa diferente.

5. Clique no nome da tarefa 9, *Preparar demonstrativo de lucros e perdas*.

6. Na guia **Tarefa**, no grupo **Cronograma**, clique no botão **50% Concluídas.**

   O Project registra o trabalho real para a tarefa conforme agendado e desenha uma linha de andamento em parte da barra de Gantt.

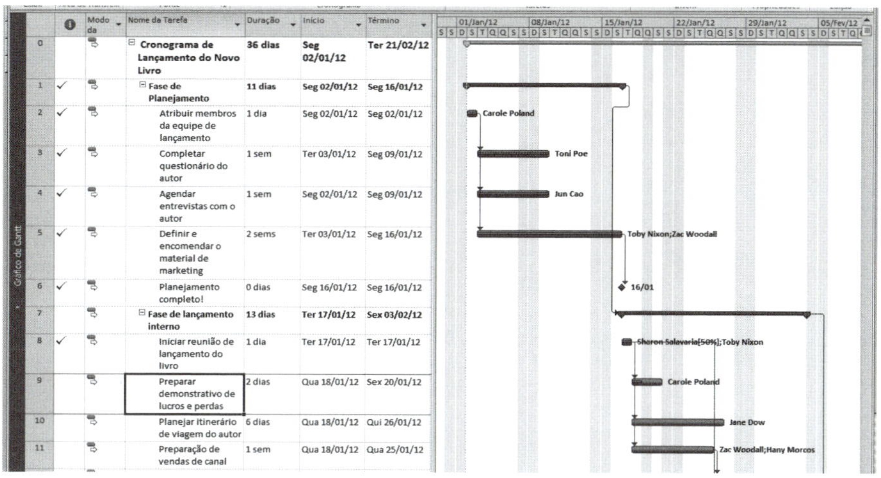

Observe que, embora 50% do trabalho da tarefa 9 esteja concluído, a barra de andamento não se estende por 50% da largura da barra de Gantt. Isso acontece porque o Project mede a duração no período útil, mas desenha as barras de Gantt para estender sobre o período não útil, que nesse caso inclui quinta-feira, 19 de janeiro, o período não útil.

Dica Por padrão, o Project mostra as barras de Gantt na frente do período não útil (como fins de semana), como você pode ver nesta seção. No entanto, o Project pode mostrar o período não útil na frente das barras de tarefas, indicando visualmente que nenhum trabalho ocorrerá durante o período de folga. Se você preferir esse tipo de apresentação, clique com o botão direito do mouse em qualquer período não útil sombreado na parte gráfica do modo de exibição Gráfico de Gantt e em Período de Folga no menu de atalho. Na caixa de diálogo Escala de tempo, clique na guia Tempo de folga. Próximo a Desenhar, clique em "Na frente das barras de tarefas".

7. Na parte gráfica (à direita) do modo de exibição Gráfico de Gantt, mantenha o ponteiro do mouse sobre a linha de andamento da barra de Gantt da tarefa 9. Quando o ponteiro do mouse mudar para um símbolo de porcentagem e uma seta para a direita, a dica de tela Progress (Andamento) aparecerá.

Dependendo do tipo de barra ou símbolo para o qual você aponte, nesse caso a barra de andamento, uma dica de tela será exibida fornecendo informações sobre esse item

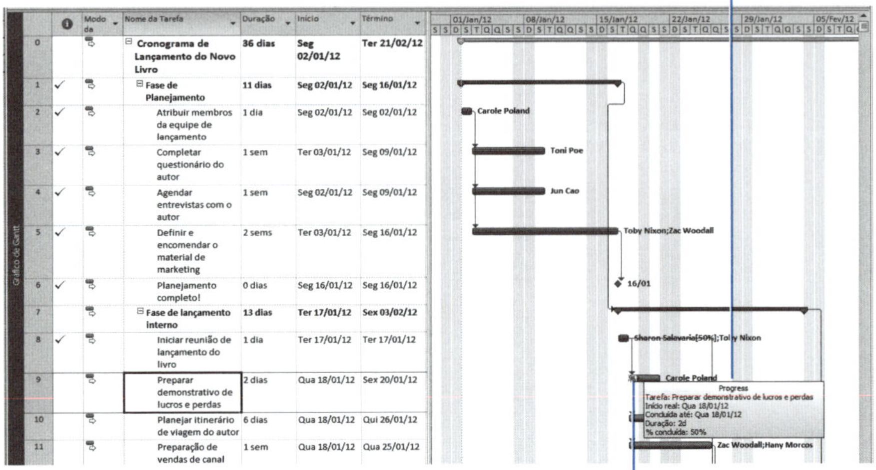

O ponteiro do mouse muda para um símbolo de porcentagem e uma seta quando aponta para uma barra de andamento (progress).

A dica de tela Progress (Andamento) informa a porcentagem concluída da tarefa e outros valores de andamento.

Dica Você também pode definir uma porcentagem completa apontando para uma barra de Gantt (ou uma barra de andamento em uma barra de Gantt). Quando o ponteiro do mouse mudar para um símbolo de porcentagem e uma seta para a direita, arraste o ponteiro do mouse da esquerda para a direita na barra de Gantt. Ao fazer isso, note o valor de data "concluída até" que aparece em uma dica de tela.

Até aqui, você registrou o trabalho real que começou e terminou de acordo com o agendamento. Embora isso aconteça com algumas tarefas, geralmente você precisará registrar valores reais para as tarefas que demoraram mais ou menos do que o planejado, ou que ocorrem antes ou depois do planejado. Esse é o assunto do próximo tópico.

Inserindo valores reais para as tarefas

Uma maneira mais detalhada de manter seu agendamento atualizado é registrar o que realmente ocorreu para cada tarefa do projeto. Você pode registrar os valores reais de início, término, trabalho e duração de cada tarefa. Quando você insere esses valores, o Project usa as seguintes regras:

- Quando você insere uma data de início real de uma tarefa, o Project move a data de início agendada para corresponder à data de início real.
- Quando você insere uma data de término real de uma tarefa, o Project move a data de término agendada para corresponder à data de término real e define a tarefa como 100% concluída.

- Quando você insere um valor de trabalho real para uma tarefa, o Project recalcula os valores do trabalho restante da tarefa, se houver.
- Quando você insere a duração real de uma tarefa, se ela for menor do que a duração agendada, o Project subtrai a duração real da agendada para determinar a duração restante.
- Quando você insere a duração real de uma tarefa, se ela for igual à duração agendada, o Project define a tarefa como 100% concluída.
- Quando você insere a duração real de uma tarefa, se ela for maior que a duração agendada, o Project ajusta a duração agendada para corresponder à duração real e define a tarefa como 100% concluída.

Suponha que mais alguns dias se passaram e o trabalho no lançamento do novo livro está progredindo.

Neste exercício, você vai registrar os valores de trabalho reais para algumas tarefas, as datas de início e as durações de outras tarefas.

1. Na guia **Exibição**, no grupo **Dados**, clique em **Tabelas** e, em seguida, em **Trabalho**.

   A tabela Trabalho é exibida.

   Dica Você pode exibir a tabela que é mais relevante para os detalhes nos quais está enfocado enquanto controla o andamento em um plano de projeto. As tabelas úteis incluem Trabalho, que enfoca os valores do trabalho, e Custo, que enfoca os valores de custo. A tabela Controle é uma boa quando está registrando ou visualizando o andamento.

2. Arraste a barra divisora vertical para a direita para expor as outras colunas na tabela Trabalho.

   Essa tabela inclui as colunas de trabalho agendado total (denominada "Trabalho") e de trabalho Real e Restante. Você fará referência aos valores nessas colunas à medida que atualizar as tarefas.

   Na parte gráfica do modo de exibição Gráfico de Gantt, você pode ver que a tarefa 9 está parcialmente concluída. Na tabela Trabalho, observe o valor de trabalho real de 8 horas. Essas 8 horas são o resultado da configuração da tarefa em 50% concluída no exercício anterior. A tarefa tinha 16 horas de trabalho total, por isso 50% concluída é igual a 8 horas de trabalho real completado e 8 horas restantes. Você deseja registrar que a tarefa agora está concluída, mas exigiu mais trabalho real do que o previsto.

3. No campo **Real** para a tarefa 9, *Preparar demonstrativo de lucros e perdas,* digite ou selecione 24, e pressione a tecla Enter.

   O Project registra que 24 horas de trabalho foram concluídas na tarefa 9. Como 24 horas é um valor maior do que as 16 horas agendadas originalmente, o Project marca a tarefa como concluída e aumenta a barra de Gantt da tarefa para indicar sua duração mais longa.

O trabalho real é acumulado das subtarefas para as tarefas de resumo.

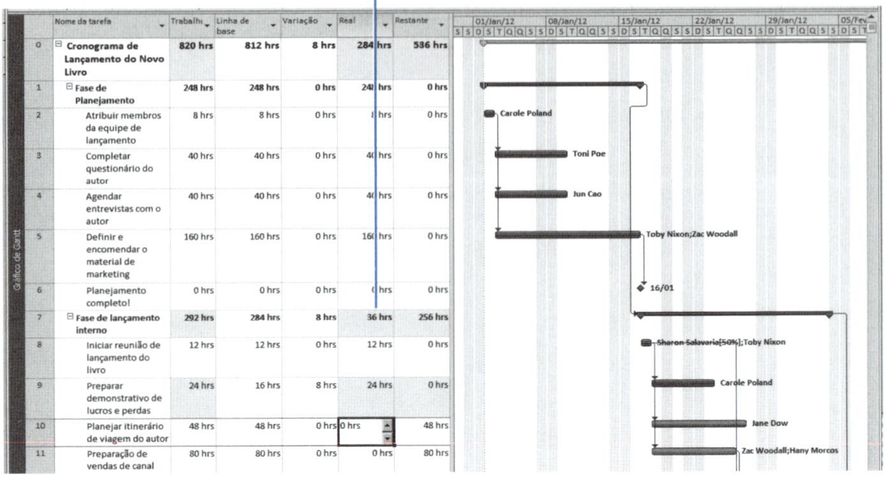

Agora, suponha que tenha passado mais tempo. Para concluir este exercício, você vai inserir as datas de início reais e as durações de outras tarefas na fase de lançamento interno.

4. Na coluna **Nome da tarefa**, clique na tarefa 10, *Planejar itinerário de viagem do autor*.

   Essa tarefa começou com um dia de trabalho adiantado em relação à agenda (a terça-feira antes da sua data de início agendada) e levou um total de sete dias para ser concluída. Você registrará essa informação na caixa de diálogo Atualizar tarefas.

5. Na guia **Tarefa**, no grupo **Cronograma**, clique na seta para baixo à direita do botão **Atualizar como Agendado** e em **Atualizar tarefas**.

   A caixa de diálogo Atualizar tarefas é exibida. Essa caixa de diálogo mostra os valores reais e os agendados para a duração, início e término da tarefa, assim como sua duração restante. Nessa caixa, você pode atualizar os valores reais e restantes.

6. No campo **Início** do grupo **Real** à esquerda da caixa de diálogo, digite ou selecione 17/01/12.

7. No campo **Duração real**, digite ou selecione 7d.

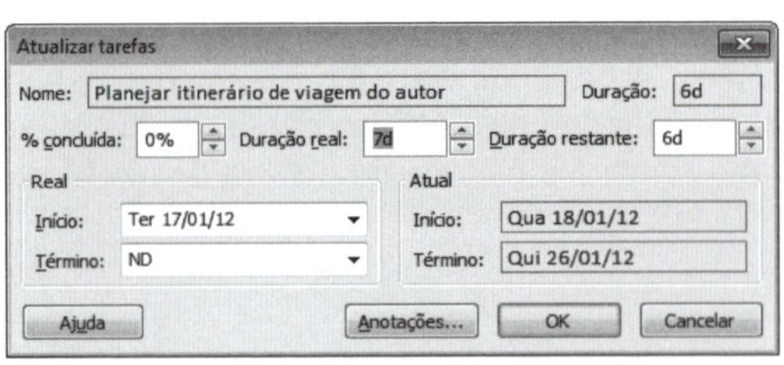

8. Clique em **OK**.

   O Project registra a data de início e duração reais e o trabalho real e agendado da tarefa. Esses valores também são acumulados na tarefa de *resumo Fase de lançamento interno* (tarefa 7) e na tarefa de resumo do projeto (tarefa 0), conforme indicado pelo realce de alterações.

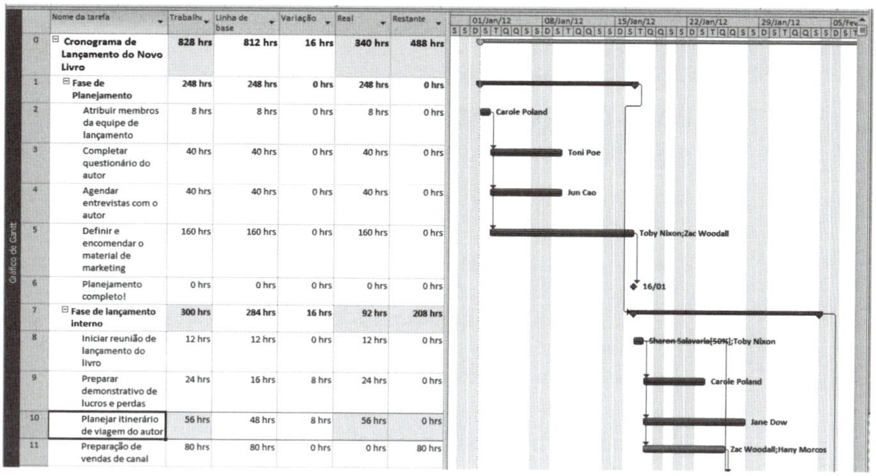

	Nome da tarefa	Trabalho	Linha de base	Variação	Real	Restante
0	Cronograma de Lançamento do Novo Livro	828 hrs	812 hrs	16 hrs	340 hrs	488 hrs
1	Fase de Planejamento	248 hrs	248 hrs	0 hrs	248 hrs	0 hrs
2	Atribuir membros da equipe de lançamento	8 hrs	8 hrs	0 hrs	8 hrs	0 hrs
3	Completar questionário do autor	40 hrs	40 hrs	0 hrs	40 hrs	0 hrs
4	Agendar entrevistas com o autor	40 hrs	40 hrs	0 hrs	40 hrs	0 hrs
5	Definir e encomendar o material de marketing	160 hrs	160 hrs	0 hrs	160 hrs	0 hrs
6	Planejamento completo!	0 hrs	0 hrs	0 hrs	0 hrs	0 hrs
7	Fase de lançamento interno	300 hrs	284 hrs	16 hrs	92 hrs	208 hrs
8	Iniciar reunião de lançamento do livro	12 hrs	12 hrs	0 hrs	12 hrs	0 hrs
9	Preparar demonstrativo de lucros e perdas	24 hrs	16 hrs	8 hrs	24 hrs	0 hrs
10	Planejar itinerário de viagem do autor	56 hrs	48 hrs	8 hrs	56 hrs	0 hrs
11	Preparação de vendas de canal	80 hrs	80 hrs	0 hrs	0 hrs	80 hrs

Para concluir este exercício, você vai registrar que a tarefa 11 começou pontualmente, mas demorou mais do que o previsto para ser concluída.

9. Na coluna **Nome da tarefa**, clique na tarefa *Preparação de Vendas de Canal.*
10. Na guia **Tarefa**, no grupo **Cronograma**, clique na seta para baixo à direita do botão **Atualizar como Agendado** e em **Atualizar tarefas**.

    A caixa de diálogo Atualizar tarefa é exibida.
11. No campo **Duração real**, digite 7d e clique em **OK**.

    O Project registra a duração real da tarefa.

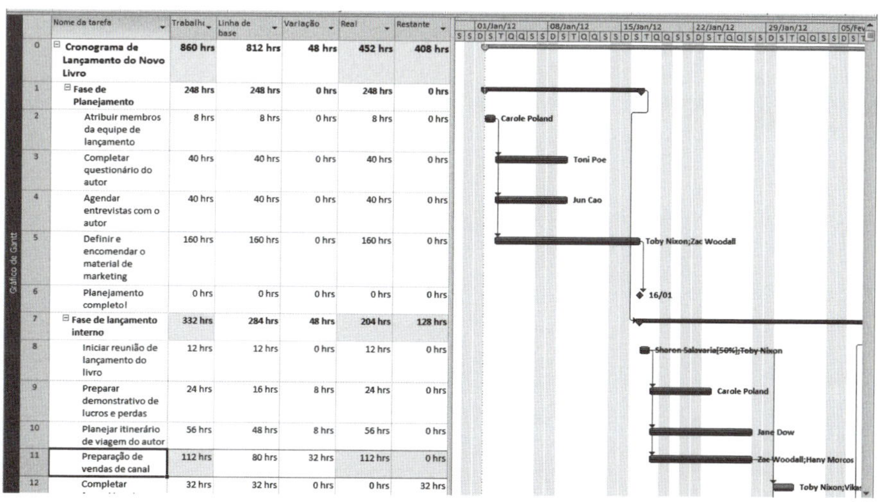

	Nome da tarefa	Trabalho	Linha de base	Variação	Real	Restante
0	Cronograma de Lançamento do Novo Livro	860 hrs	812 hrs	48 hrs	452 hrs	408 hrs
1	Fase de Planejamento	248 hrs	248 hrs	0 hrs	248 hrs	0 hrs
2	Atribuir membros da equipe de lançamento	8 hrs	8 hrs	0 hrs	8 hrs	0 hrs
3	Completar questionário do autor	40 hrs	40 hrs	0 hrs	40 hrs	0 hrs
4	Agendar entrevistas com o autor	40 hrs	40 hrs	0 hrs	40 hrs	0 hrs
5	Definir e encomendar o material de marketing	160 hrs	160 hrs	0 hrs	160 hrs	0 hrs
6	Planejamento completo!	0 hrs	0 hrs	0 hrs	0 hrs	0 hrs
7	Fase de lançamento interno	332 hrs	284 hrs	48 hrs	204 hrs	128 hrs
8	Iniciar reunião de lançamento do livro	12 hrs	12 hrs	0 hrs	12 hrs	0 hrs
9	Preparar demonstrativo de lucros e perdas	24 hrs	16 hrs	8 hrs	24 hrs	0 hrs
10	Planejar itinerário de viagem do autor	56 hrs	48 hrs	8 hrs	56 hrs	0 hrs
11	Preparação de vendas de canal	112 hrs	80 hrs	32 hrs	112 hrs	0 hrs
12	Completar	32 hrs	32 hrs	0 hrs	0 hrs	32 hrs

Como você não especificou uma data de início real, o Project assumiu que a tarefa começou na data agendada. Entretanto, a duração real que você inseriu fez com que o Project calculasse uma data de término real que é posterior à data de término agendada originalmente.

Dica Você pode aplicar todos os métodos de controle mostrados neste capítulo para tarefas agendadas manualmente. É possível registrar um valor para o início real, término real ou duração restante para uma tarefa agendada manualmente.

Foco do gerenciamento do projeto: o projeto está sob controle?

Avaliar o status de um projeto corretamente pode ser difícil. Considere as questões a seguir:

- Para muitas tarefas, é difícil avaliar uma porcentagem concluída. Quando o projeto de um engenheiro para a montagem de um novo motor está 50% concluído? Ou, quando um código para um módulo de software do programador está 50% concluído? Reportar o trabalho em andamento é, em muitos casos, um esforço de adivinhação e um risco inerente.
- A parte transcorrida da duração de uma tarefa nem sempre é igual à quantidade de trabalho executado. Por exemplo, uma tarefa poderá demandar um esforço relativamente pequeno no início, mas exigir mais trabalho com o decorrer do tempo. Quando 50% da sua duração tiver sido transcorrida, muito menos de 50% do seu trabalho total terá sido concluído.
- Os recursos atribuídos a uma tarefa poderão ter critérios para definir a conclusão da tarefa diferentes daqueles determinados pelo gerente do projeto ou dos recursos atribuídos às tarefas sucessoras.

Um bom planejamento de projeto e uma boa comunicação podem evitar ou mitigar esses e outros problemas que surgem durante a execução de um projeto. Por exemplo, desenvolver durações de tarefas apropriadas e períodos de informações de status deve ajudar a identificar mais cedo as tarefas que variaram substancialmente em relação à linha de base, para que você possa fazer os ajustes. Critérios de conclusão de tarefa bem documentados e bem comunicados ajudam a evitar surpresas. Entretanto, projetos grandes e complexos quase sempre variam da linha de base.

LIMPEZA Feche o arquivo Controle Simples.

Pontos principais

- Antes de controlar o trabalho real em um plano de projeto, você deve definir uma linha de base. Isso proporciona um "instantâneo" do plano de projeto inicial para uma comparação posterior com o andamento real e é uma maneira de dizer se o projeto está sob controle ou não.
- A habilidade de controlar um trabalho real em um plano de projeto é um benefício importante que uma ferramenta de gerenciamento de projeto, como o Project, tem sobre as ferramentas de manutenção de lista, como o Microsoft Excel. No Project, você pode controlar o trabalho real em um nível mais abrangente e detalhado.
- A avaliação apropriada do status de um projeto, depois que você começa o controle, requer uma combinação de registro de dados precisos no Project e o uso do seu bom julgamento na interpretação dos resultados.

Parte 2

Agendamento avançado

Resumo do Capítulo

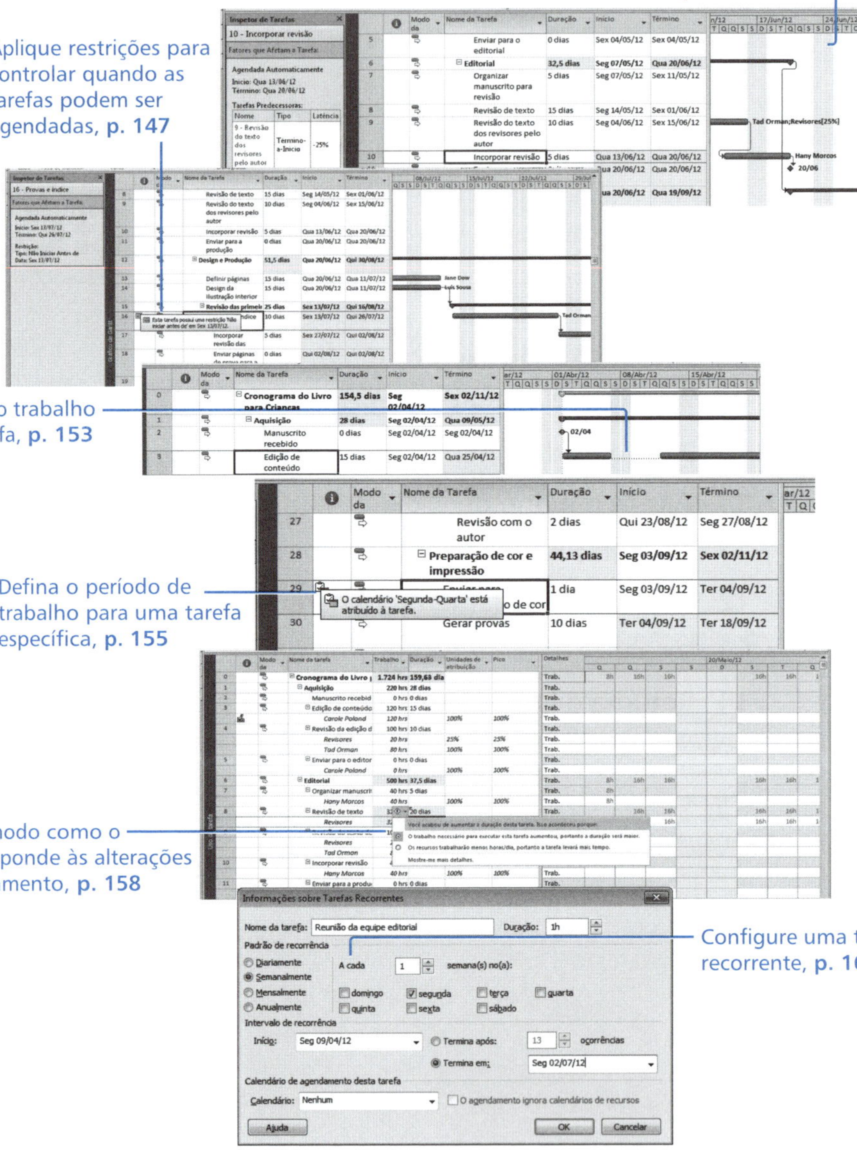

Altere o modo como as tarefas se relacionam entre si, **p. 142**

Aplique restrições para controlar quando as tarefas podem ser agendadas, **p. 147**

Interrompa o trabalho de uma tarefa, **p. 153**

Defina o período de trabalho para uma tarefa específica, **p. 155**

Ajuste o modo como o Project responde às alterações de agendamento, **p. 158**

Configure uma tarefa recorrente, **p. 167**

Capítulo 7

Ajuste os detalhes das tarefas

Neste capítulo, você vai aprender a:

- Ajustar os vínculos entre as tarefas para controlar melhor o modo como elas se relacionam.
- Aplicar restrições a uma tarefa.
- Dividir uma tarefa para registrar uma interrupção no trabalho.
- Criar um calendário e aplicá-lo a uma tarefa.
- Alterar um tipo de tarefa para controlar o modo como o Project as agenda.
- Registrar datas limites para as tarefas.
- Inserir um custo fixo para uma tarefa.
- Definir uma tarefa recorrente na agenda do projeto.
- Visualizar o caminho crítico do projeto.
- Inserir um valor específico de duração para uma tarefa de resumo.
- Desativar tarefas para que elas permaneçam no plano de projeto, mas não tenham efeito sobre o agendamento (somente no Project Professional).

Neste capítulo, você vai examinar e usar vários recursos avançados do Microsoft Project 2010. Eles enfocam o ajuste dos detalhes das tarefas antes de salvar uma linha de base e começar a trabalhar no projeto com o objetivo de desenvolver a representação de um agendamento mais preciso das tarefas que você antecipou para o plano.

Arquivos de exercícios Para concluir os exercícios deste capítulo, copie os arquivos de exercícios no seu computador. Os arquivos que você usará para finalizar os exercícios deste capítulo encontram-se na pasta Capitulo07. Na seção "Usando os arquivos de exercícios", no início deste livro, existe uma lista completa dos arquivos de exercícios.

Importante Se você estiver executando o Project Professional, talvez seja necessário fazer uma alteração de configuração. Isso ajuda a garantir que os arquivos de exercícios com os quais você trabalhar neste capítulo não afetem os dados do seu Project Server. Para obter mais informações, consulte o Apêndice C, "Usando os arquivos de exercícios se estiver conectado ao Project Server".

Ajustando as dependências entre as tarefas

No Capítulo 2, "Crie uma lista de tarefas", vimos que existem quatro tipos de dependências ou relações entre tarefas:

- Término-a-início (TI): A data de término da tarefa predecessora determina a data de início da sucessora.
- Início-a-início (II): A data de início da tarefa predecessora determina a data de início da tarefa sucessora.
- Término-a-término (TT): A data de término da tarefa predecessora determina a data de término da sucessora.
- Início-a-término (IT): A data de início da tarefa predecessora determina a data de término da sucessora.

Quando você insere as tarefas no Project e as vincula clicando no botão Vincular tarefas na guia Tarefa, elas recebem uma relação término-a-início. Essa é uma boa relação para muitas tarefas, mas você provavelmente vai querer alterar algumas dessas relações à medida que ajusta um plano de projeto. A seguir, estão alguns exemplos de tarefas que exigem relações diferentes da término-a-início:

- Você pode começar a definir as páginas assim que começa o trabalho de ilustração em um projeto de livro (uma relação início-a-início). Isso reduz o tempo global exigido para concluir as duas tarefas, porque elas são concluídas em paralelo.

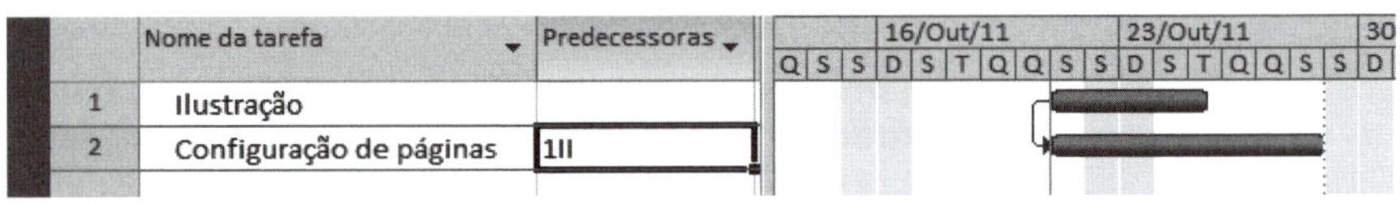

- O planejamento do trabalho editorial de um livro pode começar antes da conclusão do manuscrito, mas não pode ser terminado até que o manuscrito esteja concluído. O ideal é que as duas tarefas terminem juntas (relação término-a-término).

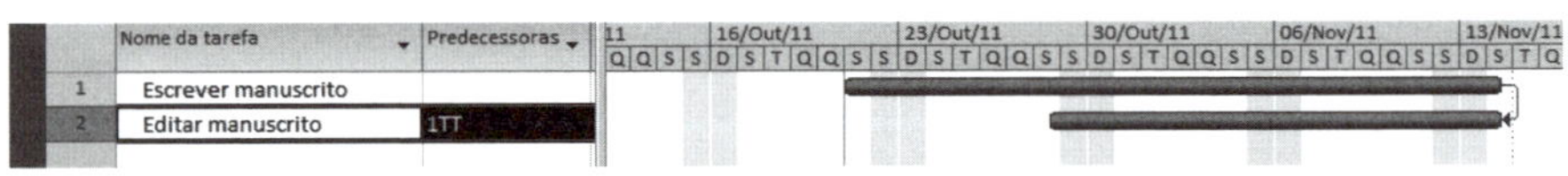

As dependências ou relações entre tarefas devem refletir a sequência na qual o trabalho deve ser executado. Depois de estabelecer as dependências entre tarefas corretas, você pode ajustar sua agenda para inserir uma sobreposição (denominada tempo de avanço) ou um atraso (denominado latência) entre as datas de término ou de início das tarefas predecessoras e sucessoras.

Assumindo que duas tarefas têm uma relação término-a-início:

- O tempo de avanço faz a tarefa sucessora começar antes da conclusão da tarefa predecessora.
- A latência faz a tarefa sucessora começar algum tempo depois da conclusão da tarefa sucessora.

Segue uma ilustração de como um tempo de avanço e uma latência afetam as dependências entre tarefas. Assuma que você inicialmente planejou as três tarefas a seguir usando relações término-a-início:

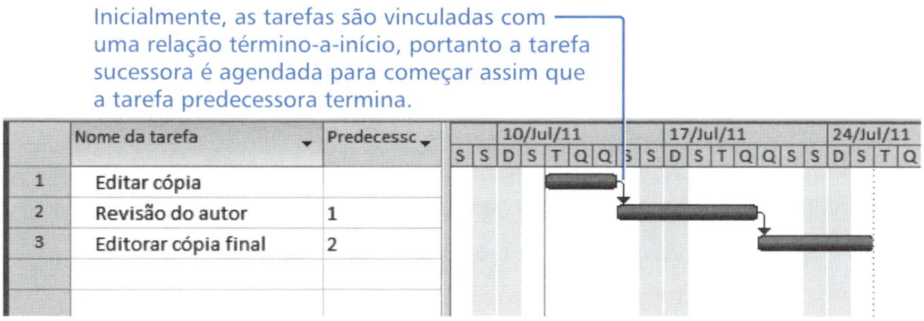

Antes que a tarefa 2 possa começar, você precisa permitir um dia extra para que o manuscrito editorado seja enviado para o autor. Você não deseja adicionar um dia à duração da tarefa 5, porque não ocorrerá trabalho real nesse dia. Em vez disso, você vai inserir um atraso de um dia entre as tarefas 1 e 2:

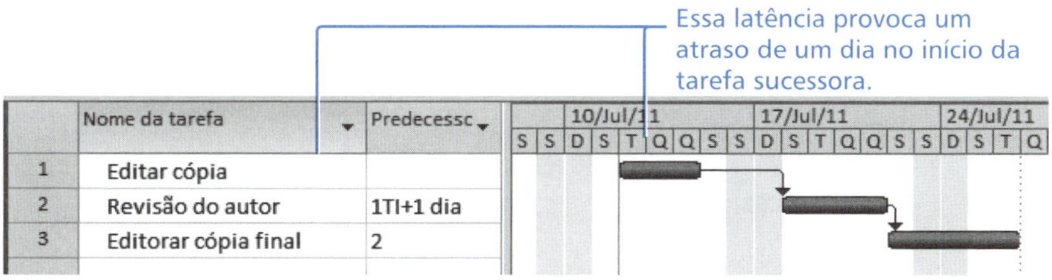

Entretanto, a tarefa 3 pode iniciar assim que a tarefa 2 estiver parcialmente concluída. Para que isso aconteça, insira um tempo de avanço de 50% entre as tarefas 2 e 3.

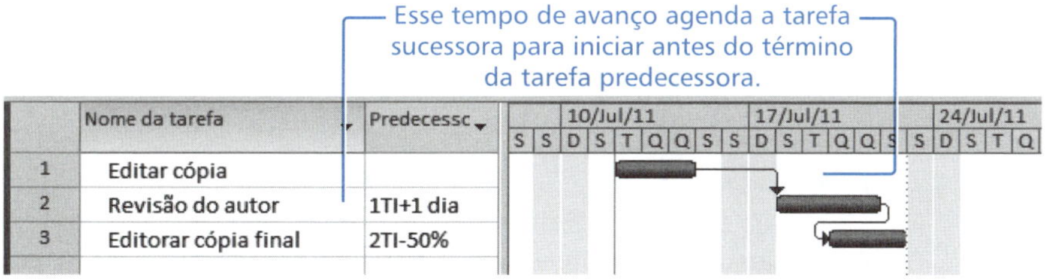

Você pode inserir um tempo de avanço ou uma latência como unidades de tempo (como dois dias) ou como porcentagem da duração da tarefa predecessora (como 50%). A latência é inserida em unidades positivas e o tempo de avanço em unidades negativas (por exemplo, *-2d* ou *-50%*). Você pode aplicar um tempo de avanço ou uma latência a qualquer tipo de dependência entre tarefas: término-a-início, início-a-início e assim por diante.

Os locais onde você pode inserir o tempo de avanço ou uma latência incluem a caixa de diálogo Informações sobre a tarefa (guia Tarefa), a coluna Predecessoras na tabela Entrada e a caixa de diálogo Dependência entre tarefas (visualizada quando você clica duas vezes em uma linha de vínculo entre duas barras de Gantt).

Lucerne Publishing está prestes a começar um trabalho editorial e de design em um novo livro para crianças. Nessa etapa, você tem um plano de projeto inicial com nomes de tarefas, durações e dependências e atribuições de recursos.

Neste exercício, você vai inserir um tempo de avanço e uma latência e alterar as dependências entre as tarefas predecessoras e sucessoras.

PREPARAÇÃO Inicie o Project, caso ele ainda não esteja em execução.

Você precisa do plano de projeto Tarefas Avancadas A_Inicio localizado na sua pasta de arquivos de exercícios Capitulo07 para completar este exercício. Abra o plano de projeto Tarefas Avancadas A_Inicio e, em seguida, siga estas etapas.

1. Na guia **Arquivo**, clique em **Salvar Como**.

   O Project exibe a caixa de diálogo Salvar como.

2. Na caixa **Nome do arquivo**, digite **Tarefas Avançadas A** e clique em **Salvar**.

3. Na guia **Tarefa**, no grupo **Tarefas**, clique em **Inspecionar**.

   O painel Inspetor de Tarefas é exibido. Esse painel mostra sucintamente os fatores de agendamento que afetam a tarefa selecionada, como dependências da tarefa predecessora, calendários de recursos e/ou calendários de tarefas. Para obter mais detalhes, você pode clicar em qualquer item no Inspetor de Tarefas exibido em azul. Por exemplo, você pode clicar no nome do recurso atribuído abaixo de Calendários para ver o calendário do recurso.

4. Selecione o nome da tarefa 31, *Imprimir e distribuir*.

   No painel Inspetor de Tarefas, você pode visualizar os fatores de agendamento que afetam essa tarefa.

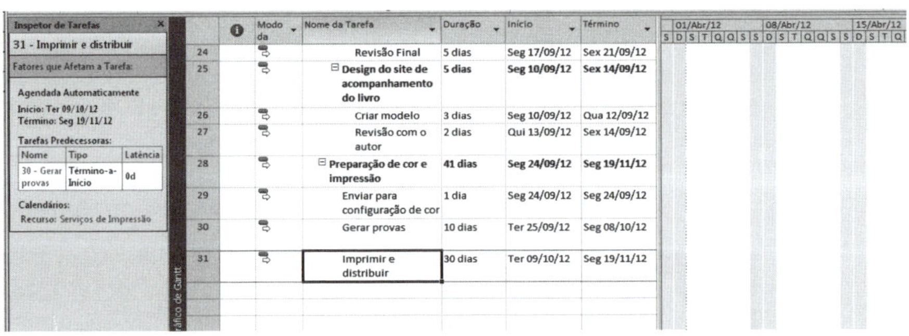

Para a tarefa 31, você pode ver que sua predecessora é a tarefa 30, *Gerar provas*. Você pode ver no painel que as duas tarefas têm uma dependência Término-a-Início com uma latência igual a zero. Em seguida, você vai ajustar o valor da latência na dependência da tarefa para considerar o tempo de trânsito das provas para a impressora. Como esse valor não pode ser editado diretamente no painel, você vai exibir a caixa de diálogo Informações sobre a tarefa.

5. Na guia **Tarefa**, no grupo **Edição**, clique em **Rolar até a Tarefa**.

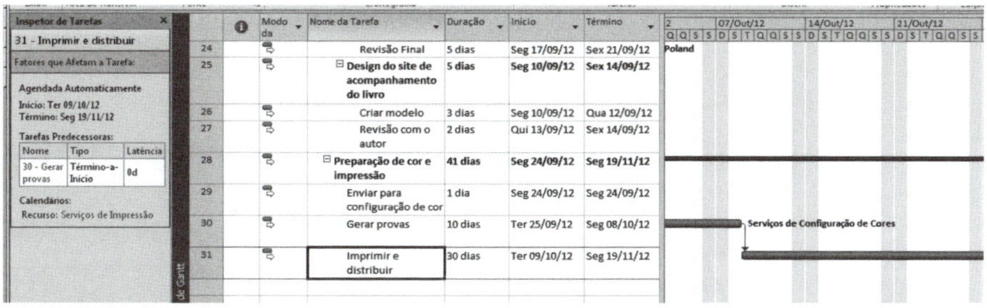

Em seguida, você ajustará o valor de latência entre essa tarefa e sua predecessora.

6. Na guia **Tarefa**, no grupo **Propriedades**, clique em **Informação**.

   A caixa de diálogo Informações sobre a Tarefa é exibida. Ela contém detalhes sobre a tarefa selecionada atualmente, 31.

7. Clique na guia **Predecessoras**.

8. No campo **Latência** para a tarefa predecessora 30, digite 3d e, em seguida, clique em **OK** para fechar a caixa de diálogo **Informações sobre a Tarefa**.

Os detalhes da predecessora, como latência, aparecem no Inspetor de Tarefas.

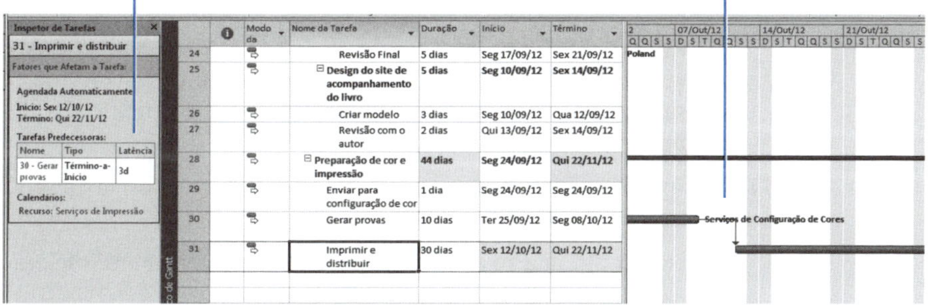

A Tarefa 31 agora é agendada para começar três dias úteis após o final o final da tarefa 30.

Em seguida, você ajustará a latência entre duas outras tarefas.

9. Clique no nome da tarefa 10, *Incorporação da revisão*.

   Você gostaria de sobrepor essa tarefa à sua predecessora; a tarefa *Incorporação da revisão* pode começar antes da revisão do texto pelo autor estar concluída.

10. Na guia **Tarefa,** no grupo **Propriedades**, clique em **Informação** e, em seguida, na guia **Predecessoras**.

11. No campo **Latência** da tarefa predecessora 9, digite -25% e, em seguida, clique em **OK**.

    A inserção da latência como um valor negativo produz um tempo de avanço.

    Para ver o ajuste que você fez diretamente, role para a barra de Gantt da tarefa mais uma vez.

12. Na guia **Tarefa**, no grupo **Edição**, clique no botão **Rolar até a Tarefa**.

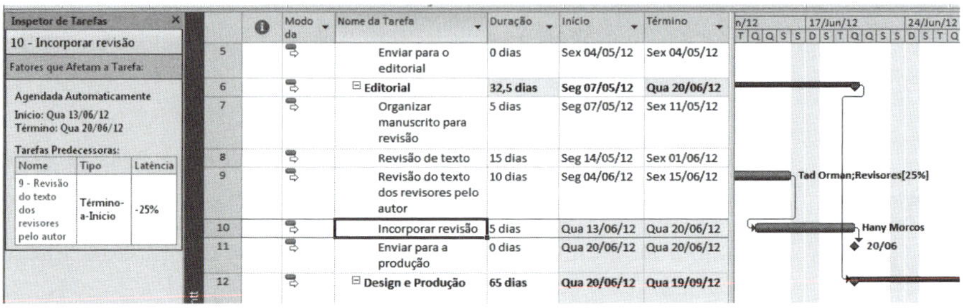

A tarefa 10 agora está agendada para começar quando a duração da tarefa 9 estiver em 75% concluída. Caso a duração da tarefa 9 seja alterada, o Project reagendará o início da tarefa 10 para que ela mantenha um tempo de avanço de -25%.

Para concluir este exercício, você vai alterar a relação ou dependência entre duas tarefas.

13. Clique duas vezes no nome da tarefa 14, *Design da ilustração interior*.

    A caixa de diálogo Informações sobre a tarefa é exibida. A guia Predecessoras deve estar visível. Observe também que o painel Inspetor de Tarefas é atualizado para exibir os detalhes de agendamento para a tarefa 14, a tarefa selecionada no momento.

14. Na guia **Predecessoras**, clique na coluna **Tipo** referente à tarefa predecessora 13. Selecione **Início-a-Início (II)** e clique em **OK**.

    O Project altera a relação entre as tarefas 13 e 14 para início-a-início.

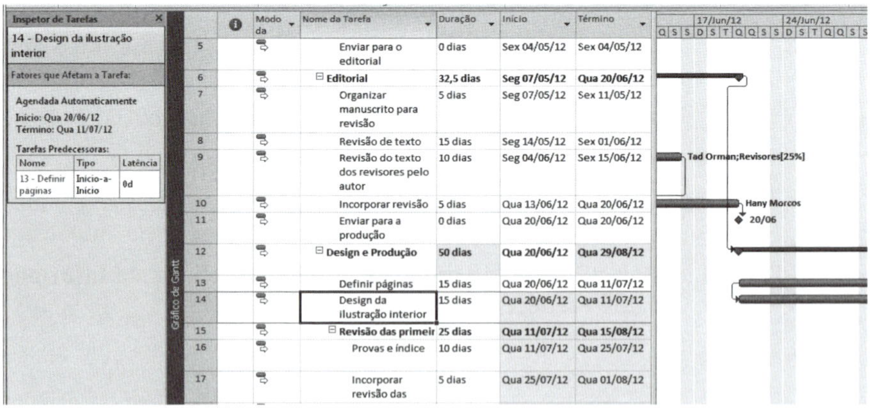

Atribuir relações início-a-início entre tarefas e inserir tempos de avanço onde for apropriado são técnicas excelentes para ajustar a dependência entre tarefas para que você obtenha os resultados desejados. Entretanto, o Project não pode fazer ajustes automáticos de agenda para você. Como o gerente do projeto, você deve analisar as sequências e dependências das suas tarefas e fazer os ajustes necessários.

Definindo restrições de tarefas

Toda tarefa que você insere no Project tem algum tipo de restrição aplicada a ela. Uma restrição controla as datas de início e de término de uma tarefa e o grau no qual essa tarefa pode ser reagendada. Existem três categorias de restrições:

- **Restrições flexíveis** O Project pode alterar as datas de início e de término de uma tarefa. O tipo de restrição padrão é que as tarefas iniciem assim que possível. Esse tipo de restrição flexível é denominada O Mais Breve Possível (ou OMBP). Nenhuma data de restrição está associada a restrições flexíveis. O Project não exibe nenhum indicador especial na coluna Indicadores para restrições flexíveis. Como restrição flexível, temos também a restrição denominada O Mais Tarde Possível (ou OMTP).
- **Restrições inflexíveis** Uma tarefa deve iniciar ou terminar em uma determinada data. Por exemplo, você pode especificar que uma tarefa deve terminar em 9 de novembro de 2012. Restrições inflexíveis são, às vezes, denominadas restrições rígidas. Quando uma restrição inflexível é aplicada a uma tarefa, o Project exibe um indicador especial na coluna Indicadores. Você pode apontar para um indicador de restrição e os detalhes da restrição serão exibidos em uma dica de tela.
- **Restrições semiflexíveis** Uma tarefa tem um limite de data de início ou de término. Entretanto, dentro desse limite, o Project tem a flexibilidade de agendamento para alterar as datas de início e de término de uma tarefa. Por exemplo, vamos supor que uma tarefa não deve terminar depois 15 de junho de 2012. Entretanto, a tarefa poderá terminar antes dessa data. As restrições semiflexíveis também são denominadas restrições suaves ou moderadas. Quando um restrição semiflexível é aplicada a uma tarefa, o Project exibe um indicador especial na coluna Indicadores.

No total, existem oito tipos de restrições de tarefas:

Esta categoria de restrição	Inclui estes tipos de restrição	E significa
Flexível	O Mais Breve Possível (OMBP)	O Project agendará a tarefa para iniciar o mais breve possível. Esse é o tipo de restrição padrão aplicado a todas as novas tarefas, quando o agendamento é feito a partir da data de início do projeto. Não há data de restrição para uma OMBP.
	O Mais Tarde Possível (OMTP)	O Project agendará a tarefa para ocorrer o mais tarde possível. Essa é a restrição padrão aplicada a todas as novas tarefas, quando o agendamento é feito a partir da data de término do projeto. Não há data de restrição para uma OMTP.
Semiflexível	Não Iniciar Antes De (NIAD)	O Project agendará a tarefa para iniciar em uma data específica ou após a mesma. Use esse tipo de restrição para garantir que uma tarefa não iniciará antes de uma determinada data.
	Não Iniciar Depois De (NIDD)	O Project agendará a tarefa para iniciar em uma data específica ou antes da mesma. Use esse tipo de restrição para garantir que uma tarefa não iniciará depois de uma determinada data.
	Não Terminar Antes De (NTAD)	O Project agendará a tarefa para terminar em uma data específica ou após a mesma. Use esse tipo de restrição para garantir que uma tarefa não terminará antes de uma determinada data.
	Não Terminar Depois De (NTDD)	O Project agendará a tarefa para terminar em uma data específica ou antes da mesma. Use esse tipo de restrição para garantir que uma tarefa não terminará depois de uma determinada data.
Inflexível	Deve Iniciar Em (DIE)	O Project agendará a tarefa para iniciar em uma data específica. Use esse tipo de restrição para garantir que a tarefa iniciará em uma data exata.
	Deve Terminar Em (DTE)	O Project agendará a tarefa para terminar em uma data específica. Use esse tipo de restrição para garantir que a tarefa terminará em uma data exata.

Essas três categorias de restrições têm efeitos diferentes sobre o agendamento das tarefas:

- As restrições flexíveis, como OMBP, permitem que as tarefas sejam agendadas sem qualquer limitação, a não ser pelas relações entre predecessoras e sucessoras e a data de início do projeto (para restrições de tarefa OMBP) ou a data de término (para restrição de tarefa OMTP). Nenhuma data fixa de início ou término é imposta por esses tipos de restrição. Use esses tipos de restrições sempre que possível.

- As restrições semiflexíveis, como Não Iniciar Antes De ou Não Iniciar Depois De, limitam o reagendamento de uma tarefa dentro das datas que você especificar:

- As restrições inflexíveis, como Deve Iniciar Em, impedem completamente o reagendamento de uma tarefa. Use esses tipos de restrições somente quando absolutamente necessário:

Nota Você não pode alterar o tipo de restrição ou definir uma data de restrição para uma tarefa agendada manualmente. Para obter mais informações sobre tarefas agendadas manualmente *versus* tarefas agendadas automaticamente, consulte o Capítulo 2.

O tipo de restrição que você aplica às tarefas do seu projeto depende das suas necessidades no Project. As restrições inflexíveis só deverão ser usadas se uma data de início ou de término for fixa por fatores que estiverem além do controle da equipe do projeto. Os exemplos dessas tarefas são entregas para clientes e término de um período de financiamento. Para tarefas sem essas limitações, você deve usar restrições flexíveis. As restrições flexíveis proporcionam mais liberdade para ajustar datas de início e de término e permitem que o Project ajuste essas datas se o plano de projeto for alterado. Por exemplo, se você usou a restrição OMBP e a duração de uma tarefa muda de quatro para dois dias, o Project ajusta ou "puxa" as datas de início e de término de todas as tarefas sucessoras. Entretanto, se uma tarefa sucessora tiver uma restrição inflexível aplicada, o Project não poderá ajustar suas datas de início ou término.

Neste exercício, você vai aplicar uma restrição a uma tarefa.

1. Selecione o nome da tarefa 16, *Provas e índice*.
2. Na guia **Tarefa**, no grupo **Edição**, clique em **Rolar até a Tarefa**.

   Dica Para selecionar rapidamente uma tarefa, mesmo aquela tarefa que você não consegue visualizar no modo de exibição atual, pressione Ctrl+G e, no campo ID da caixa de diálogo Ir Para, digite o número da tarefa e clique em Ok.

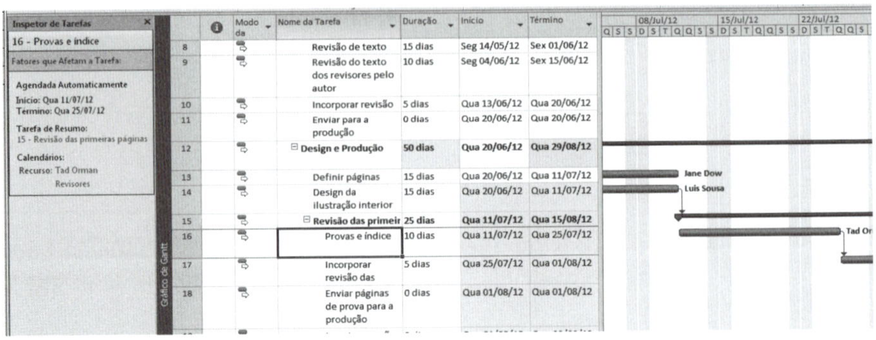

Essa tarefa requer que o autor do livro infantil, Tad Orman, faça a revisão do livro em uma determinada etapa do processo de design. Entretanto, Tad informou que devido à sua agenda de viagem, ele não poderá começar a revisão antes de 13 de julho – após a data agendada atualmente.

3. Na guia **Tarefa**, no grupo **Propriedades**, clique em **Informações**.
4. Na caixa de diálogo **Informações sobre a tarefa**, clique na guia **Avançado**.
5. Na caixa **Tipo de restrição**, selecione **Não iniciar antes de**.
6. Na caixa **Data da restrição**, digite ou selecione 13/07/2012 e clique em **OK**.

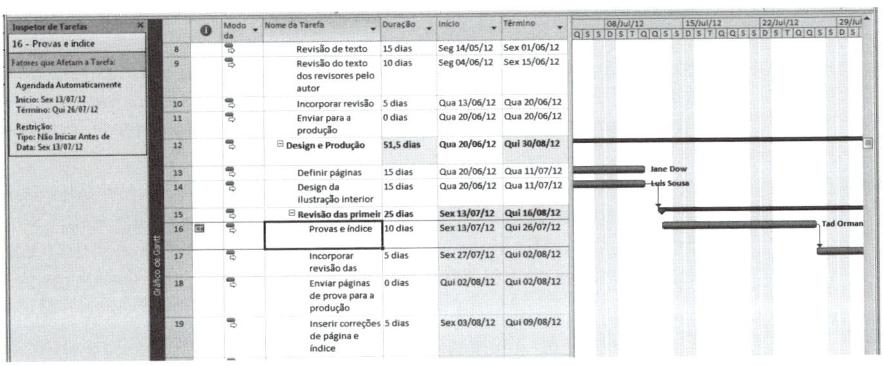

O Project aplica a restrição Não Iniciar Antes De à tarefa e um ícone de restrição aparece na coluna Indicadores. Você pode apontar para o ícone para ver os detalhes da restrição em uma dica de tela.

Posicione seu mouse sobre um indicador de restrição (ou qualquer ícone na coluna de indicadores) para ver uma dica de tela.

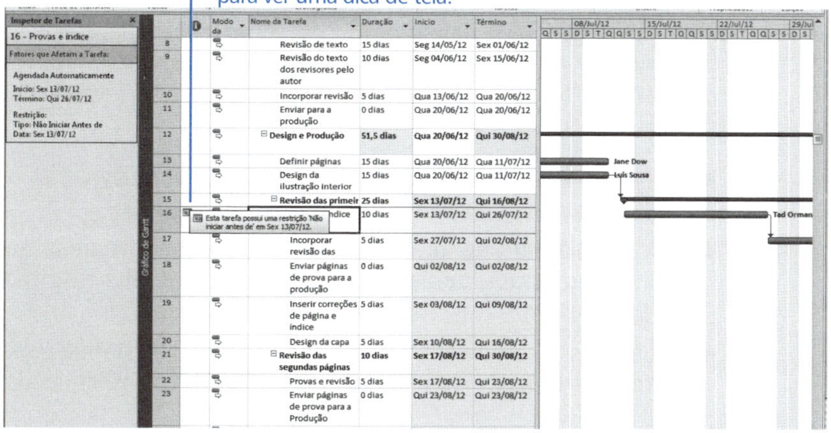

Como essa restrição afeta o agendamento da tarefa, o painel Inspetor de Tarefas agora inclui os detalhes da restrição.

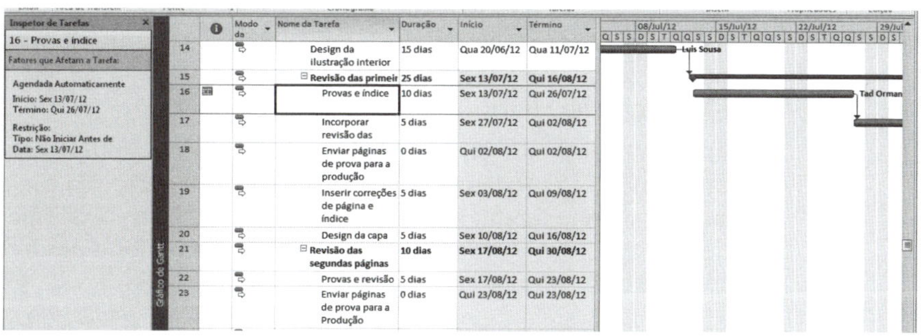

A tarefa 16 é reagendada para iniciar em 13 de julho em vez de 11 de julho. Todas as tarefas que dependem da tarefa 16 também são reagendadas. Uma maneira de visualizar esse reagendamento é por meio do realce de alterações azul claro que o Project aplica às datas de início e de término das tarefas sucessoras da tarefa 16. Como as durações das tarefas de resumo *Revisão das primeiras páginas* e *Design e Produção* também foram alteradas pela aplicação da restrição à tarefa 16, os campos Duração e Término referentes àquelas tarefas de resumo também são realçadas. O realce de alterações permanece visível até que você execute outra ação de edição ou salve o arquivo, e é uma maneira visual eficiente de ver os efeitos mais abrangentes de ações específicas na sua agenda.

7. Clique no botão **Fechar** (o botão "X" no canto superior direito) do painel Inspetor de Tarefas.

Aqui estão outros pontos a serem lembrados durante a aplicação de restrições às tarefas:

Nota Você não pode definir restrições em tarefas agendadas manualmente. Os tópicos a seguir se aplicam somente a tarefas agendadas automaticamente. Para obter mais informações sobre tarefas agendadas manualmente *versus* automaticamente, consulte o Capítulo 2.

- Inserir uma data de término para uma tarefa (por exemplo, na coluna Término) aplica uma restrição Não Terminar Antes De à tarefa.
- Inserir uma data de início para uma tarefa (por exemplo, na coluna Início) ou arrastar uma barra de Gantt diretamente, aplica uma restrição Não Iniciar Antes De à tarefa.
- Em muitos casos, inserir um prazo final é uma alternativa preferível a inserir uma restrição semiflexível ou inflexível. Você trabalhará com prazos finais, mais tarde, neste capítulo.
- A menos que você especifique a hora, o Project agenda as horas de início e de término da data usando os valores Hora de Início Padrão e Hora de Término Padrão na guia Cronograma da caixa de diálogo Opções do Project (para abrir essa caixa de diálogo, na guia Arquivo, clique em Opções). Neste projeto, a hora de início padrão é 08:00. Se você deseja que uma tarefa com restrição seja agendada para iniciar em uma hora diferente, insira essa hora com a data de início. Por exemplo, se quiser agendar uma tarefa para iniciar às 10:00 em 12 de julho, digite 12/7/2012 10:00 no campo Início.
- Para remover uma restrição, primeiro selecione a tarefa ou as tarefas e, na guia Tarefa, no grupo Propriedades, clique em Informações. Na caixa de diálogo Informações sobre a tarefa, clique na guia Avançado. Na caixa Tipo de restrição, selecione O Mais Breve Possível ou (se o agendamento for a partir da data de término do projeto) O Mais Tarde Possível.
- Se for necessário aplicar restrições semiflexíveis e flexíveis às tarefas, além das dependências entre tarefas, você poderá criar o que denominamos ***margem de atraso negativa***. Por exemplo, assuma que você tem uma tarefa sucessora que tem uma dependência término-a-início com sua tarefa predecessora. Se você inseriu uma restrição Deve Iniciar Em na tarefa sucessora antes da data de término da tarefa predecessora, isso resultará em uma margem de atraso negativa e em um conflito de agendamento. Por padrão, a data de restrição aplicada à tarefa sucessora substituirá a dependência. Entretanto, se você preferir, poderá definir o Project para dar preferência às dependências. Na guia **Arquivo**, clique em **Opções** e, na caixa de diálogo **Opções do Project**, clique na guia **Cronograma**. Desmarque a caixa de seleção **As datas de restrição serão sempre respeitadas**.
- Se você agendar um projeto a partir de uma data de término em vez de uma data de início, alguns comportamentos das restrições serão alterados. Por exemplo, o tipo de restrição O Mais Tarde Possível (OMTP), em vez de O Mais Breve Possível (OMBP), torna-se o padrão para as novas tarefas. Você deve estar atento às restrições quando fizer um agendamento a partir da data de término para se assegurar de que elas criarão os efeitos desejados.

Interrompendo o trabalho de uma tarefa

Ao planejar inicialmente as tarefas do projeto, você já sabe que o trabalho em uma determinada tarefa será interrompido. Em vez de listar uma tarefa duas vezes para levar em conta uma interrupção conhecida no trabalho, você pode ***dividir*** a tarefa em dois ou mais segmentos. A seguir, estão algumas razões pelas quais você talvez queira dividir uma tarefa:

- Para antecipar a interrupção em uma tarefa. Por exemplo, um recurso pode estar atribuído a uma tarefa que irá durar uma semana, mas na quarta-feira precisará participar de um evento que não está relacionado a ela.
- Uma tarefa é interrompida inesperadamente. Depois que uma tarefa está em andamento, talvez um recurso precise parar de trabalhar nela porque outra tarefa adquiriu prioridade. Depois que a segunda tarefa for concluída, o recurso poderá reiniciar o trabalho na primeira.

Neste exercício, você vai dividir uma tarefa para levar em consideração uma interrupção de trabalho planejada.

1. Selecione o nome da tarefa 3, *Editar conteúdo*.

2. Na guia **Tarefa**, no grupo **Edição**, clique em **Rolar até a Tarefa**

   Você foi informado de que o trabalho nessa tarefa será interrompido por três dias a partir de segunda-feira, 9 de abril.

3. Na guia **Tarefa**, no grupo **Cronograma**, clique em **Dividir tarefa**.

   Uma Dica de Tela é exibida e o ponteiro do mouse muda de formato.

4. Mova o ponteiro do mouse sobre a barra de Gantt da tarefa 3.

   Essa Dica de Tela é essencial para dividir uma tarefa com precisão, porque ela contém a data na qual você deverá iniciar a divisão e a data de início do segundo segmento da tarefa se o ponteiro do mouse for arrastado a partir do seu local atual na barra Gantt. À medida que você mover o ponteiro do mouse ao longo da barra de Gantt, verá a data de início da Dica de Tela se alterar.

5. Mova (mas não clique) o ponteiro do mouse sobre a barra de Gantt da tarefa 3 até que a data de início segunda-feira, 9 de abril, apareça na Dica de Tela.

Use esta Dica de Tela para ajudá-lo a dividir as tarefas com precisão. Essas informações se alterarão à medida que você mover o ponteiro do mouse Dividir tarefa.

Ponteiro do mouse Dividir tarefa

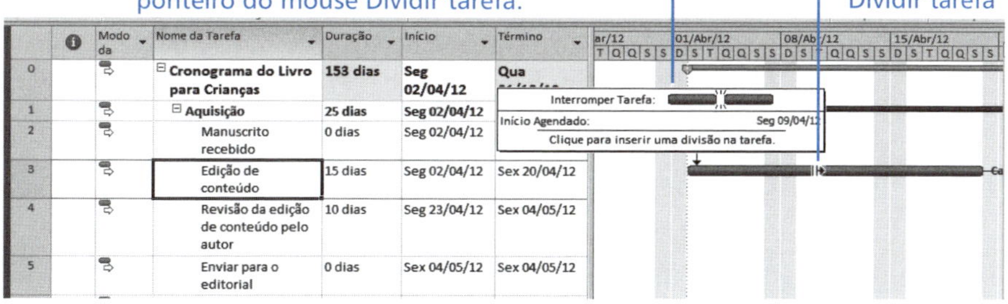

6. Clique e arraste o ponteiro do mouse para a direita até a data de início quinta-feira, 12 de abril, aparecer na Dica de Tela e, em seguida, libere o botão do mouse.

   O Project insere uma divisão de tarefa, representada no gráfico de Gantt como uma linha pontilhada, entre os dois segmentos da tarefa.

A divisão aparece como uma linha pontilhada conectando os segmentos da tarefa. A divisão indica uma interrupção do trabalho na tarefa.

Dica Dividir as tarefas com o mouse pode exigir um pouco de prática. Na etapa 6, se você não dividiu a tarefa 3 para que o segundo segmento começasse em 12 de abril, basta apontar para o segundo segmento novamente. Quando o ponteiro do mouse mudar para uma seta de quatro pontas, arraste o segmento para a data de início correta.

Aqui estão outros pontos a serem lembrados ao dividir as tarefas:

- É possível dividir uma tarefa em vários segmentos.
- Você pode arrastar um segmento de uma tarefa dividida tanto para a esquerda quanto para a direita para reagendar a divisão.
- Para reunir dois segmentos de uma tarefa dividida, arraste um segmento da tarefa até que ele se encoste ao outro.
- O tempo da divisão das tarefas, representado pela linha pontilhada, não é contado na duração da tarefa. Nenhum trabalho ocorre durante a divisão.
- Se a duração de uma tarefa dividida for alterada, o último segmento da tarefa será aumentado ou reduzido.
- Se uma tarefa dividida for reagendada (por exemplo, se a sua data de início for alterada), a tarefa inteira é reagendada, divisões e tudo mais. A tarefa mantém o mesmo padrão de segmentos e divisões.
- A redistribuição de recursos ou a delimitação manual das atribuições ao longo do tempo podem causar divisões nas tarefas. Você delimitará atribuições no Capítulo 9, "Ajuste os detalhes das atribuições" e nivelará recursos no Capítulo 10, "Ajuste o plano de projeto".
- Se não quiser exibir as divisões como linhas pontilhadas, você poderá removê-las. Na guia Formato, no grupo Formatar, clique em Layout. Na caixa de diálogo Layout, desmarque a caixa de seleção Mostrar divisões de barra.

Ajustando o período útil de tarefas individuais

Pode haver ocasiões em que você queira que tarefas específicas ocorram em períodos diferentes do período útil do calendário do projeto (ou para recursos atribuídos, do calendário de recursos). Para fazer isso, aplique um calendário de tarefa a elas. Como no calendário de projeto, você especifica qual calendário base será usado como um calendário de tarefas. A seguir, estão alguns exemplos de quando você precisará de um calendário de tarefas:

- Você está usando um calendário base padrão como calendário de projeto, e uma tarefa precisa ser realizada durante a noite.
- Você tem uma tarefa que deve ocorrer em um dia específico da semana.
- Você tem uma tarefa que deve ocorrer durante o fim de semana.

Diferentemente dos recursos, o Project não cria calendários de tarefas quando você cria as tarefas. (Se você precisar de um lembrete sobre calendários de recursos, consulte o Capítulo 3, "Configurando recursos".) Quando for necessário um calendário de tarefas, você atribui um dos calendários base fornecidos com o Project (ou, provavelmente, um novo calendário base que você tenha criado) para a tarefa. Por exemplo, se você atribuir o calendário base de 24 horas a uma tarefa, o Project agendará essa tarefa para um dia de trabalho de 24 horas em vez do período útil especificado no calendário do projeto.

Para tarefas que tenham tanto calendário de tarefas quanto atribuições de recursos, o Project agenda o trabalho durante o período útil comum entre os calendários de tarefas e de recursos. Se não houver um período útil comum, o Project o alertará quando você aplicar o calendário de tarefas ou atribuir um recurso à tarefa.

Quando você atribui um calendário base a uma tarefa, pode escolher ignorar os calendários de recursos para todos os recursos atribuídos à tarefa. Isso faz com que o Project agende os recursos para trabalhar de acordo com o calendário da tarefa e não com seus próprios calendários de recursos (por exemplo, para trabalhar 24 horas por dia).

No projeto do novo livro, você precisa registrar que uma tarefa tem um período útil mais restritivo do que o restante das tarefas. A tarefa 29 diz respeito à entrega das provas finais do livro a uma empresa de serviços de configuração de cores, que, em seguida, prepara o livro para impressão comercial. No entanto, essa firma só começa novos trabalhos de segunda a quarta-feira.

Neste exercício, você vai criar um novo calendário base e o aplicará levando em conta o período útil limitado de uma tarefa

1. Na guia **Projeto**, no grupo **Propriedades**, clique em **Alterar Período de Trabalho**.

   A caixa de diálogo Alterar período Útil é exibida.

2. Na caixa de diálogo **Alterar Período Útil**, clique em **Criar Novo Calendário**.

   A caixa de diálogo Criar novo calendário base é exibida.

3. Na caixa **Nome**, digite Segunda-Quarta.
4. Verifique se a opção **Criar uma cópia do calendário** está selecionada e **Standard** está selecionado no menu drop-down.

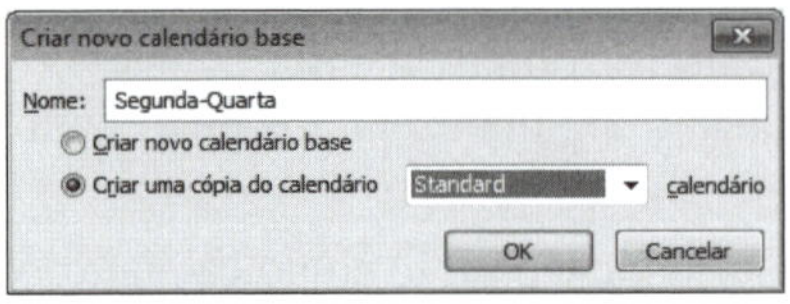

5. Clique em **OK**.

Dica A vantagem de basear o novo calendário no calendário Standard (Padrão) é que todas as exceções de dia de trabalho do calendário Standard (Padrão), como feriados nacionais que você tenha inserido, também aparecerão no novo calendário.

Observe que agora *Segunda-Quarta* aparece na caixa Para calendário.

6. Na caixa de diálogo **Alterar Período Útil**, clique na guia **Semanas de Trabalho**.

   Em seguida, você vai inserir os detalhes do período útil para esse novo calendário.
7. Verifique se o valor **[Padrão]** na Linha 1 está selecionado e, em seguida, clique em **Detalhes**.
8. Na caixa **Selecionar dia(s)**, selecione **quinta** e **sexta-feira**.

   Esses são os dias que você deseja alterar para os dias não úteis desse calendário.
9. Clique em **Definir dias para o período de folga**.

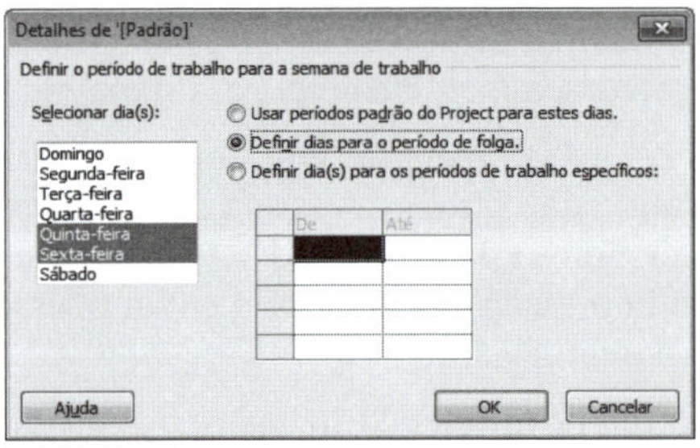

10. Clique em **OK** para fechar a caixa de diálogo **Detalhes** e, em seguida, em **OK** novamente para fechar a caixa de diálogo **Alterar Período Útil**.

    Agora que você criou o calendário Segunda-Quarta, já pode aplicá-lo a uma tarefa.

11. Selecione o nome da tarefa 29, *Enviar para configuração de cor*.

12. Na guia **Tarefa**, no grupo **Propriedades**, clique em **Informações**.

    A caixa de diálogo Informações sobre a tarefa é exibida.

13. Clique na guia **Avançado**.

    Como você pode ver na caixa Calendário, o padrão para todas as tarefas é "Nenhum".

14. Na caixa **Calendário**, selecione **Segunda-Quarta** na lista de calendários base disponíveis.

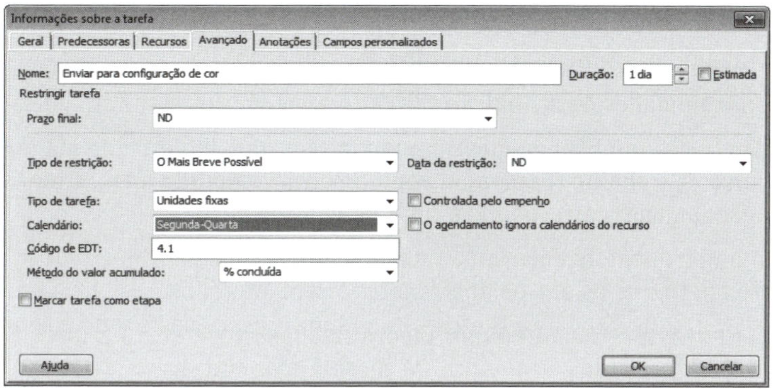

15. Clique em **OK** para fechar a caixa de diálogo.

    O Project aplica o calendário Segunda-Quarta à tarefa 29. Um ícone de calendário é exibido na coluna Indicadores, lembrando que essa tarefa tem um calendário de tarefa aplicado a ela.

16. Aponte para o ícone do calendário.

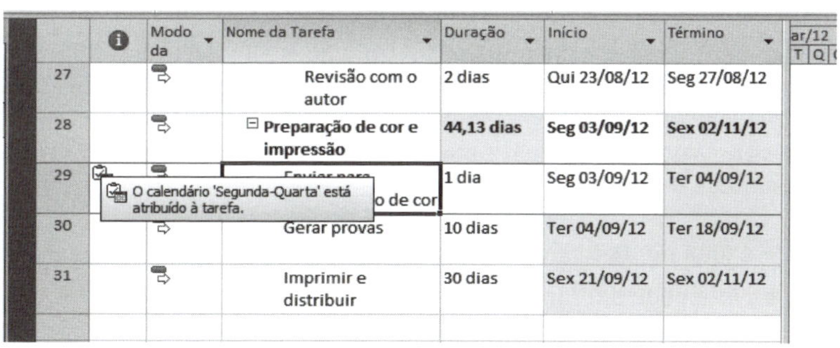

Uma dica de tela aparece, mostrando os detalhes do calendário. Agora, essa tarefa está agendada para ser concluída em uma segunda-feira, mas como você ajustará ainda mais o plano de projeto, provavelmente esse dia vai mudar. Por causa do calendário personalizado que foi aplicado a essa tarefa, ela não será agendada em uma quinta ou sexta-feira ou durante o fim de semana.

Alterando os tipos de tarefas

Vimos no Capítulo 4, "Atribuindo recursos às tarefas", que o Project usa a fórmula a seguir, denominada fórmula de agendamento, para calcular o valor de trabalho da tarefa:

Trabalho = Duração × Unidades de atribuição

onde unidades de atribuição são normalmente expressas em porcentagem.

Lembre-se também de que uma tarefa tem trabalho quando ela tem ao menos um recurso de trabalho (pessoa ou equipamento) atribuído a ela. Cada valor na fórmula de agendamento corresponde a um tipo de tarefa.

Um tipo de tarefa determina qual dos três valores da fórmula de agendamento permanecerá fixo se os outros dois valores forem alterados.

O tipo de tarefa padrão é unidades fixas: se você altera a duração de uma tarefa, o Project recalcula o trabalho. Da mesma maneira, se você alterar o trabalho de uma tarefa, o Project recalculará a duração. Em ambos os casos, o valor das unidades não é afetado.

Os outros dois tipos de tarefas são duração fixa e trabalho fixo. Para esses tipos, o Project usa um campo dividido em fases denominado unidades de pico quando responde às alterações de agendamento.

Para uma tarefa de trabalho fixo:

- Você pode alterar o valor das unidades de atribuição e o Project recalculará a duração.
- Você pode alterar o valor da duração e o Project recalculará as unidades de pico por período de tempo. O valor das unidades de atribuição não é afetado.

Nota Você não pode desativar o agendamento controlado pelo empenho para uma tarefa de trabalho fixo.

Para uma tarefa de duração fixa:

- Você pode alterar o valor das unidades de atribuição e o Project recalculará o trabalho.
- Você pode alterar o valor de trabalho e o Project recalculará as unidades de pico por período de tempo. O valor das unidades de atribuição não é afetado.

O Project também controla o valor das unidades de pico mais alto por atribuição. Esse valor é armazenado no campo Pico, com o qual você trabalhará adiante.

Unidades de atribuição, pico, unidades de pico e fórmula de agendamento

Nas versões anteriores do Project, era possível (na verdade, provável) que o valor das unidades de atribuição de um recurso fosse alterado e isso levava a resultados inesperados no que se refere à fórmula de agendamento. Esse comportamento foi mudado no Project 2010. O Project agora controla o valor das unidades de atribuição e um valor calculado denominado *pico* (ou, quando visualizado em uma escala de tempo, *unidades de pico*).

O Project usa o valor das unidades de atribuição durante o agendamento inicial ou ao reagendar uma tarefa mais tarde, mas usa as unidades de pico quando reporta um valor de unidades de pico máximo de um recurso.

Aqui está um exemplo. Se você atribuiu inicialmente a um recurso 100% de unidades de atribuição para uma tarefa de unidade fixa de um dia, o Project usou esse valor para calcular 8 horas de trabalho. Entretanto, se você registrasse 10 horas de trabalho real na tarefa, as versões anteriores do Project teriam recalculado as unidades de atribuição como 120% para manter a fórmula de agendamento precisa. Se você adicionasse mais trabalho ou alterasse a duração da tarefa, o Project teria reagendado a tarefa usando o valor de unidades de atribuição igual a 120% – um resultado que você não desejaria. No entanto, o Project 2010 registrará o valor de pico de 120% e se você, mais tarde, adicionar trabalho ou alterar a duração da tarefa, ele usará o valor das unidades de atribuição original de 100% em vez do valor de pico de 120% para reagendar a tarefa.

Qual é o tipo certo de tarefa a ser aplicado a cada uma de suas tarefas? Depende de como você deseja que o Project agende essa tarefa. A tabela seguinte resume os efeitos da alteração de qualquer valor para qualquer tipo de tarefa. Leia-a como uma tabela de multiplicação.

...e você altera o

Se o tipo de tarefa for...

	Duração	Unidades de atribuição	Trabalho
Duração fixa	Trabalho	Trabalho	Pico
Unidades fixas	Trabalho	Duração	Duração
Trabalho fixo	Pico	Duração	Duração

...então o Project recalcula

Nota Você não pode alterar o tipo de tarefa de uma tarefa agendada manualmente, e o efeito do tipo de tarefa sobre o agendamento de uma tarefa conforme descrito aqui se aplica somente às agendadas automaticamente. Para lembrar das tarefas agendadas manualmente, consulte o Capítulo 2.

Para visualizar o tipo de tarefa da tarefa selecionada, na guia Tarefa, no grupo Propriedades, clique em Informações. Depois, na caixa de diálogo Informações sobre a tarefa, clique na guia Avançado. Você também pode visualizar o tipo de tarefa no Formulário de tarefas. (No modo de exibição Gráfico de Gantt, é possível exibir o Formulário de Tarefas clicando em Detalhes da guia Exibição, no grupo Modo Divisão) Você pode alterar um tipo de tarefa a qualquer momento. Observe que caracterizar uma tarefa como fixa não significa que seus valores de duração, unidades de atribuição ou trabalho não possam ser alterados. Você pode alterar qualquer valor para qualquer tipo de tarefa.

Neste exercício, você vai alterar um tipo de tarefa e alguns valores da fórmula de agendamento.

1. Na guia **Exibição**, no grupo **Modos de Exibição de Tarefa**, clique em **Uso da Tarefa**.

   O modo de exibição Uso da Tarefa é exibido.

2. Na coluna **Nome da tarefa**, selecione o nome da tarefa 8, *Revisão de texto*.

3. Na guia **Tarefa**, no grupo **Edição**, clique em **Rolar até a tarefa**.

   Dica Para selecionar rapidamente uma tarefa, mesmo aquela tarefa que você não consegue visualizar no modo de exibição atual, pressione Ctrl+G e, no campo ID da caixa de diálogo Ir Para, digite o número da tarefa e clique em Ok.

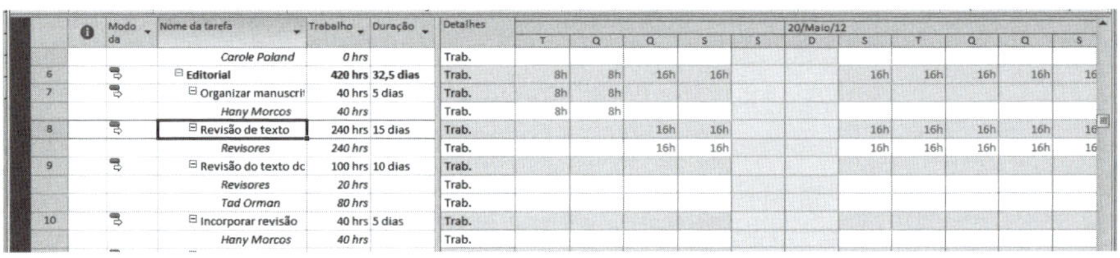

O Project exibe os detalhes da tarefa 8, *Revisão de texto*, e suas atribuições.

O modo de exibição Uso da tarefa agrupa os recursos atribuídos abaixo de cada tarefa e mostra, entre outras coisas, a duração e o trabalho de cada atribuição na tarefa – duas das três variáveis da fórmula de agendamento.

4. Se necessário, arraste a barra divisora vertical para a direita de forma que a coluna **Término** fique visível.

   Em seguida, você vai adicionar duas colunas ao modo de exibição Uso da Tarefa para que possa ver as unidades de atribuição (a terceira variável da fórmula de agendamento) e os valores de pico. Não é necessário modificar esse modo de exibição cada vez que for usá-lo, mas, para o nosso objetivo aqui, essa é uma boa maneira de ilustrar o efeito da alteração dos tipos de tarefas e dos valores da fórmula de agendamento.

5. Clique no cabeçalho da coluna **Início** e, em seguida, na guia **Formato**, no grupo **Colunas**, clique em **Inserir Coluna**.

   Uma lista de campos é exibida.

6. Clique em **Unidades de atribuição**.
7. Clique no cabeçalho da coluna **Início** e, em seguida, na guia **Formato**, no grupo **Colunas**, clique em **Inserir Coluna**.

8. Clique em **Pico**.

   O Project insere as colunas Unidades de Atribuição e Pico à esquerda da coluna Início. Pico é o valor de unidades máximas do recurso a qualquer hora em toda a duração da atribuição.

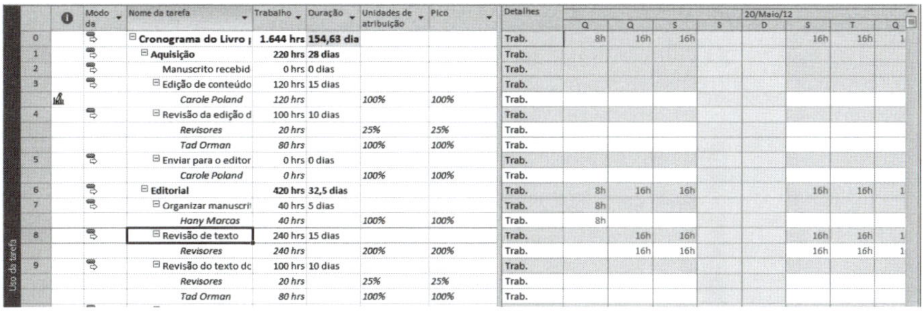

Você pode ver que a tarefa 8 tem um valor de trabalho total de 240 horas, um valor de unidades de atribuição de recursos igual a 200% cada e uma duração de 15 dias. Em seguida, você vai alterar a duração da tarefa para observar os efeitos sobre os outros valores.

Depois de uma discussão entre os dois revisores sobre quem executará a revisão, todos concordaram que a duração da tarefa deve aumentar e o trabalho diário do recurso na tarefa deve diminuir de acordo.

9. No campo **Duração** da tarefa 8, digite ou selecione 20d e pressione a tecla Enter.

   O Project altera a duração da tarefa 8 para 20 dias e aumenta o trabalho para 320 horas cada. Observe que o realce de alterações foi aplicado aos valores Trabalho e Duração. Você aumentou duração e queria que o trabalho total permanecesse o mesmo (não permaneceu), portanto, vai usar o botão Ação para ajustar os resultados da nova duração da tarefa.

10. Aponte para o campo **Duração** da tarefa 8 e clique no botão **Ação**.

    Reveja as opções na lista que é exibida.

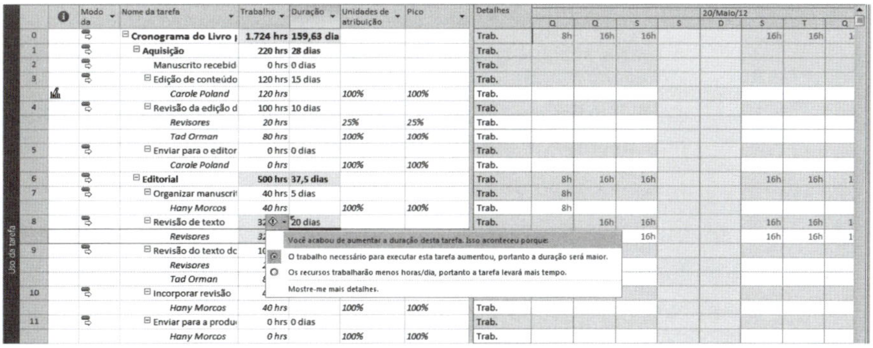

Como o tipo de tarefa da tarefa 8 é de unidades fixas (o tipo de tarefa padrão), a seleção padrão da Ação é aumentar o trabalho à medida que a duração aumenta. Entretanto, você deve manter a duração com o mesmo valor e diminuir as unidades de atribuição para a duração da nova tarefa.

11. Na lista **Ações**, clique em **Os recursos trabalharão menos horas/dia, portanto a tarefa levará mais tempo**.

    O valor das unidades diminui para 150% e o trabalho total da tarefa permanece inalterado em 240 horas.

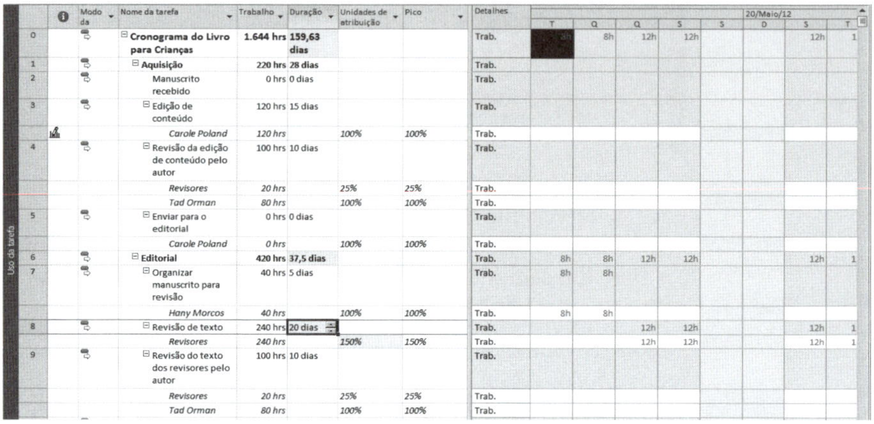

Em seguida, você vai alterar um tipo de tarefa e ajustar o trabalho para ela.

12. Na coluna **Nome da tarefa**, selecione o nome da tarefa 24, *Revisão Final*.
13. Na guia **Tarefa**, no grupo **Edição**, clique em **Rolar até a Tarefa**.

    O Project exibe os valores de trabalho para a tarefa 24, *Revisão Final*, na grade dividida em fases.

14. Na guia **Tarefa**, no grupo **Propriedades**, clique em **Informações**.

    A caixa de diálogo Informações sobre a tarefa é exibida.

15. Clique na guia **Avançado**.

    A tarefa selecionada descreve a revisão final das provas de página do novo livro. Como você pode ver na caixa Tipo de tarefa, essa tarefa tem o tipo de tarefa padrão de unidades fixas. A tarefa está agendada para cinco dias. Você vai transformar essa tarefa em uma tarefa de duração fixa.

16. Na caixa **Tipo de tarefa**, selecione **Duração fixa**.
17. Clique em **OK** para fechar a caixa de diálogo **Informações sobre a tarefa**.

    Em seguida, você vai adicionar trabalho à tarefa.

18. No campo **Trabalho** para a tarefa 24, *Revisão Final*, digite **150h** e pressione Enter.

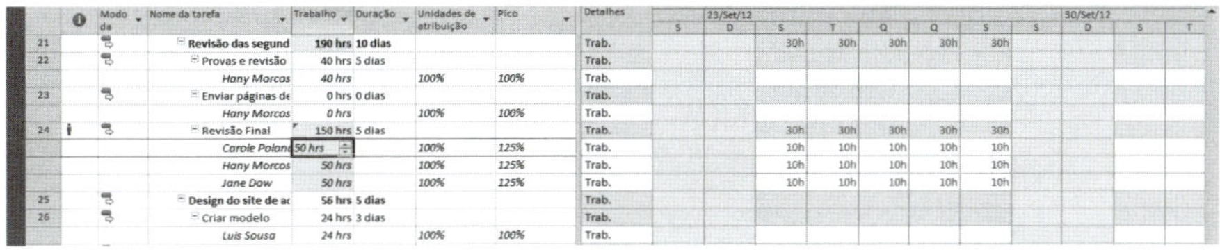

Como essa é uma tarefa de duração fixa e você adicionou trabalho, o Project ajustou o valor de pico para 125%; isso representa uma superalocação intencional. No lado direito do modo de exibição de uso, você pode ver que os recursos atribuídos à tarefa 24 agora têm 10 horas de trabalho agendado por dia. Entretanto, seus valores de unidades de atribuição originais de 100% cada permanecem inalterados.

Tipos de tarefas e agendamento controlado pelo empenho

Muitas pessoas interpretam mal os tipos de tarefas e o agendamento controlado pelo empenho e concluem que esses dois assuntos estão mais relacionados do que na verdade estão. Ambas as definições podem afetar seu agendamento. Considerando que o efeito de um tipo de tarefa é aplicado sempre que você edita os valores de unidade, duração ou trabalho, o agendamento controlado pelo empenho só afetam sua agenda quando você está atribuindo ou removendo recursos das tarefas. Para obter mais informações sobre agendamento controlado pelo empenho, consulte o Capítulo 4.

LIMPEZA Feche o arquivo Tarefas Avancadas A.

Inserindo prazos finais

Um erro comum cometido pelos usuários iniciantes do Project é colocar restrições semiflexíveis ou inflexíveis em muitas tarefas de seus projetos. Essas tarefas restringem a flexibilidade de agendamento.

Contudo, se você sabe que uma tarefa específica deve estar concluída em uma determinada data, por que não inserir uma restrição do tipo Deve Terminar Em? Este é o motivo: vamos supor que exista uma tarefa de cinco dias que você queira concluir em 13 de abril e hoje seja 2 de abril. Se você inserir uma restrição Deve Terminar Em na tarefa e defini-la para 13 de abril, o Project providenciará para que ela realmente termine em 13 de abril.

Ao apontar para o indicador de restrições, você verá os detalhes da restrição.

Esta tarefa tem uma restrição Deve Terminar Em, portanto o Project a agenda para terminar rigorosamente na data especificada.

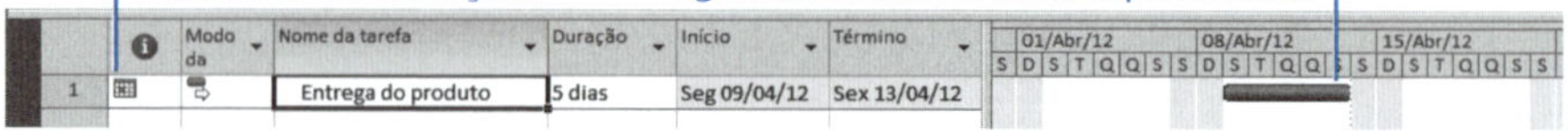

Mesmo que a tarefa possa ser concluída mais cedo, o Project não irá reagendá-la para iniciar mais cedo. Na verdade, ao aplicar essa restrição, você aumentou o risco dessa tarefa. Se a tarefa, por algum motivo, for atrasada em um dia (um recurso necessário adoeceu, por exemplo), ela não cumprirá sua data de término planejada.

Uma abordagem melhor para agendar essa tarefa é usar a restrição padrão O Mais Breve Possível e inserir um prazo final em 13 de abril. Um prazo final é um valor de data que você insere para uma tarefa indicando a data mais tarde que a tarefa pode ser concluída, mas o prazo final em si não restringe a tarefa.

O marcador de prazo final aparece no gráfico de Gantt.

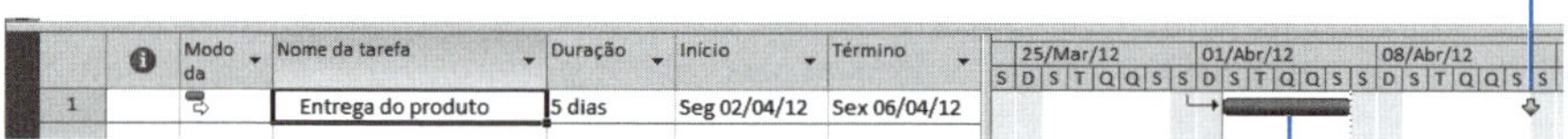

Com a restrição O Mais Breve Possível aplicada, a tarefa inicia mais cedo e deixa uma folga entre a data de término e a data do prazo final.

Agora, a tarefa tem uma flexibilidade de agendamento maior. Ela poderá ser concluída bem antes do seu prazo final, dependendo da disponibilidade do recurso, das tarefas predecessoras e de qualquer outro tópico de agendamento aplicado.

A inserção de uma data como prazo final faz com que o Project exiba um indicador de prazo final na parte gráfica do modo de exibição Gráfico de Gantt. Se a data de término da tarefa for além do seu prazo final, o Project exibirá um indicador no campo *Indicador* da tarefa para mostrar que ela está terminando depois do prazo final.

Neste exercício, você vai inserir uma data de prazo final para uma tarefa.

Abra o arquivo Tarefas Avancadas B_Inicio na pasta de arquivos de exercícios Capitulo07

1. Na guia **Arquivo**, clique em **Salvar Como**.

   O Project exibe a caixa de diálogo Salvar como.

2. Na caixa **Nome do arquivo**, digite **Tarefas Avançadas B** e clique em **Salvar**.
3. Na coluna **Nome da Tarefa**, selecione o nome da tarefa 5, *Enviar para o editorial.*

4. Na guia **Tarefa**, no grupo **Edição**, clique em **Rolar até a Tarefa**.

   Essa tarefa é uma etapa que marca a data de término agendada da fase de aquisição do projeto do novo livro. Você quer ter certeza de que a tarefa de aquisição estará concluída em 11 de maio de 2012, sexta-feira, portanto, vai inserir um prazo final para essa etapa.

5. Na guia **Tarefa**, no grupo **Propriedades**, clique em **Informações**.

   A caixa de diálogo Informações sobre a tarefa é exibido.

6. Clique na guia **Avançado**.
7. Na caixa **Prazo final**, digite ou selecione 11/05/2012 e clique em **OK**.

   O Project exibe um indicador de prazo final na parte gráfica do modo de exibição Gráfico de Gantt.

Você agora pode ver se o final da fase de aquisição, conforme agendado atualmente, vai conseguir ou não cumprir o prazo final estipulado para ela. Se a conclusão agendada da fase de aquisição passar da data de 11 de maio, o Project exibirá um indicador de prazo final não cumprido na coluna Indicadores.

A inserção de um prazo final não tem efeito sobre o agendamento de um resumo ou uma subtarefa. Entretanto, um prazo final fará com que o Project o alerte se a conclusão agendada de uma tarefa exceder o seu prazo final.

Dica Para remover um prazo final de uma tarefa, limpe o campo Prazo final na guia Avançado da caixa de diálogo Informações sobre a tarefa.

Inserindo custos fixos

Para projetos nos quais você deve controlar o orçamento ou custos financeiros, você pode precisar trabalhar com várias e diferentes fontes de custos. Essas fontes incluem custos associados a recursos e custos associados diretamente a uma tarefa específica.

Para muitos projetos, os custos financeiros são derivados principalmente dos custos associados a recursos de trabalho, como pessoas e equipamentos, ou a recursos materiais. Para lidar com custos de tipos similares para os quais você deseja controlar somatórios acumulados (viagem é um exemplo em muitos projetos), o Project suporta recursos de custos. Se você precisar refrescar a memória, consulte o Capítulo 3.

Entretanto, ocasionalmente você pode querer associar um custo a uma tarefa que não está vinculada a recursos ou trabalho, e não é algo que queira acumular ao longo do projeto.

O Project chama isso de um custo fixo, e ele é aplicado por tarefa. Um custo fixo é um montante monetário específico orçado para uma tarefa. Ele permanece o mesmo independentemente dos recursos atribuídos à tarefa. A seguir, estão exemplos comuns de custos fixos nos projetos:

- Uma taxa de instalação, cobrada com uma taxa de aluguel diário, para uma parte do equipamento.
- Uma permissão para construção.

Se você atribuir recursos com taxas de custo, atribuir recursos de custos ou adicionar custos fixos a uma tarefa, o Project somará tudo para determinar o custo total da tarefa. Se você não inserir as informações de custos dos recursos em um plano de projeto (talvez porque não saiba quanto seus recursos de trabalho custarão), ainda poderá obter algum controle sobre o custo total do projeto inserindo custos fixos por tarefa.

Você pode especificar quando os custos fixos deverão incidir, como a seguir:

- **Início** O custo fixo total é agendado para o início da tarefa. Quando você controlar o andamento, o custo fixo total da tarefa incidirá assim que a tarefa iniciar.
- **Fim** O custo fixo total é agendado para o término da tarefa. Quando você controlar o andamento, o custo fixo total incidirá apenas depois que a tarefa estiver 100% concluída.
- **Rateado** O custo fixo é distribuído uniformemente ao longo da duração da tarefa. Quando você controlar o andamento, o projeto incidirá o custo da tarefa à medida que a tarefa for concluída. Por exemplo, se uma tarefa tiver um custo fixo de R$ 100,00 e estiver 75% concluída, o projeto destinará R$ 75,00 a essa tarefa.

Quando você planeja um projeto, o método de acumulação escolhido determina o modo como esses custos serão agendados ao longo do tempo. Isso pode ser importante para antecipar o orçamento e as necessidades de fluxo de caixa. Por padrão, o Project atribui o método de acumulação rateado a custos fixos, mas você pode alterá-lo para corresponder às práticas de contabilidade de custos da sua empresa.

Para o projeto do novo livro, você aprendeu que a geração de provas de páginas pela empresa de serviços de configuração de cor custará R$ 500,00. A Lucerne Publishing tem uma conta de crédito com essa empresa, mas para manter a precisão do demonstrativo de lucros e perdas, você gostaria de adicionar essa despesa quando a empresa de serviços de configuração de cor completar a tarefa.

Neste exercício, você vai atribuir um custo fixo a uma tarefa e especificar seu método de acumulação.

1. Na guia **Exibição**, no grupo **Modos de Exibição de Tarefa**, clique em **Outros Modos de Exibição** e, em seguida, em **Planilha de Tarefas**.

   O modo de exibição Planilha de Tarefas é exibido.

2. Na guia **Exibição**, no grupo **Dados**, clique em **Tabelas** e, em seguida, em **Custo**.

   A tabela Custos é exibida, substituindo a tabela Entrada.

3. No campo **Custo fixo** para a tarefa 30, *Gerar provas*, digite 500 e pressione a tecla Tab.
4. No campo **Acumulação de custo fixo**, selecione **Fim** e pressione Tab.

Planilha de Tarefas

	Nome da tarefa	Custo fixo	Acumulação de custo fixo	Custo total	Linha de base	Variação	Real	Restante
9	Revisão do texto dc	R$ 0,00	Rateado	R$ 900,00	R$ 0,00	R$ 900,00	R$ 0,00	R$ 900,00
10	Incorporar revisão	R$ 0,00	Rateado	R$ 1.550,00	R$ 0,00	R$ 1.550,00	R$ 0,00	R$ 1.550,00
11	Enviar para a produ	R$ 0,00	Rateado	R$ 0,00	R$ 0,00	R$ 0,00	R$ 0,00	R$ 0,00
12	**Design e Produção**	**R$ 0,00**	**Rateado**	**R$ 30.825,00**	**R$ 0,00**	**R$ 30.825,00**	**R$ 0,00**	**R$ 30.825,00**
13	Definir páginas	R$ 0,00	Rateado	R$ 6.600,00	R$ 0,00	R$ 6.600,00	R$ 0,00	R$ 6.600,00
14	Design da ilustraçãc	R$ 0,00	Rateado	R$ 8.400,00	R$ 0,00	R$ 8.400,00	R$ 0,00	R$ 8.400,00
15	**Revisão das primeir**	**R$ 0,00**	**Rateado**	**R$ 7.450,00**	**R$ 0,00**	**R$ 7.450,00**	**R$ 0,00**	**R$ 7.450,00**
16	Provas e índice	R$ 0,00	Rateado	R$ 900,00	R$ 0,00	R$ 900,00	R$ 0,00	R$ 900,00
17	Incorporar revisã	R$ 0,00	Rateado	R$ 1.550,00	R$ 0,00	R$ 1.550,00	R$ 0,00	R$ 1.550,00
18	Enviar páginas de	R$ 0,00	Rateado	R$ 0,00	R$ 0,00	R$ 0,00	R$ 0,00	R$ 0,00
19	Inserir correções	R$ 0,00	Rateado	R$ 2.200,00	R$ 0,00	R$ 2.200,00	R$ 0,00	R$ 2.200,00
20	Design da capa	R$ 0,00	Rateado	R$ 2.800,00	R$ 0,00	R$ 2.800,00	R$ 0,00	R$ 2.800,00
21	**Revisão das segund**	**R$ 0,00**	**Rateado**	**R$ 5.575,00**	**R$ 0,00**	**R$ 5.575,00**	**R$ 0,00**	**R$ 5.575,00**
22	Provas e revisão	R$ 0,00	Rateado	R$ 1.550,00	R$ 0,00	R$ 1.550,00	R$ 0,00	R$ 1.550,00
23	Enviar páginas de	R$ 0,00	Rateado	R$ 0,00	R$ 0,00	R$ 0,00	R$ 0,00	R$ 0,00
24	Revisão Final	R$ 0,00	Rateado	R$ 4.025,00	R$ 0,00	R$ 4.025,00	R$ 0,00	R$ 4.025,00
25	**Design do site de ac**	**R$ 0,00**	**Rateado**	**R$ 2.800,00**	**R$ 0,00**	**R$ 2.800,00**	**R$ 0,00**	**R$ 2.800,00**
26	Criar modelo	R$ 0,00	Rateado	R$ 1.680,00	R$ 0,00	R$ 1.680,00	R$ 0,00	R$ 1.680,00
27	Revisão com o au	R$ 0,00	Rateado	R$ 1.120,00	R$ 0,00	R$ 1.120,00	R$ 0,00	R$ 1.120,00
28	**Preparação de cor e in**	**R$ 0,00**	**Rateado**	**R$ 810,00**	**R$ 0,00**	**R$ 810,00**	**R$ 0,00**	**R$ 810,00**
29	Enviar para configu	R$ 0,00	Rateado	R$ 310,00	R$ 0,00	R$ 310,00	R$ 0,00	R$ 310,00
30	Gerar provas	R$ 500,00	Fim	R$ 500,00	R$ 0,00	R$ 500,00	R$ 0,00	R$ 500,00
31	Imprimir e distribui	R$ 0,00	Rateado	R$ 0,00	R$ 0,00	R$ 0,00	R$ 0,00	R$ 0,00

Agora, o Project agendará um custo de R$ 500,00 referente à tarefa *Gerar provas* na data de término da tarefa, e o projeto terá esse custo quando a tarefa terminar. Esse custo é independente da duração da tarefa e dos custos dos recursos que possam ser atribuídos a ela.

Configurando uma tarefa recorrente

Muitos projetos requerem tarefas repetitivas, como assistir às reuniões de status do projeto, criar e publicar relatórios de status ou executar inspeções de controle de qualidade. Embora seja fácil supervisionar o agendamento desses eventos, você deve contabilizá-los no seu plano de projeto. Afinal, reuniões de status e eventos similares que dão suporte indireto ao projeto exigem tempo dos recursos e, consequentemente, reduzem o tempo destinado às outras atribuições.

Para ajudar a contabilizar tais eventos no plano de projeto, crie uma tarefa recorrente. Como o nome sugere, uma tarefa recorrente é repetida em uma frequência especificada, como diária, semanal, mensal ou anual. Quando você cria uma tarefa recorrente, o Project cria uma série de tarefas com restrições Não Iniciar Antes De, sem relações entre elas e com o agendamento controlado pelo empenho desativado.

Neste exercício, você vai criar uma tarefa recorrente que representará uma reunião semanal associada a esse projeto.

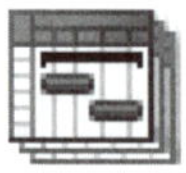

1. Na guia **Exibição**, no grupo **Modos de Exibição de Tarefa**, clique em **Gráfico de Gantt**.

   O modo de exibição Gráfico de Gantt é exibido.

2. Selecione o nome da tarefa 1, *Aquisição*.

   Você vai inserir a tarefa recorrente acima da primeira fase do plano de projeto, uma vez que ela irá ocorrer ao longo das diversas fases do plano.

3. Na guia **Tarefa**, no grupo **Inserir**, clique na seta para baixo abaixo do botão **Tarefa** e, em seguida, em **Tarefa periódica**.

   A caixa de diálogo Informações sobre Tarefas Recorrentes é exibida.

4. Na caixa **Nome da tarefa**, digite **Reunião da equipe do editorial**.
5. Na caixa **Duração**, digite **1h**.
6. Em **Padrão de recorrência**, verifique se **Semanalmente** está selecionado e marque a caixa de seleção **segunda**.

   Em seguida, você vai especificar a data da sua primeira ocorrência. Por padrão, é a data de início do projeto. Entretanto, você quer que as reuniões de status semanais comecem uma semana depois.

7. Na caixa **Início**, digite ou selecione **09/04/2012**.

   Depois, você vai especificar a data de término. Você vai planejar para que essas reuniões de equipe continuem até o projeto chegar à fase de Design e Produção. No Gráfico de Gantt, você pode ver que, no agendamento atual, essa fase começa no dia 2 de julho, portanto usará essa data por enquanto. Você sempre pode atualizar a tarefa recorrente mais tarde, conforme necessário.

8. Na caixa **Termina em**, digite ou selecione **02/07/2012**.

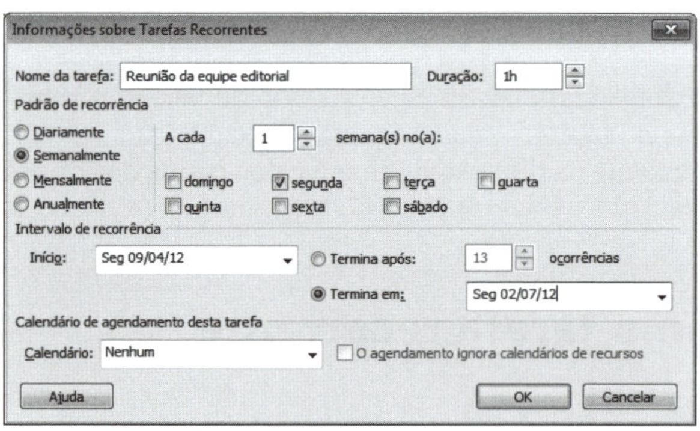

9. Clique em **OK** para criar a tarefa recorrente.

O Project insere a tarefa recorrente. Inicialmente, a tarefa recorrente está recolhida. Um ícone de tarefa recorrente é exibido na coluna Indicadores.

10. Para visualizar as primeiras ocorrências das barras de Gantt da reunião recorrente, na guia **Tarefa**, no grupo **Edição**, clique em **Rolar até a Tarefa**.

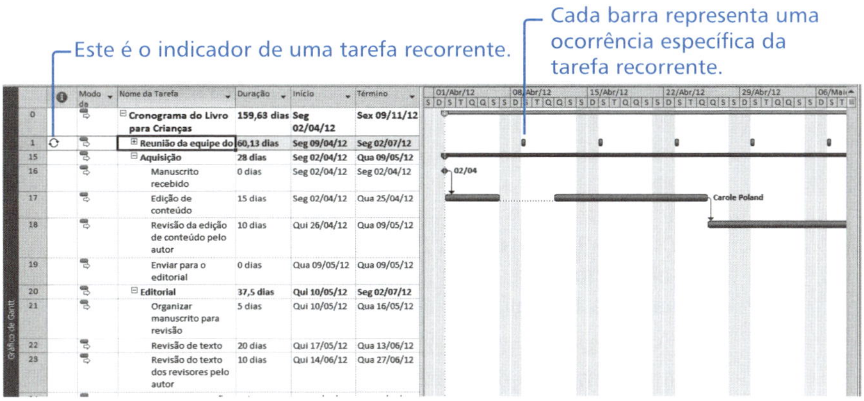

Uma barra de Gantt de uma tarefa recorrente mostra apenas as ocorrências ou divisões das ocorrências individuais da tarefa. Em seguida, você vai atribuir recursos à tarefa recorrente.

11. Verifique se a tarefa 1, *Reunião da equipe do editorial*, está selecionada e, na guia **Recurso**, no grupo **Atribuições**, clique em **Atribuir Recursos**.

12. Na caixa de diálogo **Atribuir recursos**, clique em **Carole Poland**. Depois, mantenha pressionada a tecla Ctrl enquanto clica em **Hany Morcos** e **Jun Cao**.

13. Clique em **Atribuir** e em **Fechar**.

A caixa de diálogo Atribuir recursos fecha e o Project atribui os recursos selecionados à tarefa recorrente. Em seguida, você vai exibir as ocorrências individuais da tarefa recorrente.

14. Clique no sinal de mais ao lado do título da tarefa recorrente, *Reunião da equipe do editorial*.

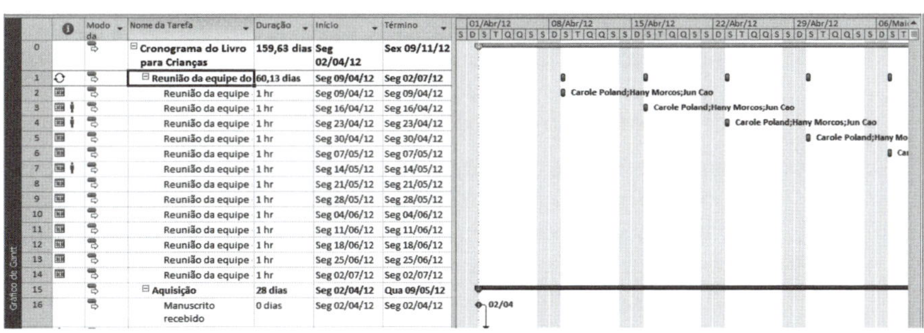

Cada ocorrência da tarefa recorrente é numerada sequencialmente (se você quiser verificar isso, aumente a coluna Nome da tarefa ou aponte para o nome da tarefa e observe o conteúdo da dica de tela), e as atribuições de recursos serão exibidas para as subtarefas.

15. Clique no sinal de menos ao lado do título da tarefa recorrente, *Reunião da equipe do editorial*, para ocultar as ocorrências individuais.

Aqui, estão outros pontos a serem lembrados ao criar tarefas recorrentes:

- Por padrão, o Project agenda uma tarefa recorrente para iniciar no valor Hora de início padrão inserida na guia Cronograma (no menu **Ferramentas**, clique em **Opções**); nesse projeto, esse valor está definido como 08:00. Se você deseja agendar uma tarefa recorrente para iniciar em uma hora diferente, digite essa hora com a data de início na caixa **Início** da caixa de diálogo **Informações sobre Tarefas Recorrentes**. Por exemplo, se quiser que a reunião recorrente da equipe seja agendada para as 10:00 começando em 9 de abril, digite 09/04/2012 10:00 na caixa **Início**.
- Como na tarefa de resumo, a duração de uma tarefa recorrente se estende desde a primeira data de início até a última data de término das ocorrências individuais da tarefa recorrente.
- Quando você agenda uma tarefa recorrente para terminar em uma data específica, o Project sugere a data de término atual do projeto. Se você usar essa data, certifique-se de alterá-la manualmente caso a data de término do projeto mude para mais tarde.
- Se você deseja atribuir os mesmos recursos a todas as ocorrências de uma tarefa recorrente, atribua os recursos às tarefas recorrentes com a caixa de diálogo Atribuir Recursos. A inserção de nomes de recursos no campo Nome do recurso da tarefa recorrente de resumo atribui os recursos somente à tarefa recorrente de resumo e não às ocorrências individuais.

Exibindo o caminho crítico do projeto

Um caminho crítico é composto por uma série de tarefas que empurram a data final do projeto se as tarefas forem atrasadas. A palavra *crítico*, nesse contexto, não tem nada a ver com o grau de importância dessas tarefas em relação ao projeto global. A palavra se refere apenas a como seu agendamento afetará a data de término do projeto; entretanto, a data de término é de grande importância na maioria dos projetos. Se você deseja encurtar a duração de um projeto, para adiantar a data de término, precisa começar encurtando (também referenciado como *crashing*) o caminho crítico.

Ao longo da vida de um projeto, é provável que o caminho crítico mude ocasionalmente à medida que as tarefas são concluídas antes da data de término ou com atraso. Alterar as dependências entre tarefas ou durações também pode alterar o caminho crítico. Depois que uma tarefa ao longo do caminho crítico é concluída, ele deixa de ser crítico, porque não pode mais afetar a data de término do projeto. No Capítulo 14, "Retome o controle do projeto", você vai trabalhar com várias técnicas para encurtar a duração global de um projeto.

A chave para entender o caminho crítico é compreender a margem de atraso (*slack*), também conhecida como deslocamento (float). Existem dois tipos de margem de atraso: permitida e total. A margem de atraso permitida é a quantidade de tempo que uma tarefa pode ser atrasada sem provocar o atraso de outra. A margem de atraso total é a quantidade de tempo que uma tarefa pode ser atrasada sem atrasar a conclusão do projeto.

Uma tarefa está no caminho crítico se a sua margem de atraso total for menor do que um determinado valor – por padrão, se for zero dias. Por outro lado, as tarefas não críticas têm margem de atraso, o que significa que elas podem começar ou terminar mais cedo ou mais tarde dentro de suas margens de atraso sem afetar a data de conclusão de um projeto. Uma maneira de ver o caminho crítico é alternar para o modo de exibição Gantt detalhado.

Neste exercício, você vai exibir o caminho crítico de um projeto.

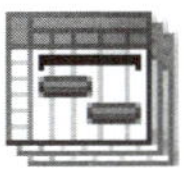

1. Na guia **Exibição**, no grupo **Modos de Exibição de Tarefa**, clique na seta para baixo abaixo do botão **Gráfico de Gantt** e em **Mais Modos de exibição**.
2. Na caixa de diálogo **Mais modos de exibição**, selecione **Gantt detalhado** e clique em **Aplicar**.

   O projeto aparece no modo de exibição Gantt detalhado.

3. Na guia **Exibição**, no grupo **Zoom**, clique em **Aplicar Zoom no Projeto inteiro**.

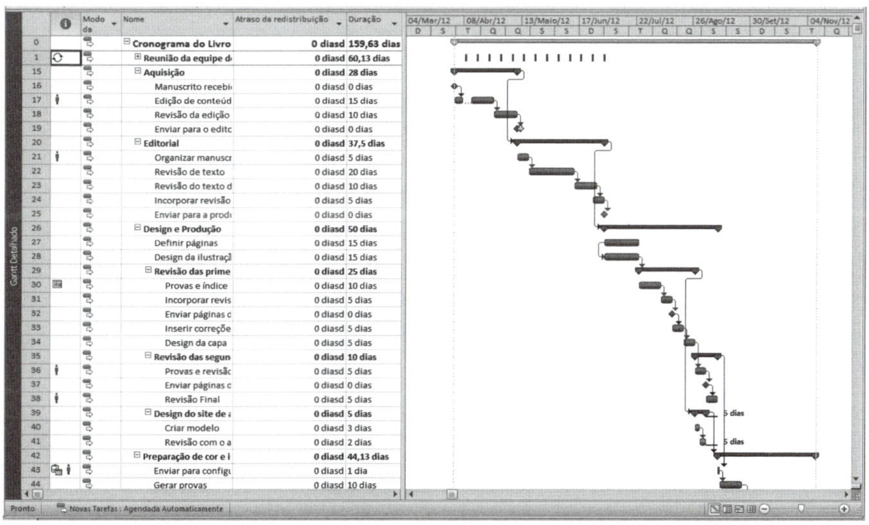

Devido à natureza altamente sequencial das dependências entre tarefas nesse plano de projeto, quase todas as tarefas estão no caminho crítico e, no modo de exibição Gantt detalhado, suas barras de Gantt estão formatadas em vermelho.

Observe a barra de Gantt da tarefa 41, *Revisão com o autor*. A barra azul representa a duração da tarefa. A linha fina acinzentada e o número ao lado dela representam a margem de atraso permitida para essa tarefa. Como você pode ver, essa tarefa específica tem alguma margem de atraso e, portanto, é uma tarefa não crítica. (Lembre-se de que o termo *crítico* nesse sentido não tem nada a ver com a importância da tarefa, mas apenas com a quantidade de margem de atraso total que está associada à tarefa e, por último, que efeito a tarefa tem na data de término do projeto.)

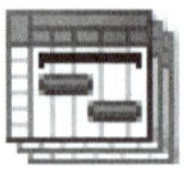

4. Na guia **Exibição**, no grupo **Modos de Exibição de Tarefa**, clique na seta para baixo abaixo do botão **Gráfico de Gantt** e em **Gráfico de Gantt**.

   Trabalhar com o caminho crítico é a maneira mais importante de gerenciar a duração global de um projeto. Nos últimos exercícios, você fará os ajustes que poderão aumentar a duração do projeto. Verificar o caminho crítico do projeto e, quando necessário, encurtar sua duração total são recursos importantes de gerenciamento de projeto.

Aqui, estão outros pontos a serem lembrados quando trabalhar com o caminho crítico:

- Por padrão, o Project define uma tarefa como crítica se ela tem uma margem de atraso igual a zero. Entretanto, você pode alterar a quantidade da margem de atraso necessária para uma tarefa ser considerada crítica. Você poderia fazer isso, por exemplo, se quisesse identificar mais facilmente as tarefas que afetariam um ou dois dias a data de término do projeto. Na guia Arquivo, clique em Opções e, na caixa de diálogo Opções do projeto, clique na guia Avançado. Na caixa Tarefas são críticas quando a margem de atraso é menor ou igual a, insira o número de dias desejado. Nessa mesma caixa de diálogo, você pode escolher exibir vários caminhos críticos.
- O Project recalcula constantemente o caminho crítico, mesmo que você nunca o exiba.
- Você verá a margem de atraso permitida representada na parte gráfica do modo de exibição Gantt detalhado e poderá também ver os valores da margem de atraso permitida e o total na tabela Cronograma. Você pode aplicar a tabela Cronograma a qualquer modo de exibição Gráfico de Gantt ou Planilha de Tarefas.
- Você pode alternar a formatação das tarefas críticas e da margem de atraso diretamente em qualquer modo de exibição Gráfico de Gantt. Na guia Formato, no grupo Estilos de Barra, marque ou desmarque as caixas de seleção Tarefas Críticas e Margem de Atraso.

Dica Para saber mais sobre um **caminho crítico**, digite caminho crítico na caixa de busca da janela Ajuda do Project.

Agendando as tarefas de resumo manualmente

No Capítulo 2, você trabalhou com tarefas de resumo e subtarefas. Lembre-se de que o comportamento padrão do Project é calcular automaticamente a duração de uma tarefa de resumo como o período de tempo entre as datas de início mais cedo e a de término mais tarde de suas subtarefas. Por essa razão, o Project configura as tarefas de resumo como agendadas automaticamente – e suas durações são determinadas automaticamente por suas subtarefas, independentemente dessas subtarefas serem agendadas manual ou automaticamente (ou ambas).

Entretanto, pode haver ocasiões em que você vai precisar inserir um valor de duração para uma tarefa de resumo que é independente da duração calculada conforme suas subtarefas. Por exemplo, uma tarefa de resumo pode representar uma fase do trabalho para o qual você deseja alocar 60 dias úteis e também comparar essa duração com a duração calculada pelas subtarefas (suas durações, dependências entre tarefas e outros fatores). Isso é especialmente verdade durante o planejamento inicial de um plano de projeto, quando você pode precisar levar em conta o hiato entre a duração que você considera ideal para uma fase de trabalho e sua duração conforme determinada por suas subtarefas.

Felizmente, você pode inserir qualquer duração desejada para uma tarefa de resumo. Quando você faz isso, o Project muda o agendamento da tarefa de resumo de automático para manual e reflete ambas as durações inseridas manualmente e calculadas automaticamente como partes separadas da barra de Gantt da tarefa de resumo. Se a tarefa de resumo for uma predecessora de outra tarefa, o Project reagendará a tarefa sucessora com base na duração manual, não automática.

Definir uma duração manual para uma tarefa de resumo é uma boa maneira de aplicar um foco *top-down* a um plano de projeto. Você pode, por exemplo, introduzir algum tempo de atraso ou tempo adicional (buffer) a uma fase de trabalho inserindo uma duração manual para a tarefa de resumo que seja maior que sua duração calculada.

Neste exercício, você vai inserir durações manuais para algumas tarefas de resumo.

Para começar, você ajustará a exibição da estrutura em tópicos do plano de projeto para exibir apenas suas tarefas de resumo de nível superior.

1. Na guia **Exibição**, no grupo **Dados**, clique em **Estrutura de Tópicos** e, em seguida, em **Nível da estrutura de tópicos 1**.

   O Project oculta todas as subtarefas e as tarefas de resumo aninhadas, deixando somente as tarefas de nível superior visíveis.

2. Na guia **Exibição**, no grupo **Zoom**, clique na seta à direita do botão Zoom, escolha opção Zoom..., marque a opção **Projeto Inteiro** e clique em **OK** para fechar a caixa **Zoom**.

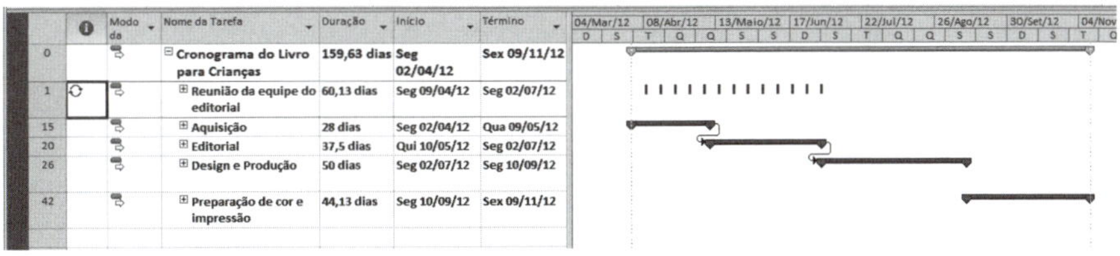

Observe que o sinal de menos ao lado dos nomes da tarefa de resumo mudou para o sinal de mais, indicando que as subtarefas estão ocultas.

Neste modo de exibição, você pode ver e comparar as durações das tarefas de resumo individuais. Em seguida, você vai inserir algumas durações manuais. Você começará com a fase Editorial, que gostaria de ver concluída em 30 dias úteis.

3. No campo **Duração** para a tarefa de resumo 20, *Editorial*, digite **30d** e pressione Enter.

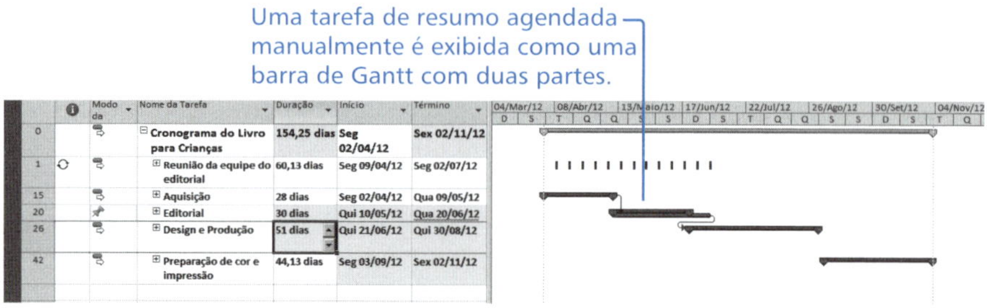

O Project registra a duração inserida manualmente e faz alguns ajustes à agenda:

- A tarefa de resumo é mudada do agendamento automático (o padrão para tarefas de resumo) para o manual. Note o ícone do pino na coluna Modo da Tarefa que reflete o status de agendamento da tarefa.
- Project cria uma barra de Gantt com duas partes para a tarefa de resumo. A parte superior da barra representa a duração manual, e a parte inferior representa a duração agendada automaticamente.
- Project desenha uma linha vermelha irregular abaixo da nova data de término para marcá-la como um possível conflito de agendamento.
- Project reagenda as tarefas sucessoras em todo o cronograma com base na duração da tarefa inserida manualmente.

Examinando o cronograma atualizado, você decide que gostaria de permitir um pouco mais de tempo para a preparação de cores e impressão.

4. No campo **Duração** da tarefa de resumo 42, *Preparação de cor e impressão*, digite **50d** e pressione Enter.

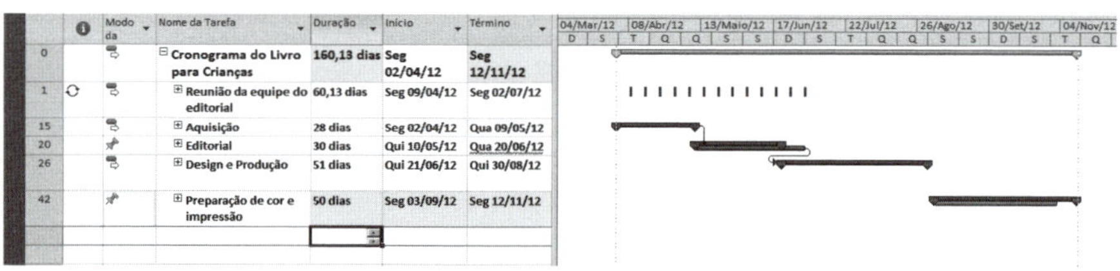

O Project registra sua duração inserida manualmente, troca a tarefa de resumo para agendada manualmente e redesenha a barra de Gantt. Para concluir este exercício, você ajustará as configurações de exibição para ver todas as subtarefas.

5. Clique no título da coluna **Nome da Tarefa.** Na guia **Exibição**, no grupo **Dados**, clique em **Estrutura de Tópicos** e, em seguida, em **Mostrar Subtarefas**.

O Project expande a lista de tarefas para mostrar todas as subtarefas. Em seguida, você recolherá a tarefa recorrente.

6. Clique no sinal de menos junto ao nome da tarefa recorrente 1, *Reunião da equipe do editorial*.

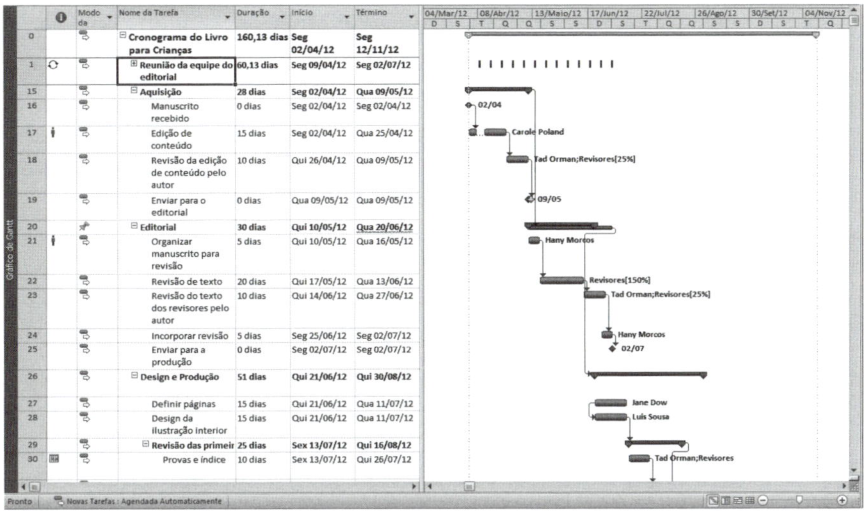

No gráfico, você pode ver aproximadamente onde as tarefas da fase Editorial estão se estendendo além da duração preferida da fase e onde há uma quantidade pequena de tempo extra, ou buffer, na fase de Design e Produção do plano de projeto.

Desativando tarefas

Novo no **2010**

Importante O recurso de desativar tarefas está disponível apenas no Project Professional e não no Project Standard. Se você tem o Project Standard, pule esta seção.

Você pode incluir tarefas em um plano de projeto e, mais tarde, decidir que não deseja concluir algumas delas, mas também não quer perder os detalhes sobre essas tarefas excluindo-as. Você poderia, por exemplo, desenvolver tarefas que propõem questões "o que acontece se" que não podem ser respondidas até que questões preliminares tenham sido respondidas. Ou você pode projetar um plano de projeto que descreva um cenário provável para conclusão, mas também inclua conjuntos mais otimistas e pessimistas.

No Project, você pode desativar uma única tarefa ou várias. Desativar tarefas pode ser preferível a exclui-las, porque mantém suas informações no plano de projeto, mas remove o efeito de agendamento delas. Uma tarefa que direciona o início de uma tarefa sucessora, por exemplo, permanece visível quando desativada, mas tem uma formatação tachada no Gráfico de Gantt e em outros modos de exibições, e seu relacionamento de vínculo é quebrado e sua sucessora é reagendada.

Caso, mais tarde, você queira reativar as tarefas inativas, poderá fazer isso facilmente e o Project as restaurará como tarefas ativas com o mesmo impacto de agendamento que tinha antes.

Neste exercício, você desativará uma tarefa de resumo e suas subtarefas.

1. Selecione o nome da tarefa 39, *Design do site de acompanhamento do livro*.

   Essa tarefa de resumo e suas subtarefas refletem um plano inicial que leva em conta o trabalho de projetar um site que promoveria o novo livro no seu lançamento. Você ainda não decidiu se vai incluir esse trabalho no plano do novo livro, mas, por enquanto, gostaria de desativar essas tarefas.

2. Na guia **Tarefa**, no grupo **Cronograma**, clique em **Ativar/Desativar Tarefas Selecionadas**.

   O Project desativa a tarefa de resumo e suas subtarefas.

As tarefas inativas são formatadas como texto tachado e suas barras de Gantt aparecem como contornos sem cor de preenchimento.

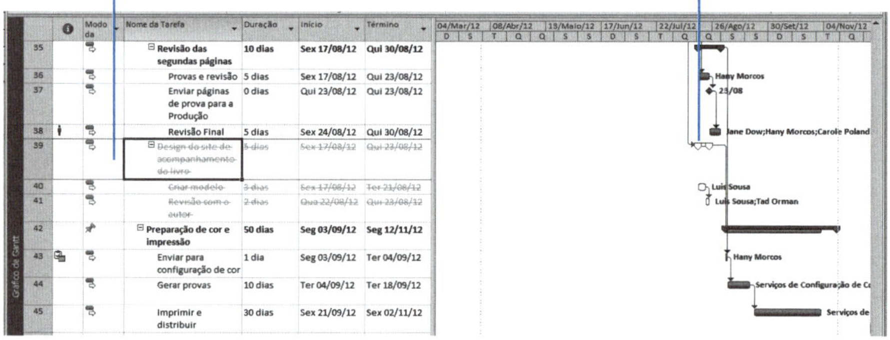

As informações originais sobre a tarefa ainda estão visíveis, mas agora ela não tem impacto sobre o plano de projeto global. Mais tarde, caso você decida incluir essas tarefas no plano de projeto, deve reativá-las clicando novamente em Ativar/Desativar Tarefas Selecionadas.

LIMPEZA Feche o arquivo Tarefas Avancadas B.

Pontos principais

- Usando uma combinação de relações entre tarefas e tempo de avanço ou tempo de latência, você pode modelar mais precisamente quando o trabalho deve ser feito.
- Ao inserir o tempo de avanço entre uma tarefa predecessora e uma sucessora, a inserção de um valor de tempo de avanço em porcentagem oferece alguma flexibilidade, porque o Project irá recalcular o tempo de avanço sempre que a duração da tarefa predecessora for alterada.
- Considere os efeitos das restrições semiflexíveis e inflexíveis nas suas agendas e use-as com parcimônia.
- Você quase sempre pode definir um prazo final para uma tarefa em vez de aplicar uma restrição rígida, como Deve Terminar Em (DTE).
- Você pode interromper o trabalho em uma tarefa dividindo-a.
- Você pode registrar qualquer valor de custo fixo por tarefa e ele não será associado aos custos do recurso.
- Para tarefas que precisam ser concluídas em períodos diferentes do período de trabalho normal do projeto (como especificado pelo calendário do projeto), você pode criar um novo calendário base e aplicá-lo à tarefa.
- O caminho crítico indica uma série de tarefas que determinam a data de término do projeto. O Project recalcula constantemente o caminho crítico, que pode ser alterado à medida que os detalhes do seu plano de projeto mudarem.
- Configure uma tarefa recorrente para atividades que ocorrem com uma frequência regular, como reuniões de status.
- Você pode inserir uma duração manual em uma tarefa de resumo além da sua duração determinada pelo agendamento automático.
- No Project Professional, desative tarefas em cenários "o que acontece se" ou que não são mais necessárias no plano de projeto, mas que você não deseja excluir permanentemente.

Resumo do Capítulo

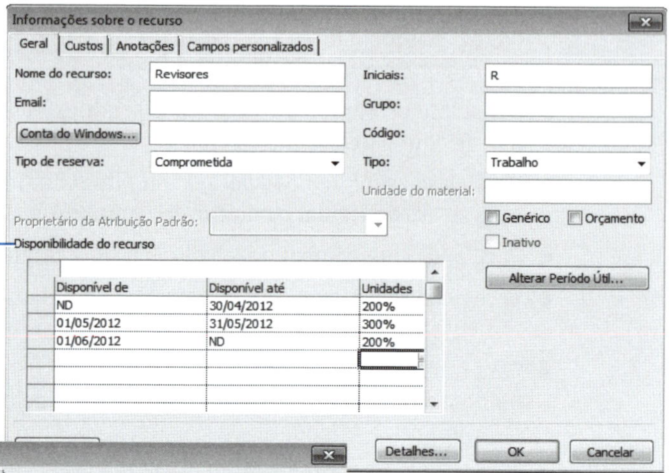

Altere a disponibilidade do recurso ao longo do tempo, **p. 179**

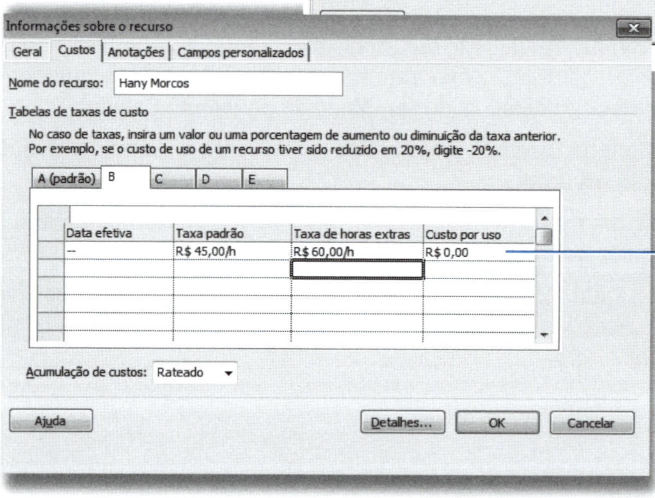

Configure taxas adicionais de pagamento de recursos para diferentes tipos de trabalho, **p. 183**

Configure recursos materiais para controlar os custos de consumíveis, **p. 186**

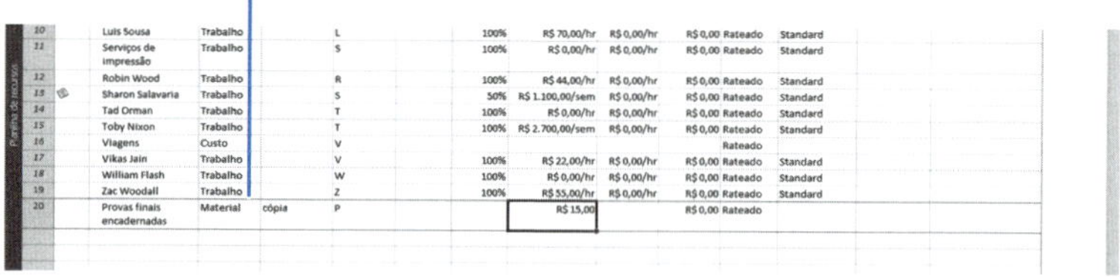

Capítulo 8

Ajuste os detalhes dos recursos

Neste capítulo, você vai aprender a:

- Definir a disponibilidade do recurso ao longo do tempo.
- Definir diferentes taxas de pagamento para os recursos.
- Definir taxas de pagamento para um recurso, que serão alteradas ao longo do tempo.
- Definir um recurso material.

Como os *recursos de trabalho* (pessoas e equipamentos) são geralmente a parte mais cara de um projeto, saber como usar melhor o tempo dos recursos é uma habilidade de planejamento de projeto importante. Neste capítulo, você usará diversos recursos avançados do Microsoft Project 2010 relacionados aos recursos – sua disponibilidade e custos.

Arquivos de exercícios Para concluir os exercícios deste capítulo, copie os arquivos de exercícios no seu computador. Os arquivos que você usará para finalizar os exercícios deste capítulo encontram-se na pasta Capitulo08. Na seção "Usando os arquivos de exercícios", no início deste livro, existe uma lista completa dos arquivos de exercícios.

Importante Se você estiver executando o Project Professional, talvez seja necessário fazer uma alteração de configuração. Isso ajuda a garantir que os arquivos de exercícios com os quais você trabalhar neste capítulo não afetem os dados do seu Project Server. Para obter mais informações, consulte o Apêndice C, "Usando os arquivos de exercícios se estiver conectado ao Project Server".

Definindo a disponibilidade de um recurso para aplicá-lo em períodos diferentes

Um dos valores que o Project armazena para cada recurso de trabalho é o de *Unidades Máximas* do recurso, a capacidade máxima de um recurso para executar tarefas. As definições do período útil de um recurso (registradas nos *calendários* de recursos individuais) determinam quando o trabalho atribuído a um recurso poderá ser agendado. Entretanto, a capacidade do recurso para trabalhar (o valor das Unidades máximas) determina a extensão na qual o recurso pode trabalhar dentro daquelas horas sem se tornar ***superalocado***. O valor das Unidades máximas de um recurso não impede que ele se torne superalocado, mas o Project indicará quando as atribuições do recurso excederem sua capacidade de Unidades máximas. Você pode especificar que diferentes valores de Unidades máximas sejam aplicados em diferentes períodos de tempo para qualquer recurso.

Dica Se você precisar refrescar sua memória sobre a capacidade de um recurso ou calendários de recurso, consulte o Capítulo 3, "Configure recursos".

A definição da disponibilidade de um recurso ao longo do tempo permite que você controle exatamente o valor das Unidades máximas a qualquer momento. Por exemplo, você poderá ter dois eletricistas disponíveis durante as oito primeiras semanas de um projeto, três nas seis semanas seguintes e, por fim, dois para o restante do projeto.

Neste exercício, você vai personalizar a disponibilidade de um recurso ao longo do tempo.

PREPARAÇÃO Inicie o Project, caso ele ainda não esteja em execução.

Você precisa do plano de projeto Recursos Avancados_Inicio localizado na sua pasta de arquivos de exercícios Capitulo08 para concluir este exercício. Abra o plano de projeto Recursos Avancados_Inicio e, em seguida, siga estas etapas.

1. Na guia **Arquivo**, clique em **Salvar Como**.

   A caixa de diálogo Salvar como é exibida.

2. Na caixa **Nome do arquivo**, digite **Recursos Avancados** e clique em **Salvar**.

   Em seguida, você alternará para um modo de exibição de recurso.

3. Na guia **Exibição**, no grupo **Modos de Exibição de Recurso**, clique em **Planilha de recursos**.

   O modo de exibição Planilha de recursos é exibido.

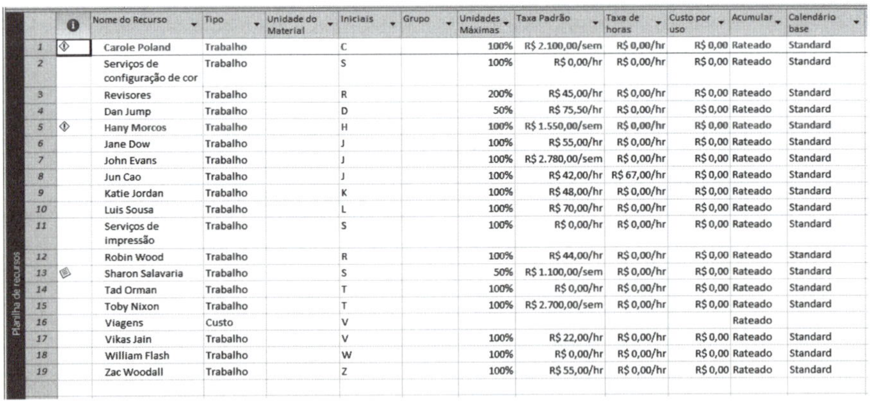

		Nome do Recurso	Tipo	Unidade do Material	Iniciais	Grupo	Unidades Máximas	Taxa Padrão	Taxa de horas	Custo por uso	Acumular	Calendário base
1		Carole Poland	Trabalho		C		100%	R$ 2.100,00/sem	R$ 0,00/hr	R$ 0,00	Rateado	Standard
2		Serviços de configuração de cor	Trabalho		S		100%	R$ 0,00/hr	R$ 0,00/hr	R$ 0,00	Rateado	Standard
3		Revisores	Trabalho		R		200%	R$ 45,00/hr	R$ 0,00/hr	R$ 0,00	Rateado	Standard
4		Dan Jump	Trabalho		D		50%	R$ 75,50/hr	R$ 0,00/hr	R$ 0,00	Rateado	Standard
5		Hany Morcos	Trabalho		H		100%	R$ 1.550,00/sem	R$ 0,00/hr	R$ 0,00	Rateado	Standard
6		Jane Dow	Trabalho		J		100%	R$ 55,00/hr	R$ 0,00/hr	R$ 0,00	Rateado	Standard
7		John Evans	Trabalho		J		100%	R$ 2.780,00/sem	R$ 0,00/hr	R$ 0,00	Rateado	Standard
8		Jun Cao	Trabalho		J		100%	R$ 42,00/hr	R$ 67,00/hr	R$ 0,00	Rateado	Standard
9		Katie Jordan	Trabalho		K		100%	R$ 48,00/hr	R$ 0,00/hr	R$ 0,00	Rateado	Standard
10		Luis Sousa	Trabalho		L		100%	R$ 70,00/hr	R$ 0,00/hr	R$ 0,00	Rateado	Standard
11		Serviços de impressão	Trabalho		S		100%	R$ 0,00/hr	R$ 0,00/hr	R$ 0,00	Rateado	Standard
12		Robin Wood	Trabalho		R		100%	R$ 44,00/hr	R$ 0,00/hr	R$ 0,00	Rateado	Standard
13		Sharon Salavaria	Trabalho		S		50%	R$ 1.100,00/sem	R$ 0,00/hr	R$ 0,00	Rateado	Standard
14		Tad Orman	Trabalho		T		100%	R$ 0,00/hr	R$ 0,00/hr	R$ 0,00	Rateado	Standard
15		Toby Nixon	Trabalho		T		100%	R$ 2.700,00/sem	R$ 0,00/hr	R$ 0,00	Rateado	Standard
16		Viagens	Custo		V						Rateado	
17		Vikas Jain	Trabalho		V		100%	R$ 22,00/hr	R$ 0,00/hr	R$ 0,00	Rateado	Standard
18		William Flash	Trabalho		W		100%	R$ 0,00/hr	R$ 0,00/hr	R$ 0,00	Rateado	Standard
19		Zac Woodall	Trabalho		Z		100%	R$ 55,00/hr	R$ 0,00/hr	R$ 0,00	Rateado	Standard

Como você pode se lembrar do Capítulo 3, esse é um modo de exibição no qual você pode ver e editar os valores das Unidades máximas dos recursos. Os valores das Unidades máximas exibidos aqui normalmente se aplicam à duração completa do plano de projeto. Em seguida, você vai personalizar um valor de Unidades máximas de recurso para variar em períodos diferentes durante esse plano de projeto.

4. Na coluna **Nome do Recurso**, clique no nome do recurso 3, *Revisores*.

   O recurso *Revisores* não é uma pessoa específica; ele descreve uma categoria de trabalho que várias pessoas podem realizar em diferentes períodos por toda a duração do projeto. Ao contrário dos recursos nomeados individualmente como Hany Morcos ou Toby Nixon, os revisores são intercambiáveis. Como um gerente de projeto, você está mais preocupado com o conjunto de habilidades específicas da pessoa que estará desempenhando esse trabalho do que com a pessoa propriamente dita.

5. Na guia **Recurso**, no grupo **Propriedades**, clique em **Informações**.

   Dica Você também pode clicar duas vezes no valor *Nome do Recurso* para exibir a caixa de diálogo Informações sobre o recurso.

   A caixa de diálogo Informações sobre o recurso é exibida. Se a guia Geral não estiver visível, clique nela.

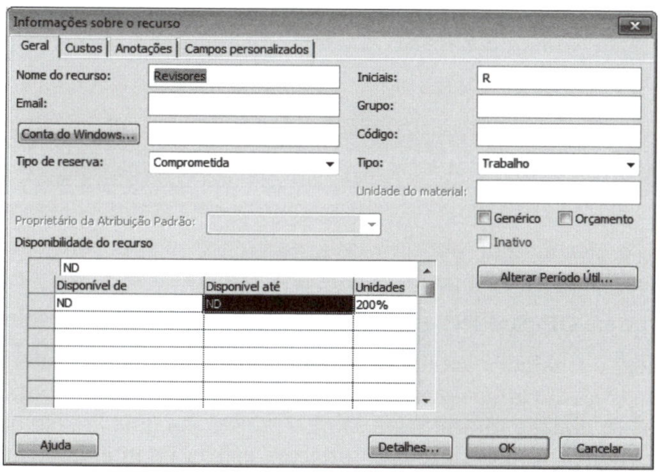

   Você espera ter dois revisores disponíveis para trabalhar nesse projeto a partir da data de início até o mês de abril, três para o mês de maio e, então, voltar a dois para o restante do projeto.

6. Em **Disponibilidade do recurso**, na primeira linha da coluna **Disponível de**, deixe **ND** (para Não Disponível).

7. Na célula **Disponível até** na primeira linha, digite ou selecione 30/04/12.
8. Na célula **Unidades** na primeira linha, deixe o valor 200%.
9. Na célula **Disponível de** na segunda linha, digite ou selecione 01/05/12.
10. Na célula **Disponível até** na segunda linha, digite ou selecione 31/05/12.
11. Na célula **Unidades** na segunda linha, digite ou selecione 300%.
12. Na célula **Disponível de** na terceira linha, digite ou selecione 01/06/12.
13. Deixe a célula **Disponível até** na terceira linha em branco. (O Project inserirá *ND* depois que você concluir a próxima etapa.)
14. Na célula **Unidades** na terceira linha, digite ou selecione 200% e pressione a tecla Enter.

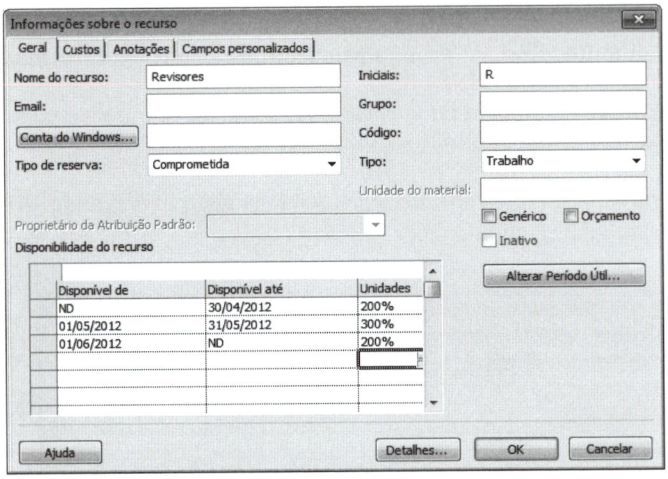

Para o mês de maio, você pode agendar até três revisores sem superalocá-los. Antes e depois desse período, você terá apenas dois revisores a serem agendados.

15. Clique em **OK** para fechar a caixa de diálogo **Informações sobre o recurso**.

    O campo Unidades máximas para o recurso *Revisores* só exibirá o valor de 300% quando a data atual, baseada no relógio do sistema do computador ou definida na caixa de diálogo Informações sobre o projeto (na guia Projeto no grupo Propriedades, clique em Informações do Projeto), estiver no intervalo entre 1 e 31 de maio. Nos outros períodos, exibirá 200%.

Inserindo várias taxas de pagamento para um recurso

Alguns recursos de trabalho podem executar diferentes tarefas com diferentes taxas de pagamento. Por exemplo, no projeto do novo livro, o editor do projeto também pode servir como um editor de conteúdo. Como as taxas de pagamento do editor de projeto e editor de conteúdo são diferentes, você pode inserir duas *tabelas de taxa de custo* para o recurso. Depois, após ter atribuído o recurso às tarefas, você especifica que tabela de taxas deve ser aplicada. Cada recurso pode ter até cinco tabelas de taxa de custo.

Neste exercício, você criará uma tabela de taxa de custo adicional para um recurso.

1. No modo de exibição **Planilha de recursos**, clique no nome do recurso 5, *Hany Morcos*.

2. Na guia **Recurso**, no grupo **Propriedades**, clique em **Informações**.

   A caixa de diálogo Informações sobre o recurso é exibida.

3. Clique na guia **Custos**.

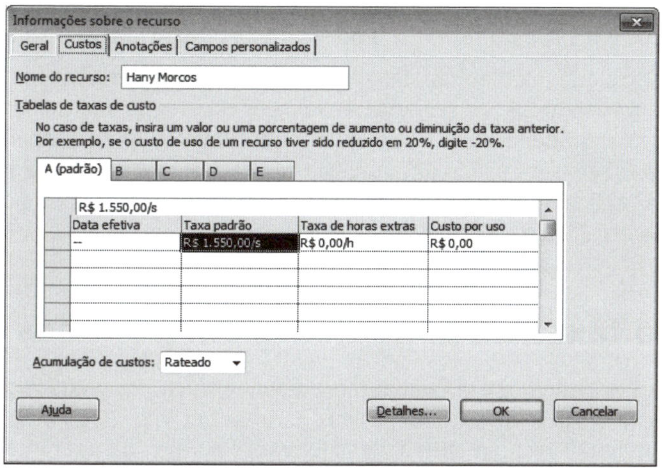

   Você vê a taxa de pagamento padrão de Hany de R$ 1.550,00 por semana na tabela de taxas A. Cada tabela (rotuladas como A, B e assim por diante) corresponde a uma das cinco taxas de pagamento que um recurso pode ter.

4. Abaixo de **Tabelas de taxa de custo**, clique na tabela **B**.
5. Selecione a entrada padrão de **R$ 0,00/h** no campo diretamente abaixo do cabeçalho de coluna **Taxa Padrão** e, em seguida, digite 45/h.

6. No campo **Taxa de horas extras** na mesma linha, digite 60/h e pressione Enter.

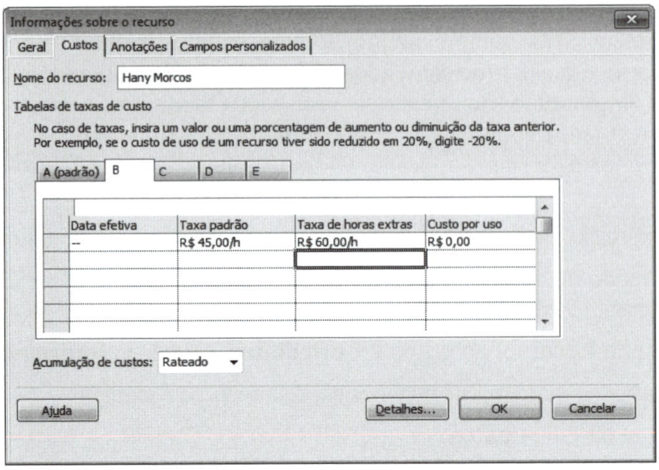

7. Clique em **OK** para fechar a caixa de diálogo **Informações sobre o recurso**.

   Observe que, na Planilha de recursos, a taxa de pagamento padrão de Hany ainda é de R$ 1.550,00 por semana. (Esse valor está registrado na coluna Taxa Padrão.) Ele corresponde ao valor existente na tabela de taxas A, a tabela de taxas padrão. Essa tabela será usada para todas as atribuições de tarefas de Hany, a menos que você especifique uma tabela de taxas diferente. Você fará isso no Capítulo 9, "Ajuste os detalhes das atribuições".

Configurando taxas de pagamento em períodos diferentes

Os recursos podem ter taxas padrão e horas extras. Por padrão, o Project usa essas taxas para a duração total do projeto. Entretanto, você pode alterar as taxas de pagamento de um recurso para serem efetivadas a partir da data que você escolher. Por exemplo, você pode configurar inicialmente um recurso em 1 de janeiro com uma taxa padrão de R$ 40,00/hora, planejando aumentar a taxa padrão desse recurso para R$ 55,00/hora em 1 de julho.

O Project usa essas taxas de pagamento quando calcula os custos do recurso com base na data em que o trabalho do recurso foi agendado. Você pode atribuir até 25 taxas de pagamento para serem aplicadas em diferentes períodos para cada uma das cinco tabelas de taxa de custo de um recurso.

Neste exercício, você vai inserir diferentes taxas de pagamento para um recurso a serem aplicadas em uma data posterior.

1. Na coluna **Nome do recurso**, selecione o nome do recurso 6, *Jane Dow*.

2. Na guia **Recurso**, no grupo **Propriedades**, clique em **Informações**.

A caixa de diálogo Informações sobre o recurso é exibida.

3. Clique na guia **Custos**, se ela ainda não estiver selecionada.

   Você vai inserir um aumento na taxa de pagamento na tabela de taxas de custo A.

4. Na célula **Data Efetiva** na segunda linha da tabela de taxas de custo A, digite ou selecione 01/06/12.

5. Na célula **Taxa Padrão** na segunda linha, digite 15% e pressione Enter.

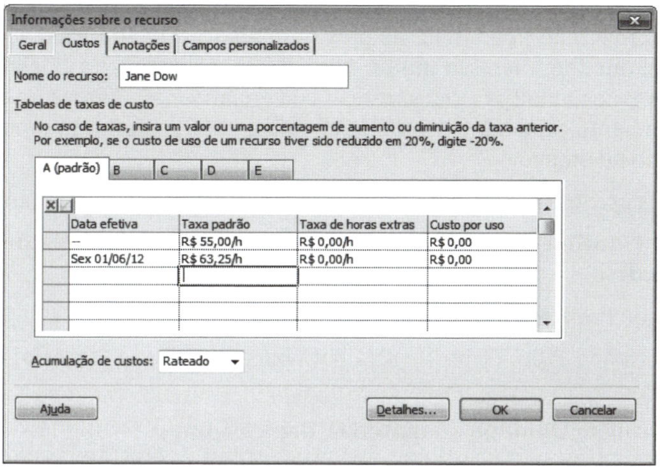

Note que o Project calcula o aumento de 15% para produzir uma taxa de R$ 63,25/hora. A taxa anterior de R$ 55,00/hora mais 15% é igual a R$ 63,25/hora. Você pode inserir um valor específico ou uma porcentagem para aumentar ou diminuir a taxa anterior.

Dica Além de, ou em vez de, taxas de custo, um recurso pode incluir uma taxa fixa que o Project acumula para cada tarefa à qual o recurso está atribuído. Isso é denominado *custo por uso*. Ao contrário das taxas de custo, o custo por uso não varia com a duração da tarefa ou a quantidade de trabalho que o recurso executa na tarefa. Você especifica o custo por uso no campo *Custo por uso* no modo de exibição Planilha de recursos ou no campo *Custo por uso* na caixa de diálogo Informações sobre o Recurso.

6. Clique em **OK** para fechar a caixa de diálogo **Informações sobre o Recurso**.

   Note que a taxa inicial de Jane Dow, R$ 55,00/hora, aparece no seu campo *Taxa Padrão*. Esse campo exibirá R$ 55,00/hora até que a data atual se altere para 01/06/12 ou mais tarde. Ele então exibirá sua nova taxa padrão de R$ 63,25/hora.

Configurando recursos materiais

Recursos materiais são artigos de consumo que você usa ao longo do projeto. Em um projeto de construção, os recursos materiais podem incluir pregos, madeira e concreto. Você trabalha com recursos materiais no Project para controlar uma quantidade fixa ou uma taxa de consumo do recurso material e os custos associados. Embora o Project não seja um sistema completo para controlar estoque, ele pode ajudá-lo a se manter mais bem informado sobre a velocidade com que seus recursos materiais são consumidos e a que custo.

Para o projeto do novo livro, as provas finais (ou tipográficas) são um recurso consumível que lhe interessa muito. Elas são modelos de alta fidelidade do novo livro criadas antes de o livro ser impresso comercialmente. Como essas provas finais são relativamente caras para serem produzidas, você gostaria de considerar seus custos no plano de projeto.

Neste exercício, você vai inserir informações sobre um recurso material.

1. Na **Planilha de recursos**, clique na próxima célula vazia na coluna **Nome do Recurso**.
2. Digite **Provas finais encadernadas**.
3. No campo **Tipo**, clique na seta para baixo, selecione **Material** e pressione a tecla Tab.
4. No campo **Unidade do material**, digite **cópia**.
5. No campo **Taxa Padrão**, digite **R$ 15,00** e pressione Enter.

   Esse é o custo por unidade do recurso material; em outras palavras, cada cópia das provas finais encadernadas custa R$ 15,00. No Capítulo 9, você especificará a quantidade unitária do recurso material quando atribuí-lo às tarefas. O Project então calculará o custo da atribuição do recurso material como o custo por unidade que você inseriu acima vezes o número de unidades de atribuição.

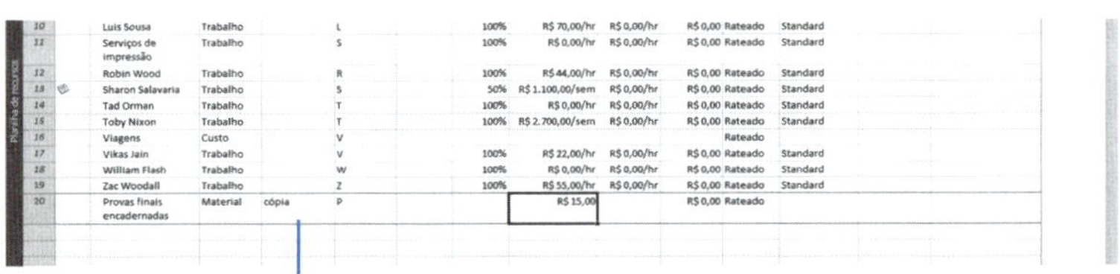

O campo Unidade do Material se aplica apenas aos recursos materiais.

Note que você não pode inserir um valor de Unidades Máximas para um recurso de custo ou um recurso material. Como nenhum dos tipos de recurso executa trabalho, o valor de Unidades Máximas não se aplica.

LIMPEZA Feche o arquivo Recursos Avancados.

Pontos principais

- Quando trabalhar com custos de recursos, você pode especificar diferentes taxas de custos para diferentes atribuições e aplicar taxas de custo distintas em diferentes períodos.
- Você pode levar em conta uma disponibilidade de recurso variável ao longo do tempo (por meio de seu valor de unidades máximas), que permite um controle mais preciso de quando um recurso estará superalocado.
- Crie recursos materiais para controlar o custo dos itens consumidos durante a execução do projeto.

Resumo do Capítulo

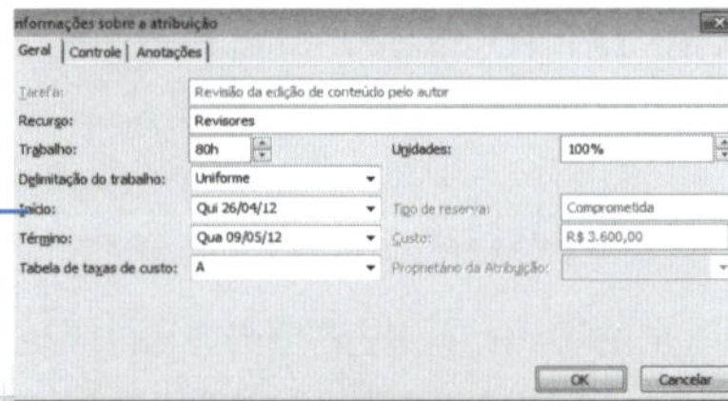

Controle quando um recurso inicia o trabalho em uma atribuição, p. 189

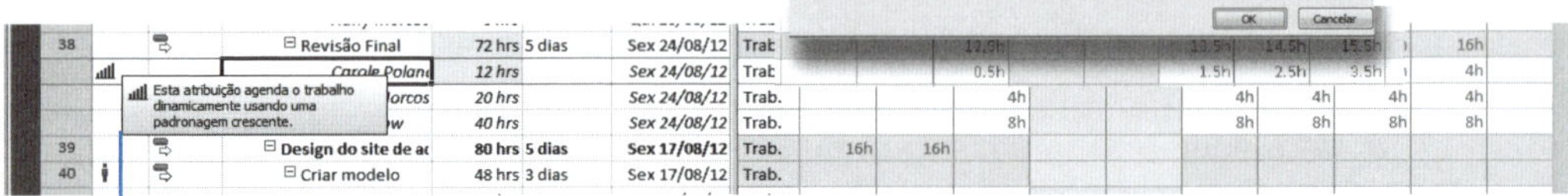

Delimite atribuições de recurso manualmente ou com padrões de delimitação internos, p. 192

Altere a tabela de taxa de pagamento a ser aplicada a uma atribuição, p. 196

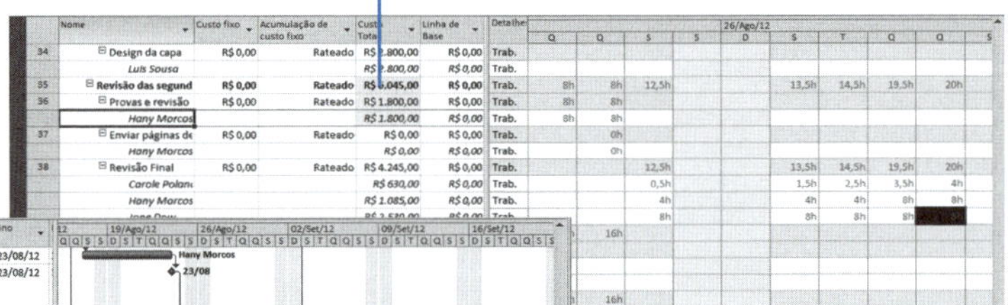

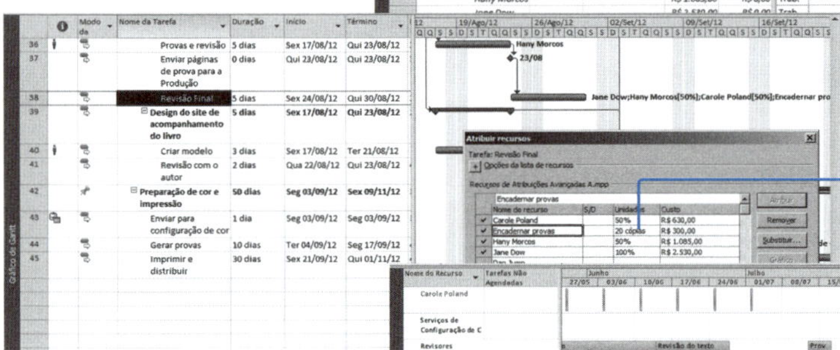

Atribua recursos materiais para controlar artigos de consumo, p. 198

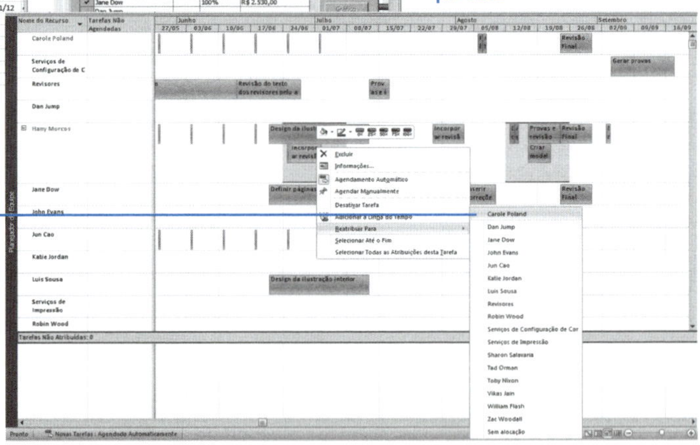

Atribua e ajuste rapidamente as atribuições de recursos no modo de exibição Planejador de Equipe (somente no Project Professional), p. 203

Capítulo 9

Ajuste os detalhes das atribuições

Neste capítulo, você vai aprender a:

- Atrasar o início de uma atribuição de recurso.
- Controlar como o trabalho de um recurso é agendado usando as delimitações de trabalho.
- Aplicar diferentes taxas de custo para um recurso considerando os diferentes tipos de trabalho executados por ele.
- Atribuir um recurso material a uma tarefa.
- Ver as capacidades de trabalho por ele.
- Atribuir tarefas no modo de exibição Planejador de Equipe (somente para o Project Professional).

Como os *recursos* de trabalho são geralmente a parte mais cara de um projeto, saber como usar melhor seu tempo é uma habilidade de gerenciamento de projeto importante. Neste capítulo, você vai aplicar diversos recursos do Microsoft Project 2010 para gerenciar *atribuições* de recursos às *tarefas* e custos das atribuições. Os usuários do Project Professional também podem usar o modo de exibição Planejador de Equipe para gerenciar atribuições.

Arquivos de exercícios Para concluir os exercícios deste capítulo, copie os arquivos de exercícios no seu computador. Os arquivos que você usará para finalizar os exercícios deste capítulo encontram-se na pasta Capitulo09. Na seção "Usando os arquivos de exercícios", no início deste livro, existe uma lista completa dos arquivos de exercícios.

Importante Se você estiver executando o Project Professional, talvez seja necessário fazer uma alteração de configuração. Isso ajuda a garantir que os arquivos de exercícios com os quais você trabalhar neste capítulo não afetem os dados do seu Project Server. Para obter mais informações, consulte o Apêndice C, "Usando os arquivos de exercícios se estiver conectado ao Project Server".

Atrasando o início das atribuições

Se mais de um recurso for atribuído a uma tarefa, talvez você não queira que todos eles iniciem o trabalho na tarefa ao mesmo tempo. Você pode atrasar o início do trabalho referente a um ou mais recursos atribuídos a uma tarefa.

Por exemplo, vamos supor que quatro recursos tenham sido atribuídos a uma tarefa. Três desses recursos trabalham inicialmente na tarefa e o quarto inspecionará a qualidade do trabalho. O inspetor deverá iniciar o trabalho na tarefa depois dos outros recursos.

Neste exercício, você vai atrasar o início da atribuição de um recurso em uma tarefa.

PREPARAÇÃO Inicie o Project, caso ele ainda não esteja em execução.

Você precisa do plano de projeto Atribuicoes Avancadas A_Inicio localizado na sua pasta de arquivos de exercícios Capitulo09 para concluir este exercício. Abra o plano de projeto Atribuicoes Avancadas A_Inicio e, em seguida, siga estas etapas.

1. Na guia **Arquivo**, clique em **Salvar Como**.

   A caixa de diálogo Salvar Como é exibida.

2. Na caixa **Nome do Arquivo**, digite Atribuicoes Avancadas A e, em seguida, clique em **Salvar**.

3. Na guia **Tarefa**, no grupo **Exibir**, clique na seta para baixo abaixo do botão **Gráfico de Gantt** e, no menu que aparece, clique em **Uso da tarefa**.

   Como você pode lembrar do Capítulo 7, "Ajuste detalhes das tarefas", o modo de exibição Uso da Tarefa agrupa os recursos atribuídos abaixo de cada tarefa.

4. Na coluna **Nome da Tarefa**, abaixo da tarefa 18, *Revisão da edição de conteúdo pelo autor*, clique no recurso *Revisores*.

5. Na guia **Tarefa**, no grupo **Edição**, clique em **Rolar até a Tarefa**.

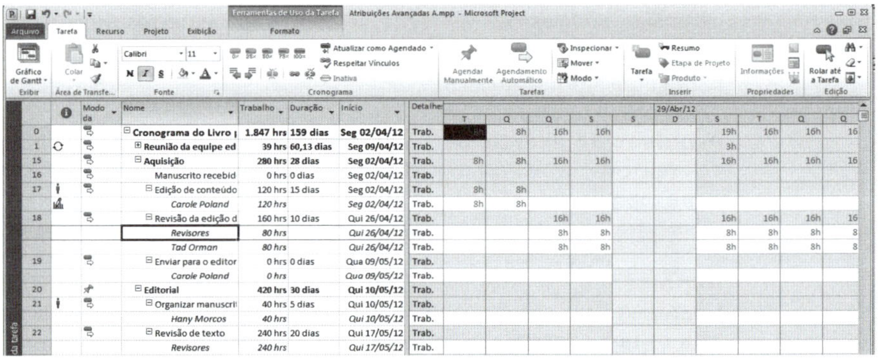

Atualmente, essa tarefa tem dois recursos atribuídos: um revisor e o autor do novo livro, Tad Orman.

A intenção da tarefa 18 é que o autor faça a revisão das edições feitas ao seu manuscrito e, logo depois, o revisor comece a incorporar os comentários do autor. Agora, ambos os recursos estão atribuídos ao trabalho ao longo de toda a duração da tarefa, mas você gostaria de atrasar o início do trabalho do revisor em dois dias. Você fará esse ajuste no modo de exibição Uso da Tarefa.

6. Na guia **Formato**, no grupo **Atribuição**, clique em **Informações**.

   A caixa de diálogo Informações sobre a atribuição é exibida. Clique na guia **Geral**, se ela ainda não estiver selecionada.

7. Na caixa **Início**, digite ou selecione 30/04/2012.

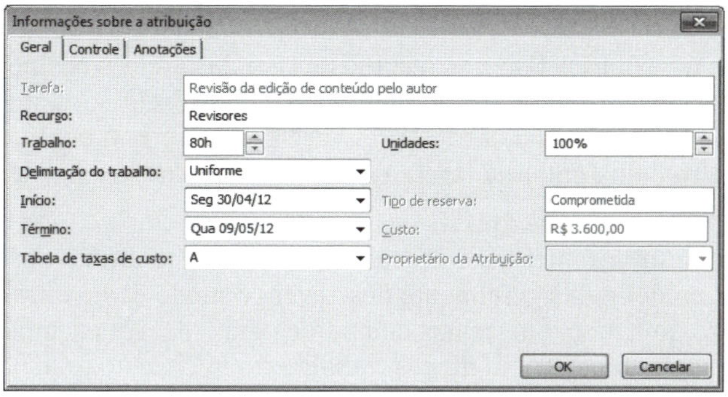

8. Clique em **OK** para fechar a caixa de diálogo **Informações sobre a atribuição**.

   O Project ajusta a atribuição do revisor nessa tarefa para que ele não trabalhe nenhuma hora na quinta ou sexta-feira.

A duração dessa tarefa aumentou, porque o trabalho se estenderá por um período de tempo maior.

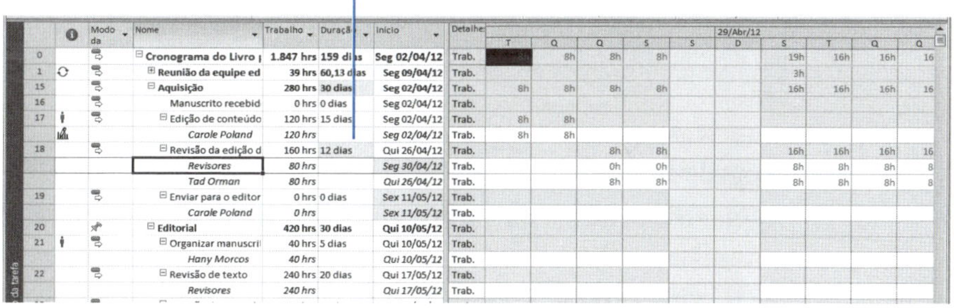

Agora, na parte dividida em fase do modo de exibição, você pode ver que zero horas de trabalho estão agendadas para o revisor na quinta e sexta-feira, 26 e 27 de abril. Os outros recursos atribuídos à tarefa não foram afetados. Observe que o trabalho total dessa tarefa não foi alterado, mas sua duração sim – a data final avançou dois dias úteis.

Dica Se quiser que uma atribuição inicie em uma hora determinada, você pode especificar a hora na caixa Início. Por exemplo, se quiser que a atribuição do revisor comece à 1h em 30 de abril, digite **30/04/12 1:00**. Do contrário, o Project usará a hora de início padrão. Para alterar a hora de início padrão, na guia Arquivo, clique em Opções. Na caixa de diálogo Opções do Project, clique na guia Cronograma e no campo "Hora de início padrão", insira o valor desejado.

Aplicando delimitadores às atribuições

Nos modos de exibição Uso dos recursos e Uso da tarefa, você pode ver exatamente como o trabalho atribuído a cada recurso está distribuído ao longo do tempo. Além de visualizar os detalhes da atribuição, você pode alterar a quantidade de tempo que um recurso trabalha em uma tarefa em qualquer momento. Existem várias maneiras de fazer isso:

- Aplicando uma delimitação de trabalho predefinida a uma atribuição. As ***delimitações*** predefinidas geralmente descrevem o modo como o trabalho é distribuído ao longo do tempo, em termos de padrões gráficos. Por exemplo, a delimitação de sino predefinida distribui menos trabalho no início e no final da atribuição e mais trabalho no meio dela. Se você fizer um gráfico do trabalho ao longo do tempo, a sua forma lembrará um sino.
- Editando os detalhes da atribuição diretamente. Por exemplo, no modo de exibição Uso dos Recursos ou Uso da Tarefa, você pode alterar os valores de atribuição diretamente na grade da escala de tempo.

O modo como você delimita ou edita uma atribuição depende do que é preciso realizar. As delimitações predefinidas funcionam melhor em atribuições nas quais você pode prever um padrão de esforço apropriado – por exemplo, uma tarefa que requeira um tempo de crescimento gradual poderá ser beneficiada com uma delimitação crescente para refletir a probabilidade de que o recurso será mais produtivo no final da atribuição.

Neste exercício, você vai aplicar uma delimitação predefinida a uma atribuição e editar manualmente outra.

1. Na coluna **Nome da Tarefa**, abaixo da tarefa 38, *Revisão Final*, clique no recurso atribuído *Carole Poland*.
2. Na guia **Tarefa**, no grupo **Edição**, clique em **Rolar até a Tarefa**.

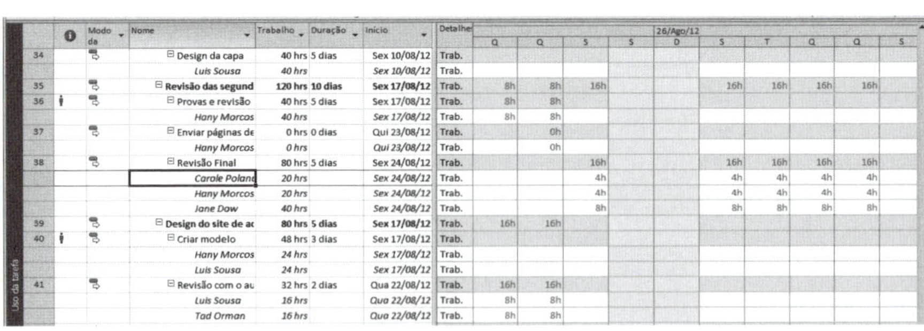

Como você pode ver nos dados da escala de tempo à direita, os dois recursos estão agendados para trabalhar nessa tarefa quatro horas por dia (isto é, 50% do seu período útil disponível) e um terceiro recurso está agendado para trabalhar em tempo integral. Todas essas atribuições têm uma ***delimitação*** simples, isto é, o trabalho é distribuído uniformemente ao longo do tempo. Esse é o tipo de delimitação de trabalho padrão que o Project usa quando agenda um trabalho.

Talvez você queira alterar a atribuição de Carole Poland nessa tarefa para que ela inicie com atribuição diária menor e aumente seu trabalho de acordo com o andamento da tarefa. Para fazer isso, você vai aplicar uma delimitação crescente à atribuição. Note que a tarefa 38, *Revisão Final*, é um tipo de tarefa de duração fixa, não o tipo de tarefa de unidades fixas padrão.

3. Na guia **Formato**, no grupo **Atribuição**, clique em **Informações**.

   A caixa de diálogo Informações sobre a atribuição é exibida. Clique na guia **Geral**, se ela ainda não estiver selecionada.

4. Clique na seta para baixo para exibir as opções na caixa **Delimitação do trabalho**.

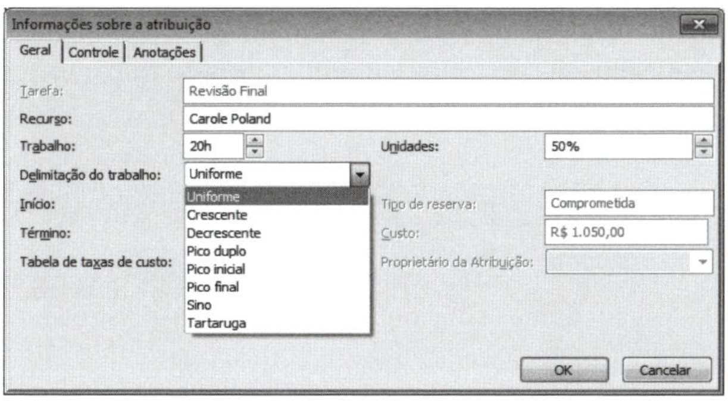

   Essas são todas as delimitações de trabalho predefinidas, e alguns dos nomes das delimitações são representações gráficas das horas de um recurso com essa delimitação aplicada.

5. Selecione **Crescente** e clique em **OK** para fechar a caixa de diálogo **Informações sobre a atribuição**.

   O Project aplica a delimitação à atribuição desse recurso e reagenda o trabalho na tarefa.

O indicador de delimitação corresponde ao tipo de delimitação aplicada – crescente, nesse caso.

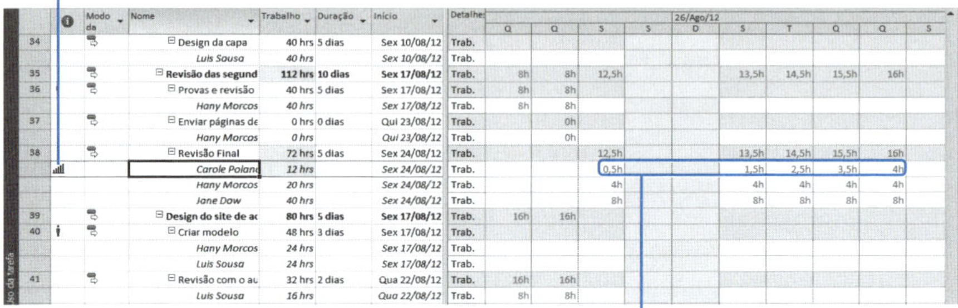

A delimitação crescente faz com que o Project atribua muito pouco trabalho ao recurso inicialmente e adicione mais trabalho a cada dia.

Você verá que, a cada dia da duração da tarefa, é atribuído a Carole Poland um pouco mais de tempo para trabalhar na atribuição. Você também verá um indicador de delimitação na coluna Indicadores, mostrando o tipo de delimitação aplicada à atribuição.

6. Aponte para o indicador de delimitação.

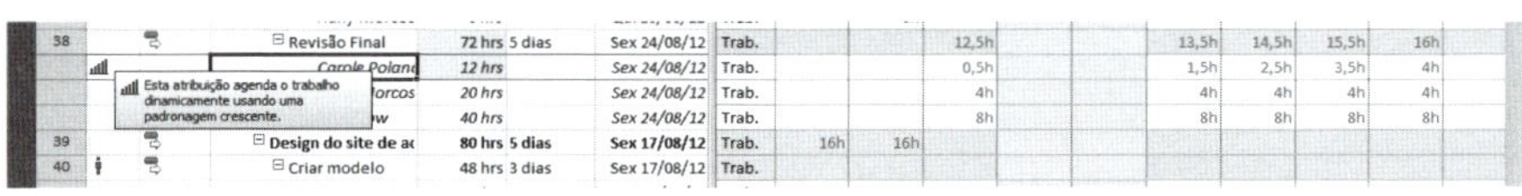

O Project exibe uma dica de tela descrevendo o tipo de delimitação aplicada a essa atribuição.

Dica A aplicação de uma delimitação a uma tarefa de duração fixa fará com que o Project recalcule o valor do trabalho do recurso para que o recurso trabalhe menos no mesmo período de tempo. Por exemplo, o trabalho total de Carole na tarefa 38 foi reduzido de 20 para 12 horas quando você aplicou a delimitação. Dependendo do tipo de tarefa, a aplicação da delimitação a essa atribuição pode fazer com que a duração global da tarefa seja estendida. A Tarefa 38 é uma tarefa de duração fixa, portanto a aplicação da delimitação não altera a sua duração. No entanto, a duração seria alterada se a tarefa fosse de trabalho fixo ou de unidades fixas. Se você não quer que uma delimitação estenda a duração de uma tarefa, altere o tipo da tarefa (na guia Avançado da caixa de diálogo Informações da tarefa) para Duração Fixa antes de aplicar a delimitação.

Em seguida, você vai editar diretamente outros valores de atribuição de tarefa.

7. Na coluna **Nome da Tarefa**, abaixo da tarefa 38, *Revisão Final*, clique no recurso atribuído *Hany Morcos*.

Observe que a Hany atualmente estão atribuídas quatro horas diárias de cada dia da duração da atribuição. Por que quatro horas? Hany normalmente tem oito horas de trabalho por dia nesses dias específicos (conforme determinado pelo seu calendário de recursos). Entretanto, ela foi atribuída a essa tarefa com 50% de suas unidades de atribuição, portanto, o trabalho agendado resultante é de quatro horas por dia.

Você deseja aumentar o trabalho de Hany nos dois últimos dias dessa tarefa, para que ela trabalhe em tempo integral. Para tanto, você vai editar manualmente os valores da sua atribuição.

8. Na grade da escala de tempo do painel direito do modo de exibição Uso da Tarefa, selecione a atribuição de quatro horas de Hany Morcos para quarta-feira, 29 de agosto.

    Dica Aponte para cada rótulo de dia na escala de tempo (S, T, Q e assim por diante), e o valor de data desse dia aparecerá em uma Dica de Tela.

9. Digite **8h** e pressione a tecla Tab.
10. Na atribuição de Hany para quinta-feira, digite **8h** e pressione Enter.

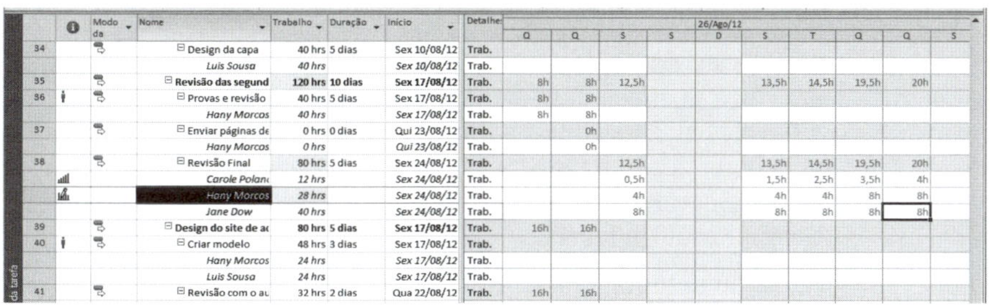

Hany agora tem atribuídas oito horas nesses dias. O Project exibe um indicador de delimitação na coluna Indicadores, dessa vez mostrando que uma delimitação editada manualmente foi aplicada à atribuição.

Dica Se quiser documentar os detalhes sobre a delimitação de uma atribuição, ou algo relativo a uma atribuição, você pode registrar os detalhes em uma anotação. No modo de exibição Uso da Tarefa ou Uso dos Recursos, selecione a atribuição e clique no botão Anotações no grupo Atribuição da guia Formato. As anotações da atribuição são similares às anotações de tarefas ou de recursos.

Aqui, estão outros recursos que você pode aplicar em um modo de exibição de Uso:

- Além de editar manualmente os valores de trabalho de recurso, como fez anteriormente, você pode editar valores de trabalho de tarefa. Quando você altera um valor de trabalho de tarefa, o Project ajusta o valor do trabalho resultante por recurso de acordo com o valor de unidades de cada recurso nessa atribuição. Por exemplo, vamos supor que, em um dia específico, dois recursos foram atribuídos durante quatro horas cada um a uma tarefa que tinha um valor de trabalho total de oito horas. Se você alterar o trabalho total dessa tarefa nesse dia para 12 horas, o Project aumentará o trabalho por recurso de quatro para seis horas.

- Você pode dividir uma tarefa no modo de exibição Gráfico de Gantt para considerar uma interrupção na tarefa, como fez no Capítulo 7. Você também pode dividir uma tarefa no modo de exibição Uso da Tarefa inserindo valores de trabalho "0" na linha da tarefa na grade da escala de tempo para o intervalo de data desejado. Para preservar o trabalho total na tarefa, você deve adicionar a mesma quantidade de trabalho ao final da tarefa à medida que subtrai com a divisão. Por exemplo, vamos supor que uma tarefa inicie na segunda-feira e tenha oito horas de trabalho total por dia durante quatro dias. Seu padrão de trabalho (em horas por dia) é 8, 8, 8 e 8. Você interrompe o trabalho na tarefa na quinta-feira e, em seguida, acrescenta aquelas oito horas ao final da tarefa (nesse caso, sexta-feira). O novo padrão de trabalho será 8, 0, 8, 8 e 8.
- Ao editar valores na grade de tempo em fases, você pode trabalhar com as células de maneira semelhante com a de uma planilha do Excel – você pode arrastar e soltar valores e usar a alça de Autopreenchimento para a direita ou para baixo.

Aplicando diferentes taxas de custo às atribuições

Lembre-se, do Capítulo 8, "Ajuste detalhes dos recursos", de que você pode definir até cinco taxas de pagamento por recurso, o que permite aplicar diferentes taxas a diferentes atribuições para um recurso; por exemplo, uma taxa de pagamento diferente poderia depender das habilidades necessárias a diferentes atribuições. Para cada atribuição, o Project usa inicialmente a tabela de taxas A, por padrão, mas você pode especificar outra tabela.

Na seção anterior, "Inserindo várias taxas de pagamento para um recurso", do Capítulo 8, você definiu uma segunda tabela de taxas para Hany Morcos, a ser aplicada a qualquer atribuição onde ela estivesse trabalhando como editora de conteúdo. Hany atualmente está atribuída à tarefa 36, Prova e revisão, como uma editora de conteúdo em vez de editora de projeto, mas sua atribuição ainda reflete sua taxa de pagamento padrão como editora de projeto.

Neste exercício, você vai alterar a tabela de taxas de pagamento a ser aplicada a uma atribuição.

1. Na coluna **Nome da Tarefa**, abaixo da tarefa 36, *Prova e revisão*, clique no recurso *Hany Morcos*.

   Em seguida, você vai visualizar o custo da atribuição de Hany.

2. Na guia **Exibição**, no grupo **Dados**, clique em **Tabelas** e em **Custo**.

   O Project exibe a tabela Custo. Note o custo atual da atribuição de Hany para essa tarefa: R$ 1.550,00.

Na tabela Custo, você pode ver as tarefas e o custo total de cada atribuição. Para ver outros valores de custo da atribuição, como custo real ou variação, role a tabela para a direita.

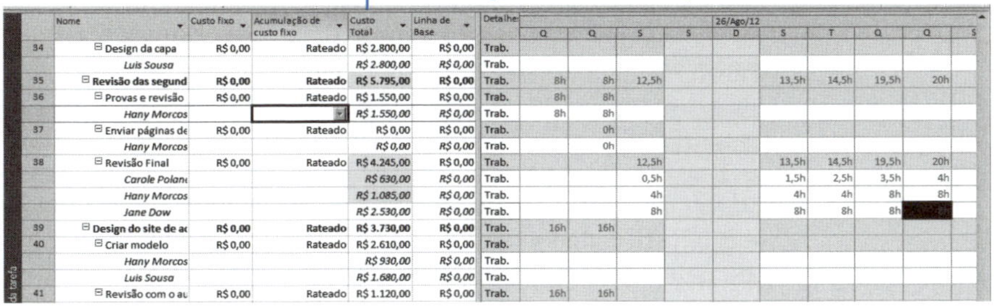

3. Na guia **Formato**, no grupo **Atribuição**, clique em **Informações**.

   A caixa de diálogo Informações sobre a atribuição é exibida. Clique na guia **Geral**, se ela ainda não estiver selecionada.

4. Na caixa **Tabela de taxas de custo**, digite ou selecione B e clique em **OK** para fechar a caixa de diálogo **Informações sobre a atribuição**.

   O Project aplica a tabela B de taxa de custo de Hany à atribuição.

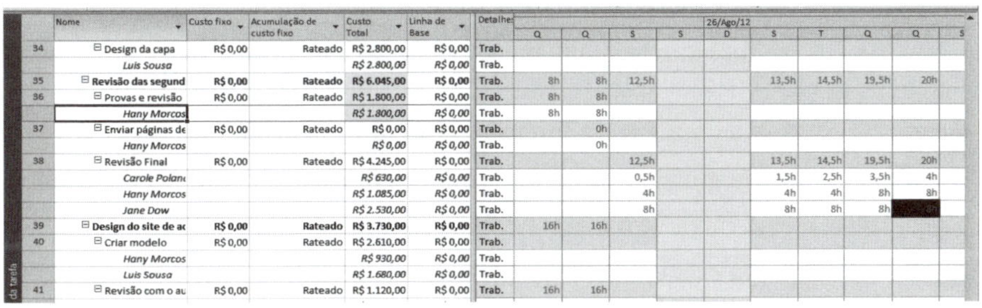

O novo custo da atribuição, R$ 1.800,00, aparece na coluna Custo Total. O novo valor de custo também é contabilizado nas tarefas de resumo e na tarefa de resumo do projeto.

Dica Se você modifica frequentemente as tabelas de taxas de custo, achará mais rápido exibir o campo Tabela de taxas de custo diretamente no modo de exibição Uso dos Recursos ou Uso da Tarefa. Exiba a extremidade direita da parte da tabela de um modo de exibição de uso, clique em Adicionar Nova Coluna e selecione Tabela de taxa de custo.

Atribuindo recursos materiais às tarefas

No Capítulo 8, você criou o *recurso material* denominado Encadernar provas. Como você pode se lembrar do Capítulo 8, os recursos materiais são usados ou "consumidos" de acordo com o andamento do projeto. Os exemplos comuns para um projeto de construção incluem tábuas de madeira e concreto.

Ao atribuir um recurso material, você pode lidar com consumos e custos de uma das duas maneiras:

- Atribuir uma quantidade de unidades fixas do recurso material à tarefa. O Project multiplicará o custo da unidade desse recurso pelo número de unidades atribuídas para determinar o custo. (Você verá esse método no próximo exercício.)
- Atribuir uma quantidade variável do recurso material à tarefa, relativa a duração da tarefa. O Project ajustará a quantidade e custo quando a duração da tarefa for alterada.

No nosso projeto, estamos interessados em controlar o uso e o custo das provas finais encadernadas do novo livro infantil.

Neste exercício, você vai atribuir um recurso material a uma tarefa e inserir uma quantidade de unidade fixa de consumo.

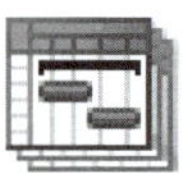

1. Na guia **Tarefa**, no grupo **Exibir**, clique em **Gráfico de Gantt**.
2. Na coluna **Nome da Tarefa**, clique no nome da tarefa 38, *Revisão Final*.

   Você antecipa que precisará de 20 cópias de provas finais encadernadas para essa revisão.

3. Na guia **Tarefa**, no grupo **Edição**, clique em **Rolar até a Tarefa**.

4. Na guia **Recurso**, no grupo **Atribuições**, clique em **Atribuir Recursos**.

   A caixa de diálogo Atribuir recursos é exibida.
5. Na caixa de diálogo **Atribuir recursos**, selecione o campo **Unidades** referente ao recurso *Encadernar provas*.
6. Digite ou selecione 20 e clique em **Atribuir**.

   O Project atribui o recurso material à tarefa e calcula o custo da atribuição como R$ 300,00 (R$ 15,00 por cópia vezes 20 cópias).

Quando você atribui um recurso material a uma tarefa, seu valor de unidade aparece na coluna Unidades e próximo à barra de Gantt à qual ela está atribuída.

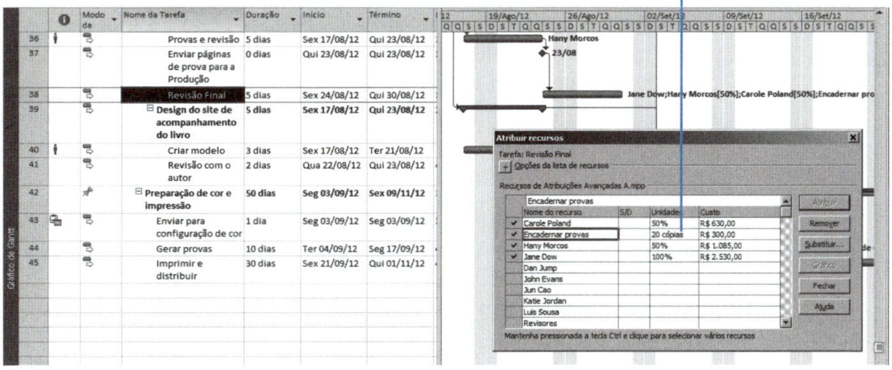

Como Encadernar provas é um recurso material, ele não pode trabalhar. Portanto, atribuir um recurso material não afeta a duração de uma tarefa.

7. Clique em **Fechar** para fechar a caixa de diálogo **Atribuir Recursos**.

Taxas de consumo variáveis para recursos materiais

Você acabou de atribuir um recurso material a uma tarefa com uma quantidade fixa ou *taxa de consumo fixa*. Outra maneira de usar recursos materiais é atribuí-los com uma *taxa de consumo variável*. A diferença entre as duas taxas é a seguinte:

- Uma taxa de consumo fixa significa que, independentemente da duração da tarefa à qual o recurso material está atribuído, uma quantidade absoluta de recurso será usada. Por exemplo, a construção de uma casa requer uma quantidade fixa de concreto, independentemente da duração da fase de concretagem.
- Uma taxa de consumo variável significa que a quantidade de recursos materiais consumidos depende da duração da tarefa. Durante a operação de um gerador, por exemplo, você pode consumir mais combustível em quatro horas do que em duas e pode determinar uma taxa por hora na qual consumirá o combustível. Você insere uma taxa de consumo variável em unidades por período de tempo; por exemplo, insere "2/h" para registrar o consumo de dois galões de combustível por hora. Depois que você inserir uma taxa de consumo variável para uma atribuição de recurso material, o Project calculará a quantidade total do recurso material consumido, com base na duração da tarefa. A vantagem de usar uma taxa variável de consumo é que ela é vinculada à duração da tarefa. Se a duração for alterada, a quantidade e o custo calculados também serão alterados. Quando precisar desse nível de controle de custo para um recurso material, use uma taxa de consumo variável.

Visualizando a capacidade do recurso

Lembre-se de que a quantidade de tempo que um recurso é capaz de trabalhar nas tarefas em um plano de projeto é chamada de capacidade do recurso, e, no Project, isso é medido em unidades. Por padrão, essas unidades são apresentadas como um valor de porcentagem, com 0% significando nenhuma capacidade e 100% significando a capacidade máxima ou completa de um recurso com um agendamento de trabalho normal de 40 horas por semana. No Project, a capacidade máxima de um recurso é controlada como o valor de ***Unidades Máximas***.

Mesmo gerentes de projetos experientes têm superestimado a capacidade dos recursos para pessoas alocadas para trabalhar em um determinado projeto. Isso pode levar a problemas durante a execução de um projeto e recursos infelizes, especialmente quando o gerente de projeto também subestima a quantidade de trabalho necessária para completar as tarefas no plano de projeto. Existem muitas razões legítimas para esperar alguma inconstância com relação às estimativas de trabalho da tarefa – especialmente no estágio de planejamento inicial de um projeto. Entretanto, a capacidade do recurso deve ser mais fácil de estimar com precisão. Esta seção apresenta algumas ferramentas úteis no Project que podem ajudá-lo a ver e entender melhor a capacidade do recurso.

Nesse ponto do planejamento do projeto do novo livro, você configurou uma lista de tarefas iniciais e detalhes de recursos iniciais, assim como algumas das exceções de hora útil dos recursos, como dias de folga planejados. Visualizar a capacidade de trabalho por recurso agora dará a você uma compreensão melhor da capacidade global para esse projeto. Isso, por sua vez, pode ajudar a informá-lo sobre quaisquer possíveis ajustes ao escopo do projeto para corresponder melhor àquela capacidade da equipe (ou vice-versa). Normalmente, nesse estágio do planejamento de projeto, você pode esperar uma das condições a seguir:

- O trabalho planejado é menor do que a capacidade de trabalho da equipe. Você pode ser capaz de usar alguma parte do tempo dos seus recursos para outros projetos, ou para executar mais trabalho neste projeto.
- O trabalho planejado excede a capacidade de trabalho da equipe. Você talvez precise reduzir o escopo do trabalho ou obter mais recursos.
- O trabalho planejado é aproximadamente igual à capacidade de trabalho da equipe.

Dica Essa maneira de entender o escopo do projeto e a capacidade dos recursos será mais explorada no Apêndice A, "Um breve curso em gerenciamento de projetos".

Neste exercício, você vai examinar a capacidade do recurso individual por dia, semana e mês durante uma extensão de tempo na qual o plano de projeto está agora agendado.

1. Na guia **Exibição**, no grupo **Modos de Exibição de Recurso**, clique em **Uso dos Recursos**.

   O Project exibe o modo de exibição Uso dos Recursos.

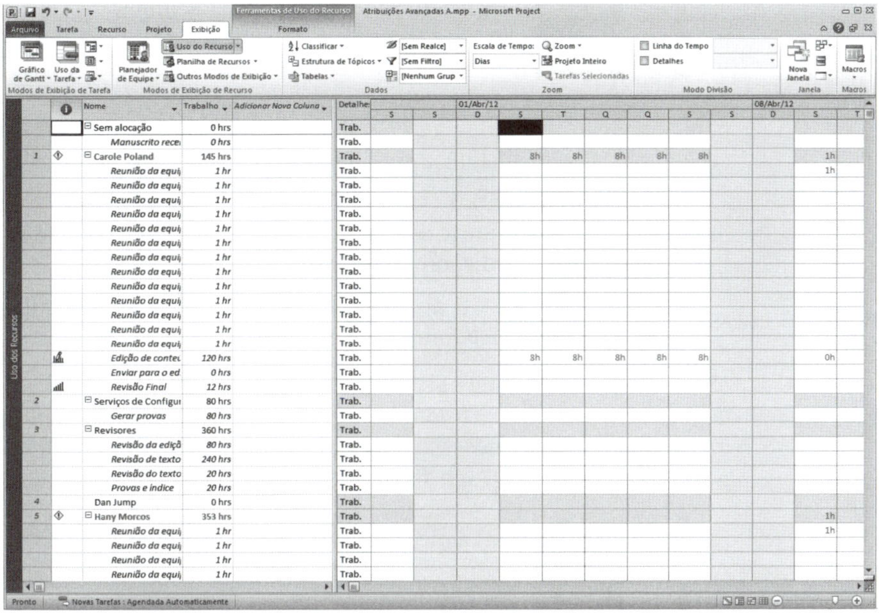

Lembre-se de que, neste modo de exibição, o painel esquerdo organiza as tarefas abaixo dos recursos aos quais elas estão atribuídas. O painel direito mostra a atribuição e outros valores organizados sob a linha de tempo.

Aqui, nosso foco está em ver a disponibilidade existente para os recursos. Para começar, você vai mudar o modo de exibição dividido em fases para mostrar a disponibilidade do recurso.

2. Na guia **Formato**, no grupo **Detalhes**, marque a caixa de seleção **Disponibilidade Restante**.
3. Na guia **Formato**, no grupo **Detalhes**, desmarque a caixa de seleção **Trabalho**.

   O Project oculta os detalhes do Trabalho, deixando os detalhes da Disponibilidade Restante visível.
4. Clique no cabeçalho de coluna **Nome**.

5. Na guia **Exibição**, no grupo **Dados**, clique em **Estrutura de Tópicos** e em **Ocultar Subtarefas**.

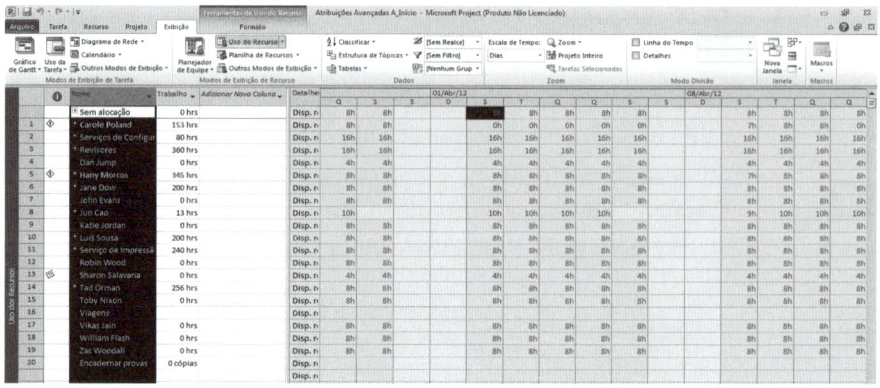

Agora, você pode ver os valores de disponibilidade restantes diariamente para todos os recursos de trabalho. Os recursos de tempo integral, como Carole Poland, têm as 8 horas diárias esperadas disponíveis para os dias nos quais eles não têm atribuições. Dan Jump, o recurso de meio expediente com 50% de unidades máximas, tem 4 horas disponíveis por dia.

Em seguida, você vai ajustar o nível de zoom do modo de exibição dividido em fases para ver a disponibilidade por mês.

6. Na guia **Exibição**, no grupo **Zoom**, clique em **Meses** na caixa **Escala de Tempo**.

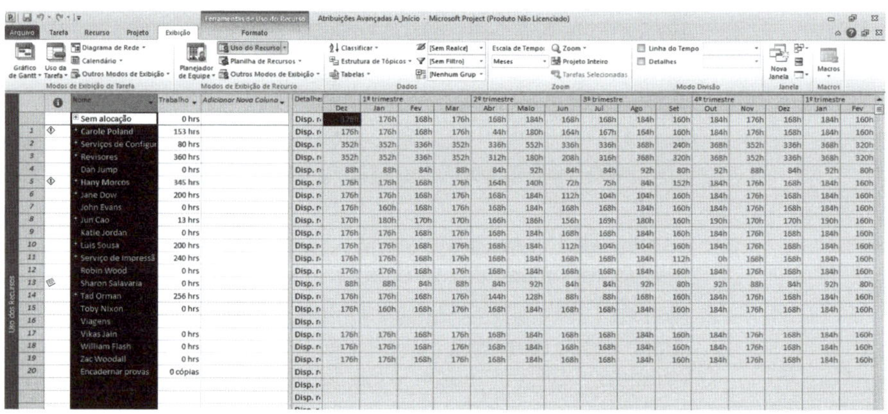

O Project mostra as horas disponíveis por recurso, por mês.

LIMPEZA Feche o arquivo Atribuicoes Avancadas A.

7. Execute um dos procedimentos a seguir:

- Se você tem o Project Standard, vá para o próximo capítulo.
- Se você tem o Project Professional, vá para a próxima seção deste capítulo.

Ajustando as atribuições no modo de exibição Planejador de Equipe

Novo no **2010**

Importante O modo de exibição Planejador de Equipe só está disponível no Project Professional, não no Project Standard. Se você tem o Project Standard, pule esta seção.

Os modos de exibição Uso da Tarefa e Uso dos Recursos são modos poderosos nos quais você pode realizar metas complexas, como delimitar manualmente as atribuições dos recursos. Se esses modos de exibição apresentarem mais detalhes do que você deseja, o Project Professional inclui um modo de exibição simples mas poderoso denominado Planejador de Equipe.

No modo de exibição Planejador de Equipe, você vê as tarefas organizadas pelo recurso para o qual elas foram atribuídas (como o modo de exibição Uso dos Recursos) e todas as tarefas não atribuídas. Tanto as tarefas atribuídas quanto as não atribuídas podem ser:

- **Tarefas agendadas** Agendadas para um período de tempo específico e exibidas no modo de exibição Planejador de Equipe em um ponto específico no tempo.
- **Tarefas não agendadas** Tarefas agendadas manualmente, com ou sem um recurso atribuído.

O que o modo de exibição Planejador de Equipe permite que os outros não permitem é um simples método de arrastar e soltar para reagendar ou reatribuir tarefas.

Neste exercício, você vai examinar as atribuições dos recursos e resolver alguns problemas de superalocação, assim como atribuir algumas tarefas não atribuídas e não agendadas no plano de projeto do novo livro.

PREPARAÇÃO Você precisa do plano de projeto Atribuicoes Avancadas B_Início localizado na sua pasta de arquivos de exercícios Capitulo09 para concluir este exercício. Abra o plano de projeto Atribuicoes Avancadas B_Início e, em seguida, siga estas etapas.

1. Na guia **Arquivo**, clique em **Salvar Como**.

   A caixa de diálogo Salvar Como é exibida.

2. Na caixa **Nome do Arquivo**, digite **Atribuicoes Avancadas B** e, em seguida, clique em **Salvar**.

3. Na guia **Exibição**, no grupo **Modos de Exibição de Recurso**, clique em **Planejador de Equipe**.

   O modo de exibição Planejador de Equipe é exibido.

4. Na coluna **Nome do Recurso**, selecione *Carole Poland*.

5. Na guia **Tarefa**, no grupo **Edição**, clique em **Rolar até a Tarefa**.

As atribuições de recurso iniciais de Carole Poland são exibidas.

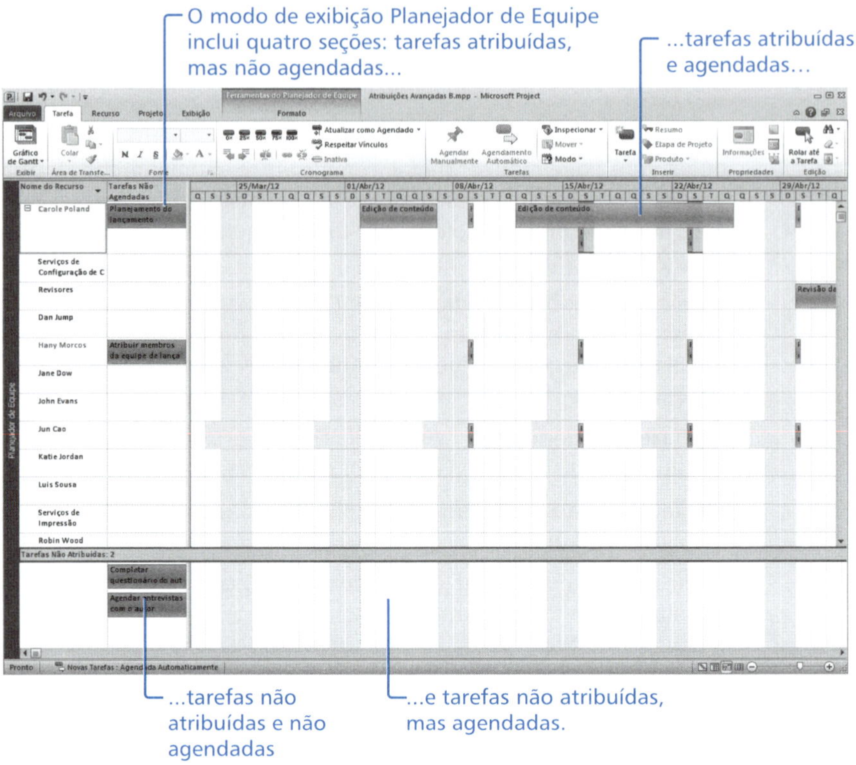

Em primeiro lugar, você agendará as tarefas atribuídas, mas não agendadas (isto é, ***agendadas manualmente***). Carole tem uma tarefa não agendada e várias tarefas agendadas. Na verdade, suas tarefas agendadas a tornaram superalocada. A formatação em vermelho do seu nome comunica que ela está superalocada, e as linhas horizontais vermelhas que aparecem no meio e no final de abril informam quando ela estará superalocada.

Você gostaria que a tarefa não agendada de Carole, *Planejamento de lançamento*, começasse no início do agosto, portanto você a moverá para lá.

6. Role horizontalmente o modo de exibição até que a semana de 5 agosto fique visível na escala de tempo.

7. Clique e arraste a tarefa não agendada de Carole, *Planejamento do lançamento*, na linha de Carole para que a data de início seja segunda-feira, 6 de agosto.

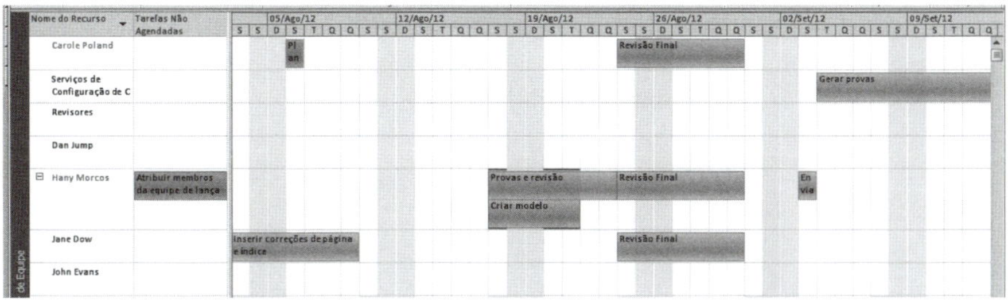

Como no Gráfico de Gantt, a largura de uma barra de tarefa agendada corresponde à sua duração. Dependendo do nível de zoom da escala de tempo, você poderá ver os nomes completos das tarefas em algumas barras de tarefas.

8. Aponte o mouse na tarefa que você acabou de agendar.

   Uma Dica de Tela aparece contendo os detalhes essenciais da tarefa.

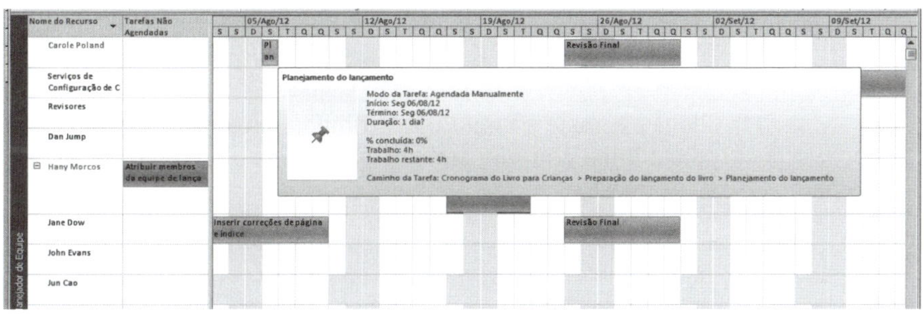

Note que, embora essa tarefa esteja agora agendada para um período específico, ela ainda é uma tarefa agendada manualmente e permanecerá assim até que seja trocada para o *agendamento automático*.

Em seguida, você agendará a tarefa não agendada atribuída a Hany Morcos, e a reatribuirá também a Carole. Você gostaria que essa tarefa também estivesse concluída no início de agosto.

9. Clique e arraste o nome da tarefa não agendada de Hany Morcos, *Atribuir membros da equipe de lançamento*, para a linha de Carole Poland, para que a data de início da tarefa seja terça-feira, 7 de agosto.

   O Project agenda e reatribui a tarefa.

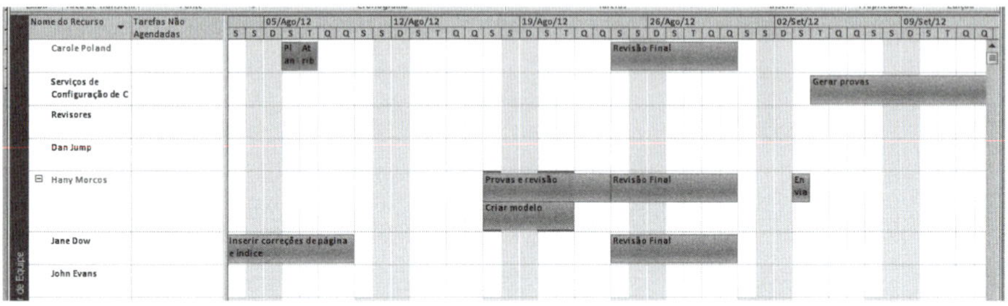

Em seguida, você atribuirá as duas tarefas não atribuídas e não agendadas a Hany Morcos.

10. Clique e arraste a primeira tarefa não atribuída, *Completar questionário do autor*, para a linha de Hany Morcos, para que a data de início da tarefa seja segunda-feira, 13 de agosto.
11. Clique e arraste a tarefa não atribuída restante, *Agendar entrevistas com o autor*, para a linha de Hany Morcos, para que a data de início da tarefa seja terça-feira, 14 de agosto.

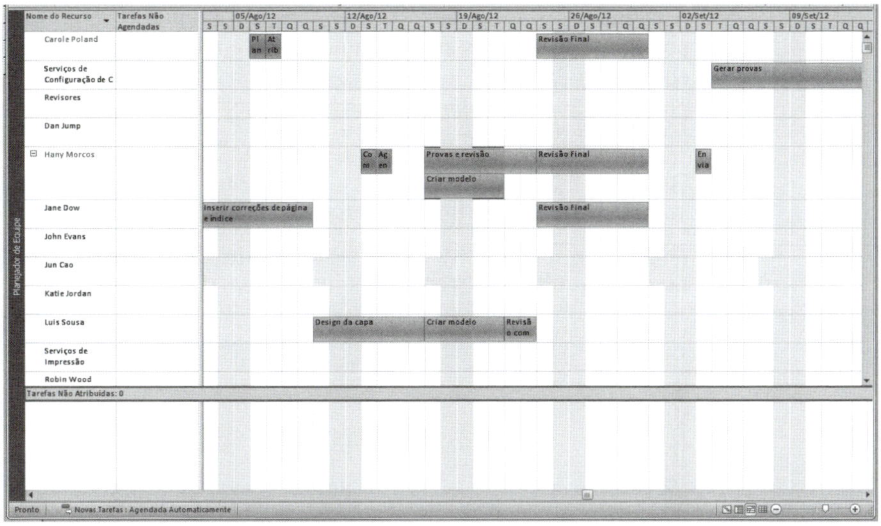

Agora, as duas tarefas estão atribuídas e agendadas, embora elas permaneçam agendadas manualmente.

Para concluir este exercício, você resolverá alguns problemas de superalocação de recursos no modo de exibição Linha do Tempo.

12. Na guia **Exibição**, no grupo **Zoom**, clique na seta para baixo próximo à caixa **Escala de Tempo** e em **Semanas**.

    A escala de tempo se ajusta para mostrar mais do plano de projeto.

13. Role o modo de exibição horizontalmente até que a semana de 24 de junho esteja visível na escala de tempo.

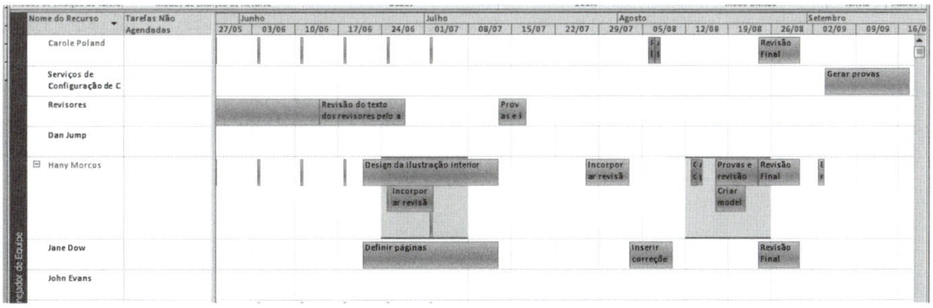

A maioria das superalocações de recursos no plano de projeto é devida à sobreposição das reuniões semanais de status editorial com outras tarefas. Como cada ocorrência das reuniões de status editorial dura apenas uma hora, você não está preocupado em resolver esse nível de superalocação. No entanto, você pode ver uma superalocação mais grave para Hany Morcos na semana de 24 de junho.

Como você precisa da atenção total de Hany para a tarefa *Design da ilustração interior*, terá de reatribuir a tarefa *Incorporar revisão* para outra pessoa.

14. Clique com o botão direito do mouse na tarefa de Hany, *Incorporar revisão* e, no menu de atalho que aparece, clique em **Reatribuir para**, e selecione *Carole Poland*.

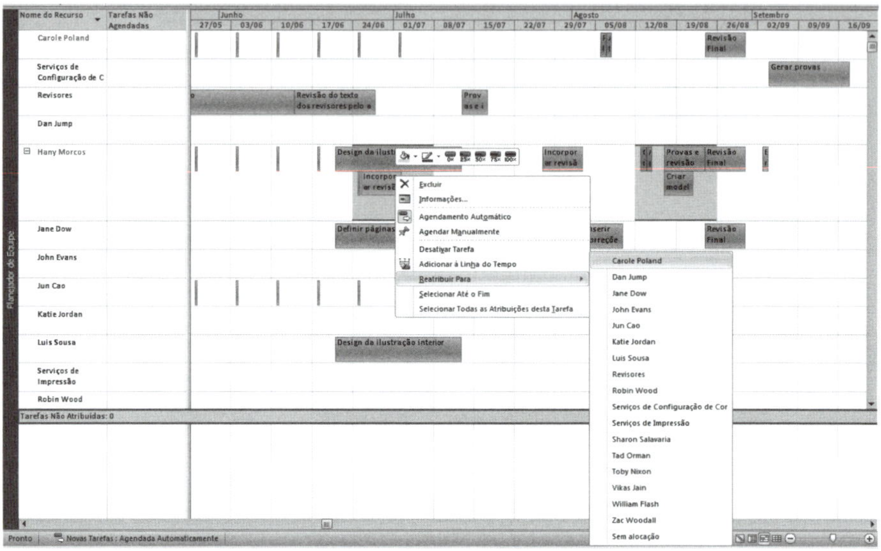

O Project reatribui a tarefa, mas não altera as datas de início ou término ou a duração.

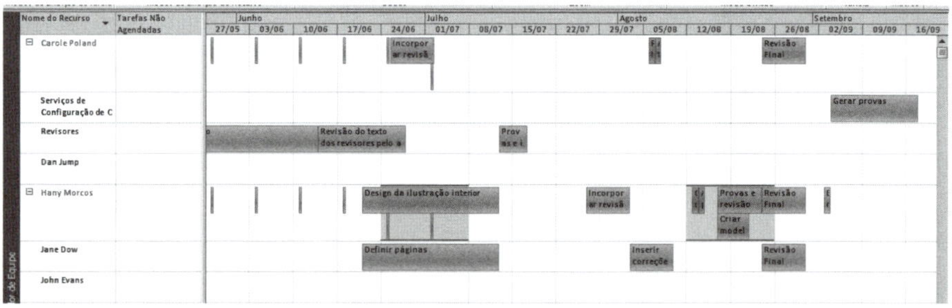

Dica Você também pode reatribuir tarefas arrastando-as de um recurso para outro. Para controlar melhor o agendamento das tarefas ao reatribuí-las dessa maneira, configure a escala de tempo para diária (para fazer isso, na guia Exibição, no grupo Zoom, clique em Dias na caixa Escala de Tempo).

Ainda há problemas de superalocação no plano de projeto, mas eles são menores e não requerem atenção especial.

LIMPEZA Feche o arquivo Atribuicoes Avancadas B.

Pontos principais

- Você pode alterar quando um recurso iniciará trabalho em uma atribuição sem afetar outros recursos atribuídos à mesma tarefa.
- O Project inclui várias delimitações de trabalho predefinidas que você pode aplicar a uma atribuição.
- Ao trabalhar com custos de recursos, você pode especificar diferentes taxas de custo para diferentes atribuições.
- Quando atribuídos a uma tarefa, os recursos materiais podem ter uma taxa de consumo fixa ou variável.
- Em um modo de exibição de Uso, você pode ver a disponibilidade restante dos recursos de trabalho em qualquer incremento de tempo que desejar.
- O modo de exibição Planejador de Equipe permite arrastar facilmente as atribuições entre os recursos (somente no Project Professional).

Resumo do Capítulo

Visualize as atribuições de trabalho por dia, semana, mês ou outro período de tempo, **p. 211**

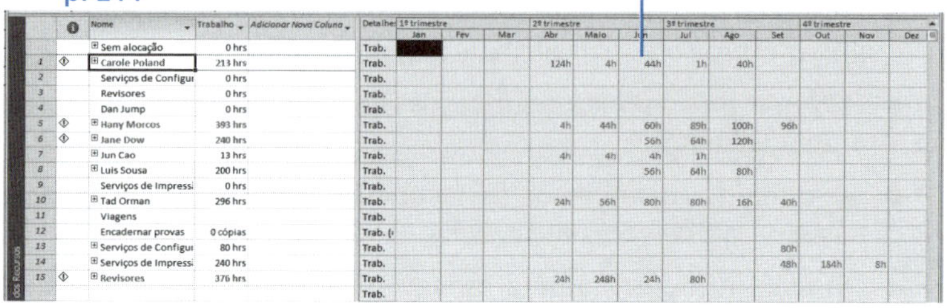

Edite atribuições de recursos para resolver as alocações manualmente, **p. 217**

Use a redistribuição de recursos para resolver automaticamente os problemas de superalocação de recursos, **p. 220**

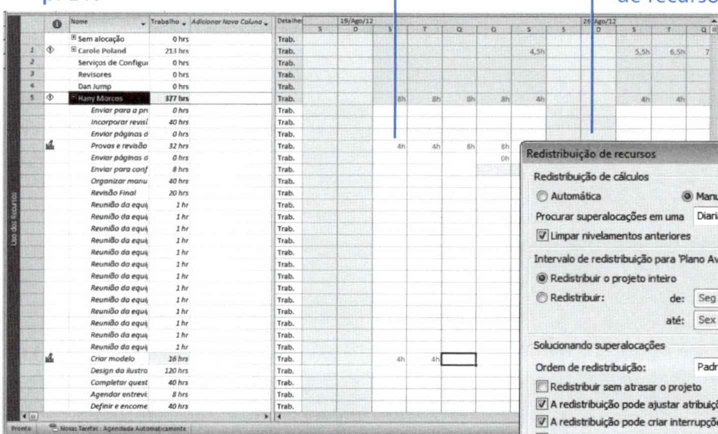

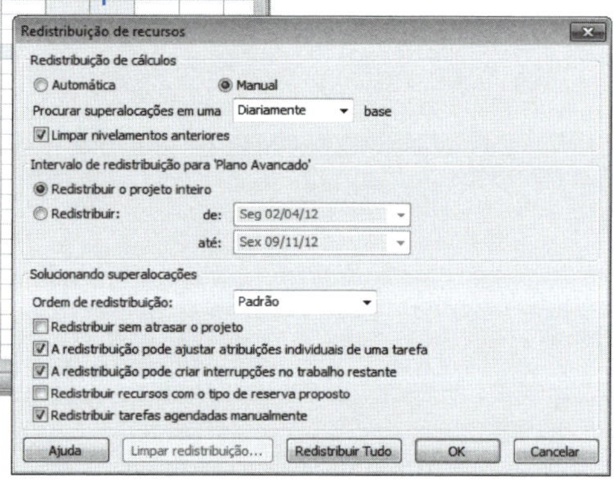

Verifique as estatísticas de custo e duração de um projeto, **p. 227**

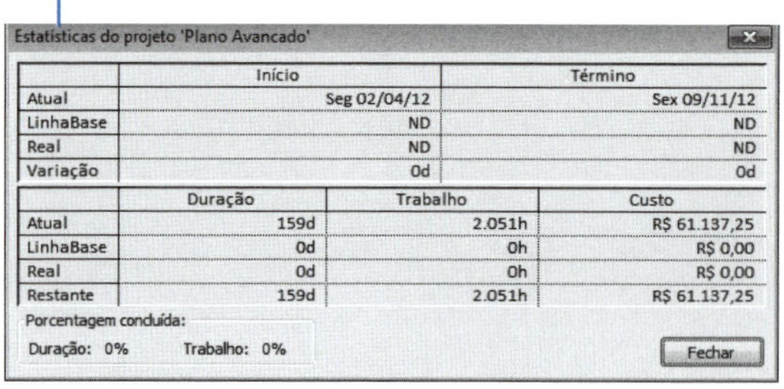

Capítulo 10

Ajuste o plano de projeto

Neste capítulo, você vai aprender a:

- Examinar como os recursos são agendados para trabalhar ao longo da duração de um projeto.
- Editar a atribuição de um recurso para resolver um problema de superalocação.
- Resolver as superalocações de recursos automaticamente.
- Ver a data de término e os custos gerais do projeto.

Nos três capítulos anteriores, você se concentrou nos detalhes de tarefas, recursos e atribuições separadamente. Agora, vai examinar os resultados do seu trabalho anterior com o agendamento e se aprofundar nas atribuições de recursos. Além disso, vai observar a duração e o custo do projeto global.

Arquivos de exercícios Para concluir os exercícios deste capítulo, copie os arquivos de exercícios para seu computador. Os arquivos que você usará para finalizar esses exercícios encontram-se na pasta Capitulo10. Na seção "Usando os arquivos de exercícios", no início deste livro, existe uma lista completa desses arquivos.

Importante Se você estiver executando o Project Professional, talvez seja necessário fazer uma alteração de configuração. Isso ajuda a garantir que os arquivos de exercícios com os quais você trabalhar neste capítulo não afetem os dados do seu Project Server. Para obter mais informações, consulte o Apêndice C, "Usando os arquivos de exercícios se estiver conectado ao Project Server".

Examinando as atribuições dos recursos ao longo do tempo

Nesta seção, você vai enfocar a alocação dos recursos – como as atribuições de tarefas afetam as cargas de trabalho dos ***recursos de trabalho*** (pessoas e equipamentos) de um projeto. A capacidade de um recurso para trabalhar em um período de tempo específico é determinada por suas ***Unidades Máximas*** e seu ***calendário de recursos***. A relação entre a capacidade de um recurso e suas atribuições de tarefas é denominada ***alocação***. Cada recurso de trabalho está em um dos três estados de alocação:

- **Subalocado** As atribuições dos recursos não preenchem sua capacidade máxima para realizar trabalho. Por exemplo, um recurso de tempo integral que tem apenas 25 horas de trabalho atribuídas em uma semana de trabalho de 40 horas está *subalocado*.
- **Totalmente alocado** As atribuições dos recursos preenchem sua capacidade máxima. Por exemplo, um recurso de tempo integral que tem 40 horas de trabalho atribuídas em uma semana de trabalho de 40 horas está *totalmente alocado*.
- **Superalocado** As atribuições dos recursos excedem a sua capacidade máxima por algum período de tempo. Por exemplo, um recurso de tempo integral que tem 65 horas de trabalho atribuídas em uma semana de trabalho de 40 horas está *superalocado*.

Esses estados de alocação se aplicam a recursos de trabalho. ***Recursos materiais*** e ***de custo*** não executam trabalho; consequentemente, suas atribuições não afetam a duração total de um projeto. No Project, a capacidade de um recurso para trabalhar é medida em unidades; a capacidade máxima de um recurso específico é denominada ***unidades máximas***. As unidades são medidas como números (por exemplo, três unidades) ou como uma porcentagem (por exemplo, 300% das unidades).

Foco do gerenciamento do projeto: avaliar a alocação do recurso

É tentador dizer que alocar totalmente todos os recursos em cada ocasião é o objetivo de todo gerente de projeto – mas isso seria uma simplificação. Dependendo da natureza do seu projeto e dos recursos que estão trabalhando nele, algumas subalocações poderão ser perfeitamente adequadas. Nem sempre a superalocação poderá ser um problema, dependendo da sua quantidade. Se um recurso estiver superalocado por apenas meia hora, o Project sinalizará a superalocação, mas essa alocação menor talvez não seja um problema que você precise resolver, dependendo do envolvimento do recurso e da natureza da atribuição. Entretanto, uma superalocação grave – por exemplo, um recurso que está atribuído a duas tarefas simultâneas, durante uma semana e em duração de horário integral – sempre será um problema, e você deve saber como identificá-la e manter estratégias para resolvê-la. Este capítulo ajuda a identificar e remediar a superalocação de recursos.

Neste exercício, você vai examinar as alocações dos recursos e focar em um recurso superalocado.

PREPARAÇÃO Inicie o Project, caso ele ainda não esteja em execução.

Você precisa do plano de projeto Plano Avancado_Inicio localizado na sua pasta de arquivos de exercícios Capitulo10 para concluir este exercício. Abra o plano de projeto Plano Avancado_Inicio e, em seguida, siga estas etapas.

1. Na guia **Arquivo**, clique em **Salvar como**.

   A caixa de diálogo Salvar como é exibida.

2. Na caixa **Nome do arquivo**, digite **Plano Avancado** e clique em **Salvar**.

3. Na guia **Exibição**, no grupo **Modos de Exibições de Recurso**, clique em **Uso dos Recursos**.

   O modo de exibição Uso dos Recursos é exibido.

4. Na guia **Tarefa**, no grupo **Edição**, clique em **Rolar até a tarefa**.

   O Project rola para o lado direito do modo de exibição para mostrar alguns detalhes da atribuição.

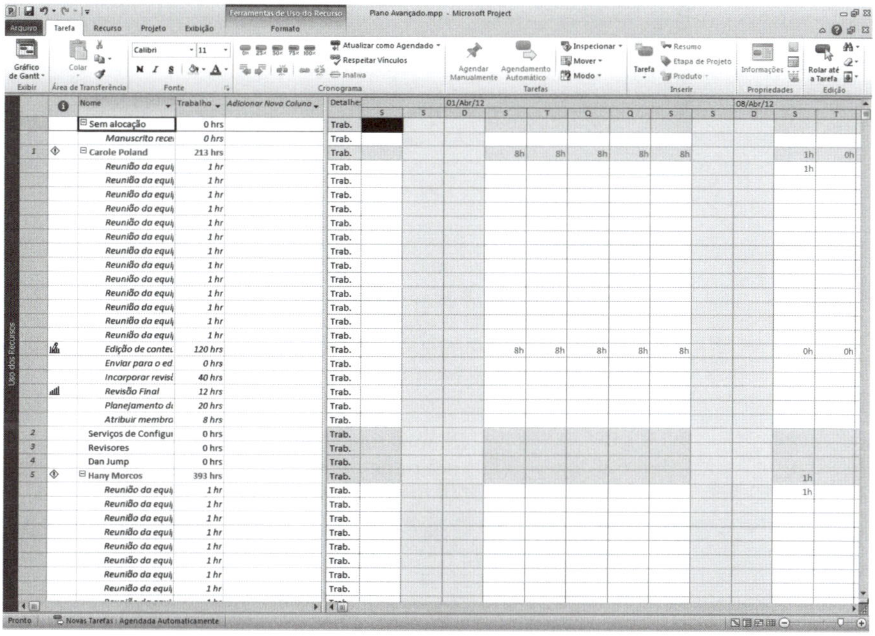

No lado esquerdo do modo de exibição, está uma tabela (a tabela Uso, por padrão) que mostra as atribuições agrupadas por recurso, o trabalho total atribuído a cada recurso e o trabalho de cada atribuição. Essas informações são organizadas em uma ***estrutura de tópicos*** (***outline***) que você pode expandir ou recolher.

O lado direito do modo de exibição contém os detalhes da atribuição (trabalho, por padrão) organizados em uma escala de tempo. Você pode rolar horizontalmente a escala de tempo para ver os diferentes períodos de tempo. Você pode também alterar as camadas na escala de tempo para exibir os dados em unidades de semanas, dias, horas e assim por diante.

Observe o nome da primeira linha, *Sem alocação*. Esse item lista quaisquer tarefas para as quais não há recurso específico atribuído.

Em seguida, você vai ocultar a estrutura de tópicos da tabela para ver o trabalho total por recurso ao longo do tempo.

5. Clique no cabeçalho da coluna **Nome**.

6. Na guia **Exibição**, no grupo **Dados**, clique em **Estrutura de Tópicos** e, em seguida, em **Ocultar Subtarefas**.

   O Project recolhe a estrutura de tópicos (atribuições por recurso) no modo de exibição Uso dos Recursos.

7. Na coluna **Nome**, clique no nome de *Carole Poland*.

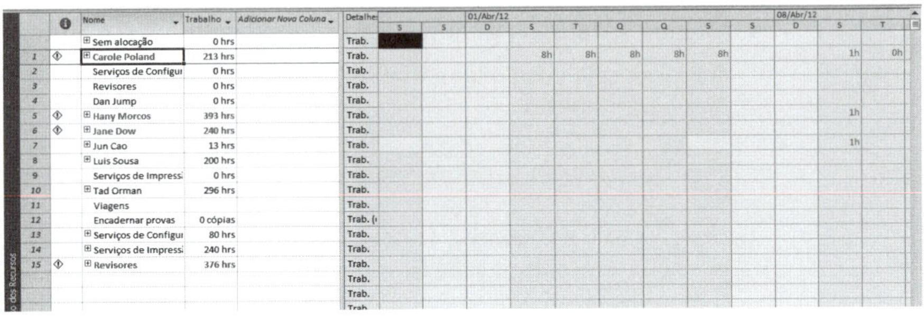

As atribuições dos recursos estão atualmente ocultas na tabela Uso, e os valores de trabalho total dos recursos ao longo do tempo são exibidos na grade da escala de tempo à direita.

Em seguida, você vai examinar dois recursos de trabalho e suas alocações.

8. Aponte para o primeiro **S** do cabeçalho da coluna (para segunda-feira) da semana de 1 de abril, na parte superior da grade da escala de tempo:

Em qualquer modo de exibição com escala de tempo, você pode obter detalhes sobre datas passando o ponteiro do mouse sobre a escala de tempo.

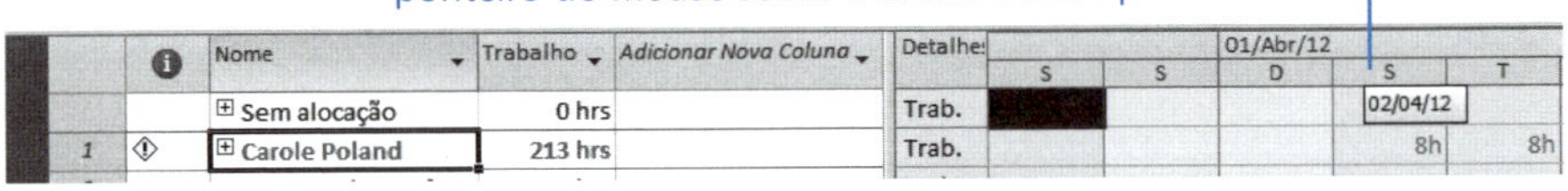

Uma dica de tela é exibida com a data da atribuição: 02/04/12. Essas dicas de tela são úteis em qualquer modo de exibição de escala de tempo, como o modo de exibição Uso dos Recursos ou Gráfico de Gantt.

No momento, a escala de tempo está definida para exibir semanas e dias. Você agora vai alterar a escala de tempo para ver os dados de trabalho mais resumidos.

9. Na guia **Exibição**, no grupo **Zoom**, na caixa **Escala de Tempo**, clique em **Meses**.

   O Project altera a grade da escala de tempo para mostrar os valores de trabalho agendados por mês.

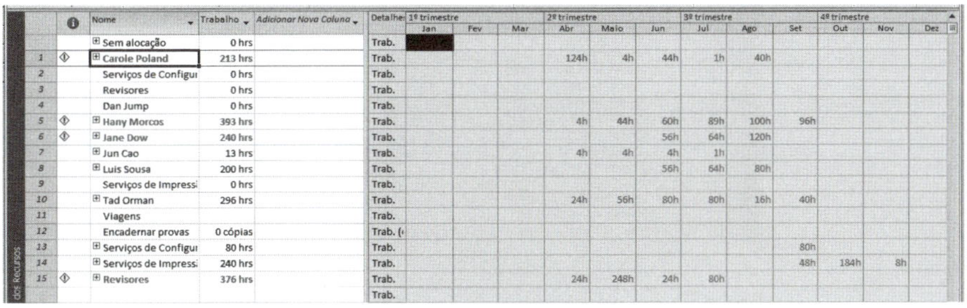

Observe que os nomes de Carole Poland e alguns outros recursos aparecem em vermelho. A formatação em vermelho significa que esses recursos estão superalocados: suas tarefas atribuídas excedem a sua capacidade de trabalho em um ou mais pontos da agenda.

Como você pode ver na grade da escala de tempo, Carole Poland está superalocada em abril e junho. Ela está subalocada para os outros meses nos quais tem atribuições. Observe que o valor de trabalho de Carole em junho de 44 horas está formatado em vermelho. Embora 44 horas em um mês não seja uma superalocação para um recurso em tempo integral, em algum ponto de junho (talvez apenas por um dia) Carole está agendada para trabalhar mais horas do que pode acomodar.

Você enfocará Carole Poland, alterando primeiramente as definições da escala de tempo.

10. Na guia **Exibição**, no grupo **Zoom**, na caixa **Escala de Tempo**, clique em **Dias**.

    O Project ajusta a escala de tempo para a sua configuração anterior.

11. Clique no sinal de mais ao lado do nome de Carole na coluna **Nome**.

    O Project expande o modo de exibição Uso dos recursos para mostrar as atribuições individuais de Carole.

12. Role o modo de exibição Uso dos Recursos horizontalmente a fim de ver as atribuições de Carole na semana de 15 de abril.

    O trabalho total de Carole nessa segunda-feira, 16 de abril, é de 9 horas. Ele está formatado em vermelho, indicando a superalocação.

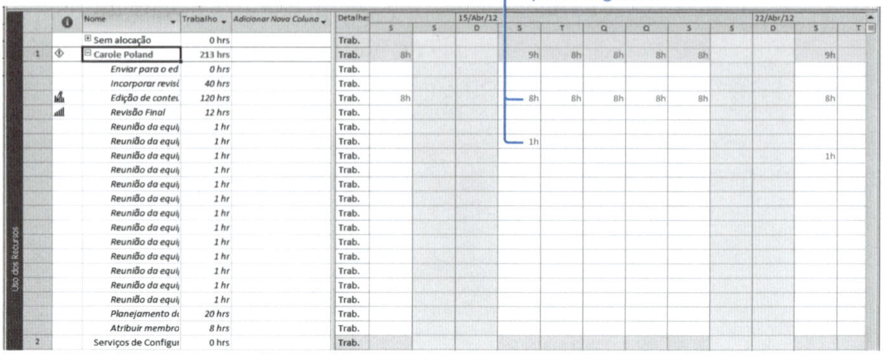

Carole tem duas atribuições em 16 de abril: oito horas na tarefa *Edição de conteúdo* e a tarefa de uma hora *Reunião da equipe editorial 3* (uma instância de uma *tarefa recorrente*).

Essas duas tarefas foram agendadas em períodos que se sobrepõem entre 8:00 e 9:00 da manhã. (Se você quiser observar isso, ajuste a escala de tempo para exibir horas.) Essa é uma superalocação real: Carole provavelmente não poderá realizar as duas tarefas simultaneamente. Entretanto, é uma superalocação relativamente menor, dado o escopo do projeto, e você não precisa se preocupar muito em resolver esse nível de superalocação. Entretanto, existem outras superalocações mais sérias na agenda, as quais serão resolvidas posteriormente neste capítulo.

13. Clique no sinal de menos próximo ao nome de Carole na coluna **Nome**.

Aqui, estão outros pontos a serem lembrados ao visualizar uma alocação de recursos:

- Uma maneira rápida de navegar para as superalocações de recursos no modo de exibição Uso do Recurso é usar o botão Próxima Superalocação na guia Recurso no grupo Nível.
- Por padrão, o modo de exibição Uso dos Recursos exibe a tabela Uso; entretanto, você pode exibir diferentes tabelas. Na guia Exibição, no grupo Dados, clique em Tabela e, em seguida, na tabela que deseja exibir.
- Por padrão, o modo de exibição Uso dos Recursos exibe os valores de trabalho na grade da escala de tempo. Entretanto, você pode exibir os valores adicionais, como custo e disponibilidade restante. Para fazer isso, na guia Formato, no grupo Detalhes, clique no valor que você deseja exibir.

- Em vez de usar a caixa Escala de tempo na guia Formato para alterar a escala de tempo, você pode clicar nos botões Ampliar e Reduzir na barra de status. Entretanto, esse método talvez não produza o nível de detalhe exato desejado.
- Para ver as alocações referentes a cada recurso representado em uma escala de tempo, é possível exibir o Gráfico de recursos: na guia Exibição, no grupo Modos de Exibições de Recurso, clique em Mais modos de exibições e, em seguida, em Gráfico de recursos. Use as teclas de seta ou a barra de rolagem horizontal para alternar entre os recursos nesse modo de exibição.
- Os usuários do Project Professional podem usar o modo de exibição Planejador de Equipe para ver as atribuições por recurso em um formato mais simples. Para obter mais informações sobre o modo de exibição Planejador de Equipe, consulte o Capítulo 9, "Ajuste os detalhes das atribuições".

Resolvendo a superalocação de recursos manualmente

Nesta seção e na seguinte, você vai continuar a enfocar a alocação de recursos – como as atribuições de tarefas afetam as cargas dos recursos de trabalho do projeto. Nesta seção, você vai editar manualmente uma atribuição para resolver uma superalocação de recurso. Na seção seguinte, vai resolver automaticamente as superalocações de recursos.

A edição manual de uma atribuição é apenas uma maneira de resolver a superalocação de recursos. Outras soluções incluem:

- Substituir o recurso superalocado por outro, usando o botão Substituir na caixa de diálogo Atribuir recursos.
- Reduzir o valor do campo Unidades na caixa de diálogo Informações sobre a atribuição ou Atribuir recursos.
- Atribuir um recurso adicional à tarefa para que ambos os recursos compartilhem o trabalho.
- Adicionar manualmente um atraso de distribuição a uma atribuição.

Se a superalocação não for muito grave (como uma atribuição de nove horas de trabalho em um dia útil normal de oito horas), geralmente você pode deixá-la no plano de projeto.

Neste exercício, você vai usar o modo de exibição Uso dos Recursos para examinar as atribuições de um recurso superalocado e editar a atribuição para eliminar a superalocação.

1. Na guia **Exibição**, no grupo **Zoom**, na caixa **Escala de Tempo**, clique em **Semanas**.

   Na configuração semanal, você pode apontar mais facilmente as superalocações que precisam ser resolvidas. O trabalho atribuído bem acima de 40 horas semanais para um recurso de horário integral pode ser um problema sério.

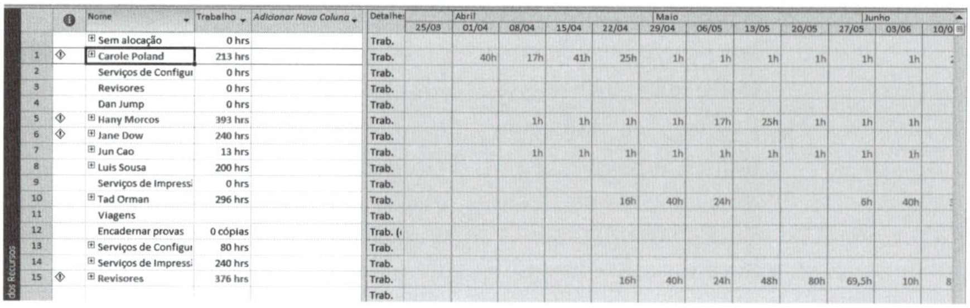

Observe que vários nomes aparecem em vermelho. Esses são os recursos superalocados.

2. Role horizontalmente o modo de exibição de uso para a direita para examinar as superalocações mais graves por semana.

   Você vê vários casos de superalocação menor, como 41 horas por semana, e alguns casos de superalocação onde o trabalho total é menos que 40 horas por semana. Note que as superalocações mais graves que afetam Hany Morcos e Jane Dow começam na semana de 19 de agosto.

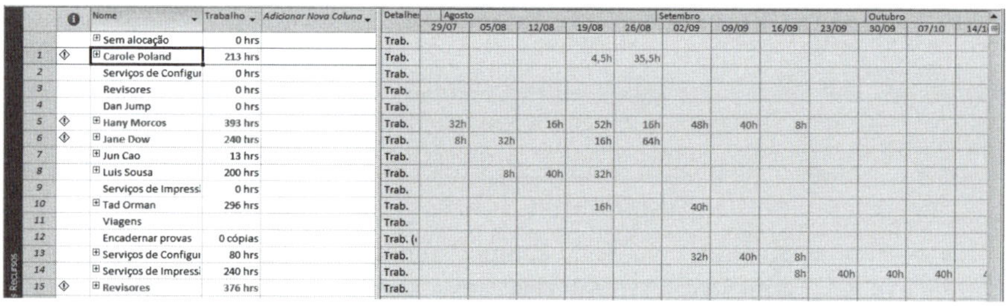

Essas superalocações são tão graves que merecem mais investigação. Você começará com a superalocação de Hany de 52 horas na semana de 19 de agosto.

3. Clique no sinal de mais próximo ao nome de Hany na coluna **Nome**.

   Em seguida, você gostaria de examinar melhor as tarefas que estão superalocando Hany nesta semana.

4. Na guia **Exibição**, no grupo **Zoom**, na caixa **Escala de Tempo**, clique em **Dias**.
5. Role horizontalmente o modo de exibição de uso para exibir o quadro de horários de 19 de agosto.

   Na configuração diária, você pode ver que Hany está superalocada na segunda e na terça-feira, 20 e 21 de agosto.

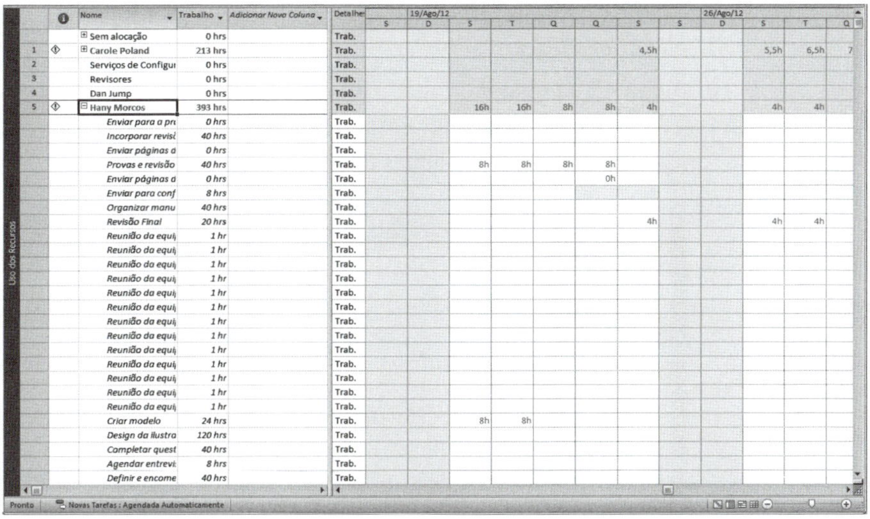

Você decide reduzir o trabalho de Hany nas tarefas *Provas e revisão* e *Criar modelo*.

6. Na grade dividida em fases do modo de exibição **Uso dos Recursos**, selecione a atribuição de 8 horas para Hany na segunda-feira, 20 de agosto, na tarefa *Provas e revisão*.
7. Digite **4h** e pressione a tecla Tab.
8. Com a atribuição de 8 horas de Hany na mesma tarefa para terça-feira, 21 de agosto, selecionada, digite **4h** e pressione Tab.

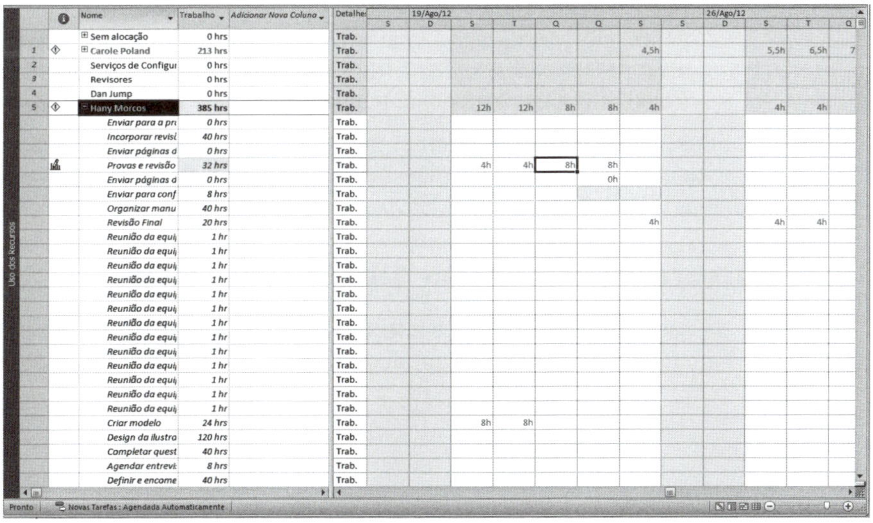

9. Selecione a atribuição de Hany de 8 horas na segunda-feira, 20 de agosto, na tarefa *Criar modelo*.
10. Digite **4h** e pressione Tab.
11. Com a atribuição de 8 horas de Hany na mesma tarefa para terça-feira, 21 agosto, selecionada, digite **4h** e pressione Tab.

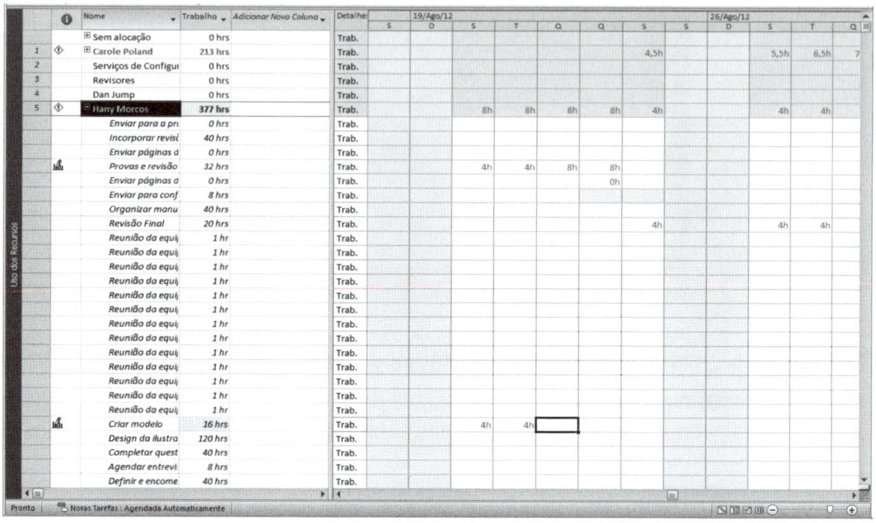

Você resolveu sua superalocação para a semana reduzindo seu trabalho nas duas tarefas. Note que, executando essa ação, você reduziu não apenas o trabalho de Hany nessas tarefas, mas o trabalho total no plano de projeto. Como um gerente de projeto, você precisa usar seu julgamento para determinar o melhor curso de ação nesses casos: reduzir trabalho, alterar atribuições de recurso ou estender o trabalho por um período de tempo maior.

Em seguida, você vai examinar outras superalocações de recursos no plano do novo livro que podem ser resolvidas automaticamente com a redistribuição de recursos.

Redistribuindo recursos superalocados

Na seção anterior, você leu sobre a alocação de recursos, descobriu o que causa a superalocação e resolveu um de seus casos manualmente. A ***redistribuição de re-***

cursos é o processo de atrasar ou dividir o trabalho de um recurso em uma tarefa para resolver uma superalocação. As opções da caixa de diálogo Redistribuição de recursos permitem definir parâmetros referentes ao modo como você quer que o Project resolva as superalocações. O Project tentará resolver essas superalocações quando você decidir redistribuir os recursos. Dependendo das opções escolhidas, esse procedimento poderá envolver o atraso da data de início de uma atribuição ou tarefa, ou a divisão do trabalho de uma tarefa.

Importante Embora os efeitos da redistribuição de recursos em uma agenda possam ser significativos, a redistribuição não altera as pessoas que já estão atribuídas às tarefas nem o trabalho total ou os valores de unidades de atribuição dessas atribuições.

Por exemplo, considere as tarefas a seguir, todas com o mesmo recurso de tempo integral atribuído:

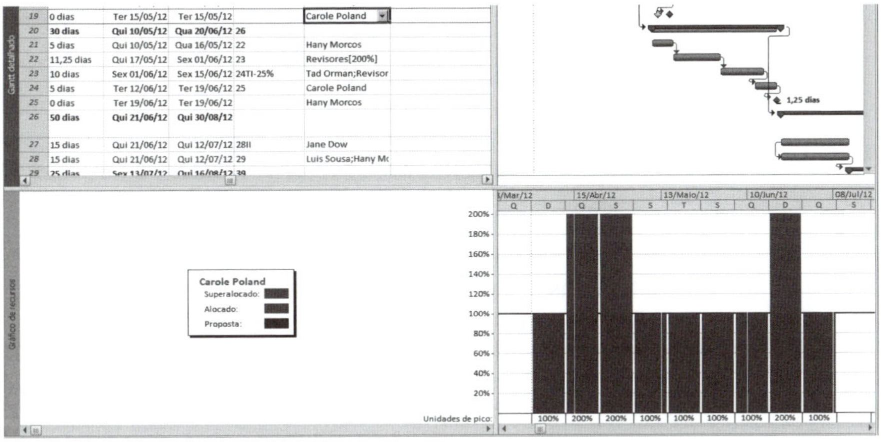

No modo de exibição dividido, o modo Gráfico de recursos é exibido abaixo do modo Gráfico de Gantt. Esse gráfico mostra os dias em que o recurso está superalocado, totalmente alocado ou se tem horas livres

Quando você executa a redistribuição de recursos, o Project atrasa (ou modifica) as datas de início das tarefas para que o recurso não fique superalocado.

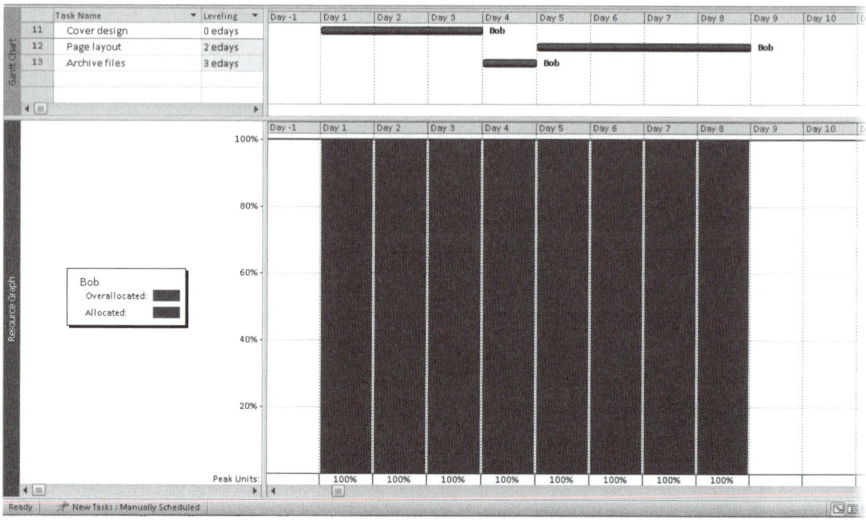

A redistribuição de recursos é uma ferramenta poderosa, mas só executa alguns procedimentos básicos: atrasa e divide as tarefas e atrasa as atribuições de recursos. Ela faz isso seguindo um conjunto razoavelmente complexo de regras e opções que você especifica na caixa de diálogo Redistribuição de recursos. (Essas opções são explicadas no exercício seguinte.) A redistribuição de recursos é uma excelente ferramenta de ajuste, mas não pode substituir seu bom-senso ao julgar a disponibilidade do recurso, durações das tarefas, relações e restrições. A redistribuição de recursos trabalhará com todas essas informações no modo como elas são inseridas no plano de projeto, mas talvez não seja possível resolver completamente todas as superalocações dentro da estrutura de tempo desejada, a menos que você altere algumas tarefas básicas e valores de recursos no plano de projeto.

Dica Para aprender mais sobre a redistribuição de recursos, clique no botão Ajuda (que tem um ponto de interrogação) no canto superior direito da janela do Project e na caixa Ajuda do Porject, digite Redistribuir atribuições de recursos.

Neste exercício, você vai redistribuir os recursos e visualizar os efeitos nas atribuições e na data de término do projeto.

1. Na guia **Exibição**, no grupo **Modos de Exibição de Recurso**, clique em **Planilha de Recursos**.

   O modo de exibição Planilha de Recursos é exibido. Observe que alguns nomes de recursos são exibidos em vermelho e mostram o ícone Superalocado na coluna Indicadores.

2. Na guia **Recurso**, no grupo **Nível**, clique em **Opções de Redistribuição**.

   A caixa de diálogo Redistribuição de recursos é exibida. Nas etapas seguintes, você percorrerá as opções dessa caixa de diálogo.

3. Em **Redistribuição de cálculos**, certifique-se de que a opção **Manual** está selecionada.

   Essa definição determina se o Project redistribuirá os recursos constantemente (Automática) ou apenas quando você mandar (Manual). A redistribuição automática ocorre assim que um recurso se torna superalocado.

   Dica Todas as definições da caixa de diálogo Redistribuição de recursos se aplicam a todos os planos de projeto com os quais você trabalha no Project, não apenas ao plano de projeto ativo. Usar a redistribuição automática pode parecer a melhor opção, mas provocará ajustes frequentes nos planos de projeto, independentemente da sua vontade. Por isso, recomendamos que você mantenha essa definição no Manual.

4. Na caixa **Procurar superalocações em uma base**, certifique-se de que a opção **Diariamente** está selecionada.

   Essa definição determina a estrutura de tempo na qual o Project irá procurar as superalocações. Se um recurso estiver superalocado, seu nome será formatado em vermelho. Se ele estiver superalocado no nível que você escolher aqui, o Project também mostrará o indicador Superalocado próximo ao seu nome.

   Dica Na maioria dos projetos, uma redistribuição mais detalhada do que diariamente pode resultar em ajustes irreais nas atribuições. Se você preferir não ver os indicadores de superalocação para superalocações diárias, selecione Semanalmente na caixa Procurar superalocações em uma base e, em seguida, clique em OK. Isso não irá redistribuir os recursos, mas determinará quando o Project exibirá os indicadores de superalocação próximos aos nomes dos recursos.

5. Certifique-se de que a caixa de seleção **Limpar nivelamentos anteriores** está marcada.

   Às vezes, você precisa redistribuir recursos repetidamente para obter os resultados desejados. Por exemplo, você poderá tentar inicialmente o nível semanal e depois mudar para o diário. Se a caixa de seleção Limpar nivelamentos anteriores estiver selecionada, o Project removerá todos os atrasos de redistribuição existentes em todas as tarefas e atribuições antes de redistribuir. Por exemplo, se você redistribuiu anteriormente um plano de projeto e, em seguida, adicionou mais atribuições, poderá limpar essa caixa de seleção antes de redistribuir novamente para que não perca os resultados da redistribuição anterior.

6. Em **Intervalo de redistribuição para 'Plano Avançado'**, certifique-se de que **Redistribuir o projeto inteiro** está selecionado.

   Aqui, você escolhe redistribuir o projeto inteiro ou apenas as atribuições dentro de um intervalo de datas especificado. A redistribuição dentro de um intervalo de datas é mais útil depois que você começa a controlar o trabalho real e deseja redistribuir apenas as atribuições restantes em um projeto.

7. Na caixa **Ordem de redistribuição**, certifique-se de que a opção **Padrão** está selecionada.

Você controla a prioridade que o Project usa para determinar que tarefas ele deve atrasar para resolver um conflito de recursos. A opção N° da Tarefa atrasa as tarefas de acordo com seus números de identificação: os números de identificação mais altos (por exemplo, 10) serão atrasados antes dos mais baixos (por exemplo, 5). Talvez você queira usar essa opção quando seu projeto não tiver relações entre tarefas ou restrições. A opção Padrão atrasa as tarefas de acordo com as relações com predecessoras, datas de início, restrições de tarefas, ***margem de atraso***, prioridade e identificações. A opção "Prioridade, padrão" examina o valor da prioridade da tarefa antes de outro critério padrão. (A ***prioridade da tarefa*** é um intervalo numérico entre 0 e 1000 que indica se a tarefa é apropriada para redistribuição. Tarefas com a prioridade mais baixa são as primeiras a serem atrasadas ou divididas.)

8. Certifique-se de que a caixa de seleção Redistribuir sem atrasar o projeto não está marcada.

Dica Lembre-se de que desmarcar uma caixa de seleção significa remover a marca de sua caixa, e marcar uma caixa de seleção significa inserir a marca. Clique na caixa de seleção para alternar entre seus estados.

Desmarcar essa caixa de seleção permite que o Project estenda a data de término do projeto, se necessário, para resolver as superalocações dos recursos.

Marcar essa caixa de seleção poderá impedir que o Project estenda a data de término do projeto para resolver as superalocações do recurso. Em vez disso, o Project poderá usar apenas uma margem de atraso livre dentro da agenda existente. Dependendo do projeto, talvez isso não seja adequado para resolver completamente as superalocações dos recursos.

9. Certifique-se de que a caixa de seleção **A redistribuição pode ajustar atribuições individuais de uma tarefa** está marcada.

   Isso permite que o Project adicione um atraso de redistribuição (ou divida o trabalho entre as atribuições se a opção A redistribuição pode criar interrupções no trabalho restante também estiver selecionada) independentemente de qualquer outro recurso atribuído à mesma tarefa. Isso fará com que os recursos iniciem e terminem o trabalho em uma tarefa em horas diferentes.

10. Certifique-se de que a caixa de seleção **A redistribuição pode criar interrupções no trabalho restante** está marcada.

    Isso permite que o Project divida o trabalho de uma tarefa (ou de uma atribuição se **A redistribuição pode ajustar atribuições individuais de uma tarefa** também estiver marcada) como uma maneira de resolver uma superalocação.

11. Certifique-se de que a caixa de seleção **Redistribuir tarefas agendadas manualmente** está marcada.

    Isso permite que o Project redistribua uma tarefa agendada manualmente como faria com uma tarefa agendada automaticamente.

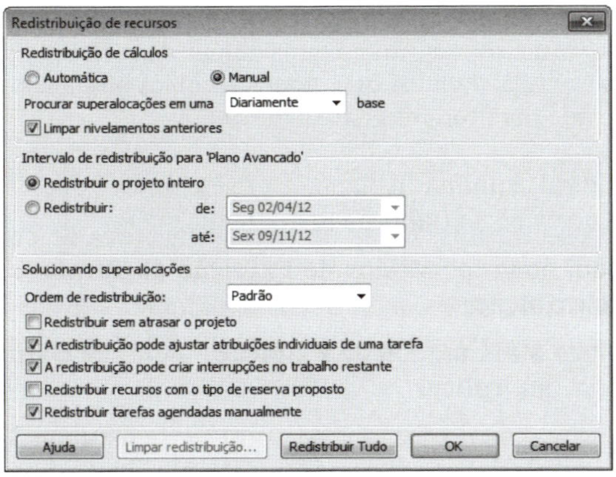

Importante Se você estiver usando o Project Professional em vez de o Project Standard, a caixa de diálogo Redistribuição de recursos e algumas outras caixas de diálogo conterão opções adicionais referentes ao Project Server. Nós não usaremos o Project Server neste livro, portanto você pode ignorar essas opções por enquanto. Para obter mais informações sobre o Project Server, consulte o Apêndice C.

12. Clique em **Redistribuir tudo**.

Dica Após ter definido as opções de redistribuição desejadas na caixa de diálogo Redistribuição de recursos, você pode redistribuir o plano de projeto clicando no botão Redistribuir Tudo na guia Recurso no grupo Nível. Você não precisa retornar à caixa de diálogo Redistribuição de recursos, a menos que queira alterar as opções de redistribuição.

O Project redistribui os recursos superalocados.

		Nome do Recurso	Tipo	Unidade do Material	Iniciais	Grupo	Unidades Máximas	Taxa padrão	Taxa de horas	Custo por uso	Acumular	Calendário base
1		Carole Poland	Trabalho		C		100%	R$ 2.100,00/sem	R$ 0,00/hr	R$ 0,00	Rateado	Standard
2		Serviços de Configuração de Cor	Trabalho		S		200%	R$ 0,00/hr	R$ 0,00/hr	R$ 0,00	Rateado	Standard
3		Revisores	Trabalho		R		200%	R$ 45,00/hr	R$ 0,00/hr	R$ 0,00	Rateado	Standard
4		Dan Jump	Trabalho		D		50%	R$ 75,50/hr	R$ 0,00/hr	R$ 0,00	Rateado	Standard
5		Hany Morcos	Trabalho		H		100%	R$ 1.550,00/sem	R$ 0,00/hr	R$ 0,00	Rateado	Standard
6		Jane Dow	Trabalho		J		100%	R$ 55,00/hr	R$ 0,00/hr	R$ 0,00	Rateado	Standard
7		Jun Cao	Trabalho		J		100%	R$ 42,00/hr	R$ 67,00/hr	R$ 0,00	Rateado	Standard
8		Luis Sousa	Trabalho		L		100%	R$ 70,00/hr	R$ 0,00/hr	R$ 0,00	Rateado	Standard
9		Serviços de Impressão	Trabalho		S		100%	R$ 0,00/hr	R$ 0,00/hr	R$ 0,00	Rateado	Standard
10		Tad Orman	Trabalho		T		100%	R$ 0,00/hr	R$ 0,00/hr	R$ 0,00	Rateado	Standard
11		Viagens	Custo		V						Rateado	
12		Encadernar provas	Material	cópias	E			R$ 15,00		R$ 0,00	Rateado	
13		Serviços de Configuração de Cor	Trabalho		S		100%	R$ 0,00/hr	R$ 0,00/hr	R$ 0,00	Rateado	Standard
14		Serviços de Impressão	Trabalho		S		100%	R$ 0,00/hr	R$ 0,00/hr	R$ 0,00	Rateado	Standard

Observe que os indicadores de superalocação sumiram.

Nota Ao distribuir recursos com a opção Diariamente selecionada, talvez os ícones de superalocação desapareçam, mas alguns nomes de recursos podem ainda permanecer em vermelho. Isso significa que alguns recursos ainda estão superalocados a cada hora (ou a cada minuto), mas não diariamente.

Em seguida, você vai examinar o plano de projeto antes e depois da redistribuição, usando o modo de exibição Gantt de Redistribuição.

13. Na guia **Exibição**, no grupo **Modos de Exibição de Tarefa**, clique na seta e em **Mais modos de exibição**.
14. Na caixa de diálogo **Mais modos de Exibição**, clique em **Gantt de Redistribuição** e, em seguida, em **Aplicar**.

    O Project muda para o modo de exibição Gantt de Redistribuição.

15. Na guia **Exibição**, no grupo **Zoom**, clique em **Aplicar Zoom no Projeto Inteiro**.

    Esse modo de exibição dá uma ideia melhor de algumas das tarefas que foram afetadas pela redistribuição.
16. Role verticalmente o modo de exibição Gantt de Redistribuição para baixo para ver a tarefa 46, a tarefa de resumo de *Preparação do lançamento do livro*.

No modo de exibição Gantt de Redistribuição, as barras na parte superior representam o agendamento da tarefa antes da redistribuição. A barra inferior representa o agendamento após a redistribuição.

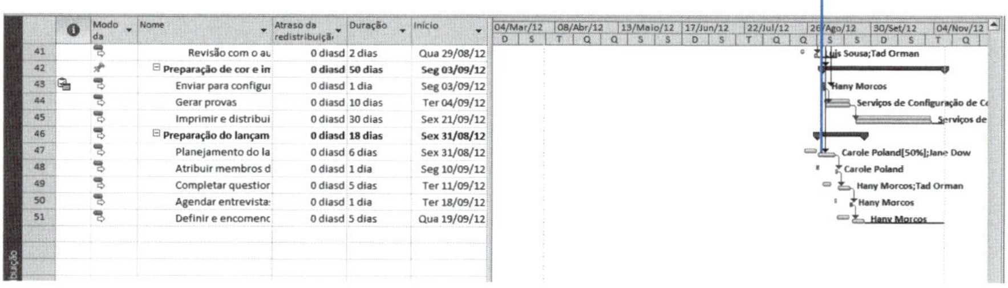

Essas são algumas das tarefas que foram mais afetadas pela redistribuição de recursos. Observe que cada tarefa tem duas barras. A barra superior representa a tarefa antes da redistribuição. Você pode ver o início, o término e a duração de uma tarefa antes da redistribuição apontando para a sua barra marrom claro. A barra inferior representa a tarefa redistribuída.

O Project foi capaz de resolver as superalocações de recursos. Para esse projeto especificamente, a redistribuição não estendeu a data de término do projeto.

A última tarefa no plano (tarefa 45, *Imprimir e distribuir*) ainda tem alguma folga devido à duração manual inserida na sua tarefa de resumo.

Verificando a data de término e o custo do projeto

Nem todos os planos de projeto incluem informações de custos, mas para aqueles que possuem, o controle dos custos pode ser tão ou mais importante do que o controle da data de término agendada. Nesta seção, você vai examinar o custo e a data de término.

Dois fatores a serem considerados ao examinar os custos do projeto são os tipos específicos de custos que você deseja ver e qual a melhor maneira de visualizá-los.

Os tipos de custos que você pode encontrar ao longo de um projeto são:

- **Custos da linha de base** Os custos originais planejados de tarefas, recursos ou atribuições salvos como parte de um plano de linha de base.
- **Custos atuais (ou agendados)** Os custos calculados de tarefas, recursos e atribuições em um plano de projeto. À medida que você faz os ajustes em um plano de projeto, como atribuir ou remover recursos, o Project recalcula os custos atuais, exatamente como recalcula as datas de início e de término. Depois que você começa a incorrer nos custos reais (normalmente, por meio do controle do trabalho real), o custo atual se iguala ao custo real mais o custo restante por tarefa, recurso ou atribuição. Os custos atuais são os valores que você vê nos campos Custo ou Custo Total.
- **Custos reais** Os custos que foram incorridos nas tarefas, recursos ou atribuições.
- **Custos restantes** A diferença entre os custos atuais, ou agendados, e os custos reais das tarefas, recursos ou atribuições.

Talvez você precise comparar esses custos (por exemplo, linha de base versus real), ou examiná-los individualmente por tarefa, recurso ou atribuição. Ou talvez precise examinar os valores dos custos de tarefas de resumo ou de um plano de projeto inteiro. Algumas maneiras comuns de visualizar esses tipos de custos incluem:

- Você pode ver os valores de custo do projeto inteiro na caixa de diálogo Estatísticas do projeto (você fará isso mais tarde).
- Pode ver ou imprimir os relatórios formatados que incluem fluxos de caixa, orçamento, tarefas ou recursos com orçamento estourado, e o valor acumulado (para fazer isso, na guia Projeto, no grupo Relatórios, clique em Relatórios ou Relatórios Visuais).
- Você pode ver as informações de custo em nível de tarefas, recursos ou atribuição nos modos de exibição de uso exibindo a tabela Custo (para fazer isso, na guia Exibição, no grupo Dados, clique em Tabelas e, em seguida, em Custo).

Além do custo, a data de término é uma medida fundamental (geralmente a mais importante) de um plano de projeto. A data de término de um projeto é calculada em função da sua duração e data de início. A maioria dos projetos tem uma data de término desejada, ou flexível, e muitos têm uma data de término rígida. Ao gerenciar projetos desse tipo, é essencial que você conheça o término atual ou agendado do projeto.

Dica Na linguagem do gerenciamento de projeto, uma data de término do projeto é determinada por seu *caminho crítico*. O caminho crítico é composto por uma série de tarefas que irão alterar a data final do projeto se as tarefas forem atrasadas. Por isso, ao avaliar a duração de um projeto, você deve focar principalmente nas tarefas do caminho crítico, denominadas tarefas críticas. Lembre-se de que a palavra *crítica* não tem nada a ver com o grau de importância dessas tarefas em relação ao projeto global. A palavra refere-se apenas a como seu agendamento afetará a data de término do projeto. Se você precisar se lembrar do caminho crítico, consulte o Capítulo 7 "Ajuste os detalhes das tarefas".

Neste exercício, você vai examinar os custos globais do projeto, os custos das tarefas individuais e a data de término do projeto.

1. Na guia **Exibição**, no grupo **Modos de Exibição de Tarefa**, clique em **Mais modos de exibição** e em **Planilha de Tarefas**.

   O Project muda para o modo de exibição Planilha de Tarefas. Em seguida, você mudará para a tabela Custo.

   Dica Imagina onde o Project conseguiu esse nome de tarefa de resumo do projeto mostrado para a tarefa 0? O Project usa o título inserido na caixa de diálogo Propriedades de Plano Avançado (na guia Arquivo, no grupo Informações) como o nome da tarefa de resumo do Projeto. Ou, se ninguém inseriu uma propriedade de título, o Project usa o nome do arquivo como o nome da tarefa de resumo do projeto. Se você alterar a tarefa de resumo do projeto uma vez que a tenha exibido, o Project atualizará a propriedade Título e vice-versa.

2. Na guia **Exibição**, no grupo **Dados**, clique em **Tabelas** e, em seguida, em **Custo**.

   A tabela Custo é exibida.

	Nome	Custo fixo	Acumulação de custo fixo	Custo Total	Linha de Base	Variação	Real	Restante	*Adicionar Nova Coluna*
0	**Cronograma do Livro**	**R$ 0,00**	**Rateado**	**R$ 60.517,25**	**R$ 0,00**	**R$ 60.517,25**	**R$ 0,00**	**R$ 60.517,25**	
1	**Reunião da equipe ed**	**R$ 0,00**	**Rateado**	**R$ 1.732,25**	**R$ 0,00**	**R$ 1.732,25**	**R$ 0,00**	**R$ 1.732,25**	
15	**Aquisição**	**R$ 0,00**	**Rateado**	**R$ 6.300,00**	**R$ 0,00**	**R$ 6.300,00**	**R$ 0,00**	**R$ 6.300,00**	
16	Manuscrito recebid	R$ 0,00	Rateado	R$ 0,00	R$ 0,00	R$ 0,00	R$ 0,00	R$ 0,00	
17	Edição de conteúdo	R$ 0,00	Rateado	R$ 6.300,00	R$ 0,00	R$ 6.300,00	R$ 0,00	R$ 6.300,00	
18	Revisão da edição d	R$ 0,00	Rateado	R$ 0,00	R$ 0,00	R$ 0,00	R$ 0,00	R$ 0,00	
19	Enviar para o editor	R$ 0,00	Rateado	R$ 0,00	R$ 0,00	R$ 0,00	R$ 0,00	R$ 0,00	
20	**Editorial**	**R$ 0,00**	**Rateado**	**R$ 3.650,00**	**R$ 0,00**	**R$ 3.650,00**	**R$ 0,00**	**R$ 3.650,00**	
21	Organizar manuscri	R$ 0,00	Rateado	R$ 1.550,00	R$ 0,00	R$ 1.550,00	R$ 0,00	R$ 1.550,00	
22	Revisão de texto	R$ 0,00	Rateado	R$ 0,00	R$ 0,00	R$ 0,00	R$ 0,00	R$ 0,00	
23	Revisão do texto dc	R$ 0,00	Rateado	R$ 0,00	R$ 0,00	R$ 0,00	R$ 0,00	R$ 0,00	
24	Incorporar revisão	R$ 0,00	Rateado	R$ 2.100,00	R$ 0,00	R$ 2.100,00	R$ 0,00	R$ 2.100,00	
25	Enviar para a produ	R$ 0,00	Rateado	R$ 0,00	R$ 0,00	R$ 0,00	R$ 0,00	R$ 0,00	
26	**Design e Produção**	**R$ 0,00**	**Rateado**	**R$ 36.115,00**	**R$ 0,00**	**R$ 36.115,00**	**R$ 0,00**	**R$ 36.115,00**	
27	Definir páginas	R$ 0,00	Rateado	R$ 7.590,00	R$ 0,00	R$ 7.590,00	R$ 0,00	R$ 7.590,00	
28	Design da ilustraçã	R$ 0,00	Rateado	R$ 13.050,00	R$ 0,00	R$ 13.050,00	R$ 0,00	R$ 13.050,00	
29	**Revisão das primeir**	**R$ 0,00**	**Rateado**	**R$ 6.880,00**	**R$ 0,00**	**R$ 6.880,00**	**R$ 0,00**	**R$ 6.880,00**	
30	Provas e índice	R$ 0,00	Rateado	R$ 0,00	R$ 0,00	R$ 0,00	R$ 0,00	R$ 0,00	
31	Incorporar revisã	R$ 0,00	Rateado	R$ 1.550,00	R$ 0,00	R$ 1.550,00	R$ 0,00	R$ 1.550,00	

Planilha de Tarefas

Aqui, você pode ver muitos tipos de valores de custo para o projeto global (o custo total da tarefa de resumo do projeto 0), para as fases do projeto (tarefas de resumo) e para tarefas individuais.

Nesse ponto do ciclo de vida do projeto, o plano de projeto ainda não inclui uma linha de base; portanto, a coluna Linha de Base contém somente valores zero. Da mesma maneira, o plano de projeto ainda não contém nenhum progresso real, portanto a coluna Real contém somente valores zero.

Em seguida, você verificará a data de término do projeto.

3. Na guia **Projeto**, no grupo **Propriedades**, clique em **Informações do Projeto**.

A caixa de diálogo Informações sobre o projeto é exibida.

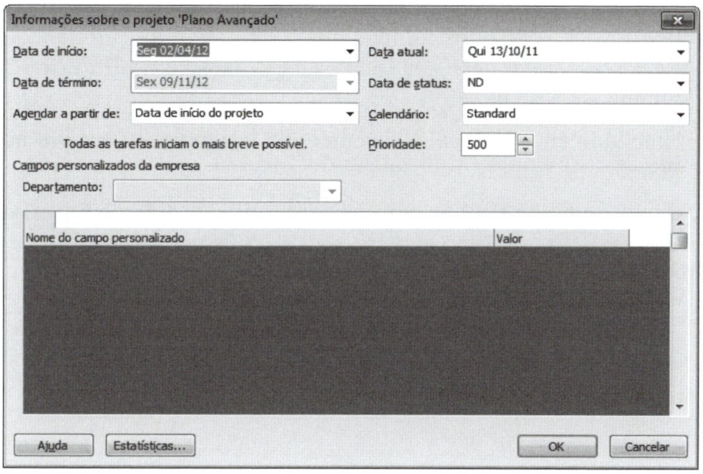

Na caixa de diálogo Informações sobre o projeto, você pode ver a data de término atual, baseada em como o projeto está agendado no momento. Observe que aqui é possível editar a data de início do projeto, mas não sua data de término. O Project calculou sua data de término com base na data de início mais a duração global do projeto. Em seguida, você vai examinar os valores de duração para esse projeto.

4. Na caixa de diálogo **Informações sobre o projeto**, clique em **Estatísticas**.

A caixa de diálogo Estatísticas do projeto é exibida.

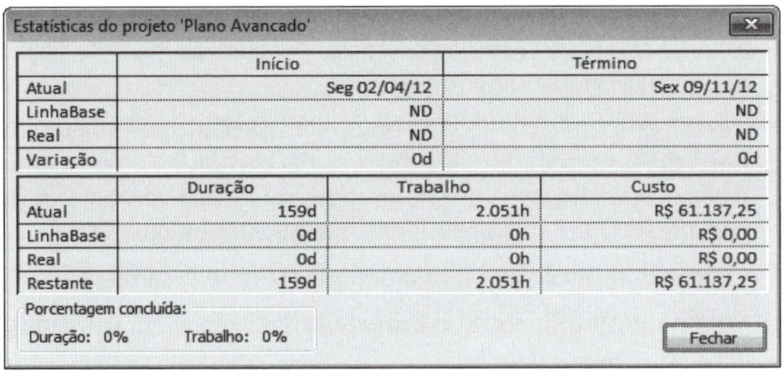

Esse projeto atualmente não tem linha de base nem trabalho real reportado, portanto, você vê ND nos campos Início e Término da "LinhaBase", Início e Término Real e os valores zero nos campos de Variação e em Duração, Trabalho e Custo da LinhaBase e Real.

Note também que o valor de custo é o mesmo que você viu no modo de exibição Planilha de Tarefas.

5. Clique no botão **Fechar** para fechar a caixa de diálogo **Estatísticas do projeto**.

LIMPEZA Feche o arquivo Plano Avancado.

Pontos principais

- O valor de unidades máximas de um recurso de trabalho (Unid. máximas) e seu período útil (como definido pelo seu calendário de recurso) determinam quando o recurso está superalocado.
- O modo de exibição Uso dos Recursos permite que você visualize os detalhes das atribuições que ocasionam a superalocação do recurso.
- Você pode resolver manual ou automaticamente as superalocações dos recursos.
- Você pode visualizar os detalhes de custos tanto para atribuições individuais quanto para o projeto inteiro.

Resumo do Capítulo

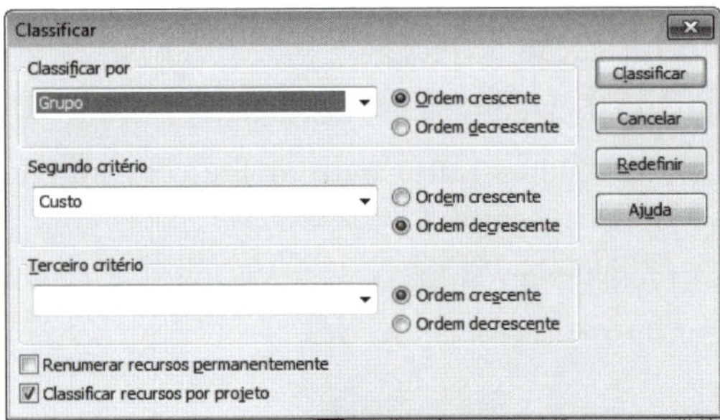

Classifique dados de tarefas ou recursos, **p. 234**

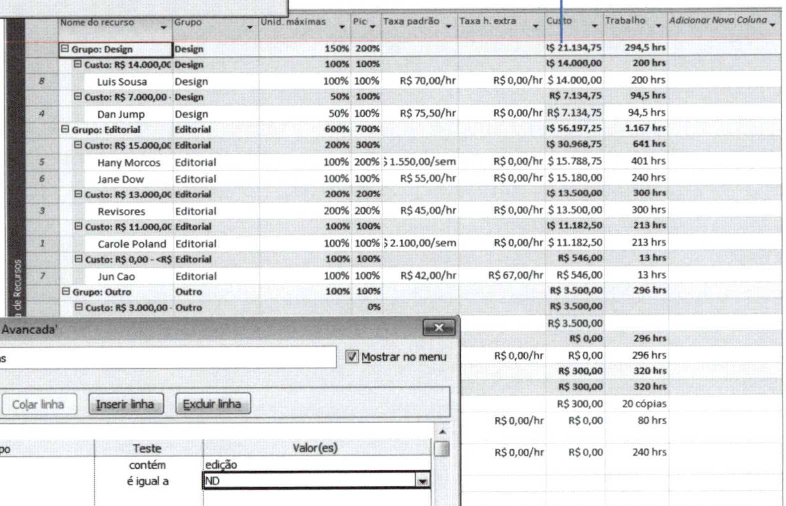

Agrupe tarefas ou recursos e mostre os valores acumulados ou resumidos por grupo, **p. 238**

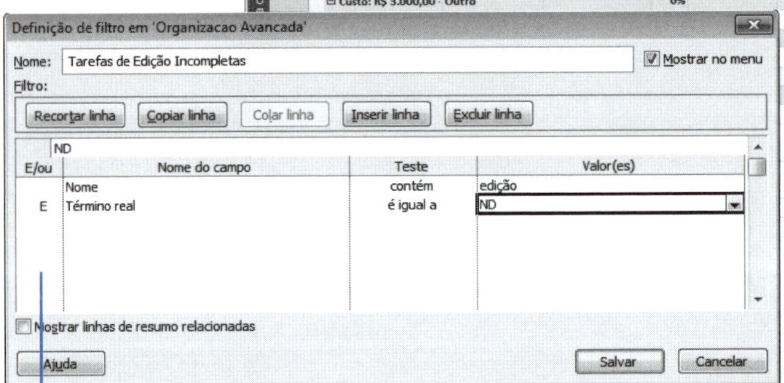

Crie filtros personalizados para mostrar apenas os dados que você deseja ver, **p. 242**

Crie um modo de exibição próprio com as definições de tabela, grupo e filtro que você desejar, **p. 251**

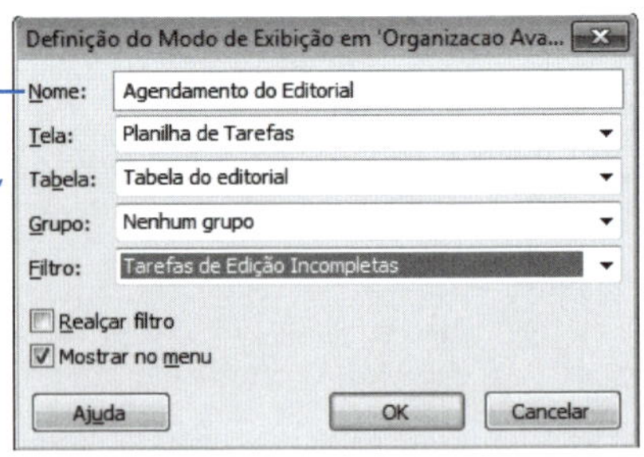

Capítulo 11

Organize e formate os detalhes do projeto

Neste capítulo, você vai aprender a:

- Classificar os dados das tarefas e dos recursos.
- Exibir os dados das tarefas e dos recursos em grupos.
- Filtrar ou realçar os dados das tarefas e dos recursos.
- Criar uma tabela personalizada.
- Criar um modo de exibição personalizado.

Após criar um plano de projeto, é muito provável que você precise examinar alguns de seus aspectos específicos para fazer uma análise pessoal ou para compartilhar com outros ***stakeholders***. Embora os *modos de* ***exibição***, ***tabelas*** e ***relatórios*** no Microsoft Project 2010 forneçam muitas formas de examinar um plano de projeto, talvez seja preciso organizar as informações para ajustá-las às suas necessidades específicas.

Neste capítulo, você vai usar algumas das ferramentas de formatação do Project para alterar a forma como seus dados são exibidos. O Project inclui muitos recursos para a organização e análise de dados que, do contrário, exigiriam ferramentas separadas, como um aplicativo de planilha.

Arquivos de exercícios Para concluir os exercícios deste capítulo, copie os arquivos de exercícios para seu computador. Os arquivos que você usará para finalizar esses exercícios encontram-se na pasta Capitulo11. Na seção "Usando os arquivos de exercícios", no início deste livro, existe uma lista completa desses arquivos.

Importante Se você estiver executando o Project Professional, talvez seja necessário fazer uma alteração de configuração. Isso ajuda a garantir que os arquivos de exercícios com os quais você trabalhar neste capítulo não afetem os dados do seu Project Server. Para obter mais informações, consulte o Apêndice C, "Usando os arquivos de exercícios se estiver conectado ao Project Server".

Classificando os detalhes do projeto

A *classificação* é a maneira mais simples de reorganizar os dados de tarefas ou recursos no Project. É possível classificar tarefas ou recursos por meio de critérios predefinidos, ou criar sua própria ordem de classificação com até três níveis de aninhamento. Por exemplo, você pode classificar os recursos por grupo de recursos (esse é o valor no campo Grupo – *Design*, *Editorial* e assim por diante) e, em seguida, classificar por custos dentro de cada grupo.

Como no agrupamento e na filtragem, com os quais você vai trabalhar mais tarde neste capítulo, a classificação não altera (com uma exceção) os dados subjacentes do plano de projeto; ela simplesmente reorganiza os dados existentes no modo de exibição ativo. A única exceção é a opção que o Project oferece para renumerar as identificações de tarefas ou recursos após a classificação.

Quando você classifica dados, a ordem de classificação se aplica ao modo de exibição ativo independentemente da tabela específica atualmente exibida no modo de exibição. Por exemplo, se você classificar o modo de exibição Gráfico de Gantt pela data de início enquanto exibe a tabela Entrada e, em seguida, trocar para a tabela Custo, você verá as tarefas classificadas pela data de início na tabela Custo. Você também pode classificar na maioria dos modos de exibição que não incluem uma tabela, como o modo de exibição Gráfico de recursos.

Se você pretende renumerar tarefas ou recursos permanentemente, é uma boa opção. Por exemplo, ao criar uma lista de recursos, você poderá inserir os nomes dos recursos na ordem em que eles são adicionados ao projeto. Mais tarde, quando a lista estiver concluída, poderá classificá-los por ordem alfabética de nomes e renumerá-los permanentemente.

No plano do novo livro da Lucerne Publishing, cada recurso está atribuído a um dos vários grupos de recursos. Esses grupos têm nomes como *Design*, *Editorial* e outros que pertencem a uma editora de livros. Para seus planos de projeto, use os grupos de recursos que representem equipes funcionais, departamentos ou qualquer outro nome que descreva de maneira mais lógica as coleções de recursos semelhantes.

A classificação de todos os recursos por grupos permite verificar com mais facilidade os custos associados a cada um deles. Isso pode ajudar a planejar o orçamento do projeto. Você também pode classificar os recursos dentro de cada grupo por custos, do mais caro ao mais barato.

Neste exercício, você vai classificar um modo de exibição de recurso por custo.

PREPARAÇÃO Iniciar o Project, caso ele ainda não esteja em execução.

Você precisa do plano de projeto Organizacao Avancada_Inicio localizado na sua pasta de arquivos de exercícios Capitulo11 para concluir este exercício. Abra o plano de projeto Organizacao Avancada_Inicio e, em seguida, siga estas etapas.

1. Na guia **Arquivo**, clique em **Salvar como**.

   A caixa de diálogo Salvar como é exibida.

2. Na caixa **Nome do arquivo**, digite Organizacao Avancada e clique em **Salvar**.

3. Na guia **Exibição**, no grupo **Modos de Exibição de Recurso**, clique em **Planilha de Recursos**.

   O modo de exibição Planilha de Recursos é exibido. Por padrão, a tabela Entrada é exibida no modo de exibição Planilha de Recursos; entretanto, a tabela Entrada inclui taxas de pagamento, mas não exibe o campo custo total por recurso. Portanto, você vai alternar para a tabela Resumo.

4. Na guia **Exibição**, no grupo **Dados**, clique em **Tabelas** e em **Resumo**.

   A tabela Resumo é exibida.

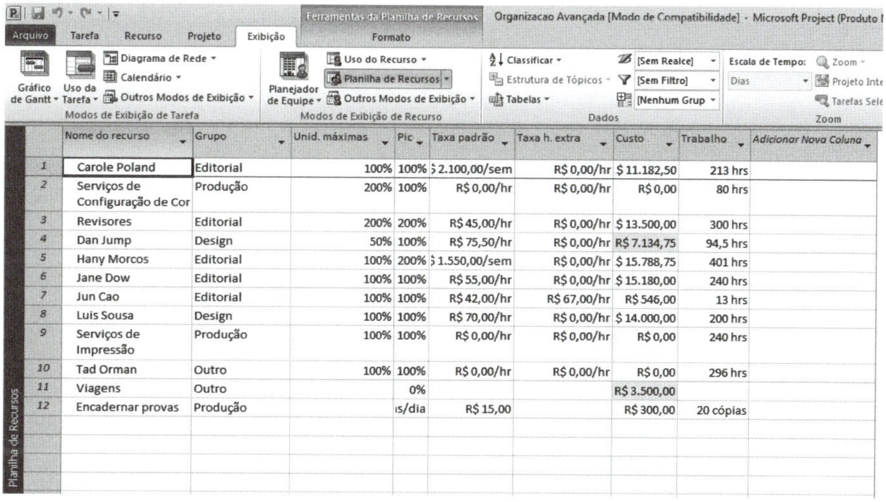

Agora, você está pronto para classificar o modo de exibição Planilha de Recursos.

Novo no 2010

5. Clique na seta do **AutoFiltro** no cabeçalho de coluna **Custo** e, no menu que aparece, em **Classificar do Maior para Menor**.

Dica Caso você não veja as setas do AutoFiltro nos cabeçalhos de coluna, tente o seguinte: na guia Exibição, no grupo Dados, na caixa Filtro, clique em Exibir Filtro Automático.

O modo de exibição Planilha de Recursos é classificado pela coluna Custo, em ordem decrescente.

Você pode classificar rapidamente uma tabela clicando na seta AutoFiltro.

Planilha de Recursos

	Nome do recurso	Grupo	Unid. máximas	Pic	Taxa padrão	Taxa h. extra	Custo	Trabalho	Adicionar Nova Coluna
1	Carole Poland	Editorial	100%	100%	$ 2.100,00/sem	R$ 0,00/hr	$ 11.182,50	213 hrs	
2	Serviços de Configuração de Cor	Produção	200%	100%	R$ 0,00/hr	R$ 0,00/hr	R$ 0,00	80 hrs	
3	Revisores	Editorial	200%	200%	R$ 45,00/hr	R$ 0,00/hr	$ 13.500,00	300 hrs	
4	Dan Jump	Design	50%	100%	R$ 75,50/hr	R$ 0,00/hr	R$ 7.134,75	94,5 hrs	
5	Hany Morcos	Editorial	100%	200%	$ 1.550,00/sem	R$ 0,00/hr	$ 15.788,75	401 hrs	
6	Jane Dow	Editorial	100%	100%	R$ 55,00/hr	R$ 0,00/hr	$ 15.180,00	240 hrs	
7	Jun Cao	Editorial	100%	100%	R$ 42,00/hr	R$ 67,00/hr	R$ 546,00	13 hrs	
8	Luis Sousa	Design	100%	100%	R$ 70,00/hr	R$ 0,00/hr	$ 14.000,00	200 hrs	
9	Serviços de Impressão	Produção	100%	100%	R$ 0,00/hr	R$ 0,00/hr	R$ 0,00	240 hrs	
10	Tad Orman	Outro	100%	100%	R$ 0,00/hr	R$ 0,00/hr	R$ 0,00	296 hrs	
11	Viagens	Outro		0%			R$ 3.500,00		
12	Encadernar provas	Produção		ıs/dia	R$ 15,00		R$ 300,00	20 cópias	

Essa disposição é excelente para visualizar os custos dos recursos do projeto inteiro, mas talvez você queira ver esses dados organizados por grupo de recursos. Para ver essa disposição, você vai aplicar uma ordem de classificação de dois níveis.

6. Na guia **Exibição**, no grupo **Dados**, clique em Classificar e em **Classificar por**.

   A caixa de diálogo Classificar é exibida. Nela, você pode aplicar até três níveis de aninhamento de critérios de classificação.

7. Em **Classificar por**, clique em **Grupo** na lista suspensa e, ao lado desta, em **Ordem crescente**.

Dica Ao selecionar itens em uma lista como essa, você pode começar a digitar o nome do item desejado e, quando seu nome completo aparecer, selecioná-lo.

Grupo aqui se refere ao campo Grupo do Recurso, o qual, para o projeto do novo livro, contém valores como *Design* e *Editorial*; esses são os grupos com os quais a maioria dos recursos no plano de projeto estão associados. Esses valores foram adicionados previamente ao plano de projeto por você.

8. Em **Segundo critério** (no centro da caixa de diálogo), clique em **Custo** na lista suspensa e, ao lado desta, clique em **Ordem decrescente**.

Dica Você pode classificar por qualquer campo, não apenas os campos visíveis no modo de exibição ativo. Entretanto, é útil ver o campo pelo qual você classifica – nesse caso, o campo Custo.

9. Certifique-se de que a caixa de seleção **Renumerar recursos permanentemente** está desmarcada.

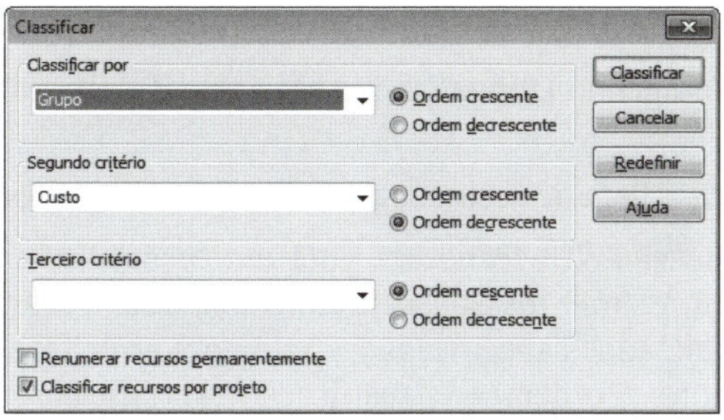

Importante A caixa de seleção "Renumerar recursos permanentemente" (ou, quando em um modo de exibição de tarefas, as "Renumerar Tarefas permanentemente") na caixa de diálogo Classificar é uma configuração no nível do Project (isto é, do aplicativo); se selecionada, ele renumera permanentemente os recursos ou tarefas em qualquer plano do Project no qual você classificar. Como você talvez não queira renumerar os recursos ou tarefas permanentemente toda vez que classificar, é uma boa ideia manter essa caixa de seleção desmarcada.

10. Clique em **Classificar**.

O Project classifica o modo de exibição Planilha de Recursos para exibir os recursos por grupo (*Design*, *Editorial* e assim por diante) e, depois, por custo dentro de cada grupo.

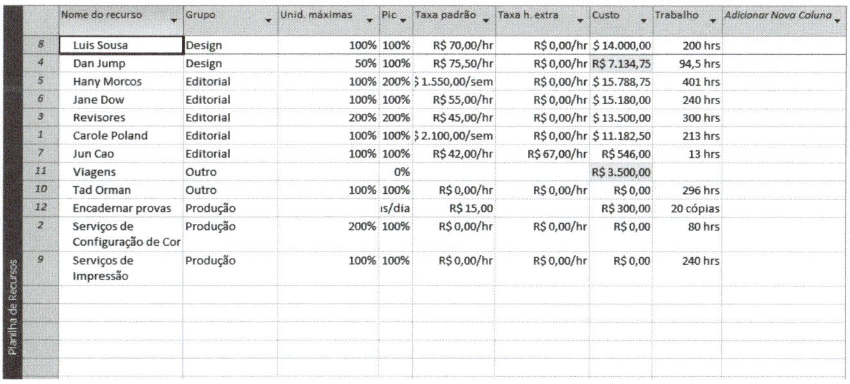

	Nome do recurso	Grupo	Unid. máximas	Pic	Taxa padrão	Taxa h. extra	Custo	Trabalho	*Adicionar Nova Coluna*
8	Luis Sousa	Design	100%	100%	R$ 70,00/hr	R$ 0,00/hr	$ 14.000,00	200 hrs	
4	Dan Jump	Design	50%	100%	R$ 75,50/hr	R$ 0,00/hr	R$ 7.134,75	94,5 hrs	
5	Hany Morcos	Editorial	100%	200%	$ 1.550,00/sem	R$ 0,00/hr	$ 15.788,75	401 hrs	
6	Jane Dow	Editorial	100%	100%	R$ 55,00/hr	R$ 0,00/hr	$ 15.180,00	240 hrs	
3	Revisores	Editorial	200%	200%	R$ 45,00/hr	R$ 0,00/hr	$ 13.500,00	300 hrs	
1	Carole Poland	Editorial	100%	100%	$ 2.100,00/sem	R$ 0,00/hr	$ 11.182,50	213 hrs	
7	Jun Cao	Editorial	100%	100%	R$ 42,00/hr	R$ 67,00/hr	R$ 546,00	13 hrs	
11	Viagens	Outro		0%			R$ 3.500,00		
10	Tad Orman	Outro	100%	100%	R$ 0,00/hr	R$ 0,00/hr	R$ 0,00	296 hrs	
12	Encadernar provas	Produção		ıs/dia	R$ 15,00		R$ 300,00	20 cópias	
2	Serviços de Configuração de Cor	Produção	200%	100%	R$ 0,00/hr	R$ 0,00/hr	R$ 0,00	80 hrs	
9	Serviços de Impressão	Produção	100%	100%	R$ 0,00/hr	R$ 0,00/hr	R$ 0,00	240 hrs	

Essa classificação proporciona uma maneira fácil de identificar os recursos mais caros em cada grupo de recursos que trabalha no projeto do novo livro.

Agora, o modo de exibição Planilha de Recursos está classificado por grupo de recursos e dentro de cada grupo, por custo.

Para concluir este exercício, você vai reclassificar as informações dos recursos para retorná-las à sua ordem original.

11. Na guia **Exibição**, no grupo **Dados**, clique em **Classificar** e em **pelo número da tarefa**.

    O Project reclassifica a lista de recursos pela identificação do recurso.

Os números de identificação (ID) fornecem uma indicação visual de que um modo de exibição de tarefa ou recurso foi classificado. Não é possível salvar as definições de classificação personalizadas especificadas, como você pode fazer no agrupamento e na filtragem. Entretanto, a ordem de classificação especificada mais recentemente permanecerá em vigor até que você reclassifique a visão.

Agrupando detalhes do projeto

À medida que você desenvolve um plano de projeto, pode usar os modos de exibição disponíveis no Project para visualizar e analisar seus dados de várias formas. Uma maneira importante de ver os dados nos modos de exibição de tarefas e de recursos é por agrupamento. O ***agrupamento (grupo)*** permite organizar as informações de tarefas ou recursos (ou, quando em um modo de exibição de Uso, as informações de atribuições) de acordo com critérios escolhidos. Por exemplo, em vez de visualizar a lista de recursos no modo de exibição Planilha de Recursos classificado por número de recurso, você pode visualizá-los classificados por custo. Entretanto, o agrupamento vai um passo além da simples classificação: ele soma os valores de resumo, ou "acumula", em intervalos que você pode personalizar. Por exemplo, é possível agrupar recursos por seus custos com um intervalo de R$ 1.000,00 entre os grupos.

O agrupamento altera o modo como você visualiza seus dados de tarefas ou recursos, permitindo um nível mais refinado de análise e apresentação dos dados. O agrupamento não altera a estrutura subjacente do plano de projeto: ele simplesmente reorganiza e resume os dados. Como na classificação, quando você agrupa os dados em um modo de exibição, o agrupamento é aplicado a todas as tabelas que podem ser exibidas nesse modo de exibição. Você também pode agrupar o modo de exibição Diagrama de rede, que não contém uma tabela.

O Project inclui várias definições predefinidas de grupo para tarefas e recursos, como agrupar tarefas por duração, ou recursos por taxa de pagamento padrão. Você também pode personalizar todos os grupos embutidos ou criar o seu próprio grupo.

Neste exercício, você vai agrupar os recursos e criar uma definição de agrupamento personalizada.

1. Na guia **Exibição**, no grupo **Dados**, clique na seta do botão **Agrupar por:** e em **Grupo do recurso**.

Novo no 2010

Dica Como a coluna Grupo está visível no modo de exibição Planilha de Recursos, você também pode clicar na seta do AutoFiltro no cabeçalho de coluna Grupo e, no menu que aparece, clique em Grupo neste campo.

O Project reorganiza os dados do recurso em grupos de recursos, soma os valores de custos resumidos por grupo e apresenta os dados em um formato de estrutura em tópicos expandido.

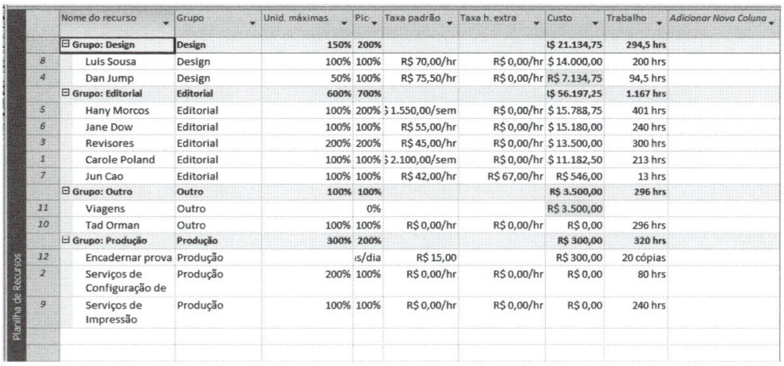

	Nome do recurso	Grupo	Unid. máximas	Pic	Taxa padrão	Taxa h. extra	Custo	Trabalho	Adicionar Nova Coluna
	⊟ Grupo: Design	**Design**	**150%**	**200%**			**l$ 21.134,75**	**294,5 hrs**	
8	Luis Sousa	Design	100%	100%	R$ 70,00/hr	R$ 0,00/hr	$ 14.000,00	200 hrs	
4	Dan Jump	Design	50%	100%	R$ 75,50/hr	R$ 0,00/hr	R$ 7.134,75	94,5 hrs	
	⊟ Grupo: Editorial	**Editorial**	**600%**	**700%**			**l$ 56.197,25**	**1.167 hrs**	
5	Hany Morcos	Editorial	100%	200%	$ 1.550,00/sem	R$ 0,00/hr	$ 15.788,75	401 hrs	
6	Jane Dow	Editorial	100%	100%	R$ 55,00/hr	R$ 0,00/hr	$ 15.180,00	240 hrs	
3	Revisores	Editorial	200%	200%	R$ 45,00/hr	R$ 0,00/hr	$ 13.500,00	300 hrs	
1	Carole Poland	Editorial	100%	100%	$ 2.100,00/sem	R$ 0,00/hr	$ 11.182,50	213 hrs	
7	Jun Cao	Editorial	100%	100%	R$ 42,00/hr	R$ 67,00/hr	R$ 546,00	13 hrs	
	⊟ Grupo: Outro	**Outro**	**100%**	**100%**			**R$ 3.500,00**	**296 hrs**	
11	Viagens	Outro		0%			R$ 3.500,00		
10	Tad Orman	Outro	100%	100%	R$ 0,00/hr	R$ 0,00/hr	R$ 0,00	296 hrs	
	⊟ Grupo: Produção	**Produção**	**300%**	**200%**			**R$ 300,00**	**320 hrs**	
12	Encadernar prova	Produção		ıs/dia	R$ 15,00		R$ 300,00	20 cópias	
2	Serviços de Configuração de	Produção	200%	100%	R$ 0,00/hr	R$ 0,00/hr	R$ 0,00	80 hrs	
9	Serviços de Impressão	Produção	100%	100%	R$ 0,00/hr	R$ 0,00/hr	R$ 0,00	240 hrs	

Esse agrupamento é similar à classificação que você fez na seção anterior, mas, dessa vez, você verá os valores de custo resumido para cada grupo de recursos.

O Project aplica uma formatação de colorido claro às linhas de dados resumidos. Como os dados resumidos são derivados dos dados subordinados, você não pode editá-los diretamente. A exibição desses valores resumidos não tem efeito algum nos cálculos de custo ou de agendamento do plano de projeto.

Para ter mais controle sobre o modo como o Project organiza e apresenta os dados, agora você vai criar um grupo.

Entretanto, antes de criar um grupo personalizado e personalizações adicionais em todo este capítulo, você fará uma alteração às configurações do Project. Você fará esse ajuste para impedir que esse grupo de personalização se torne disponível em outros planos de projeto com os quais você possa trabalhar e que não estão relacionados a esse material de treinamento.

2. Clique na guia **Arquivo** e, em seguida, em **Opções**.

   A caixa de diálogo Opções do Project aparece.

3. Clique na guia **Avançado** e, abaixo de **Exibir**, desmarque a caixa de seleção **Adicionar automaticamente novos modos de exibição, tabelas, filtros e grupos ao global**.

4. Clique em **OK** para fechar a caixa de diálogo **Opções do Project**.

   Com a tarefa de limpeza concluída, você está pronto para criar um grupo personalizado.

5. Na guia **Exibição**, no grupo **Dados**, clique na seta sobre o botão **Agrupar por:** e em **Mais grupos**.

   A caixa de diálogo Mais grupos é exibida.

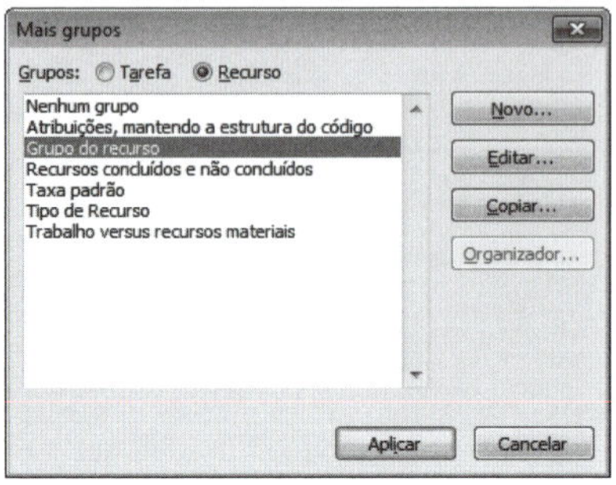

   Nessa caixa de diálogo, você pode ver todos os grupos predefinidos disponíveis para tarefas (quando em um modo de exibição de tarefas) e recursos (quando em um modo de exibição de recursos). Seu novo grupo será muito semelhante ao Grupo do Recurso, portanto, você vai começar copiando-o.

6. Certifique-se de que a opção **Grupo do recurso** está selecionada e clique em **Copiar**.

   A caixa de diálogo Definição de grupo é exibida.

7. Na caixa **Nome**, selecione o texto exibido e, em seguida, digite **Grupos de Recursos por Custo**.
8. Na coluna **Nome do campo**, clique na primeira célula abaixo de *Grupo*.
9. Digite ou selecione **Custo**.
10. Na coluna **Ordem** para o campo **Custo**, selecione **Decrescente**.

    Os recursos serão classificados dentro de seus grupos por custo, dos valores mais altos aos mais baixos.

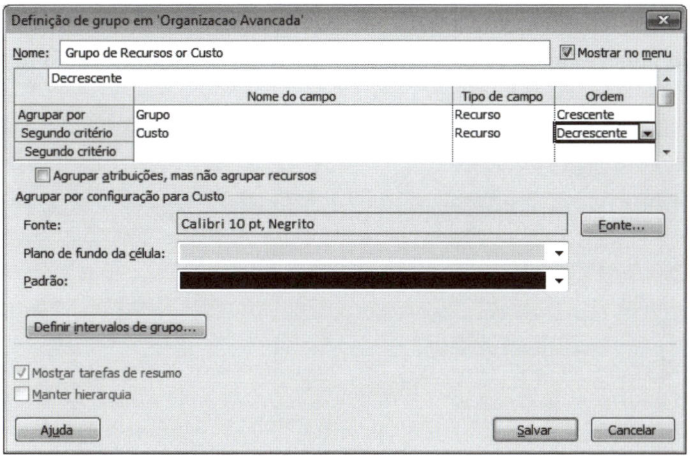

Em seguida, você vai ajustar os intervalos de custos nos quais o Project agrupará os recursos.

11. Com a linha **Custo** ainda selecionada, clique no botão **Definir intervalos de grupo**.

    A caixa de diálogo Definir intervalo de grupo é exibida.

12. Na caixa **Grupo em**, selecione **Intervalo**.
13. Na caixa **Intervalo do grupo**, digite 1000.

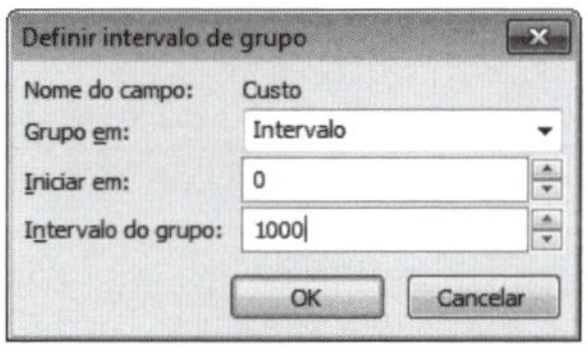

14. Clique em **OK**.
15. Clique em **Salvar** para fechar a caixa de diálogo **Definição de grupo**.

    O novo grupo, *Grupos de Recursos por Custo*, agora é exibido na caixa de diálogo Mais grupos.

16. Clique em **Aplicar**.

    O Project aplica o novo grupo ao modo de exibição Planilha de Recursos.

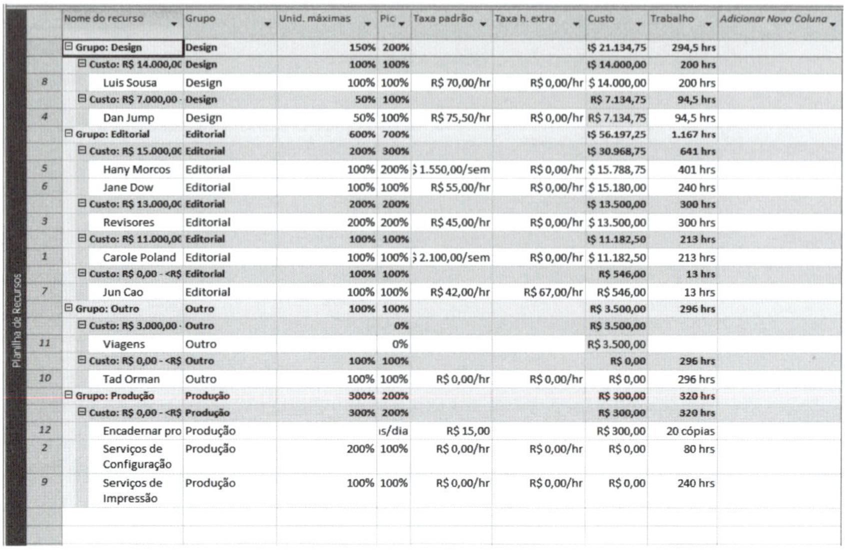

	Nome do recurso	Grupo	Unid. máximas	Pic	Taxa padrão	Taxa h. extra	Custo	Trabalho	Adicionar Nova Coluna
	⊟ Grupo: Design	**Design**	**150%**	**200%**			**t$ 21.134,75**	**294,5 hrs**	
	⊟ Custo: R$ 14.000,0C	**Design**	**100%**	**100%**			**t$ 14.000,00**	**200 hrs**	
8	Luis Sousa	Design	100%	100%	R$ 70,00/hr	R$ 0,00/hr	$ 14.000,00	200 hrs	
	⊟ Custo: R$ 7.000,00 ·	**Design**	**50%**	**100%**			**R$ 7.134,75**	**94,5 hrs**	
4	Dan Jump	Design	50%	100%	R$ 75,50/hr	R$ 0,00/hr	R$ 7.134,75	94,5 hrs	
	⊟ Grupo: Editorial	**Editorial**	**600%**	**700%**			**t$ 56.197,25**	**1.167 hrs**	
	⊟ Custo: R$ 15.000,0C	**Editorial**	**200%**	**300%**			**t$ 30.968,75**	**641 hrs**	
5	Hany Morcos	Editorial	100%	200%	$ 1.550,00/sem	R$ 0,00/hr	$ 15.788,75	401 hrs	
6	Jane Dow	Editorial	100%	100%	R$ 55,00/hr	R$ 0,00/hr	$ 15.180,00	240 hrs	
	⊟ Custo: R$ 13.000,0C	**Editorial**	**200%**	**200%**			**t$ 13.500,00**	**300 hrs**	
3	Revisores	Editorial	200%	200%	R$ 45,00/hr	R$ 0,00/hr	$ 13.500,00	300 hrs	
	⊟ Custo: R$ 11.000,0C	**Editorial**	**100%**	**100%**			**t$ 11.182,50**	**213 hrs**	
1	Carole Poland	Editorial	100%	100%	$ 2.100,00/sem	R$ 0,00/hr	$ 11.182,50	213 hrs	
	⊟ Custo: R$ 0,00 - <R$	**Editorial**	**100%**	**100%**			**R$ 546,00**	**13 hrs**	
7	Jun Cao	Editorial	100%	100%	R$ 42,00/hr	R$ 67,00/hr	R$ 546,00	13 hrs	
	⊟ Grupo: Outro	**Outro**	**100%**	**100%**			**R$ 3.500,00**	**296 hrs**	
	⊟ Custo: R$ 3.000,00 ·	**Outro**		**0%**			**R$ 3.500,00**		
11	Viagens	Outro		0%			R$ 3.500,00		
	⊟ Custo: R$ 0,00 - <R$	**Outro**	**100%**	**100%**			**R$ 0,00**	**296 hrs**	
10	Tad Orman	Outro	100%	100%	R$ 0,00/hr	R$ 0,00/hr	R$ 0,00	296 hrs	
	⊟ Grupo: Produção	**Produção**	**300%**	**200%**			**R$ 300,00**	**320 hrs**	
	⊟ Custo: R$ 0,00 - <R$	**Produção**	**300%**	**200%**			**R$ 300,00**	**320 hrs**	
12	Encadernar pro	Produção		ıs/dia	R$ 15,00		R$ 300,00	20 cópias	
2	Serviços de Configuração	Produção	200%	100%	R$ 0,00/hr	R$ 0,00/hr	R$ 0,00	80 hrs	
9	Serviços de Impressão	Produção	100%	100%	R$ 0,00/hr	R$ 0,00/hr	R$ 0,00	240 hrs	

Os recursos são agrupados por seus valores nos grupos de recurso (as faixas que unem *Design*, *Editorial* e assim por diante) e, dentro de cada grupo, por valores de custo em intervalos de R$ 1.000,00 (as faixas azul claro).

Para concluir este exercício, você vai remover o agrupamento.

17. Na guia **Exibição**, no grupo **Dados**, clique na seta sobre o botão **Agrupar por:** e em **[Nenhum grupo]**.

    O Project remove os valores de resumo e a estrutura em tópicos, deixando os dados originais. Novamente, a exibição ou remoção de um grupo não tem efeito sobre os dados do projeto.

Dica Todos os grupos predefinidos e os que você cria estão disponíveis no botão Agrupar por na guia Exibição. O nome do grupo ativo é exibido na caixa próxima a esse botão. Clique na seta do botão Agrupar por para ver outros nomes de grupo. Se nenhum grupo estiver aplicado à tabela atual, as palavras [Nenhum grupo] são exibidas na caixa.

Filtrando detalhes do projeto

Outra maneira prática de alterar o modo como você visualiza as informações de tarefas e recursos no Project é por meio do filtro. Como o nome sugere, o *filtro* oculta dados de tarefas e recursos que não atendem aos critérios especificados, exibindo apenas os dados nos quais você está interessado. Como no agrupamento, o filtro não altera os dados do seu plano de projeto; ele simplesmente muda o modo como eles aparecem.

Existem duas maneiras de usar os filtros. Você pode aplicar um AutoFiltro ou um filtro predefinido a um modo de exibição:

- Use o ***AutoFiltro*** quando for necessário filtrar qualquer tabela no Project. Pequenas setas de AutoFiltro aparecem ao lado dos nomes dos títulos de colunas. Clique na seta para exibir uma lista de critérios pelos quais você pode filtrar os dados. Os critérios exibidos dependem do tipo de dado contido na coluna – por exemplo, os critérios de AutoFiltro em uma coluna de data incluem opções como "Hoje" e "Este mês". O AutoFiltro é usado no Project da mesma maneira que o AutoFiltro do Microsoft Excel.
- Aplique um filtro predefinido ou personalizado para visualizar apenas as informações da tarefa ou do recurso que atenda aos critérios do filtro. Por exemplo, o filtro Tarefa Crítica exibe apenas as tarefas sobre o caminho crítico. Alguns filtros predefinidos, como o filtro Intervalo de Tarefas, solicitam que você insira um critério específico – por exemplo, um intervalo de IDs de tarefas. Se um modo de exibição de tarefas ou recursos tiver um filtro aplicado, a mensagem "Filtro Aplicado" aparecerá na barra de status. Os dois tipos de filtros ocultam as linhas nos modos de exibição Planilha de Tarefas ou Recursos que não atendem aos critérios que você especificou. Talvez você veja lacunas nos números de identificação de tarefas ou recursos. Os dados que estão "faltando" estão apenas ocultos, não foram excluídos. Como na classificação e no agrupamento, quando você filtra os dados em um modo de exibição, o filtro é aplicado a todas as tabelas que podem ser exibidas. Os modos de exibição que não incluem tabelas, como os modos de Calendário e Diagrama de rede, também suportam o filtro (por meio do botão Filtro na guia Exibição), mas não o AutoFiltro.

Um recurso muito similar é o realce. Embora a aplicação de um filtro oculte as informações que não atendem ao seu critério, a aplicação de um realce destaca as informações que atendem aos seus critérios formatando-as com uma cor laranja brilhante. De qualquer forma, os dois recursos são praticamente idênticos – você pode executar realces ad hoc ou criar realces personalizados, exatamente como nos filtros. Quando um realce é aplicado, a mensagem "Realçar Filtro Aplicado" aparece na barra de status.

Neste exercício, você vai criar um filtro que exibirá apenas a tarefa que inclui um certo termo em seus nomes. Mais tarde, você vai combinar esse filtro com uma tabela personalizada em um modo de exibição personalizado.

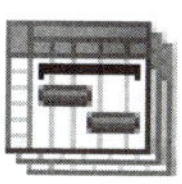

1. Na guia **Exibição**, no grupo **Modos de Exibição de Tarefa**, clique em **Gráfico de Gantt**.

   O modo de exibição Gráfico de Gantt é exibido. Antes de criar um filtro, você verá as tarefas nas quais está interessado aplicando um AutoFiltro.

2. Clique na seta do **AutoFiltro** no título de coluna **Nome da tarefa**, aponte para **Filtros** e clique em **Personalizado**.

A caixa de diálogo Personalizar AutoFiltro é exibida. Você quer ver apenas as tarefas que contêm a palavra edição.

3. Em **Nome**, selecione **contém** na primeira caixa.
4. Na caixa adjacente, digite **edição**.

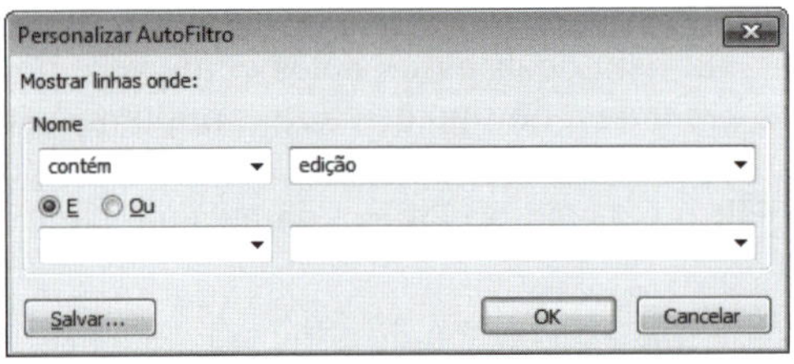

5. Clique em **OK** para fechar a caixa de diálogo **Personalizar AutoFiltro**.

O Project filtra a lista de tarefas para mostrar apenas as tarefas que contêm a palavra edição e suas tarefas de resumo.

Esse é um indicador de que um AutoFiltro foi aplicado a esta coluna. A barra de status indica quando um AutoFiltro é aplicado.

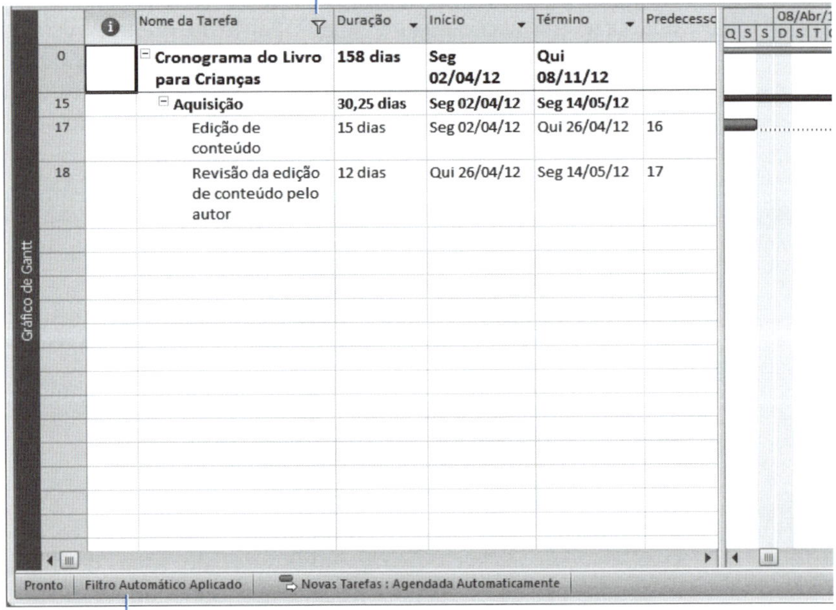

A barra de status indica quando um AutoFiltro é aplicado.

Note que o indicador de filtro em forma de funil aparece próximo ao rótulo de coluna Nome da Tarefa e a mensagem "Filtro Automático Aplicado" aparece na barra de status. Esses são os indicadores visuais de que um AutoFiltro personalizado foi aplicado a essa coluna.

Dica Quando um AutoFiltro é aplicado, você pode apontar para o indicador de filtro e uma descrição de resumo do filtro aplicado é exibido em uma Dica de Tela.

Em seguida, você vai desativar o AutoFiltro e criar um filtro personalizado.

6. Clique no indicador de filtro em forma de funil no cabeçalho de coluna **Nome da Tarefa** e clique em **Limpar Todos os Filtros**.

   O Project desativa o AutoFiltro, reexibindo todas as tarefas no plano de projeto. Agora, você está pronto para criar um filtro personalizado.

7. Na guia **Exibição**, no grupo **Dados**, clique na seta ao lado de **Filtro:** e em **Mais filtros**.

   A caixa de diálogo Mais filtros é exibida.

   Nessa caixa de diálogo, você pode ver todos os filtros predefinidos para tarefas (quando em um modo de exibição de tarefas) e recursos (quando em um modo de exibição de recursos) disponíveis.

8. Clique em **Novo**.

   A caixa de diálogo Definição de filtro em é exibida.

9. Na caixa **Nome**, digite Tarefas de Edição Incompletas.
10. Na primeira linha da coluna **Nome do campo**, digite ou selecione Nome.
11. Na primeira linha da coluna **Teste**, selecione **contém**.
12. Na primeira linha da coluna **Valor(es)**, digite edição.

    Isso define o primeiro critério para o filtro; em seguida, você vai acrescentar o segundo critério.

13. Na segunda linha na coluna **E/ou**, selecione **E**.

14. Na segunda linha na coluna **Nome do campo**, digite ou selecione **Término real**.
15. Na segunda linha na coluna **Teste**, selecione **é igual a**.
16. Na segunda linha na coluna **Valor(es)**, digite **ND**.

    ND significa "não disponível" e é a maneira como o Project marca alguns campos que ainda não têm valor. Ou seja, qualquer tarefa de edição que ainda não tenha uma data de término real deve ser considerada incompleta.

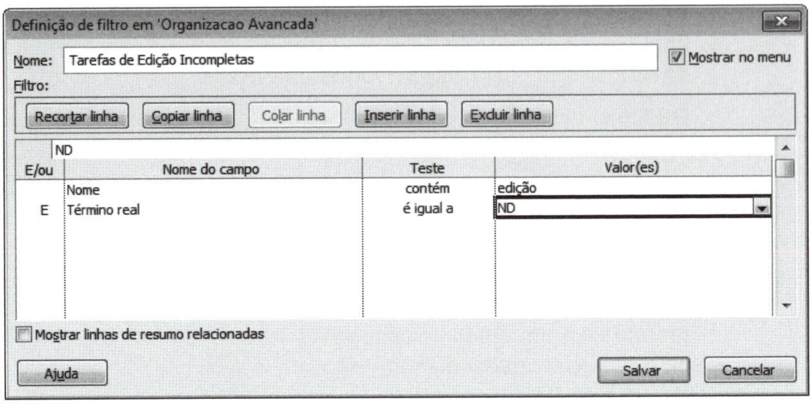

17. Clique em **Salvar** para fechar a caixa de diálogo **Definição de filtro em**.

    O novo filtro é exibido na caixa de diálogo Mais filtros.
18. Na lista de filtros, selecione **Tarefas de Edição Incompletas** e, em seguida, clique no botão **Aplicar**.

    O Project aplica o novo filtro ao modo de exibição Gráfico de Gantt.

O nome do filtro aplicado aparece aqui.

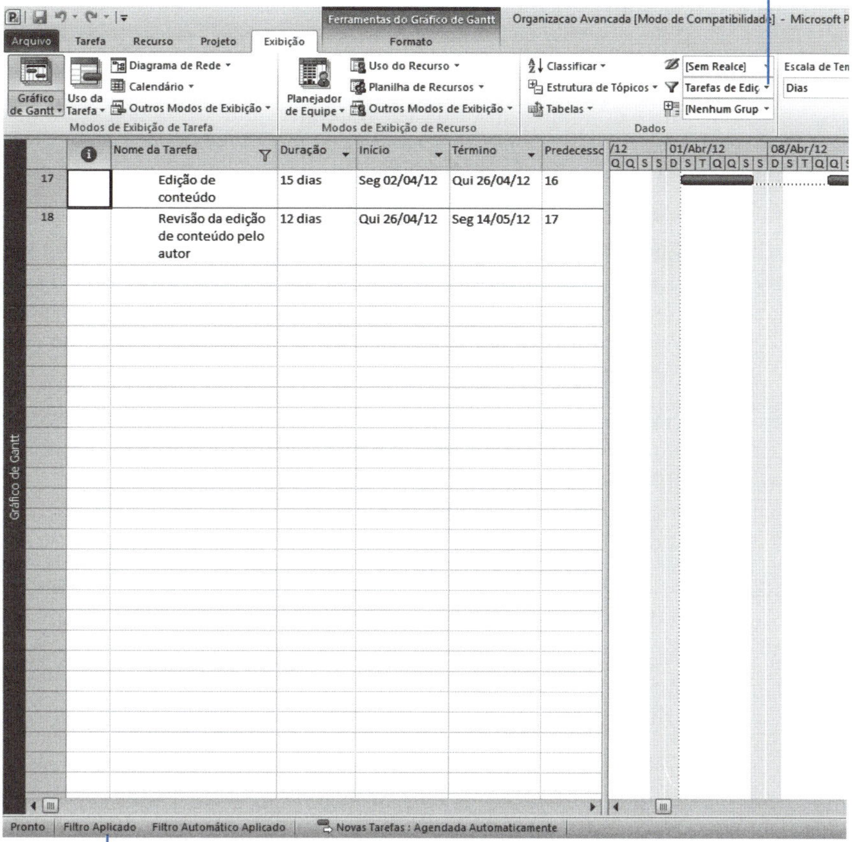

A barra de status indica quando um filtro foi aplicado.

Agora, as tarefas são filtradas para mostrar apenas as de edição incompletas. Como ainda não começamos o controle do trabalho real, todas as tarefas de edição estão incompletas nesse momento.

Dica Quando um filtro é aplicado, você pode apontar para o rótulo Filtro Aplicado na barra de status para ver o nome do filtro.

Para concluir este exercício, você vai remover o filtro.

19. Na guia **Exibição**, no grupo **Dados**, clique na seta próxima a **Filtro:** e em **[Sem Filtro]**.

    O Project remove o filtro. Como sempre, exibir ou remover um filtro não tem efeito nos dados originais.

Personalizando as tabelas

Uma *tabela* é uma apresentação do tipo planilha dos dados do projeto, organizada em colunas verticais e linhas horizontais. Cada coluna representa um dos muitos campos existentes no Project e cada linha representa uma única tarefa ou recurso (ou, nos modos de exibição de Uso, uma atribuição). A interseção de uma coluna com uma linha pode ser chamada de uma *célula* (em termos de planilha) ou de um *campo* (em termos de banco de dados).

O Project inclui várias tabelas que podem ser aplicadas nos modos de exibição. Você já usou algumas delas, como Entrada e Resumo. É muito provável que essas tabelas contenham os campos que serão usados na maioria dos casos. Entretanto, é possível modificar qualquer tabela predefinida ou criar uma nova que contenha apenas os dados desejados.

Neste exercício, você vai criar uma tabela para exibir as informações sobre as tarefas editoriais no plano de projeto do novo livro.

1. Na guia **Exibição**, no grupo **Modos de Exibição de Tarefa**, clique em **Outros Modos de Exibição**, depois em **Mais modos de exibição** e, em seguida, em **Planilha de Tarefas**.

   O Project exibe o modo de exibição Planilha de tarefas.

2. Na guia **Exibição**, no grupo **Dados**, clique em **Tabelas** e em **Mais tabelas**.

   A caixa de diálogo Mais tabelas é exibida. A tabela Entrada deve estar selecionada.

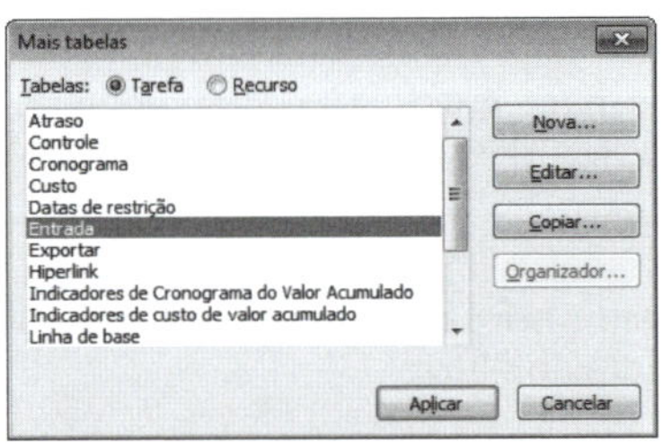

   Nessa caixa de diálogo, você pode ver todas as tabelas predefinidas para as tarefas (quando em um modo de exibição de tarefa) e recursos (quando em um modo de exibição de recurso).

3. Certifique-se de que a tabela **Entrada** está selecionada e clique em **Copiar**.

   A caixa de diálogo Definição de tabela em é exibida.

4. Na caixa **Nome**, digite **Tabela do editorial**.

   Em seguida, você vai remover alguns campos e adicionar outros.

5. Na coluna **Nome do campo**, clique em cada um dos nomes de campo abaixo e então no botão **Excluir linha** após clicar em cada nome:

   Indicadores

   Modo da Tarefa

   Predecessoras

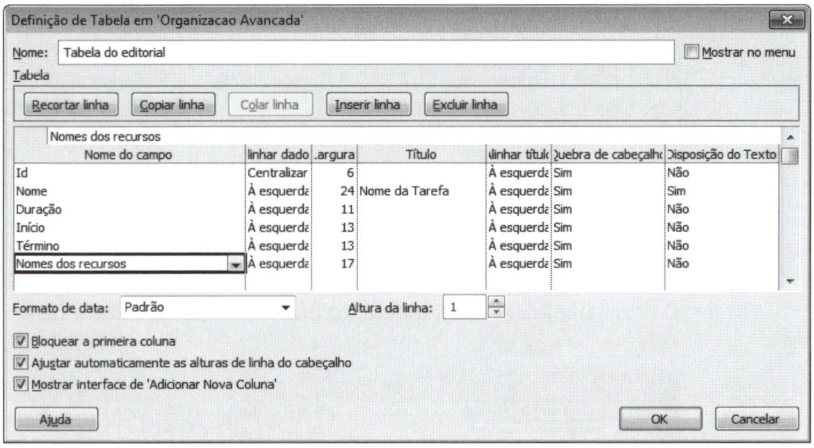

Em seguida, você vai adicionar alguns campos a essa definição de tabela.

6. Na coluna **Nome do campo**, clique em **Duração** e, em seguida, em **Inserir Linha**.

   O Project insere uma linha em branco acima de *Duração*.

7. Na coluna **Nome do campo**, clique na seta no nome do campo vazio da nova linha e selecione **Foco Editorial (Texto9)** na lista suspensa.

   O campo de texto personalizado *Foco Editorial* contém algumas notas sobre o nível de edição necessário por tarefa. Essas informações foram anteriormente personalizadas para você no plano de projeto.

8. Na coluna **Largura**, digite ou clique em 20.

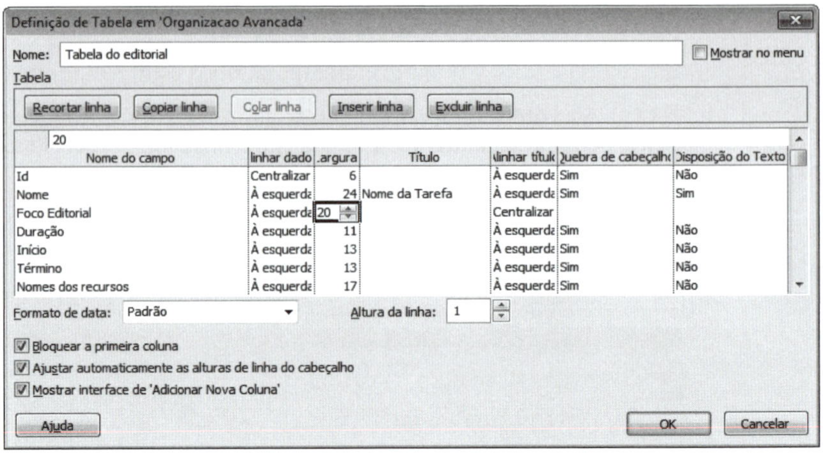

9. Clique em **OK** para fechar a caixa de diálogo **Definição de Tabela em**.

A nova tabela é exibida na caixa de diálogo Mais tabelas.

10. Clique em **Aplicar**.

O Project aplica a nova tabela ao modo de exibição Planilha de Tarefas.

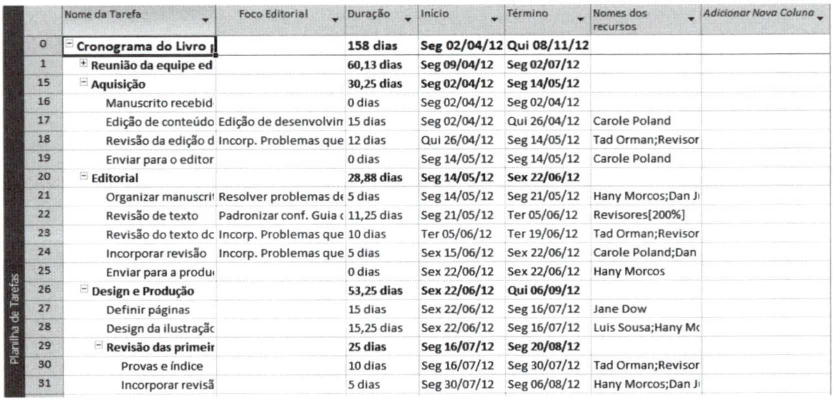

Dica Você pode adicionar ou remover colunas rapidamente na tabela atual. Para adicionar uma coluna, primeiro selecione a coluna à direita do ponto onde você deseja adicionar uma nova coluna. Depois, na guia Formato, no grupo Colunas, clique em Inserir Coluna. O Project exibe todos os campos disponíveis para o tipo de tabela que está em exibição (tarefas ou recurso); selecione a que você deseja adicionar. Para remover uma coluna, clique com o botão direito do mouse no cabeçalho da coluna e em Ocultar Coluna.

Na próxima seção, você vai combinar o filtro personalizado com essa tabela personalizada para criar um modo de exibição de agenda de editorial para o projeto do novo livro.

Novo no **2010**

Criar campos personalizados rapidamente

Nesta seção, você viu um campo personalizado, *Texto9*, que foi personalizado para exibir o texto "Foco Editorial" e continha detalhes sobre as atividades de edição no plano de projeto do novo livro. O Project suporta diversos campos personalizados e você pode adicionar facilmente um a qualquer tabela. A coluna mais à direita em uma tabela está rotulada como "Adicionar Nova Coluna", e você pode clicar no cabeçalho da coluna e selecionar qualquer campo que queira adicionar, ou pode apenas começar a digitar em uma célula na coluna Adicionar Nova Coluna. O Project detecta o tipo de dado que você está digitando e adiciona o tipo de campo personalizado correto. Alguns dos campos personalizados suportados pelo Project são:

- Custo (até 10 campos de custo)
- Data (até 10 campos de data)
- Duração (até 10 campos de duração)
- Número (até 20 campos de número)
- Texto (até 30 campos de texto)

Esses campos personalizados são uma excelente maneira de armazenar informações adicionais sobre tarefas e recursos nos seus planos de projeto. Normalmente, nenhum desses campos personalizados tem impacto sobre os agendamentos de tarefas ou recursos.

Personalizando os modos de exibição

Quase todo trabalho que você executa no Project é desenvolvido em um ***modo de exibição***, que pode conter elementos, como tabelas, grupos e filtros. Você pode combinar esses elementos entre si (como uma grade de escala de tempo em um modo de exibição de Uso) ou com elementos gráficos (como a representação gráfica de tarefas na parte gráfica do modo de exibição do Gráfico de Gantt).

O Project inclui dezenas de modos de exibição que organizam as informações para objetivos específicos. Talvez você queira ver as informações do seu projeto em algum formato não disponível nos modos de exibição predefinidos. Se os modos de exibição disponíveis do Project não atenderem às suas necessidades, é possível editar um modo existente ou criar o seu próprio modo de exibição.

Neste exercício, você vai criar um novo modo de exibição que combina o filtro personalizado e a tabela personalizada desenvolvidos nas seções anteriores.

1. Na guia **Exibição**, no grupo **Modos de Exibição de Tarefa**, clique em **Mais modos de exibição**.

   A caixa de diálogo Mais modos de exibição é exibida.

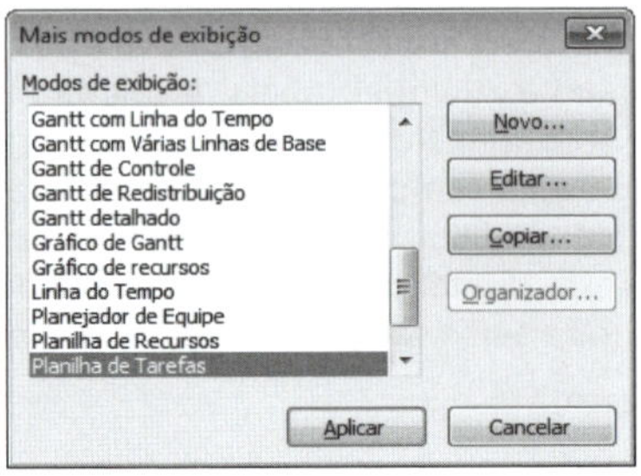

   Nessa caixa de diálogo, você pode ver todos os modos de exibição predefinidos disponíveis.

2. Clique em **Novo**.

   A caixa de diálogo Definir Novo Modo de Exibição é exibida. A maioria dos modos de exibição ocupa um único painel, mas um modo de exibição pode ser composto por dois painéis separados. De fato, um dos modos de exibição padrão no Project é um de dois painéis: o Gráfico de Gantt e a Escala de Tempo.

3. Certifique-se de que a opção **Modo de exibição único** está selecionada e clique em **OK**.

   A caixa de diálogo Definição do Modo de Exibição em é exibida.

4. Na caixa **Nome**, digite **Agendamento do Editorial**.

   Esse é o nome que você verá na interface do Project mais tarde.

5. Na caixa **Tela**, selecione **Planilha de Tarefas** na lista suspensa.

   A caixa Tela lista os tipos de modos de exibição disponíveis.

6. Na **Tabela**, selecione **Tabela do editorial** na lista suspensa.

   A *Tabela do editorial* é a tabela personalizada que você criou anteriormente.

7. Na caixa **Grupo**, selecione **Nenhum grupo** na lista suspensa.

8. Na caixa **Filtro**, selecione **Tarefas de Edição Incompletas** na lista suspensa.

   Tarefas de Edição Incompletas é o filtro personalizado que você criou anteriormente.

Nota As tabelas, os grupos e os filtros específicos mostrados nas listas suspensas dependem do tipo de modo de exibição que você selecionou na caixa Tela na etapa 5.

9. Certifique-se de que a caixa de seleção **Mostrar no menu** está marcada.

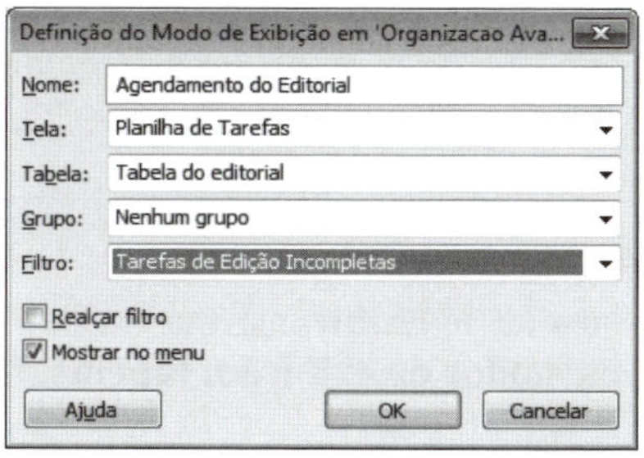

10. Clique em **OK** para fechar a caixa de diálogo **Definição do Modo de Exibição em**.

    O novo modo de exibição é exibido e deve estar selecionado na caixa de diálogo Mais modos de exibição.

11. Clique em **Aplicar**.

    O Project aplica o novo modo de exibição.

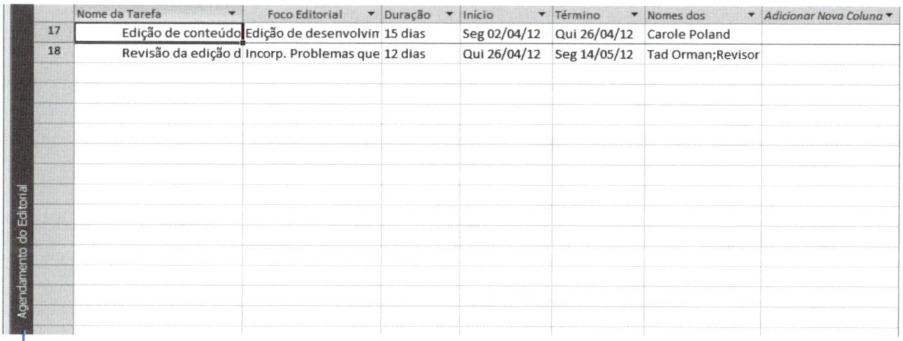

O nome do modo de exibição personalizado aparece aqui.

Agora, apenas as tarefas editoriais incompletas são exibidas e os campos são apresentados da maneira desejada. Além disso, o Project adicionou o *modo de exibição Agendamento do Editorial* à lista Mais modos de exibição no grupo Modos de Exibição de Tarefa, na guia Exibição. O novo modo de exibição é exibido abaixo do rótulo Personalizado, portanto, ele é sempre facilmente acessível neste plano de projeto.

Por causa do ajuste de limpeza que você executou anteriormente neste capítulo, o novo modo de exibição personalizado não está disponível em outros planos de projeto. Entretanto, quando você cria seus modos de exibição personalizados, provavelmente desejará tê-los disponíveis em qualquer plano de projeto, portanto redefiniremos a configuração de exibição de volta para o padrão. Dessa maneira, todos os modos de exibição que você criar no futuro estarão disponíveis em qualquer plano de projeto com o qual você trabalhar.

12. Clique na guia **Arquivo** e, em seguida, em **Opções**.

    A caixa de diálogo Opções do Project aparece.

13. Clique na guia **Avançado** e, abaixo de **Exibir**, marque a caixa de seleção **Adicionar automaticamente novos modos de exibição, tabelas, filtros e grupos ao global**.

14. Clique em **OK** para fechar a caixa de diálogo **Opções do Project**.

LIMPEZA Feche o arquivo Organizacao Avancada.

Pontos principais

- As formas comuns de organização de dados no Project incluem classificação, agrupamento e filtro. Em todos os casos, o Project nunca exclui os dados; ele simplesmente altera o que é exibido e o modo como eles aparecem.
- O Project inclui muitas ordens de classificação, agrupamentos e filtros embutidos, e você também pode criar o seu.
- Enquanto a classificação e o filtro reorganizam ou mostram seletivamente apenas alguns dados em um plano de projeto, o agrupamento adiciona valores de resumo ou valores acumulados, como custos, com base no intervalo escolhido.
- As tabelas são os principais elementos da maioria dos modos de exibição no Project. O Project inclui várias tabelas embutidas e você também pode criar a sua.
- Você trabalha com dados no Project por meio dos modos de exibição. Eles podem conter tabelas, grupos, filtros e, em alguns casos, representações gráficas. O modo de exibição Gráfico de Gantt, por exemplo, consiste em uma tabela no lado esquerdo e um gráfico com escala de tempo no lado direito.
- O Project contém muitos modos de exibição embutidos e você também pode criar o seu.
- Por padrão, quaisquer novos modos de exibição, tabelas, filtros e grupos que você cria em um plano de projeto também estão disponíveis em todos os outros planos de projeto com os quais você trabalha no Project. Esse comportamento é controlado por configuração na caixa de diálogo Opções do Project.

Resumo do Capítulo

Atualize uma linha de base anterior para controlar o trabalho real, **p. 258**

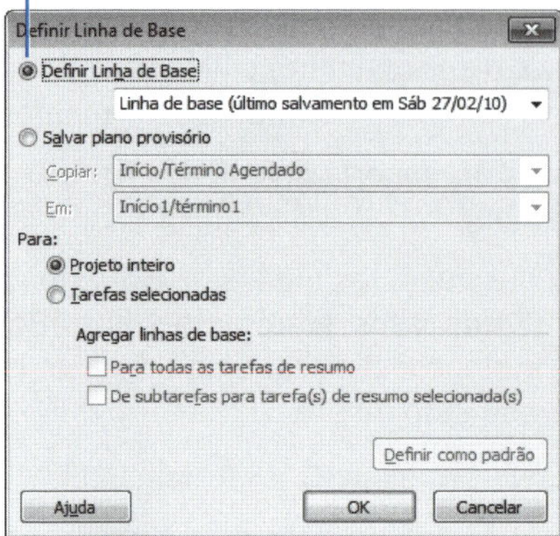

Insira os valores de trabalho real para tarefas e atribuições, **p. 263**

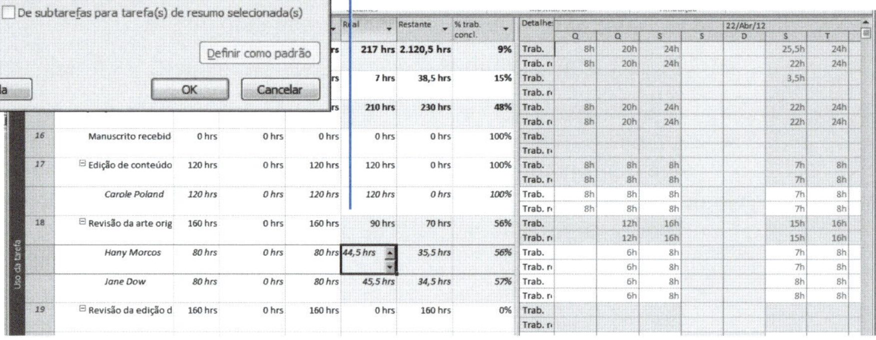

Insira o trabalho real dividido em fases para tarefas e atribuições, **p. 269**

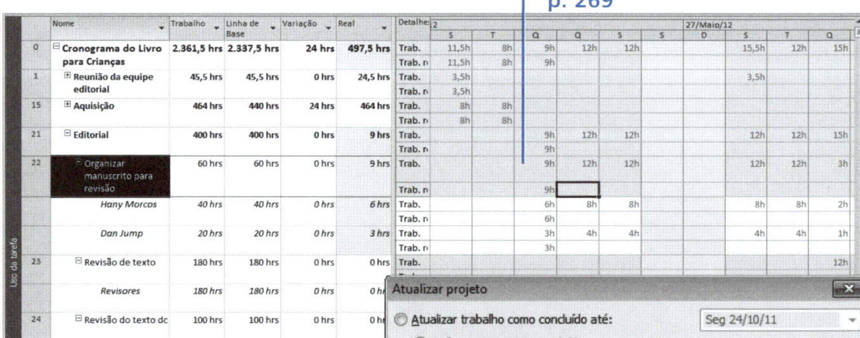

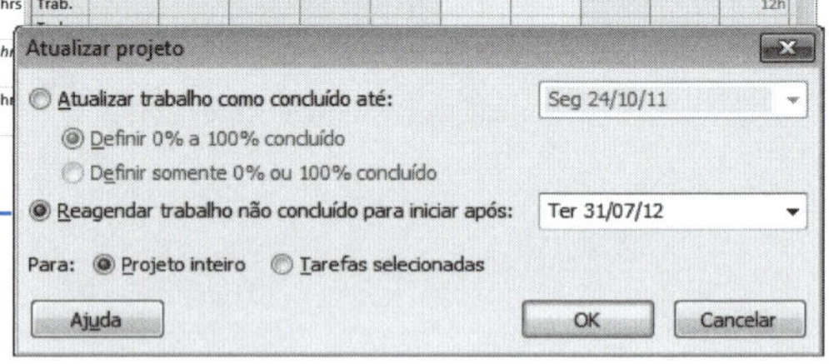

Interrompa o trabalho no projeto para reiniciar após a data que você especificar, **p. 274**

Capítulo 12

Controle o andamento de tarefas e atribuições

Neste capítulo, você vai aprender a:

- Atualizar um plano de linha de base salvo anteriormente.
- Registrar o trabalho real referente a tarefas e atribuições.
- Registrar o trabalho real por período de tempo.
- Interromper o trabalho em uma tarefa e especificar a data na qual ela deve ser reiniciada.

Criar, verificar e comunicar um plano de projeto inteiro talvez ocupe muito ou mesmo a maior parte do seu tempo como gerente de projeto. Entretanto, o ***planejamento*** é apenas a primeira fase do gerenciamento dos seus projetos. Após a conclusão do planejamento, começa a fase de implementação – a execução do plano que foi anteriormente desenvolvido. Teoricamente, os projetos são implementados exatamente como planejados, mas na prática isso raramente acontece. Em geral, quanto mais complexo for o plano de projeto e quanto maior a sua duração, maior a possibilidade de ocorrerem variações. ***Variação*** é a diferença entre o que você pensou que iria acontecer (de acordo com o que está registrado no plano de projeto) e o que realmente aconteceu (de acordo com o que foi registrado pelo seu controle).

Controlar adequadamente o trabalho real e compará-lo com o plano original permite identificar a variação de imediato e ajustar a parte não concluída do plano, quando necessário. Se você leu o Capítulo 6, "Controle o andamento das tarefas", conhece as formas mais simples de ***controlar os valores reais*** em um plano de projeto. Isso inclui registrar a porcentagem de uma tarefa que foi concluída, assim como suas datas de início e de término. Esses métodos de controle do andamento são excelentes para muitos projetos, mas o Microsoft Project 2010 também suporta outras formas mais detalhadas de controle.

Neste capítulo, você vai controlar os totais de ***trabalho*** das tarefas e das atribuições e o trabalho por período de tempo, como o trabalho concluído por semana ou por dia. As informações distribuídas ao longo do tempo normalmente são conhecidas como divididas em fases, portanto, o controle do trabalho por períodos de tempo é, às vezes, referenciado como controle dos valores reais divididos em fases. Esse é o nível mais detalhado de controle do andamento disponível no Project.

Como nos métodos de controle mais simples, o controle dos valores reais divididos em fases é uma maneira de tratar as questões mais básicas do gerenciamento de um projeto:

- As tarefas iniciaram e terminaram conforme planejado? Se não, qual será o impacto na data de término do projeto?
- Os recursos estão gastando mais ou menos tempo do que o planejado para concluir as tarefas?
- Estamos gastando mais ou menos dinheiro do que o planejado para concluir as tarefas?

Como um gerente de projeto, você deve determinar que nível de controle atende melhor às necessidades do seu plano de projeto e de seus stakeholders. Quanto mais detalhado o nível de controle, maior o esforço exigido de você e dos recursos atribuídos às tarefas. Este capítulo apresenta os métodos de controle mais detalhados disponíveis no Project.

Neste capítulo, você vai trabalhar com diferentes maneiras de controlar o trabalho e de lidar com o trabalho não concluído. No entanto, primeiro você vai começar atualizando a linha de base do projeto.

Arquivos de exercícios Para concluir os exercícios deste capítulo, copie os arquivos de exercícios para seu computador. Os arquivos que você usará para finalizar esses exercícios encontram-se na pasta Capitulo12. Na seção "Usando os arquivos de exercícios", no início deste livro, existe uma lista completa desses arquivos.

Importante Se você estiver executando o Project Professional, talvez seja necessário fazer uma alteração de configuração. Isso ajuda a garantir que os arquivos de exercícios com os quais você trabalhar neste capítulo não afetem os dados do seu Project Server. Para obter mais informações, consulte o Apêndice C, "Usando os arquivos de exercícios se estiver conectado ao Project Server".

Atualizando uma linha de base

Se você concluiu o Capítulo 6, já salvou um plano de linha de base referente a um plano de projeto. Lembre-se de que uma ***linha de base*** é uma coleção de valores importantes em um plano de projeto, como as datas de início e de término planejadas além dos custos de ***tarefas***, ***recursos*** e ***atribuições***. Quando você salva (ou define) uma linha de base, o Project cria um "instantâneo" dos valores existentes e o salva no plano de projeto para uma comparação futura.

Lembre-se de que a finalidade da linha de base é registrar o que você espera ver no plano de projeto em um determinado ponto do tempo. Entretanto, à medida que o tempo passa, talvez seja necessário mudar suas expectativas. Após salvar um plano de linha de base inicial, pode ser que você precise ajustar melhor o plano de projeto adicionando ou removendo tarefas ou atribuições e assim por diante. Para manter uma linha de base precisa para comparações posteriores, existem várias opções:

- **Atualizar a linha de base para o projeto inteiro.** Isso simplesmente substitui os valores da linha de base original pelos valores agendados atualmente.
- **Atualizar a linha de base referente às tarefas selecionadas.** Isso não afeta os valores da linha de base relacionados às outras tarefas ou valores da linha de base de recursos no plano de projeto.
- **Salvar uma segunda linha de base ou linhas de base subsequentes.** Você pode salvar até 11 linhas de base em um único plano. O primeiro é denominado Linha de base e os restantes são Linha de base 1 até Linha de base 10.

Desde que você concluiu o planejamento inicial do projeto do novo livro da Lucerne Publishing, o plano foi submetido a algumas correções adicionais. Isso inclui correções feitas nas durações de tarefas, uma nova tarefa na fase Editorial e algumas tarefas desativadas (ou excluídas) na fase de Design e Produção. Devido a essas alterações, a linha de base inicial não corresponde ao plano de projeto atual.

Neste exercício, você vai comparar o plano de projeto atual com o plano da linha de base e atualizar a linha de base pelo plano de projeto atual.

PREPARAÇÃO Inicie o Project, caso ele ainda não esteja em execução.

Você precisa do plano de projeto Controle Avancado A_Inicio localizado na sua pasta de arquivos de exercícios Capitulo12 para concluir este exercício. Abra o plano de projeto Controle Avancado A_Inicio e, em seguida, siga estas etapas.

1. Na guia **Arquivo**, clique em **Salvar como**.

   A caixa de diálogo Salvar como é exibida.

2. Na caixa **Nome do arquivo**, digite Controle Avancado A e clique em **Salvar**.

   Em seguida, você vai alternar para um modo de exibição diferente a fim de ver os valores da linha de base e os agendados organizados de forma a facilitar a comparação.

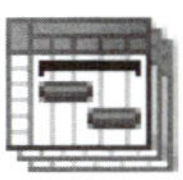

3. Na guia **Exibição**, no grupo **Modos de Exibição de Tarefa**, clique na seta para baixo abaixo do botão **Gráfico de Gantt** e em **Gantt de Controle**.

   O modo de exibição Gantt de controle é exibido.

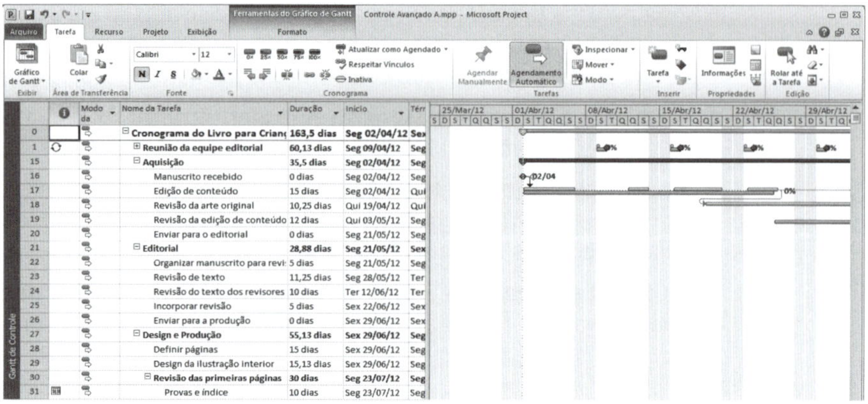

No modo de exibição Gantt de Controle, as barras de Gantt das tarefas, na forma como estão agendadas atualmente, aparecem em azul (ou, se críticas, em vermelho) e seus valores agendados na linha de base aparecem como barras cinzas.

Na parte gráfica desse modo de exibição, as tarefas, na forma como estão agendadas atualmente, aparecem como barras azuis (se não forem ***tarefas críticas***) ou barras vermelhas (se forem críticas). Abaixo delas, os valores da linha de base de cada tarefa aparecem como barras cinzas.

Dica Nos modos de exibição Gráfico de Gantt, as cores, padrões e formas das barras representam coisas específicas. Para ver o que cada item na barra de Gantt representa, basta apontar o ponteiro do mouse para ela e uma descrição será exibida como uma Dica de Tela. Para ver uma legenda completa dos itens do gráfico de Gantt e suas formatações, na guia Formato, no grupo Estilos de Barra, clique em Formatar e, em seguida, em Estilos de Barra.

4. Na coluna **Nome da Tarefa**, clique no nome da tarefa 18, *Revisão da arte original*.

5. Na guia **Tarefa**, no grupo **Edição**, clique em **Rolar até a Tarefa**.

   O modo de exibição Gantt de Controle rola para exibir as barras de Gantt da tarefa 18, *Revisão da arte original*, que foi adicionada ao plano depois que a linha de base inicial foi salva.

   Como você pode ver no modo de exibição Gantt de Controle, essa tarefa não possui uma barra de linha de base, indicando que ela não tem valores de linha de base.

   Para obter uma visão mais abrangente na linha de base do projeto, você ajustará o nível de zoom.

6. Na guia **Exibição**, no grupo **Zoom**, na caixa **Escala de Tempo**, clique em **Semanas**.

   Você pode ver que, atualmente, nenhuma das tarefas posteriores no plano de projeto corresponde às suas linhas de base.

Essa tarefa foi adicionada ao plano depois que a linha de base inicial foi salva, portanto não tem nenhuma linha de base.

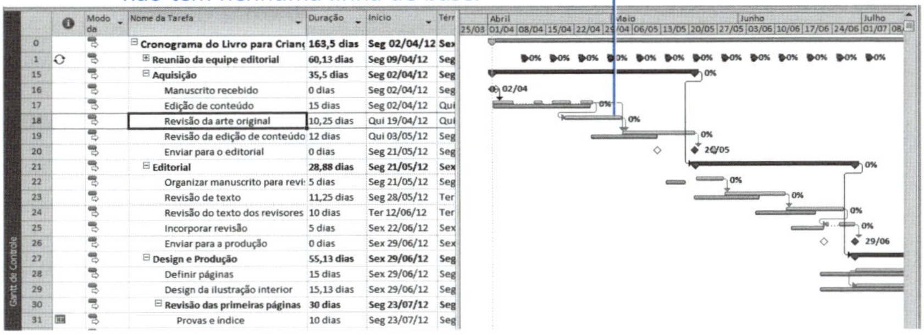

Para concluir este exercício, você vai salvar novamente a linha de base deste plano de projeto. Esse procedimento atualizará as informações de linha de base para tarefas, recursos e atribuições antes de controlar o andamento.

Dica Esse plano de projeto inclui uma linha de base salva anteriormente que você vai substituir agora. É bom fazer isso nessa etapa do projeto do novo livro, quando o planejamento está concluído e você precisa de uma linha de base mais atualizada antes de registrar algum trabalho real. Entretanto, após o trabalho ter sido registrado, você deve ter cuidado ao substituir alguns valores de linha de base salvos anteriormente. Depois que uma linha de base é substituída, os valores originais são substituídos e não podem ser recuperados. É recomendável salvar somente linhas de base adicionais após o projeto começar.

7. Na guia **Projeto**, no grupo **Cronograma**, clique em **Definir Linha de Base** e, em seguida, em **Definir Linha de Base**.

   A caixa de diálogo Definir Linha de Base é exibida.

8. Certifique-se de que a opção **Definir Linha de Base** está selecionada. Na área **Para**, verifique se a opção **Projeto inteiro** está selecionada.

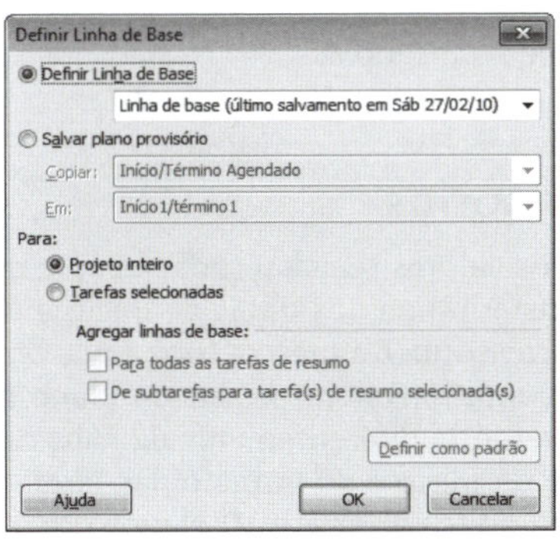

Dica Para atualizar uma linha de base referente apenas às tarefas selecionadas, clique em Tarefas selecionadas abaixo do rótulo Para. Ao fazer isso, as opções abaixo de Agregar linhas de base se tornam disponíveis. Você pode controlar o modo como as atualizações da linha de base deverão afetar os valores da linha de base das tarefas de resumo. Por exemplo, você pode salvar novamente uma linha de base para uma subtarefa e atualizar os valores da linha de base referentes à tarefa de resumo. Para remover uma linha de base, na guia Projeto, no grupo Cronograma, clique no botão Definir Linha de Base e, em seguida, clique em Limpar Linha de Base.

9. Clique em **OK** para atualizar a linha de base.

   O Project alerta que os valores da linha de base salvos anteriormente serão sobrescritos.

10. Clique em **Sim**.

    O Project atualiza os valores da linha de base para o plano de projeto.

Após salvar novamente a linha de base para o projeto inteiro, os valores de início, de término e de duração (entre outros) corresponderão aos valores agendados.

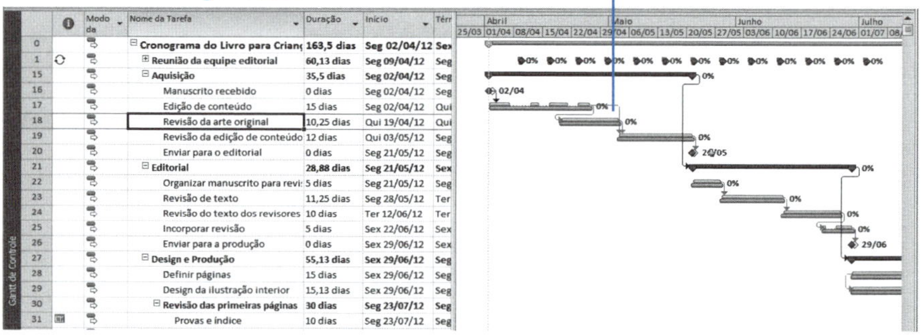

A tarefa 18 agora tem uma linha de base e todos os valores da linha de base das outras tarefas correspondem aos seus valores agendados.

LIMPEZA Feche o arquivo Controle Avancado A.

Salvando planos provisórios

Depois de começar a controlar os valores reais ou toda vez que ajustar a agenda, talvez você queira criar outro instantâneo das datas de início e de término. Você pode fazer isso com um plano provisório. Da mesma forma que uma linha de base, um ***plano provisório*** é um conjunto de valores atuais do plano de projeto que o Project salva com o arquivo. Entretanto, diferentemente da linha de base, um plano provisório salva apenas as datas de início e de término das tarefas, não os valores de recursos ou atribuições. Você pode salvar até 10 planos provisórios diferentes durante um projeto. (Se precisar de vários instantâneos dos valores agendados além das datas de início e de término, deverá salvar linhas de base adicionais em vez de planos provisórios.)

Dependendo do escopo e da duração dos seus projetos, salve um plano provisório em uma das seguintes situações:

- Na conclusão de uma fase importante do trabalho
- Em intervalos de tempo predefinidos, como semanas ou meses
- Imediatamente antes ou após a inserção de um grande número de valores reais

Para salvar um plano provisório, na guia Projeto, no grupo Cronograma, clique em Definir Linha de Base e, em seguida, em Definir Linha de Base. Na caixa de diálogo Definir Linha de Base, selecione a opção Salvar plano provisório. Para aprender mais sobre planos provisórios, no botão Ajuda (onde aparece um ponto de interrogação) no canto superior direito da janela do Project e na caixa Pesquisar digite **Criar um plano provisório**.

Controlando os valores reais e restantes de tarefas e atribuições

No Capítulo 6, você inseriu valores reais para a data de início, de término e para a duração de tarefas individuais. Para tarefas que têm recursos atribuídos, você pode inserir valores de trabalho reais e restantes como um todo ou para atribuições referentes a essa tarefa.

Para ajudá-lo a entender como o Project manipula valores reais, considere o seguinte:

- Se uma tarefa tem um só recurso atribuído a ela, os valores reais inseridos para a tarefa ou atribuição se aplicam igualmente tanto à tarefa quanto ao recurso. Por exemplo, se você registrar que a atribuição começou em 23 de abril e tem cinco horas de trabalho real, esses valores serão aplicados à tarefa e ao recurso atribuído.
- Se uma tarefa possui vários recursos atribuídos a ela, os valores reais de trabalho inseridos para a tarefa são distribuídos entre as atribuições de acordo com suas unidades de atribuição. Esse nível de detalhe é apropriado se você não está preocupado com os detalhes de atribuições individuais.
- Se uma tarefa possui vários recursos atribuídos a ela, os valores reais de trabalho inseridos para uma atribuição são acumulados na tarefa. Entretanto, os novos valores reais de trabalho não afetam os outros valores de trabalho das atribuições na mesma tarefa. Esse nível de detalhe é apropriado se os detalhes das atribuições individuais forem importantes para você.

Neste exercício, você vai registrar os valores reais em nível de tarefa e em nível de atribuição, e verá como as informações são acumuladas ou distribuídas entre tarefas e atribuições.

Abra o plano de projeto Controle Avancado B_Inicio na pasta Capitulo12 e siga estas etapas.

1. Na guia **Arquivo**, clique em **Salvar como**.

   A caixa de diálogo Salvar como é exibida.

2. Na caixa **Nome do arquivo**, digite Controle Avancado B e clique em **Salvar**.

   Essa versão do plano de projeto inclui os valores da linha de base que você salvou anteriormente, assim como os primeiros valores reais reportados para as primeiras tarefas da fase Aquisição.

3. Na guia **Exibição**, no grupo **Modos de Exibição de Tarefa**, clique em **Uso da Tarefa**.

   O modo de exibição Uso da Tarefa aparece. Como você pode se lembrar do Capítulo 7, "Ajuste os detalhes das tarefas", os dois lados do modo de exibição são separados por uma barra divisora vertical. O modo de exibição Uso da Tarefa lista os recursos abaixo das tarefas às quais eles estão atribuídos. Essas informações aparecem na tabela do lado esquerdo. No lado direito, as linhas estão organizadas em uma escala de tempo. As linhas do lado direito mostram os valores de trabalho agendados para cada tarefa ou recurso atribuído. O modo de exibição Uso da Tarefa utiliza cores para identificar as linhas no lado direito: as linhas de tarefas têm um segundo plano sombreado e as linhas de atribuições têm um segundo plano branco.

4. Na coluna **Nome da tarefa**, clique no nome da tarefa 18, *Revisão da arte original*.

5. Na guia **Tarefa**, no grupo **Edição**, clique em **Rolar até a Tarefa**.

   A grade dividida em fases no lado direito do modo de exibição rola para exibir o primeiro trabalho agendado para a tarefa.

   Em seguida, você vai trocar a tabela e os detalhes mostrados no modo de exibição.

6. Na guia **Exibição**, no grupo **Dados**, clique em **Tabelas** e, em seguida, em **Trabalho**.

   A tabela Trabalho é exibida.

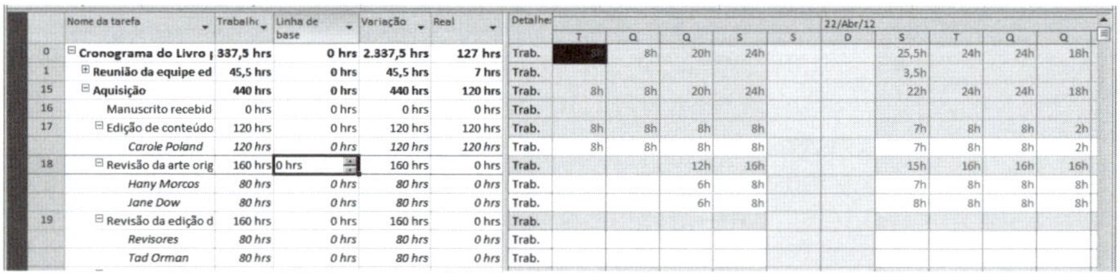

Essa tabela inclui as colunas de trabalho Real e Restante com as quais você vai trabalhar em breve, embora talvez elas ainda não estejam visíveis. Os valores da coluna Trabalho são os totais das tarefas e atribuições para o trabalho agendado. Observe que o valor do trabalho de cada tarefa é a soma dos valores de trabalho da atribuição. Por exemplo, o total de trabalho da tarefa 18, 160 horas, é a soma das 80 horas de trabalho de Hany Morcos e as 80 horas de Jane Dow na tarefa.

Em seguida, você vai alterar os detalhes mostrados na grade dividida em fases no lado direito do modo de exibição.

7. Na guia **Formato**, no grupo **Detalhes** e clique em **Trabalho Real**.

   Para cada tarefa e atribuição, o Project agora exibe as linhas de Trabalho e Trabalho real na grade dividida em fases, no lado direito do modo de exibição.

Quando você exibe os detalhes de trabalho real, a linha Trabalho real aparece na grade dividida em fases para cada atribuição, tarefa e tarefa de resumo.

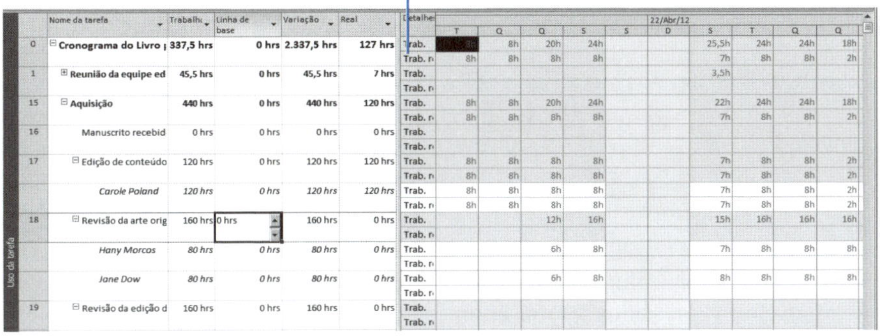

Dica Você pode alterar os detalhes (isto é, campos) mostrados abaixo da escala de tempo em um modo de exibição de uso. Você pode adicionar ou remover campos e alterar a formatação dos campos mostrados. Por exemplo, você pode adicionar o campo Custo da Linha de Base aos campos mostrados no modo de exibição de Uso e formatá-lo com uma cor de segundo plano diferente. Para ver os campos disponíveis e as opções de formatação, na guia Formato, no grupo Detalhes, clique em Adicionar Detalhes.

Na grade dividida em fases, estão os valores do trabalho agendado por dia. Se você fosse somar os valores do trabalho diário de uma tarefa ou atribuição específica, o total seria igual ao valor da coluna Trabalho dessa tarefa ou atribuição. Em um modo de exibição de Uso, os valores de trabalho são exibidos em dois níveis de detalhes: o valor total para uma tarefa ou atribuição e o nível dividido em fases mais detalhado. Esses dois conjuntos de valores estão diretamente relacionados.

Em seguida, você vai inserir os valores de trabalho real das tarefas e das atribuições e ver como eles são refletidos nos detalhes divididos em fases.

8. Usando o mouse, arraste a barra divisora vertical para a direita até que você possa ver todas as colunas na tabela Trabalho.

Dica Quando o ponteiro do mouse está na posição correta para arrastar a barra divisora vertical, ele muda sua forma para uma seta com duas pontas que apontam para a esquerda e para a direita. Clicar duas vezes na barra divisora vertical a moverá para a extremidade direita da coluna mais próxima.

Para ver mais ou menos da tabela à esquerda e da grade dividida em fases à direita, arraste a barra divisora para a esquerda ou para a direita. Clicar duas vezes na barra divisora vertical a moverá para a coluna mais próxima

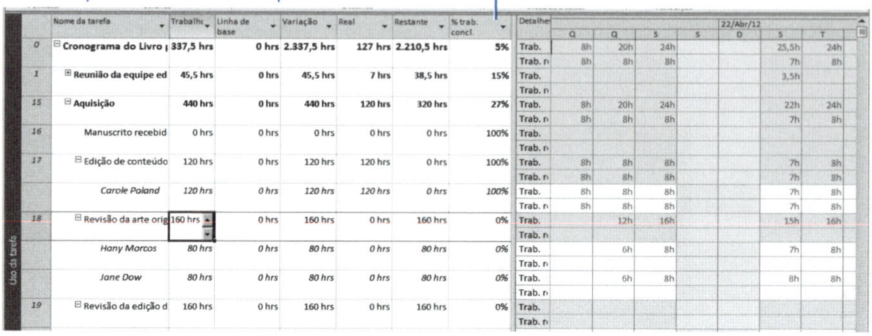

9. Na coluna **Real** da tarefa 18, *Revisão da arte original*, digite ou clique em **90h**, e pressione a tecla Enter.

A inserção de um valor real para a tarefa faz com que o Project distribua os valores reais entre os recursos atribuídos e ajuste o trabalho restante e outros valores.

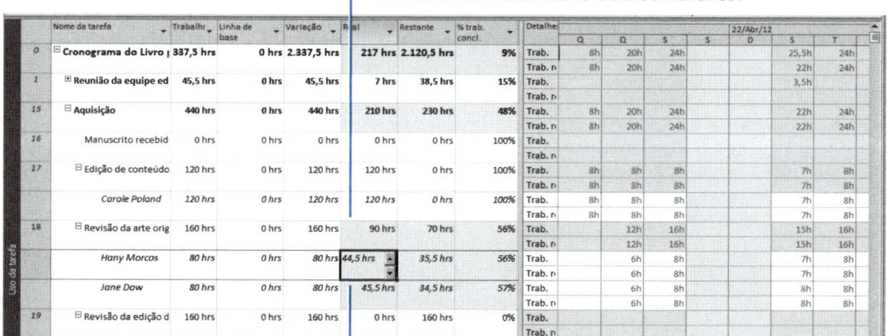

O Project realça os valores alterados mais recentemente.

Várias alterações importantes ocorreram quando você pressionou Enter:

- O Project aplicou o realce de alteração aos valores atualizados na tabela.
- A quantidade de trabalho real que você inseriu foi subtraída da coluna Restante.

- O trabalho real foi distribuído para as duas atribuições na tarefa, resultando em 44,5 horas de trabalho real registradas para um recurso e 45,5 horas para o outro recurso. (A diferença nas atribuições é devida aos valores da atribuição personalizada anteriormente de Hany.) Da mesma maneira, o valor do trabalho restante atualizado foi recalculado para cada atribuição.
- Os valores do trabalho real e restante atualizados foram acumulados na tarefa de resumo *Aquisição*.
- Os valores do trabalho real também foram redistribuídos para os valores divididos em fases de tarefas e atribuições.

No lado da grade dividida em fases no modo de exibição, você pode ver os valores do trabalho real e do trabalho agendado diário para os recursos na quinta-feira, 26 de abril. Como você inseriu um valor de trabalho real para a tarefa inteira, o Project assume que o trabalho foi realizado conforme agendado e registra esses valores divididos em fases para as atribuições do recurso.

Para concluir este exercício, você vai inserir os valores de trabalho no nível da atribuição e observar o efeito sobre a tarefa.

10. Na coluna **Real** referente à atribuição de Hany Morcos para a tarefa 18, digite ou clique em **60h** e pressione Enter.

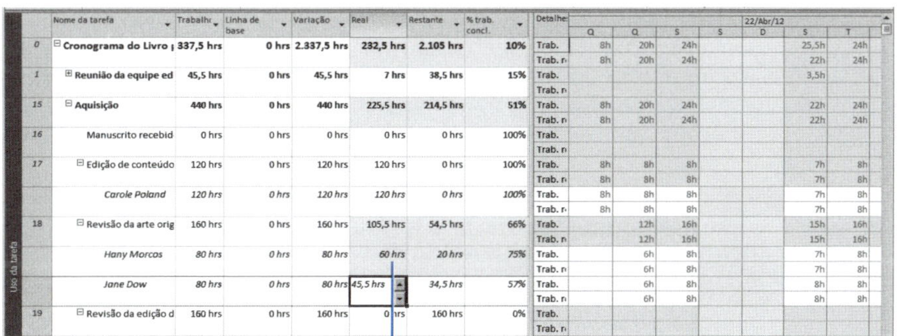

Inserir o trabalho real na sua atribuição atualiza o trabalho restante e os valores relativos na tarefa.

Os valores de trabalho real e restante de Hany são atualizados, e essas atualizações também são acumuladas na tarefa e na sua tarefa de resumo. (O Project realça os valores alterados). Entretanto, os valores de trabalho real e restante de Jane Dow, o outro recurso atribuído à tarefa, não são afetados.

11 Arraste a barra divisora vertical de volta para a esquerda a fim de ver mais dos valores atualizados divididos por fase referentes à tarefa.

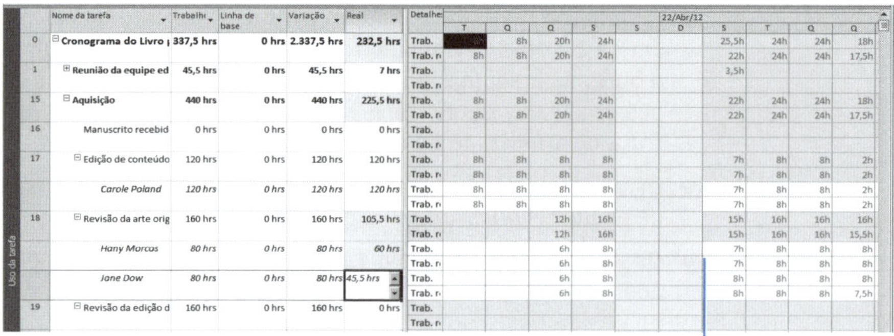

O valor de trabalho real inserido na tabela para a tarefa e para a atribuição está distribuído pela grade dividida em fases.

Novamente, o Project assume que o valor do trabalho real que você inseriu para Hany foi concluído conforme agendado, portanto, seus valores de trabalho e trabalho real divididos em fases correspondem ao de segunda-feira, 30 de abril.

LIMPEZA Feche o arquivo Controle Avancado B.

Dica Você inseriu valores de trabalho reais neste exercício, mas também pode inserir valores de trabalho restantes ou porcentagens de trabalho a concluir. Todos esses valores estão relacionados entre si – uma alteração feita em um valor afeta os outros. Você pode atualizar esses valores na tabela Trabalho ou na guia Controle da caixa de diálogo Informações sobre a atribuição (quando uma atribuição estiver selecionada).

Controlar um valor de conclusão de trabalho real de uma tarefa é mais detalhado do que inserir uma conclusão percentual simples. Entretanto, nenhum dos métodos é tão detalhado como inserir o trabalho real dividido em fases para tarefas ou atribuições (como você verá na próxima seção). Não há problema em controlar o trabalho real de tarefas ou atribuições (ou simplesmente inserir um valor de porcentagem de conclusão) se esse nível de detalhe atender às suas necessidades. Na verdade, vendo ou não os detalhes divididos em fases, o Project sempre distribui qualquer porcentagem de conclusão ou valor real das atribuições ou tarefas que você inserir em valores divididos em fases correspondentes, como visto anteriormente. Esse é um motivo pelo qual os novos usuários do Project às vezes ficam surpresos ao encontrar valores extremamente precisos, como 7,67 horas de trabalho, agendados para um dia específico. Entretanto, se você entende a aritmética que o Project adota, pode descobrir a origem dos números. Por outro lado, pode ser que você não se importe com esse nível de detalhe do agendamento – de qualquer maneira, está tudo OK.

Inserindo manualmente os custos reais

Todas as vezes em que você inseriu valores de trabalhos reais neste capítulo, o Project calculou os valores de custos reais referentes à tarefa afetada, à sua tarefa de resumo, aos recursos atribuídos à tarefa e ao projeto inteiro. Por padrão, o Project calcula os custos reais e não permite que você os insira diretamente. Na maioria dos casos, esse é o procedimento que recomendamos e o que é feito com os arquivos de exercícios deste livro. Entretanto, se você quiser inserir por conta própria os valores de custos reais nos seus planos de projetos, siga as seguintes etapas.

Importante O procedimento a seguir é fornecido para sua informação geral; no entanto, não o siga agora caso você esteja completando os exercícios deste livro. Se o fizer, você produzirá resultados que não corresponderão àqueles mostrados neste livro.

1. Na guia **Arquivo**, clique no comando **Opções**.

   A caixa de diálogo Opções do Project é exibida.

2. Clique na guia **Cronograma**.
3. Abaixo do rótulo **Opções de Cálculo deste projeto**, desmarque a caixa de seleção **Custos reais são sempre calculados pelo Project**.
4. Clique em **OK**.

Depois que o cálculo de custo automático estiver desativado, você poderá inserir ou importar os custos reais de tarefas ou atribuições no campo Real. Esse campo está disponível em vários locais, como na tabela Custo. Você também pode inserir os valores de custos reais diários, ou em outro intervalo, em qualquer modo de exibição de escala de tempo, como o modo de exibição Uso da Tarefa ou Uso dos Recursos. Com o modo de exibição de Uso exibido, na guia Formato, no grupo Detalhes, clique em Custo Real.

Controlando o trabalho real dividido em fases para tarefas e atribuições

A inserção de valores reais divididos em fases requer mais trabalho por parte do gerente de projeto e talvez exija mais trabalho dos recursos para manter o gerente de projeto informado sobre seus valores reais diários ou semanais. Entretanto, esse método proporciona um nível mais detalhado do status das tarefas e recursos do projeto do que os outros usados para inserir valores reais. Inserir valores divididos em fases pode ser a melhor abordagem se você tem um grupo de tarefas ou um projeto inteiro que inclua:

- Tarefas de alto risco
- Tarefas de duração relativamente curta nas quais uma variação de um dia pode colocar todo o projeto em risco

- Tarefas para as quais você gostaria de desenvolver ou validar indicadores de desempenho, ou taxas nas quais uma determinada quantidade de um resultado possa ser completada ao longo de um período específico de tempo, como "*revisar 3.000 palavras por dia*"
- Tarefas nas quais os responsáveis ou outros stakeholders têm um interesse especialmente forte
- Tarefas que requerem um faturamento de trabalho por hora

Nesse ponto do projeto do novo livro, o trabalho de Aquisição foi concluído e a fase Editorial acabou de começar. Devido ao grande número de recursos envolvidos e a variabilidade do trabalho editorial, essas tarefas são as de maior risco até aqui no projeto.

Neste exercício, você vai inserir alguns valores reais das tarefas para períodos de tempo específicos.

Abra Controle Avancado C_Inicio na pasta Capitulo12 e, em seguida, siga estas etapas.

1. Na guia **Arquivo**, clique em **Salvar como**.

   A caixa de diálogo Salvar como é exibida.

2. Na caixa **Nome do arquivo**, digite Controle Avancado C e clique em **Salvar**.
3. Na guia **Exibição,** no grupo **Modos de Exibição de Tarefa,** clique em **Uso da Tarefa.** Se necessário, clique no sinal de menos próximo à tarefa 15, *Aquisição*, para recolher essa fase do plano de projeto.
4. Clique no nome da tarefa 22, *Organizar manuscrito para revisão* e, na guia **Tarefa**, no grupo **Edição**, clique em **Rolar até a Tarefa**.

   O Project rola a grade dividida em fases para exibir o primeiro valor de trabalho agendado da fase de Editorial.

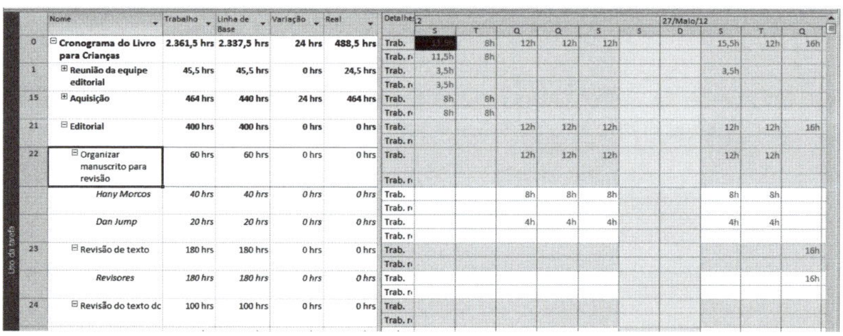

Os primeiros valores de trabalho real divididos em fases que você vai inserir serão para tarefas e não para atribuições específicas.

5. Na grade dividida em fases, clique na célula localizada na interseção da coluna quarta-feira, 23 de maio, com a linha de trabalho real da tarefa 22. A linha de trabalho real está logo abaixo da linha de trabalho, que contém o valor 12h.

Dica Se você apontar para o nome de um dia na escala de tempo, o Project exibirá a data inteira referente a esse dia em uma dica de tela. É possível alterar a formatação da escala de tempo para controlar o período de tempo no qual você vai inserir os valores reais na grade dividida em fases. Por exemplo, é possível formatar a escala de tempo para mostrar semanas em vez de dias; quando você inserir um valor real no nível semanal, esse valor será distribuído ao longo da semana.

6. Digite **9h** e pressione a tecla Tab.

Aqui, está o primeiro valor de trabalho real dividido em fases que você inseriu.

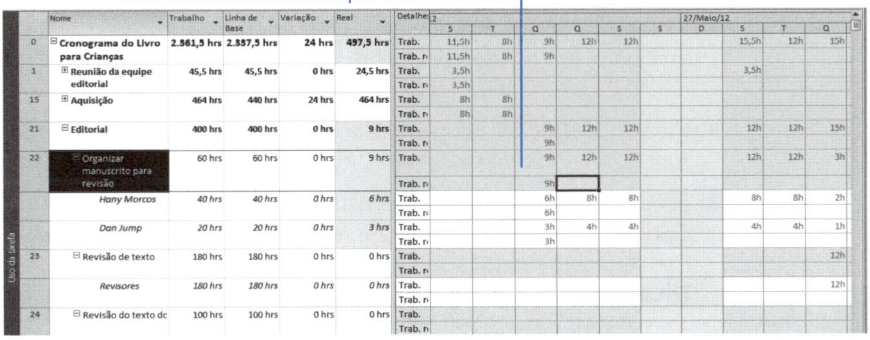

Assim que você inseriu o primeiro valor real para a tarefa, o valor do trabalho agendado mudou para corresponder a esse valor. Tanto os valores de trabalho quanto os de trabalho real foram acumulados na tarefa de resumo e distribuídos entre as atribuições específicas da tarefa. Você pode ver isso acontecer na grade dividida em fases à direita e na tabela à esquerda.

7. Na célula de trabalho real referente à quinta-feira, 24 de maio, digite **15h** e pressione Tab.

8. Para a tarefa 22, insira os valores de trabalho reais a seguir para as datas listadas.

Data	Horas reais
Sexta-feira, 25 de maio	**12h**
Segunda-feira, 28 de maio	**12h**
Quinta-feira, 29 de maio	**15h**

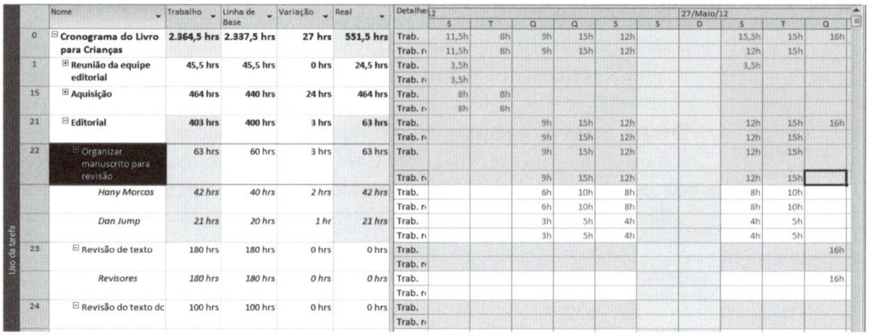

Essa etapa conclui o trabalho real para essa tarefa. Em seguida, você vai inserir os valores de trabalho real para as atribuições na próxima tarefa.

Para a tarefa 23, *Edição*, você tem valores de trabalho real semanal do recurso atribuído. Os revisores concluíram a tarefa. Para essa tarefa, você vai ajustar a escala de tempo para registrar os valores reais semanais.

9. Na guia **Exibição**, no grupo **Zoom**, na caixa **Escala de Tempo**, clique em **Semanas**.
10. Insira os valores de trabalho reais na grade da escala de tempo para a atribuição dos Revisores para a tarefa 23, *Revisão de texto*.

Dica Ao inserir o trabalho real, você não precisa incluir a abreviação "h" (para indicar horas). Você pode simplesmente digitar o número e o Project o gravará como horas. Hora é o valor de trabalho padrão. Se desejar, você pode alterar essa definição. Clique na guia Arquivo e clique em Opções. Na guia Cronograma da caixa de diálogo Opções do Project, na caixa Trabalho inserido em, selecione o incremento de tempo padrão desejado.

Data (Semana de)	Horas reais
27 de maio	60
03 de junho	80
10 de junho	48

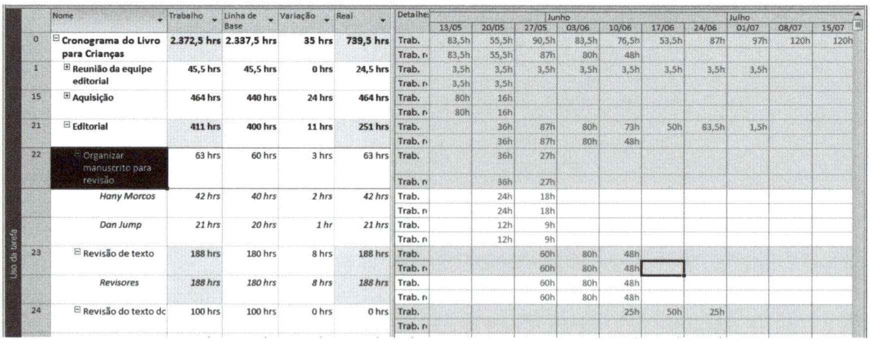

Os valores de trabalho real dos recursos individuais foram somados aos valores de trabalho real das tarefas. Os valores de trabalho originais foram salvos na linha de base, caso você precise referenciá-los mais tarde.

LIMPEZA Feche o arquivo Controle Avancado C.

Dica Neste exercício, você viu como os valores de tarefas e atribuições estão diretamente relacionados; uma atualização feita em um afeta diretamente o outro. Entretanto, é possível interromper essa relação, se você desejar.

Isso permite registrar o andamento das atribuições dos recursos, por exemplo, e inserir manualmente os valores reais para as tarefas às quais esses recursos estão atribuídos. Normalmente, você não deve interromper essa relação a menos que haja necessidade de relatórios especiais na sua empresa – por exemplo, se você deve seguir uma metodologia de relatório de status baseado em algo diferente dos valores reais registrados para as atribuições nos planos de projeto. Para interromper essa relação, na caixa de diálogo Opções do Project, clique na guia Cronograma e, abaixo de Opções de cálculo deste projeto, desmarque a caixa de seleção "Atualizar Status da tarefa atualiza status do recurso". Essa definição se aplica ao plano de projeto inteiro que estiver aberto no momento; você não pode aplicá-la somente a algumas tarefas dentro de um plano de projeto.

Quando for necessário controlar o trabalho real em um nível que seja o mais detalhado possível, use a grade dividida em fases no modo de exibição Uso da Tarefa ou Uso dos Recursos. Em qualquer um dos modos de exibição, é possível inserir valores de trabalho real para atribuições individuais por dia, por semana ou em qualquer período de tempo desejado (ajustando a escala de tempo). Por exemplo, se uma tarefa possui três recursos atribuídos a ela e você sabe que dois deles trabalharam na tarefa durante oito horas por dia, e o terceiro trabalhou seis horas, é possível inserir essas informações como três valores separados em uma grade dividida em fases.

Se a sua empresa usa um sistema de relatório baseado em planilha de horas trabalhadas para controlar o trabalho real, talvez você consiga usar os dados dessa planilha de horas trabalhadas no Project como valores reais divididos em fases. Talvez não seja preciso ter um controle nesse nível, mas se os recursos preenchem as planilhas de horas trabalhadas para outras finalidades (para faturar outros departamentos dentro da empresa, por exemplo), você pode usar seus dados para reduzir um pouco o seu trabalho.

Foco do gerenciamento do projeto: coletar valores reais dos recursos

O modo de exibição que você usou no exercício anterior é semelhante a um cartão de ponto. Na verdade, para inserir os valores de trabalho das atribuições, talvez você precise de algum tipo de cartão ponto de papel ou seu equivalente eletrônico. Vários métodos são usados para coletar esses dados dos recursos, assumindo que você precise controlar os trabalhos restantes e reais nesse nível de detalhe. Alguns métodos de coleção incluem:

- Coletar você mesmo os valores reais. Esse método é razoável se você geralmente se comunica apenas com um pequeno grupo de recursos, como uma reunião de status semanal. Também é uma boa oportunidade para falar diretamente com os recursos sobre qualquer problema de bloqueio ou surpresa que eles tenham encontrado (positiva ou negativa) durante a execução do trabalho.

- Coletar valores reais por meio de um sistema de relatório de status formal. Essa técnica poderá percorrer a hierarquia já existente da sua empresa e servir a outras finalidades além do relatório de status.

Independentemente dos métodos de coleta de dados que você pretenda usar, saiba que os recursos devem estar preocupados em relação a como seus valores de trabalho real refletirão em seus desempenhos globais. Talvez você precise comunicar aos recursos que o agendamento dos valores reais ajuda no gerenciamento da agenda, mas a avaliação de desempenho é um foco do gerenciamento da empresa e não do gerenciamento do projeto.

Reagendando o trabalho não concluído

Durante o curso de um projeto, o trabalho de uma tarefa ou do projeto inteiro pode ser ocasionalmente interrompido. Caso isso aconteça, talvez seja necessário reagendar o projeto para que o trabalho restante reinicie após uma data especificada.

Ao reagendar um trabalho não concluído, você especifica a data após a qual o trabalho pode ser reiniciado – a data de reagendamento. Eis como o Project manipula as tarefas em relação à data reagendada:

- Se a tarefa não tem um trabalho real registrado antes da data reagendada e não tem uma restrição aplicada, a tarefa inteira é reagendada para começar após essa data.
- Se a tarefa tem algum trabalho real registrado anteriormente, mas nenhum após a data reagendada, a tarefa é dividida para que todo o trabalho restante inicie após a data reagendada. O trabalho real não é afetado.
- Se a tarefa tem algum trabalho real registrado para antes e depois da data reagendada, a tarefa não é afetada.

Nesse ponto do projeto do novo livro, o trabalho na fase Editorial já foi concluído e a equipe começou a trabalhar na próxima fase, Design e Produção. Entretanto, você precisa resolver um atraso no trabalho provocado por um problema imprevisto.

Neste exercício, você reagendará o trabalho incompleto.

Abra Controle Avancado D_Inicio na pasta Capitulo12 e siga estas etapas.

1. Na guia **Arquivo**, clique em **Salvar como**.

   A caixa de diálogo Salvar como é exibida.

2. Na caixa **Nome do arquivo**, digite Controle Avancado D e clique em **Salvar**.

   O plano de projeto está atualmente no modo de exibição Uso da Tarefa. Em seguida, você vai mudar para o modo de exibição Gráfico de Gantt.

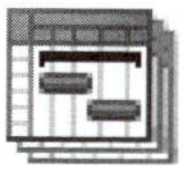

3. Na guia **Exibição**, no grupo **Modos de Exibição de Tarefa**, clique na seta para baixo abaixo do botão **Gráfico de Gantt** e, em seguida, em **Gráfico de Gantt**.

4. Na coluna **Nome da Tarefa**, clique no nome da tarefa 31, *Provas e índice*.

5. Na guia **Tarefa**, no grupo **Edição**, clique em **Rolar até a Tarefa**.

   O modo de exibição Gráfico de Gantt rola para exibir a barra de Gantt da tarefa 31, *Provas e índice*. Atualmente, essa tarefa tem dois dias de trabalho real concluído e vários dias de trabalho restante reagendado.

6. Role o modo de exibição Gráfico de Gantt para cima a fim de que *Revisão das primeiras páginas* (tarefa 30) seja exibida próxima à parte superior do modo de exibição.

As barras de andamento indicam a parte da tarefa que ficou incompleta.

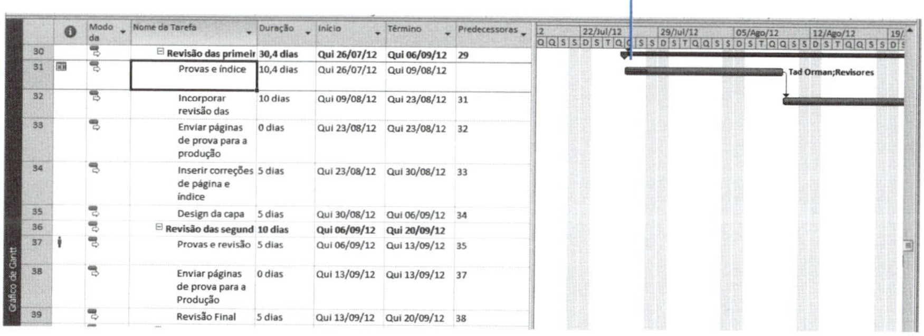

Você já sabe que, no fim de semana de 28 de julho, uma tubulação de água rompeu no escritório dos revisores de provas. Nenhum equipamento ou material do projeto foi danificado, mas a limpeza do estúdio atrasou o trabalho até quarta-feira, 1 de agosto. Esse fato interrompeu o trabalho nas tarefas revisão de provas por alguns dias. Em seguida, você vai reagendar o trabalho incompleto para que o projeto possa ser reiniciado na quarta-feira.

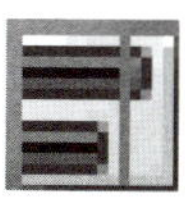

7. Na guia **Projeto**, no grupo **Status**, clique em **Atualizar projeto**.

   A caixa de diálogo Atualizar projeto é exibida.

8. Selecione a opção **Reagendar trabalho não concluído para iniciar após**, e, na caixa de texto, digite ou clique em 31/07/12.

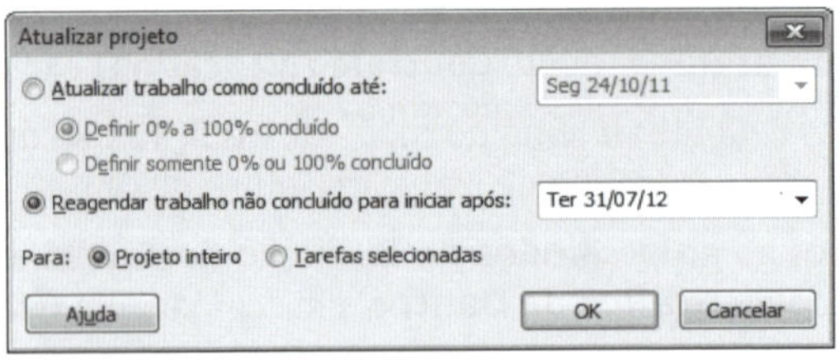

9. Clique em **OK** para fechar a caixa de diálogo **Atualizar projeto**.

   O Project divide a tarefa 31 para que a parte não concluída da tarefa seja atrasada até quarta-feira.

O reagendamento do trabalho para o projeto faz com que o Project divida essa tarefa e reagende o restante dela (e todas as tarefas subsequentes) para depois da data especificada.

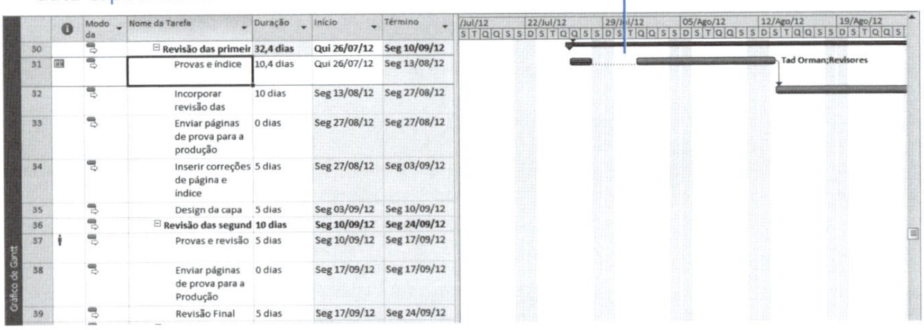

Como você pode ver, embora a duração da tarefa 31 permaneça em 10,4 dias de trabalho, sua data de término e datas de início subsequentes das tarefas sucessoras foram adiadas. Embora tenhamos tratado de um problema específico, ao fazê-lo, criamos outros problemas no restante do projeto. Você tratará desse e de outros problemas no plano de projeto em capítulos posteriores.

Aqui, estão alguns procedimentos a serem lembrados durante o andamento do controle:

- Você pode desativar a capacidade do Project para reagendar o trabalho não concluído nas tarefas para as quais algum trabalho real tenha sido registrado. Na guia Arquivo, clique em Opções. Na caixa de diálogo Opções do Project, clique na guia Cronograma e, abaixo das Opções de agendamento deste projeto, desmarque a caixa de seleção "Dividir as tarefas em andamento".
- Se você usar datas de status para reportar os valores reais, o Project suportará várias opções para controlar a maneira como os segmentos concluídos e não concluídos de uma tarefa são agendados em torno da data de status. Você pode ver as opções fazendo o seguinte: na guia Arquivo, clique em Opções. Na caixa

de diálogo Opções do Project, clique na guia Avançado, e, em seguida, abaixo de Opções de cálculo deste projeto, ajuste as configurações "Mover o final das partes concluídas após a data de status para antes da data de status" e as outras três caixas de seleção abaixo dela.

LIMPEZA Feche o arquivo Controle Avancado D.

Pontos principais

- Ao salvar uma linha de base, você salva um grande conjunto de valores de tarefas, recursos e atribuições em um plano de projeto. Entretanto, ao salvar um plano provisório, você salva apenas as datas de início e de término das tarefas.
- Se você controlar o trabalho no nível de tarefa, ele é distribuído para as atribuições. Por outro lado, se você controlar o trabalho no nível de atribuição, ele é acumulado no nível de tarefa.
- Nos modos de exibição de uso, você pode alterar os incrementos de tempo da escala de tempo para corresponder ao período em relação ao qual você deseja controlar. Por exemplo, se você deseja registrar o trabalho real por semana, pode definir a escala de tempo para exibir semanas.
- Caso o trabalho em um projeto seja interrompido por algum motivo, você pode reagendá-lo para começar novamente após uma nova data especificada.

Resumo do Capítulo

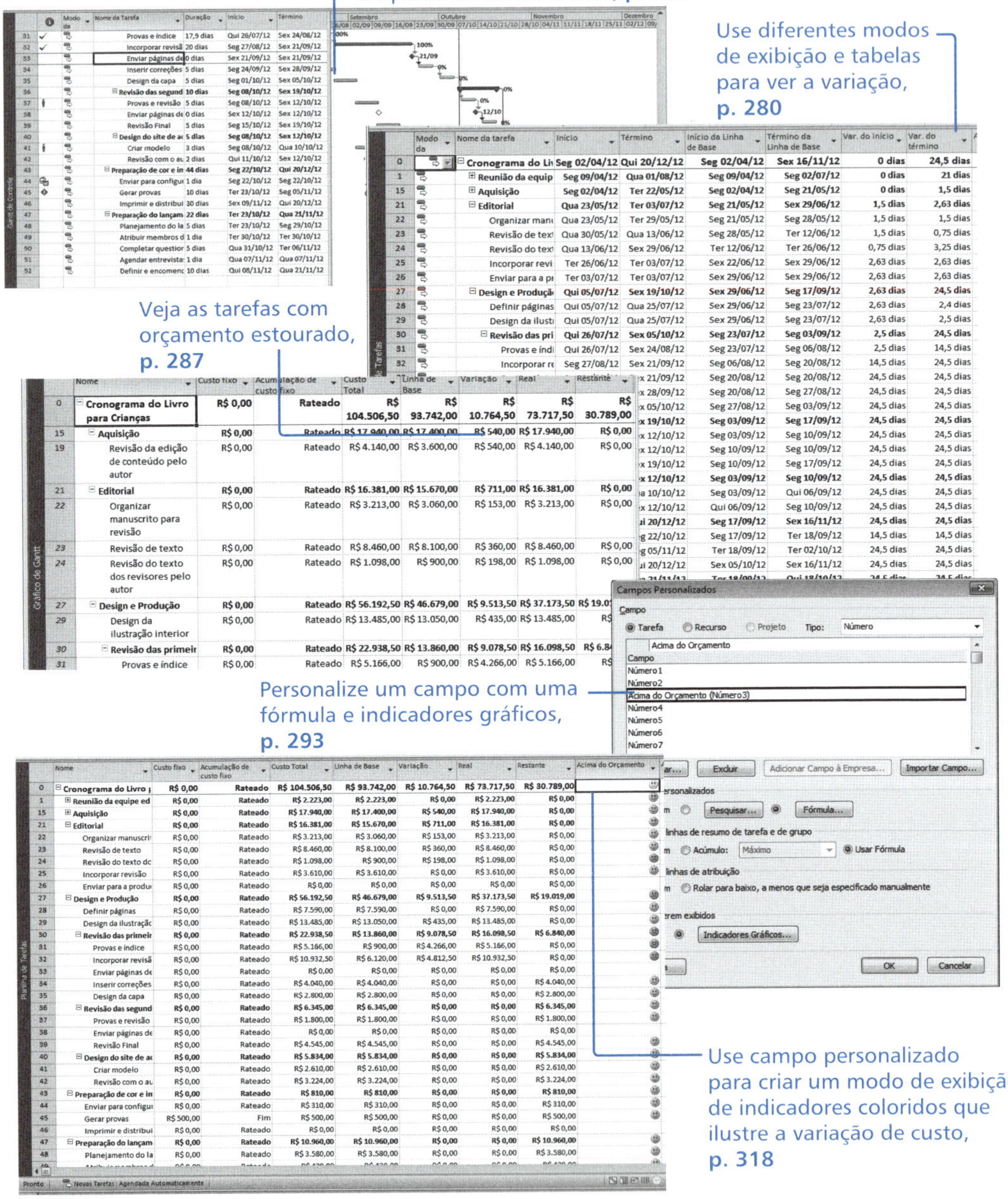

Compare o andamento real em relação ao plano de linha de base, p. 280

Use diferentes modos de exibição e tabelas para ver a variação, p. 280

Veja as tarefas com orçamento estourado, p. 287

Personalize um campo com uma fórmula e indicadores gráficos, p. 293

Use campo personalizado para criar um modo de exibição de indicadores coloridos que ilustre a variação de custo, p. 318

Capítulo 13

Visualize e relate o status do projeto

Neste capítulo, você vai aprender a:

- Determinar quais tarefas foram iniciadas ou concluídas com atraso.
- Visualizar os custos da tarefa nos níveis resumido e detalhado.
- Examinar os custos dos recursos e suas variações.
- Usar campos personalizados para criar um modo de exibição de indicadores coloridos que ilustre a variação de custo de cada tarefa.

Depois que a ***linha de base*** de um projeto tiver sido definida e o trabalho iniciado, o foco principal do gerente de projeto muda do planejamento para a reunião, atualização e análise dos detalhes do desempenho do projeto. Para a maioria dos projetos, esses detalhes de desempenho se resumem em três questões principais ou sinais vitais:

- Qual foi o ***trabalho*** necessário para concluir uma tarefa?
- A ***tarefa*** iniciou e terminou no prazo?
- Qual foi o custo para concluir a tarefa?

A comparação das respostas a essas perguntas com os valores da linha de base fornece ao gerente do projeto e a outros ***stakeholders*** uma boa maneira de medir o andamento do projeto e determinar quando uma ação corretiva será necessária.

Comunicar o status do projeto a stakeholders importantes, como clientes e patrocinadores, é a tarefa mais importante de um gerente de projeto e, provavelmente, a tarefa que ocupa a maior parte do seu tempo no trabalho. Embora o fluxo de comunicação perfeito não possa garantir o sucesso de um projeto, um projeto com um fluxo de comunicação deficiente quase sempre é malsucedido.

A chave para uma comunicação adequada do status de um projeto é saber:

- Quem precisa conhecer o status do projeto e para quê?
- De que formato ou nível de detalhe essa pessoa precisa?

A hora de responder a essas perguntas é na fase de planejamento inicial do projeto. Depois que o trabalho estiver em andamento, sua principal tarefa de comunicação será relatar o status do projeto. Isso pode ocorrer de várias formas:

- Relatórios de status que descrevem a situação do projeto em termos de custo, escopo e agendamento (esses são os três lados do ***triângulo do projeto***, conforme descrito no Apêndice A, "Um breve curso de gerenciamento de projetos").
- Relatórios de andamento que documentam as realizações específicas da equipe de projeto.
- Previsões sobre o desempenho futuro do projeto.

Onde o desempenho do projeto agendado ou real difere do plano de linha de base, você tem uma variação. A ***variação*** normalmente é medida em tempo, como dias de atraso em relação à agenda, ou em custos, como o montante que excedeu ao orçamento. Depois que o planejamento é concluído, muitos gerentes de projeto gastam grande parte de seu tempo identificando, investigando e, em muitos casos, respondendo à variações. Entretanto, antes que você possa responder à variação, deve identificá-la. Esse é o assunto deste capítulo.

Arquivos de exercícios Para concluir os exercícios deste capítulo, copie os arquivos de exercícios para seu computador. Os arquivos que você usará para finalizar esses exercícios encontram-se na pasta Capitulo13. Na seção "Usando os arquivos de exercícios", no início deste livro, existe uma lista completa desses arquivos.

Importante Se você estiver executando o Project Professional, talvez seja necessário fazer uma alteração de configuração. Isso ajuda a garantir que os arquivos de exercícios com os quais você trabalhar neste capítulo não afetem os dados do seu Project Server. Para obter mais informações, consulte o Apêndice C, "Usando os arquivos de exercícios se estiver conectado ao Project Server".

Identificando as tarefas que foram adiadas

Quando as tarefas iniciam ou terminam antes ou depois do planejado, ocorre uma variação da agenda. Você certamente deseja saber quais tarefas começaram atrasadas ou quais tarefas futuras poderão não iniciar de acordo com o agendamento. Isso também será útil para identificar as tarefas concluídas que não iniciaram no período correto e tentar determinar por que isso ocorreu.

Existem diferentes maneiras de visualizar as tarefas com variação, dependendo do tipo de informação desejada:

- Aplicar o modo de exibição Gantt de Controle para comparar graficamente as datas da linha de base das tarefas com suas datas reais ou agendadas. (Para fazer isso, na guia Exibição, no grupo Modos de Exibição de Tarefa, clique na seta para baixo abaixo do botão Gráfico de Gantt e em Gantt de Controle.)
- Aplicar o modo de exibição Gantt detalhado para mostrar graficamente o adiantamento de cada tarefa na linha de base (Para fazer isso, na guia Exibição, no grupo Modos de Exibição de Tarefa, clique em Mais modos de exibição e, em seguida, duas vezes em Gantt detalhado).
- Aplicar a tabela Variação a um modo de exibição de tarefas para ver o número de dias de variação das datas de início e término de cada tarefa. (Para fazer isso, na guia Exibição, no grupo Dados, clique em Tabelas e, em seguida, em Variação.)
- Filtrar as tarefas atrasadas ou adiadas com o filtro Progresso das Tarefas Adiadas, Tarefas Adiadas ou Tarefas Atrasadas. (Para fazer isso, na guia Exibição, no grupo Dados, na caixa Filtro, selecione o filtro que deseja aplicar.)

Foco do gerenciamento de projeto: A variação pode ser positiva?

No gerenciamento de projeto, geralmente esperamos que uma variação tenha um efeito adverso em um projeto, como uma variação que atrasa a data de término ou aumenta o custo de um projeto. Entretanto, o termo variação se refere a qualquer diferença que haja entre os eventos reais e planejados da agenda – mesmo diferenças que tenham um efeito útil, como uma data de término mais cedo ou um custo mais baixo do que o esperado. Caso você tenha a sorte de gerenciar um projeto que experiencie variações úteis, as técnicas descritas aqui ajudarão a identificar tanto variações úteis quanto adversas. Seu foco como um gerente de projeto é, em geral, o mesmo, independentemente da natureza da variação – espere e, quando ela ocorrer, comunique-a e seus efeitos aos responsáveis pelo projeto e a outros stakeholders e (se for uma variação adversa) trate-a de acordo com a natureza do projeto.

Neste exercício, você vai usar modos de exibição e filtros para identificar a variação.

PREPARAÇÃO Inicie o Project, caso ele ainda não esteja em execução.

Você precisa do plano de projeto Relatando Status_Inicio localizado na sua pasta de arquivos de exercícios Capitulo13 para concluir este exercício. Abra o plano de projeto Relatando Status_Inicio e, em seguida, siga estas etapas.

1. Na guia **Arquivo**, clique em **Salvar como**.

   A caixa de diálogo Salvar como é exibida.

2. Na caixa **Nome do arquivo**, digite **Relatando Status** e clique em **Salvar**.

   Para começar sua análise das tarefas que foram adiadas, você vai partir do nível mais alto – as informações de resumo do projeto.

3. Na guia **Projeto**, no grupo **Propriedades**, clique em **Informações do projeto**.

   A caixa de diálogo Informações do projeto é exibida.

4. Clique em **Estatísticas**.

   A caixa de diálogo Estatísticas do projeto é exibida.

Estatísticas do projeto 'Relatando Status'

	Início	Término
Atual	Seg 02/04/12	Qui 20/12/12
LinhaBase	Seg 02/04/12	Sex 16/11/12
Real	Seg 02/04/12	ND
Variação	0d	24,5d

	Duração	Trabalho	Custo
Atual	188d	2.609,1h	R$ 104.506,50
LinhaBase	163,5d	2.337,5h	R$ 93.742,00
Real	115,89d	1.737,1h	R$ 73.717,50
Restante	72,11d	872h	R$ 30.789,00

Porcentagem concluída:
Duração: 62% Trabalho: 67%

Fechar

Nessa caixa de diálogo, você pode ver (entre outras coisas) que o plano do novo livro da Lucerne Publishing tem atualmente variação da agenda substancial na data de término. A data de término do projeto global saiu do prazo desse número de dias.

5. Clique em **Fechar** para fechar a caixa de diálogo **Estatísticas do projeto**.

   Para o restante deste exercício, você vai usar várias técnicas para examinar a variação de tarefa específica.

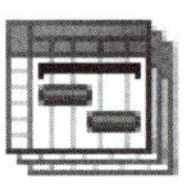

6. Na guia **Exibição**, no grupo **Modos de Exibição de Tarefa**, clique na seta para baixo abaixo do botão **Gráfico de Gantt** e, em seguida, em **Gantt de Controle**.

   O Project exibe o modo de exibição Gantt de Controle.

7. Na guia **Exibição**, no grupo **Zoom**, clique na seta para baixo próxima à caixa **Escala de tempo** e, em seguida, em **Semanas**.

A escala de tempo se ajusta para mostrar mais do plano de projeto.

8. Na coluna **Nome da tarefa**, clique no nome da tarefa 33, *Enviar páginas de prova para a produção*, e role o modo de exibição Gantt de controle para cima, a fim de que a tarefa 33 seja exibida na parte superior do modo de exibição.
9. Na guia **Tarefa**, no grupo **Edição**, clique em **Rolar até a Tarefa**.

Dica Você também pode clicar com o botão direito do mouse no nome da tarefa e, no menu de atalho que aparece, em Rolar até a Tarefa.

Na parte gráfica desse modo de exibição, as tarefas no estado em que estão atualmente agendadas são exibidas como barras azuis (se não estiverem no ***caminho crítico***) ou barras vermelhas (se estiverem no caminho crítico). Na metade inferior da linha de cada tarefa, as informações da linha de base são exibidas como barras cinzas.

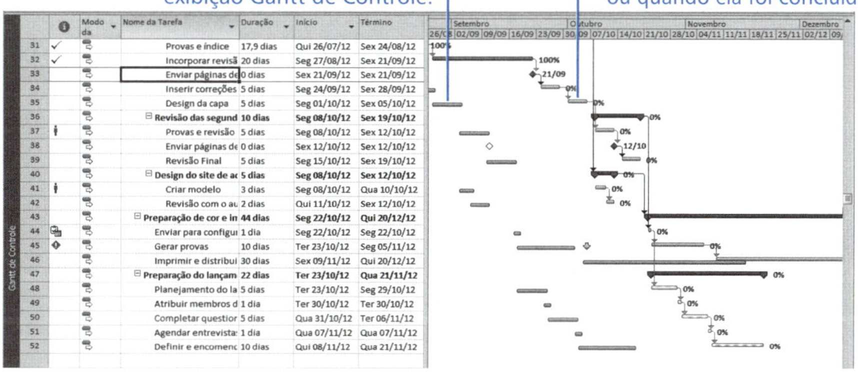

Comparando as barras de Gantt agendadas atualmente com as barras de Gantt da linha de base, você pode ver que as tarefas começaram mais tarde do que o planejado, ou demoraram mais tempo para serem concluídas.

Dica Para ver os detalhes sobre alguma barra ou qualquer outro item em um modo de exibição Gráfico de Gantt, posicione o ponteiro do mouse sobre ele. Após um instante, uma Dica de Tela é exibida com detalhes.

Para focalizar apenas as tarefas adiadas, você vai aplicar um filtro.

10. Na guia **Exibição**, no grupo **Dados**, clique na seta próxima a **Filtro** e em **Mais filtros**.

A caixa de diálogo Mais filtros é exibida. Nessa caixa de diálogo, você pode ver todos os filtros predefinidos para tarefas (quando em um modo de exibição de tarefas) e recursos (quando em um modo de exibição de recursos) que estão disponíveis para você.

11. Clique em **Tarefas adiadas** e, em seguida, em **Aplicar**.

    O Project filtra a lista de tarefas para mostrar apenas aquelas incompletas que, como estão agendadas no momento, foram adiadas a partir de seus agendamentos da linha de base.

    Observe os intervalos nos números de identificação de tarefas. As tarefas de 1 a 26, por exemplo, não aparecem com este filtro aplicado porque já estão concluídas.

    Neste ponto do agendamento, a data de início agendada das tarefas incompletas foi adiada muito pouco. A maioria das barras de Gantt agendadas dessas tarefas está formatada de vermelho para indicar que são críticas, o que significa que qualquer atraso na conclusão dessas tarefas atrasará a data de término do projeto.

12. Na guia **Exibição**, no grupo **Dados**, clique na seta próxima a **Filtro** e em **[Sem Filtro]**.

    O Project remove o filtro. Como sempre, a exibição ou remoção de um filtro não tem efeito algum sobre os dados originais.

    O modo de exibição Gantt de Controle ilustra graficamente a diferença entre o desempenho do projeto agendado, do real e da linha de base. Para ver essas informações em um formato de tabela, você exibirá a tabela Variação no modo de exibição Planilha de Tarefas.

13. Na guia **Exibição**, no grupo **Modos de Exibição de Tarefa**, clique em **Mais modos de exibição** e, em seguida, em **Planilha de Tarefa**.

    O Project exibe o modo de exibição Planilha de Tarefas. Em seguida, você vai alternar para a tabela Variação.

14. Na guia **Exibição**, no grupo **Dados**, clique em **Tabelas** e em **Variação**.

    Dica Você também pode clicar com o botão direito do mouse em Selecionar tudo no canto superior esquerdo da tabela ativa para mudar para uma tabela diferente.

    A tabela Variação é exibida no modo de exibição Planilha de Tarefas.

	Modo da	Nome da tarefa	Início	Término	Início da Linha de Base	Término da Linha de Base	Var. do início	Var. do término
0		**⊟ Cronograma do Li**	**Seg 02/04/12**	**Qui 20/12/12**	**Seg 02/04/12**	**Sex 16/11/12**	**0 dias**	**24,5 dias**
1		**⊞ Reunião da equip**	**Seg 09/04/12**	**Qua 01/08/12**	**Seg 09/04/12**	**Seg 02/07/12**	**0 dias**	**21 dias**
15		**⊞ Aquisição**	**Seg 02/04/12**	**Ter 22/05/12**	**Seg 02/04/12**	**Seg 21/05/12**	**0 dias**	**1,5 dias**
21		**⊟ Editorial**	**Qua 23/05/12**	**Ter 03/07/12**	**Seg 21/05/12**	**Sex 29/06/12**	**1,5 dias**	**2,63 dias**
22		Organizar manı	Qua 23/05/12	Ter 29/05/12	Seg 21/05/12	Seg 28/05/12	1,5 dias	1,5 dias
23		Revisão de text	Qua 30/05/12	Qua 13/06/12	Seg 28/05/12	Ter 12/06/12	1,5 dias	0,75 dias
24		Revisão do text	Qua 13/06/12	Sex 29/06/12	Ter 12/06/12	Ter 26/06/12	0,75 dias	3,25 dias
25		Incorporar revi	Ter 26/06/12	Ter 03/07/12	Sex 22/06/12	Sex 29/06/12	2,63 dias	2,63 dias
26		Enviar para a pı	Ter 03/07/12	Ter 03/07/12	Sex 29/06/12	Sex 29/06/12	2,63 dias	2,63 dias
27		**⊟ Design e Produçã**	**Qui 05/07/12**	**Sex 19/10/12**	**Sex 29/06/12**	**Seg 17/09/12**	**2,63 dias**	**24,5 dias**
28		Definir páginas	Qui 05/07/12	Qua 25/07/12	Sex 29/06/12	Seg 23/07/12	2,63 dias	2,4 dias
29		Design da ilust	Qui 05/07/12	Qua 25/07/12	Sex 29/06/12	Seg 23/07/12	2,63 dias	2,5 dias
30		**⊟ Revisão das pri**	**Qui 26/07/12**	**Sex 05/10/12**	**Seg 23/07/12**	**Seg 03/09/12**	**2,5 dias**	**24,5 dias**
31		Provas e índi	Qui 26/07/12	Sex 24/08/12	Seg 23/07/12	Seg 06/08/12	2,5 dias	14,5 dias
32		Incorporar re	Seg 27/08/12	Sex 21/09/12	Seg 06/08/12	Seg 20/08/12	14,5 dias	24,5 dias
33		Enviar págin	Sex 21/09/12	Sex 21/09/12	Seg 20/08/12	Seg 20/08/12	24,5 dias	24,5 dias
34		Inserir corre	Seg 24/09/12	Sex 28/09/12	Seg 20/08/12	Seg 27/08/12	24,5 dias	24,5 dias
35		Design da ca	Seg 01/10/12	Sex 05/10/12	Seg 27/08/12	Seg 03/09/12	24,5 dias	24,5 dias
36		**⊟ Revisão das se**	**Seg 08/10/12**	**Sex 19/10/12**	**Seg 03/09/12**	**Seg 17/09/12**	**24,5 dias**	**24,5 dias**
37		Provas e rev	Seg 08/10/12	Sex 12/10/12	Seg 03/09/12	Seg 10/09/12	24,5 dias	24,5 dias
38		Enviar págin	Sex 12/10/12	Sex 12/10/12	Seg 10/09/12	Seg 10/09/12	24,5 dias	24,5 dias
39		Revisão Fina	Seg 15/10/12	Sex 19/10/12	Seg 10/09/12	Seg 17/09/12	24,5 dias	24,5 dias
40		**⊟ Design do site**	**Seg 08/10/12**	**Sex 12/10/12**	**Seg 03/09/12**	**Seg 10/09/12**	**24,5 dias**	**24,5 dias**
41		Criar model	Seg 08/10/12	Qua 10/10/12	Seg 03/09/12	Qui 06/09/12	24,5 dias	24,5 dias
42		Revisão com	Qui 11/10/12	Sex 12/10/12	Qui 06/09/12	Seg 10/09/12	24,5 dias	24,5 dias
43		**⊟ Preparação de co**	**Seg 22/10/12**	**Qui 20/12/12**	**Seg 17/09/12**	**Sex 16/11/12**	**24,5 dias**	**24,5 dias**
44		Enviar para con	Seg 22/10/12	Seg 22/10/12	Seg 17/09/12	Ter 18/09/12	14,5 dias	14,5 dias
45		Gerar provas	Ter 23/10/12	Seg 05/11/12	Ter 18/09/12	Ter 02/10/12	24,5 dias	24,5 dias
46		Imprimir e dist	Sex 09/11/12	Qui 20/12/12	Sex 05/10/12	Sex 16/11/12	24,5 dias	24,5 dias
47		**⊟ Preparação do lan**	**Ter 23/10/12**	**Qua 21/11/12**	**Ter 18/09/12**	**Qui 18/10/12**	**24,5 dias**	**24,5 dias**
48		Planejamento	Ter 23/10/12	Seg 29/10/12	Ter 18/09/12	Ter 25/09/12	24,5 dias	24,5 dias

Pronto | Novas Tarefas : Agendada Automaticamente

Nessa tabela, você pode visualizar por tarefa os valores agendados, os de linha de base e os de variação.

Aqui, estão algumas dicas e sugestões adicionais para visualizar as tarefas adiadas:

- Todos os filtros estão disponíveis por meio do botão Filtro no Grupo Dados da guia Exibição. O nome do filtro ativo é exibido nesse botão; clique na seta próxima ao nome do filtro para ver outros filtros. Se não houver um filtro aplicado no modo de exibição atual, a opção [Sem Filtro] aparecerá na caixa Filtro. Quando um filtro é aplicado, o texto *Filtro Aplicado* aparece na barra de status.
- Você pode ver os critérios que a maioria dos filtros usa para determinar quais tarefas ou recursos serão exibidos ou ocultos. Na guia Exibição, no grupo Dados, na caixa Filtro e clique em Mais filtros. Na caixa de diálogo Mais filtros, clique em um filtro e, em seguida, em Editar. Na caixa de diálogo Definição de filtro, você pode ver os testes aplicados aos vários campos do filtro.

- Você pode exibir rapidamente as tarefas atrasadas – as tarefas que estão atrasadas em relação à data de status que você definiu. Para definir uma data de status use, na guia Projeto, no grupo Propriedades, a caixa Informações sobre o projeto. Depois, na guia Formato, no grupo Estilos de Barra, marque a caixa de seleção Tarefas Atrasadas. As barras de Gantt que foram agendadas para serem concluídas na data de status, mas estão incompletas, são formatadas de preto.
- O relatório Tarefas adiadas descreve as tarefas que não estão cumprindo a agenda. Para exibir um relatório Tarefas adiadas, na guia Projeto, no grupo Relatórios, clique em Relatórios. Na caixa de diálogo Relatórios, clique duas vezes em Atividades Atuais, e, em seguida, duas vezes em Tarefas adiadas.
- Neste exercício, você visualizou a variação referente a uma tarefa. Para ver a variação para atribuições em uma tarefa, mude para o modo de exibição Uso da Tarefa e clique na tabela Variação (para ver a variação de agenda) ou na tabela Trabalho (para ver a variação de trabalho).

Foco do gerenciamento do projeto: comunicar as informações

Se você trabalha em uma empresa que está altamente focada em projetos e gerenciamento de projetos, é provável que ela já possua esses métodos e formatos para relatar o status do projeto. Se esse não for o caso, talvez você consiga usar os formatos de status de projeto que são baseados nos princípios de comunicação clara e gerenciamento de projeto.

Você pode usar as seguintes técnicas do Project para ajudá-lo a reportar o status do projeto:

- Imprimir o relatório Resumo do projeto (para fazer isso, na guia Projeto, no grupo Relatórios, clique em Relatórios e, em seguida, em Visão Geral).
- Se você tem o Microsoft Excel 2003 ou posterior, ou o Microsoft Visio 2007 ou posterior, imprima um relatório visual com foco no status (para fazer isso, na guia Projeto, no grupo Relatórios, clique em Relatórios Visuais).
- Copiar dados do Project para outros aplicativos – por exemplo, usar o recurso Copiar Imagem (para fazer isso, na guia Tarefa, no grupo Área de Transferência, clique na seta para baixo próxima ao botão Copiar) para copiar o modo de exibição Gráfico de Gantt.
- Salvar os dados do Project em outros formatos (para fazer isso, na guia Arquivo, clique em Salvar Como e, na caixa Salvar como tipo, selecione o formato desejado), como um formato editável, como uma Pasta de trabalho do Excel, ou no formato Portable Document Format (PDF) ou XML Paper Specification (XPS) para visualização de alta definição.

Todas essas ferramentas de relatórios de status estão descritas em algum lugar deste livro. Para exercícios práticos sobre os recursos de compartilhamento de informações, consulte o Capítulo 17, "Compartilhe as informações do Project com outros programas".

Examinando os custos da tarefa

O status do agendamento (as tarefas iniciaram e terminaram na hora?), embora crucial para quase todos os projetos, é apenas um indicador da saúde do projeto como um todo. Para projetos que incluem informações de custos, outro indicador importante é a variação do custo: as tarefas estão sendo executadas dentro do orçamento? Os custos das tarefas no Project consistem em custos fixos aplicados diretamente às tarefas, custos de recursos derivados de atribuições ou ambos. Quando as tarefas custam mais ou menos do que planejado para serem concluídas, o resultado é uma variação de custos. A avaliação da variação de custos permite fazer ajustes incrementais no orçamento para tarefas individuais a fim de evitar que o projeto exceda o seu orçamento global.

Embora as tarefas e os recursos (e seus custos) sejam diretamente proporcionais, é instrutivo avaliar cada um individualmente.

Neste exercício, você vai visualizar a variação dos custos das tarefas. Você vai começar exibindo a tabela Custo.

1. Na guia **Exibição**, no grupo **Dados**, clique em **Tabelas** e em **Custo**.

   A tabela Custo é exibida no modo de exibição Planilha de Tarefas.

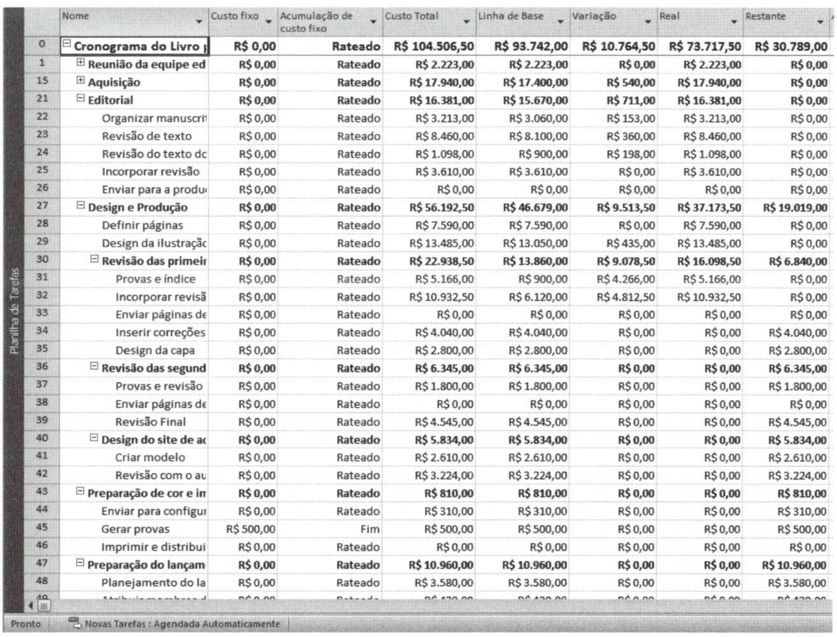

	Nome	Custo fixo	Acumulação de custo fixo	Custo Total	Linha de Base	Variação	Real	Restante
0	**Cronograma do Livro**	**R$ 0,00**	**Rateado**	**R$ 104.506,50**	**R$ 93.742,00**	**R$ 10.764,50**	**R$ 73.717,50**	**R$ 30.789,00**
1	**Reunião da equipe ed**	**R$ 0,00**	**Rateado**	**R$ 2.223,00**	**R$ 2.223,00**	**R$ 0,00**	**R$ 2.223,00**	**R$ 0,00**
15	**Aquisição**	**R$ 0,00**	**Rateado**	**R$ 17.940,00**	**R$ 17.400,00**	**R$ 540,00**	**R$ 17.940,00**	**R$ 0,00**
21	**Editorial**	**R$ 0,00**	**Rateado**	**R$ 16.381,00**	**R$ 15.670,00**	**R$ 711,00**	**R$ 16.381,00**	**R$ 0,00**
22	Organizar manuscri	R$ 0,00	Rateado	R$ 3.213,00	R$ 3.060,00	R$ 153,00	R$ 3.213,00	R$ 0,00
23	Revisão de texto	R$ 0,00	Rateado	R$ 8.460,00	R$ 8.100,00	R$ 360,00	R$ 8.460,00	R$ 0,00
24	Revisão do texto dc	R$ 0,00	Rateado	R$ 1.098,00	R$ 900,00	R$ 198,00	R$ 1.098,00	R$ 0,00
25	Incorporar revisão	R$ 0,00	Rateado	R$ 3.610,00	R$ 3.610,00	R$ 0,00	R$ 3.610,00	R$ 0,00
26	Enviar para a produ	R$ 0,00	Rateado	R$ 0,00	R$ 0,00	R$ 0,00	R$ 0,00	R$ 0,00
27	**Design e Produção**	**R$ 0,00**	**Rateado**	**R$ 56.192,50**	**R$ 46.679,00**	**R$ 9.513,50**	**R$ 37.173,50**	**R$ 19.019,00**
28	Definir páginas	R$ 0,00	Rateado	R$ 7.590,00	R$ 7.590,00	R$ 0,00	R$ 7.590,00	R$ 0,00
29	Design da ilustraçã	R$ 0,00	Rateado	R$ 13.485,00	R$ 13.050,00	R$ 435,00	R$ 13.485,00	R$ 0,00
30	**Revisão das primeir**	**R$ 0,00**	**Rateado**	**R$ 22.938,50**	**R$ 13.860,00**	**R$ 9.078,50**	**R$ 16.098,50**	**R$ 6.840,00**
31	Provas e índice	R$ 0,00	Rateado	R$ 5.166,00	R$ 900,00	R$ 4.266,00	R$ 5.166,00	R$ 0,00
32	Incorporar revisã	R$ 0,00	Rateado	R$ 10.932,50	R$ 6.120,00	R$ 4.812,50	R$ 10.932,50	R$ 0,00
33	Enviar páginas de	R$ 0,00	Rateado	R$ 0,00	R$ 0,00	R$ 0,00	R$ 0,00	R$ 0,00
34	Inserir correções	R$ 0,00	Rateado	R$ 4.040,00	R$ 4.040,00	R$ 0,00	R$ 0,00	R$ 4.040,00
35	Design da capa	R$ 0,00	Rateado	R$ 2.800,00	R$ 2.800,00	R$ 0,00	R$ 0,00	R$ 2.800,00
36	**Revisão das segund**	**R$ 0,00**	**Rateado**	**R$ 6.345,00**	**R$ 6.345,00**	**R$ 0,00**	**R$ 0,00**	**R$ 6.345,00**
37	Provas e revisão	R$ 0,00	Rateado	R$ 1.800,00	R$ 1.800,00	R$ 0,00	R$ 0,00	R$ 1.800,00
38	Enviar páginas de	R$ 0,00	Rateado	R$ 0,00	R$ 0,00	R$ 0,00	R$ 0,00	R$ 0,00
39	Revisão Final	R$ 0,00	Rateado	R$ 4.545,00	R$ 4.545,00	R$ 0,00	R$ 0,00	R$ 4.545,00
40	**Design do site de ac**	**R$ 0,00**	**Rateado**	**R$ 5.834,00**	**R$ 5.834,00**	**R$ 0,00**	**R$ 0,00**	**R$ 5.834,00**
41	Criar modelo	R$ 0,00	Rateado	R$ 2.610,00	R$ 2.610,00	R$ 0,00	R$ 0,00	R$ 2.610,00
42	Revisão com o au	R$ 0,00	Rateado	R$ 3.224,00	R$ 3.224,00	R$ 0,00	R$ 0,00	R$ 3.224,00
43	**Preparação de cor e in**	**R$ 0,00**	**Rateado**	**R$ 810,00**	**R$ 810,00**	**R$ 0,00**	**R$ 0,00**	**R$ 810,00**
44	Enviar para configur	R$ 0,00	Rateado	R$ 310,00	R$ 310,00	R$ 0,00	R$ 0,00	R$ 310,00
45	Gerar provas	R$ 500,00	Fim	R$ 500,00	R$ 500,00	R$ 0,00	R$ 0,00	R$ 500,00
46	Imprimir e distribui	R$ 0,00	Rateado	R$ 0,00	R$ 0,00	R$ 0,00	R$ 0,00	R$ 0,00
47	**Preparação do lançam**	**R$ 0,00**	**Rateado**	**R$ 10.960,00**	**R$ 10.960,00**	**R$ 0,00**	**R$ 0,00**	**R$ 10.960,00**
48	Planejamento do la	R$ 0,00	Rateado	R$ 3.580,00	R$ 3.580,00	R$ 0,00	R$ 0,00	R$ 3.580,00

Nessa tabela, você pode ver o custo da linha de base, o custo agendado (na coluna Custo total), o custo real e a variação de custo de cada tarefa. A variação é a diferença entre o custo da linha de base e o agendado. É claro que os custos não estão agendados da mesma maneira que o trabalho; entretanto, os derivados diretamente dos recursos de trabalho (isto é, excluindo os custos fixos e os custos associados aos recursos materiais e de custos) são derivados diretamente do trabalho agendado.

Lembre-se de que, no Capítulo 5, "Formate e compartilhe seu plano", a tarefa 0 é a tarefa de resumo do projeto; seus valores de custo são os do projeto e correspondem aos valores que você verá na caixa de diálogo Informações sobre o projeto. Esses valores incluem:

- O valor de custo atual é a soma dos valores de custo real (isto é, completo) e restante (incompleto).
- O valor de custo da linha de base é o custo planejado do projeto quando sua linha de base foi definida.
- O custo real é o que foi incorrido até aqui.
- O custo restante é a diferença entre o atual e o real.

A seguir, você vai enfocar os custos mais altos.

2. Na guia **Exibição**, no grupo **Dados**, clique em **Estrutura de Tópicos**, e, em seguida, em **Nível da estrutura de tópicos 1**.

   O Project oculta todas as subtarefas e tarefas de resumo aninhadas, deixando visíveis apenas as tarefas de nível superior.

   Examinando a coluna Variação, você pode ver que a fase *Design e Produção* (tarefa 27) computa praticamente toda a variação do projeto.

   Para concluir este exercício, você vai usar os filtros para ajudá-lo a destacar as tarefas que têm variação de custo.

3. Na guia **Exibição**, no grupo **Dados**, clique em **Estrutura de Tópicos**, e, em seguida, em **Mostrar subtarefas**.

   O Project expande a lista de tarefas para mostrar todas as subtarefas.

4. Na guia **Exibição**, no grupo **Dados**, clique na seta próxima a **Filtro** e, em seguida, em **Mais filtros**.

5. Na caixa de diálogo **Mais filtros**, clique em **Custo acima do orçado** e, em seguida, em **Aplicar**.

   O Project filtra a lista de tarefas para mostrar apenas aquelas que tiveram os custos reais e agendados maiores do que seus custos de linha de base. Examinando a lista de tarefas, você pode ver que as tarefas 31 e 32 contribuíram para uma variação substancial; anote isso para uma investigação posterior.

Gráfico de Gantt

	Nome	Custo fixo	Acumulação de custo fixo	Custo Total	Linha de Base	Variação	Real	Restante
0	**Cronograma do Livro para Crianças**	**R$ 0,00**	**Rateado**	**R$ 104.506,50**	**R$ 93.742,00**	**R$ 10.764,50**	**R$ 73.717,50**	**R$ 30.789,00**
15	**Aquisição**	**R$ 0,00**	**Rateado**	**R$ 17.940,00**	**R$ 17.400,00**	**R$ 540,00**	**R$ 17.940,00**	**R$ 0,00**
19	Revisão da edição de conteúdo pelo autor	R$ 0,00	Rateado	R$ 4.140,00	R$ 3.600,00	R$ 540,00	R$ 4.140,00	R$ 0,00
21	**Editorial**	**R$ 0,00**	**Rateado**	**R$ 16.381,00**	**R$ 15.670,00**	**R$ 711,00**	**R$ 16.381,00**	**R$ 0,00**
22	Organizar manuscrito para revisão	R$ 0,00	Rateado	R$ 3.213,00	R$ 3.060,00	R$ 153,00	R$ 3.213,00	R$ 0,00
23	Revisão de texto	R$ 0,00	Rateado	R$ 8.460,00	R$ 8.100,00	R$ 360,00	R$ 8.460,00	R$ 0,00
24	Revisão do texto dos revisores pelo autor	R$ 0,00	Rateado	R$ 1.098,00	R$ 900,00	R$ 198,00	R$ 1.098,00	R$ 0,00
27	**Design e Produção**	**R$ 0,00**	**Rateado**	**R$ 56.192,50**	**R$ 46.679,00**	**R$ 9.513,50**	**R$ 37.173,50**	**R$ 19.019,00**
29	Design da ilustração interior	R$ 0,00	Rateado	R$ 13.485,00	R$ 13.050,00	R$ 435,00	R$ 13.485,00	R$ 0,00
30	**Revisão das primeir**	**R$ 0,00**	**Rateado**	**R$ 22.938,50**	**R$ 13.860,00**	**R$ 9.078,50**	**R$ 16.098,50**	**R$ 6.840,00**
31	Provas e índice	R$ 0,00	Rateado	R$ 5.166,00	R$ 900,00	R$ 4.266,00	R$ 5.166,00	R$ 0,00
32	Incorporar revisão das	R$ 0,00	Rateado	R$ 10.932,50	R$ 6.120,00	R$ 4.812,50	R$ 10.932,50	R$ 0,00

6. Na guia **Exibição**, no grupo **Dados**, clique na seta próxima a **Filtro e**, em seguida, em **[Sem Filtro]**.

   O Project remove o filtro.

O que causou a variação dos custos das tarefas no projeto do novo livro? Como os custos desse projeto são quase totalmente provenientes do trabalho executado pelos recursos, podemos concluir que foi necessário mais trabalho do que o agendado para concluir as tarefas até agora.

Como vimos anteriormente, os custos de tarefas e recursos estão intimamente relacionados; na maioria dos casos, os custos das tarefas são em grande parte, ou totalmente, derivados dos custos dos recursos atribuídos às tarefas. O exame dos custos dos recursos é o assunto do próximo exercício.

Aqui, estão algumas dicas e sugestões adicionais para trabalhar com dados de custos:

- Para ver as tarefas que ficaram acima do orçamento, use o relatório Tarefas com orçamento estourado. Para gerar o relatório Tarefas com orçamento estourado, na guia Projeto, no grupo Relatórios, clique em Relatórios. Na caixa de diálogo Relatórios, clique duas vezes em Custos e, em seguida, em Tarefas com orçamento estourado.
- Se você tem o Excel 2003 ou posterior, pode usar o Relatório de Custo de Orçamento. Para criar o Relatório de Custo de Orçamento, na guia Projeto, no grupo Relatórios, clique em Relatórios Visuais. Na guia Uso de Atribuições da caixa de diálogo Relatórios Visuais, clique em Relatório de Custo de Orçamento e, em seguida, em Exibir.
- Aplique o filtro Tarefas atrasadas/orç. estourado atribuídas a... a um recurso específico. Para fazer isso, na guia Exibição, no grupo Dados, clique na seta próxima a Filtro e, em seguida, em Mais Filtros.

- Mostre a variação de trabalho na tabela Trabalho em um modo de exibição de tarefa. Para fazer isso, na guia Exibição, no grupo Dados, clique em Tabelas e, em seguida, em Trabalho. Lembre-se de que, em um plano de projeto em que a maioria dos custos é derivada de recursos de trabalho, examinar a variação de trabalho é uma maneira de examinar a variação de custo.
- Você pode comparar uma linha de base dividida em fases e o trabalho agendado em um modo de exibição de Uso. Por exemplo, no modo de exibição Uso da Tarefa, na guia Formato, no grupo Detalhes, clique em Trabalho da Linha de Base.
- Neste exercício, você visualizou a variação de custo para uma tarefa. Para ver a variação de custo das atribuições para uma tarefa, mude para o modo de exibição Uso da Tarefa e, em seguida, aplique a tabela Custo. Enquanto está em um modo de exibição de Uso, você também pode mostrar os detalhes de Custo, Custo de Linha de Base e Custo Real por meio da caixa de diálogo Adicionar Detalhes. Na guia Formato, no grupo Detalhes, selecione as opções desejadas.

Examinando os custos dos recursos

Às vezes, os gerentes de projeto enfocam os custos dos recursos como um meio de medir o andamento e a variação dentro de um projeto. Entretanto, as informações de custo de recursos também servem para outras pessoas e outras necessidades. Para muitas empresas, os custos dos recursos são o principal ou mesmo o único custo incorrido na execução de projetos, portanto, observar de perto os custos dos recursos pode relatar diretamente a saúde financeira de uma empresa. Talvez não seja um gerente de projeto, mas um executivo, contador ou *gerente de recursos* quem esteja interessado nos custos dos recursos dos projetos, na medida em que são eles os responsáveis pelos custos da empresa.

Outra razão comum para controlar os custos dos recursos é o faturamento interno (por exemplo, cobrar outro departamento pelos serviços que seu departamento forneceu) ou externo da empresa. Nos dois casos, as informações dos custos dos recursos armazenadas nos planos de projeto podem servir como base para a cobrança dos serviços que o seu departamento ou empresa forneceu para outros.

As despesas no projeto do novo livro são, em grande parte, derivadas dos custos das atribuições dos recursos. Você já viu os custos da tarefa, portanto, vai enfocar, em seguida, a variação dos custos dos recursos.

Neste exercício, você vai usar diferentes modos de exibição, tabelas e classificação para ver a variação dos custos dos recursos.

1. Na guia **Exibição**, no grupo **Modos de Exibição de Recurso**, clique em **Planilha de recursos**.

   O modo de exibição Planilha de recursos é exibido.

2. Na guia **Exibição**, no grupo **Dados**, clique em **Tabelas** e, em seguida, em **Custo**.

   A tabela Custo é exibida.

Planilha de recursos

	Nome	Custo	Custo da linha de base	Variação	Custo real	Restante
1	Carole Poland	R$ 11.182,50	R$ 11.182,50	R$ 0,00	R$ 9.082,50	R$ 2.100,00
2	Serviços de Configuração de Cor	R$ 0,00	R$ 0,00	R$ 0,00	R$ 0,00	R$ 0,00
3	Revisores	R$ 18.864,00	R$ 13.500,00	R$ 5.364,00	R$ 18.864,00	R$ 0,00
4	Dan Jump	R$ 11.362,75	R$ 8.644,75	R$ 2.718,00	R$ 9.248,75	R$ 2.114,00
5	Hany Morcos	**R$ 24.391,25**	R$ 21.988,75	R$ 2.402,50	**R$ 15.306,25**	**R$ 9.085,00**
6	Jane Dow	R$ 19.580,00	R$ 19.580,00	R$ 0,00	R$ 11.990,00	R$ 7.590,00
7	Jun Cao	R$ 546,00	R$ 546,00	R$ 0,00	R$ 546,00	R$ 0,00
8	Luis Sousa	R$ 14.280,00	R$ 14.000,00	R$ 280,00	R$ 8.680,00	R$ 5.600,00
9	Serviços de Impressão	R$ 0,00	R$ 0,00	R$ 0,00	R$ 0,00	R$ 0,00
10	Tad Orman	R$ 0,00	R$ 0,00	R$ 0,00	R$ 0,00	R$ 0,00
11	Viagens	R$ 3.500,00	R$ 3.500,00	R$ 0,00	R$ 0,00	R$ 3.500,00
12	Encadernar provas	R$ 300,00	R$ 300,00	R$ 0,00	R$ 0,00	R$ 300,00

Na tabela Custo, você pode ver o custo de cada recurso, o custo da linha de base e os valores de custos relacionados. Na maioria dos casos aqui, os valores dos custos para os recursos de trabalho são provenientes da taxa de custo de cada recurso multiplicada pelo trabalho nas suas atribuições às tarefas no plano de projeto.

Atualmente, a planilha de recursos está classificada por Identificação de recurso. Em seguida, você vai classificá-la por custo de recurso.

3. Clique na seta **AutoFiltro** no cabeçalho de coluna **Custo** e, no menu que é exibido, em **Classificar do Maior para Menor**.

   O Project classifica os recursos por custo, do mais alto para o mais baixo. Note que os recursos são classificados de acordo com os valores da coluna Custo, que é a soma de seus custos reais (ou históricos) e seus custos restantes (ou esperados).

Planilha de recursos

	Nome	Custo	Custo da linha de base	Variação	Custo real	Restante
5	Hany Morcos	**R$ 24.391,25**	R$ 21.988,75	R$ 2.402,50	**R$ 15.306,25**	**R$ 9.085,00**
6	Jane Dow	R$ 19.580,00	R$ 19.580,00	R$ 0,00	R$ 11.990,00	R$ 7.590,00
3	Revisores	R$ 18.864,00	R$ 13.500,00	R$ 5.364,00	R$ 18.864,00	R$ 0,00
8	Luis Sousa	R$ 14.280,00	R$ 14.000,00	R$ 280,00	R$ 8.680,00	R$ 5.600,00
4	Dan Jump	R$ 11.362,75	R$ 8.644,75	R$ 2.718,00	R$ 9.248,75	R$ 2.114,00
1	Carole Poland	R$ 11.182,50	R$ 11.182,50	R$ 0,00	R$ 9.082,50	R$ 2.100,00
11	Viagens	R$ 3.500,00	R$ 3.500,00	R$ 0,00	R$ 0,00	R$ 3.500,00
7	Jun Cao	R$ 546,00	R$ 546,00	R$ 0,00	R$ 546,00	R$ 0,00
12	Encadernar provas	R$ 300,00	R$ 300,00	R$ 0,00	R$ 0,00	R$ 300,00
2	Serviços de Configuração de Cor	R$ 0,00	R$ 0,00	R$ 0,00	R$ 0,00	R$ 0,00
9	Serviços de Impressão	R$ 0,00	R$ 0,00	R$ 0,00	R$ 0,00	R$ 0,00
10	Tad Orman	R$ 0,00	R$ 0,00	R$ 0,00	R$ 0,00	R$ 0,00

Essa classificação informa rapidamente quais são, cumulativamente, os recursos mais caros e os mais baratos (conforme indicado na coluna Custo), mas não ajuda a ver os padrões de variação. Você fará isso agora.

4. Clique na seta **AutoFiltro** no cabeçalho de coluna **Variação** e, no menu que aparece, em **Classificar do Maior para Menor**.

   O Project reclassifica os recursos por variação de custos, do mais alto para o mais baixo.

Planilha de recursos

	Nome	Custo	Custo da linha de base	Variação	Custo real	Restante
3	Revisores	R$ 18.864,00	R$ 13.500,00	R$ 5.364,00	R$ 18.864,00	R$ 0,00
4	Dan Jump	R$ 11.362,75	R$ 8.644,75	R$ 2.718,00	R$ 9.248,75	R$ 2.114,00
5	Hany Morcos	**R$ 24.391,25**	R$ 21.988,75	R$ 2.402,50	**R$ 15.306,25**	**R$ 9.085,00**
8	Luis Sousa	R$ 14.280,00	R$ 14.000,00	R$ 280,00	R$ 8.680,00	R$ 5.600,00
1	Carole Poland	R$ 11.182,50	R$ 11.182,50	R$ 0,00	R$ 9.082,50	R$ 2.100,00
2	Serviços de Configuração de Cor	R$ 0,00	R$ 0,00	R$ 0,00	R$ 0,00	R$ 0,00
6	Jane Dow	R$ 19.580,00	R$ 19.580,00	R$ 0,00	R$ 11.990,00	R$ 7.590,00
7	Jun Cao	R$ 546,00	R$ 546,00	R$ 0,00	R$ 546,00	R$ 0,00
9	Serviços de Impressão	R$ 0,00	R$ 0,00	R$ 0,00	R$ 0,00	R$ 0,00
10	Tad Orman	R$ 0,00	R$ 0,00	R$ 0,00	R$ 0,00	R$ 0,00
11	Viagens	R$ 3.500,00	R$ 3.500,00	R$ 0,00	R$ 0,00	R$ 3.500,00
12	Encadernar provas	R$ 300,00	R$ 300,00	R$ 0,00	R$ 0,00	R$ 300,00

   Com a lista de recursos classificada por variação de custos, você pode rapidamente destacar os recursos com a maior variação – nesse caso, os revisores. Anote para uma investigação futura.

5. Na guia **Exibição**, no grupo **Dados**, clique em **Classificar** e em **pelo número da tarefa**.

   O Project reclassifica os recursos pelo número da tarefa.

Note que o valor em reais da variação, embora importante, não conta a história inteira. O que seria útil saber é que tarefas tiveram a porcentagem mais alta de variação. Uma tarefa com custo na linha de base igual a R$ 1.000,00 e custo real de R$ 1.200,00 tem uma porcentagem menor de variação do que um custo com uma linha de base igual a R$ 100,00 e um custo real de R$ 200,00. Em projetos complexos, entender que tarefas tendem a porcentagens maiores de variação pode ajudá-lo a evitar problemas similares no futuro. Na próxima seção, você verá como começar a analisar a variação dessa maneira.

Aqui, estão algumas dicas e sugestões adicionais para trabalhar com custos de recursos:

- Você pode usar o relatório Recursos com orçamento estourado para listar os recursos que estão acima do orçamento. Para fazer isso, na guia Projeto, no grupo Relatórios, clique em Relatórios. Na caixa de diálogo Relatórios, clique duas vezes em Custos e, em seguida, em Recursos com orçamento estourado.

- Você também pode ver os valores de custos divididos em fases em um modo de exibição de Uso. Por exemplo, no modo de exibição Uso dos Recursos, na guia Formato, no grupo Detalhes, clique em Adicionar Detalhes. Na caixa de diálogo Estilos de detalhe, mostre os campos Custo da linha de base e Custo. Isso também funciona no modo de exibição Uso da Tarefa.
- Se você tem o Excel 2003 ou posterior, pode usar o Relatório Resumo de Custo do Recurso. Para fazer isso, na guia Projeto, no grupo Relatórios, clique em Relatórios Visuais. Na guia Uso de Recursos da caixa de diálogo Relatórios Visuais, clique em Relatório de Resumo de Custo do Recurso e, em seguida, em Exibir.

Reportando a variação do custo do projeto com um modo de exibição de indicadores coloridos

Existem muitas maneiras de relatar o status de um projeto em termos de variação de tarefas, ou orçamento, ou outras medidas. Não há deficiência de recursos no Project no que se refere a reportar o status do projeto, mas o principal é lembrar que o método pelo qual você reporta o status do projeto é menos uma questão técnica do que uma questão de comunicação. Por exemplo, que formato e nível de detalhe seus stakeholders precisam ver? Os responsáveis pelo projeto veem aspectos do desempenho de um projeto diferentes daqueles vistos por seus recursos? Essas questões são básicas para o trabalho do gerente de projeto. Felizmente, como observamos anteriormente, o Project é uma ferramenta de comunicação rica que pode ser usada para construir o tipo de informação de status do projeto que melhor atenda às necessidades dos seus stakeholders.

A seguir, você vai enfocar a criação do que é denominado um relatório de indicadores coloridos. Esse relatório de status representa os indicadores-chave das tarefas, por exemplo, status de agenda ou orçamento, como uma simples cor vermelha, amarela ou verde. Esses relatórios de status são fáceis de entender e fornecem rapidamente um sentido geral da saúde de um projeto. Estritamente falando, o que você vai criar aqui não é um relatório do Project, portanto, o chamaremos de *modo de exibição de indicadores coloridos*.

Neste exercício, você vai criar um modo de exibição usando campos personalizados para enfocar visualmente a variação do projeto.

1. Na guia **Exibição**, no grupo **Modos de Exibição de Tarefa**, clique em **Mais modos de exibição** e, em seguida, em **Planilha de Tarefas**.

   O Project exibe o modo de exibição Planilha de Tarefas. Atualmente, ele contém a tabela Custo.

   Para economizar seu tempo, personalizamos um campo nesse arquivo do Project que contém uma fórmula que avaliará a variação de custo de cada tarefa. Em seguida, você vai visualizar a fórmula para entender o que ela faz e, então, visualizar os indicadores gráficos atribuídos ao campo.

2. Na guia **Formato**, no grupo **Colunas**, clique em **Campos Personalizados**.

   A caixa de diálogo Campos Personalizados é exibida.

3. Na caixa **Tipo** localizada no canto superior direito da caixa de diálogo, clique em **Número** na lista suspensa.

4. Na caixa de listagem, clique em **Acima do Orçamento (Número3)**. Esse é o campo personalizado que definimos para você.

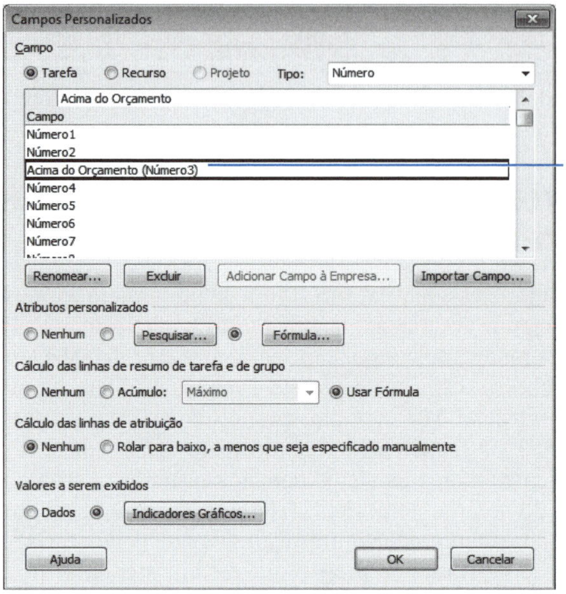

O campo Número3 foi renomeado como "Acima do Orçamento" e personalizado com uma fórmula e indicadores gráficos.

5. Em **Atributos personalizados**, clique em **Fórmula**.

   A caixa de diálogo Fórmula é exibida.

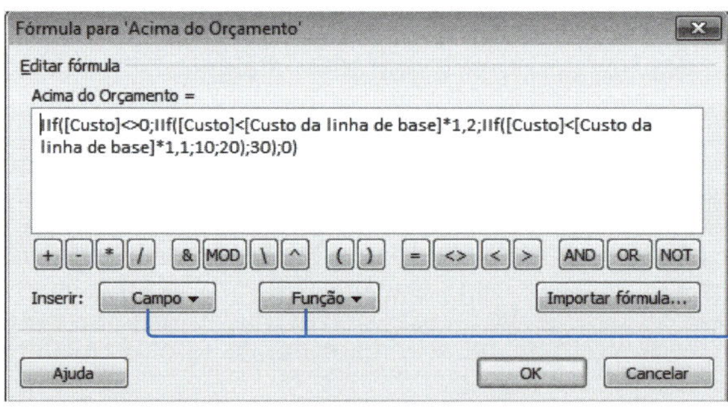

Ao escrever uma fórmula, use esses botões para inserir campos ou funções do Project nas suas fórmulas.

Essa fórmula avalia a variação de custo de cada tarefa. Se o custo da tarefa estiver 10% ou menos acima da linha de base, a fórmula atribuirá o número 10 à tarefa.

Se o custo estiver entre 10% e 20% acima da linha de base, receberá o número 20. Se o custo estiver mais de 20% acima da linha de base, receberá um 30.

6. Clique em **Cancelar** para fechar a caixa de diálogo **Fórmula**.
7. Na caixa de diálogo **Campos Personalizados**, em **Valores a serem exibidos**, clique em **Indicadores Gráficos**.

   A caixa de diálogo Indicadores gráficos é exibida. Aqui, você especifica um indicador gráfico exclusivo a ser exibido, dependendo do valor do campo para cada tarefa. Novamente, para economizar seu tempo, os indicadores já estão selecionados.

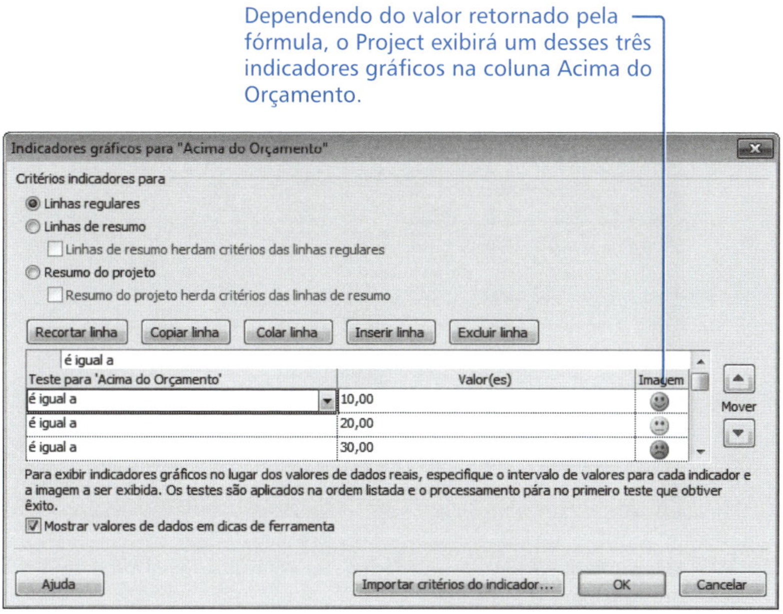

8. Clique na primeira célula abaixo do título de coluna **Imagem** (ela contém um smile verde) e, em seguida, na seta que aponta para baixo.

   Aqui, você pode ver os muitos indicadores gráficos que podem ser associados aos valores dos campos.

9. Clique em **Cancelar** para fechar a caixa de diálogo Indicadores gráficos e em **Cancelar** novamente para fechar a caixa de diálogo **Campos Personalizados**.
10. Na coluna **Nome da Tarefa**, clique no sinal de menos próximo ao nome da tarefa 1, a tarefa de resumo recorrente *Reunião da equipe editorial*.

    A lista da tarefa recorrente se recolhe para mostrar apenas a tarefa de resumo recorrente.

    Para concluir este exercício, você vai exibir a coluna Acima do Orçamento (Número3) na tabela Custo.

11. No lado direito da tabela, clique no cabeçalho de coluna **Adicionar Nova Coluna**.

    Uma lista de campos disponíveis é exibida.

12. Na lista de campos, clique em **Acima do Orçamento (Número3)** na lista suspensa.

    Você também verá o mesmo campo personalizado *Número3 (Acima do Orçamento)* na lista de campos.

Dica Ao selecionar itens em uma lista como essa, você pode começar digitando o nome do item e, quando seu nome inteiro aparecer, selecioná-lo.

O Project exibe a coluna Acima do Orçamento na tabela de Custo.

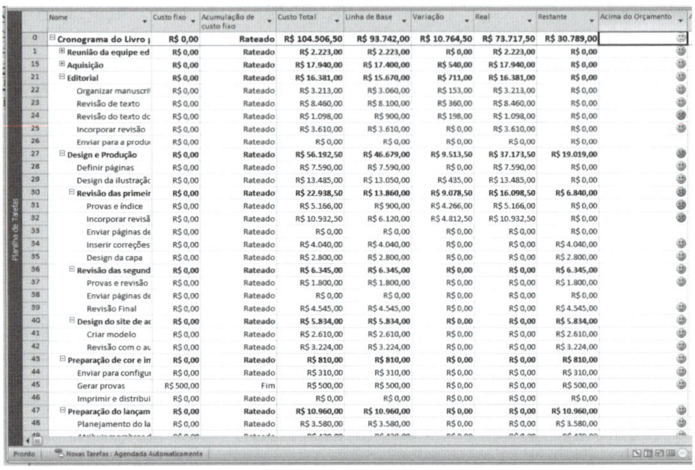

	Nome	Custo fixo	Acumulação de custo fixo	Custo Total	Linha de Base	Variação	Real	Restante	Acima do Orçamento
0	**Cronograma do Livro**	**R$ 0,00**	**Rateado**	**R$ 104.506,50**	**R$ 93.742,00**	**R$ 10.764,50**	**R$ 73.717,50**	**R$ 30.789,00**	
1	**Reunião da equipe ed**	**R$ 0,00**	**Rateado**	**R$ 2.223,00**	**R$ 2.223,00**	**R$ 0,00**	**R$ 2.223,00**	**R$ 0,00**	
15	**Aquisição**	**R$ 0,00**	**Rateado**	**R$ 17.940,00**	**R$ 17.400,00**	**R$ 540,00**	**R$ 17.940,00**	**R$ 0,00**	
21	**Editorial**	**R$ 0,00**	**Rateado**	**R$ 16.381,00**	**R$ 15.670,00**	**R$ 711,00**	**R$ 16.381,00**	**R$ 0,00**	
22	Organizar manuscri	R$ 0,00	Rateado	R$ 3.213,00	R$ 3.060,00	R$ 153,00	R$ 3.213,00	R$ 0,00	
23	Revisão de texto	R$ 0,00	Rateado	R$ 8.460,00	R$ 8.100,00	R$ 360,00	R$ 8.460,00	R$ 0,00	
24	Revisão do texto dc	R$ 0,00	Rateado	R$ 1.098,00	R$ 900,00	R$ 198,00	R$ 1.098,00	R$ 0,00	
25	Incorporar revisão	R$ 0,00	Rateado	R$ 3.610,00	R$ 3.610,00	R$ 0,00	R$ 3.610,00	R$ 0,00	
26	Enviar para a produ	R$ 0,00	Rateado	R$ 0,00	R$ 0,00	R$ 0,00	R$ 0,00	R$ 0,00	
27	**Design e Produção**	**R$ 0,00**	**Rateado**	**R$ 56.192,50**	**R$ 46.679,00**	**R$ 9.513,50**	**R$ 37.173,50**	**R$ 19.019,00**	
28	Definir páginas	R$ 0,00	Rateado	R$ 7.590,00	R$ 7.590,00	R$ 0,00	R$ 7.590,00	R$ 0,00	
29	Design da ilustraçã	R$ 0,00	Rateado	R$ 13.485,00	R$ 13.050,00	R$ 435,00	R$ 13.485,00	R$ 0,00	
30	**Revisão das primeir**	**R$ 0,00**	**Rateado**	**R$ 22.938,50**	**R$ 13.860,00**	**R$ 9.078,50**	**R$ 16.098,50**	**R$ 6.840,00**	
31	Provas e índice	R$ 0,00	Rateado	R$ 5.166,00	R$ 900,00	R$ 4.266,00	R$ 5.166,00	R$ 0,00	
32	Incorporar revisã	R$ 0,00	Rateado	R$ 10.932,50	R$ 6.120,00	R$ 4.812,50	R$ 10.932,50	R$ 0,00	
33	Enviar páginas de	R$ 0,00	Rateado	R$ 0,00	R$ 0,00	R$ 0,00	R$ 0,00	R$ 0,00	
34	Inserir correções	R$ 0,00	Rateado	R$ 4.040,00	R$ 4.040,00	R$ 0,00	R$ 0,00	R$ 4.040,00	
35	Design da capa	R$ 0,00	Rateado	R$ 2.800,00	R$ 2.800,00	R$ 0,00	R$ 0,00	R$ 2.800,00	
36	**Revisão das segund**	**R$ 0,00**	**Rateado**	**R$ 6.345,00**	**R$ 6.345,00**	**R$ 0,00**	**R$ 0,00**	**R$ 6.345,00**	
37	Provas e revisão	R$ 0,00	Rateado	R$ 1.800,00	R$ 1.800,00	R$ 0,00	R$ 0,00	R$ 1.800,00	
38	Enviar páginas de	R$ 0,00	Rateado	R$ 0,00	R$ 0,00	R$ 0,00	R$ 0,00	R$ 0,00	
39	Revisão Final	R$ 0,00	Rateado	R$ 4.545,00	R$ 4.545,00	R$ 0,00	R$ 0,00	R$ 4.545,00	
40	**Design do site de ac**	**R$ 0,00**	**Rateado**	**R$ 5.834,00**	**R$ 5.834,00**	**R$ 0,00**	**R$ 0,00**	**R$ 5.834,00**	
41	Criar modelo	R$ 0,00	Rateado	R$ 2.610,00	R$ 2.610,00	R$ 0,00	R$ 0,00	R$ 2.610,00	
42	Revisão com o au	R$ 0,00	Rateado	R$ 3.224,00	R$ 3.224,00	R$ 0,00	R$ 0,00	R$ 3.224,00	
43	**Preparação de cor e in**	**R$ 0,00**	**Rateado**	**R$ 810,00**	**R$ 810,00**	**R$ 0,00**	**R$ 0,00**	**R$ 810,00**	
44	Enviar para configu	R$ 0,00	Rateado	R$ 310,00	R$ 310,00	R$ 0,00	R$ 0,00	R$ 310,00	
45	Gerar provas	R$ 500,00	Fim	R$ 500,00	R$ 500,00	R$ 0,00	R$ 0,00	R$ 500,00	
46	Imprimir e distribui	R$ 0,00	Rateado	R$ 0,00	R$ 0,00	R$ 0,00	R$ 0,00	R$ 0,00	
47	**Preparação do lançam**	**R$ 0,00**	**Rateado**	**R$ 10.960,00**	**R$ 10.960,00**	**R$ 0,00**	**R$ 0,00**	**R$ 10.960,00**	
48	Planejamento do la	R$ 0,00	Rateado	R$ 3.580,00	R$ 3.580,00	R$ 0,00	R$ 0,00	R$ 3.580,00	

Dica Para ver o valor numérico de um indicador gráfico em uma Dica de Tela, basta apontar para o indicador.

À medida que a variação de custo de cada tarefa é alterada, os indicadores do gráfico também se alteram de acordo com os intervalos especificados na fórmula. Essa é uma forma prática para identificar as tarefas cuja variação de custo está mais alta do que você gostaria, conforme indicado pelas imagens amarelas e vermelhas. Você pode ver que as tarefas 31 e 32, e consequentemente sua tarefa de resumo 30, experimentaram um valor alto de variação em real e uma porcentagem alta acima da linha de base, conforme mostrado pelos indicadores smile vermelhos. A tarefa 33, e possivelmente outras, não tem variação porque ainda não começou.

Até agora, você identificou a variação da agenda e do orçamento em um modo de exibição de tarefas e a variação do orçamento em um modo de exibição de recursos – cada um deles é uma medida importante do status do projeto. Esse é um bom momento para lembrar que o qualificador final do status do projeto não é a formatação exata dos dados no Project, mas as necessidades dos stakeholders do projeto. A determinação dessas necessidades requer boas habilidades de julgamento e comunicação.

LIMPEZA Feche o arquivo Relatando Status.

Pontos principais

- A variação da agenda é provocada pelas tarefas que você adiou a partir de suas datas de início ou de término (conforme gravado em uma linha de base). Você pode usar uma combinação de modos de exibição, tabelas, filtros e relatórios para identificar quais tarefas foram adiadas e causaram a variação.
- As variações de agenda e de custos estão intimamente relacionadas – se um projeto tem uma delas, provavelmente tem a outra. Como na variação da agenda, você pode aplicar uma combinação de modos de exibição, tabelas, filtros e relatórios para localizar a variação do custo.
- Você pode usar fórmulas e indicadores gráficos em campos personalizados para criar um modo de exibição altamente personalizado, como um modo de exibição de indicadores coloridos, para comunicar os indicadores de saúde do projeto principal aos seus stakeholders.

Resumo do Capítulo

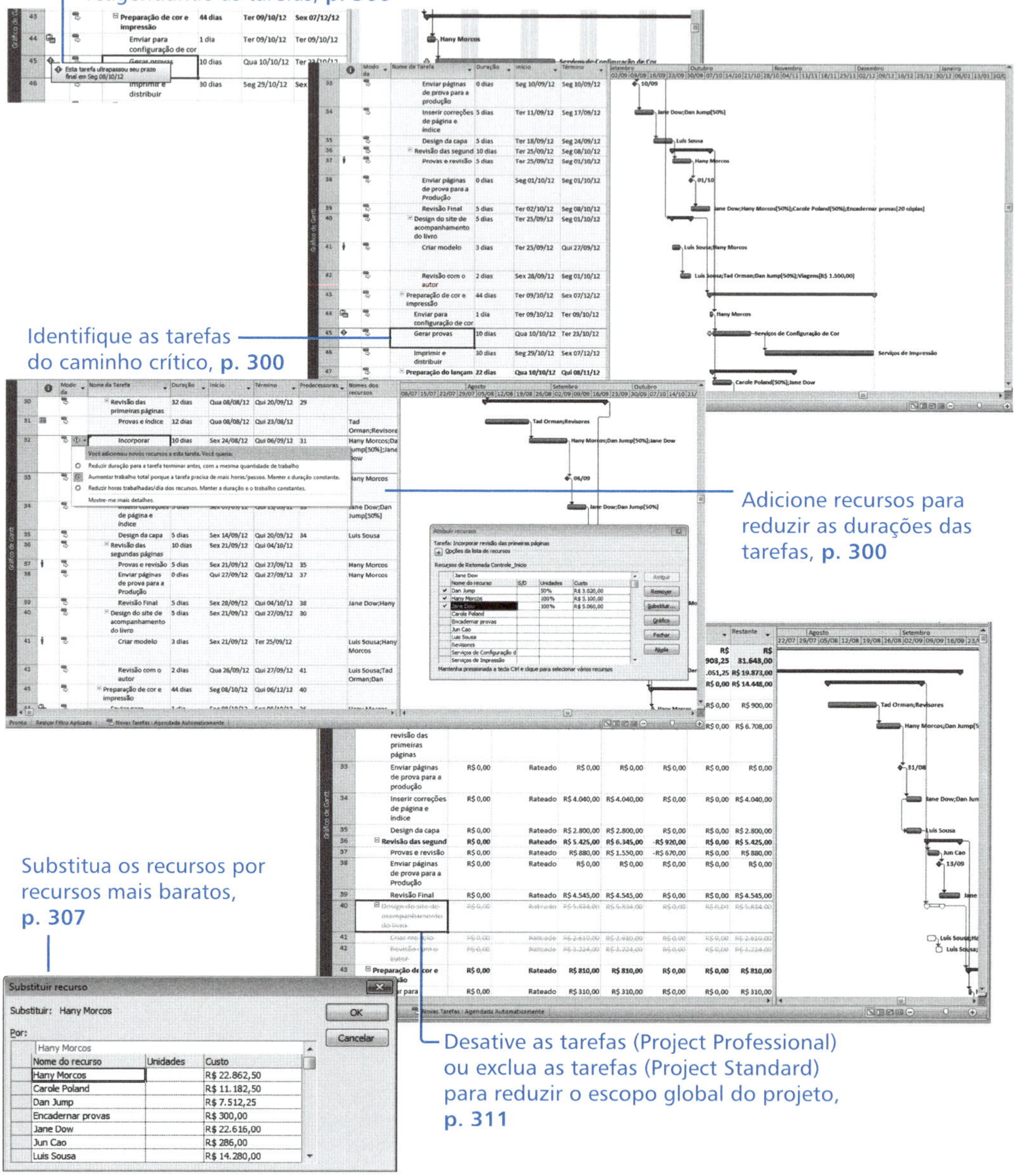

Resolva os prazos limite não cumpridos reagendando as tarefas, **p. 300**

Identifique as tarefas do caminho crítico, **p. 300**

Adicione recursos para reduzir as durações das tarefas, **p. 300**

Substitua os recursos por recursos mais baratos, **p. 307**

Desative as tarefas (Project Professional) ou exclua as tarefas (Project Standard) para reduzir o escopo global do projeto, **p. 311**

Capítulo 14

Retome o controle do projeto

Neste capítulo, você vai aprender a:

- Atribuir recursos adicionais às tarefas para reduzir suas durações.
- Substituir os recursos atribuídos às tarefas.
- Excluir ou desativar tarefas.

Depois que o trabalho começa em um projeto, não é possível tratar a *variação* como uma ocorrência única; em vez disso, é necessário um esforço contínuo do gerente de projeto. A maneira como você deve responder à variação depende do tipo de variação e da natureza do projeto. Neste capítulo, enfocaremos alguns dos muitos problemas de variação que podem surgir em um projeto durante o andamento do trabalho. Vamos dispor esses problemas em torno do *triângulo do projeto* descrito detalhadamente no Apêndice A, "Um breve curso de gerenciamento de projetos".

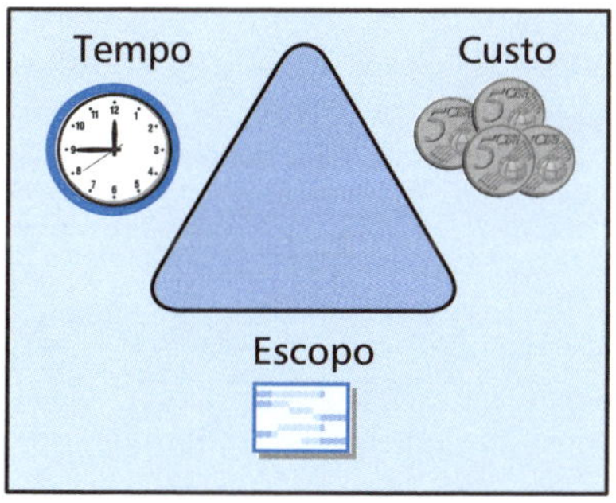

Resumindo, o modelo de triângulo do projeto constrói um projeto em termos de *tempo* (ou duração), *custo* (ou orçamento) e *escopo* (o trabalho do projeto necessário para produzir um *resultado* satisfatório). Nesse modelo do triângulo do projeto, tempo, custo e escopo estão interconectados; portanto, a alteração de um elemento pode afetar os outros dois. Para fins de identificação, análise e tratamento dos problemas no gerenciamento de projetos, é útil ajustar os problemas em uma dessas três categorias.

Em praticamente qualquer projeto, um desses fatores será mais importante do que os outros dois. O fator mais importante é, às vezes, chamado de restrição de direção (driving constraint), porque encontrá-lo direciona suas ações como um gerente de projeto. Por exemplo, para um projeto que deve ser concluído em uma data específica, você talvez precise criar compromissos de custo e escopo para atender o prazo final. Trabalhar com o triângulo de projeto proporciona um bom método para analisar os trade-offs que quase sempre serão criados. Tão importante quanto isso, ele fornece uma maneira clara de explicar os prós e os contras dos trade-offs para *recursos*, *patrocinadores* e outros *stakeholders*.

As questões específicas que enfocaremos neste capítulo não são necessariamente os problemas mais comuns que você enfrentará nos seus próprios projetos. Como cada projeto é único, não há como antecipar o que acontecerá no seu. Entretanto, tentaremos destacar as questões mais prementes que ocorrem durante um projeto do novo livro infantil da Lucerne Publishing que temos discutido em todo este livro e aplicar as soluções a problemas comuns. Você já trabalhou com a maioria dos recursos usados neste capítulo, mas aqui sua intenção é outra – colocar o projeto de volta nos trilhos.

Arquivos de exercícios Para concluir os exercícios deste capítulo, copie os arquivos de exercícios para seu computador. Os arquivos que você usará para finalizar esses exercícios encontram-se na pasta Capitulo14. Na seção "Usando os arquivos de exercícios", no início deste livro, existe uma lista completa desses arquivos.

Importante Se você estiver executando o Project Professional, talvez seja necessário fazer uma alteração de configuração. Isso ajuda a garantir que os arquivos de exercícios com os quais você trabalhar neste capítulo não afetem os dados do seu Project Server. Para obter mais informações, consulte o Apêndice C, "Usando os arquivos de exercícios se estiver conectado ao Project Server".

Solucionando problemas de tempo e agendamento

Variações no agendamento quase sempre aparecem em qualquer projeto prolongado. Manter o controle sobre a agenda requer que o gerente de projeto saiba quando a variação ocorreu e sua extensão e, então, tome uma ação corretiva a tempo de retomar o controle. Para ajudar a identificar quando a variação ocorreu, um plano de projeto como o do livro infantil inclui:

- Uma data de prazo final aplicada a uma tarefa sensível ao tempo.
- Uma linha de base em relação à qual você pode comparar o desempenho real.

A data de prazo final e a linha de base do projeto ajudarão a solucionar problemas de tempo e agenda no Project.

Neste exercício, você vai tratar de um prazo final não cumprido e encurtar as durações das mesmas tarefas no caminho crítico.

PREPARAÇÃO Inicie o Project, caso ele ainda não esteja em execução.

Você precisa do plano de projeto Retomada Controle_Inicio localizado na sua pasta de arquivos de exercícios Capitulo14 para concluir este exercício. Abra o plano de projeto Retomada Controle_Inicio e, em seguida, siga estas etapas.

1. Na guia **Arquivo**, clique em **Salvar como**.

   A caixa de diálogo Salvar como é exibida.

2. Na caixa **Nome do arquivo**, digite **Retomada Controle** e clique em **Salvar**.

   Para começar a solucionar os problemas de tempo e agenda, agora você usará um modo de exibição de nível mais alto do grau de variação da agenda no plano de projeto.

3. Na guia **Projeto**, no grupo **Propriedades**, clique em **Informações do projeto**.

   A caixa de diálogo Informações sobre o projeto é exibida.

4. Clique no botão **Estatísticas**.

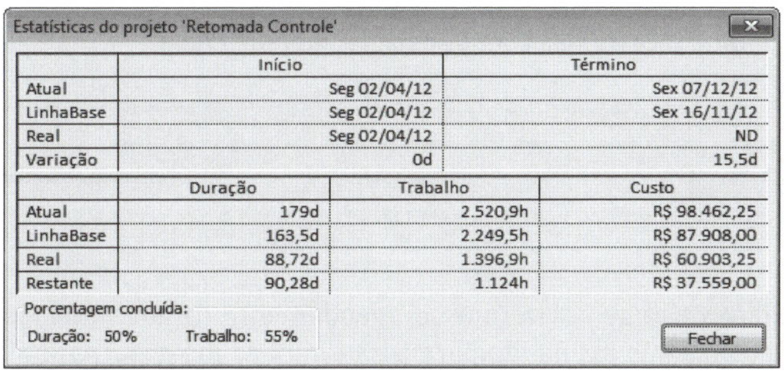
Estatísticas do projeto 'Retomada Controle'

	Início	Término
Atual	Seg 02/04/12	Sex 07/12/12
LinhaBase	Seg 02/04/12	Sex 16/11/12
Real	Seg 02/04/12	ND
Variação	0d	15,5d

	Duração	Trabalho	Custo
Atual	179d	2.520,9h	R$ 98.462,25
LinhaBase	163,5d	2.249,5h	R$ 87.908,00
Real	88,72d	1.396,9h	R$ 60.903,25
Restante	90,28d	1.124h	R$ 37.559,00

Porcentagem concluída:
Duração: 50% Trabalho: 55%
Fechar

   Como você pode ver, o plano do novo livro tem variação de agendamento e de custo. A variação de agendamento está listada na interseção da coluna Término com a linha Variação. Observe também que, em termos de duração total, esse plano de projeto está 50% completo.

5. Clique em **Fechar** para fechar a caixa de diálogo **Estatísticas do projeto**.

   A caixa de diálogo Estatísticas inclui a data de término do projeto. Entretanto, para monitorar a data de término à medida que você trabalha no agendamento, preste atenção na data de Término da tarefa 0, a tarefa de resumo do projeto.

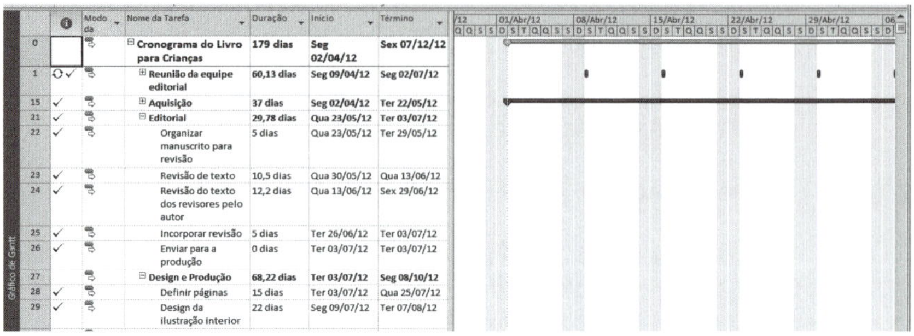

Note a data de término do projeto atual no campo Término da tarefa 0. Você sabe que essa data deve ser adiantada para atender à data de impressão do livro. Antes de tratar da duração do projeto global, você vai examinar o prazo final não cumprido para a tarefa *Gerar provas*.

6. Na coluna **Nome da Tarefa**, clique no nome da tarefa 45, *Gerar provas*.
7. Na guia **Tarefa**, no grupo **Edição**, clique em **Rolar até a tarefa**.
8. Aponte para o indicador de prazo final não cumprido na coluna **Indicadores** da tarefa 45, *Gerar provas*.

Posicione o ponteiro do mouse sobre o indicador de prazo não cumprido para ver uma Dica de Tela com os detalhes do prazo final.

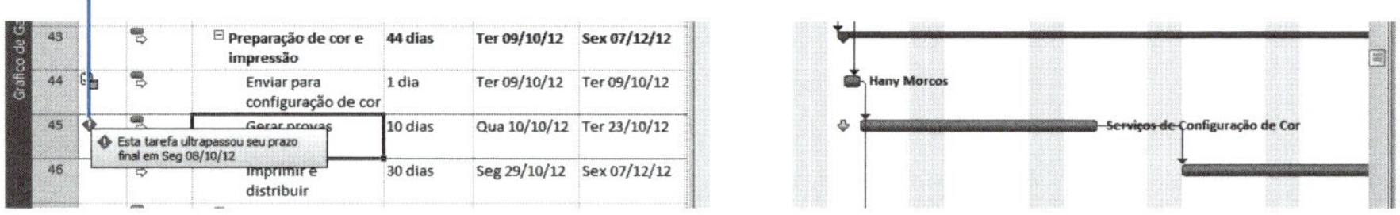

As alterações que ocorreram no agendamento foram suficientes para fazer com que a conclusão agendada para essa tarefa se movesse para além de sua data de prazo final em 8 de outubro.

Em seguida, você ajustará o modo de exibição para ver melhor as tarefas do *caminho crítico* – isto é, as tarefas que estão direcionando a data de término do plano de projeto.

9. Na guia **Exibição**, no grupo **Zoom**, na caixa **Escala de Tempo**, clique em **Semanas**.
10. Na guia **Exibição**, no grupo **Dados**, clique em **Realce** e, em seguida, em **Crítica**.

O Project aplica um realce amarelo às tarefas na parte da tabela do modo de exibição Gráfico de Gantt que estão no caminho crítico.

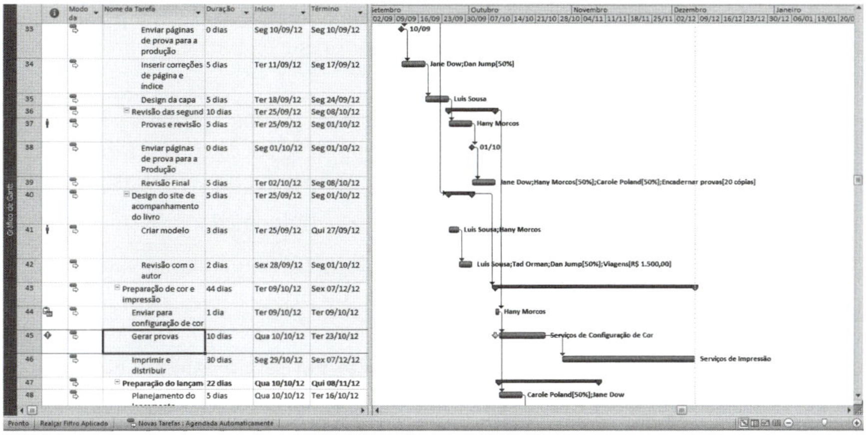

Com o modo de exibição mostrado dessa maneira, você pode ver que a tarefa 45 está no caminho crítico, assim como sua sucessora, a tarefa 46, *Imprimir e distribuir*. A Tarefa 47 e suas subtarefas, entretanto, não estão no caminho crítico; seu agendamento não está direcionando a data de término do projeto. Esse é um exemplo onde a ordem da ID da tarefa não corresponde à sequência cronológica.

Para continuar resolvendo o prazo final não cumprido na tarefa 45, você vai enfocar nas suas tarefas predecessoras que ainda não foram concluídas.

11. Na coluna **Nome da Tarefa**, selecione o nome da tarefa 31, *Provas e índice*.
12. Na guia **Tarefa**, no grupo **Edição**, clique em **Rolar até a tarefa**.

    A barra de Gantt da tarefa 31 é exibida.

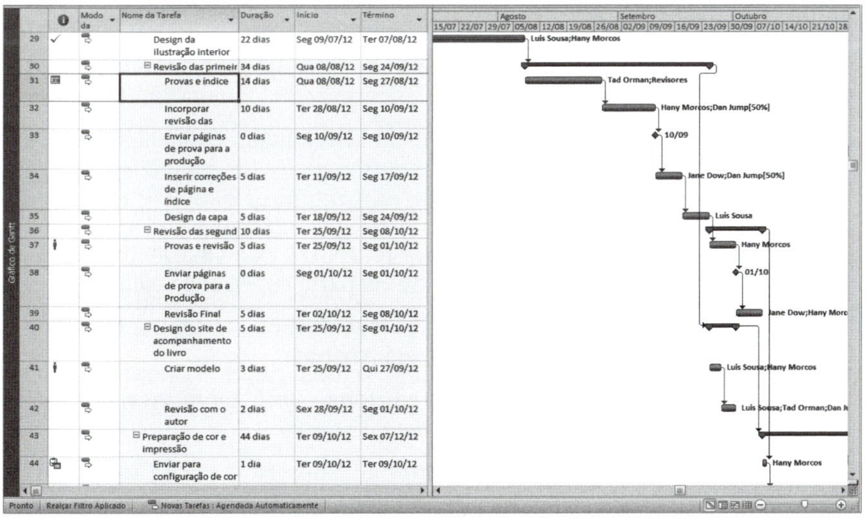

Essa é a próxima tarefa a iniciar, conforme indicado pelas marcas de seleção "tarefa concluída" na coluna Indicadores e as barras de progresso ao longo das tarefas 29 e anterior.

O autor do novo livro, Tad Orman, e uma revisora são atribuídos à tarefa. Após consultar com os recursos atribuídos, vocês concordaram que a tarefa 31 pode ser concluída em uma duração um pouco menor: 12 dias.

13. No campo **Duração** da tarefa 31, digite 12d e pressione a tecla Enter.

O Project reduz a duração da tarefa e reagenda as sucessoras afetadas, incluindo a tarefa 45 e a data de término do projeto.

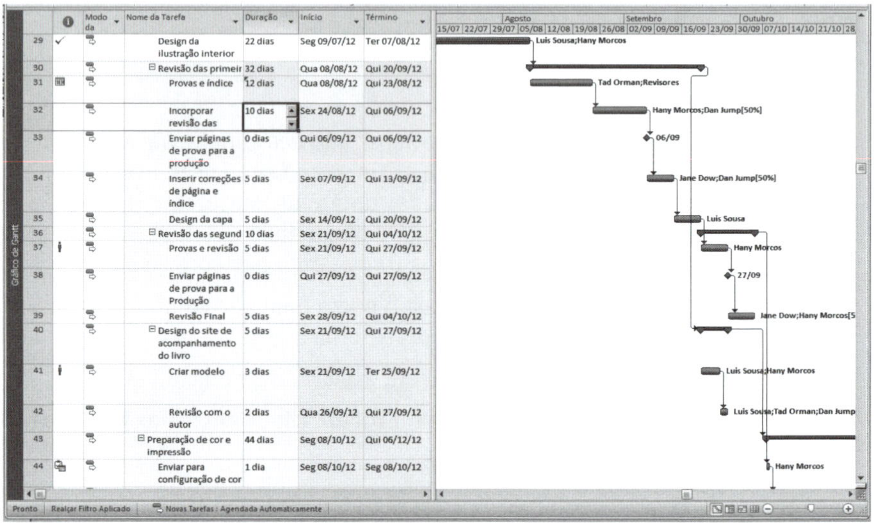

Entretanto, esse ajuste não é suficiente para corrigir o prazo final não cumprido da tarefa 45.

A Tarefa 32 agora deve estar selecionada. Para ela, você e os recursos atribuídos concordam que adicionar outro recurso deve reduzir a duração da tarefa.

14. Na guia **Recurso**, no grupo **Atribuições**, clique em **Atribuir Recursos**.

A caixa de diálogo Atribuir recursos é exibida, com os nomes dos recursos atribuídos atualmente à tarefa 32 na parte superior da coluna Nome do Recurso.

15. Na caixa de diálogo **Atribuir Recursos**, na coluna **Nome do recurso**, clique em Jane Dow e, em seguida, em **Atribuir**.

Após atribuir o recurso adicional, você agora precisa dizer ao Project como ele deve ajustar o agendamento da tarefa.

16. Clique no indicador **Ação** no campo **Nome da Tarefa** da tarefa 32 (o pequeno triângulo no canto superior esquerdo do campo) e, em seguida, no botão **Ação** que aparece.

A lista Ação é exibida.

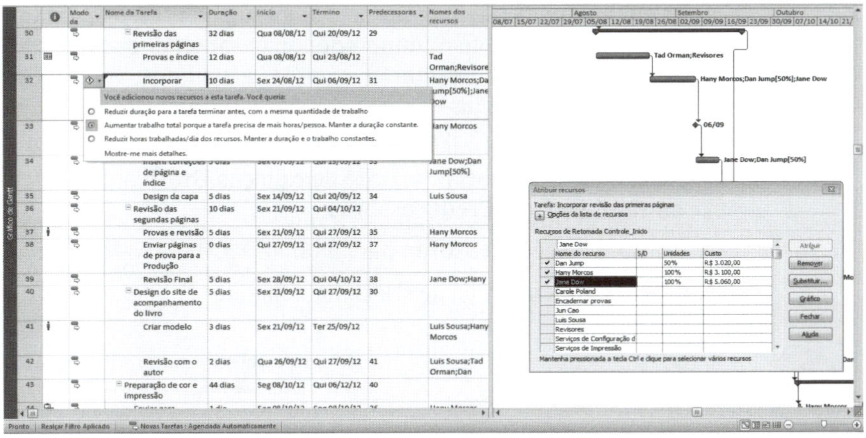

17. Clique em **Reduzir duração para a tarefa terminar antes, com a mesma quantidade de trabalho**.

O Project reduz a duração da tarefa 32 de 10 para 6 dias. Devido à opção de Ação que você escolheu, o Project manteve a mesma quantidade de trabalho na tarefa, mas ele agora está distribuído entre os três recursos atribuídos em vez de entre dois.

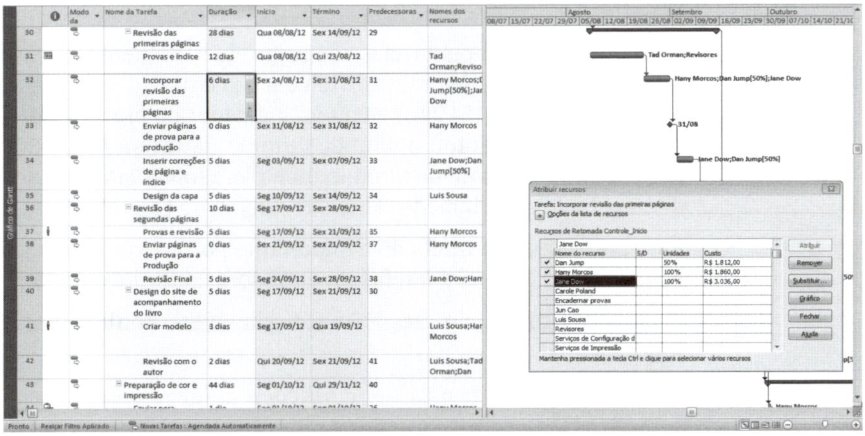

18. Clique em **Fechar** na caixa de diálogo **Atribuir recursos**.

Verificando o indicador de prazo final e a barra de Gantt da tarefa 45, você vê que essas ações moveram a data de conclusão da tarefa 45 para mais próximo do seu prazo final, mas ela ainda não está lá.

Examinando as tarefas restantes que são predecessoras da tarefa 45, você vê que as tarefas 34 e 35 têm um relacionamento término-a-início e diferentes recursos atribuídos. Após consultar os recursos atribuídos, você decide que essas tarefas podem ser concluídas em paralelo. Em seguida, você vai alterar o tipo de relacionamento.

19. Role a parte da tabela do modo de exibição **Gráfico de Gantt** para a direita para mostrar a coluna **Predecessoras**.

20. No campo **Predecessoras** para a tarefa 35, digite 34II e pressione Enter.

    O Project altera o tipo de relacionamento da tarefa para início-a-início.

Alterar o relacionamento entre essas tarefas para início-a-início diminui a duração global do projeto, porque essas tarefas estão no caminho crítico.

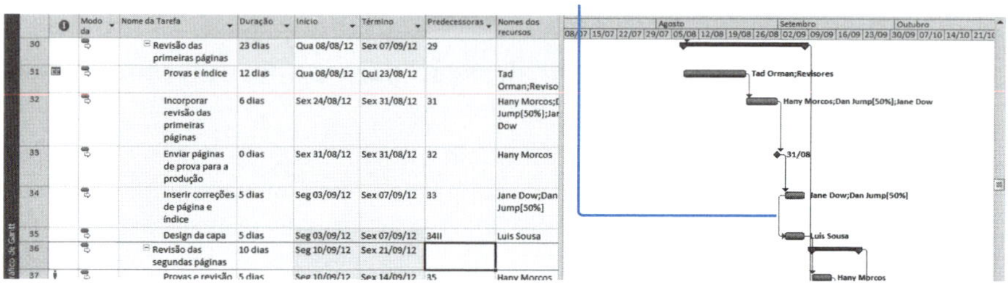

Agora que essas duas tarefas têm um relacionamento início-a-início, a data de início da tarefa sucessora é movida em cinco dias. Verificando o indicador de prazo final na tarefa 45, você vê que o indicador de prazo final não cumprido desapareceu; você adiantou a data de término da tarefa 45 o suficiente (pelo menos por enquanto). A data de término do projeto foi ajustada de acordo devido a essas alterações de agendamento feitas às tarefas no caminho crítico.

Esse prazo final da tarefa 45 é importante porque você planeja monitorar de perto o andamento das suas tarefas predecessoras durante o andamento do trabalho.

21. Na guia **Exibição**, no grupo **Dados**, clique em **Realce** e, em seguida, em **[Sem Realce]**.

Reduzir as durações das tarefas atribuindo horas extras aos recursos

Uma maneira de reduzir uma duração de tarefa é adicionar horas extras ao recurso atribuído. A desvantagem pode ser o custo adicional, especialmente se o recurso tiver uma taxa de pagamento de hora extra. Para adicionar hora extra a uma atribuição, siga estas etapas.

1. Na guia **Exibição**, no grupo **Modo Divisão**, clique em **Detalhes**.

   O Formulário de Tarefas é exibido abaixo do modo de exibição Gráfico de Gantt.

2. Clique em qualquer lugar no **Formulário de tarefas** e, na guia **Formato**, no grupo **Detalhes**, clique em **Trabalho**.
3. Para a tarefa para a qual você deseja adicionar horas extras, no **Formulário de tarefas,** insira o número de horas de trabalho extras desejadas na coluna **Trab. h. extra** e, em seguida, clique em **OK**.

Quando você adiciona o trabalho em horas extras, o trabalho total do recurso na tarefa permanece o mesmo. Após inserir um valor de trabalho em hora extra, entretanto, esse número de horas será agendado como horas extras. A mesma quantidade de trabalho será executada, mas em um espaço menor de tempo. O Project também aplicará taxas de custo de horas extras, se elas tiverem sido configuradas, para a parte de horas extras da atribuição. Se você planeja atribuir horas extras para as quais uma taxa de pagamento de hora extra deva ser aplicada, certifique-se de ter uma taxa de pagamento de hora extra configurada para o recurso atribuído.

Solucionando problemas de custos e recursos

Nos projetos em que você entrou com informações de custos para os recursos, talvez ache que é preciso ajustar os detalhes dos recursos e atribuições para lidar com problemas de custo ou orçamento. Embora essa possa não ser sua intenção, a alteração dos detalhes das atribuições de recursos não afeta apenas os custos, mas pode afetar também as durações das tarefas.

Além da variação do agendamento, o plano de projeto do novo livro tem alguma variação de custo. Conforme está agendado atualmente, o plano de projeto terminará custando cerca de R$ 11.000,00 a mais do que o planejado, ou cerca de 12% acima do orçamento.

Lembre-se, do Capítulo 13, "Visualize e relate o status do projeto", de que a variação de custo do plano do novo livro é o resultado de algumas durações de tarefas maiores do que o esperado, e que os atrasos aumentaram os custos dos recursos atribuídos. Para resolver a variação de custo nesse projeto, você vai enfocar nos custos dos recursos. Enquanto examina os problemas de custo dos recursos, você também vai procurar oportunidades para resolver quaisquer problemas de superalocação de recursos que influenciaram o plano de projeto.

Neste exercício, você vai examinar os valores de custo dos recursos e substituir um recurso atribuído para uma tarefa por outro recurso.

1. Na guia **Exibição**, no grupo **Modos de Exibição de Recurso**, clique em **Planilha de Recursos**.

   Você vai usar o modo de exibição Planilha de Recursos para identificar seus recursos mais caros para as tarefas restantes – mais caros não na taxa de pagamento por hora, mas na despesa total desse plano de projeto – baseado em suas atribuições.

2. Na guia **Exibição**, no grupo **Dados**, clique em **Tabelas** e, em seguida, em **Custo**.

   A tabela Custo aparece no modo de exibição Planilha de Recursos.

	Nome	Custo	Custo da linha de base	Variação	Custo real	Restante
1	Carole Poland	R$ 11.182,50	R$ 11.182,50	R$ 0,00	R$ 9.082,50	R$ 2.100,00
2	Serviços de Configuração de Cor	R$ 0,00	R$ 0,00	R$ 0,00	R$ 0,00	R$ 0,00
3	Revisores	R$ 16.011,00	R$ 13.500,00	R$ 2.511,00	R$ 15.111,00	R$ 900,00
4	Dan Jump	R$ 7.512,25	R$ 8.040,75	-R$ 528,50	R$ 3.586,25	R$ 3.926,00
5	Hany Morcos	**R$ 22.862,50**	R$ 21.058,75	R$ 1.803,75	R$ 12.167,50	**R$ 10.695,00**
6	Jane Dow	R$ 22.616,00	R$ 19.580,00	R$ 3.036,00	R$ 11.990,00	R$ 10.626,00
7	Jun Cao	R$ 286,00	R$ 546,00	-R$ 260,00	R$ 286,00	R$ 0,00
8	Luis Sousa	R$ 14.280,00	R$ 11.200,00	R$ 3.080,00	R$ 8.680,00	R$ 5.600,00
9	Serviços de Impressão	R$ 0,00	R$ 0,00	R$ 0,00	R$ 0,00	R$ 0,00
10	Tad Orman	R$ 0,00	R$ 0,00	R$ 0,00	R$ 0,00	R$ 0,00
11	Viagens	R$ 3.500,00	R$ 2.000,00	R$ 1.500,00	R$ 0,00	R$ 3.500,00
12	Encadernar provas	R$ 300,00	R$ 300,00	R$ 0,00	R$ 0,00	R$ 300,00

Planilha de Recursos

Nesse ponto, cerca de metade da duração do projeto já transcorreu, portanto os recursos mais caros no global podem não ser os mais caros para o trabalho ainda não concluído. Para identificar os recursos mais caros para o trabalho restante, você vai classificar a tabela.

3. Clique na seta **AutoFiltro** no cabeçalho de coluna **Restante** e no menu que aparece, clique em **Classificar do Maior para Menor**.

	Nome	Custo	Custo da linha de base	Variação	Custo real	Restante
5	Hany Morcos	**R$ 22.862,50**	R$ 21.058,75	R$ 1.803,75	R$ 12.167,50	**R$ 10.695,00**
6	Jane Dow	R$ 22.616,00	R$ 19.580,00	R$ 3.036,00	R$ 11.990,00	R$ 10.626,00
8	Luis Sousa	R$ 14.280,00	R$ 11.200,00	R$ 3.080,00	R$ 8.680,00	R$ 5.600,00
4	Dan Jump	R$ 7.512,25	R$ 8.040,75	-R$ 528,50	R$ 3.586,25	R$ 3.926,00
11	Viagens	R$ 3.500,00	R$ 2.000,00	R$ 1.500,00	R$ 0,00	R$ 3.500,00
1	Carole Poland	R$ 11.182,50	R$ 11.182,50	R$ 0,00	R$ 9.082,50	R$ 2.100,00
3	Revisores	R$ 16.011,00	R$ 13.500,00	R$ 2.511,00	R$ 15.111,00	R$ 900,00
12	Encadernar provas	R$ 300,00	R$ 300,00	R$ 0,00	R$ 0,00	R$ 300,00
2	Serviços de Configuração de Cor	R$ 0,00	R$ 0,00	R$ 0,00	R$ 0,00	R$ 0,00
7	Jun Cao	R$ 286,00	R$ 546,00	-R$ 260,00	R$ 286,00	R$ 0,00
9	Serviços de Impressão	R$ 0,00	R$ 0,00	R$ 0,00	R$ 0,00	R$ 0,00
10	Tad Orman	R$ 0,00	R$ 0,00	R$ 0,00	R$ 0,00	R$ 0,00

Planilha de Recursos

Você pode ver que Hany Morcos e Jane Dow têm os maiores valores de custo restante nesse ponto do andamento do plano de projeto. Gerenciar os custos para esses dois recursos é uma maneira que pode ajudar a limitar uma variação de custo adicional. Note também que o nome de Hany está formatado em vermelho, indicando que ela está superalocada.

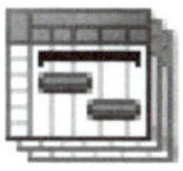

4. Na guia **Exibição**, no grupo **Modos de Exibição de Tarefa**, clique em **Gráfico de Gantt**.

   O Project exibe o modo de exibição Gráfico de Gantt. Em seguida, você vai examinar as tarefas para as quais Hany e Jane estão atribuídas.

5. Se necessário, arraste a barra divisora vertical para a direita para exibir a coluna **Nomes dos recursos**, depois clique na seta **AutoFiltro** no cabeçalho dessa coluna. Depois, no menu que aparece, clique em **(Selecionar Tudo)** para limpar todos os nomes dos recursos e selecione *Hany Morcos* e *Jane Dow*.

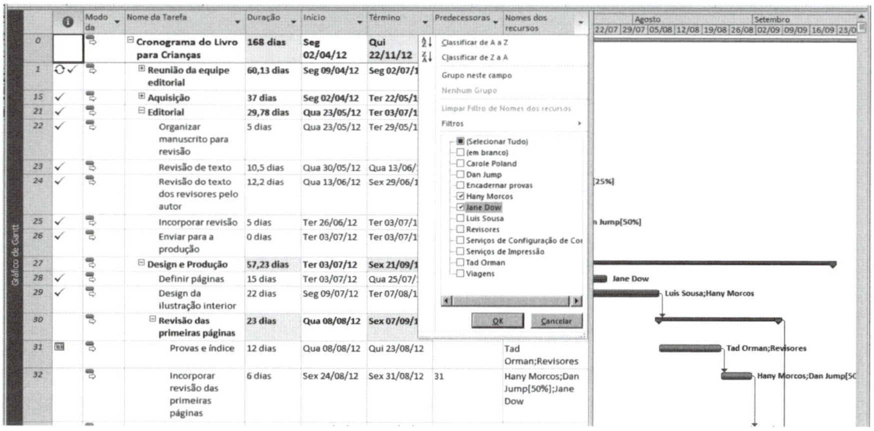

6. Clique em **OK**.

   O Project filtra a lista de tarefas para exibir somente aquelas para as quais Hany ou Jane está atribuída.

7. Role o modo de exibição Gráfico de Gantt para baixo para mostrar as tarefas posteriores.

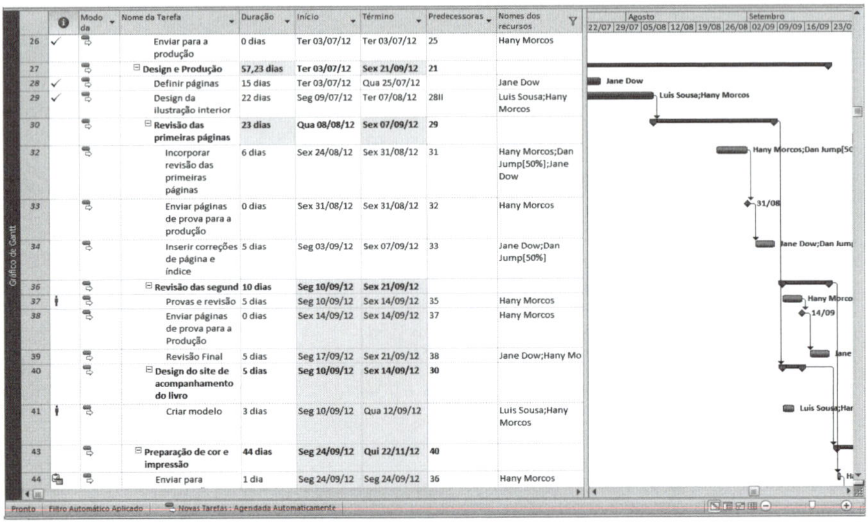

Examinando as tarefas não concluídas, você pode localizar a superalocação de Hany Morcos: ela está atribuída às tarefas 37 e 41, que se sobrepõem. Por isso é que os indicadores vermelhos de "recurso superalocado" aparece na coluna Indicadores para essas tarefas.

Você pode corrigir a alocação global de Hany pelo nivelamento de recursos, mas isso provavelmente vai estender a data de término do projeto e não ajudará a reduzir o custo global do projeto. Em vez disso, você substituirá Hany por um recurso menos caro em uma de suas atribuições.

8. Clique na seta **AutoFiltro** (com a forma de funil, porque o filtro está aplicado) no cabeçalho de coluna **Nomes dos recursos** e, no menu que aparece, clique em **(Selecionar Tudo)** para marcar todos os nomes dos recursos e, em seguida, clique em **OK**.

   O Project não filtra mais a lista de tarefas e mostra todas as tarefas.

9. Na coluna **Nome da Tarefa**, clique no nome da tarefa 37, *Provas e revisão*.

   Essa é uma tarefa que um editor menos experiente (e mais barato) deve ser capaz de realizar, portanto você substituirá Hany.

10. Na guia **Recurso**, no grupo **Atribuições**, clique em **Atribuir Recursos**.

    A caixa de diálogo Atribuir recursos aparece. Note o custo da atribuição de Hany para a tarefa 37: R$ 1.550,00.

11. Na caixa de diálogo **Atribuir recursos**, na coluna **Nome do recurso**, clique em *Hany Morcos* e, em seguida, em **Substituir**.

    A caixa de diálogo Substituir Recursos aparece. Nessa caixa de diálogo, você vê o custo total por recurso, com base nas suas atribuições e taxas de custo para tarefas no plano de projeto.

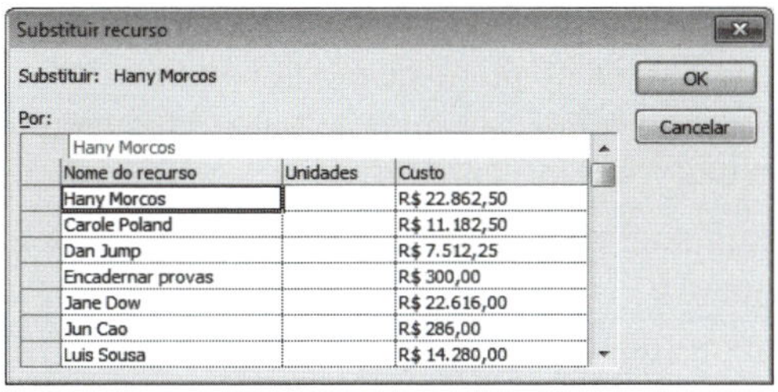

12. Na coluna **Nome do Recurso** da caixa de diálogo **Substituir recurso**, clique em *Jun Cao* e, em seguida, em **OK**.

    O Project substitui Hany por Jun nessa atribuição.

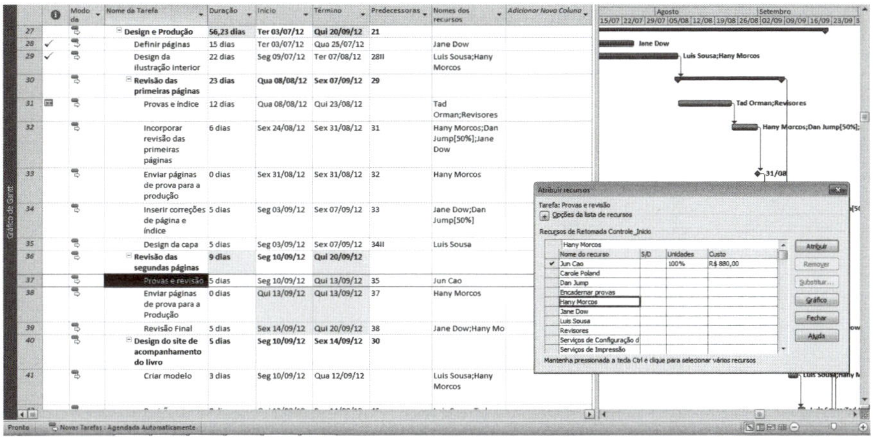

O custo mais baixo de Jun na atribuição, R$ 880,00, aparece na caixa de diálogo Atribuir recursos. Note também que os indicadores vermelhos de "recurso superalocado" não aparecem mais na coluna Indicadores; você resolveu a superalocação global de Hany. Finalmente, note também que a data de término da tarefa 37 foi movida em um dia. Isso se deve ao calendário de trabalho "quatro por dez" de Jun que você configurou no Capítulo 3, "Configure recursos".

13. Na caixa de diálogo **Atribuir recursos**, clique em **Fechar**.

Solucionando os problemas de escopo do trabalho

Um escopo de projeto inclui todo o trabalho necessário – e apenas o trabalho necessário – para entregar com êxito o produto do projeto ao seu cliente final. Depois que o trabalho do projeto começa, o gerenciamento do seu escopo normalmente requer que você faça trocas compensatórias: tempo por dinheiro, qualidade por tempo e assim por diante. Talvez você tenha como objetivo nunca fazer essas trocas, mas um objetivo mais real seria fazer essas trocas da forma mais bem informada possível.

Após consultar o gerente da Lucerne Publishing, você foi solicitado a cortar cerca de R$ 5.000,00 das tarefas restantes no plano de projeto do novo livro. A data de término do plano de projeto está ótima como está, mas o custo real superou um pouco o orçamento e você precisa reduzir trabalho para reduzir os custos restantes.

Neste exercício, você vai visualizar os custos restantes da tarefa e remover algumas tarefas do plano de projeto.

1. Na guia **Exibição**, no grupo **Dados**, clique em **Tabelas** e, em seguida, em **Custo**.

   Seu foco aqui está nas tarefas que ainda não foram concluídas, portanto você filtrará a lista de tarefas.

2. Na guia **Exibição**, no grupo **Dados**, clique na seta próxima ao **Filtro** e, em seguida, em **Tarefas não concluídas**.

   O Project filtra a lista de tarefas para mostrar somente as tarefas que ainda não estão concluídas.

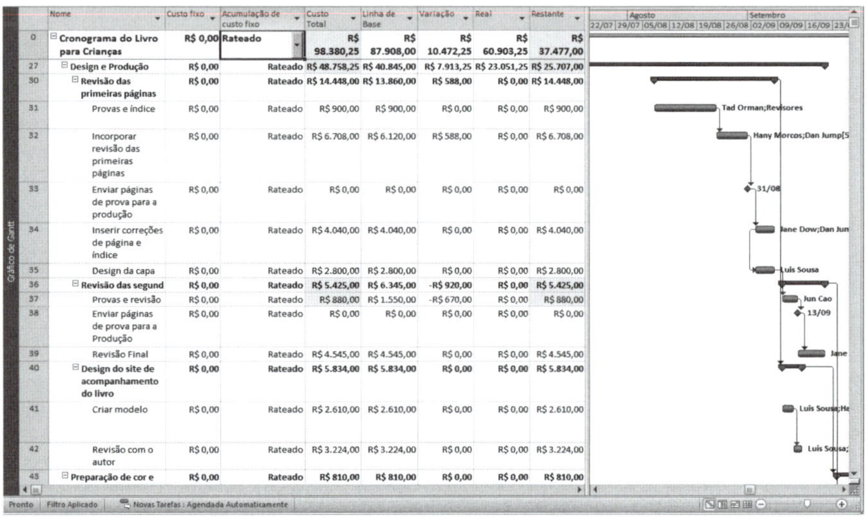

Um conjunto de tarefas no plano que poderia ser cortado sem afetar o resultado no plano do novo livro é a tarefa 40 e suas subtarefas, *Design do site de acompanhamento do livro*. O custo restante desse trabalho é de um pouco mais de R$ 5.000,00, valor cujo corte no plano foi solicitado. Após consultar os responsáveis pelo projeto, todos concordaram que esse parece ser um bom conjunto de tarefas para ser removido do plano.

3. Selecione o nome da tarefa 40, a tarefa de resumo *Design do site de acompanhamento do livro.*

4. Execute um dos seguintes procedimentos:

- Se você estiver executando o Project Professional, continue com a etapa 5.
- Se você estiver executando o Project Standard, pule para a etapa 6.

Dica Você não sabe qual é a edição do seu Project? Os usuários do Project Professional devem ver o comando Ativar/Desativar no grupo Cronograma na guia Tarefa, enquanto os usuários do Project Standard não verão esse comando. Você também pode ver a sua edição identificada no painel Ajuda do Backstage (para verificar isso, clique na guia Arquivo, clique em Ajuda e, em seguida, procure o nome da edição no lado direito do painel Ajuda).

5. Na guia **Tarefa**, no grupo **Cronograma**, clique em **Ativar/Desativar Tarefas Selecionadas**.

   O Project desativa a tarefa de resumo e suas subtarefas.

No Project Professional, as tarefas inativas aparecem assim.

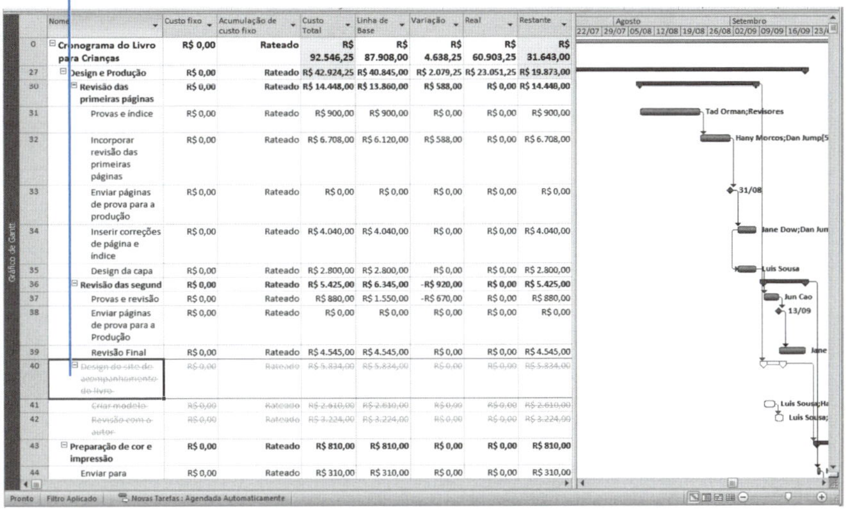

Importante Se você precisar refrescar a memória sobre tarefas inativas no Project Professional, consulte o Capítulo 7, "Ajuste os detalhes das tarefas".

Essas tarefas inativas permanecerão no plano de projeto, mas agora não têm qualquer impacto de custo ou agendamento. Note que o valor de custo Restante da tarefa 0, a *tarefa de resumo do projeto*, e da tarefa 27, a tarefa de resumo *Design e Produção*, estão reduzidas de acordo.

Nota Os usuários do Project Professional devem pular para o final deste procedimento. Os usuários do Project Standard seguem da etapa 4 diretamente para a etapa 6.

6. Com o nome da tarefa 40 selecionado, clique com o botão direito do mouse e, no menu de atalho que aparece, em **Excluir Tarefa**.

   Uma mensagem do Assistente de planejamento pode aparecer, solicitando que você verifique se deseja excluir essa tarefa de resumo e suas subtarefas. Se ela aparece, clique em OK.

   O Project exclui a tarefa de resumo e suas subtarefas e renumera as tarefas restantes.

Após excluir as tarefas, as tarefas subsequentes são renumeradas.

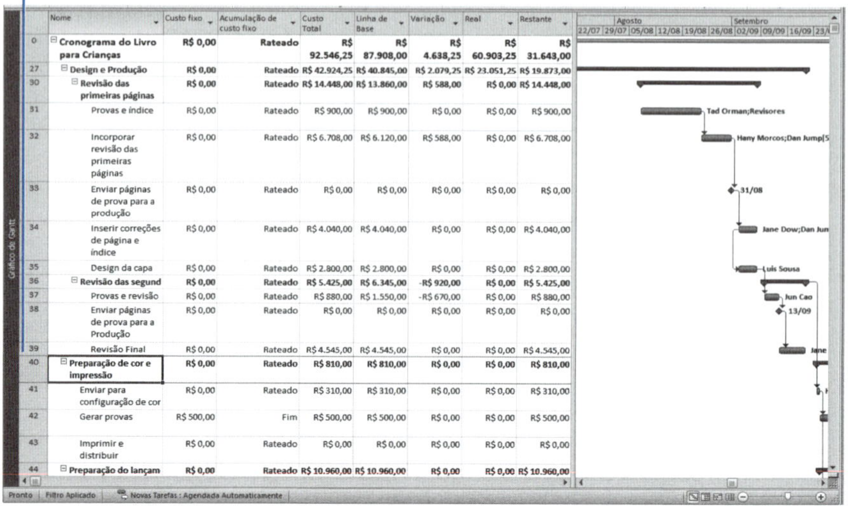

Note que o valor de custo Restante da tarefa 0, a *tarefa de resumo do projeto*, e da tarefa 27, a tarefa de resumo *Design e Produção*, estão reduzidos de acordo.

Você se reúne com os responsáveis pelo projeto, que estão felizes porque você poderá terminar o projeto do novo livro com um custo menor. Embora completar o trabalho restante dentro de um determinado tempo e custo seja um desafio, você está seguro e otimista sobre o desempenho futuro do projeto e confortável com suas habilidades de gerente de projeto e seu conhecimento do Project.

LIMPEZA Feche o arquivo Retomada Controle.

Pontos principais

- Quando tratar da variação em um plano de projeto, é útil avaliar seu plano (e variação) em termos de tempo, custo e escopo: os três lados do triângulo do projeto.
- Quando tratar dos problemas de agendamento, focalize suas soluções em tarefas do caminho crítico; isso direciona a data de término do projeto.
- Quando tratar de problemas de custo ou escopo, focalize nos recursos mais caros e especialmente em suas atribuições mais longas.

Parte 3

Assuntos especiais

Resumo do Capítulo

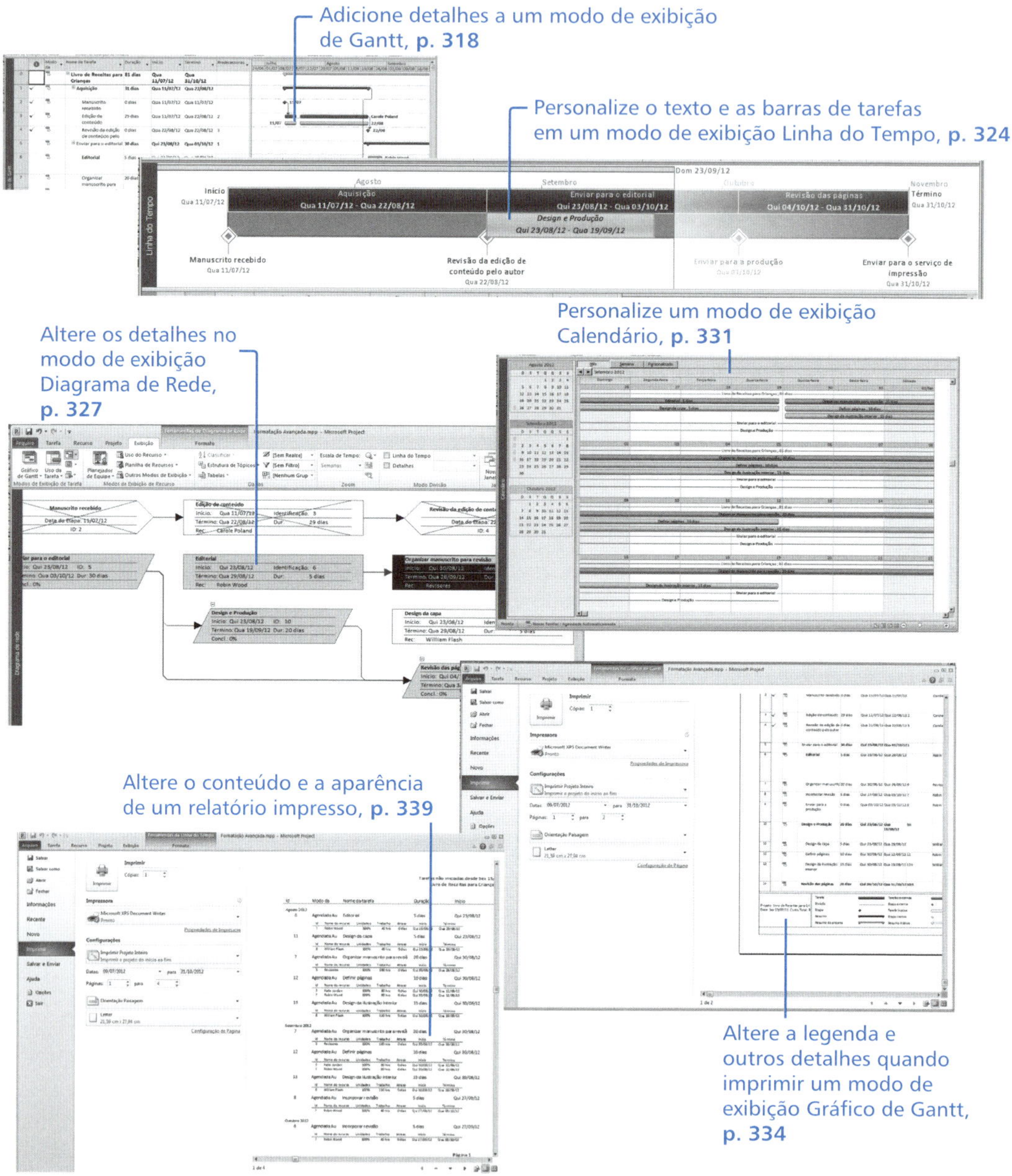

Capítulo 15

Aplique formatação e impressão avançadas

Neste capítulo, você vai aprender a:

- Personalizar um modo de exibição Gráfico de Gantt.
- Formatar um modo de exibição Linha do Tempo.
- Ajustar os detalhes mostrados nos nós de um modo de exibição Diagrama de Rede.
- Adicionar outros tipos de barras a um modo de exibição Calendário.
- Ajustar as opções de configuração de página e gerar instantâneos PDF ou XPS dos modos de exibição.
- Alterar o conteúdo e a aparência de um relatório.

Este capítulo apresenta alguns dos recursos de formatação mais avançados do Microsoft Project 2010. Um plano de projeto bem formatado pode ser valioso para comunicar seus detalhes para ***recursos***, clientes e outros ***stakeholders***. Algumas das capacidades de formatação do Project são similares àquelas de um processador de texto baseado em estilo, como o Microsoft Word, no qual uma única definição de estilo afeta todo o conteúdo do documento no qual o estilo foi aplicado. No Project, você pode usar os estilos para alterar a aparência de um tipo específico de barra Gantt, como uma barra de resumo, em todo o plano de projeto. Outras opções de formatação apresentadas neste capítulo enfocam as diferentes maneiras de identificar as tarefas e formatar alguns dos modos de exibição mais usados.

Arquivos de exercícios Para concluir os exercícios deste capítulo, copie os arquivos de exercícios para seu computador. Os arquivos que você usará para finalizar esses exercícios encontram-se na pasta Capitulo15. Na seção "Usando os arquivos de exercícios", no início deste livro, existe uma lista completa desses arquivos.

Importante Se você estiver executando o Project Professional, talvez seja necessário fazer uma alteração de configuração. Isso ajuda a garantir que os arquivos de exercícios com os quais você trabalhar neste capítulo não afetem os dados do seu Project Server. Para obter mais informações, consulte o Apêndice C, "Usando os arquivos de exercícios se estiver conectado ao Project Server".

Formatando um modo de exibição Gráfico de Gantt

Você pode formatar diretamente itens específicos (uma *etapa*, por exemplo) em um modo de exibição Gráfico de Gantt para alterar sua aparência de maneira limitada. Se você concluiu o Capítulo 5, "Formatando e compartilhando seu plano", já trabalhou com a caixa Estilo de Gráfico de Gantt. Nesta seção, você vai personalizar itens específicos, como barras de Gantt e linhas de grade, de forma que os estilos do Gráfico de Gantt não podem fazer.

Dica Lembre-se de que o modo de exibição Gráfico de Gantt pode ser apresentado sob várias formas, embora apenas uma delas seja especificamente denominada modo de exibição Gráfico de Gantt. As outras formas de apresentar o modo de exibição Gráfico de Gantt são Gantt detalhado, Gantt de redistribuição, Gantt com várias linhas de base e Gantt de controle. O termo modo de exibição Gráfico de Gantt geralmente se refere a um tipo de apresentação que mostra as barras de Gantt organizadas ao longo de uma escala de tempo.

Além de alterar a formatação dos itens que, por padrão, são exibidos em um modo de exibição Gráfico de Gantt (como a barra de Gantt de uma tarefa), você pode adicionar ou remover itens. Por exemplo, pode ser útil comparar a linha de base e os planos provisório e real em um único modo de exibição. Isso ajuda a avaliar os ajustes feitos no agendamento.

Neste exercício, você vai personalizar um modo de exibição Gantt de Controle.

PREPARAÇÃO Inicie o Project, caso ele ainda não esteja em execução.

Você precisa do plano de projeto Formatacao Avancada_Inicio localizado na sua pasta de arquivos de exercicios Capitulo 15 para concluir este exercício. Abra o plano de projeto Formatacao Avancada_Inicio e, em seguida, siga estas etapas.

1. Na guia **Arquivo**, clique em **Salvar como**.

   A caixa de diálogo Salvar como é exibida.

2. Na caixa **Nome do arquivo**, digite Formatacao Avancada e clique em **Salvar**.

   Para começar, você vai exibir o modo de exibição Gantt de Controle.

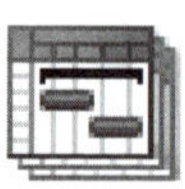

3. Na guia **Exibição**, no grupo **Modos de Exibição de Tarefa**, clique na seta para baixo abaixo do botão **Gráfico de Gantt** e, em seguida, clique em **Gantt de Controle** e no botão **Copiar**.

   O Project exibe o novo modo de exibição Gantt de Controle.

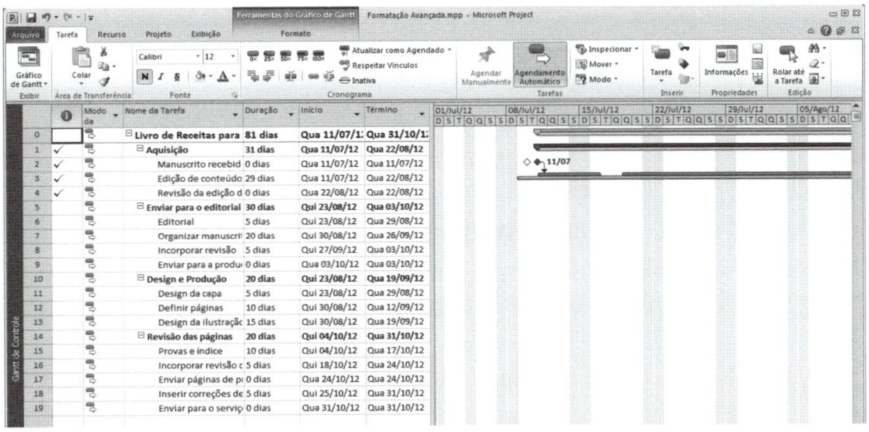

Em seguida, você vai personalizar esse modo de exibição adicionando a barra do plano provisório a ele.

4. Na guia **Formato**, no grupo **Estilos de Barras**, clique em **Formatar** e em **Estilos de Barras**.

   A caixa de diálogo Estilos de barras é exibida. Nessa caixa de diálogo, as alterações de formatação que você faz em um tipo específico de barra de Gantt (uma *tarefa de resumo*, por exemplo) se aplicam a todas as barras de Gantt no gráfico de Gantt.

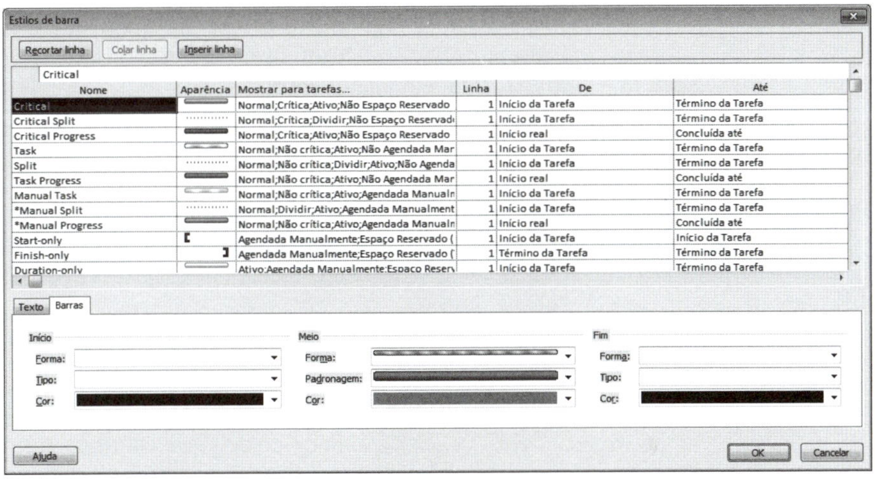

Dica Você também pode exibir essa caixa de diálogo clicando duas vezes no plano de fundo da parte gráfica de um modo de exibição Gráfico de Gantt ou clicando com o botão direito do mouse no plano de fundo e selecionando Estilos de Barra no menu de atalho.

5. Role para baixo a lista dos estilos de barra e, na coluna **Nome**, clique em **Summary Progress**.
6. Clique em **Inserir linha**.

   O Project insere uma linha para um novo estilo de barra na tabela. O Project desenha as barras de Gantt na ordem em que elas são listadas na caixa de diálogo Estilos de barra.
7. Na célula da coluna **Nome**, digite **Provisório**.

   Provisório é o nome que você dará à nova barra de tarefas que será exibida na parte gráfica do modo de exibição.

Dica Os nomes das barras de tarefas serão exibidas na legenda dos modos de exibição Gráfico de Gantt impressos. Se você não quiser que um nome de barra de tarefa seja exibido na legenda, digite um asterisco (*) no início do seu nome. Por exemplo, se você quiser impedir que Provisório apareça na legenda, digite seu nome aqui como *Provisório. Na caixa de diálogo Estilos de barra, você pode ver que o nome da barra tarefa Etapa Manual (entre outras) é iniciado com um asterisco, portanto, ele não é exibido na legenda de um modo de exibição Gráfico de Gantt impresso.

8. Na mesma linha, clique na célula abaixo do título da coluna **Mostrar para tarefas** e em **Normal** na lista suspensa.

   O valor Mostrar para tarefas indica o tipo de tarefa que a barra representará, (como uma tarefa normal, uma tarefa de resumo ou uma etapa) ou o status da tarefa (como crítica ou em andamento).
9. Clique na célula abaixo do cabeçalho de coluna **Linha** e, na lista suspensa, em **2**.

   Isso faz com que o Project exiba várias linhas de barras de Gantt para cada tarefa no modo de exibição.
10. Clique na célula abaixo do cabeçalho de coluna **De** e, na lista suspensa, em **Início1**.

11. Clique na célula abaixo do cabeçalho de coluna **Até** e, na lista suspensa, em **Término1**.

    Os valores De e Até representam os pontos de início e fim da barra.

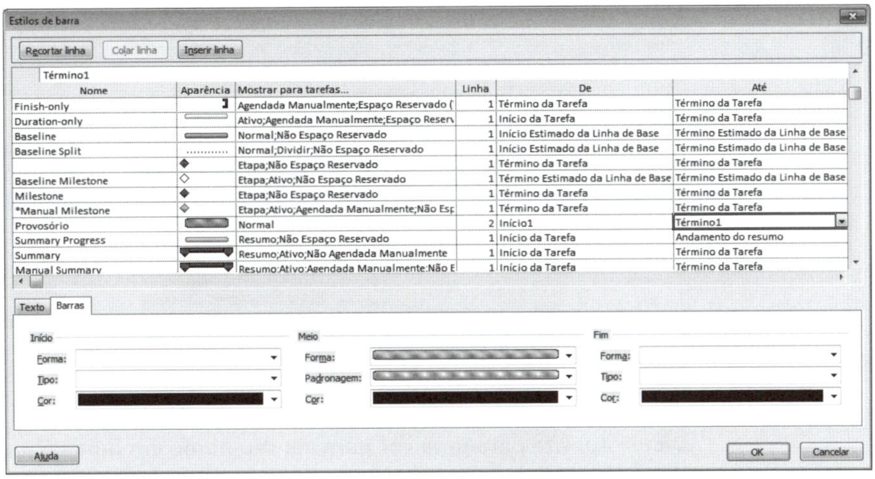

Os itens *Início1* e *Término1* são os campos nos quais os valores do primeiro plano intermediário foram anteriormente definidos para você no plano de projeto. As datas de início e de término atuais de cada tarefa no projeto foram salvas nesses campos quando o plano intermediário foi configurado. Se você concluiu o Capítulo 12, "Controle o andamento de tarefas e atribuições", já foi apresentado aos planos intermediários.

Agora, você tem de instruir o Project a exibir as datas de início e término do primeiro plano intermediário como barras.

12. Na caixa **Forma** abaixo do rótulo **Meio**, clique na barra de altura completa, a segunda opção a partir da parte superior da lista.
13. Na caixa **Padronagem** abaixo do rótulo **Meio**, clique na barra sólida, a segunda opção a partir da parte superior da lista.

14. Clique na caixa **Cor** e, abaixo de **Cores Padrão**, clique em Verde.

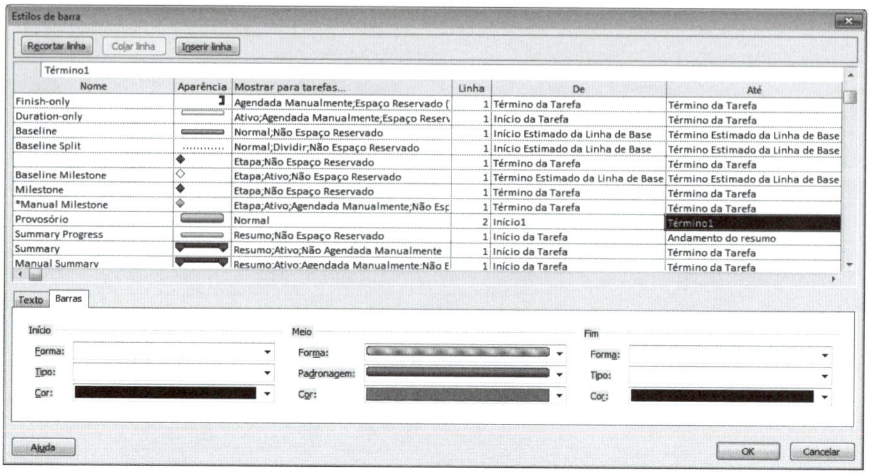

Dica Aponte para uma cor para ver seu nome em uma Dica de Tela.

Como esse modo de exibição personalizado focaliza o plano provisório, em seguida você vai formatar as barras provisórias para incluir suas datas de início e de término.

15. Na caixa de diálogo **Estilos de barra**, clique na guia **Texto**.
16. Na caixa **Esquerda**, clique em **Início1** na lista suspensa.

Dica Ao selecionar itens em uma lista como essa, você pode começar a digitar o nome do item desejado e, quando seu nome completo aparecer, selecioná-lo. Por exemplo, você digita i, o Project mostra os valores que começam com a letra *i*. Se você digitar n, o Project mostra os valores que começam com as letras *in*.

17. Na caixa **Direita**, clique em **Término1** na lista suspensa.

A seleção desses valores fará com que as datas Início1 e Término1 apareçam, cada uma, em um dos lados da barra.

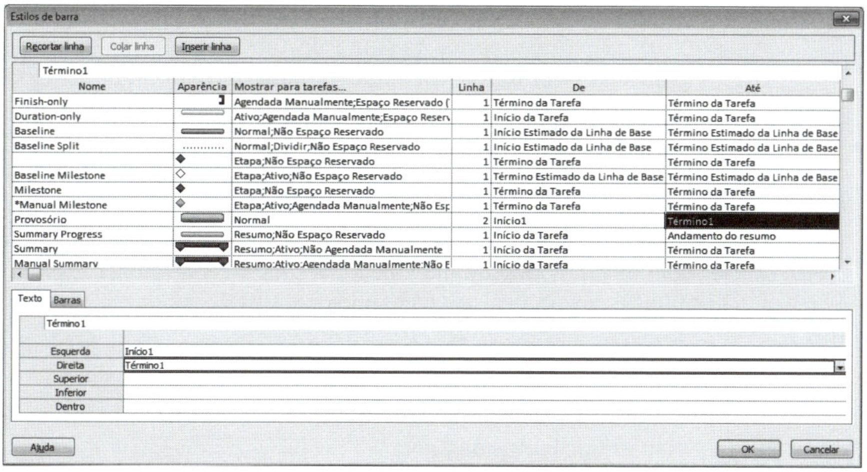

18. Clique em **OK** para fechar a caixa de diálogo Estilos de barra.

    O Project exibe as barras "provisórias" no modo de exibição Gantt de Controle. Em seguida, você adicionará as linhas de grade horizontais na parte gráfica do modo de exibição Gantt de Controle para que possa associar as barras de Gantt às suas tarefas mais facilmente.

19. Na guia **Formato**, no grupo **Formatar**, clique em **Linhas de Grade** e, em seguida, em **Linhas de grade**.

    A caixa de diálogo Linhas de grade é exibida.

20. Abaixo de **Alterar linha**, deixe **Linhas de Gantt** selecionada e, na caixa **Tipo**, abaixo de **Normal**, selecione a linha com tracejado pequeno (a quarta opção) e, em seguida, clique em **OK**.

    O Project desenha as linhas tracejadas ao longo da parte gráfica do modo de exibição Gráfico de Gantt.

    Para concluir este exercício, você vai melhorar a aparência das barras de Gantt.

21. Na guia **Exibição**, no grupo **Zoom**, clique na seta para baixo próxima à caixa **Escala de Tempo** e em **Semanas**.

22. Na coluna **Nome da Tarefa** clique no nome da tarefa 3, *Edição de conteúdo*.

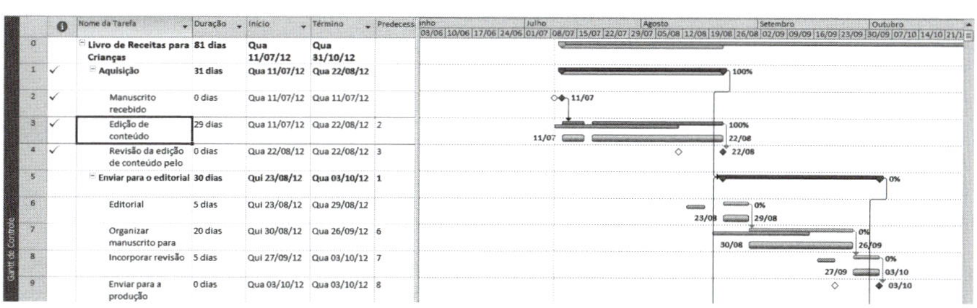

Aqui, você pode ver que a tarefa concluída 3 (mostrada como uma barra sólida azul na parte superior da linha da tarefa) corresponde exatamente à barra do plano provisório (a barra verde na parte inferior da linha da tarefa) e que ambas foram agendadas depois da linha de base (a barra cinza no meio da linha da tarefa). Isso ocorreu porque, depois que a linha de base foi configurada, as alterações feitas à agenda empurraram a data de início agendada da tarefa. Depois, o plano provisório foi salvo.

O Project dá suporte a vários recursos de formatação do Gráfico de Gantt além daqueles com os quais trabalhamos nesta seção. Se você quiser explorar outras opções de formatação, examine estes comandos na guia Formato:

- **O botão Estilos de Texto no grupo Formatar** Para formatar texto associado a um tipo de tarefa específico, como texto da tarefa de resumo.
- **O botão Layout no grupo Formatar** Para formatar linhas de vínculo e efeitos visuais das barras de Gantt.

Formatando um modo de exibição Linha do Tempo

Como você pode se lembrar dos Capítulos 1 e 5, o modo de exibição Linha do Tempo é uma maneira prática de ter uma visão geral do plano de projeto. Se você concluiu o Capítulo 5, personalizou o modo de exibição linha do tempo e ajustou a exibição visual de algumas tarefas, e trocou a exibição de uma tarefa da barra de tarefas. Você pode achar que a formatação de texto padrão da Linha do Tempo atende às suas necessidades, mas também é capaz de personalizar sua aparência.

Neste exercício, você vai formatar alguns elementos de texto e barra de tarefas no modo de exibição Linha do Tempo.

1. Na guia **Exibição**, no grupo **Modo Divisão**, clique na caixa de seleção **Linha do Tempo**.

   O Project exibe o modo de exibição Linha do Tempo.

2. Clique em qualquer lugar no modo de exibição **Linha do Tempo**.

Esta guia contextual se altera dinamicamente com base no modo de exibição ativo ou no item selecionado.

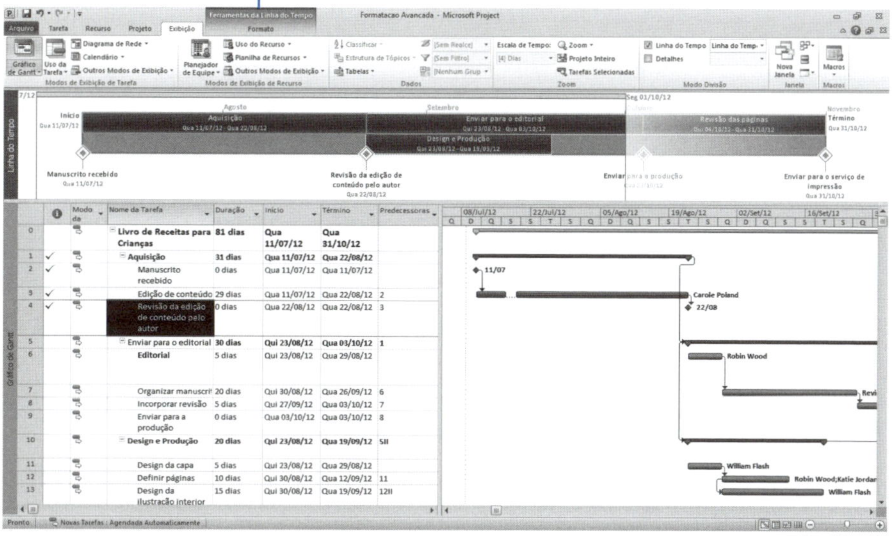

Colocar o foco na Linha do Tempo faz com que os comandos da guia Formato se alterem. Lembre que a guia Formato é contextual; ela se ajusta de acordo com o que está selecionado no momento.

Primeiro, você vai ajustar a formatação de uma categoria inteira de valores de texto na Linha do Tempo. Algumas pessoas com quem você compartilhou os instantâneos da Linha do Tempo disseram que os valores de data estão muito pequenos, portanto você os aumentará.

3. Na guia **Formato**, no grupo **Texto**, clique em **Estilos de Texto**.

   A caixa de diálogo Estilos de texto é exibida. Com ela, você pode alterar a formatação de todas as ocorrências de um tipo específico de informação no modo de exibição.

4. Na caixa **Alterar item**, clique em **Data da Tarefa**.
5. Na caixa **Estilo de fonte**, clique em **Negrito** e, na caixa **Tamanho**, em **10**.

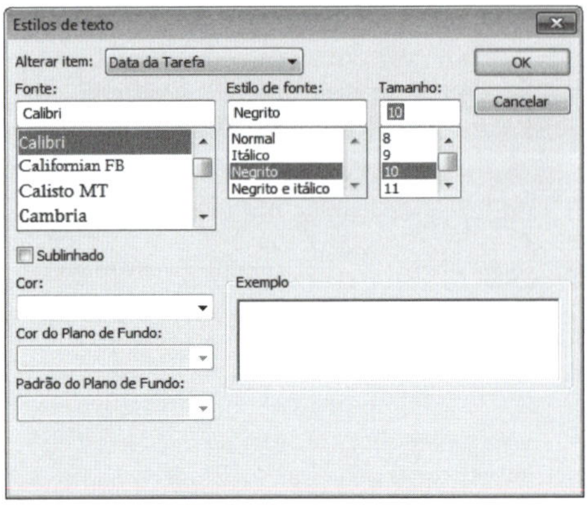

6. Clique em **OK**.

   O Project aplica a alteração de estilo de texto a todas as datas de tarefas no modo de exibição Linha do Tempo.

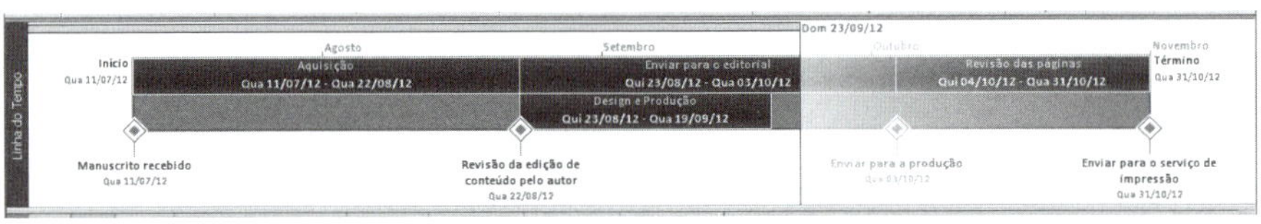

Em seguida, você gostaria de distinguir visualmente a tarefa *Design e Produção* na Linha do Tempo.

7. No modo de exibição **Linha do Tempo**, clique na barra da tarefa *Design e Produção*.

   Um realce colorido aparece ao redor da barra da tarefa, indicando que ela está selecionada.

8. Na guia **Formato**, no grupo **Fonte**, clique em **Itálico**.

   O Project aplica o efeito de texto itálico ao rótulo da barra da tarefa (o nome da tarefa) e suas datas.

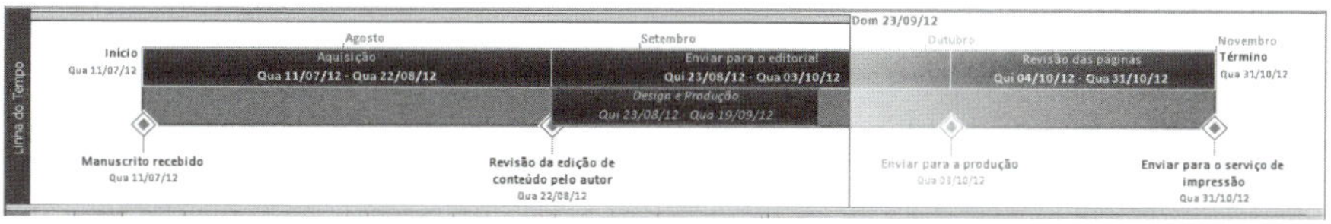

9. Na guia **Formato**, no grupo **Fonte**, clique na seta próxima ao botão **Cor de Plano de Fundo** e, abaixo de **Cores Padrão,** clique em Amarelo.

   O Project altera a cor da barra de tarefa para amarelo. Entretanto, isso torna o texto branco mais difícil de ler. Você corrigirá isso em seguida.

10. Na guia **Formato**, no grupo **Fonte**, clique na seta próxima ao botão **Cor da Fonte** e clique em preto.

   O Project altera o texto da barra de tarefa para preto.

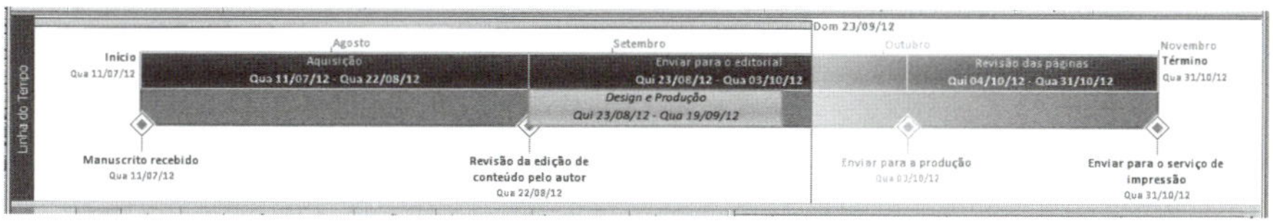

11. Na guia **Exibição**, no grupo **Modo Divisão**, desmarque a caixa de seleção **Linha do Tempo**.

   O Project oculta o modo de exibição Linha do Tempo.

   Como o modo de exibição Linha do Tempo é mais simples do que a maioria dos modos de exibição do Project, ele tem menos opções de formatação.

Formatando o modo de exibição Diagrama de rede

No gerenciamento de projetos tradicional, o Diagrama de rede é um modo padrão de representar as atividades do projeto e seus relacionamentos. As tarefas são representadas como caixas ou nós, e as relações entre elas são desenhadas como linhas que conectam os nós. Diferentemente de um gráfico de Gantt, que é um modo de exibição em escala de tempo, um Diagrama de rede permite que você visualize as atividades do projeto em uma maneira mais parecida com um formato de fluxograma. Isso é útil quando você quer colocar mais foco em relações entre as atividades em vez de em suas durações.

O Project fornece opções de formatação ricas para o Diagrama de rede. Nesta seção, você vai usar apenas algumas dessas opções para personalizar as informações que aparecem nos nós. Se você já é um usuário experiente do Diagrama de rede, desejará explorar as opções de formatação mais detalhadamente por sua conta.

Neste exercício, você vai formatar os itens no modo de exibição Diagrama de rede.

1. Na coluna **Nome da Tarefa**, clique no nome da tarefa 7, *Organizar manuscrito para revisão*.
2. Na guia **Exibição**, no grupo **Modos de Exibição de Tarefa**, clique em **Diagrama de rede**.

   O modo de exibição Diagrama de rede é exibido. Nesse modo de exibição, cada tarefa é representada por uma caixa ou nó, e cada nó contém várias partes de informação (ou campos) sobre a tarefa.

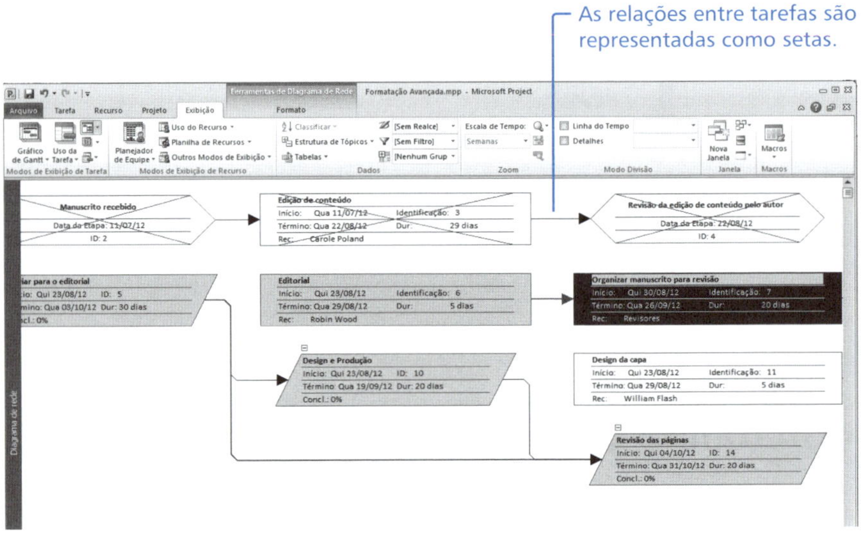

Os nós com um X sobre eles representam as tarefas concluídas. Os nós com formas de paralelogramo representam as tarefas de resumo.

Neste exercício, você vai substituir os valores de identificação das tarefas pelos códigos EDT, ***Estrutura de Divisão de Trabalho*** (WBS, Work Breakdown Structure). Ao contrário dos números de ID de tarefa, os códigos EDT indicam o local de cada tarefa na hierarquia do projeto.

3. Na guia **Formato**, no grupo **Formatar**, clique em **Estilos de Caixa**.

   Lembre-se de que os comandos da guia Formato mudam dependendo do tipo de modo de exibição ativo; a guia Formato é uma guia contextual.

   A caixa de diálogo Estilos de caixa é exibida.

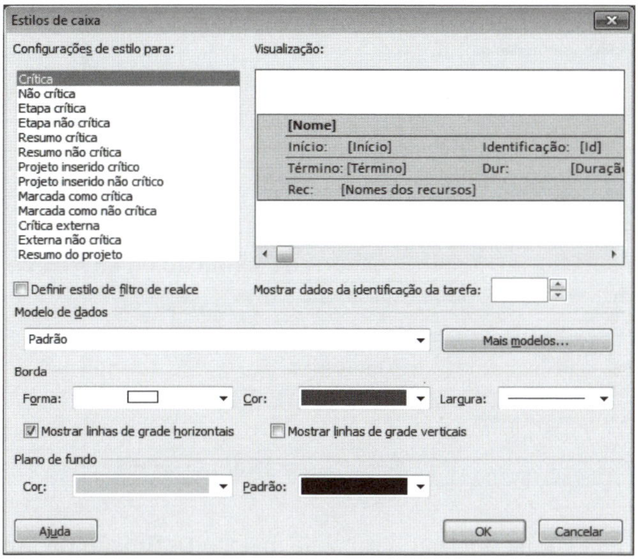

Na lista Configurações de estilo para, você pode ver todos os estilos de caixa de nós disponíveis no Project. A caixa Visualização mostra os rótulos e campos específicos exibidos em cada estilo de caixa.

4. Clique em **Mais modelos**.

   A caixa de diálogo Modelos de dados é exibida. Nesse contexto, os modelos determinam quais campos serão exibidos nas caixas (nós), assim como seu layout (não confunda com os modelos de arquivos).

5. Na lista **Modelos em "Diagrama de rede"**, certifique-se de que **Padrão** está selecionado e clique em **Copiar**.

   A caixa de diálogo Definição de modelo de dados é exibida. Você deseja adicionar o valor de código Estrutura de Divisão de Trabalho (EDT) no canto superior direito do nó.

6. Na caixa **Nome do modelo**, digite Padrão + EDT.
7. Abaixo de **Escolher célula(s)**, clique em **Id**. Esse é o campo que você vai substituir.
8. Na lista suspensa de campos, clique em **EDT**.

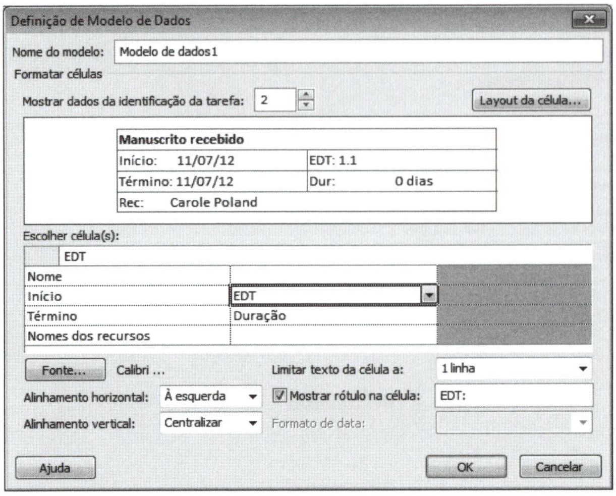

9. Clique em **OK** para fechar a caixa de diálogo **Definição de Modelo de Dados** e, em seguida, em **Fechar** para fechar a caixa de diálogo **Modelos de dados**.
10. Na caixa de diálogo **Estilos de caixa**, em **Configurações de estilo para**, selecione **Crítica** e, mantendo pressionada a tecla Shift, clique **Etapa não crítica**.

    Os quatro tipos de subtarefas são selecionados.
11. Na caixa **Modelo de dados**, selecione **Padrão + EDT** na lista suspensa.

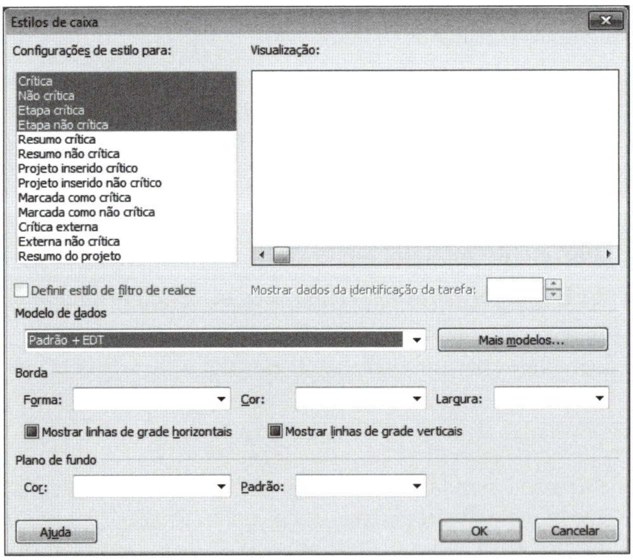

12. Clique em **OK** para fechar a caixa de diálogo **Estilos de caixa**.

    O Project aplica o estilo de caixa revisado aos nós no Diagrama de rede.

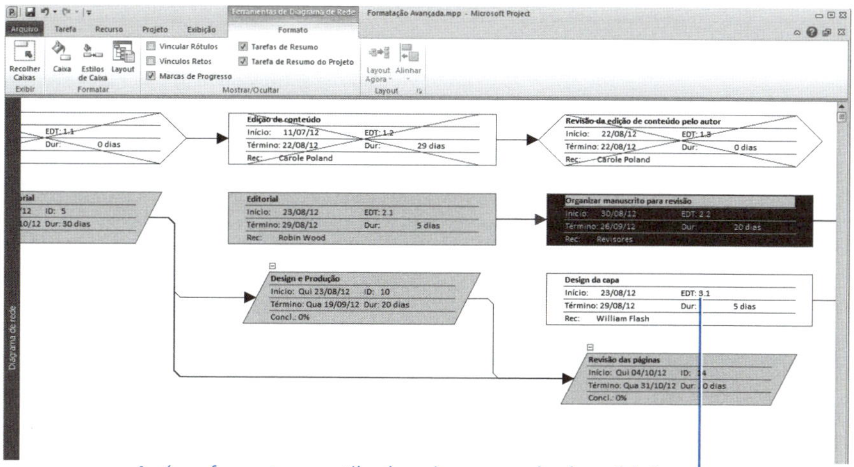

Após reformatar o estilo da caixa no modo de exibição Diagrama de rede, o código EDT substitui a identificação de tarefa para os estilos de caixa selecionados.

Agora, para esses estilos de caixa, o valor EDT aparece no canto superior direito de cada caixa em vez de a identificação da tarefa.

Aqui, estão alguns pontos adicionais que você deve considerar quando trabalhar no modo de exibição Diagrama de rede:

- No modo de exibição Diagrama de rede, você pode formatar todas as caixas com o comando Estilos de Caixa na guia Formato ou apenas a caixa ativa com o comando Caixa. Isso é semelhante aos comandos Estilos de Barra e Barra disponíveis na guia Formato quando você tem um modo de exibição Gráfico de Gantt exibido.
- Se você tem o Microsoft Visio 2007 ou posterior, pode gerar um relatório visual do Visio, similar a um modo de exibição diagrama de rede. Os relatórios visuais são diagramas dinâmicos (PivotDiagrams) que você pode personalizar. Para obter mais informações sobre os relatórios visuais, consulte o Capítulo 17, "Compartilhe as informações do Project com outros programas".

Formatando um modo de exibição Calendário

O modo de exibição Calendário provavelmente é o mais simples disponível no Project; entretanto, mesmo ele oferece várias opções de formatação. Esse modo de exibição é especialmente útil para compartilhar informações de agenda com recursos ou investidores que preferem um formato de modo de exibição mensal rápido e tradicional em vez de um modo de exibição mais detalhado, como o Gráfico de Gantt.

Neste exercício, você vai reformatar as tarefas de resumo e críticas no modo de exibição Calendário.

1. Na guia **Exibição**, no grupo **Modos de Exibição de Tarefa**, clique em **Calendário**.

   O modo de exibição Calendário é exibido.

O modo de exibição Calendário parece um calendário mensal tradicional e exibe as tarefas como barras que ocupam os dias nos quais elas estão agendadas para ocorrer.

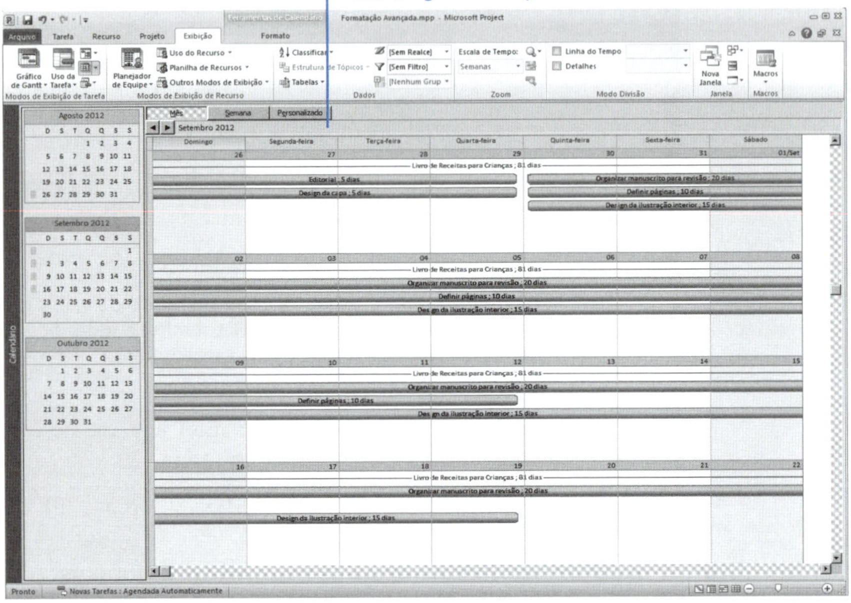

Esse modo de exibição mostra quatro semanas de uma vez e desenha as barras de tarefas nos dias em que as tarefas estão agendadas. As semanas visíveis são indicadas pelos blocos laranjas nos calendários mensais no lado esquerdo do modo de exibição.

2. Na guia **Formato**, no grupo **Formatar**, clique em **Estilos de Barra**.

   A caixa de diálogo Estilos de barra é exibida. O tipo de item adicional que você deseja mostrar no modo de exibição Calendário é uma barra de resumo.

3. Na caixa **Tipo de tarefa**, clique em **Resumo**.
4. Na caixa **Tipo de barra**, clique em **Linha** na lista suspensa.

   O próximo tipo de item a ser reformatado são as tarefas críticas.

5. Na caixa **Tipo de tarefa**, clique em **Crítica**.

6. Clique na caixa **Cor** e, abaixo de **Cores Padrão**, clique em Vermelho.

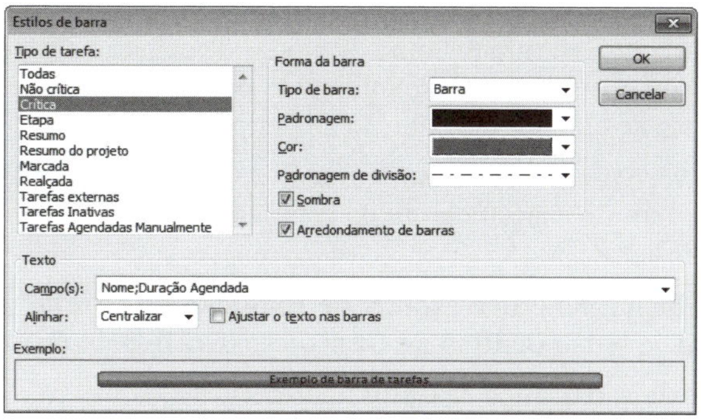

7. Clique em **OK** para fechar a caixa de diálogo **Estilos de barra**.

   O Project aplica as opções de formato ao modo de exibição Calendário.

Após você reformatar o modo de exibição Calendário, as tarefas críticas aparecem em vermelho e as tarefas de resumo aparecem como linha.

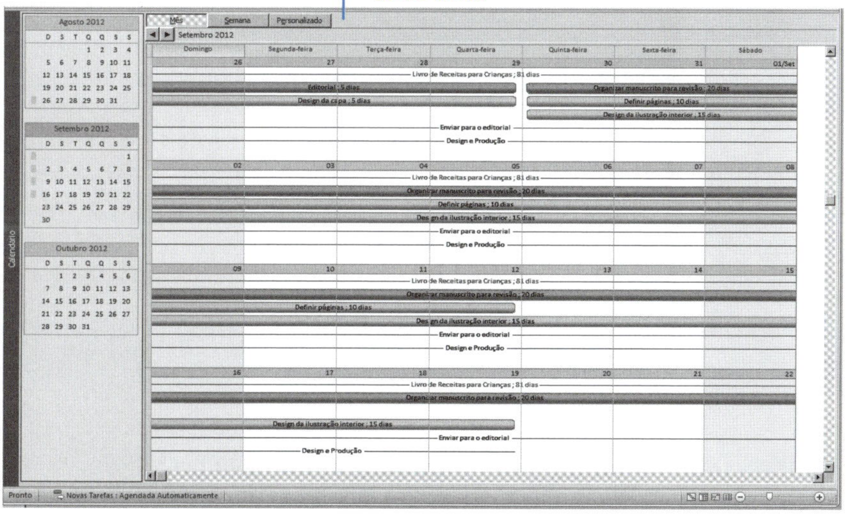

Como nos outros modos de exibição que você personalizou neste capítulo, Calendário possui opções de formatação adicionais disponíveis na guia Formato.

Imprimindo modos de exibição: Opções avançadas

O Project oferece opções de personalização para imprimir modos de exibição além dos que você trabalhou no Capítulo 5. Como os modos de exibição são geralmente compartilhados com recursos e outros stakeholders do projeto, você pode achar que precisa adicionar detalhes aos modos de exibição que imprimir.

Neste exercício, você vai ajustar a configuração de página e a legenda do modo de exibição Gráfico de Gantt e especificar quais colunas da tabela serão incluídas no modo de exibição impresso.

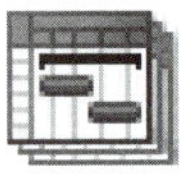

1. Na guia **Exibição**, no grupo **Modos de Exibição de Tarefa**, clique na seta para baixo abaixo do botão **Gráfico de Gantt** e em **Gráfico de Gantt**.

   O modo de exibição Gráfico de Gantt aparece.

2. Na guia **Exibição**, no grupo **Zoom**, em **Semanas** na caixa **Escala de Tempo**.

   O Project ajusta a configuração de zoom.

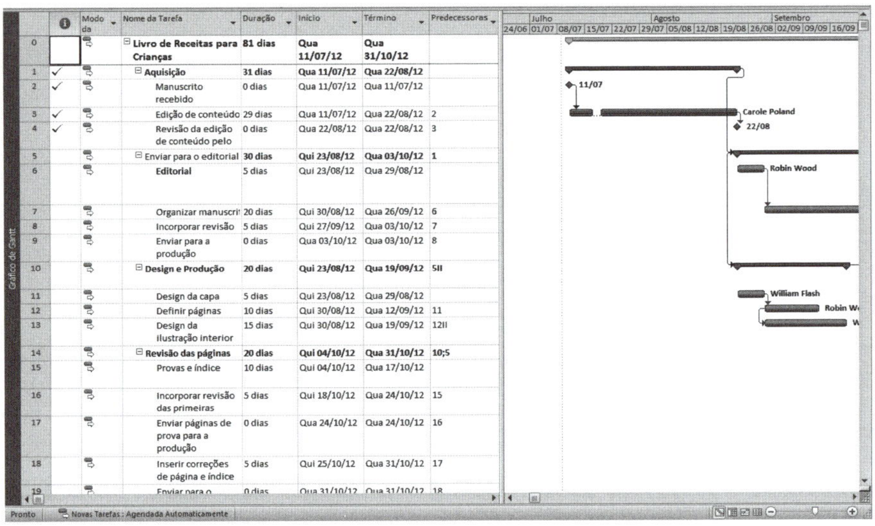

Se você concluiu o Capítulo 5, já viu o modo de exibição Gráfico de Gantt na janela Visualizar impressão no modo de exibição Backstage. Lá, você ajustou algumas opções de impressão, como imprimir um intervalo de datas específico e ajustar a escala para que o modo de exibição impresso coubesse em uma página. Em seguida, você vai explorar algumas opções de impressão avançadas.

3. Na guia **Arquivo**, clique em **Imprimir**.

   A tela Visualizar impressão aparece no modo de exibição Backstage com o Gráfico de Gantt na visualização. Como configurado atualmente, essa visualização requer quatro páginas para imprimir. Note a mensagem de status "1 de 4" abaixo de Visualizar impressão.

   Note Se você tem um plotter selecionado como sua impressora padrão ou tem um tamanho de página diferente selecionado para sua impressora padrão, o que você vê nas telas Visualizar impressão pode ser diferente do que é mostrado aqui.

4. Clique em **Configuração de Página**; esse link aparece na parte inferior dos controles, à esquerda de Visualizar impressão.

   A caixa de diálogo Configurar página aparece.

5. Verifique se a guia **Página** está visível e, em seguida, abaixo de **Escala**, clique em **Ajustar para:** e digite ou selecione 1 páginas de largura por 2 de altura.

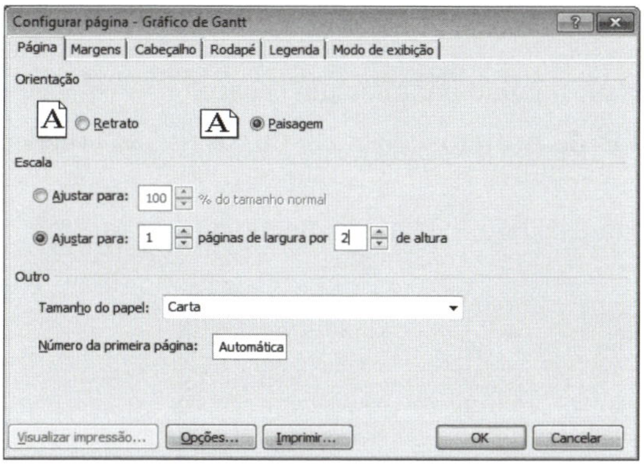

Em seguida, você vai personalizar o que aparece na legenda do Gráfico de Gantt.

6. Na caixa de diálogo **Configurar página**, clique na guia **Legenda**.
7. Na guia **Legenda**, estão três guias de alinhamento. Clique na guia **À esquerda**.

   Aqui, você pode ver o texto e os códigos de campo que aparecem na legenda.

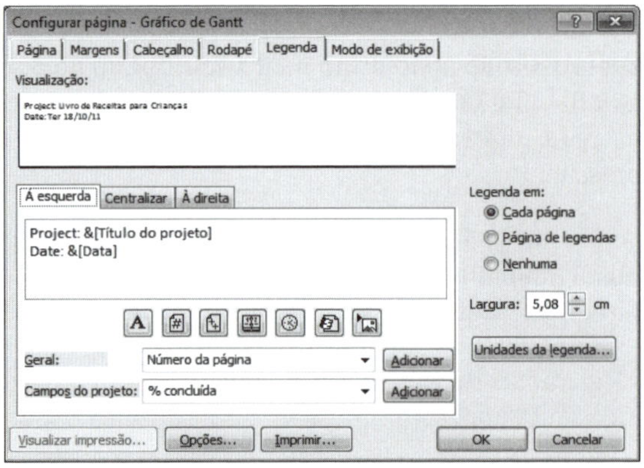

O Project imprimirá o título do projeto e a data atual no lado esquerdo da legenda. Você também quer imprimir o valor de custo estimado na legenda.

8. Clique no final da segunda linha de texto e, em seguida, pressione barra de espaço 2 vezes.
9. Digite **Custo Total:** seguido por mais um espaço.
10. Na caixa **Campos do projeto**, clique em **Custo** na lista suspensa e, em seguida, em **Adicionar**.

    O Project adiciona o código de custo ao texto da legenda Esquerda.

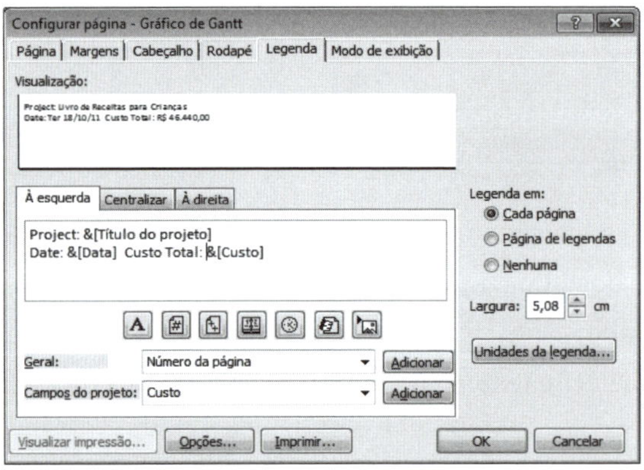

Para concluir a personalização da configuração de página, você vai especificar que colunas da tabela no modo de exibição Gráfico de Gantt serão impressas.

11. Clique na guia **Modo de exibição**.
12. Clique em **Imprimir todas as colunas da planilha** e, em seguida, em **OK** para fechar a caixa de diálogo **Configurar Página**.

    O Project aplica as alterações que você especificou para a legenda. Para obter uma visão mais próxima, aumente o zoom na legenda.

13. Na tela Visualizar impressão, clique no canto inferior esquerdo da página com o ponteiro de lente de aumento.

    O Project aumenta o zoom para mostrar a página em uma resolução legível.

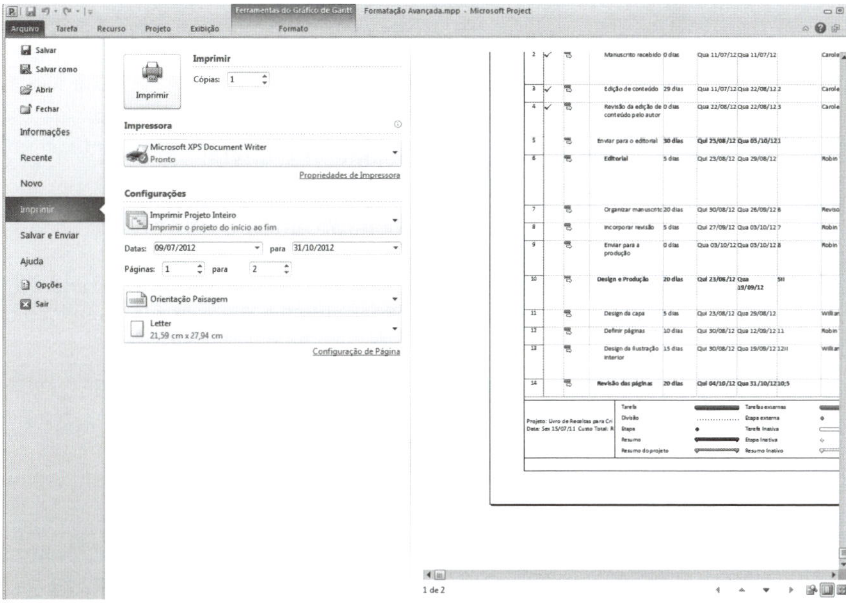

Novo no **2010**

Em seguida, você mudará o foco das opções de formatação de saída para os tipos de arquivos de saída. Dois formatos de arquivo comum de saída impressa são o PDF (Portable Document Format) e o XPS (XML Paper Specification). Um PDF representa um documento do Adobe Acrobat. O XPS é um formato suportado pela Microsoft. Ambos fornecem uma representação online de alta fidelidade do que apareceria em uma página impressa. Para concluir este exercício, você vai gerar um arquivo de saída PDF ou XPS do modo de exibição Linha do Tempo.

14. Na guia **Exibição**, no grupo **Modo Divisão**, clique na caixa de seleção **Linha do Tempo**.

    O Project exibe o modo de exibição Linha do Tempo.

15. Clique em qualquer lugar no modo de exibição **Linha do Tempo**.

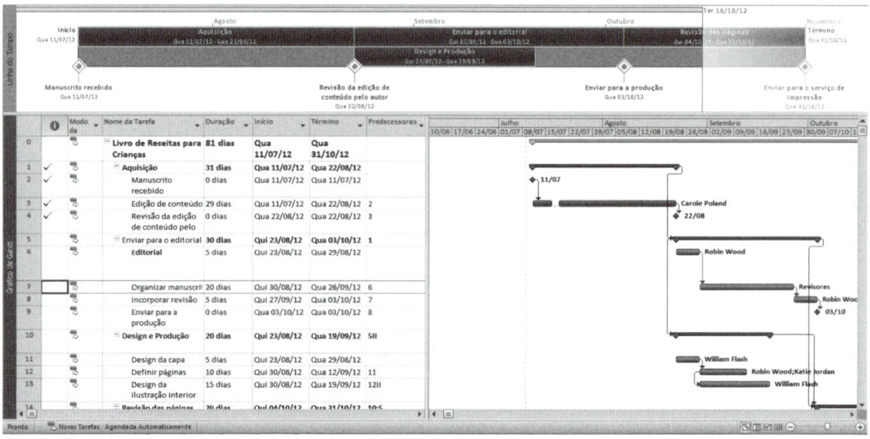

16. Na guia **Arquivo**, clique em **Salvar e Enviar**.

    Esse painel do modo de exibição Backstage inclui opções para as várias formas de compartilhamento ou colaboração online.

    Importante Se você estiver executando o Project Standard, não verá algumas opções relativas ao Project Professional e algumas funcionalidades do SharePoint.

17. Abaixo do título **Tipos de Arquivo** no lado esquerdo da guia **Salvar e Enviar**, clique em **Criar Documento PDF/XPS**.

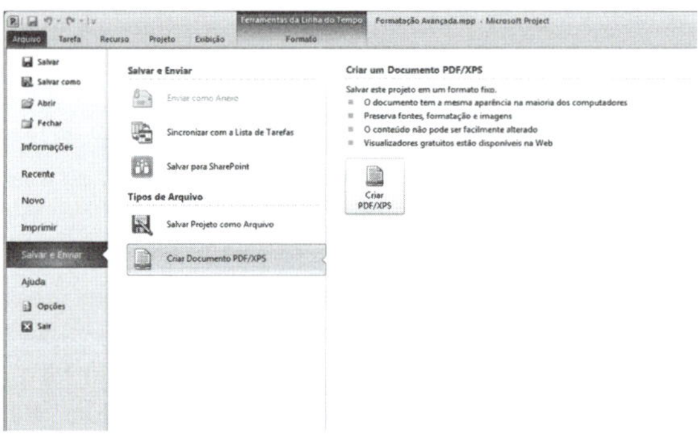

    Algumas explicações sobre documentos PDF e XPS aparecem no lado direito da guia.

18. Clique em **Criar PDF/XPS**.

    A caixa de diálogo Procurar aparece. Use o nome de arquivo e o local dado na caixa de diálogo.

19. Na caixa **Tipo**, selecione **Arquivos PDF** ou **Arquivos XPS** (dependendo do formato que você deseja ver) e, em seguida, clique em **OK**.

    A caixa de diálogo Opções de Exportação de Documento aparece. Use as configurações padrão.

20. Clique em **OK**.

    O Project gera o documento PDF ou XPS.

21. No Windows Explorer, navegue para a pasta Capitulo15 e clique duas vezes no documento PDF ou XPS que você criou.

Note Você talvez precise instalar uma versão grátis do PDF ou XPS para completar este exercício. Uma versão grátis do Adobe Acrobat Reader está disponível em *www.adobe.com.* Uma versão grátis do XPS Reader você encontra em *www.microsoft.com.*

Imprimindo relatórios: Opções avançadas

Como você pode se lembrar do Capítulo 5, os *relatórios* são formatos predefinidos planejados para imprimir dados do Project. Ao contrário dos modos de exibição, com os quais você pode imprimir ou trabalhar na tela, os relatórios são projetados apenas para impressão.

Embora os relatórios sejam distintos dos modos de exibição, algumas configurações que você especificar para um modo de exibição poderão afetar certos relatórios. Por exemplo:

- Se as subtarefas estiverem recolhidas ou ocultas sob as tarefas de resumo, os relatórios que incluem listas de tarefas mostrarão somente as tarefas de resumo, não as subtarefas.
- Nos modos de exibição de Uso, se as atribuições estiverem recolhidas ou ocultas sob tarefas ou recursos, os relatórios de Uso (Uso da Tarefa ou Uso dos Recursos) da mesma forma ocultarão os detalhes da atribuição.

Neste exercício, você verá um relatório na tela Visualizar impressão e, em seguida, editará sua definição (isto é, o conjunto de elementos que compõem o relatório) para alterar o modo como as informações do relatório são apresentadas.

1. Na guia **Projeto**, no grupo **Relatórios**, clique em **Relatórios**.

   A caixa de diálogo Relatórios aparece, exibindo as muitas categorias de relatórios disponíveis no Project.

2. Clique em **Atividades atuais** e, em seguida, em **Selecionar**.

   A caixa de diálogo Relatórios de Atividades Atuais aparece.

Dica Você também pode fazer isso clicando duas vezes na categoria Atividades Atuais.

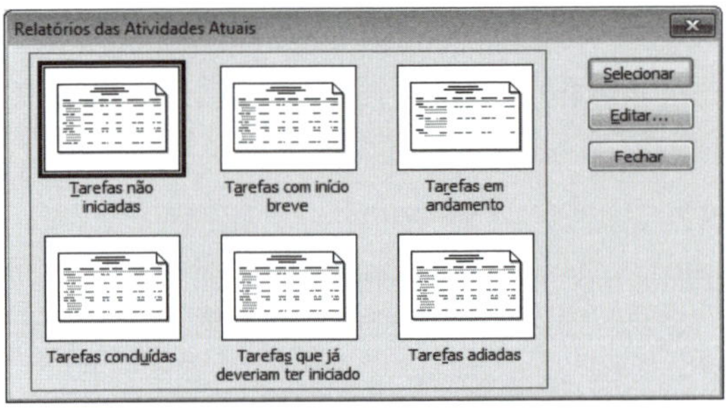

Essa caixa de diálogo lista os relatórios que transmitem o status da tarefa.

3. Na caixa **Relatórios de Atividades Atuais**, clique em **Tarefas não iniciadas** e, em seguida, em **Selecionar**.

   O Project exibe o relatório Tarefas não iniciadas em Visualizar impressão do modo de exibição Backstage.

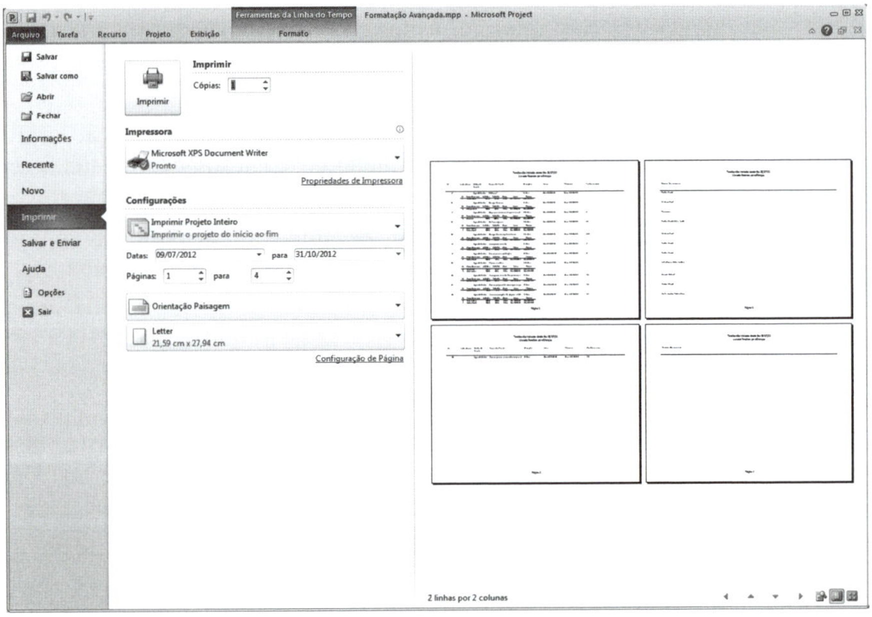

Esse relatório é uma lista completa de tarefas não iniciadas e detalhes do agendamento das atribuições. Você gostaria de ver esses dados apresentados de uma maneira diferente, portanto editará esse relatório.

4. Na guia **Projeto**, no grupo **Relatórios**, clique em **Relatórios**.

   O modo de exibição Backstage é fechado e o modo de exibição Gráfico de Gantt reaparece. Em seguida, você modificará esse relatório.

5. Clique em **Atividades Atuais** e, em seguida, em **Selecionar**.
6. Clique em **Tarefas não iniciadas** e, em seguida, em **Editar**.

   A caixa de diálogo Relatório da tarefa aparece.

7. Na caixa **Período**, clique em **Meses** na lista suspensa.

   A opção Meses agrupa as tarefas pelo mês no qual elas ocorrem. Como o relatório agora inclui um elemento "período de tempo", as opções de Escala de Tempo no modo de exibição Backstage se tornam disponíveis, permitindo que você imprima dados em um intervalo específico.

8. Na caixa **Tabela**, clique em **Resumo** na lista suspensa.

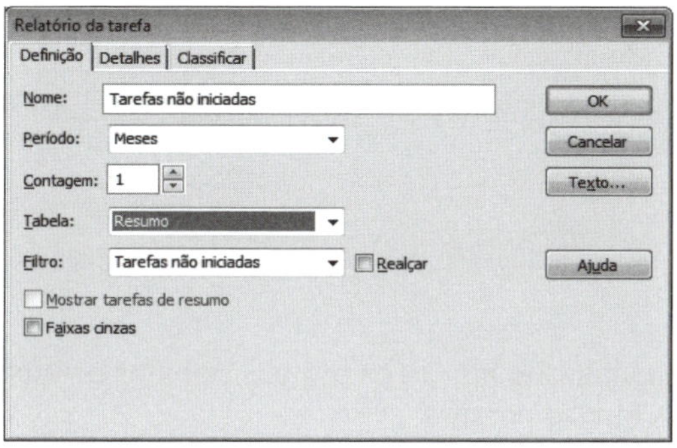

Dica As tabelas listadas na caixa de diálogo Relatório da tarefa são iguais àquelas que você pode aplicar a qualquer modo de exibição que exiba tarefas em uma tabela. Ao editar um formato de relatório, você pode aplicar tabelas e filtros predefinidos ou personalizados, escolher detalhes adicionais a serem incluídos no relatório e aplicar uma ordem de classificação às informações – todas na caixa de diálogo para o relatório que você está editando.

9. Clique em **OK** para fechar a caixa de diálogo **Relatório da tarefa**.
10. Na caixa de diálogo **Relatórios de Atividades Atuais**, verifique se **Tarefas não iniciadas** está selecionada e clique em **Selecionar**.

    O Project aplica ao relatório as configurações personalizadas que você escolheu, e o relatório aparece na tela Visualizar impressão do modo de exibição Backstage. Em seguida, você aumentará o zoom para vê-lo com mais detalhes.

11. Na área Visualizar impressão do modo de exibição Backstage, clique no canto superior esquerdo da primeira página com o ponteiro em forma de lupa (se for necessário, clique mais uma vez).

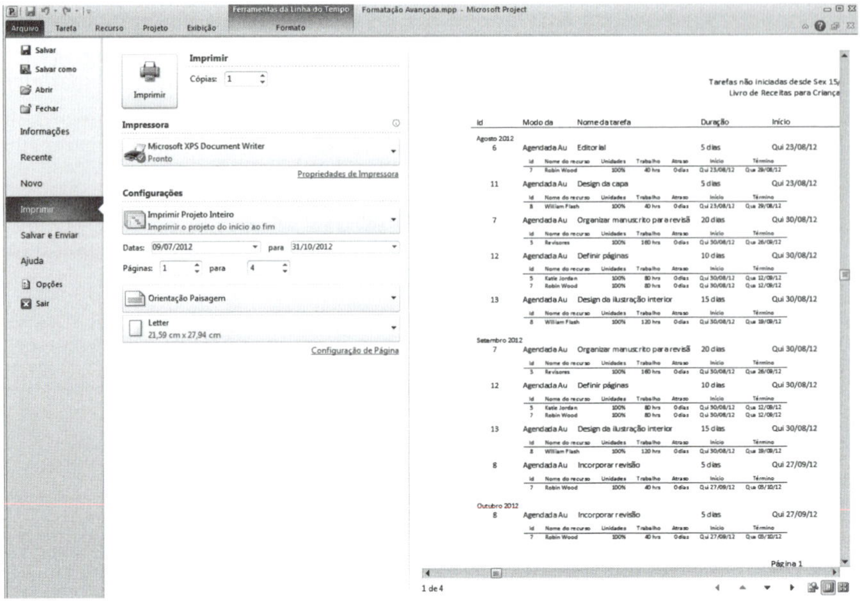

Esse relatório personalizado mostra os campos exibidos na tabela Tarefa de Resumo, mas divide as tarefas por mês.

12. Clique na guia **Tarefa**.

    O Gráfico de Gantt com o modo de exibição Linha do Tempo reaparece.

LIMPEZA Feche o arquivo Formatacao Avancada.

Pontos principais

- Use a caixa de diálogo Estilos de Barras para alterar a aparência de um tipo específico de barra de Gantt, como todas as tarefas de resumo. Para exibir a caixa de diálogo Estilos de Barras, na guia Formato, no grupo Estilos de Barras, clique em Formatar e em Estilos de Barras.
- Na Linha do Tempo, você pode modificar diretamente o texto ou todos os estilos de texto, como todos os nomes de tarefas, com os comandos dos grupos Fonte e Texto, na guia Formato.
- Os nós representam tarefas e tarefas de resumo no modo de exibição Diagrama de Rede. Você pode personalizar as informações que aparecem em um nó.
- O modo de exibição Calendário é útil para aqueles que preferem um formato mensal tradicional.
- Você pode ajustar o layout de página de impressão e o texto da legenda para os modos de exibição Gráfico de Gantt no modo de exibição Backstage.
- Os layouts dos relatórios podem ser personalizados por meio do botão Editar da caixa de seleção dos Relatórios.

Resumo do Capítulo

Trabalhe com o modelo global e o Organizador para compartilhar elementos personalizados entre os planos de projeto, **p. 356**

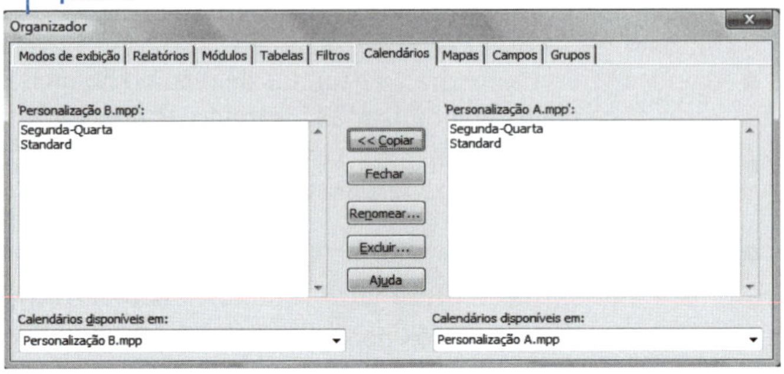

Grave uma macro VBA para executar uma sequência de ações repetitivas, **p. 351**

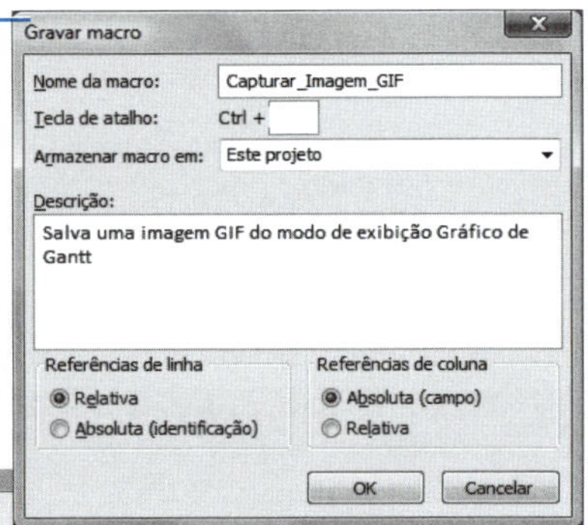

Edite um código de macro VBA no Visual Basic Editor, **p. 356**

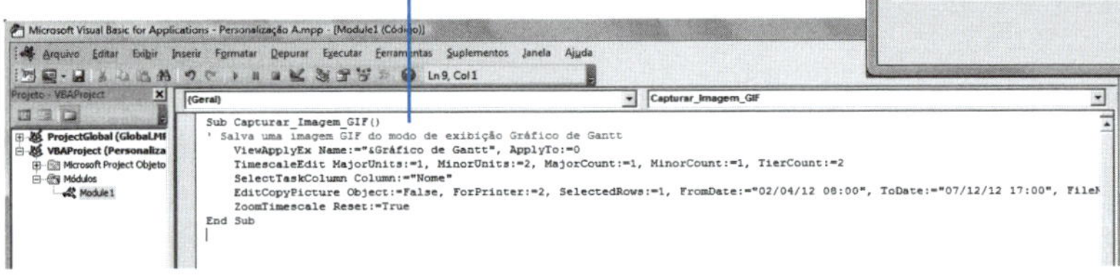

Crie uma guia personalizada, **p. 362**

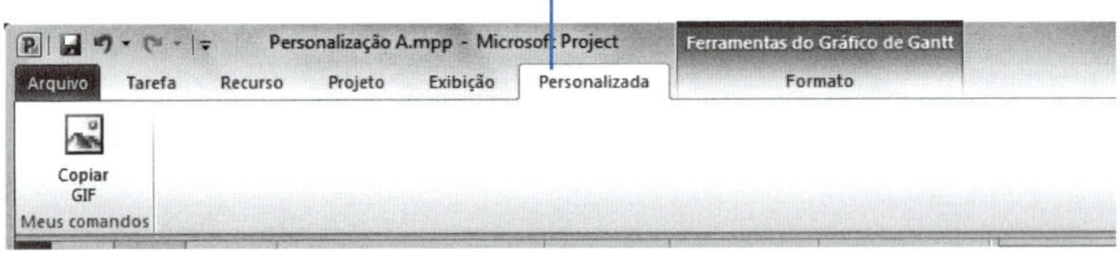

Capítulo 16

Personalize o Project

Neste capítulo, você vai aprender a:

- Copiar um elemento personalizado, como um calendário, de um plano de projeto para outro usando o Organizador.
- Gravar e executar uma macro.
- Editar uma macro no Visual Basic for Applicatios (VBA) Editor.
- Personalizar a barra de ferramentas de Acesso Rápido e a Faixa de Opções.

Este capítulo descreve como você pode personalizar o Microsoft Project 2010 para adequá-lo às suas preferências. O Project 2010 adotou a ***Faixa de Opções (ribbon interface)***, que oferece novas opções de personalização. O Project tem outros recursos de personalização, como o Organizador e o modelo global, exclusivos do programa. Além disso, possui recursos de personalização, como gravação de macros VBA (Microsoft Visual Basic for Applications), similares aos que você está familiarizado de outros aplicativos do Microsoft Office.

Importante Algumas das ações que você executará neste capítulo podem afetar suas definições globais do Project, independentemente do plano de projeto específico que você estiver usando. Para não afetar seu ambiente do Project, incluímos etapas para desfazer algumas ações.

Arquivos de exercícios Para concluir os exercícios deste capítulo, copie os arquivos de exercícios para seu computador. Os arquivos que você usará para finalizar esses exercícios encontram-se na pasta Capitulo16. Na seção "Usando os arquivos de exercícios", no início deste livro, existe uma lista completa desses arquivos.

Importante Se você estiver executando o Project Professional, talvez seja necessário fazer uma alteração de configuração. Isso ajuda a garantir que os arquivos de exercícios com os quais você trabalhar neste capítulo não afetem os dados do seu Project Server. Para obter mais informações, consulte o Apêndice C, "Usando os arquivos de exercícios se estiver conectado ao Project Server".

Compartilhando elementos entre planos de projeto

O Project usa um recurso denominado *modelo global*, Global.mpt, para fornecer modos de exibição, tabelas e outros elementos padrão que você vê no Project. Na primeira vez em que você exibe um modo de exibição, tabela ou elemento similar em um plano de projeto, ele é copiado automaticamente do modelo global para aquele plano de projeto. Depois disso, os elementos residirão no plano de projeto. Qualquer personalização subsequente desse elemento no plano de projeto (por exemplo, alterar os campos exibidos em uma tabela) se aplicará apenas àquele plano de projeto e não afetará o modelo global. O modelo global está instalado como parte do Project e, em geral, você não trabalha com ele diretamente.

No início, as definições específicas de todos os modos de exibição, tabelas e outros elementos listados aqui estão contidos no modelo global. Por exemplo, o fato de que a tabela de uso padrão contém um conjunto de campos e não outro é determinado pelo modelo global. A lista de elementos fornecidos pelo modelo global inclui:

- Modos de exibição
- Relatórios
- Tabelas
- Filtros
- Calendários
- Grupos

Além disso, você pode copiar mapas e campos personalizados para o modelo global ou entre planos de projeto.

Quando você personaliza um elemento como um modo de exibição, o elemento personalizado permanece no plano de projeto no qual foi personalizado. Com os modos de exibição e tabelas, você tem a opção de atualizar a versão desse elemento no modelo global com seu modo de exibição ou tabela personalizado. Se você criar um novo elemento, entretanto, como um novo modo de exibição, esse novo elemento será copiado para o modelo global e, então, ficará disponível em todos os outros planos de projeto com os quais você trabalhar.

No entanto, os calendários são uma exceção. Quando você cria um calendário personalizado, ele permanece apenas no plano de projeto no qual foi criado. Um calendário padrão personalizado que atende às suas necessidades em um plano de projeto pode redefinir horas úteis em outros planos de projeto de maneira que você não pretende. Por essa razão, o Project tem um recurso que permite compartilhar calendários personalizados (e outros elementos) entre planos de projeto de maneira controlada. Esse recurso é o *Organizador*.

A lista completa de elementos que você pode copiar entre planos de projeto com o Organizador foi apresentada anteriormente e está indicada pelos nomes das guias na caixa de diálogo Organizador, que você verá em breve.

Você pode usar o Project com frequência e nunca precisar tocar no modelo global. Entretanto, quando você trabalhar com o modelo global, faça-o pelo Organizador. Algumas ações que você pode executar relativas ao modelo global incluem:

- Criar um elemento personalizado, como um calendário personalizado, e torná-lo disponível em todos os planos de projeto que você trabalhar copiando o modo de exibição personalizado para o modelo global.
- Substituir um elemento personalizado, como um modo de exibição ou tabela, em um plano de projeto copiando o elemento original, não modificado, do modelo global para o plano de projeto no qual o mesmo elemento foi personalizado.
- Copiar um elemento personalizado, como um calendário personalizado, de um plano de projeto para outro.

As definições do modelo global se aplicam a todos os planos de projeto com os quais você trabalha no Project. Como não queremos alterar o modelo global, neste exercício enfocaremos a cópia de elementos personalizados entre dois planos de projeto. Lembre-se, entretanto, de que o processo geral de utilização do Organizador mostrado aqui é o mesmo, esteja você trabalhando com o modelo global e um plano de projeto ou com dois planos de projeto.

Importante No Organizador, quando você tenta copiar um modo de exibição, tabela ou outro elemento de um plano de projeto para o modelo global, o Project avisa que você sobrescreverá o mesmo elemento no modelo global. Se você decidir sobrescrevê-lo, esse elemento personalizado (como um modo de exibição personalizado) estará disponível em todos os novos planos de projeto e em qualquer outro plano de projeto que ainda não contenham esse elemento. Se você decidir renomear um elemento personalizado, ele se tornará disponível em todos os planos de projeto, mas não afetará os elementos existentes já armazenados no modelo global. Geralmente é recomendável nomear seus elementos personalizados com nomes exclusivos, como Gráfico de Gantt Personalizado, para que você possa manter o elemento original intacto.

Neste exercício, você vai copiar um calendário personalizado de um plano de projeto para outro.

PREPARAÇÃO Inicie o Project, caso ele ainda não esteja em execução.

Você precisa de vários planos de projeto localizados na sua pasta de arquivos de exercícios Capitulo16 para concluir este exercício. Comece abrindo o plano de projeto Personalizacao A_Inicio e, em seguida, siga estas etapas.

1. Na guia **Arquivo**, clique em **Salvar como**.

   A caixa de diálogo Salvar como é exibida.

2. Na caixa **Nome do arquivo**, digite Personalizacao A e clique em **Salvar**.
3. Em seguida, abra **Personalizacao B_Inicio** e salve-o como Personalizacao B.
4. Na guia **Exibição**, no grupo **Janela**, clique em **Alternar Janelas** e em **1 Personalizacao A**.

   O plano de projeto Personalizacao A contém um calendário personalizado denominado Segunda-Quarta, que você criou no Capítulo 7, "Ajuste os detalhes das tarefas".

5. Role o modo de exibição **Gráfico de Gantt** verticalmente até a tarefa 44, *Enviar para configuração de cor*, ficar visível e aponte o mouse no ícone do calendário na coluna **Indicadores**.

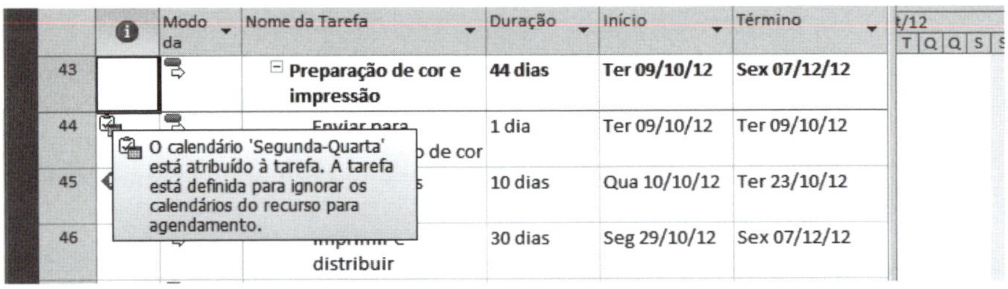

   Essa tarefa usa o calendário personalizado, portanto ela só pode ocorrer em uma segunda, terça ou quarta-feira. Você gostaria de usar esse calendário no plano de projeto Personalizacao B.

6. Na guia **Arquivo**, clique em **Informações**, e em **Organizador**.

   A caixa de diálogo Organizador é exibida.

7. Clique nas várias guias da caixa de diálogo para obter uma visão geral dos tipos de elementos que você pode gerenciar com o Organizador e clique na guia **Calendários**.

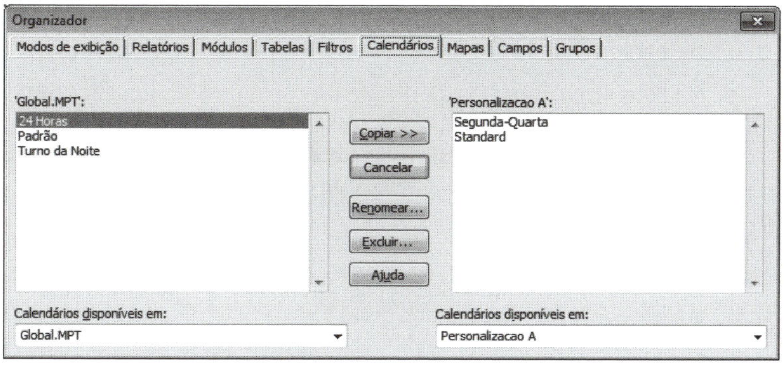

Como você pode ver, cada guia da caixa de diálogo Organizador tem uma estrutura similar: todos os elementos do modelo global aparecem à esquerda da caixa de diálogo, e os elementos que você usou no plano de projeto ativo em qualquer momento (por exemplo, modos de exibição exibidos) aparecem à direita.

Selecionar um elemento no lado esquerdo da caixa de diálogo e, em seguida, clicar no botão Copiar copiará esse elemento para o plano de projeto listado à direita. Por outro lado, se você selecionar um elemento no lado direito da caixa de diálogo e, em seguida, clicar no botão Copiar, esse elemento será copiado no arquivo listado à esquerda (o modelo global, por padrão).

8. Na lista suspensa **Calendários disponíveis em**, na parte inferior esquerda da caixa de diálogo **Organizador**, selecione **Personalizacao B**.

   Esse plano de projeto aparece na lista porque ele está aberto no Project.

O lado da caixa de diálogo em que você selecionou um elemento determina a direção na qual você irá copiá-lo.

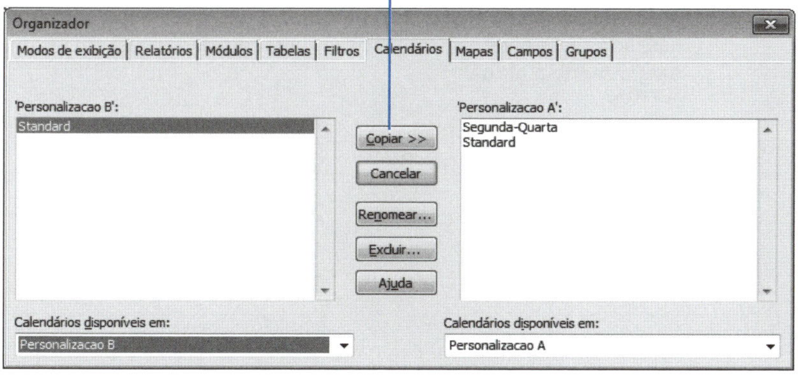

Como você pode ver, o plano Personalizacao B (à esquerda) não possui o calendário personalizado Segunda-Quarta e o plano Personalizacao A (à direita) possui.

9. Na lista de calendários da direita da caixa de diálogo, clique em **Segunda-Quarta**.

Dica Observe que os símbolos com duas setas (>>) no botão Copiar trocam de sentido (<<) quando você seleciona um elemento no lado direito da caixa de diálogo.

10. Clique em **Copiar**.

O Project copia o calendário personalizado do plano Personalizacao A para o Personalizacao B.

Após clicar no botão Copiar, o calendário Segunda-Quarta é copiado do plano Personalizacao A para o plano Personalizacao B

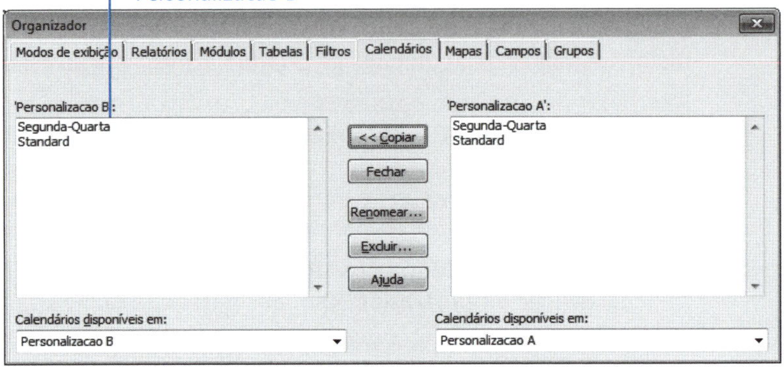

11. Clique em **Fechar** para fechar a caixa de diálogo **Organizador**.

Dica Neste exercício, você usou o Organizador para copiar um calendário personalizado de um plano de projeto para outro. Se você deseja tornar um calendário personalizado disponível em todos os planos de projeto, use o Organizador para copiá-lo para o modelo global.

Para concluir este exercício, você aplicará o calendário personalizado a uma tarefa no plano Personalizacao B.

12. Na guia **Exibição**, no grupo **Janela**, clique em **Alternar Janelas**, e em **2 Personalizacao B**.

    O Project alterna para o plano Personalizacao B, que é o plano para o qual você acabou de copiar calendário personalizado.

13. Selecione o nome da tarefa 19, *Enviar para o serviço de configuração de cor.*

14. Na guia **Tarefa**, no grupo **Edição**, clique em **Rolar até a tarefa**.

    Note que essa tarefa de um dia está agendada no momento para ocorrer em uma quinta-feira.

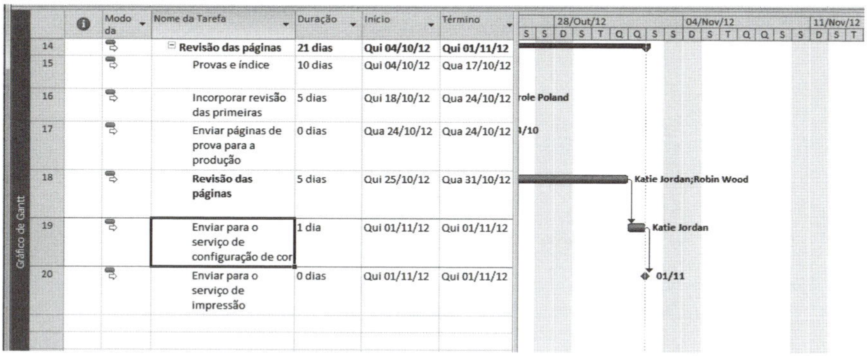

15. Na guia **Tarefa**, no grupo **Propriedades**, clique em **Informações**.

    A caixa de diálogo Informações sobre a tarefa é exibida.

16. Clique na guia **Avançado**.

    Como você pode ver na caixa Calendário, o padrão para todas as tarefas é "Nenhum".

17. Na caixa **Calendário**, selecione **Segunda-Quarta** na lista de calendários base disponíveis e clique em **OK** para fechar a caixa de diálogo.

    O Project aplica o calendário Segunda-Quarta à tarefa 19 e reagenda a tarefa para iniciar na segunda-feira, o próximo dia útil no qual a tarefa pode ocorrer. Um ícone de calendário aparece na coluna Indicadores, lembrando que essa tarefa tem um calendário de tarefa aplicado. Note que o calendário Segunda-Quarta não estava disponível neste plano de projeto até que você o copiou por meio do Organizador.

18. Aponte para o ícone do calendário.

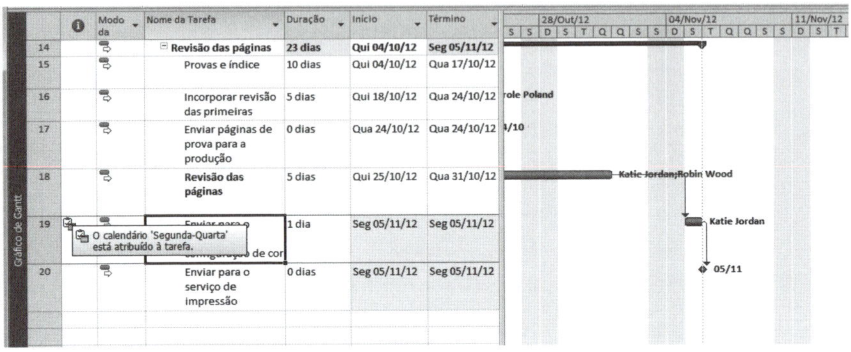

À medida que você personaliza modos de exibição, tabelas e outros elementos, você pode achar que o Organizador é um recurso útil para gerenciar seus elementos personalizados e os elementos internos do Project.

LIMPEZA Feche o arquivo Personalizacao B. O arquivo Personalizacao A deve permanecer aberto.

Gravando macros

Muitas atividades que você executa no Project podem ser repetitivas. Para economizar tempo, você pode gravar uma *macro* que captura as teclas pressionadas no teclado e as ações do mouse para reprodução posterior. A macro é gravada no Microsoft Visual Basic for Applications (VBA), a linguagem de programação de macros embutida do Microsoft Office System. Você pode executar procedimentos sofisticados com o VBA, mas pode gravar e executar macros simples sem sequer ver ou trabalhar diretamente com o código VBA.

Por padrão, as macros são armazenadas no modelo global, portanto, elas estão disponíveis sempre que o Project estiver sendo executado. O plano de projeto no qual você originalmente criou a macro precisa estar aberto para que ela possa ser executada em outros planos de projeto. Por exemplo, você pode usar o Organizador a fim de copiar o módulo VBA (que contém a macro) do modelo global para outro plano de projeto caso queira enviá-la a um amigo.

Criar um instantâneo de imagem gráfica de um modo de exibição é uma excelente forma de compartilhar os detalhes do projeto com outras pessoas. Entretanto, é provável que os detalhes que você capturar no início fiquem obsoletos à medida que o plano de projeto for atualizado. A captura de instantâneos atualizados pode ser uma tarefa repetitiva e ideal para automação por meio de uma macro. Quando essa tarefa é automatizada, você pode gerar rapidamente um instantâneo de imagem GIF de um plano de projeto e salvar a imagem GIF em um arquivo. A partir daí, você poderá anexar a imagem GIF a uma mensagem de email, publicá-la em um site, inseri-la em um documento ou compartilhá-la de outras maneiras.

Neste exercício, você vai gravar e executar uma macro.

1. Na guia **Exibição**, no grupo **Macros**, clique na seta para baixo abaixo do botão **Macros** e em **Gravar Macro**.

   A caixa de diálogo Gravar macro é exibida.

2. Na caixa **Nome da macro**, digite **Capturar_Imagem_GIF**.

   Dica Os nomes de macro devem começar com uma letra e não podem conter espaços. Para melhorar a legibilidade dos seus nomes de macro, você pode usar um caractere de sublinhado (_) no lugar de um espaço. Por exemplo, em vez de nomear uma macro como CapturarImagemGIF, você pode nomeá-la como Capturar_Imagem_GIF.

   Para essa macro, não usaremos uma tecla de atalho. Quando gravar outras macros, observe que você não poderá usar combinações de teclas reservada pelo Project, portanto, determinadas combinações podem não estar disponíveis. Quando você clicar em OK para fechar a caixa de diálogo, o Project avisará se for necessário escolher uma combinação de teclas diferente.

3. Na caixa **Armazenar macro em**, clique em **Este projeto** para armazenar a macro no plano de projeto ativo.

Quando uma macro é armazenada em um plano de projeto, ela pode ser usada por qualquer plano quando o que a contém está aberto. A opção padrão, Arquivo global, refere-se ao modelo global. Quando uma macro está armazenada no modelo global, ela pode ser usada por qualquer projeto a qualquer hora, porque o modelo global está aberto sempre que o Project está sendo executado. Neste exercício, como não desejamos personalizar seu modelo global, você vai armazenar a macro no plano de projeto ativo.

4. Na caixa **Descrição**, selecione o texto padrão e o substitua digitando **Salva uma imagem GIF do modo de exibição Gráfico de Gantt**.

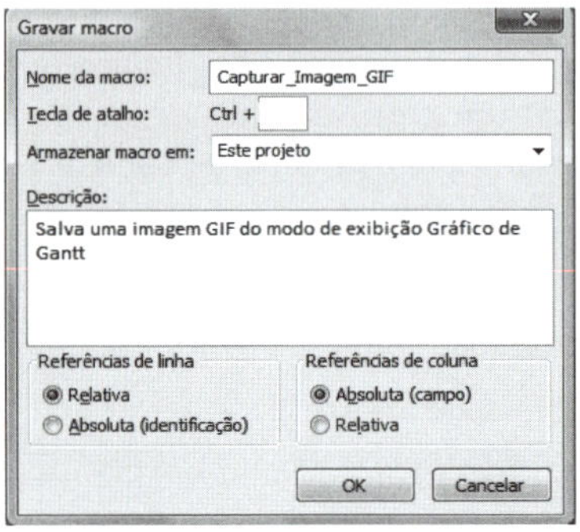

A descrição é útil porque ajuda a identificar as ações que a macro vai executar.

5. Clique em **OK**.

O Project começa a gravar a nova macro. O Project não grava literalmente e reproduz cada movimento do mouse; ele grava apenas os resultados das ações que você executa no teclado e com o mouse. Complete a gravação da macro devagar e cuidadosamente.

6. Na guia **Exibição**, no grupo **Modos de Exibição de Tarefa**, clique na seta para baixo abaixo do botão **Gráfico de Gantt** e em **Gráfico de Gantt**.

Embora o plano de projeto já esteja mostrando o modo de exibição Gráfico de Gantt, a inclusão dessa ação grava a ação para que, caso o plano de projeto esteja em um modo de exibição diferente, a macro troque para o modo de exibição Gráfico de Gantt.

7. Na guia **Exibição**, no grupo **Zoom**, na caixa **Escala de Tempo**, clique em **Meses**.

   O Project ajusta a escala de tempo para exibir mais do projeto.

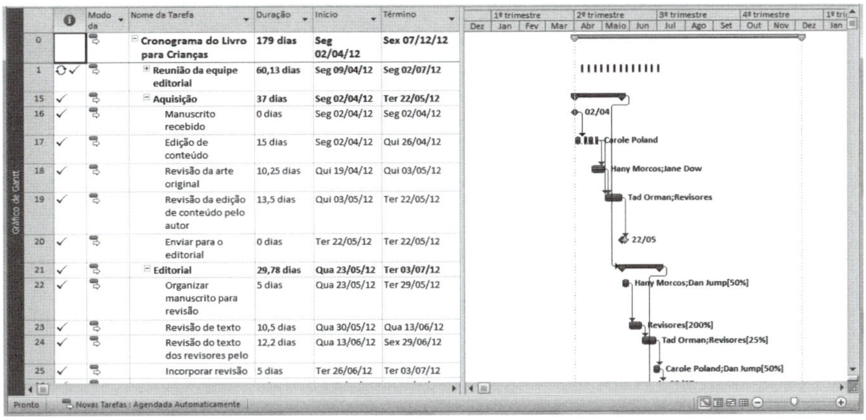

8. Clique no cabeçalho de coluna **Nome da Tarefa**.

9. Na guia **Tarefa**, no grupo **Área de Transferência**, clique na seta próxima a **Copiar** e em **Copiar imagem**.

   A caixa de diálogo Copiar imagem é exibida.

10. Em **Renderizar imagem**, clique **Para arquivo de imagem GIF** e em **Procurar**.

11. Na caixa de diálogo **Procurar**, navegue para a pasta **Capitulo16** e, em seguida, clique em **OK**.

12. Abaixo de **Copiar,** clique em **Linhas selecionadas**.

13. Abaixo de **Escala de tempo**, na caixa **De**, digite ou selecione 02/04/12 e na caixa **Até**, digite ou selecione 07/12/12.

    Esse intervalo corresponde às datas de início e de término atuais do plano de projeto. Você pode ver essas datas na tarefa 0, a *tarefa de resumo do projeto*.

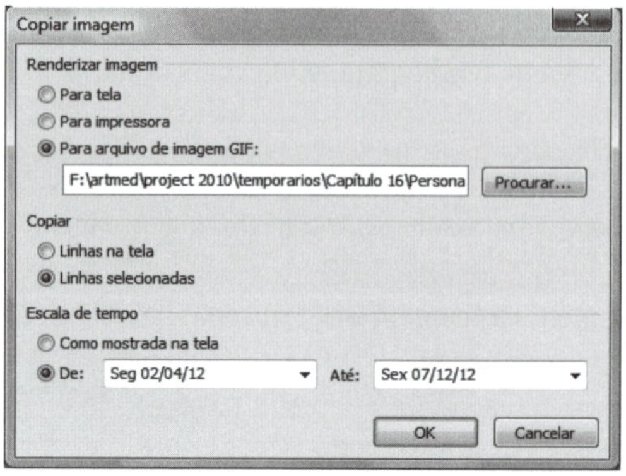

14. Clique em **OK** para fechar a caixa de diálogo **Copiar imagem**.

    O Project salva a imagem GIF.

15. Na guia **Exibição**, no grupo **Zoom**, clique em **Zoom** e, em seguida, em **Zoom**.
16. Na caixa de diálogo **Zoom**, clique em **Redefinir** e, em seguida, em **OK**.

    Agora, você já pode parar a gravação.

17. Na guia **Exibição**, no grupo **Macros**, clique na seta para baixo abaixo do botão **Macros** e clique em **Parar gravação**.

    Em seguida, você vai executar a macro para vê-la reproduzir.

18. Na guia **Exibição**, no grupo **Macros**, clique em **Macros**.

    A caixa de diálogo Macros é exibida.

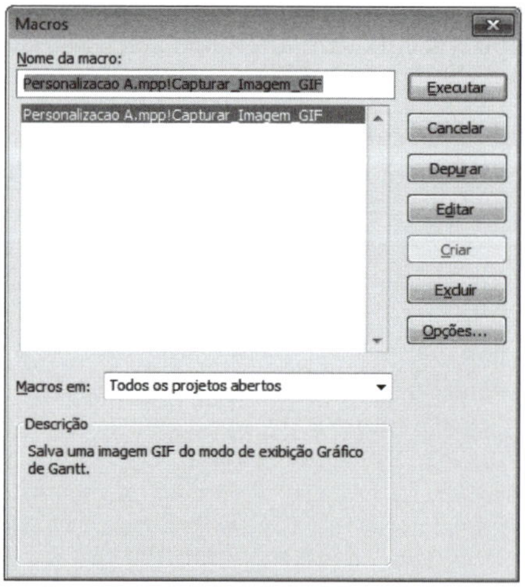

19. Na caixa **Nome da macro**, clique em **Personalizacao A.mpp!Capturar_Imagem_GIF** e em **Executar**.

    A macro começa a executar, mas faz uma pausa assim que o Project gera uma mensagem de confirmação para substituir o arquivo de imagem GIF existente (o que você acabou de criar durante a gravação da macro).

Importante Sua definição de nível de segurança no Project pode afetar a capacidade do programa de executar as macros gravadas por você ou recebidas de outras pessoas. Talvez você não tenha definido o nível de segurança diretamente, mas ele pode ter sido definido na instalação do Project ou por uma política de sistemas dentro da sua empresa.

20. Clique em **Sobrescrever** para substituir o arquivo de imagem GIF criado anteriormente.

    A macro salva novamente a imagem GIF. Em seguida, você verá os resultados das ações da macro.

21. No Windows Explorer, navegue para a pasta **Capitulo16** e clique duas vezes no arquivo de imagem GIF **Personalizacao A** para abri-lo no seu editor de imagem ou aplicativo de visualização.

    A imagem GIF aparece no seu aplicativo de imagem. Na figura a seguir, exibimos a imagem GIF em um navegador da Web. Sua tela deve estar similar a esta.

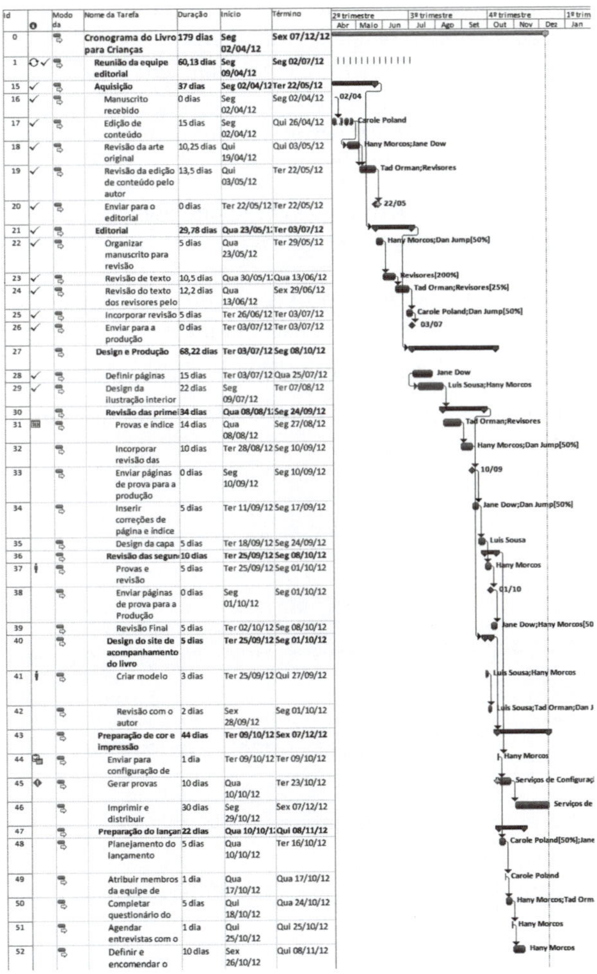

22. Feche o aplicativo de visualização de imagem e retorne ao plano de projeto Personalizacao A no Project.

    Essa macro será muito útil se o gerente de projeto da Lucerne Publishing precisar recapturar o instantâneo do plano de projeto com frequência. Por exemplo, o gerente de projeto poderá recapturá-lo em intervalos regulares durante a etapa de planejamento (quando os detalhes estão sendo desenvolvidos) e, depois, novamente durante a etapa de execução (quando os efeitos do progresso real alterarem o trabalho agendado restante).

Editando macros

O mais conveniente de usar a macro Capturar_Imagem_GIF é que ela pode ser melhorada. Lembre-se de que quando você a executou no exercício anterior, precisou confirmar que o Project deveria sobrescrever a imagem GIF existente. Como a finalidade da macro é capturar as informações mais atuais, você sempre desejará sobrescrever as informações mais antigas. Você pode alterar diretamente o código da macro para fazer isso. O código da macro reside em um módulo VBA e é trabalhado no ambiente do Visual Basic for Applications, comumente chamado de VBA Editor.

Dica VBA e VBA Editor são padrões de grande parte dos programas do Microsoft Office System (incluindo o Project). Embora os detalhes específicos de cada programa sejam diferentes, a maneira geral como você usa o VBA em cada um deles é a mesma. A automação VBA é uma ferramenta poderosa que você pode dominar, e esse conhecimento pode ser usado em muitos programas da Microsoft.

Neste exercício, você vai trabalhar no VBA Editor para ajustar e melhorar a macro gravada no exercício anterior e, então, executá-la.

1. Na guia **Exibição**, no grupo **Macros**, clique em **Macros**.
2. Em **Nome da macro**, clique em **Personalização A.mpp!Capturar_Imagem_GIF** e em **Editar**.
   O Project carrega o módulo que contéma macro no VBA Editor.

Este código VBA foi gerado quando o Project gravou sua macro.

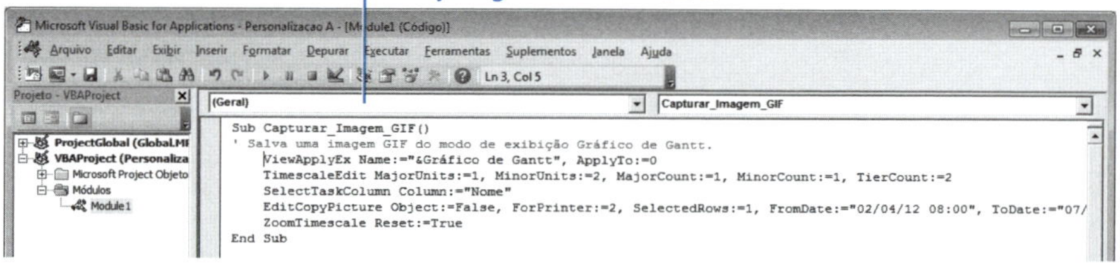

Uma explicação completa da linguagem VBA está além do escopo deste livro, mas percorreremos algumas etapas para alterar o comportamento da macro gravada anteriormente. Você também poderá reconhecer algumas das ações que gravou anteriormente pelos nomes usados no código VBA.

3. Clique no início da linha **ViewApplyEx Name:="&Gráfico de Gantt", ApplyTo:=0** e pressione a tecla Enter.
4. Clique na nova linha que você acabou de criar. Se necessário, pressione a tecla Tab para posicionar o cursor e digite **Application.Alerts False**

   Essa linha de código irá suprimir os prompt que você recebeu quando executou a macro e aceitar a opção padrão de substituir o arquivo de imagem GIF existente com o mesmo nome.

Aqui está a sequência de texto que você digitou.

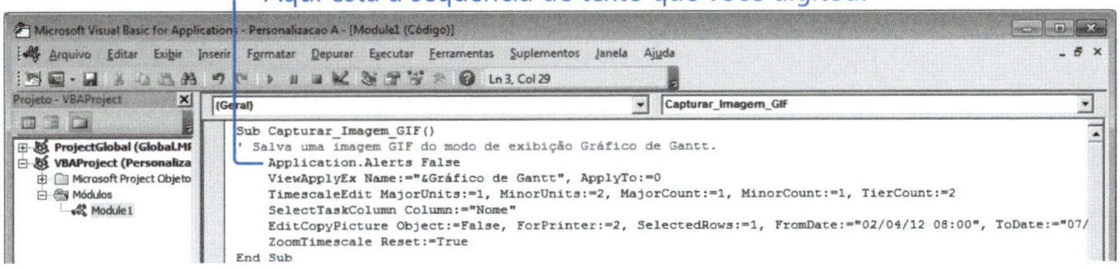

Dica Observe que, à medida que você estava digitando, algumas caixas de seleção e Dicas de Tela devem ter aparecido. O VBA Editor usa essas ferramentas para ajudá-lo a digitar o texto corretamente em um módulo.

5. Na linha que começa com **EditCopyPicture**, selecione a data e hora **"02/04/12 8:00"** (incluindo as aspas) que segue o texto **FromDate:=** e digite **ActiveProject.ProjectStart**.

   Esse código VBA descreve a data de início do projeto ativo.

Aqui está a sequência de texto que você digitou para retornar à data de início do projeto.

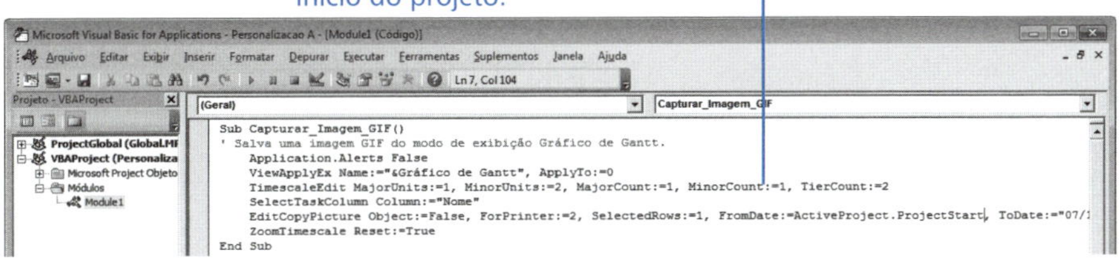

Isso faz com que a macro recupere a data de início atual do projeto ativo para a imagem GIF que a macro cria.

6. Na mesma linha, selecione a data e hora **"07/12/12 17:00"** (incluindo as aspas) que segue o texto **ToDate:=** e digite **ActiveProject.ProjectFinish**

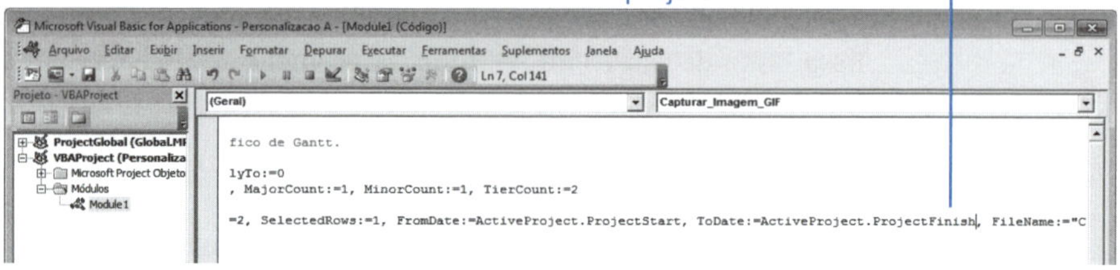

Aqui, está a sequência de texto que você digitou para retornar à data de término do projeto

Isso faz com que a macro recupere a data de término atual do projeto ativo para a imagem GIF que a macro cria. Agora, se houver alguma alteração nas datas de início e de término do plano de projeto, o intervalo usado ao copiar a imagem GIF também será alterado.

Em seguida, você vai adicionar novos recursos de macro no Editor VBA.

7. Clique no início da linha **SelectTaskColumn** e pressione Enter.
8. Clique na nova linha que você acabou de criar. Se necessário, pressione Tab para posicionar o cursor e digite **FilterApply Name:="Tarefas não concluídas"**

   Essa linha de código aplicará o filtro Tarefas não concluídas ao modo de exibição atual.

9. Clique no início da linha **ZoomTimescale Reset:=True** e pressione Enter.
10. Clique na nova linha que você acabou de criar. Se necessário, pressione Tab para posicionar o cursor e digite **FilterClear**.

    Essa linha de código removerá o filtro Tarefas não concluídas do modo de exibição atual.

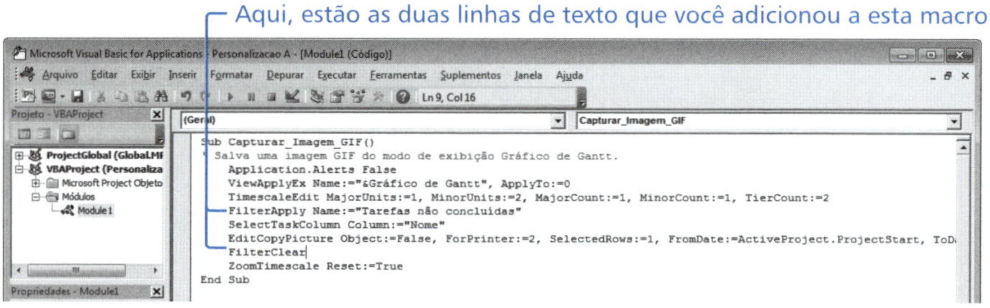

Aqui, estão as duas linhas de texto que você adicionou a esta macro.

11. No menu **Arquivo** do VBA Editor, clique em **Fechar e voltar para o Microsoft Project**.

O VBA Editor fecha e você retorna ao plano de projeto.

Agora, você pode executar a macro atualizada, mas primeiro gravará alguns progressos sobre as tarefas.

12. Clique no nome da tarefa 31, *Provas e índice*.
13. Na guia **Tarefa**, no grupo **Cronograma**, clique na seta para baixo à direita do botão **Atualizar como Agendado** e em **Atualizar Tarefas**.

    A caixa de diálogo Atualizar Tarefas é exibida.
14. No campo **Duração real**, digite 16d e clique em **OK**.

    Em seguida, você vai registrar o andamento parcial de outra tarefa.
15. Clique no nome da tarefa 32, *Incorporar revisão das primeiras páginas*.
16. Na guia **Tarefa**, no grupo **Cronograma**, clique na seta para baixo à direita do botão **Atualizar como Agendado** e em **Atualizar Tarefas**.
17. No campo **Duração real**, digite 5d e, em seguida, clique em **OK**.

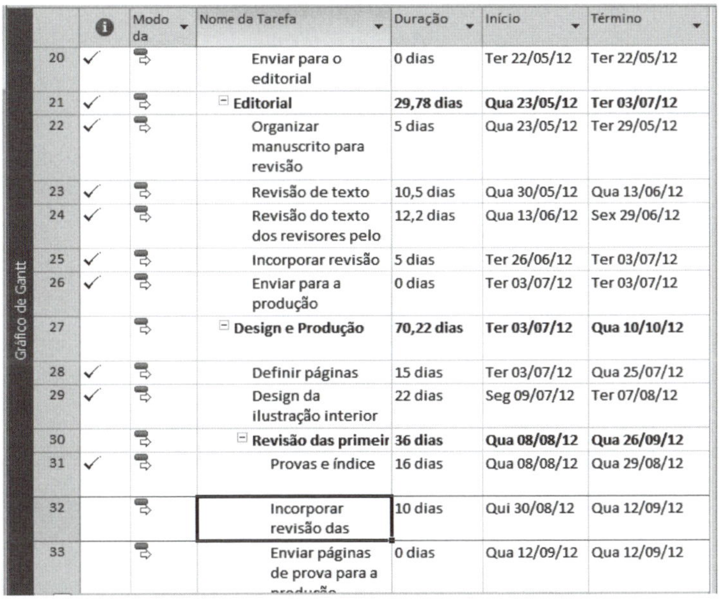

Agora, você está pronto para executar a macro novamente.

18. Na guia **Exibição**, no grupo **Macros**, clique em **Macros**.
19. Abaixo de **Nome da macro**, clique em **Personalização A.mpp!Capturar_Imagem_GIF** e em **Executar**.

    A macro executa e, dessa vez, você não é solicitado a sobrescrever o arquivo salvo anteriormente. Para verificar se a macro executou corretamente, você vai visualizar a imagem GIF no seu aplicativo de imagem.

20. No Windows Explorer, navegue para a pasta **Capitulo16** e clique duas vezes no arquivo de imagem GIF **Personalizacao A** para abri-lo no seu aplicativo visualizador ou editor de imagem.

    A imagem GIF aparece no seu aplicativo de imagem.

21. Se você estiver visualizando a imagem no Windows Internet Explorer, dependendo da resolução da sua tela, talvez não seja possível clicar na imagem GIF para ampliá-la.

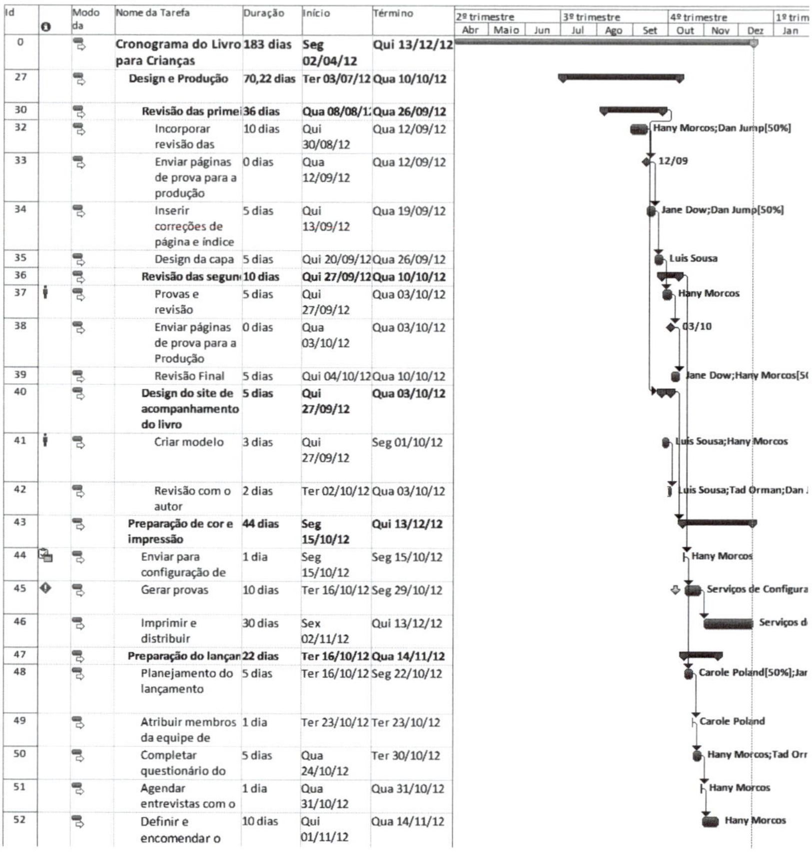

Id		Modo da	Nome da Tarefa	Duração	Início	Término
0			**Cronograma do Livro para Crianças**	**183 dias**	**Seg 02/04/12**	**Qui 13/12/12**
27			**Design e Produção**	**70,22 dias**	**Ter 03/07/12**	**Qua 10/10/12**
30			**Revisão das primei**	**36 dias**	**Qua 08/08/1**	**Qua 26/09/12**
32			Incorporar revisão das	10 dias	Qui 30/08/12	Qua 12/09/12
33			Enviar páginas de prova para a produção	0 dias	Qua 12/09/12	Qua 12/09/12
34			Inserir correções de página e índice	5 dias	Qui 13/09/12	Qua 19/09/12
35			Design da capa	5 dias	Qui 20/09/12	Qua 26/09/12
36			**Revisão das segun**	**10 dias**	**Qui 27/09/12**	**Qua 10/10/12**
37			Provas e revisão	5 dias	Qui 27/09/12	Qua 03/10/12
38			Enviar páginas de prova para a Produção	0 dias	Qua 03/10/12	Qua 03/10/12
39			Revisão Final	5 dias	Qui 04/10/12	Qua 10/10/12
40			**Design do site de acompanhamento do livro**	**5 dias**	**Qui 27/09/12**	**Qua 03/10/12**
41			Criar modelo	3 dias	Qui 27/09/12	Seg 01/10/12
42			Revisão com o autor	2 dias	Ter 02/10/12	Qua 03/10/12
43			**Preparação de cor e impressão**	**44 dias**	**Seg 15/10/12**	**Qui 13/12/12**
44			Enviar para configuração de	1 dia	Seg 15/10/12	Seg 15/10/12
45			Gerar provas	10 dias	Ter 16/10/12	Seg 29/10/12
46			Imprimir e distribuir	30 dias	Sex 02/11/12	Qui 13/12/12
47			**Preparação do lançan**	**22 dias**	**Ter 16/10/12**	**Qua 14/11/12**
48			Planejamento do lançamento	5 dias	Ter 16/10/12	Seg 22/10/12
49			Atribuir membros da equipe de	1 dia	Ter 23/10/12	Ter 23/10/12
50			Completar questionário do	5 dias	Qua 24/10/12	Ter 30/10/12
51			Agendar entrevistas com o	1 dia	Qua 31/10/12	Qua 31/10/12
52			Definir e encomendar o	10 dias	Qui 01/11/12	Qua 14/11/12

O instantâneo atualizado inclui a data de término do projeto e exibe apenas as tarefas incompletas, porque a macro aplicou o filtro Tarefas não concluídas (note que a tarefa 31, que agora está completa, não aparece). Agora, você pode executar a macro com a frequência que precisar para capturar as informações mais atualizadas.

22. Feche o aplicativo de visualização de imagem e, em seguida, retorne ao plano de projeto Personalizacao A no Project.

Aqui, estão algumas dicas adicionais para trabalhar com macros VBA no Project.

- O VBA é uma linguagem de programação rica e bem documentada. Se você quiser examiná-lo melhor no Project, tente isto: Na guia Exibição, no grupo Macros, clique na seta para baixo abaixo do botão Macros, clique em Visual Basic. Na janela

"Microsoft Visual Basic for Applications", no menu Ajuda, clique em "Ajuda do Microsoft Visual Basic for Applications".

- Enquanto trabalha em um módulo, você pode obter ajuda sobre itens específicos, como objetos, propriedades e métodos. Clique em uma palavra e, em seguida, pressione a tecla F1.
- Para fechar a janela do VBA Editor e retornar ao Project, no menu Arquivo, clique em Fechar e voltar para o Microsoft Project.

Personalizando a Faixa de Opções e a Barra de Ferramentas de Acesso Rápido

Como nos outros aplicativos do Office, você tem várias opções sobre como trabalhar com o Project. Algumas das muitas definições de personalização são:

- Adicionar comandos usados com frequência à Barra de Ferramentas de Acesso Rápido.
- Personalizar uma faixa de opções existente ou criar uma nova faixa de opções que inclua os comandos desejados.

Neste exercício, você vai adicionar um comando à Barra de Ferramentas de Acesso Rápido e criar uma faixa de opções personalizada.

1. Na guia **Arquivo**, clique em **Opções**.

   A caixa de diálogo Opções do Project é exibida.

2. Na caixa de diálogo **Opções do Project**, clique na guia **Barra de Ferramentas de Acesso Rápido**.
3. No lado esquerdo da caixa de diálogo, na caixa **Escolher comandos em**, clique em **Comandos Fora da Faixa de Opções**.

   O Project exibe a lista de comandos que você não pode acessar na faixa de opções. Examine com cuidado essa lista de comandos aos quais você gostaria de ter acesso rápido.

4. Na lista de comando, clique em **Ir Para** e em **Adicionar**.

   O Project adiciona o comando Ir Para à direita da caixa de diálogo.

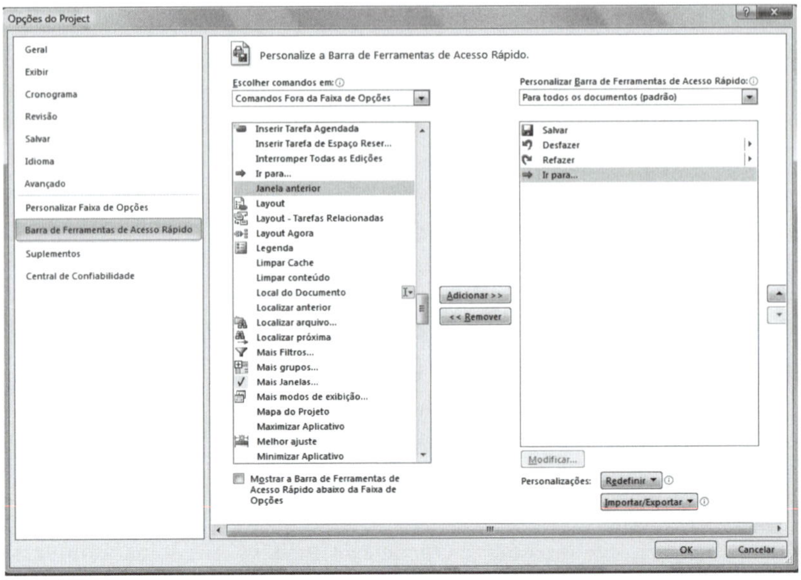

O comando Ir Para é uma maneira pratica de navegar para um ID de tarefa específica e rolar a escala de tempo no modo de exibição Gráfico de Gantt, tudo em uma única ação.

5. Clique em **OK** para fechar a caixa de diálogo **Opções do Project**.

   O Project adiciona o comando Ir Para à Barra de Ferramentas de Acesso Rápido.

O comando Ir Para aparece na barra de ferramentas de Acesso Rápido.

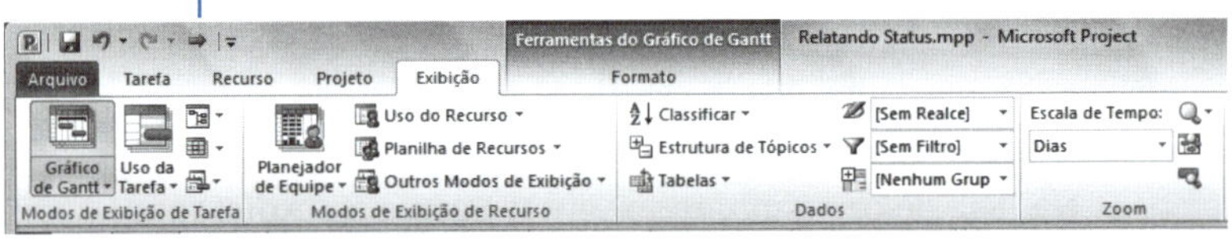

Agora, experimente usar o comando Ir Para executando as etapas a seguir:

6. Na barra de ferramentas **Acesso Rápido**, clique em **Ir Para**.
7. Na caixa de diálogo **Ir Para**, digite 43 na caixa **ID** e clique em **OK**.

Dica Na caixa de diálogo Ir Para, você também pode inserir um valor de data no campo Data para rolar a escala de tempo do Gráfico de Gantt para uma data específica.

O Project pula para a tarefa 43 e rola a parte gráfica do modo de exibição Gráfico de Gantt para exibir sua barra de Gantt.

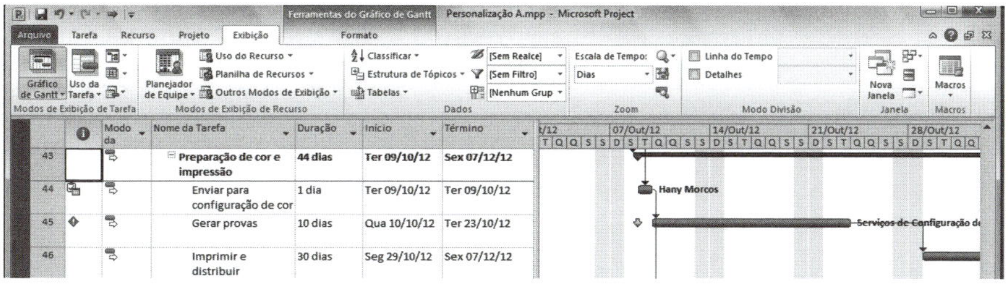

8. Na **Barra de Ferramentas de Acesso Rápido**, clique com o botão direito do mouse no botão **Ir Para** e, no menu de atalho, clique em **Remover da Barra de Ferramentas de Acesso Rápido**.
9. Na guia **Arquivo**, clique em **Opções**.
10. Na caixa de diálogo **Opções do Project**, clique na guia **Personalizar Faixa de Opções**.

    O Project exibe as opções para personalizar a Faixa de Opções.

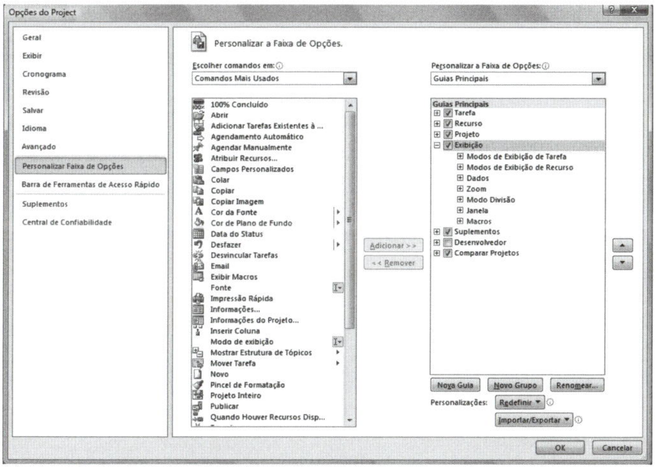

Aqui, você pode ter acesso aos comandos e recursos suportados pelo Project.

11. No lado direito da caixa de diálogo, abaixo de **Guias Principais**, clique no nome **Exibição** e clique em **Nova Guia**.

    O Project cria uma nova guia e grupo abaixo (que na Faixa de Opções estará à direita) da guia Exibição.

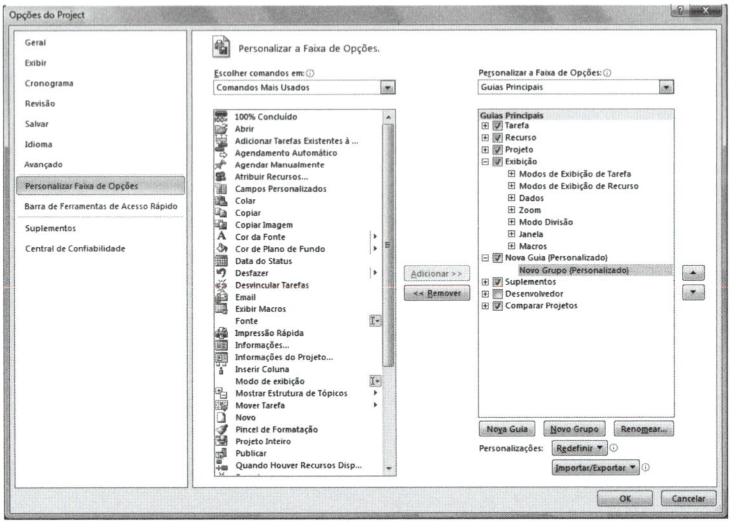

12. No lado direito da caixa de diálogo, abaixo de **Guias Principais**, clique no nome **Nova Guia (Personalizada)** e em **Renomear**.

    A caixa de diálogo Renomear é exibida.

13. No campo **Nome para exibição**, digite Personalizada e clique em **OK**.

14. Clique no item **Novo Grupo (Personalizado)** e em **Renomear**.

    A caixa de diálogo Renomear é exibida.

15. Na caixa **Nome para exibição**, digite Meus comandos e clique em **OK**.

    Agora, você está pronto para adicionar a macro personalizada à nova Faixa de Opções.

16. No lado esquerdo da caixa de diálogo, na caixa **Escolher comandos em**, clique em **Macros**.

    O nome da macro personalizada é exibido.

17. Selecione o nome da macro **Personalização A.mpp!Capturar_Imagem_GIF** e clique em **Adicionar**.

O Project adiciona o item da macro ao seu grupo personalizado.

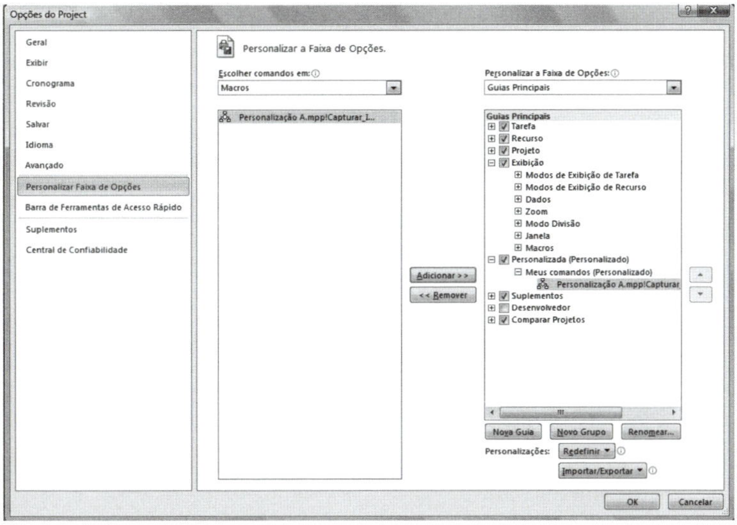

Em seguida, você vai renomear o comando da macro e atribuí-lo a um ícone.

18. No lado direito da caixa de diálogo, selecione o nome da macro **Personalização A.mpp! Capturar_Imagem_GIF** e clique em **Renomear**.

19. No campo **Nome para exibição**, digite Copiar GIF e na caixa **Símbolo**, selecione uma figura.

Selecione esta imagem.

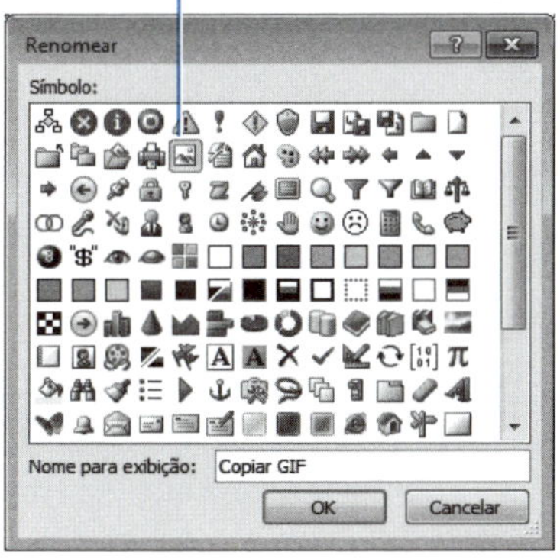

20. Clique em **OK** para fechar a caixa de diálogo **Renomear** e em **OK** para fechar a caixa de diálogo **Opções do Project**.

    O Project adiciona sua guia personalizada à interface.

21. Clique na guia **Personalizada**.

A guia personalizada e o comando agora aparecem na faixa de opções.

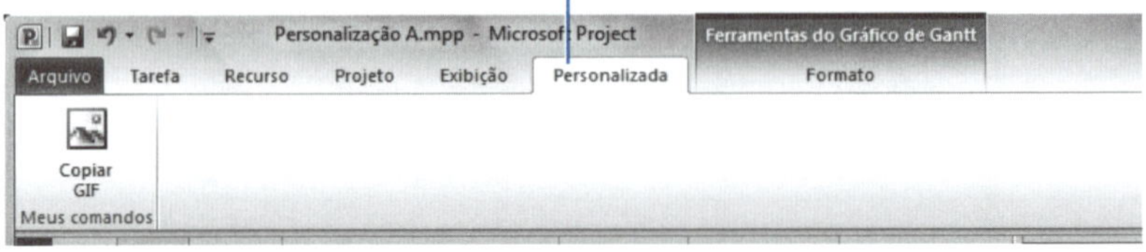

22. Na guia **Personalizada**, no grupo **Meus comandos**, clique em **Copiar GIF**.

    O Project executa a macro. Se quiser, navegue para a pasta Capitulo16 para visualizar a imagem GIF.

    Finalmente, você vai remover a faixa de opções personalizada para desfazer essa personalização.

23. Clique com o botão direito do mouse na guia **Personalizar** e, no menu de atalho que aparece, clique em **Personalizar a Faixa de Opções**.

24. No lado direito da caixa de diálogo **Opções do Project**, clique com o botão direito do mouse em **Personalizada (Personalizado)** e, no menu de atalho que aparece, clique em **Remover**.

Dica Você também pode clicar no botão Redefinir para desfazer todas as personalizações da Faixa de Opções e da Barra de Ferramentas de Acesso Rápido que podem ter sido feitas à sua cópia do Project.

25. Clique em **OK** para fechar a caixa de diálogo **Opções do Project**.

    O Project removeu a guia personalizada.

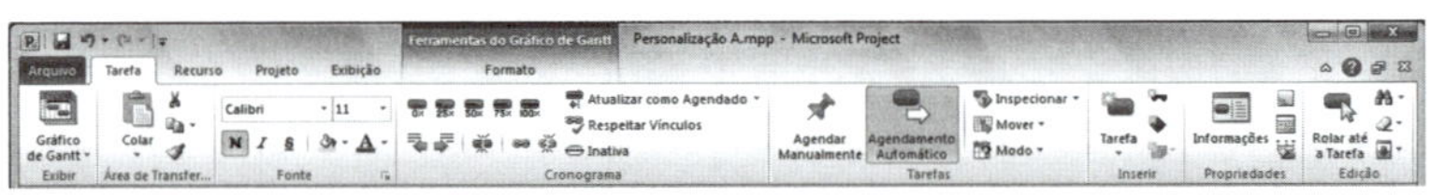

LIMPEZA Feche o arquivo Personalizacao A.

Pontos principais

- No Project, os elementos, como calendários personalizados, são gerenciados no modelo global por meio do Organizador.
- O Project, como muitos outros programas do sistema Microsoft Office, usa a linguagem de programação de macro Visual Basic for Applications (VBA). Entre outras coisas, as macros permitem que você automatize tarefas repetitivas.
- Se quiser trabalhar diretamente com o código VBA, use o VBA Editor, que está incluído no Project assim como em outros aplicativos do Office.
- Você pode personalizar a Barra de Ferramentas de Acesso Rápido e as Faixas de Opções no Project para incluir os comandos e recursos que mais lhe interessam.

Resumo do Capítulo

Copie dados estruturados do Project, incluindo cabeçalhos de coluna, para outros programas, **p. 372**

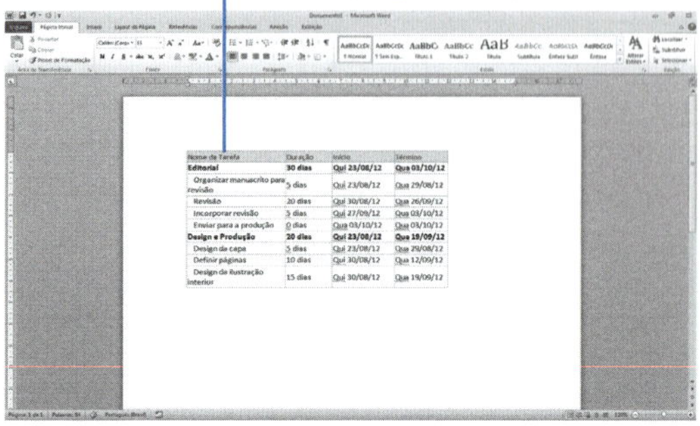

Importe dados de outros programas para o Project, **p. 377**

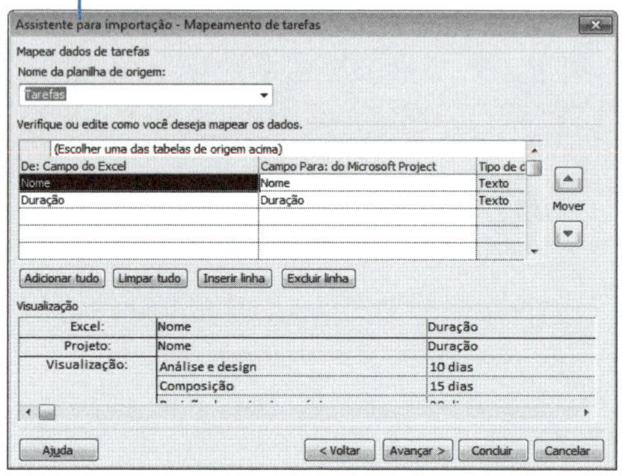

Exporte dados estruturados do Project para outros formatos de arquivos, **p. 382**

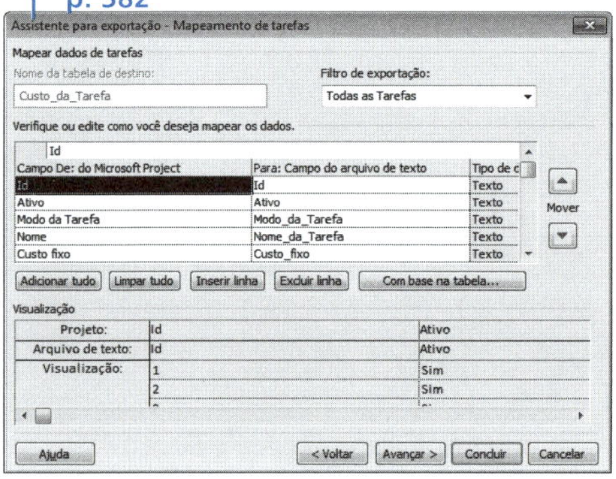

Crie um relatório visual para representar os detalhes da agenda no Excel ou Visio, **p. 386**

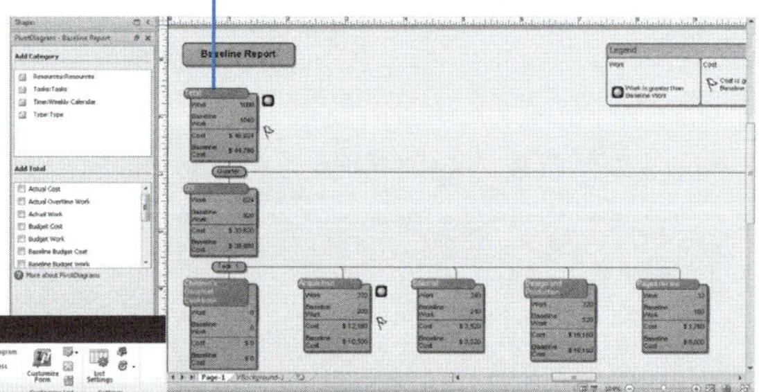

Sincronize as listas de tarefas entre o Project e o SharePoint (somente no Project Professional), **p. 391**

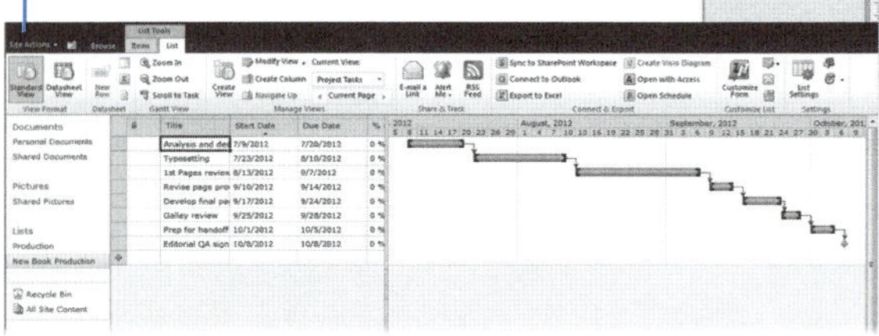

Capítulo 17

Compartilhe as informações do Project com outros programas

Neste capítulo, você vai aprender a:

- Copiar e colar dados tabulares do Project para outros programas.
- Usar o Project para abrir um arquivo produzido em outro programa.
- Salvar os dados do Project em outros formatos de arquivo usando os mapas de importação/exportação.
- Gerar documentos do Excel e do Visio usando o recurso Relatórios Visuais.
- Consultar a integração da lista de tarefas do SharePoint e Project Professional.

Neste capítulo, você vai aprender as várias maneiras de compartilhar dados do Microsoft Project 2010 com outros programas. Além dos recursos de copiar e colar padrão do Windows que você já conhece, o Project oferece várias opções para importar e exportar dados.

Em todo este capítulo, você verá os seguintes termos:

- O *programa de origem* é o programa do qual você copia as informações.
- O *programa de destino* é o programa no qual você cola as informações.

Arquivos de exercícios Para concluir os exercícios deste capítulo, copie os arquivos de exercícios para seu computador. Os arquivos que você usará para finalizar esses exercícios encontram-se na pasta Capitulo17. Na seção "Usando os arquivos de exercícios", no início deste livro, existe uma lista completa desses arquivos.

Importante Se você estiver executando o Project Professional, talvez seja necessário fazer uma alteração de configuração. Isso ajuda a garantir que os arquivos de exercícios com os quais você trabalhar neste capítulo não afetem os dados do seu Project Server. Para obter mais informações, consulte o Apêndice C, "Usando os arquivos de exercícios se estiver conectado ao Project Server".

Copiando dados do Project para outros programas

O Project suporta o recurso de copiar e colar informações entre programas. Entretanto, como as informações do Project são altamente estruturadas, há alguns procedimentos a observar.

Quando copiar dados do Project em outros aplicativos, você tem algumas opções para os resultados que obter:

Novo no 2010

- Você pode copiar informações (como nomes de tarefas e datas) de uma tabela no Project e colá-la como dados tabulares estruturados em aplicativos de planilha como o Microsoft Excel, ou como uma tabela em aplicativos processadores de texto que suportam tabelas, como o Microsoft Word. Na maioria dos casos, os cabeçalhos de coluna da tabela para os dados copiados também serão colados e os relacionamentos resumo/subtarefa serão indicados pelas subtarefas recuadas.
- Você pode copiar texto de uma tabela no Project e colá-lo como texto delimitado por tabulação nos aplicativos editores de texto que não suportam tabelas, como o WordPad ou o Bloco de Notas.
- Ao colar informações do Project em aplicativos de email, você provavelmente obterá resultados tabulares se seu aplicativo de email suportar o formato Hypertext Markup Language (HTML).
- Você pode criar um instantâneo de imagem gráfica do modo de exibição ativo e colar a imagem em qualquer aplicativo que suportar imagens gráficas. Você trabalhou com o recurso Copiar Figura (na guia Tarefa) no Capítulo 5, "Formatando e compartilhando seu plano".

Dica Muitos programas do Windows, como o Word e o Excel, têm o recurso Colar Especial. Esse recurso fornece mais opções para colar dados do Project no programa de destino. Por exemplo, você pode usar o recurso Colar Especial no Word para colar texto formatado ou não formatado, uma figura ou um Microsoft Project Document Object (um objeto *OLE*). Você pode também escolher colar somente os dados ou colá-los com um link para os dados de origem no Project. Quando colados com um link, os dados de destino no Project podem ser atualizados sempre que os dados de origem forem alterados.

Você também tem opções quando colar dados de outros programas no Project:

- Você pode colar texto (como uma lista de tarefas ou nomes de recursos) em uma tabela no Project. Por exemplo, você pode colar um intervalo de células do Excel ou um grupo de parágrafos do Word no Project. Por exemplo, você pode colar uma série de nomes de tarefas organizados em uma coluna vertical do Excel ou Word na coluna Nome da Tarefa no Project.
- Você pode colar uma imagem gráfica ou um objeto OLE de outro programa em uma parte gráfica de um modo de exibição Gráfico de Gantt. Pode também colar uma imagem gráfica ou um objeto OLE em uma tarefa, recurso ou nota de atribuição, e em um modo de exibição de formulário, como os modos de exibição Tarefa ou Formulário de Recursos.

Importante Colar texto como várias colunas no Project requer algum planejamento. Em primeiro lugar, certifique-se de que a ordem das informações no programa de origem corresponde à ordem das colunas na tabela do Project. Você pode reorganizar os dados no programa de origem para corresponder à ordem das colunas na tabela do Project ou vice-versa. Segundo, certifique-se de que as colunas no programa de origem suportam os mesmos tipos de dados – texto, números, datas e assim por diante – que as colunas do Project.

Neste exercício, você vai copiar dados tabulares do Project e colá-los no Excel e no Word.

Nota O exercício a seguir requer o Word e o Excel. Se você não tem acesso a um desses programas ou a ambos, pode experimentar colando dados tabulares do Project em outros aplicativos. Em geral, você obterá os resultados esperados se seu aplicativo de destino suportar o formato HTML.

PREPARAÇÃO Inicie o Project, caso ele ainda não esteja em execução.

Você precisa do plano de projeto Compartilhamento_Inicio localizado na sua pasta de arquivos de exercícios Capitulo17 para concluir este exercício. Abra o plano de projeto Compartilhamento_Inicio e, em seguida, siga estas etapas.

1. Na guia **Arquivo**, clique em **Salvar como**.

   A caixa de diálogo Salvar como é exibida.

2. Na caixa **Nome do arquivo**, digite **Compartilhamento** e clique em **Salvar**.

   Para começar, você vai copiar alguns nomes de tarefas, durações e datas de início e de término do Project para o Word.

3. Na tabela **Entrada**, no lado esquerdo do modo de exibição **Gráfico de Gantt**, selecione o bloco de células que vai da célula do nome da tarefa 5, *Editorial,* até a célula com a data de término da tarefa 13, *Qua 19/09/12*.

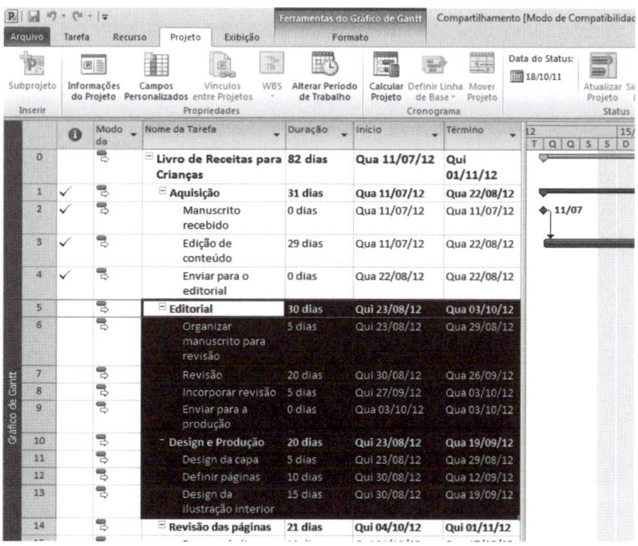

Dica Uma maneira rápida e fácil de selecionar esse intervalo é clicar no nome da tarefa 5, manter pressionada a tecla Shift, e clicar na data de término da tarefa 13.

4. Na guia **Tarefa**, no grupo **Área de Transferência**, clique em **Copiar**.

   O Project copia o intervalo selecionado para a Área de Transferência.

5. Inicie o Word (ou um aplicativo processador de texto comparável), crie um novo documento e cole o conteúdo da Área de Transferência no novo documento.

   Se você tem o Word 2010, sua tela deve estar parecida com a ilustração a seguir.

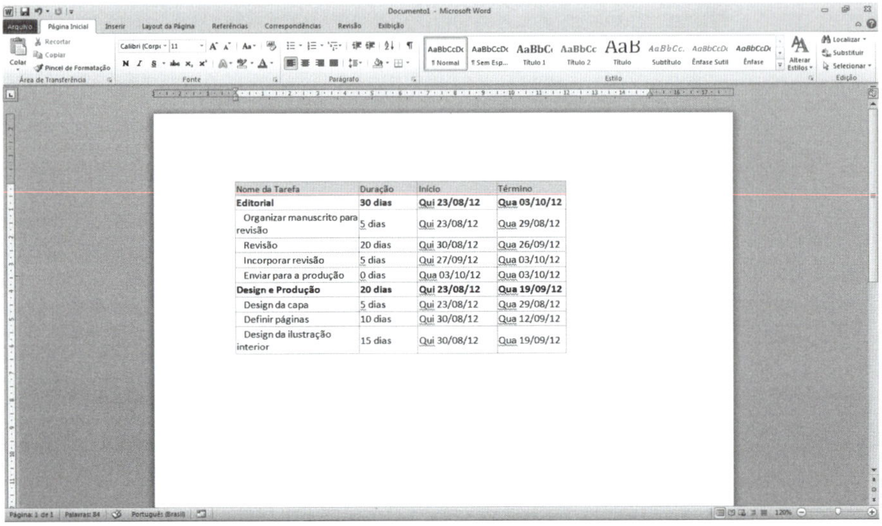

O procedimento de colar no Word gerou uma tabela formatada. Os cabeçalhos de coluna do Project estão incluídos na tabela, e a tarefa de resumo e a estrutura em tópicos das subtarefas do Project também foram indicadas.

Em seguida, você vai colar os dados tabulares do Project em um aplicativo de planilha.

6. Inicie o Excel (ou um aplicativo de planilha comparável) e crie um novo documento.

   Agora, você vai copiar os detalhes dos custos dos recursos do Project para o Excel.

7. Retorne ao Project.

8. Na guia **Exibição**, no grupo **Modos de Exibição de Recurso**, clique em **Planilha de Recursos**.

   O modo de exibição Planilha de Recursos substitui o modo de exibição Gráfico de Gantt.

9. Na guia **Exibição**, no grupo **Dados**, clique em **Tabelas** e em **Custo**.

   Essa é a informação de custo dos recursos que você quer colar no Excel.

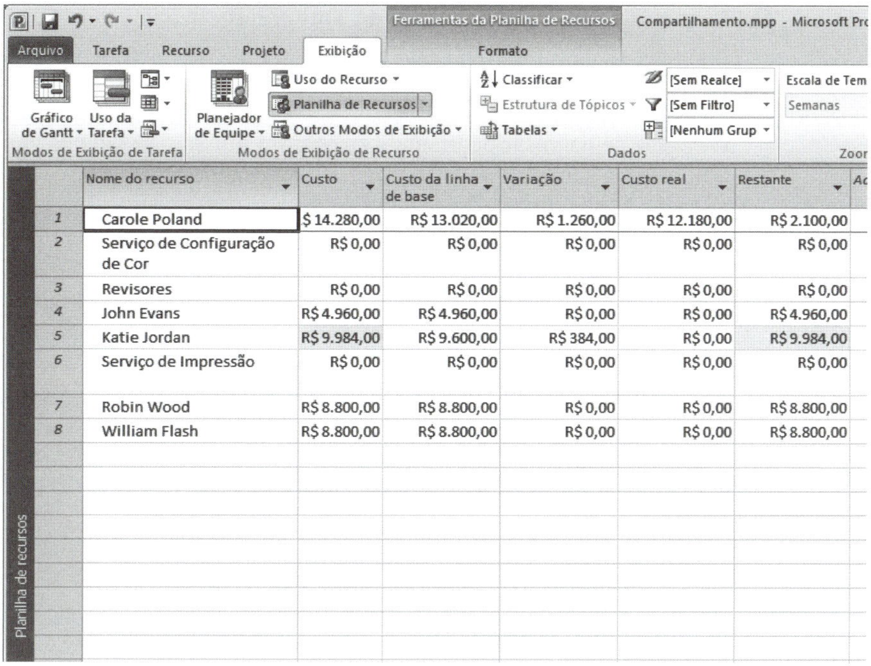

10. Clique no botão **Selecionar Tudo** no canto superior esquerdo da tabela **Custo**.

O Project seleciona a tabela inteira, mas somente as células que contêm valores serão copiadas.

Clique no botão Selecionar tudo para selecionar a tabela inteira.

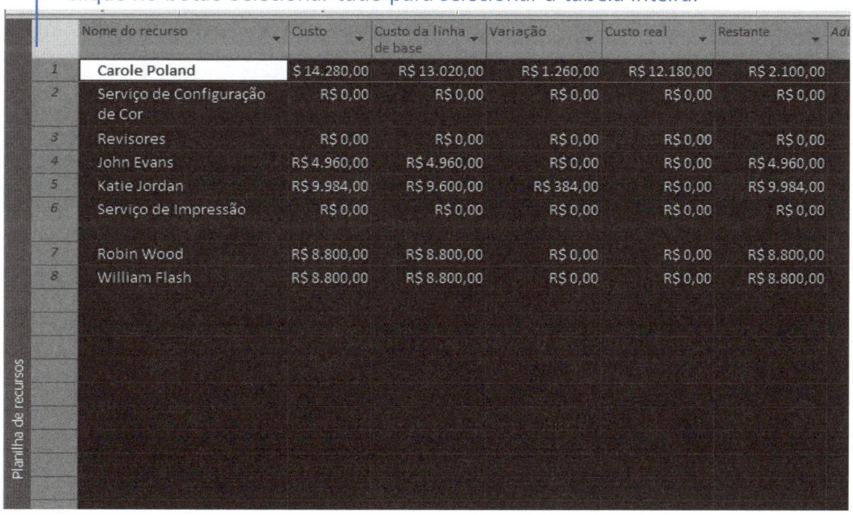

11. Na guia **Tarefa**, no grupo **Área de Transferência**, clique em **Copiar**.

    O Project copia o intervalo selecionado para a Área de Transferência.

12. Retorne ao Excel e cole o conteúdo da Área de Transferência no novo documento.

    No Excel, se necessário, aumente as colunas que não exibem os valores dos dados e exibem os símbolos de libra (##). Se você tem o Excel 2010, sua tela deve estar parecida com a ilustração a seguir.

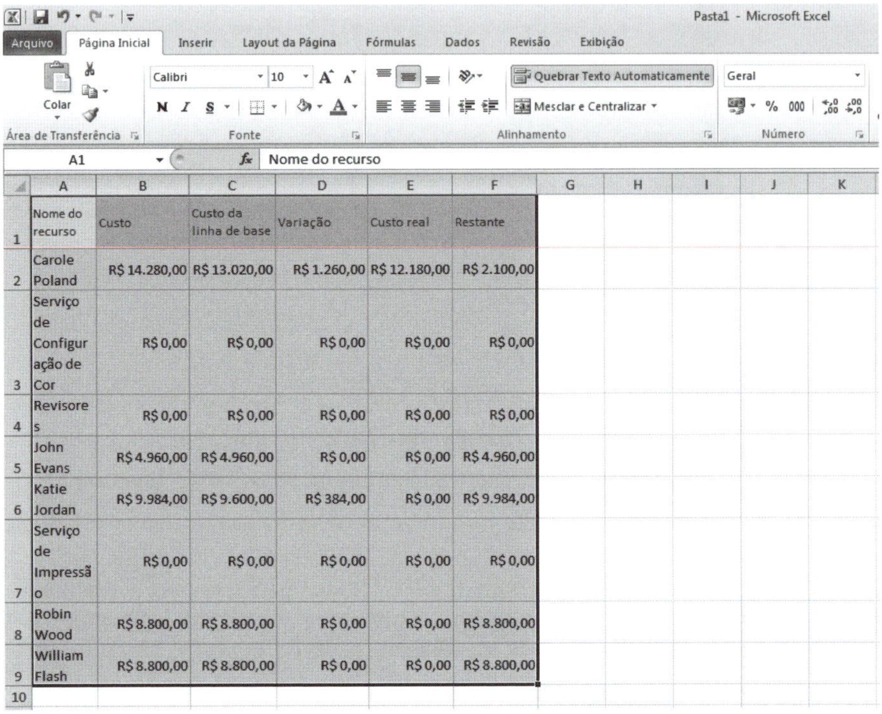

    Como no procedimento de colar do Word, note que colar no Excel gerou cabeçalhos de colunas corretos e os valores das células são os tipos de dados esperados.

13. Feche o Word e o Excel e retorne ao Project.

O procedimento de colar dados tabulares no Word ou no Excel não funciona da mesma maneira em todos os aplicativos. Se você fosse colar os mesmos dados no Bloco de Notas, por exemplo, o resultado seria dados delimitados por tabulação sem cabeçalhos de coluna. Fique à vontade para experimentar.

Abrindo outros formatos de arquivo no Project

As informações que você precisa incorporar em um plano do Project podem ser provenientes de várias origens. Uma lista de tarefas de uma planilha ou os custos dos recursos de um banco de dados são dois exemplos. Talvez você queira usar os recursos exclusivos do Project para analisar dados de outro programa. Por exemplo, muitas pessoas mantêm listas de tarefas a fazer e listas de tarefas simples no Excel, mas não é possível contar com tópicos de agendamento básicos, como distinguir entre período útil e não útil no Excel.

A imagem do modo de exibição Gráfico de Gantt foi colada em um documento do WordPad. O gráfico de Gantt não pode ser editado nesse formato, exceto como uma imagem gráfica.

Ao salvar ou abrir dados de outros formatos, o Project usa mapas (também conhecidos como ***mapas de importação/exportação*** ou mapas de dados) que especificam os dados exatos a serem importados ou exportados e como estruturá-los. Use os mapas de importação/exportação para especificar como você deseja que os campos individuais no arquivo do programa de origem correspondam aos campos individuais no arquivo do programa de destino. Após definir um mapa de importação/exportação, você poderá usá-lo várias vezes.

Para este exercício, um colega enviou para você uma pasta de trabalho do Excel contendo suas tarefas, durações e sequências de atividades recomendadas para algum trabalho que a Lucerne Publishing fará no futuro.

Dica Se você tem o Excel instalado no seu computador, abra a pasta de trabalho Lista de Tarefa Simples na pasta Capitulo17. Esse é um arquivo que você importa para o Project. O importante a notar sobre a pasta de trabalho são os nomes e a ordem das colunas, a presença de uma linha de cabeçalho (o rótulos na parte superior das colunas) e que os dados estão em uma planilha denominada "Tarefas". Quando tiver terminado com a pasta de trabalho, feche-a sem salvar as alterações.

Neste exercício, você abrirá a pasta de trabalho do Excel no Project e definirá um mapa de importação/exportação para controlar o modo como os dados do Excel são importados no Project.

Importante O Project tem uma configuração de segurança que pode impedir que você abra arquivos de versões anteriores do Project, ou arquivos em outros formatos não padrão. Você vai alterar essa configuração para concluir a atividade seguinte e, em seguida, restaurar suas configurações originais.

1. No Project, na guia **Arquivo**, clique em **Opções**.

   A caixa de diálogo Opções do Project é exibida.
2. Clique na guia **Central de Confiabilidade**.
3. Clique em **Configurações da Central de Confiabilidade**.

   A caixa de diálogo Central de Confiabilidade é exibida.
4. Clique na guia **Formatos Herdados**.
5. Abaixo de **Formatos Herdados**, clique em **Solicitar ao carregar arquivos com formatos herdados ou não padrão**.

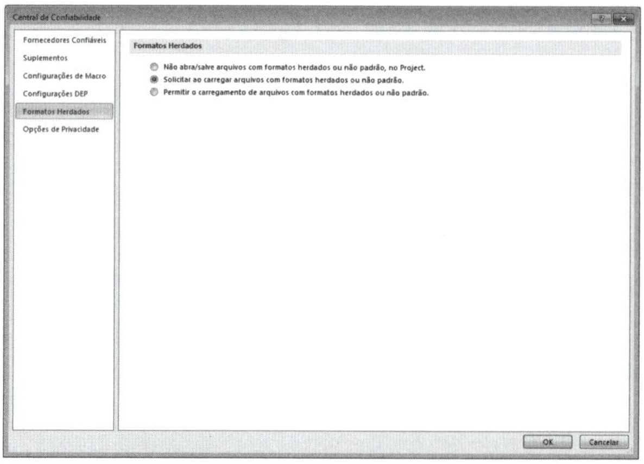

6. Clique em **OK** para fechar a caixa de diálogo **Central de Confiabilidade** e em **OK** novamente para fechar a caixa de diálogo **Opções do Project**.

   Com essa alteração às configurações do Project concluída, você está pronto para importar uma pasta de trabalho do Excel.

7. Clique na guia **Arquivo** e em **Abrir**.
8. Navegue para a pasta de arquivo de exercícios Capitulo17.
9. Na caixa tipo de arquivo (inicialmente rotulada como **Arquivos do Microsoft Project**), selecione **Pasta de Trabalho do Excel 97-2003**.

   Dica Ao rolar pela caixa tipo de arquivo, você pode ver os formatos de arquivo que o Project pode importar. Se você trabalha com programas que podem salvar dados em qualquer um desses formatos, pode importar seus dados no Project.

10. Selecione o arquivo **Lista de Tarefa Simples** e clique em **Abrir**.

    O Assistente para importação é exibido. Esse assistente ajuda a importar dados estruturados de um formato diferente para o Project.

11. Clique no botão **Avançar**.

    A segunda página do Assistente para importação é exibida.

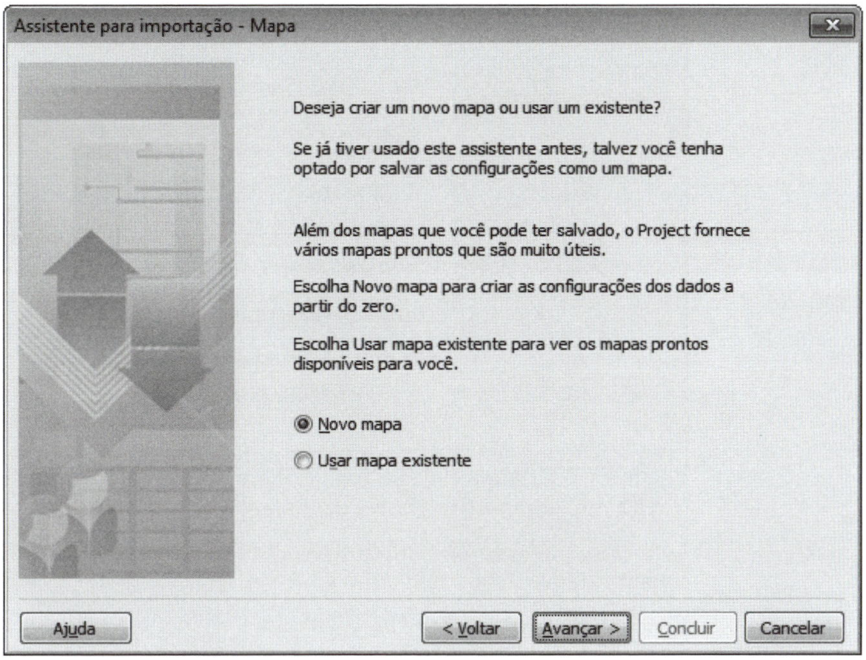

O Assistente para Importação usa mapas para organizar a maneira como os dados estruturados de outro formato de arquivo são importados para o Project. Para este exercício, você criará um novo mapa.

12. Certifique-se de que **Novo Mapa** está selecionado e clique em **Avançar**.

    A página Modo de importação do Assistente para importação é exibida.

13. Certifique-se de que **Como um novo projeto** está selecionada e clique em **Avançar**.

    A página Opções de mapa do Assistente para importação é exibida.

14. Marque a caixa de seleção **Tarefas** e certifique-se de que **Incluir cabeçalhos ao importar** também está selecionado.

    Os cabeçalhos aqui se referem aos cabeçalhos de colunas.

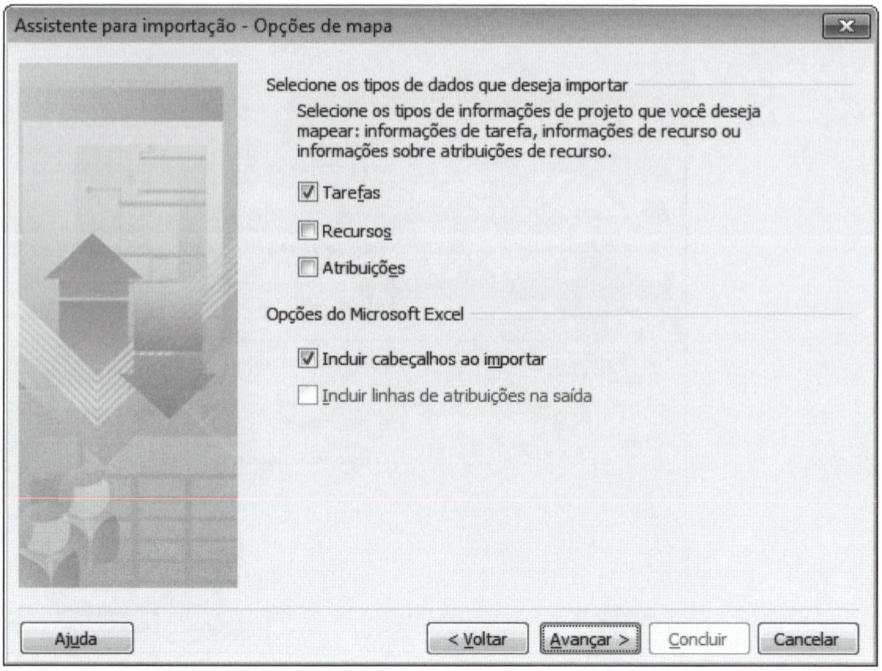

15. Clique em **Avançar**.

A página Mapeamento de tarefas do Assistente para importação é exibida. Aqui, você identifica a planilha de origem dentro da pasta de trabalho do Excel e especifica como deseja mapear os dados da planilha de origem para os campos do Project.

16. Na lista **Nome da planilha de origem**, selecione **Tarefas**.

"Tarefas" é o nome da planilha na pasta de trabalho do Excel. O Project analisa os nomes da linha de cabeçalho na planilha e sugere os nomes de campo do Project que sejam correspondências prováveis.

Nesta página do Assistente para importação, você especifica como o Project deve importar os dados de outros formatos de arquivo; nesse caso, uma pasta de trabalho do Excel.

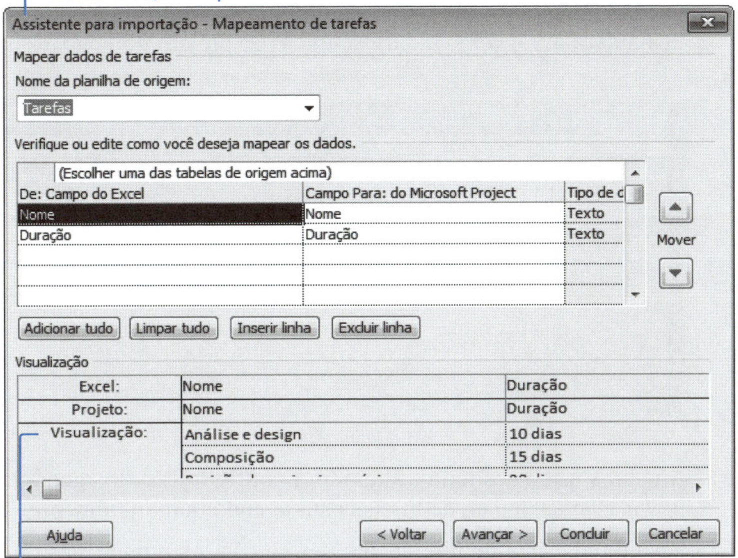

Use a área Visualização para ver como os dados de outro formato de arquivo serão mapeados para os campos do Project, com base na definição feita acima.

17. Clique em **Avançar**.

    A página final do Assistente para importação é exibida.

    Aqui, você tem a opção de salvar as definições para o novo mapa de importação, que será útil quando, no futuro, você quiser importar dados similares para o Project. Dessa vez, você pulará essa etapa.

18. Clique em **Concluir**.

    Uma caixa de diálogo de confirmação é exibida, porque o Project agora está tentando abrir um formato de arquivo não padrão.

19. Clique em **Sim**.

    O Project importa os dados do Excel para um novo plano de projeto. (As datas que você vê na escala de tempo serão diferentes daquelas mostradas, porque o Project usa a data atual como a data de início do projeto no novo arquivo.)

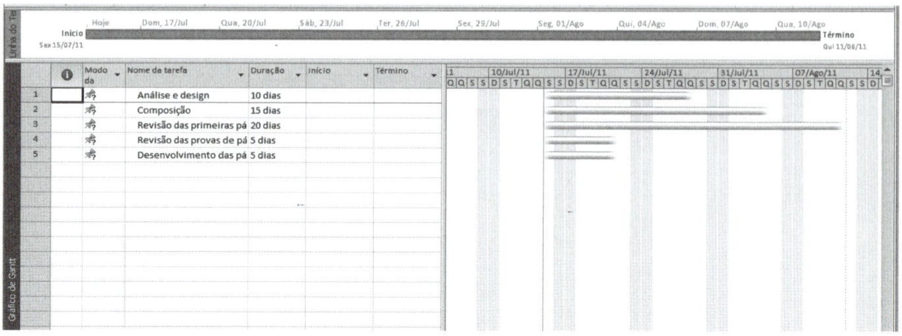

    A menos que você tenha alterado a configuração de agendamento padrão para novas tarefas, a lista de tarefas está agendada manualmente.

    Essa é uma lista de tarefas simples só com os nomes e as durações das tarefas. Entretanto, o processo para importar dados estruturados mais complexos é similar.

20. Feche o novo arquivo sem salvar as alterações.

    O plano de projeto Compartilhamento permanece aberto no Project.

Salvando em outros formatos de arquivo no Project

Colar os dados do Project em outros programas pode ser excelente para resolver necessidades urgentes ou pouco frequentes, mas essa técnica talvez não funcione se você precisar exportar um grande volume de dados. Outra opção é salvar os dados do Project em diferentes formatos de arquivo, o que pode ser feito de várias maneiras, incluindo:

- Você pode salvar o projeto inteiro como um formato XML (Extensible Markup Language) para a troca de dados estruturados com outros aplicativos que forneçam suporte XML.
- Você pode salvar apenas os dados especificados em um formato diferente. Os formatos suportados incluem pasta de trabalho e tabela dinâmica do Excel e formato de texto delimitado por tabulação ou delimitado por vírgula. Ao salvar nesses formatos, você escolhe aquele no qual deseja salvar, seleciona um mapa de exportação embutido (ou cria o seu próprio mapa) e exporta os dados.

Um planejador financeiro na Lucerne Publishing solicitou alguns dados de custo do projeto. Você gostaria de fornecer esses dados, mas ele usa um programa de orçamento que não trabalha diretamente com arquivos do Project. Você decide, então, fornecer esses dados como texto delimitado por tabulação, o que permitirá uma maior flexibilidade na importação para o programa de orçamento.

Neste exercício, você vai salvar os dados de custos do projeto em um arquivo de texto usando um mapa de exportação embutido.

1. Na guia **Arquivo**, clique em **Salvar como**.

   A caixa de diálogo Salvar como é exibida. O Project sugere salvar o arquivo no mesmo local onde está o arquivo de exercícios.

2. Na caixa **Nome do arquivo**, digite **Custos de Compartilhamento**.
3. Na caixa **Tipo**, clique em **Texto (delimitado por tabulação)** na lista e, em seguida, em **Salvar**.
4. Uma caixa de diálogo de confirmação de formato de arquivo herdado aparece; clique em **Sim**.

   O Assistente para exportação é exibido.

   Dica Quando você usa os mapas de importação/exportação, o modo de exibição atual do Project não faz a menor diferença. O modo de exibição atual não afeta os dados que podem ou não ser exportados.

5. Clique em **Avançar**.

   A segunda página do Assistente para exportação é exibida.

6. Clique em **Usar mapa existente** e em **Avançar**.
7. Abaixo de **Escolha um mapa para os dados**, selecione **Dados de custo por tarefa**.

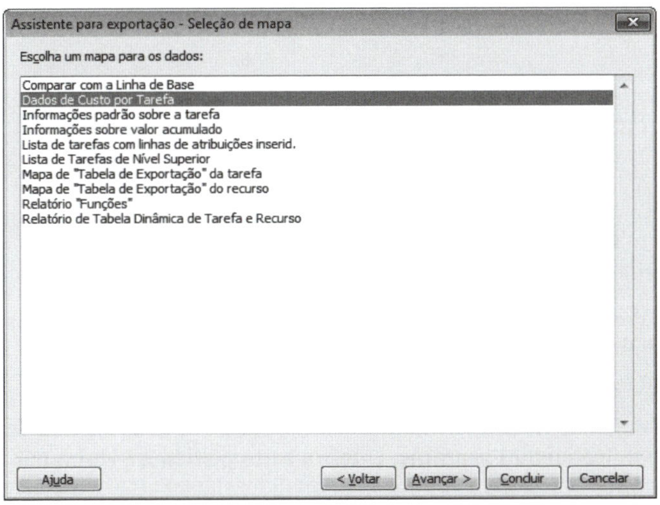

8. Clique em **Avançar**.

   Na página seguinte do assistente, você pode ver suas opções para os tipos de dados a serem exportados, o delimitador entre valores de dados (tabulação ou espaço) e outras opções.

9. Clique em **Avançar**.

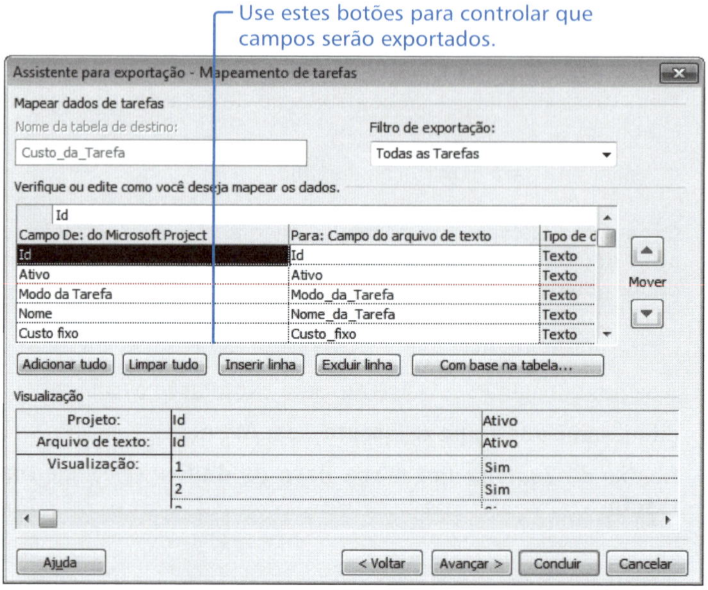

   Aqui, você pode ver o mapeamento de campo detalhado a ser aplicado para essa exportação. Você pode personalizar que dados serão exportados e como serão organizados. Para essa exportação, entretanto, você usará as configurações padrão.

10. Clique em **Concluir**.

    O Project salva o arquivo texto. Para visualizá-lo, você abrirá o arquivo no Bloco de Notas.

11. No menu **Iniciar**, aponte para **Todos os Programas**, clique em **Acessórios** e em **Bloco de Notas**.

    O Bloco de Notas inicia.

12. No Bloco de Notas, certifique-se de que **Quebra automática de linha** está desativada. (No menu **Formatar**, **Quebra automática de linha** não deve estar selecionada.)

13. No menu **Arquivo**, clique em **Abrir**.

14. Abra o documento **Custos de Compartilhamento** na sua pasta Capitulo17.

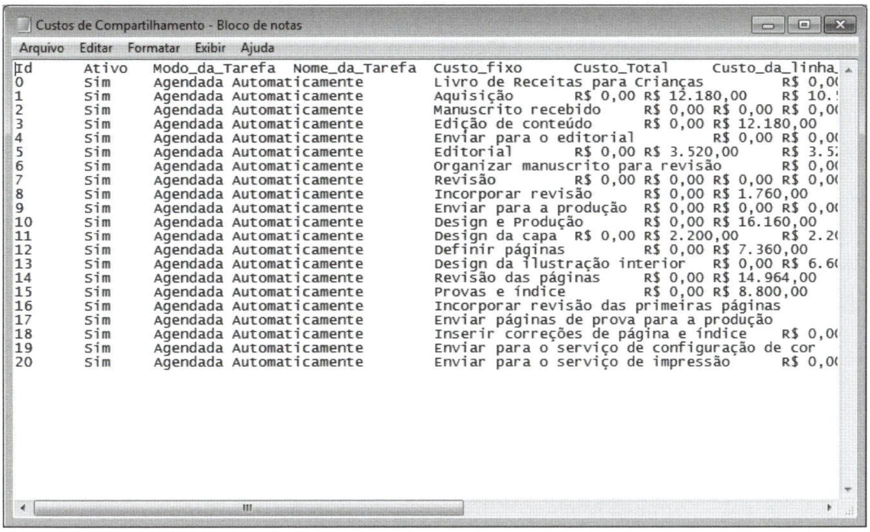

Nesse arquivo, os campos são separados por tabulações. Talvez não seja fácil lê-lo, mas esse formato é facilmente importado em quase todos os programas de processamento de dados.

15. No menu **Arquivo**, clique em **Sair**. O Bloco de Notas é fechado e você retorna ao Project.

Para concluir este exercício, você vai restaurar as configurações do Central de Confiabilidade.

16. Na guia **Arquivo**, clique em **Opções**.
17. Clique na guia **Central de Confiabilidade** e em **Configurações da Central de Confiabilidade**.
18. Clique na guia **Formatos Herdados**.
19. Abaixo de **Formatos Herdados**, clique em **Não abra/salve arquivos com formatos herdados ou não padrão, no Project**.

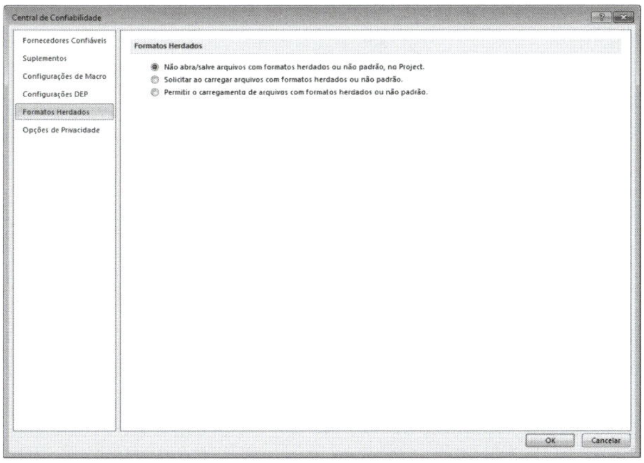

20. Clique em **OK** para fechar a caixa de diálogo **Central de Confiabilidade** e em **OK** novamente para fechar a caixa de diálogo **Opções do Project**.

Trabalhando com formatos de arquivo de versões anteriores do Project

As versões do Project 2000, 2002 e 2003 compartilharam um formato de arquivo comum que podia ser aberto em qualquer uma delas. Em outras palavras, se você estivesse usando o Project 2000, 2002 ou 2003, não precisaria prestar atenção no formato de arquivo do Project entre essas três versões.

Para acomodar as novas funcionalidades da nova versão do produto, o Project 2007 introduziu um novo formato de arquivo, assim como o Project 2010.

Ao executar o Project 2010, você talvez precise compartilhar os planos de projeto com usuários de versões anteriores. Existem algumas maneiras de fazer isso.

A estratégia mais simples é salvar no formato Microsoft Project 2000–2003 ou no formato Microsoft Project 2007 (são ambos formatos de arquivo listados na caixa "Tipo" na caixa de diálogo Salvar Como). Entretanto, alguns dados relativos a novos recursos do Project 2010 serão alterados ou descartados quando salvos. As tarefas agendadas manualmente, por exemplo, serão convertidas em tarefas agendadas automaticamente.

Outra estratégia é tentar abrir um arquivo do Project 2010 em uma versão anterior. Como o formato de arquivo do Project 2010 é diferente de todas as versões anteriores, você não pode abrir os arquivos do 2010 no Project 2007 sem primeiro fazer download de um conversor de arquivo no site da Microsoft.com. Se um usuário do Project 2007 tentar abrir um arquivo do 2010, o Project solicitará que ele faça download do conversor. Mesmo ao usar o conversor, os novos recursos introduzidos no Project 2010, como as tarefas agendadas manualmente, não serão suportados nas versões anteriores.

Gerando relatórios visuais com o Excel e o Visio

O Project 2010 pode gerar relatórios visuais que enfocam o compartilhamento dos detalhes de agendamento com outros aplicativos. Especificamente, você pode usar o recurso Relatórios Visuais para exportar dados do Project para o Excel ou para o Microsoft Visio e, uma vez lá, representar visualmente os detalhes de agendamento em formatos atraentes.

Um relatório visual pode incluir detalhes de tarefas, recursos ou atribuições. Quando você seleciona um relatório visual no Project, ele gera um banco de dados altamente estruturado, denominado cubo "Online Analytical Processing" (OLAP), a partir do seu plano de projeto. O Project, então, inicia o Excel ou o Visio (dependendo do relatório visual selecionado), carrega e organiza os dados usados por esse aplicativo e gera uma representação gráfica desses dados (um gráfico do Excel ou um diagrama do Visio). Os resultados específicos obtidos dependem do tipo de relatório visual que você escolher:

- Os relatórios visuais do Excel utilizam os recursos de Tabela Dinâmica ou Gráfico Dinâmico no Excel. Você pode formatar o gráfico e modificar os detalhes no relatório da Tabela Dinâmica a partir da qual o gráfico é derivado. Os relatórios de Tabela Dinâmica são adequados para analisar e resumir grandes volumes de dados que os planos do Project podem conter. Você pode criar relatórios visuais com o Excel 2003 ou posterior.
- Os relatórios visuais do Visio usam o recurso PivotDiagrams. Os PivotDiagrams são adequados para apresentar dados hierárquicos e podem complementar o Project muito bem. Você pode não apenas personalizar os relatórios visuais como um diagrama do Visio, como também filtrar e reorganizar os dados a partir dos quais o diagrama é derivado. Os relatórios visuais do Visio requerem a versão 2007 ou posterior.

O Project inclui diversos modelos de relatórios visuais do Excel e do Visio. Você também pode criar seus próprios relatórios visuais a partir do zero ou modificar um dos modelos fornecidos. Se você já estiver familiarizado com as Tabelas Dinâmicas do Excel ou é um usuário experiente do Visio, e precisa analisar e apresentar dados do Project, achará os relatórios visuais muito interessantes. Entretanto, se você não tem experiência com Tabelas Dinâmicas do Excel ou diagramas do Visio, pode ainda examinar o recurso Relatório Visual para obter informações sobre elas.

Neste exercício, você vai gerar relatórios visuais tanto no Excel quanto no Visio.

Importante Se o computador no qual você está trabalhando não tem o Excel 2003 ou posterior, ou o Visio 2007 ou posterior, você não poderá completar este exercício. Se esse for o caso, pule para a próxima seção.

1. Na guia **Projeto**, no grupo **Relatórios**, clique em **Relatórios Visuais**.

   A caixa de diálogo Relatórios visuais é exibida.

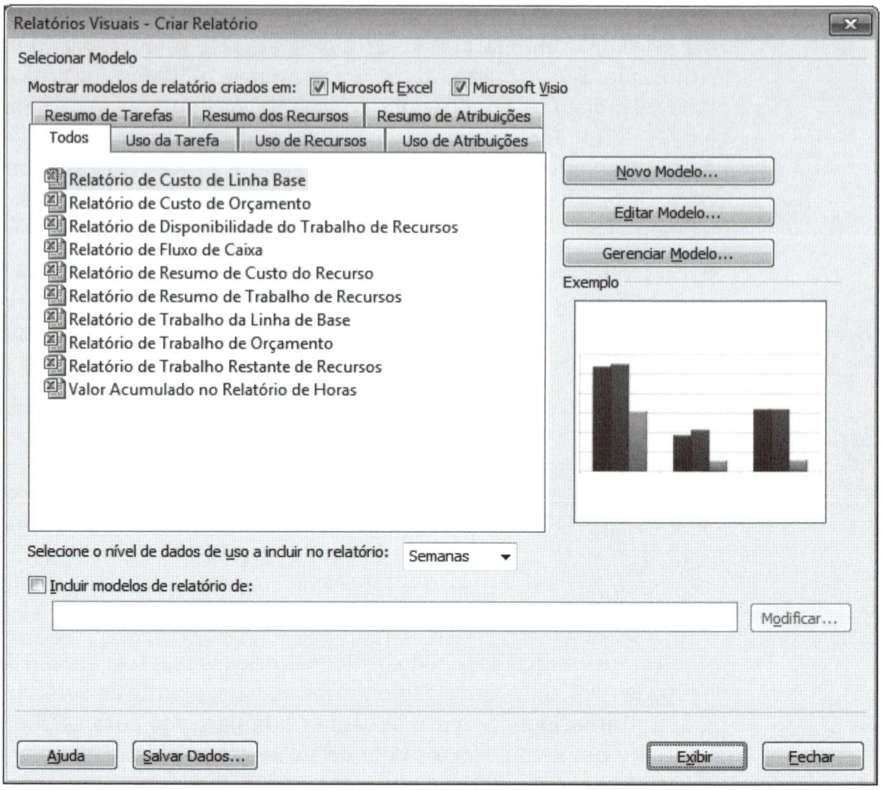

Essa caixa de diálogo agrupa os relatórios visuais de várias maneiras: todos os relatórios, somente relatórios do Excel ou do Visio e detalhes de tarefas, recursos ou atribuições (divididos por relatórios de resumo e de uso). A caixa de diálogo inclui um modo de exibição simplificado do tipo de elemento gráfico (gráfico ou diagrama) associado a cada relatório visual. Se desejar, você pode clicar nas guias da caixa de diálogo para ver como os relatórios visuais estão organizados. O primeiro relatório visual que você vai gerar é baseado no Excel.

2. Clique na guia **Resumo dos Recursos**.
3. Clique em **Relatório de Trabalho Restante de Recursos** e, em seguida, em **Exibir**.

O Project gera os dados exigidos por esse relatório, inicia o Excel e cria o relatório. Talvez você precise ajustar o nível de zoom para visualizar o gráfico inteiro.

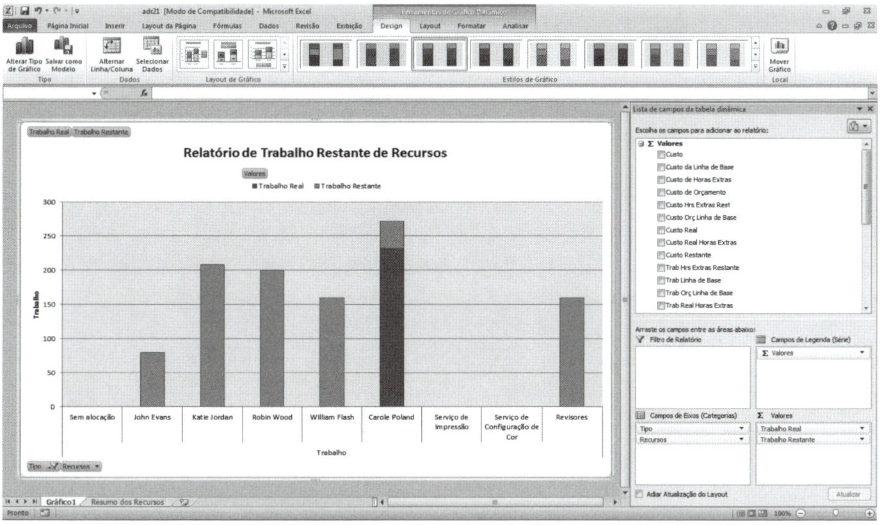

A Tabela Dinâmica na qual o gráfico está baseado está na planilha Resumo dos Recursos. Se você estiver familiarizado com Tabelas Dinâmicas, poderá ver essa planilha e modificar as configurações da Tabela Dinâmica, se desejar.

Dica As Tabelas Dinâmicas são um recurso poderoso do Excel. Para aprender mais, pesquise **Tabela Dinâmica** na Ajuda do Excel.

4. Quando terminar de trabalhar com o gráfico do Excel, feche-o sem salvar suas alterações.

Para concluir este exercício, você vai gerar um relatório visual baseado no Visio.

Importante Se o computador no qual você está trabalhando agora não tiver o Visio 2007 ou posterior instalado, você não poderá completar este exercício. Se este for o caso, vá para a próxima seção.

No Project, a caixa de diálogo Relatórios Visuais ainda deve estar aberta.

5. Clique na guia **Uso de Atribuições**.
6. Clique em **Relatório de Linha de Base** e, em seguida, em **Exibir**.

O Project gera os dados requeridos por este relatório, inicia o Visio e cria o diagrama Relatório de Trabalho da Linha de Base.

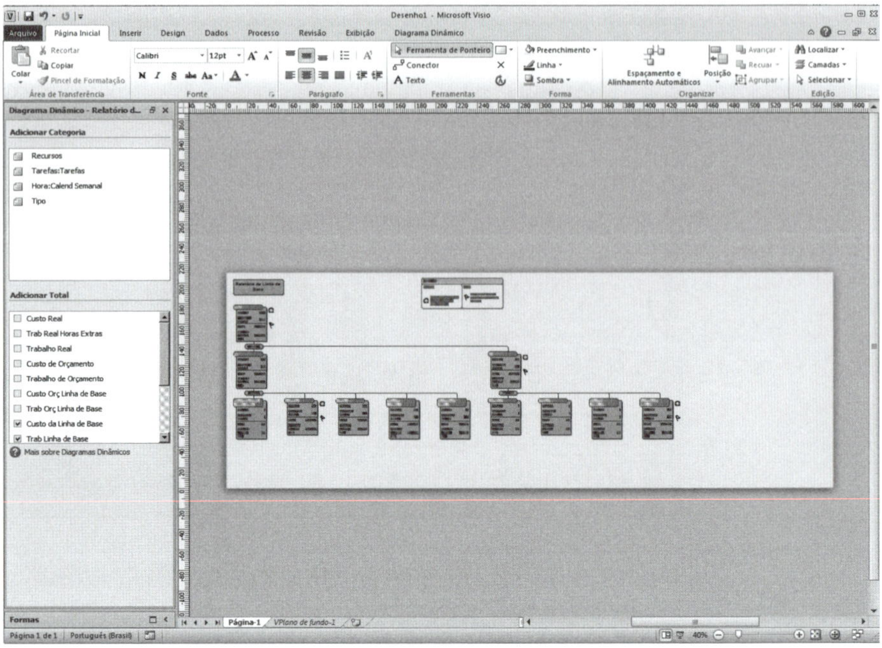

Em seguida, você vai examinar mais detalhadamente os itens desse diagrama.

7. Execute um dos seguintes procedimentos:

- No Visio 2007, no menu **Exibir**, aponte para **Zoom** e, em seguida, clique em **100%**.
- No Visio 2010, no controle deslizante de Zoom, defina o nível de zoom como **100%**.

8. Se necessário, ajuste as barras de rolagem vertical e horizontal até que você possa ver os detalhes do diagrama.

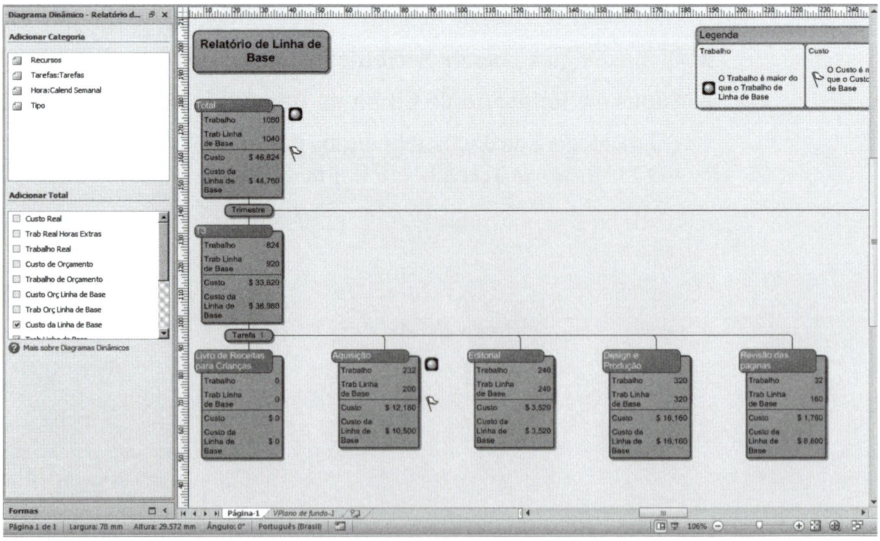

Nesse ponto, você deve ajustar as configurações do painel PivotDiagram no Visio para alterar os detalhes incluídos no diagrama.

9. Quando terminar de trabalhar com o diagrama do Visio, feche-o sem salvar as alterações.
10. No Project, clique em **Fechar** para fechar a caixa de diálogo **Relatórios Visuais**.

LIMPEZA Feche o arquivo Compartilhamento.

Tour orientado: Sincronizando as listas de tarefas entre o Project e o SharePoint (somente Project Professional)

Novo no **2010**

Você pode armazenar os arquivos de dados do Project 2010 (Standard e Professional) em uma biblioteca de documentos do Microsoft SharePoint 2010. Além disso, com o Project Professional 2010, você pode sincronizar as tarefas entre o Project e um novo tipo de lista no SharePoint denominada Lista de Tarefas do Project. Você pode criar a lista de tarefas inicial no Project e depois sincronizá-la com a lista do SharePoint, ou criar a lista de tarefas inicial no SharePoint e depois criar um novo plano de projeto baseado na lista de tarefas.

Em uma lista de Tarefas do Project no SharePoint, as tarefas se comportam como tarefas agendadas manualmente; você pode acompanhar o progresso de uma tarefa ou adicionar novas tarefas, mas nenhum agendamento ativo ocorre. Quando uma lista de tarefas do SharePoint é sincronizada com o Project, você pode usar todas as funcionalidades de agendamento do Project, como vincular tarefas, mudar períodos de duração, etc.

Para o usuário do Project Professional, a sincronização de tarefas com o SharePoint serve a dois objetivos:

- Você pode criar uma lista de tarefas inicial no SharePoint e convidar os membros da equipe e outros stakeholders para adicionar tarefas, durações e outros detalhes no SharePoint. Você pode então sincronizar a lista com o Project e completar o trabalho de agendamento no Project. Depois, sincronizar novamente com o SharePoint para que a equipe possa ver os resultados.
- Você pode criar uma lista de tarefas inicial no Project e em seguida, sincronizá-la com o SharePoint. Pode então convidar os membros da equipe e outros stakeholders para ajustar os detalhes da tarefa conforme necessário. Depois, sincronizar novamente com o Project para ajustes adicionais.

Em ambos os casos, você usa o mecanismo de agendamento do Project e os recursos de colaboração e multiusuário do SharePoint – a melhor combinação de forças dos dois produtos.

Nesta seção, você verá como um gerente de projeto combina o Project e o SharePoint para colaboração nas listas de tarefas.

Importante Esta seção não usa arquivos de exercícios ou inclui atividades práticas para você executar. Nós não assumimos que você tem acesso ao Project Professional e ao SharePoint quando os ilustramos aqui. Em vez disso, apresentaremos uma narrativa ilustrada de como esses produtos podem ser usados juntos. Se você tiver acesso ao Project Professional e ao SharePoint, fique à vontade para experimentar os tipos de atividades ilustradas aqui.

Hany Morcos é gerente de projeto na Lucerne Publishing. Hany usa o Project Professional para gerenciar o trabalho editorial e de design nos vários livros que tem no seu canal de publicação. Recentemente, a Lucerne implantou o SharePoint, e Hany deseja usar os recursos de sincronização de lista de tarefas para envolver seus colegas mais diretamente no desenvolvimento do agendamento.

Hany recebeu recentemente uma lista de tarefas básica de um colega e deseja compartilhá-la na organização. Ela gostaria que sua equipe ajustasse a lista de tarefas básica para que ela possa ser usada em um novo projeto que assumirem. Para começar, Hany vai sincronizar a lista de tarefas do Project com o SharePoint.

1. Hany abre a lista de tarefas no Project.

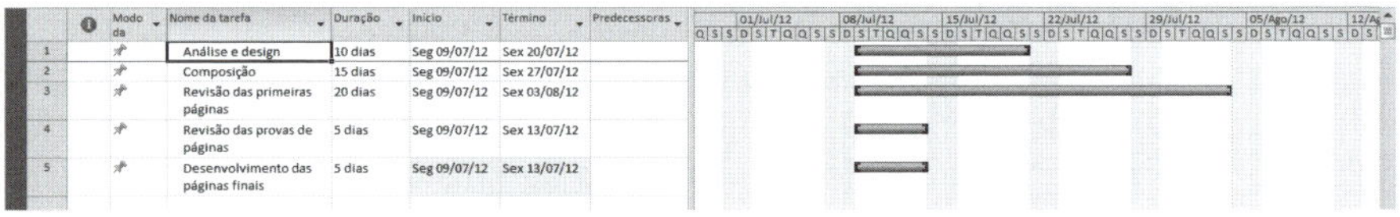

2. Hany vincula as tarefas para organizá-las da maneira desejada.

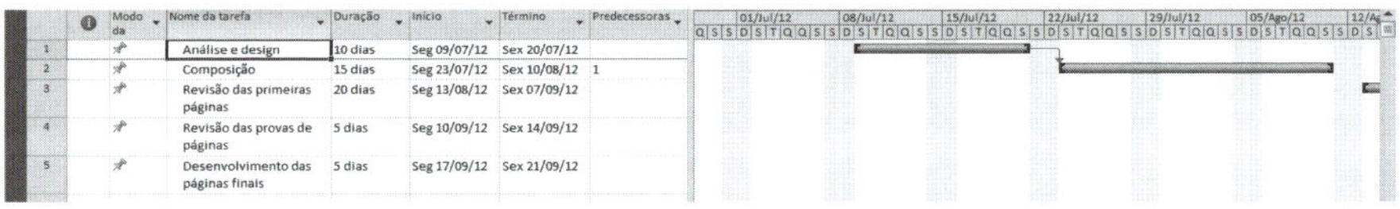

Isso é o que ela gostaria de sincronizar com o SharePoint e convidar os membros da sua equipe para trabalhar.

3. Na guia Arquivo, Hany clica em "Salvar e Enviar," e clica em "Sincronizar com a Lista de Tarefas."
4. Hany insere a URL (Uniform Resource Locator) do site do SharePoint no qual ela deseja publicar a lista de tarefas e, então, o valida.

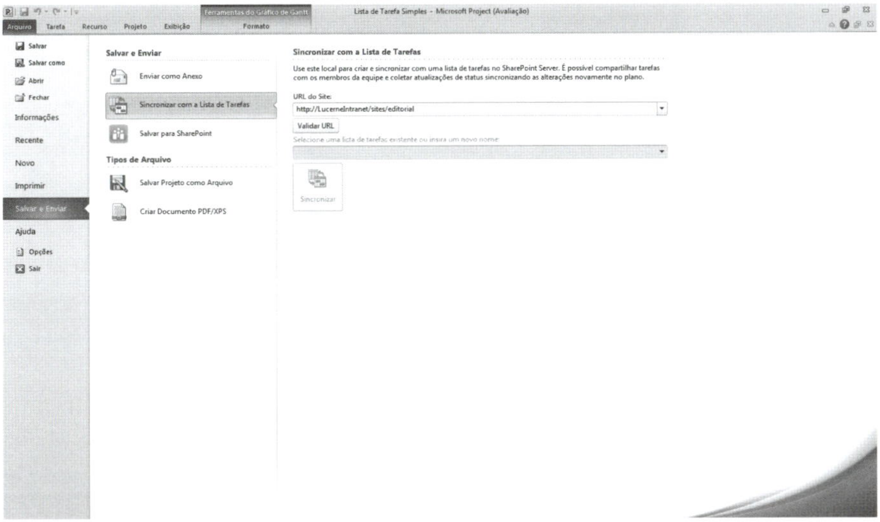

Depois que o Project valida a URL, Hany está pronta para criar a lista de tarefas. Ela pode usar uma lista de tarefas existente ou criar uma nova.

5. Hany insere um novo nome para a lista de tarefas e clica em Sincronizar.

   O Project cria a lista de tarefas no SharePoint e retorna ao modo de exibição Gráfico de Gantt.

6. Em seguida, Hany visualiza a nova lista de tarefas no SharePoint.

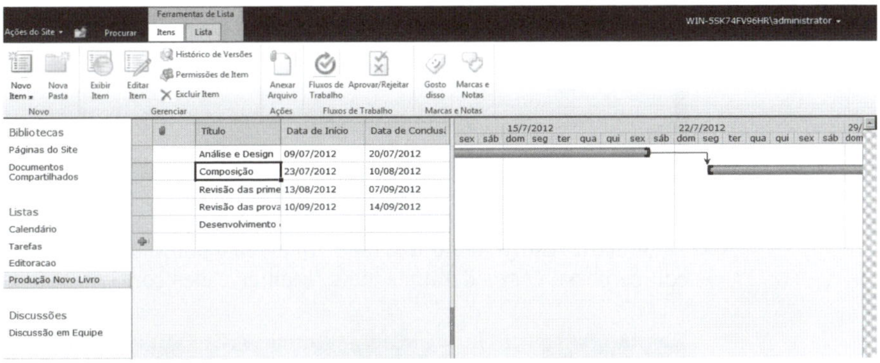

Com a lista de tarefas agora sincronizada ao SharePoint, Hany pode convidar os membros da sua equipe para revê-la e modificá-la.

7. Os membros da equipe de Hany fazem alterações à lista de tarefas, incluindo adicionar novas tarefas e alterar uma data de vencimento.

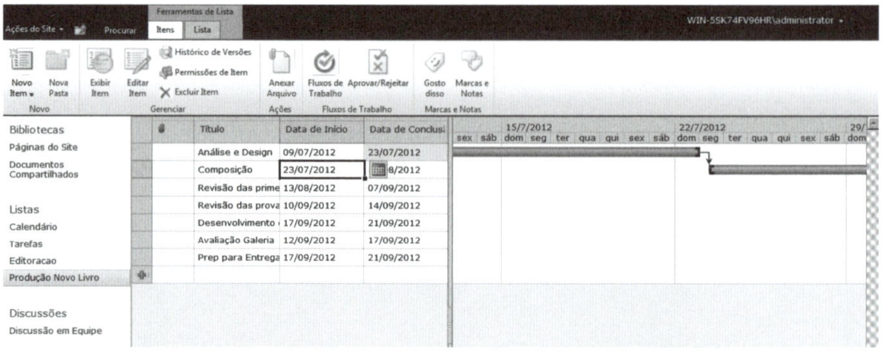

8. De volta ao Project, Hany repete o mesmo processo de sincronização para atualizar sua visualização das tarefas à medida que elas aparecem agora no SharePoint.

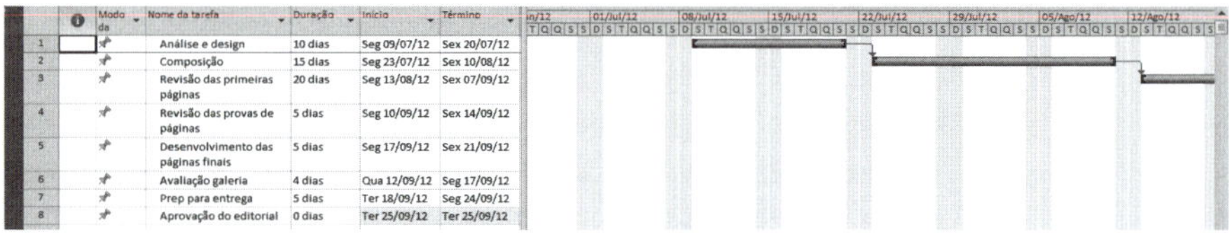

A lista de tarefas mais recente aparece no Project.

9. Hany ajusta a lista de tarefas inserindo alguns valores de duração, vinculando tarefas e outras ações que produzem um agendamento de trabalho.

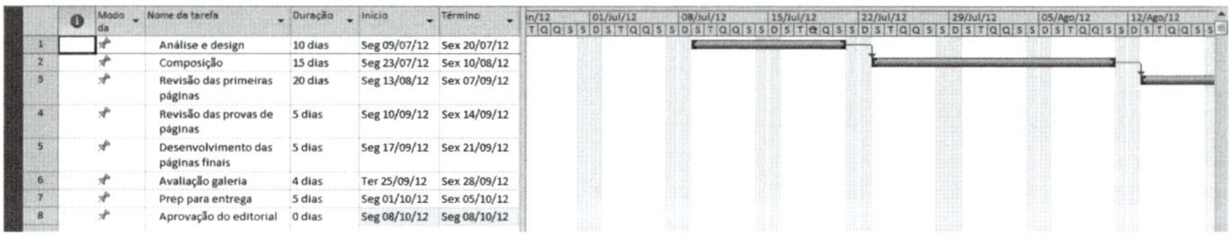

10. Finalmente, Hany sincroniza mais uma vez o plano para o SharePoint, para que sua equipe possa ver os detalhes mais recentes e eles continuarem a ajustar o plano.

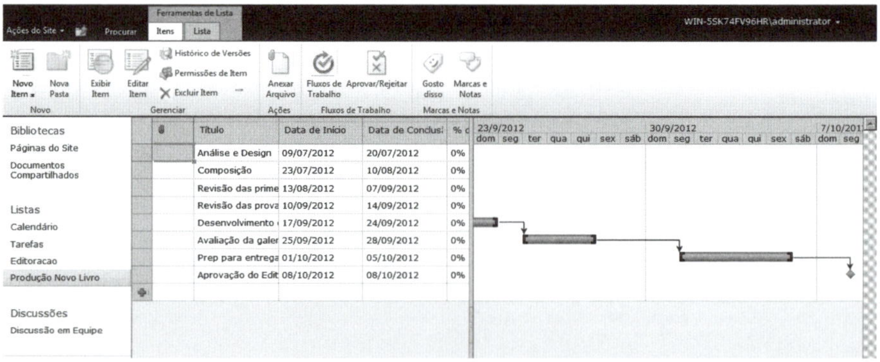

Após ajustes adicionais para o plano e depois de sincronizá-lo entre o Project e o SharePoint, Hany faz ajustes de agendamento no Project, que não são suportados pelo SharePoint.

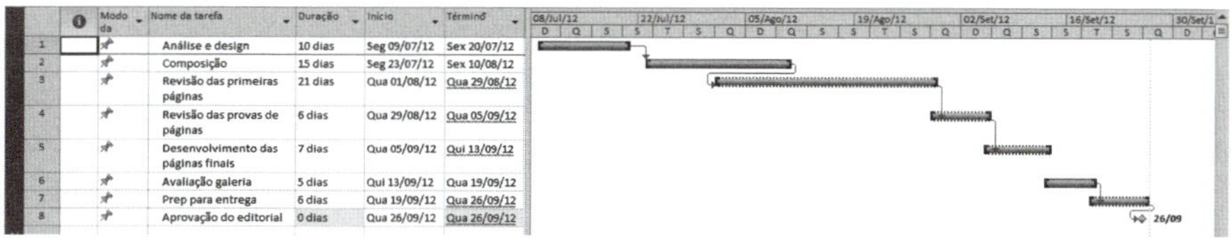

Desse ponto em diante, Hany vai gerenciar esse plano no Project.

Esta seção ilustrou apenas um cenário da integração do Project e do SharePoint via sincronização de lista de tarefas. Dependendo das ferramentas e práticas de colaboração da sua organização, você pode achar que o Project e o SharePoint formam uma combinação poderosa.

Pontos principais

- Você pode usar o recurso copiar e colar no Project exatamente como em qualquer outro aplicativo do Windows. Entretanto, quando colar dados em uma tabela no Project, verifique se os dados desejados estão realmente nos campos corretos.
- Ao abrir outros formatos de dados no Project, este usa mapas de importação para ajudar a organizar os dados na estrutura correta em uma tabela.
- O Project fornece suporte para salvar dados em formatos estruturados comuns, como XML.
- Os relatórios visuais ajudam a exportar dados do Project para gráficos do Excel e diagramas do Visio.
- Os usuários do Project Professional podem sincronizar as listas de tarefas com o SharePoint.

Resumo do Capítulo

Compartilhe recursos a partir de um pool de recursos central entre vários planos de projeto, **p. 398**

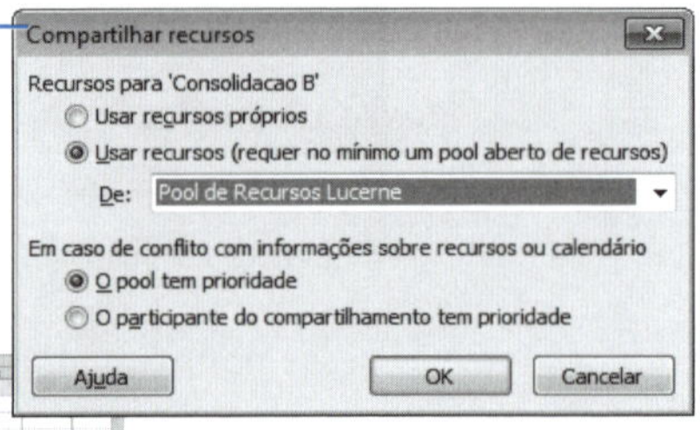

Consulte os detalhes da atribuição em um pool de recursos, **p. 404**

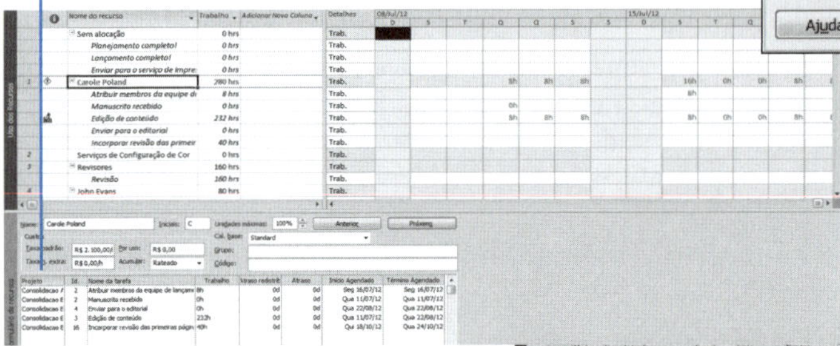

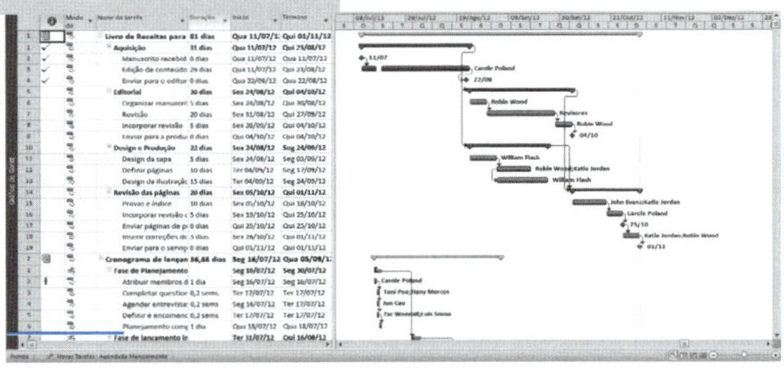

Crie um plano de projeto consolidado para obter uma visão geral de todas as atividades em múltiplos projetos, **p. 420**

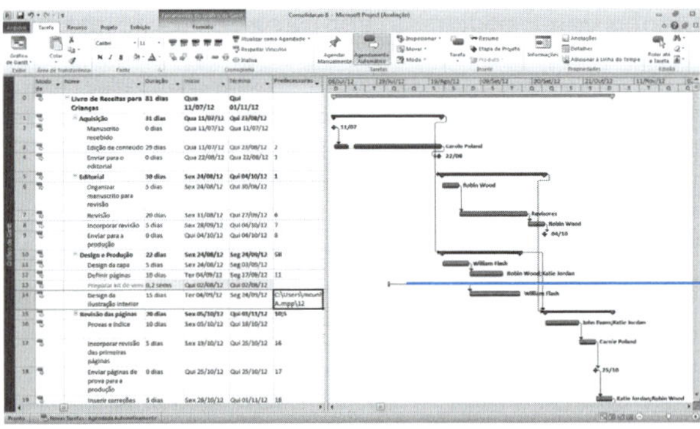

Vincule tarefas entre diferentes planos de projeto, **p. 423**

Capítulo 18

Consolide projetos e recursos

Neste capítulo, você vai aprender a:

- Criar um pool de recursos e compartilhá-los entre múltiplos projetos.
- Examinar a alocação de recursos entre múltiplos projetos.
- Alterar as atribuições de recursos em um plano participante e ver os efeitos em um pool de recursos.
- Alterar o período útil de um recurso no pool de recursos e ver os efeitos em um plano participante.
- Criar um período não útil em uma data específica no pool de recursos e ver os efeitos no plano participante.
- Criar um plano de projeto e torná-lo um plano participante para o pool de recursos.
- Atualizar manualmente o pool de recursos do plano participante.
- Inserir planos de projeto para criar um projeto consolidado.
- Vincular tarefas entre dois planos de projeto.

Arquivos de exercícios Para concluir os exercícios deste capítulo, copie os arquivos de exercícios para seu computador. Os arquivos que você usará para finalizar esses exercícios encontram-se na pasta Capitulo18. Na seção "Usando os arquivos de exercícios", no início deste livro, existe uma lista completa desses arquivos.

Importante Se você estiver executando o Project Professional, talvez seja necessário fazer uma alteração de configuração. Isso ajuda a garantir que os arquivos de exercícios com os quais você trabalhar neste capítulo não afetem os dados do seu Project Server. Para obter mais informações, consulte o Apêndice C, "Usando os arquivos de exercícios se estiver conectado ao Project Server".

Criando um pool de recursos

Durante o gerenciamento de múltiplos projetos, é comum que *recursos de trabalho* (pessoas e equipamentos) sejam atribuídos a mais de um projeto ao mesmo tempo. Talvez seja difícil coordenar o tempo dos recursos de trabalho entre os múltiplos projetos, especialmente se estes forem gerenciados por pessoas diferentes. Por exemplo, um editor em uma editora de livros tem *atribuições* de tarefas para um novo livro, um site promocional e um comunicado para imprensa — três projetos em andamento simultaneamente.

Em cada projeto, o editor poderá estar *totalmente alocado* ou até mesmo *subalocado*. Entretanto, se você somar todas as suas tarefas nesses projetos, poderá descobrir que ele foi superalocado, ou atribuído para trabalhar ao mesmo tempo em mais tarefas do que ele pode lidar. Ao trabalhar com recursos de custos em múltiplos projetos, talvez você queira ver não apenas o custo por projeto associado a um recurso de custo, mas também os custos acumulados ao longo dos projetos. Da mesma maneira, ao trabalhar com recursos materiais em múltiplos projetos, você veria os recursos materiais consumidos acumulados em qualquer unidade de consumo que tenha utilizado.

Um *pool de recursos* pode ajudá-lo a ver como os recursos são utilizados entre múltiplos projetos. O pool de recursos é um plano de projeto a partir do qual outros planos de projeto buscam as informações de recursos. Ele contém informações sobre as atribuições de tarefas de todos os recursos de todos os planos de projetos vinculados ao pool de recursos. Você pode alterar as informações dos recursos – como unidades máximas, taxas de custo e período não útil – no pool de recursos e todos os planos de projetos vinculados utilizarão as informações atualizadas.

Os planos de projetos vinculados ao pool de recursos são denominados *planos participantes do compartilhamento*. A seguir, está uma maneira de visualizar um pool de recursos e os planos participantes do compartilhamento.

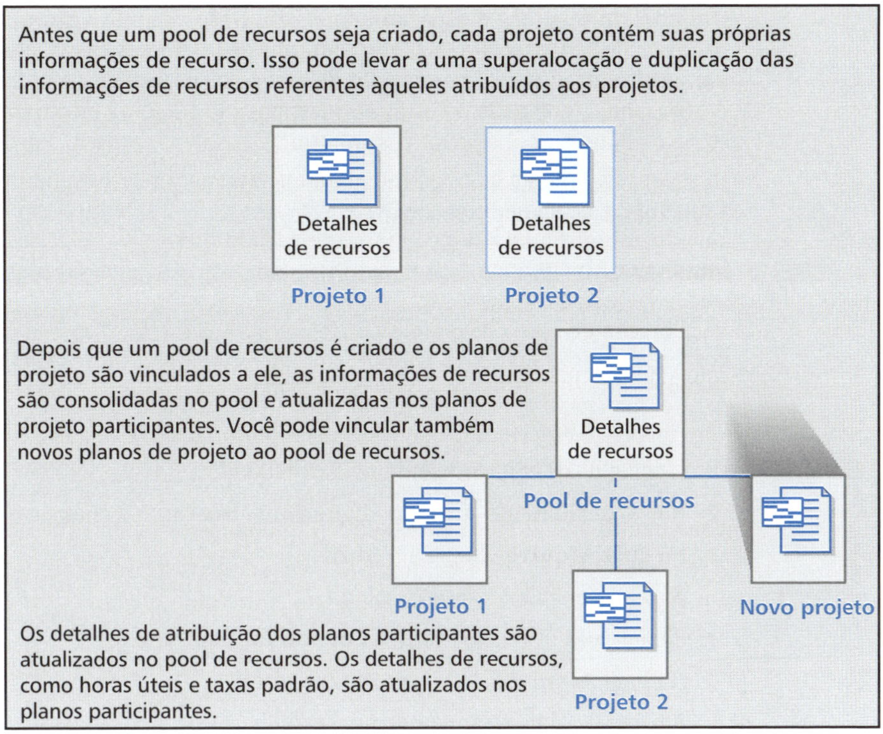

Se você gerencia apenas um projeto com recursos que não são usados em outros projetos, um pool de recursos não proporcionará vantagem alguma. Entretanto, se a sua empresa planeja gerenciar múltiplos projetos, a definição de um pool permitirá:

- Inserir informações de recursos, como período não útil, em qualquer um dos planos participantes do compartilhamento ou no pool de recursos, para que ele esteja disponível em outros planos participantes.
- Exibir os detalhes de atribuição dos recursos de vários projetos em um único local.
- Exibir os custos de atribuição por recursos entre vários projetos.
- Exibir os custos acumulados para trabalho e os custos de recursos entre vários projetos.
- Exibir valores de consumo acumulados para recursos materiais entre vários projetos.
- Localizar recursos que estão superalocados entre vários projetos, mesmo se estiverem subalocados em projetos individuais.

Um pool de recursos é especialmente vantajoso quando você trabalha com outros usuários do Microsoft Project 2010 em uma rede. Nesses casos, ele é armazenado em um local central, como um servidor de rede, e os proprietários individuais dos planos participantes (que poderão estar armazenados localmente ou em um servidor de rede) compartilham o pool de recursos comum.

Neste exercício, você vai criar um plano de projeto que se tornará um pool de recursos e vincular dois planos participantes a ele.

PREPARAÇÃO Inicie o Project, caso ele ainda não esteja em execução.

Você precisa do plano de projeto Consolidacao A_Inicio localizado na sua pasta de arquivos de exercícios Capitulo18 para concluir este exercício. Abra o plano de projeto Consolidacao A_Inicio e, em seguida, siga estas etapas.

1. Na guia **Arquivo**, clique em **Salvar como**.

   A caixa de diálogo Salvar como é exibida.

2. Na caixa **Nome do arquivo**, digite Consolidacao A e clique em **Salvar**.
3. Na guia **Arquivo**, clique em **Abrir**.

   A caixa de diálogo Abrir é exibida.

4. Clique duas vezes no arquivo **Consolidacao B_Inicio**.
5. Na guia **Arquivo**, clique em **Salvar como**.

   A caixa de diálogo Salvar como é exibida.

6. Na caixa **Nome do arquivo**, digite Consolidacao B e clique em **Salvar**.

   Esses dois planos de projeto foram criados anteriormente e ambos contêm informações sobre recursos.

   Em seguida, você vai criar um novo plano de projeto que se tornará um pool de recursos.

7. Na guia **Arquivo**, clique em **Novo**.
8. Abaixo de **Modelos Disponíveis**, clique em **Projeto em branco** e clique em **Criar** no lado direito do modo de exibição Backstage.

   Dica Você pode também clicar duas vezes em "Projeto em branco".

   O Project cria um novo plano de projeto.

9. Na guia **Exibição**, no grupo **Modo de Exibição de Recurso**, clique em **Planilha de recursos**.

   O modo de exibição Planilha de recursos substitui o modo de exibição Gráfico de Gantt.

10. Na guia **Arquivo**, clique em **Salvar como**.
11. Navegue para a pasta **Capitulo18**.
12. Na caixa **Nome do arquivo**, digite Pool de Recursos Lucerne e, em seguida, clique em **Salvar**.

Dica Você pode dar o nome que quiser a um pool de recursos, mas é recomendável indicar que ele é um pool de recursos no nome de arquivo.

13. Na guia **Exibição**, no grupo **Janela**, clique em **Organizar Tudo**.

    O Project organiza as janelas dos três projetos dentro da sua janela.

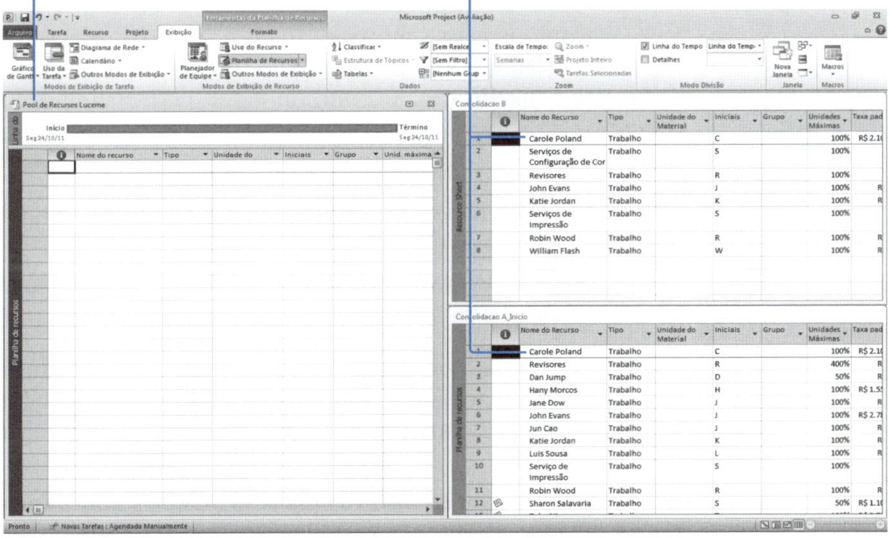

Nota Você não precisa organizar as janelas do projeto dessa maneira para criar um pool de recursos, mas é útil ver os resultados à medida que eles ocorrem neste capítulo.

Ao examinar os nomes dos recursos nos dois planos de projeto (Consolidação A e Consolidação B), você pode ver que vários recursos iguais aparecem nos dois planos de projeto. Entre eles estão *Carole Poland, Revisores, John Evans* e outros. Nenhum desses recursos está superalocado nos dois projetos.

14. Clique na barra de título da janela **Consolidacao B**.

15. Na guia **Recurso**, no grupo **Atribuições**, clique em **Pool de Recursos** e depois em **Compartilhar recursos**.

    A caixa de diálogo Compartilhar recursos é exibida.

16. Abaixo de **Recursos para 'Consolidação B'**, selecione a opção **Usar recursos**.

    A lista De contém os planos de projeto abertos que podem ser usados como um pool de recursos.

17. Na caixa **De**, clique em **Pool de Recursos Lucerne**.

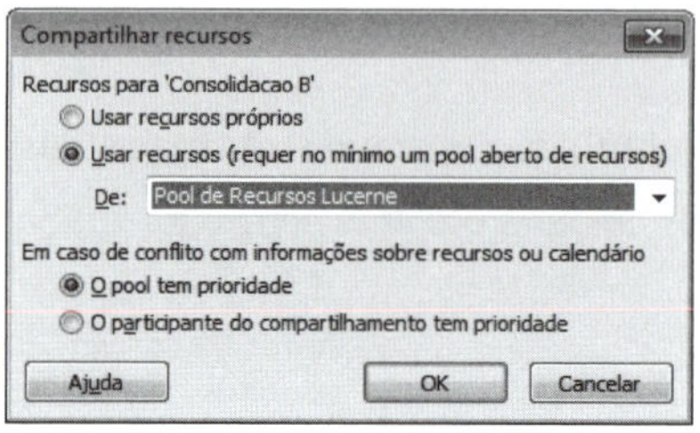

18. Clique em **OK** para fechar a caixa de diálogo **Compartilhar recursos**.

    Você vê as informações sobre os recursos no plano de projeto Consolidação B aparecerem no plano Pool de Recursos Lucerne. Em seguida, você vai definir o plano de projeto Consolidação A como um plano participante com o mesmo pool de recursos.

19. Clique na barra de título da janela **Consolidação A**.

20. Na guia **Recurso**, no grupo **Atribuições**, clique em **Pool de Recursos** e em **Compartilhar recursos**.

21. Abaixo de **Recursos para 'Consolidação A'**, clique na opção **Usar recursos**.

22. Na lista **De**, certifique-se de que **Pool de Recursos Lucerne** está selecionado.

    Pool de Recursos Lucerne está selecionado por padrão. O plano de projeto Consolidação B já é um plano participante de compartilhamento, e o Project não permitirá que um plano participante de compartilhamento seja um pool de recursos de outro plano de projeto.

23. Abaixo de **Em caso de conflito com informações sobre recursos ou calendário**, certifique-se de que a opção **O pool tem prioridade** está selecionada.

    Selecionar essa opção faz com que o Project use as informações de recursos (como taxas de custos) no pool de recursos em vez de no plano participante, caso encontre alguma diferença entre os dois planos de projeto.

24. Clique em **OK** para fechar a caixa de diálogo **Compartilhar recursos**.

    Você vê as informações de recursos do plano de projeto Consolidação A aparecerem no pool de recursos.

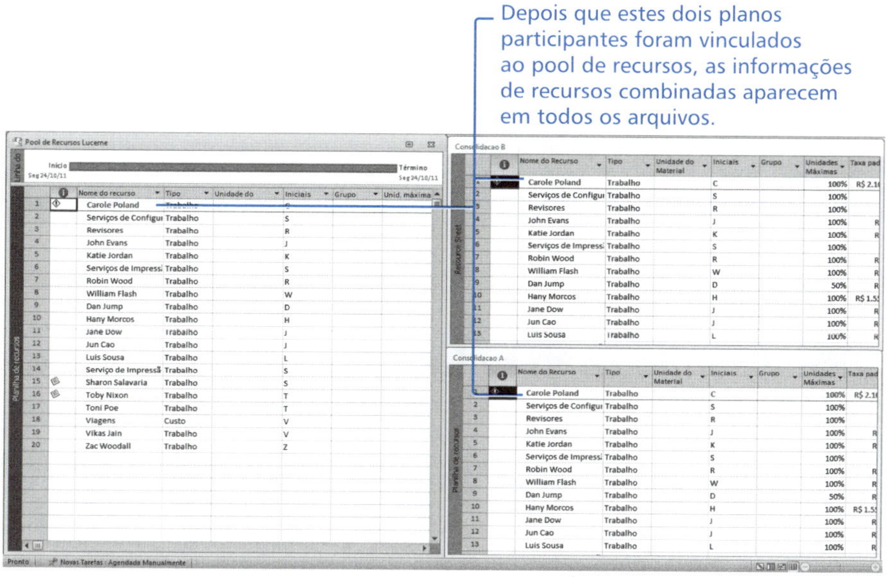

O pool de recursos contém as informações dos recursos dos dois planos participantes do compartilhamento. O Project consolidará as informações de recursos dos planos participantes com base no nome do recurso. John Evans, por exemplo, está listado apenas uma vez no pool, independentemente de quantos planos participantes o listarem como um recurso.

Importante O Project não consegue combinar variações de um nome de recurso – por exemplo, John Evans de um plano participante e J. Evans de outro. Por isso, crie uma convenção para os nomes de recurso na sua empresa.

Novamente, você não precisa organizar as janelas do projeto como fez neste exercício para vincular os planos participantes ao pool de recursos. Entretanto, esse procedimento é útil neste capítulo para ver os resultados à medida que eles ocorrem.

Dica Se você decidir que não deseja usar um pool de recursos com um plano de projeto, pode quebrar o vínculo. Para fazer isso, no plano participante, na guia Recurso, clique em Pool de recursos e clique em Compartilhar recursos. Abaixo de Recursos para <*nome do projeto atual*>, selecione a opção Usar recursos próprios.

Criando um pool de recursos dedicado

Todo plano de projeto, com ou sem tarefas, pode servir como um pool de recursos. Entretanto, é melhor designar como pool de recursos um plano de projeto que não contenha tarefas. Isso porque qualquer projeto com tarefas provavelmente será concluído em algum ponto e você pode não querer que as atribuições para essas tarefas (com seus custos e outros detalhes associados) sejam incluídas indefinidamente no pool de recursos.

Um pool de recursos dedicado sem tarefas pode permitir que pessoas como gerentes de linha ou gerentes de recursos atualizem algumas informações sobre seus recursos, como período não útil, no pool de recursos. Talvez essas pessoas não tenham uma função no gerenciamento do projeto e não precisem lidar com os detalhes específicos de tarefas no pool de recursos.

Visualizando os detalhes de atribuição em um pool de recursos

Uma das vantagens mais importantes de usar um pool de recursos é que ele permite que você veja como os recursos estão alocados entre os projetos. Por exemplo, você pode identificar os recursos que estão superalocados entre os múltiplos projetos aos quais eles estão atribuídos.

Vamos examinar um exemplo específico. Como você deve ter observado na seção anterior, o recurso Carole Poland, que não estava superalocado nos planos de projeto individuais, apareceu superalocado depois que o Project considerou todas as suas atribuições nos dois planos de projeto. Quando as atribuições de Carole nos dois planos participantes do compartilhamento foram combinadas, elas excederam sua capacidade de trabalhar em pelo menos um dia. Embora Carole provavelmente tenha conhecimento desse problema, o gerente do projeto talvez não o conheça sem configurar um pool de recursos (ou ouvi-lo diretamente de Carole).

Neste exercício, você vai visualizar as atribuições entre planos de projeto do pool de recursos.

1. Clique duas vezes na barra de título da janela do **Pool de Recursos Lucerne**.

   A janela do pool de recursos é maximizada para preencher a janela do Project. No pool de recursos, você pode ver todos os recursos dos dois planos participantes do compartilhamento. Para obter um melhor modo de exibição do uso dos recursos, você vai alterar os modos de exibição.

2. Na guia **Exibição**, no grupo **Modos de Exibição de Recurso**, clique em **Uso dos Recursos**.

   O modo de exibição Uso dos Recursos é exibido.

3. Na coluna **Nome do recurso**, clique no nome do recurso 1, *Carole Poland*.

4. Na guia **Tarefa**, no grupo **Edição**, clique em **Rolar até a Tarefa**.

   Os detalhes da escala de tempo no lado direito da janela do Project rolam horizontalmente para mostrar as primeiras atribuições de tarefas de Carole Poland. Os números em vermelho (por exemplo, 16 horas em 16 de julho) indicam um dia no qual Carole Poland está superalocada. Em seguida, você vai exibir o Formulário de recursos para obter mais detalhes sobre as atribuições de Carole.

5. Na guia **Exibição**, no grupo **Modo Divisão**, clique em **Detalhes**.

   O Formulário de recursos aparece abaixo do modo de exibição Uso dos Recursos.

Neste modo de exibição combinado, você pode ver as tarefas atribuídas e detalhes de cada recurso sobre cada atribuição.

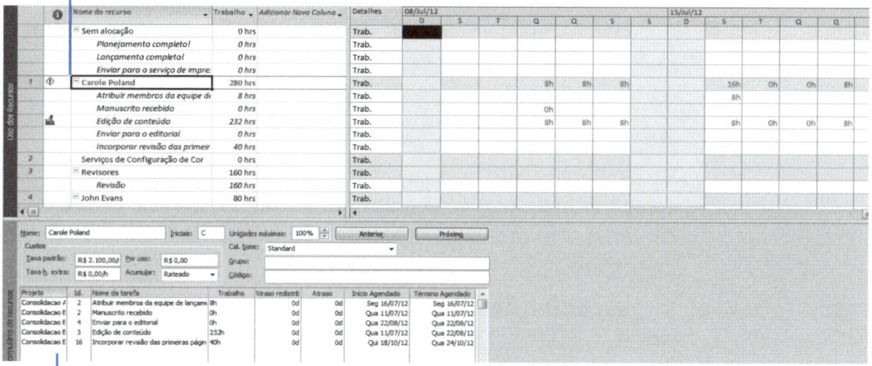

O Formulário de recursos mostra as atribuições em vários projetos quando está usando um pool de recursos.

Nesse modo de exibição combinado, você pode ver todos os recursos no pool de recursos e suas atribuições (no painel superior), assim como os detalhes de cada recurso selecionado (no painel inferior) em todos os planos participantes do compartilhamento. Você pode ver, por exemplo, que a tarefa Edição de conteúdo, à qual Carole está atribuída, é do projeto Consolidação B e a tarefa *Atribuir membros da equipe de lançamento* é do projeto Consolidação A. Carole não estava superalocada nos projetos, mas está superalocada quando você vê suas atribuições entre os projetos dessa maneira.

Se quiser, clique nos diferentes nomes de recursos no modo de exibição Uso dos Recursos para ver os detalhes de suas atribuições no Formulário de recursos.

6. Na guia **Exibição**, no grupo **Modo Divisão**, desmarque a caixa de seleção **Detalhes**.

Dica Em um pool de recursos, o Formulário de recursos é apenas uma maneira de ver os detalhes de atribuições específicas de planos participantes do compartilhamento. Você pode adicionar as colunas Projeto ou Nome da tarefa de resumo na parte da tabela do modo de exibição Uso dos Recursos. Isso mostrará em que projeto cada atribuição de tarefa está e qual o nome da tarefa de resumo da atribuição.

Atualizando as atribuições em um plano participante

Você deve lembrar que uma atribuição é o correspondente de um recurso para uma tarefa. Como os detalhes da atribuição de um recurso se originam nos planos participantes do compartilhamento, o Project atualiza o pool de recursos com os detalhes da atribuição à medida que você os atualiza no plano participante.

Neste exercício, você vai alterar as atribuições do recurso em um plano participante e ver as alterações lançadas no pool de recursos.

1. No cabeçalho de coluna **Nome do recurso** no plano Pool de Recursos Lucerne, selecione recurso 13, *Luis Sousa*.

   Você pode ver que Luis não tem uma atribuição nos planos participantes. (O valor do seu campo *Trabalho* é zero.) Em seguida, você vai atribuir Luis a uma tarefa em um dos planos participantes e ver o resultado no pool de recursos, assim como no projeto.

2. Na guia **Exibição**, no grupo **Janela**, clique em **Alternar Janelas** e em **Consolidacao A**.

   O Project exibe o plano de projeto Consolidação A. Atualmente, ele tem o modo de exibição Planilha de Recursos exibido.

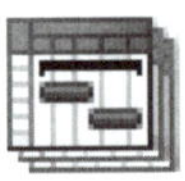

3. Na guia **Exibição**, no grupo **Modos de Exibição de Tarefa**, clique em **Gráfico de Gantt**.

   O modo de exibição Gráfico de Gantt é exibido.

4. Na guia **Recurso**, no grupo **Atribuições**, clique em **Atribuir Recursos**.

   A caixa de diálogo Atribuir recursos é exibida.

5. Na coluna **Nome da tarefa**, clique no nome da tarefa 5, *Definir e encomendar o material de marketing*.

6. Na guia **Tarefa**, no grupo **Edição**, clique em **Rolar até a tarefa**.
7. Na coluna **Nome do recurso**, na caixa de diálogo **Atribuir recursos**, clique em **Luis Sousa** e em **Atribuir**.

   O Project atribui Luis à tarefa.

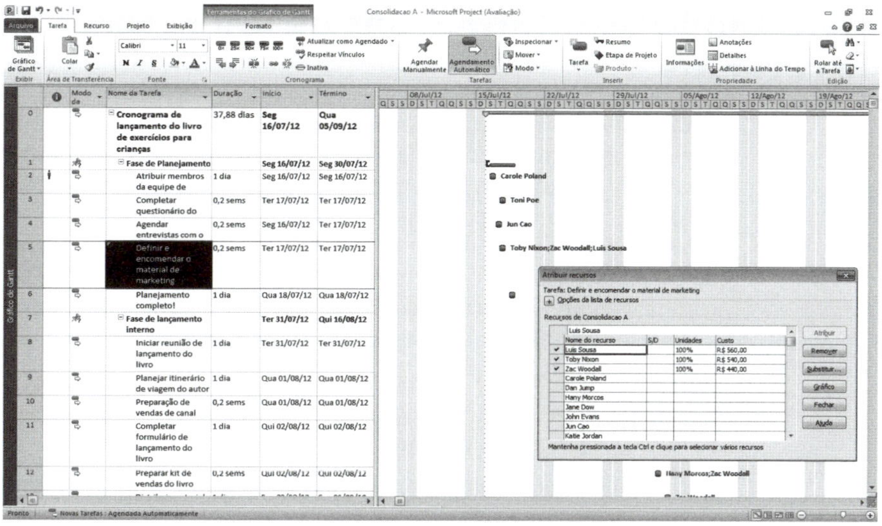

8. Clique em **Fechar** para fechar a caixa de diálogo **Atribuir recursos**.
9. Na guia **Exibição**, no grupo **Janela**, clique em **Alternar Janelas** e em **Pool de Recursos Lucerne**.
10. Verifique se o recurso 13, *Luis Sousa*, está selecionado e, em seguida, na guia **Tarefa**, no grupo **Edição**, clique em **Rolar até a Tarefa**.

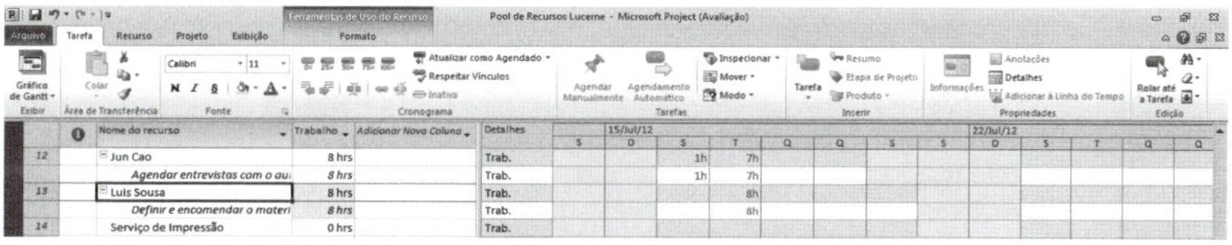

Conforme esperado, a nova atribuição de tarefa de Luis Sousa aparece no pool de recursos.

Quando o pool de recursos está aberto no Project, todas as alterações feitas nas atribuições dos recursos ou outras informações sobre os recursos de qualquer um dos planos participantes são mostradas imediatamente em todos os outros planos participantes do compartilhamento abertos e no pool de recursos. Você não precisa alternar entre os planos participantes e o pool de recursos, como fez neste capítulo, para verificar as atribuições de recursos atualizadas.

Atualizando as informações de um recurso em um pool de recursos

Outra vantagem importante de usar um pool de recursos é que ele proporciona um local central no qual você pode inserir os detalhes do recurso, como taxas de custos e período útil. Quando as informações de um recurso são atualizadas no pool de recursos, elas se tornam disponíveis em todos os planos participantes do compartilhamento. Isso pode ser especialmente útil em empresas com um grande número de recursos que trabalham em múltiplos projetos. Em empresas maiores, pessoas como gerentes de linha, gerentes de recursos ou a equipe de um *escritório de programas* geralmente são responsáveis por manter atualizadas as informações gerais dos recursos.

William Flash informou que não estaria disponível para trabalhar nos dias 30 e 31 de agosto. Neste exercício, você vai atualizar o período útil de um recurso no pool e ver as alterações nos planos participantes do compartilhamento.

1. No plano Pool de Recursos Lucerne, selecione o nome do recurso 8, *William Flash*.
2. Role a parte dividida em fases do modo de exibição para a direita até as atribuições de William na semana de 26 de agosto.

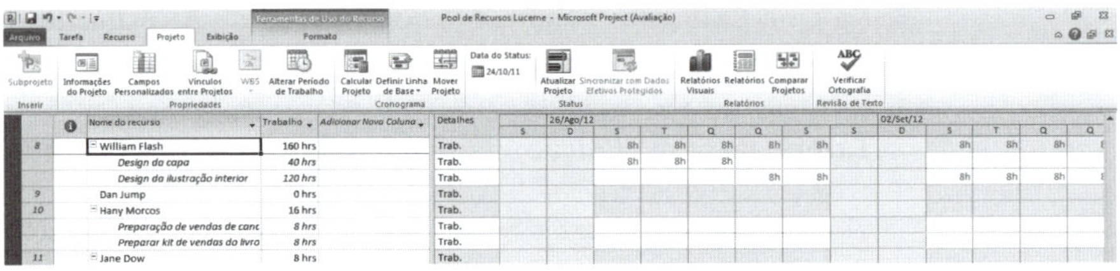

3. Na guia **Projeto**, no grupo **Propriedades**, clique em **Alterar Período de Trabalho**.

   A caixa de diálogo Alterar Período Útil é exibida.

4. Na caixa **Para calendário**, verifique se *William Flash* está selecionado.

   O calendário de recursos de William é exibido na caixa de diálogo Alterar Período Útil.

   William disse que não estaria disponível para trabalhar na quinta e na sexta, 30 e 31 de agosto, porque planeja participar de um workshop.

5. Na guia **Exceções** da caixa de diálogo **Alterar Período Útil**, clique na primeira linha abaixo de **Nome** e digite **William em workshop**.

6. Clique no campo **Início** e digite ou selecione 30/08/2012.
7. Clique no campo **Concluir** e digite ou selecione 31/08/2012 e, em seguida, pressione Enter.

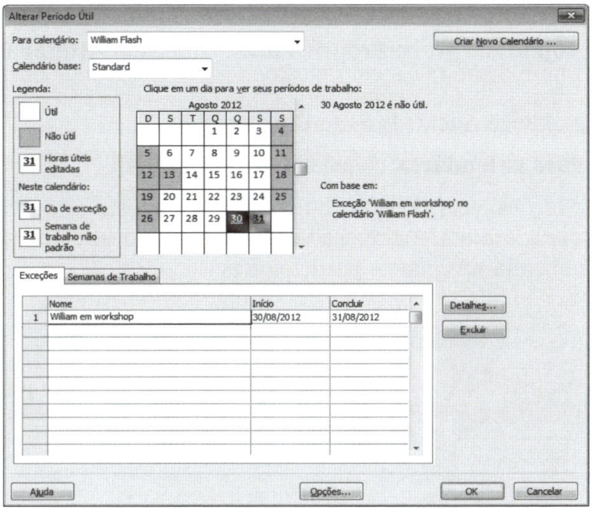

8. Clique em **OK** para fechar a caixa de diálogo **Alterar Período Útil**.

   Agora, William não tem um trabalho agendado (como tinha anteriormente) neste período.

Como 30 e 31 de agosto foram marcados como dias não úteis para este recurso, nenhum trabalho está agendado nesses dias e eles são formatados como dias não úteis para este recurso.

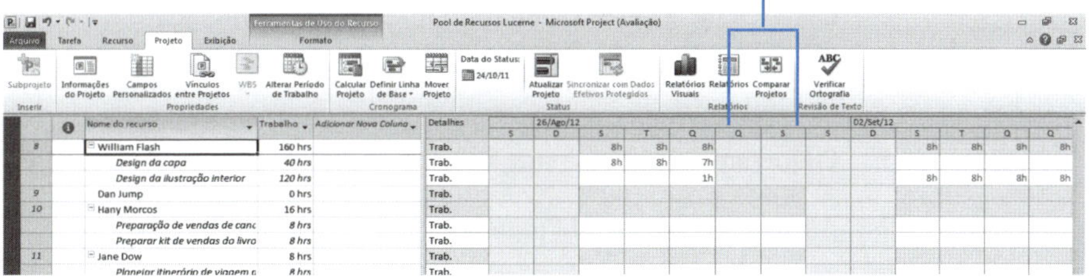

Para verificar se a definição de período não útil de William foi atualizada nos planos participantes, você vai examinar seu período útil em um desses planos de projeto.

9. Na guia **Exibição**, no grupo **Janela**, clique em **Alternar Janelas** e em **Consolidação A**.

10. Na guia **Projeto**, no grupo **Propriedades**, clique em **Alterar Período de Trabalho**.

    A caixa de diálogo Alterar Período Útil é exibida.

11. Na caixa **Para calendário**, clique em **William Flash**.

    Na guia Exceções, você pode ver que 30 e 31 de agosto estão marcados como dias não úteis para William; a alteração do período útil desse recurso no pool de recursos foi atualizada nos planos participantes.

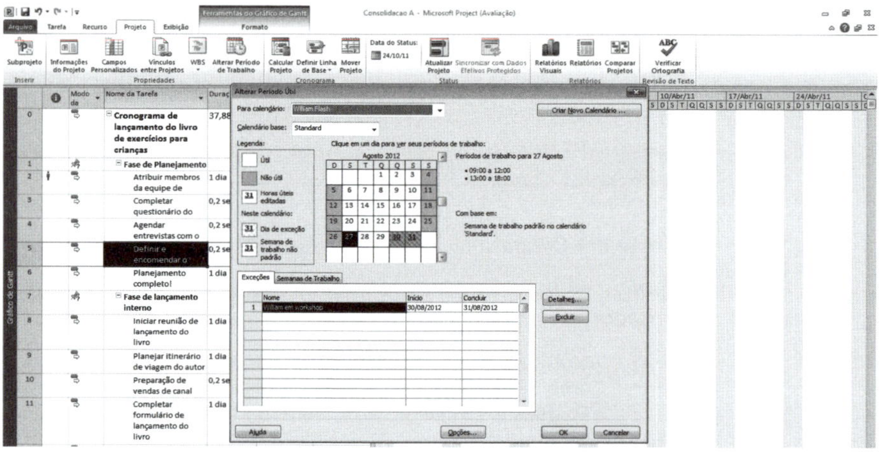

Dica Para rolar o calendário rapidamente para agosto de 2012 na caixa de diálogo Alterar Período Útil, basta selecionar o nome de exceção ou a data de início ou término da exceção de William.

12. Clique em **Cancelar** para fechar a caixa de diálogo **Alterar Período Útil**.

Atualizando os períodos úteis de todos os projetos em um pool de recursos

No exercício anterior, você alterou um período de trabalho de um recurso individual no pool de recursos e viu a alteração ser lançada nos planos participantes do compartilhamento. Outra capacidade poderosa de um pool de recursos é permitir que você altere os períodos úteis de um calendário base e veja as alterações atualizadas em todos os planos participantes que usam esse calendário. Por exemplo, se você especificar que determinados dias (como feriados) devem ser dias não úteis no pool de recursos, essa alteração será lançada em todos os planos participantes.

Importante Por padrão, todos os planos participantes compartilham os mesmos calendários base, e todas as alterações feitas no calendário base em um plano participante são refletidas em todos os outros planos participantes por meio do pool de recursos. Se você tem um plano participante específico para o qual deseja usar diferentes períodos úteis do calendário base, altere o calendário base utilizado por esse plano participante.

Neste exercício, você vai definir o período não útil em um calendário base no pool de recursos e ver essa alteração em todos os planos participantes do compartilhamento.

1. Na guia **Exibição**, no grupo **Janela**, clique em **Alternar Janelas** e em **Pool de Recursos Lucerne**.

   A empresa toda participará de uma feira de livros local no dia 13 de agosto e você deseja que esse seja um dia não útil para todos os planos participantes.

2. Na guia **Projeto**, no grupo **Propriedades**, clique em **Alterar Período de Trabalho**.

   A caixa de diálogo Alterar Período Útil é exibida.

3. Na caixa **Para calendário**, selecione **Standard** ou **Padrão (Calendário do projeto)** na lista suspensa.

   Dica Os calendários base, como 24 Horas, Turno da Noite e Padrão (ou Standard), aparecem na parte superior da lista na caixa Para Calendário. Os nomes dos calendários dos recursos aparecem abaixo dos calendários base.

   As alterações no período útil para o calendário base padrão no pool de recursos afetam todos os planos de projeto participantes do pool de recursos.

4. Na guia **Exceções** da caixa de diálogo **Alterar Período Útil**, clique na primeira linha abaixo de Nome e digite **Feira do Livro local**.

5. Clique no campo **Início** e digite ou selecione 13/08/2012 e, em seguida, clique em **Concluir**.

   O Project preenche o mesmo valor no campo Concluir.

13 de agosto está definido como um dia não útil no pool de recursos.

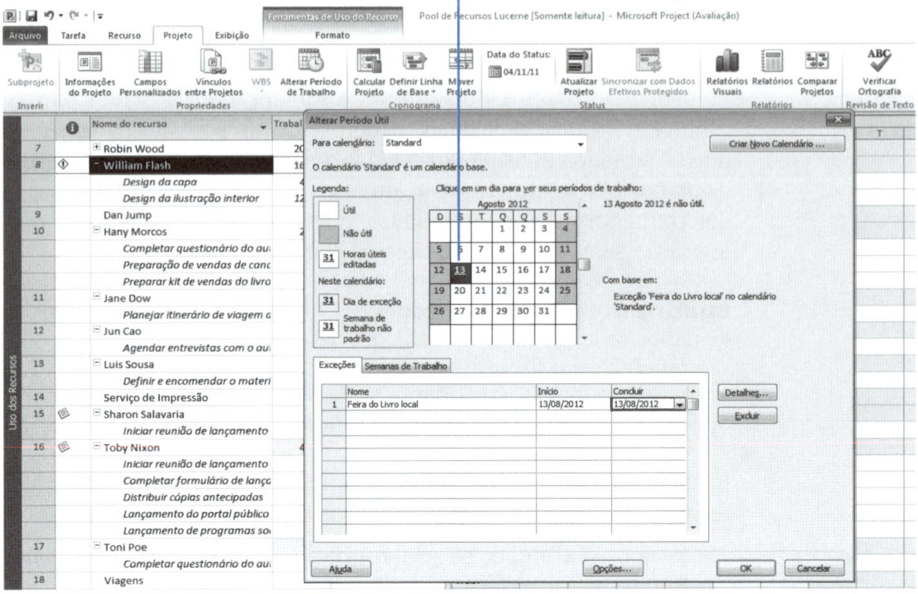

6. Clique em **OK** para fechar a caixa de diálogo **Alterar Período Útil**.

   Para verificar se essa alteração feita no calendário base Standard (ou Padrão) no pool de recursos foi atualizada nos planos participantes, você vai examinar um período útil de um dos planos.

7. Na guia **Exibição**, no grupo **Janela**, clique em **Alternar Janelas** e em **Consolidacao A**.

8. Na guia **Projeto**, no grupo **Propriedades**, clique em **Alterar Período de Trabalho.**

   A caixa de diálogo Alterar Período Útil é exibida.

9. Na caixa **Para calendário**, certifique-se de que **Standard** ou **Padrão (Calendário do projeto)** está selecionado na lista suspensa.

   Note a exceção *Feira do Livro local* no dia 13 de agosto. Todos os planos de projeto que são planos participantes (ou compartilhados) do mesmo pool de recursos verão essa mudança no calendário base.

Se você quiser, pode trocar para o plano de projeto Consolidação B e verificar se o dia 13 de agosto também é um dia não útil para esse projeto.

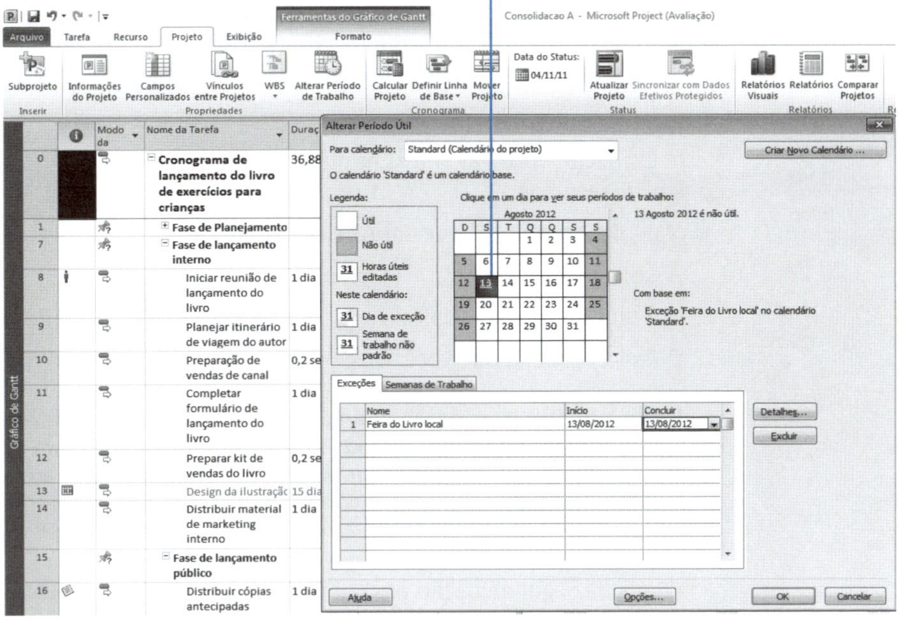

10. Clique em **Cancelar** para fechar a caixa de diálogo **Alterar Período Útil**.
11. Feche e salve as alterações para todos os planos de projeto abertos, incluindo o pool de recursos.

Importante Quando você abre um plano participante, deve abrir também o pool de recursos se quiser que o plano participante seja atualizado com as alterações mais recentes feitas no pool. Por exemplo, suponha que você altere o período útil do calendário de projeto no pool de recursos e, em seguida, o salve e feche. Se posteriormente você abrir um plano participante, mas não abrir também o pool de recursos, esse plano participante não refletirá o período útil do calendário de projeto atualizado.

Vinculando novos planos de projeto a um pool de recursos

Você pode tornar um plano de projeto participante de um pool de recursos a qualquer momento: ao inserir inicialmente as tarefas do plano de projeto, depois de atribuir recursos às tarefas ou mesmo depois de o trabalho ter começado. Após configurar um pool de recursos, talvez seja útil tornar participantes do compartilhamento todos os novos projetos com os planos de projeto compartilhados já criados. Dessa maneira, você pode alterar as informações de recursos no pool de recursos.

Dica A grande vantagem de criar os novos planos de projeto como planos participantes de um pool de recursos é a economia de tempo, pois as informações dos seus recursos estarão instantaneamente disponíveis. Você não vai precisar inserir novamente os dados de recurso algum.

Neste exercício, você vai criar um plano de projeto e o tornar um plano participante do pool de recursos.

1. Na guia **Arquivo**, clique em **Abrir**.

   A caixa de diálogo Abrir é exibida.

2. Navegue até a pasta Capitulo18 e clique duas vezes em **Pool de Recursos Lucerne**.

   O Project solicita que você selecione o modo como deseja abrir o pool de recursos.

   Importante Uma opção padrão é abrir o pool de recursos como somente leitura. Você poderá escolher essa opção se estiver compartilhando um pool de recursos com outros usuários do Project em uma rede. Entretanto, se você armazenar o pool de recursos localmente, deve abri-lo como leitura-gravação. Para ler mais sobre como abrir um pool de recursos, clique em Ajuda na caixa de diálogo Abrir o pool de recursos.

3. Clique na segunda opção para abrir o pool de recursos como leitura-gravação.

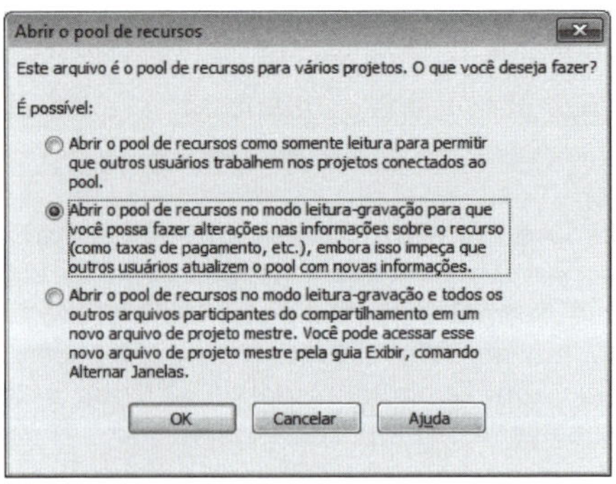

4. Clique em **OK**.

   O pool de recursos é aberto com o modo de exibição Uso dos Recursos exibido.

5. Na guia **Exibição**, no grupo **Modos de Exibição de Recurso**, clique em **Planilha de recursos**.

   O modo de exibição Planilha de recursos aparece.

6. Na guia **Arquivo**, clique em **Novo**.

7. Abaixo de **Modelos Disponíveis**, certifique-se de que **Projeto em branco** está selecionado e clique no botão **Criar**.

   O Project cria um novo plano de projeto.

8. Na guia **Arquivo**, clique em **Salvar Como**.

   A caixa de diálogo Salvar como é exibida.

9. Navegue para a pasta Capitulo18.
10. Na caixa **Nome do arquivo**, digite Consolidacao C e clique no botão **Salvar**.

11. Na guia **Recurso**, no grupo **Atribuições**, clique em **Atribuir Recursos**.

    A caixa de diálogo Atribuir recursos está inicialmente vazia, porque você ainda não inseriu uma informação de recursos nesse plano de projeto.

12. Na guia **Recurso**, no grupo **Atribuições**, clique em **Pool de Recursos** e em **Compartilhar recursos**.

    A caixa de diálogo Compartilhar recursos é exibida.
13. Abaixo de **Recursos para 'Consolidacao C'**, selecione a opção **Usar recursos**.
14. Certifique-se de que **Pool de Recursos Lucerne** está selecionada na caixa **De** e clique em **OK** para fechar a caixa de diálogo **Compartilhar recursos**.

    Na caixa de diálogo Atribuir recursos, aparecem todos os recursos do pool de recursos.

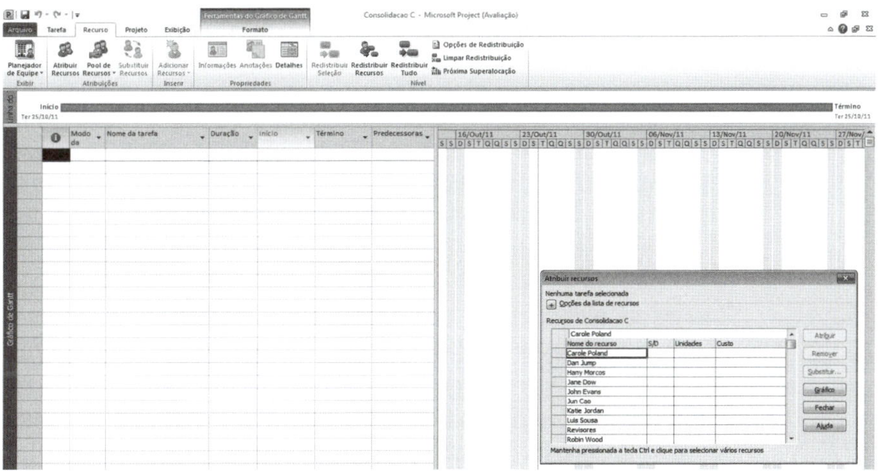

    Agora, esses recursos estão prontos para serem atribuídos às tarefas desse projeto.

15. Clique em **Fechar** para fechar a caixa de diálogo **Atribuir recursos**.
16. Na guia **Arquivo**, clique em **Fechar**. Quando solicitado, clique em **Sim** para salvar suas alterações.

    O plano de projeto Consolidação C é fechado e o plano Pool de Recursos Lucerne permanece aberto.
17. Na guia **Arquivo**, clique em **Fechar**. Quando solicitado, clique em **Sim** para salvar suas alterações feitas ao pool de recursos.

Importante Você salva as alterações feitas no pool de recursos porque ele registra os nomes e locais de seus planos participantes.

Solução de problemas Se um plano participante do compartilhamento for excluído, as informações de atribuição desse plano participante permanecerão armazenadas no pool de recursos. Para limpar essas informações, você precisa quebrar o vínculo com o plano participante. Para fazer isso, abra o pool de recursos como leitura-gravação. Na guia Recurso, no grupo Atribuições, clique em Pool de Recursos e clique em Compartilhar recursos. Na caixa de diálogo Compartilhar recursos, clique no nome do participante agora excluído e, em seguida, no botão Quebrar vínculo. Note que o que você vê na caixa de diálogo Compartilhar recursos para um pool de recursos é diferente do que você vê em todos os outros tipos de planos de projeto.

Abrindo um plano participante e atualizando um pool de recursos

Se você está compartilhando um pool de recursos com outros usuários do Project em uma rede, aquele que estiver com o pool aberto como leitura-gravação impedirá que os outros atualizem as informações de recursos, como taxas de custo padrão, ou tornem outros planos de projeto participantes desse pool. Por isso, é melhor abri-lo como somente leitura e usar o comando Atualizar Pool de Recursos apenas quando for necessário atualizá-lo com informações de atribuição. Para fazer isso, na guia Recursos, no grupo Atribuições, clique em Pool de Recursos e, em seguida, em Atualizar Pool de Recursos. Esse comando atualiza o pool de recursos com as novas informações de atribuição; depois que isso é feito, qualquer pessoa que abrir o pool de recursos verá as informações de atribuições mais recentes.

Neste capítulo, você está trabalhando com o pool de recursos e os planos participantes localmente. Se você for usar um pool de recursos em uma rede, é recomendável entender o processo de atualização. Este exercício apresenta esse processo.

Neste exercício, você vai alterar as atribuições em um plano participante e enviar manualmente as informações de atribuição atualizadas para o pool de recursos.

1. Na guia **Arquivo**, clique em **Abrir**.
2. Navegue até a pasta Capitulo18 e clique duas vezes no arquivo **Consolidacao A**.

   Como esse plano de projeto é um participante vinculado a um pool de recursos, o Project fornece as seguintes opções.

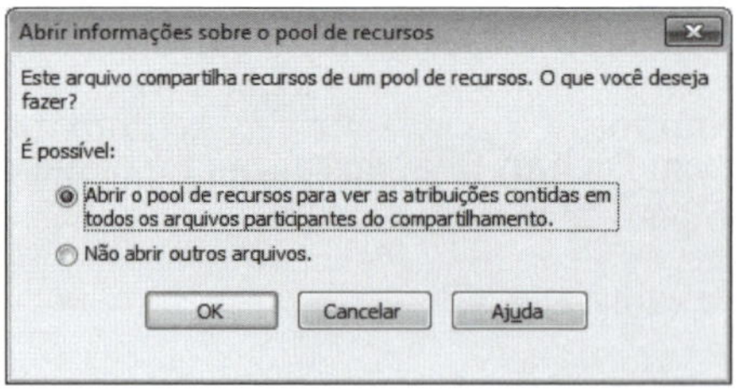

3. Clique na opção **Abrir o pool de recursos para ver as atribuições contidas em todos os arquivos participantes do compartilhamento** e clique em **OK**.

   A escolha da segunda opção, Não abrir outros arquivos, permite que você veja as atribuições em apenas um plano participante do compartilhamento.

   O pool de recursos é aberto como somente leitura em segundo plano. (Se você deseja verificar isso, examine os itens no comando Alternar Janelas na guia Exibição.) Em seguida, você vai alterar algumas atribuições no plano participante do compartilhamento.

4. Na guia **Recurso**, no grupo **Atribuições**, clique em **Atribuir Recursos**.

   A caixa de diálogo Atribuir recursos é exibida. Primeiro, você vai atribuir um recurso a uma tarefa.

5. Na coluna **Nome da Tarefa**, clique no nome da tarefa 3, *Completar questionário do autor*.

6. Na coluna **Nome do recurso** na caixa de diálogo **Atribuir recursos**, clique em **Hany Morcos** e em **Atribuir**.

   O Project atribui Hany à tarefa.

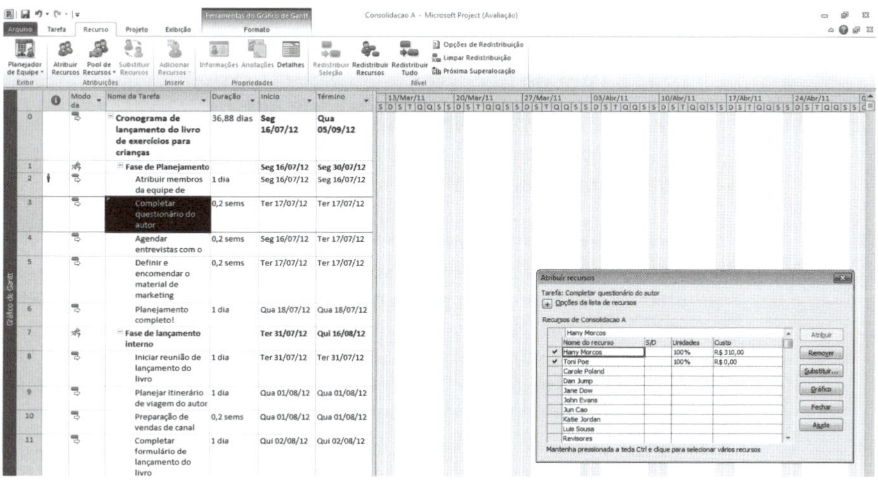

Em seguida, você removerá um recurso de uma tarefa.

7. Na coluna **Nome da Tarefa**, clique no nome da tarefa 5, *Definir e encomendar o material de marketing*.

8. Na coluna **Nome do recurso** na caixa de diálogo **Atribuir recursos**, clique em **Toby Nixon** (localizado próximo à parte superior da coluna **Nome do Recurso**) e em **Remover**.

   O Project remove Toby da tarefa.

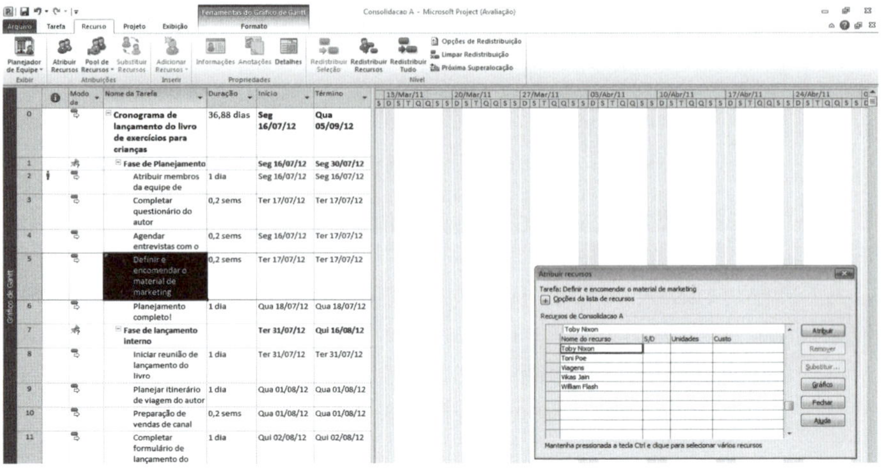

Você fez duas alterações de atribuição no plano participante. Como o pool de recursos está aberto como somente leitura, essas alterações não foram salvas permanentemente no pool de recursos. Em seguida, você vai atualizar o pool de recursos.

9. Na guia **Recurso**, no grupo **Atribuições**, clique em **Pool de Recursos** e em **Atualizar o Pool de Recursos**.

   O Project atualiza as informações de atribuição no pool de recursos com os novos detalhes do plano participante. Qualquer outra pessoa que abra ou atualize agora verá as informações de atribuição atualizadas.

Importante Somente as informações de atribuição são salvas no pool de recursos do plano participante. Quaisquer alterações feitas aos detalhes de recursos, como unidades máximas, no plano participante não são salvas no pool de recursos quando você atualiza. Quando você deseja alterar os detalhes de recursos, abra o pool de recursos em leitura/gravação. Depois que ele está aberto como leitura/gravação, você pode alterar os detalhes de recursos no pool de recursos ou no plano participante, e os outros planos de projeto serão atualizados.

Em seguida, você vai alterar uma atribuição no plano participante, fechar esse plano e atualizar o pool de recursos.

10. Na coluna **Nome da Tarefa**, clique no nome da tarefa 8, *Iniciar reunião de lançamento do livro*.

11. Na coluna **Nome do Recurso** na caixa de diálogo **Atribuir recursos**, clique em **Carole Poland** e em **Atribuir**.

    O Project atribui Carole à tarefa.

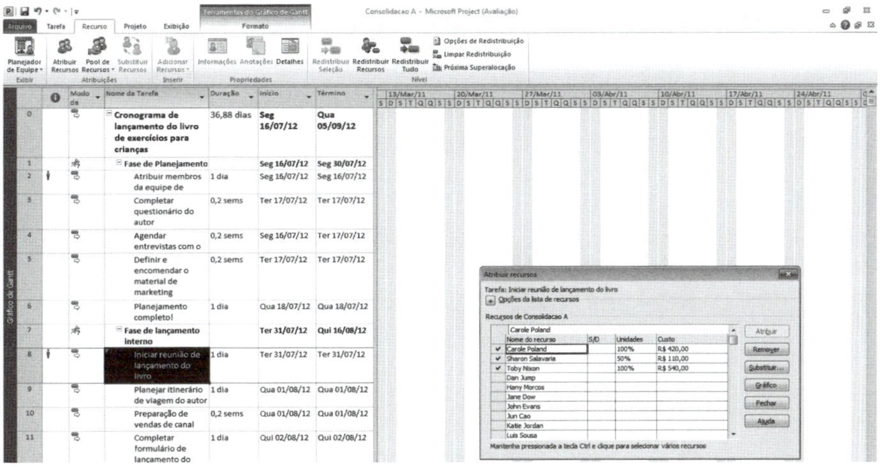

12. Clique em **Fechar** para fechar a caixa de diálogo **Atribuir recursos**.
13. Na guia **Arquivo**, clique em **Fechar**.
14. Quando solicitado a salvar as alterações feitas ao plano Consolidação A, clique em **Sim**.

    Já que o pool de recursos estava aberto como somente leitura, as alterações de atribuição mais recentes dos planos participantes não foram atualizadas no pool. Você tem as opções mostradas na figura a seguir.

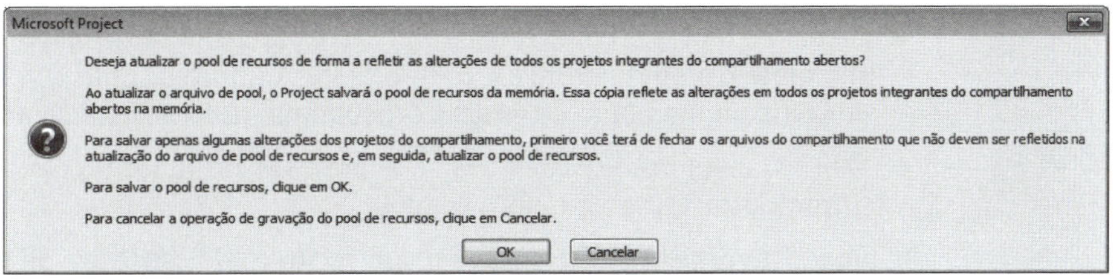

15. Clique em **OK**.

    O Project atualiza as informações de atribuição com os novos detalhes do plano participante. O pool de recursos permanece aberto como somente leitura.
16. Na guia **Arquivo**, clique em **Fechar**.

    Como o pool de recursos foi aberto no formato somente leitura, o Project o fecha sem solicitar que você salve as alterações.

Consolidando planos de projeto

A maioria dos projetos envolve várias pessoas trabalhando em tarefas em horas diferentes, às vezes em locais diferentes e geralmente para supervisores diferentes. Embora um pool de recursos possa ajudá-lo a gerenciar os detalhes dos recursos nos projetos, talvez ele não proporcione o nível de controle desejado sobre tarefas e relações entre projetos.

Uma boa maneira de reunir as extensas informações de um projeto é usar um projeto consolidado, um plano de projeto que contém outros planos, denominados projetos inseridos. Os projetos inseridos não residem no plano de projeto consolidado, mas estão vinculados a ele de maneira que podem ser visualizados e editados a partir dele. Se um plano de projeto é editado fora do projeto consolidado, as informações atualizadas são exibidas no plano de projeto consolidado na próxima vez em que ele é aberto.

Dica Os planos de projeto consolidados também são conhecidos como projetos mestre e os planos de projeto inseridos são conhecidos como subprojetos; entretanto, este capítulo usa os termos consolidado e inserido.

Utilizar os planos de projeto consolidados permite que você:

- Veja todas as tarefas dos planos de projeto da sua empresa em um único modo de exibição.
- Resuma as informações do projeto em níveis mais altos de gerenciamento. Por exemplo, você poderá inserir o plano de projeto de uma equipe no plano de projeto maior consolidado do departamento e, em seguida, inserir esse plano no plano de projeto maior consolidado da empresa.
- Divida os dados do projeto em diferentes planos para corresponder à natureza do seu projeto, como por fases, componentes ou locais. Então, você pode colocá-los de volta em um plano de projeto consolidado para um exame abrangente do todo.
- Veja todas as informações dos seus projetos em um único local, para que possa filtrar, classificar e agrupar os dados.

Os planos de projeto consolidados usam recursos de estrutura de tópicos do Project. Um plano inserido aparece como uma tarefa de resumo no plano de projeto consolidado, exceto por sua barra de Gantt de resumo ser cinza e um ícone de projeto inserido aparecer na coluna Indicadores. Quando você salva um plano de projeto consolidado, também é solicitado a salvar todas as alterações feitas nos planos de projeto inseridos.

Neste exercício, você vai criar um novo plano de projeto consolidado e inserir dois planos de projeto.

1. Na guia **Arquivo**, clique em **Novo**.
2. Abaixo de **Modelos Disponíveis**, clique em **Projeto em branco** e em **Criar**.

O Project cria um novo plano de projeto. Esse plano será o plano consolidado no qual você vai inserir outros projetos.

3. Na guia **Projeto**, no grupo **Inserir**, clique em **Subprojeto**.

   A caixa de diálogo Inserir projeto é exibida.

4. Navegue até a pasta Capitulo18 e, enquanto pressiona a tecla Ctrl, selecione **Consolidacao A** e **Consolidacao B**.

5. Clique em **Inserir**.

   O Project insere os dois projetos no projeto consolidado como tarefas de resumo recolhidas.

6. Na guia **Tarefa**, no grupo **Edição**, clique em **Rolar até a tarefa**.

   O Project exibe as barras de Gantt das tarefas de resumo recolhidas.

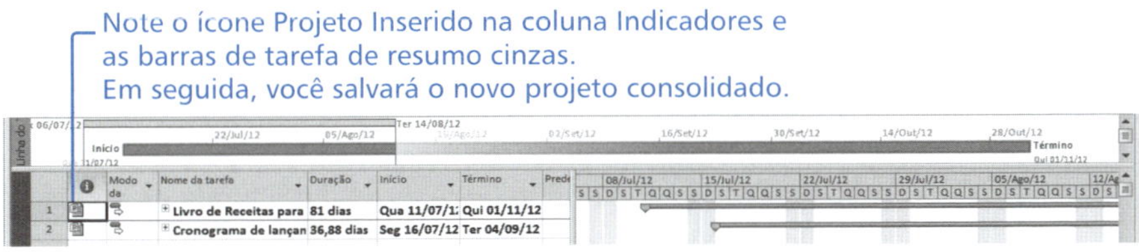

7. Na guia **Arquivo**, clique em **Salvar Como**.

8. Navegue para a pasta Capitulo18.

9. Na caixa **Nome de arquivo**, digite **Projetos Consolidados** e, depois, em **Salvar**.

   Em seguida, você vai exibir os detalhes dos dois projetos inseridos.

10. Na guia **Exibição**, no grupo **Dados**, clique em **Estrutura de Tópicos** e, em seguida, em **Mostrar subtarefas**.

    O Project pergunta se você deseja abrir o pool de recursos. Na verdade, o Project ainda não carregou o conteúdo dos planos de projeto inseridos, e mostrar as subtarefas no projeto consolidado é semelhante a abri-los.

11. Certifique-se de que a opção **Abrir o pool de recursos para ver as atribuições contidas em todos os arquivos participantes do compartilhamento** está selecionada e, em seguida, clique em **OK**.

    O Project expande os dois planos de projetos. Observe que as identificações de tarefa em ambos os projetos inseridos começam em 1 e as tarefas de resumo representando os projetos inseridos são numerados como 1 e 2. Em seguida, você vai examinar os detalhes dos projetos inseridos.

12. Na guia **Exibição**, no grupo **Zoom**, clique em **Projeto inteiro**.

O Project ajusta a escala de tempo no Gráfico de Gantt para que a duração completa dos dois projetos inseridos fique visível.

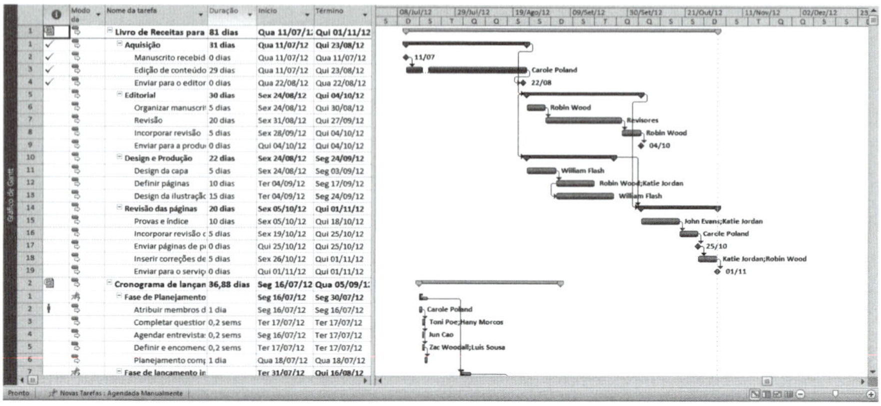

Para concluir este exercício, você vai exibir a tarefa de resumo do projeto do plano de projeto consolidado.

13. Na guia **Formato**, no grupo **Mostrar/Ocultar**, clique em **Tarefa de Resumo do Projeto**.

O Project exibe a tarefa de resumo Projetos Consolidados.

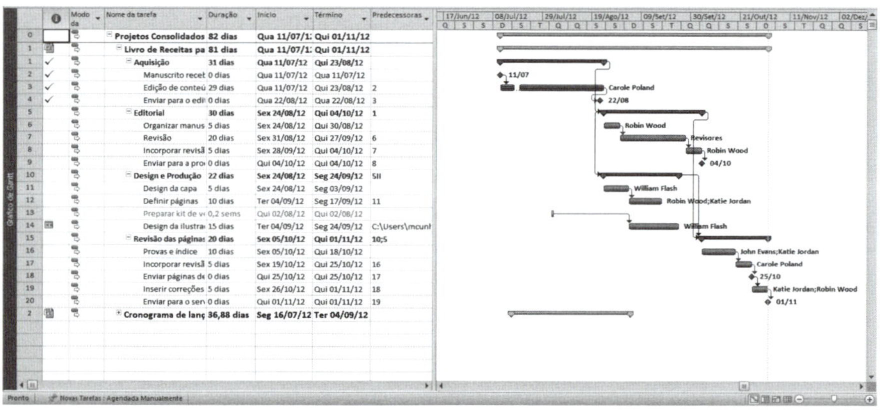

Os valores dessa tarefa de resumo, como duração e trabalho, representam os valores resumidos dos dois projetos inseridos. Como a Lucerne Publishing desenvolve muitos projetos, inseri-los dessa maneira no plano de projeto consolidado faz com que você possa visualizar todas as atividades da empresa em um único local.

14. Feche e salve as alterações de todos os arquivos abertos.

Dica Para criar rapidamente um plano de projeto consolidado e inserir projetos que estão abertos no Project, na guia Exibição, no grupo Janela, clique em Novo. Abaixo de Projetos, selecione os projetos abertos que você deseja inserir e, em seguida, clique em OK.

Criando dependências entre projetos

A maioria dos projetos não existe isoladamente. As tarefas ou fases em um projeto podem depender de tarefas de outros projetos. Você pode mostrar essas dependências vinculando tarefas entre projetos.

As razões pelas quais talvez você precise criar dependências entre projetos incluem:

- A conclusão de uma tarefa em um projeto pode permitir o início de uma tarefa em outro. Por exemplo, outro gerente de projeto talvez precise concluir uma declaração de impacto ambiental antes que você possa iniciar a construção de um edifício. Mesmo que essas duas tarefas sejam gerenciadas em planos de projetos separados (talvez porque departamentos separados de uma empresa de desenvolvimento as estejam concluindo), um projeto tem uma dependência lógica sobre o outro.
- Uma pessoa ou uma peça de equipamento poderá ser atribuída a uma tarefa em um projeto e você precisará atrasar o início de uma tarefa em outro projeto até que o recurso conclua a primeira. Talvez as duas tarefas não tenham nada em comum além da necessidade desse recurso.

As relações das tarefas entre os planos de projeto são similares aos vínculos entre tarefas dentro de um plano de projeto, exceto que tarefas predecessoras e sucessoras têm seus nomes e barras de Gantt na cor cinza. Tais tarefas são, às vezes, chamadas de *tarefas-fantasma*, porque elas não são vinculadas a tarefas dentro do plano de projeto, mas a tarefas em outros planos de projeto.

Neste exercício, você vai vincular as tarefas em dois planos de projeto e ver os resultados nos dois planos de projeto, assim como em um plano consolidado.

1. Na guia **Arquivo**, clique em **Abrir**.

   A caixa de diálogo Abrir é exibida.

2. Navegue para a pasta Capitulo18 e clique duas vezes no arquivo **Consolidacao B**.

3. Clique **Abrir o pool de recursos para ver as atribuições contidas em todos os arquivos participantes do compartilhamento** e, em seguida, em **OK**.
4. Na guia **Arquivo**, clique em **Abrir**.
5. Navegue para a pasta Capitulo18 e clique duas vezes no arquivo **Consolidacao A**.
6. Na coluna **Nome da Tarefa**, clique no nome da tarefa 12, *Preparar kit de vendas do livro*.

   Você precisa do kit de vendas do livro antes de começar uma tarefa no plano Consolidação B, portanto você criará uma dependência entre os dois planos.

7. Na guia **Exibição**, no grupo **Janela**, clique em **Alternar Janelas** e em **Consolidacao B**.

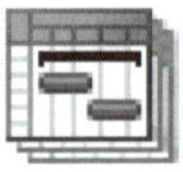

8. Na guia **Exibição**, no grupo **Modos de Exibição de Tarefa**, clique em **Gráfico de Gantt**.

   O modo de exibição Gráfico de Gantt aparece.
9. Clique no nome da tarefa 13, *Design da ilustração interior*.

10. Na guia **Tarefa**, no grupo **Edição**, clique em **Rolar até a tarefa**.

    O Project rola o modo de exibição Gráfico de Gantt para exibir a tarefa 13.

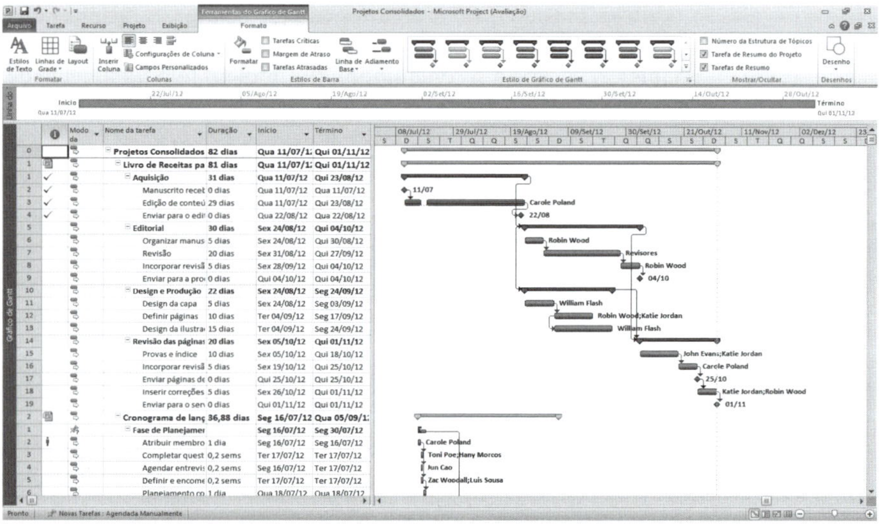

11. No modo de exibição **Gráfico de Gantt**, arraste a barra divisora vertical para a direita até que a coluna **Predecessoras** fique visível.
12. No campo **Predecessoras** para a tarefa 13, clique no campo para que o cursor apareça logo depois de um valor de predecessora existente, *12II*.

13. Logo após o valor da predecessora existente *12II* digite, **Consolidacao A\12** (sem espaços entre *12II* e a vírgula e o texto subsequente).

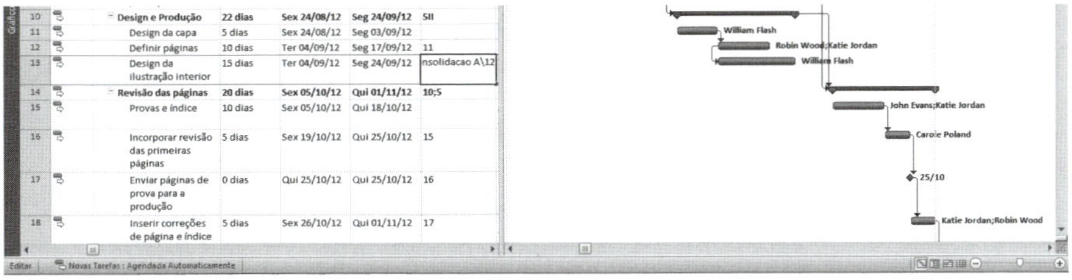

Quando cria um vínculo de predecessora externa, o Project requer o seguinte formato: *NomeDoArquivo\ IdDaTarefa.*

14. Pressione Enter.

O Project insere a tarefa predecessora externa denominada *Preparar kit de vendas do livro* no projeto. A tarefa externa representa a tarefa 12 do projeto Consolidacao A.

A tarefa predecessora externa aparece no projeto ao qual ela está vinculada com seu nome de tarefa em cinza.

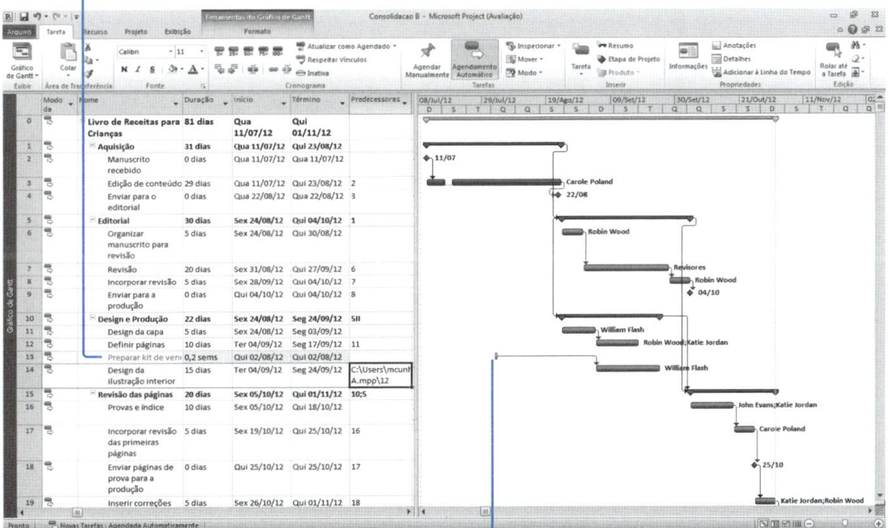

A barra de Gantt da tarefa externa é cinza.

Dica Se você apontar para a barra de Gantt da tarefa externa, o Project exibirá uma Dica de Tela que contém detalhes sobre a tarefa externa, incluindo o caminho completo para o plano de projeto externo onde a tarefa predecessora externa (a tarefa fantasma) está localizada.

Em seguida, você vai examinar a tarefa externa no plano de projeto Consolidação A.

15. Na guia **Exibição**, no grupo **Janela**, clique em **Alternas Janelas** e em **Consolidacao A**.

16. Na coluna **Nome da Tarefa**, selecione os nomes da tarefa 12, *Preparar kit de vendas do livro*, e da tarefa 13, *Design da ilustração interior*.

17. Na guia **Exibição**, no grupo **Zoom**, clique no botão Zoom, clique na opção Zoom... e em **Tarefas selecionadas**. Clique em ok para fechar a janela Zoom.

    O Project ajusta a parte gráfica do modo de exibição Gráfico de Gantt para exibir as tarefas selecionadas.

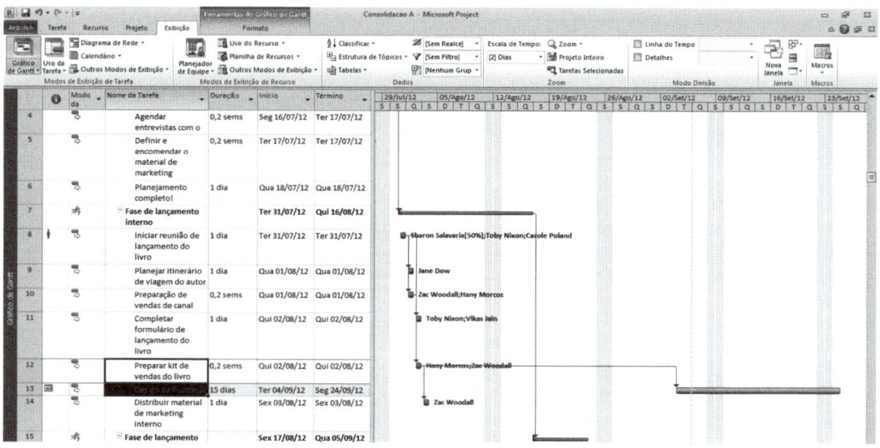

Aqui, você pode ver que a tarefa 12, *Preparar kit de vendas do livro*, é uma predecessora para a tarefa externa 13, *Design da ilustração interior*. Como a tarefa 13 é uma sucessora sem outro vínculo a esse projeto, ela não tem efeito sobre outras tarefas aqui.

O vínculo entre esses dois planos de projeto permanecerá até que você o quebre. A exclusão de uma tarefa no plano de origem ou de uma tarefa fantasma no plano de destino excluirá a tarefa correspondente ou a tarefa fantasma no outro plano.

18. Feche e salve as alterações de todos os arquivos abertos.

    Para concluir este exercício, você vai exibir o vínculo entre esses dois projetos no plano de projeto consolidado.

19. Na guia **Arquivo**, clique em **Abrir**.

20. Navegue para a pasta Capitulo18 e clique duas vezes no arquivo **Projetos Consolidados**.

21. Clique em **Abrir o pool de recursos para ver as atribuições contidas em todos os arquivos participantes do compartilhamento** e, em seguida, em **OK**.

22. No plano de agendamento **Cronograma de lançamento do livro de exercícios para crianças** (o segundo projeto inserido), clique no sinal de menos próximo ao nome da tarefa 1, *Fase de planejamento*.

    O Project recolhe essa fase. Isso permite que você veja as tarefas predecessora e sucessora nos dois projetos inseridos.

23. Na guia **Tarefa**, no grupo **Edição**, clique em **Rolar até a tarefa**.

    Você pode ver a linha de vínculo entre a tarefa *Preparar kit de vendas do livro* em um projeto inserido e a tarefa *Design da ilustração interior* no outro.

No plano de projeto consolidado, o vínculo entre projetos aparece como um vínculo de tarefa normal.

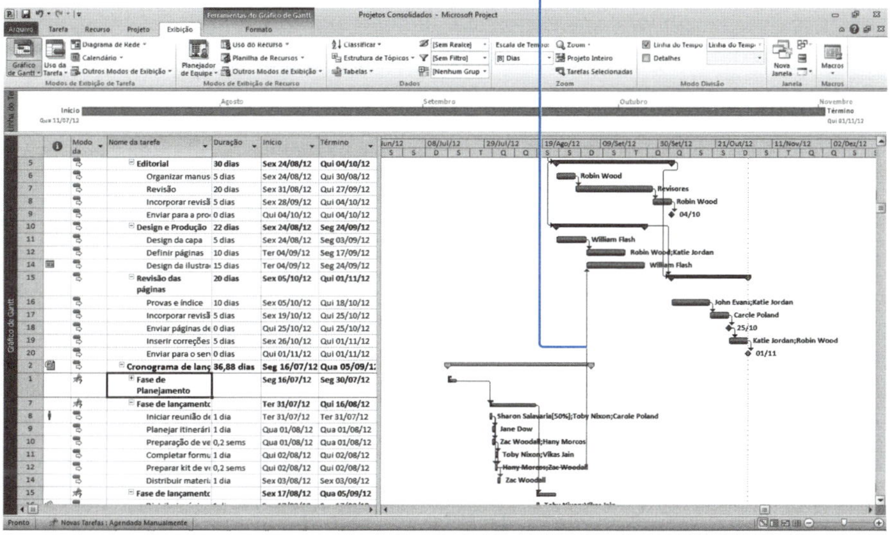

Como você está examinando um plano de projeto consolidado que mostra as tarefas dos dois planos de projeto, o vínculo entre as tarefas dos dois projetos não aparece como uma tarefa fantasma.

A seguir, estão algumas dicas e sugestões adicionais para trabalhar com projetos consolidados e vínculos entre projetos:

- Se você quiser, pode desativar os vínculos entre projetos. Para fazer isso, na guia Arquivo, clique em Opções. Na caixa de diálogo Opções do Project, na guia Avançado, na seção Opções de vinculação entre projetos deste projeto <*nome do arquivo*>, desmarque a caixa de seleção Mostrar sucessoras externas e Mostrar predecessoras externas.
- Ao visualizar um projeto consolidado, você pode criar vínculos entre projetos rapidamente clicando no botão Vincular tarefas na guia Tarefa. Arrastar o mouse entre duas barras de tarefas terá o mesmo efeito.

- Cada vez que você abrir um plano de projeto com vínculos entre projetos, o Project pedirá que você atualize os vínculos entre eles. Você pode suprimir essa solicitação se não quiser ser lembrado outra vez ou pode dizer ao Project para aceitar automaticamente os dados atualizados do plano de projeto vinculado. Para fazer isso, na guia Arquivo, clique em Opções. Na caixa de diálogo Opções do Project, na guia Avançado, abaixo de Opções de vinculação entre projetos deste projeto <*nome do arquivo*>, selecione as opções desejadas.

LIMPEZA Feche todos os arquivos abertos.

Pontos principais

- Se você tiver informações de recursos duplicadas em mais de um plano de projeto, um pool de recursos é uma excelente maneira de coletar informações de recursos entre planos de projeto e apontar problemas, como superalocação.
- Além de indicar o período não útil de recursos em um pool, você pode editar o calendário do projeto em um pool de recursos (por exemplo, marcar feriados como período não útil) e essas informações serão divulgadas a todos os planos participantes.
- Os detalhes de atribuição de recursos de todos os planos participantes do compartilhamento estão disponíveis para visualização (mas não para edição) no arquivo de pool de recursos.
- A consolidação de planos de projeto em um único plano é útil quando você deseja ver todos os detalhes agregados em um único local (o plano de projeto consolidado) e ainda continuar a trabalhar com os planos de projeto individuais.
- Quando uma tarefa em um único plano de projeto tem uma dependência lógica com uma tarefa em outro plano de projeto, você pode vincular os dois com um vínculo entre projetos. Isso produz o que às vezes denominamos de tarefa fantasma (a tarefa predecessora ou sucessora) nos dois planos de projeto.

Parte 4
Apêndices

Apêndice A

Um breve curso em gerenciamento de projetos

Em todo este livro, incluímos orientações sobre a melhor maneira de usar o Microsoft Project 2010 ao mesmo tempo em que usa práticas consagradas no gerenciamento de projetos. Este apêndice enfoca os conceitos básicos de gerenciamento de projeto, independentemente das ferramentas de software que você possa usar para ajudá-lo a gerenciar os projetos. Embora o gerenciamento de projetos seja um assunto abrangente e complexo, neste apêndice abordaremos o modelo "*triângulo do projeto*". Neste modelo, você considera os projetos em termos de *tempo*, *custo* e *escopo*.

Entendendo o que define um projeto

Ser bem-sucedido como gerente de projetos requer que você conclua seus projetos no prazo, dentro do orçamento e que os resultados deixem seus clientes satisfeitos. Isso parece muito simples, mas quantos projetos você conhece (ou em quantos já trabalhou) que foram concluídos com atraso, custaram muito mais do que o orçado ou ainda não atenderam às necessidades de seus clientes?

O livro *Guide to the Project Management Body of Knowledge* (publicado pelo Project Management Institute) — chamado de PMBOK — define um projeto como "um esforço temporário empreendido para criar um produto ou serviço exclusivo". Vamos examinar essa definição para esclarecer o que é e o que não é um projeto.

Dica Para obter mais informações sobre o Project Management Institute e o PMBOK, consulte o Apêndice B, "Um roteiro para desenvolver seu projeto e habilidades de gerenciamento de projeto".

Em primeiro lugar, um projeto é temporário. A duração de um projeto pode ser de apenas uma semana ou de anos, mas todo projeto tem uma data de término. Talvez você não conheça essa data de término quando o projeto inicia, mas ela está em algum lugar no futuro. Os projetos não são o mesmo que operações contínuas, embora os dois tenham muita coisa em comum. *Operações contínuas*, como o nome sugere, duram indefinidamente; você não estabelece uma data de término. Os exemplos incluem a maioria das atividades dos departamentos de contabilidade e de recursos humanos. As pessoas que executam operações contínuas também podem gerenciar projetos; por exemplo, um gerente do departamento de recursos humanos de uma grande organização pode planejar uma feira de recrutamento de universitários. Mas os projetos se diferenciam das operações contínuas pela data de término prevista, como a data da feira de recrutamento.

Além disso, um projeto é um esforço. Os ***recursos***, como pessoas e equipamentos, precisam realizar trabalho. O esforço é empreendido por uma equipe ou uma organização e, portanto, os projetos são compostos de eventos planejados, intencionais. Projetos bem-sucedidos não acontecem espontaneamente; é necessária uma boa quantidade de preparação e planejamento inicial.

Finalmente, todo projeto cria um produto ou serviço exclusivo. Esse é o ***resultado*** do projeto e a razão pela qual o projeto foi empreendido. Uma refinaria que produz gasolina não produz um produto exclusivo. A ideia geral, nesse caso, é produzir um bem de consumo padronizado; você não compra gasolina em um posto que seja significativamente diferente da gasolina de outro posto. Por outro lado, os aviões comerciais são produtos exclusivos. Embora todos os aviões Boeing 787 possam parecer idênticos para nós, cada um deles, na verdade, é altamente personalizado para atender às necessidades do seu comprador.

Agora, você pode perceber que grande parte do trabalho executado no mundo é trabalho orientado a projeto. Na verdade, uma parte substancial do seu trabalho pode ser enfocado no gerenciamento de projetos, mesmo que esse não seja o título do trabalho.

O gerenciamento de projeto é uma profissão reconhecida por muitas décadas, mas alguma forma de trabalho de gerenciamento de projeto ocorre quando as pessoas executam algum trabalho complexo. Quando as Grandes Pirâmides de Giza no Egito foram construídas, alguém em algum lugar teve de controlar os recursos, cronograma e especificações para o resultado final.

Dica Agora, o gerenciamento de projeto é um profissão muito reconhecida na maioria das indústrias. Para aprender mais sobre empresas que treinam gerentes de projetos e gerenciamento de projeto avançado como uma profissão, consulte o Apêndice B.

O triângulo do projeto: visualizando projetos em termos de tempo, custo e escopo

Você pode visualizar o trabalho do projeto de várias maneiras, mas o nosso método preferido é o que, às vezes, é chamado de triângulo do projeto ou triângulo de restrições triplas.

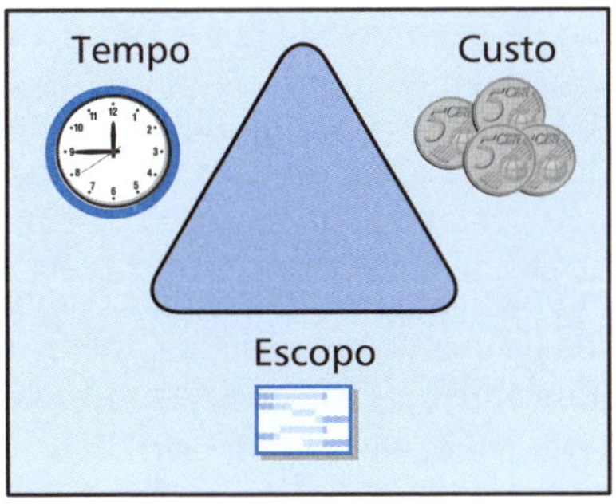

Esse tema tem muitas variações, mas o conceito básico é que todo projeto tem algum elemento de restrição de tempo, tem algum tipo de orçamento e requer alguma quantidade de trabalho para ser concluído. (Em outras palavras, ele tem um escopo definido.) No Project, o termo restrição tem um significado específico, mas aqui estamos usando o significado mais geral, que é um fator de limitação. Vamos considerar essas restrições uma de cada vez.

Tempo

Você já trabalhou em um projeto que tivesse um prazo final? (Talvez devêssemos perguntar se você já trabalhou em um projeto que *não* tivesse um prazo final...) O tempo limitado é uma restrição do projeto com a qual todos nós provavelmente estejamos familiarizados. Se você estiver trabalhando em um projeto agora, peça aos integrantes da sua equipe para determinar o prazo final do projeto. Talvez eles não conheçam o orçamento do projeto ou o escopo de trabalho detalhadamente, mas, provavelmente, todos sabem qual é o prazo imediato e o prazo final do projeto total.

A seguir, estão alguns exemplos de restrições de tempo:

- Você está construindo uma casa e precisa terminar o telhado antes do início do período de chuvas.
- Você está montando um grande estande de exposição para uma feira que começará em dois meses.
- Você está desenvolvendo um novo sistema de controle de estoque que deve estar testado e em execução no início do próximo ano fiscal.

Desde crianças, fomos treinados para entender o tempo.

Nós usamos relógios de pulso, agendas de papel e eletrônicas e outras ferramentas para nos ajudar a gerenciar o tempo. Para muitos projetos que criam um produto ou evento, o tempo é a restrição mais importante a ser gerenciada.

Custo

Você pode pensar em custo simplesmente em termos monetários, mas, no contexto dos projetos, o custo tem um significado mais abrangente: inclui todos os recursos necessários para executar o projeto. Os custos incluem pessoas e equipamentos que executam o trabalho, os materiais que eles usam e todos os outros eventos e questões que requerem dinheiro ou a atenção de alguém em um projeto.

A seguir, estão exemplos de restrições de custo:

- Você assinou um contrato a preço fixo para entregar um site comercial a um cliente. Se os seus custos excederem o preço combinado, seu cliente poderá ser muito compreensivo, mas provavelmente não concordará em renegociar o contrato.
- O presidente da sua empresa o indicou para executar um projeto de pesquisa de clientes usando apenas o pessoal e o equipamento do seu departamento.
- Você recebeu uma doação de US$5.000 para criar uma instalação pública de artes. Não há outro fundo.
- Para quase todos os projetos, o custo é fundamentalmente uma restrição limitante; poucos projetos podem ultrapassar o orçamento sem exigir uma ação corretiva.

Escopo

Você deve considerar dois aspectos do ***escopo***: o do produto e o do projeto. Todo projeto bem-sucedido gera um produto único: um item tangível ou um serviço. Normalmente, os clientes têm algumas expectativas sobre os recursos e funções dos produtos que eles consideram comprar. O ***escopo do produto*** descreve a qualidade, os recursos e as funções pretendidas desse produto – geralmente em detalhes minuciosos. Os documentos que resumem essas informações são, às vezes, chamados de especificações do produto. Um serviço ou um evento normalmente tem alguns aspectos previstos também. Todos nós temos expectativas sobre o que faremos ou veremos em uma festa, um concerto ou um evento esportivo.

O ***escopo do projeto***, por outro lado, descreve o trabalho necessário para entregar um produto ou um serviço com o escopo do produto pretendido. O escopo do projeto normalmente é medido em fases e tarefas.

A seguir, estão alguns exemplos de restrições de escopo:

- Sua empresa ganhou um contrato para desenvolver um produto automotivo que tem requisitos precisos — por exemplo, dimensões físicas medidas para 0,01mm. Essa é uma restrição de escopo de produto que vai influenciar os planos de escopo do projeto.
- Você está construindo um prédio em um lote que tem uma restrição de altura de 15 metros.

- Você só pode usar serviços internos para desenvolver parte do seu produto, e esses serviços seguem uma metodologia de desenvolvimento de produto diferente da que você tinha planejado.

O escopo do produto e o escopo do projeto têm uma relação direta. O gerente de projeto, para gerenciar bem o escopo do projeto, também deve entender o escopo do produto ou saber como se comunicar com aqueles que entendem.

Tempo, custo e escopo: gerenciamento das restrições do projeto

O gerenciamento de projeto se torna mais interessante quando você precisa equilibrar as restrições de tempo, custo e escopo dos seus projetos. O triângulo do projeto ilustra o processo de equilibrar as restrições, porque os três lados do triângulo estão conectados e a alteração de um lado afeta pelo menos um dos outros. A seguir, estão alguns exemplos de equilíbrio das restrições:

- Se a duração (tempo) do seu cronograma de projeto diminuir, talvez você precise aumentar o orçamento (custo), porque deverá contratar mais recursos para fazer o mesmo trabalho em menos tempo. Caso não possa aumentar o orçamento, poderá ser necessário reduzir o escopo, porque os recursos existentes não poderão completar todo o trabalho planejado em menos tempo.

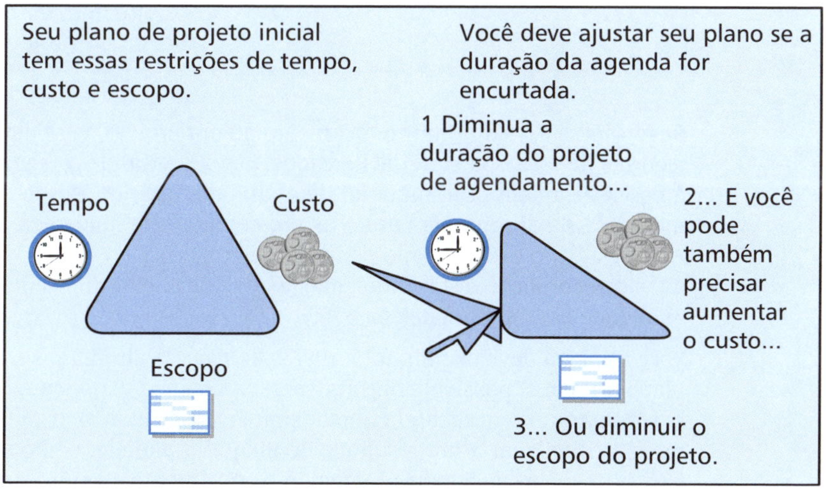

Caso seja necessário diminuir a duração de um projeto, certifique-se de que a qualidade global do projeto não será reduzida de forma não intencional. Por exemplo, o controle de qualidade e teste geralmente ocorrem por último em um projeto de desenvolvimento de software; se a duração do projeto diminuir, no final essas tarefas poderão ser cortadas. Você precisa pesar as vantagens da redução da duração do projeto em relação às desvantagens potenciais de um resultado com qualidade menor.

- Se o orçamento (custo) do seu projeto diminuir, talvez você precise de mais tempo, porque não poderá pagar por tantos recursos ou por recursos da mesma eficiência. Caso não possa aumentar o tempo, precisará reduzir o escopo do projeto, porque todo o trabalho planejado não poderá ser realizado por menos recursos no tempo que você tem.

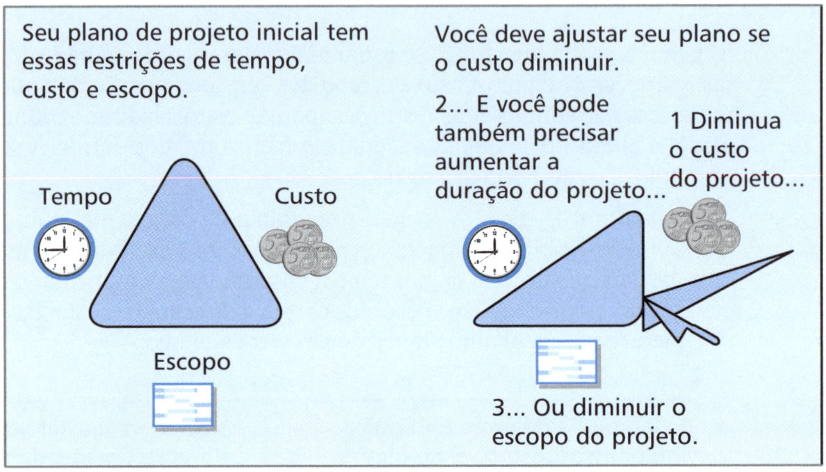

Se for necessário diminuir o orçamento de um projeto, você deve examinar as categorias de recursos materiais orçados. Um material de categoria mais baixa não é necessariamente um material de qualidade inferior. Desde que a categoria do material seja apropriada para o uso pretendido, ele ainda será de alta qualidade. Aqui, está um exemplo que podemos relatar: comida a quilo e churrascaria são duas categorias de restaurante, mas você pode encontrar exemplos de alta e baixa qualidade em cada um deles.

Você também deve examinar os custos de recursos humanos e equipamentos que planeja usar. É possível contratar pessoas menos experientes por salários mais baixos para executar tarefas mais simples? Entretanto, a redução de custos do projeto pode levar a um resultado de menor qualidade. Como um gerente de projeto, você deve considerar (ou, mais provavelmente, comunicar aos tomadores de decisão) as vantagens versus os riscos da redução de custos.

- Se o escopo do projeto aumentar, talvez seja necessário mais tempo ou recursos (custo) para completar o trabalho adicional. Quando o escopo do projeto aumentar depois que o projeto tiver iniciado, isso é denominado deformação de escopo. A alteração do escopo no meio do projeto não é necessariamente algo ruim; por exemplo, o ambiente no qual o resultado do seu projeto vai operar pode ter sido alterado ou você pode ter aprendido mais sobre a natureza do trabalho desde o início do projeto. A alteração do escopo do projeto só será ruim se o gerente do projeto não reconhecer e planejar os novos requisitos — isto é, quando outras restrições (custo, tempo) não forem examinadas de acordo e, se necessário, ajustadas.

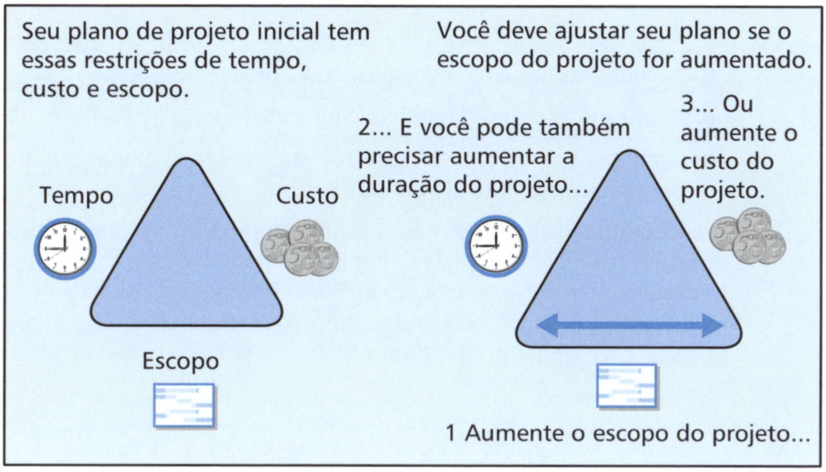

Tempo, custo e escopo são os três elementos essenciais de qualquer projeto. Para ser bem-sucedido como gerente de projeto, você terá de conhecer como essas três restrições se aplicam aos seus projetos e ser capaz de comunicá-las aos seus stakeholders (partes interessadas no projeto).

Aqui, está nossa palavra final sobre o modelo de triângulo do projeto. Como todos os modelos simples de assuntos complexos, é uma ferramenta de aprendizagem útil, mas nem sempre é um reflexo do mundo real. Se projetos reais sempre fossem executados como o triângulo do projeto sugere que eles sejam, talvez você visse projetos entregues com atraso, mas no custo planejado ou com o escopo esperado; ou, projetos concluídos no prazo com o escopo esperado, mas com um custo mais alto. Em outras palavras, você poderia esperar ver no mínimo um elemento do triângulo dentro do que foi planejado. Mas a triste verdade é que muitos projetos, mesmo com uma rigorosa supervisão de gerenciamento de projeto, são entregues com atraso, acima do orçamento e com um escopo aquém do esperado em termos de funcionalidade. Provavelmente você participou de alguns projetos desse tipo. O gerenciamento de projeto é um campo exigente. O sucesso no gerenciamento de projeto requer uma mistura rara de habilidades e conhecimento sobre práticas e ferramentas de agendamento, assim como habilidade no setor ou indústria no qual um projeto será executado.

Gerenciando seus projetos com o Project

A melhor ferramenta de gerenciamento de projetos existente nunca substitui seu bom julgamento. Entretanto, a ferramenta correta pode e deve ajudá-lo a executar as tarefas a seguir:

- Controlar todas as informações que você reunir sobre os requisitos de trabalho, duração e recursos do projeto.
- Visualizar o plano de projeto em formatos padrão e bem definidos.
- Agendar tarefas e recursos de modo consistente e efetivo.
- Trocar informações do projeto com stakeholders de várias maneiras.
- Comunicar com recursos e outros stakeholders, enquanto deixa o controle final nas mãos do gerente de projeto.

Nos capítulos deste livro, você foi apresentado à rica funcionalidade do Project em um contexto real: o gerenciamento de um projeto desde a concepção até a conclusão. Nem tudo neste livro poderá ser aplicado às suas necessidades e provavelmente você tem necessidades que não foram abordadas nesta obra. Mas, depois de concluir este tutorial, você estará pronto para um grande começo com o Project.

Apêndice B

Um roteiro para desenvolver seu projeto e sua habilidade em gerenciamento de projeto

Se você concluiu a maioria dos capítulos deste livro, está bem preparado para dominar o Microsoft Project 2010. Entretanto, um livro pode levá-lo apenas até aqui. Para aprofundar ainda mais seu conhecimento em Project e em gerenciamento de projeto, procure as fontes a seguir.

Junte-se a uma comunidade de aprendizado do Project

Se há alguma coisa que podemos falar sobre os usuários do Project, é que eles adoram falar sobre o programa e seus trabalhos e compartilhar ideias com outras pessoas. Se você é um profissional autônomo ou trabalha em uma grande organização, provavelmente achará uma comunidade de usuários do Project por perto.

Se você está em uma grande organização, especialmente uma com um forte foco em gerenciamento de projeto, talvez encontre aí um grupo interno de usuários do Project ou um grupo de suporte. Esses grupos fazem reuniões informais frequentes para fornecer treinamento e suporte, criticar planos de projeto e compartilhar as melhores práticas. Se esses grupos não existirem na sua organização, talvez você possa começar um.

Existem muitos grupos de usuários do Project em todo o mundo. Unir-se a um grupo de usuários é uma excelente maneira de ampliar sua exposição ao uso do Project; ele também pode ser uma excelente fonte de suporte, treinamento e contatos profissionais.

A seguir, estão alguns locais onde você pode procurar grupos de usuários do Project e recursos relacionados:

- O Microsoft Project User Group (MPUG) é a associação oficial do setor para o Project. O MPUG oferece informações sobre uma variedade de recursos de gerenciamento de projeto e do Project, assim como um diretório de grupos de usuários em todo o mundo. Encontre-o na Web em www.mpug.com.
- A área do Project do site Microsoft Office Online inclui várias ferramentas e informações da Microsoft e outros usuários do Project para ajudá-lo a gerenciar seus projetos. Encontre-a em http://office.com e navegue para a página do Project.
- O grupo de notícias (newsgroup) e o fórum oficiais do Project oferecem ajuda e discussões com outros usuários, incluindo os Microsoft Most Valuable Professionals (MVPs). Para conhecê-los, consulte os websites
http://support.microsoft.com/gp/gp_newsgroups_master#tab9
http://answers.microsoft.com/en-us/office/
- Os MVPs do Microsoft Project são especialistas no Project independentes (não funcionários da Microsoft) que recebem o status oficial de MVP pela Microsoft em reconhecimento pelas suas especialidades e trabalho em ajudar uma grande comunidade de usuários a usar o Project com êxito. Os MVPs respondem a perguntas em grupos de notícias. Encontre as informações sobre o Project MVP em https://mvp.support.microsoft.com/communities/mvp.aspx e navegue para a página do Project.
- As áreas de Enterprise Project Management (EPM) do site da Microsoft Office Online incluem avaliação, implantação e informações de administração de TI para soluções do Microsoft EPM. Encontre-as na Web em http://office.com e navegue para a página do Project Server.
- Um dos autores desse livro, Carl Chatfield, posta em um blog cujo foco é o Project, gerenciamento de projeto e equipes de trabalhadores do conhecimento. Encontre o blog em http://www.projhugger.com.

Para mostrar formalmente sua especialidade no Project, você pode se tornar um profissional certificado. A Microsoft desenvolveu certificações Microsoft Certified Technology Specialist (MCTS) para o Project, soluções de gerenciamento de projeto empresarial para o Project 2007 e oferece certificações similares para o Project 2010. Para aprender sobre oportunidades de treinamento e requisitos para certificação do Project, veja em http://www.microsoft.com/learning.

Junte-se a uma comunidade de aprendizado em gerenciamento de projeto (Project Management Learning Community)

Talvez mais do que outros programas de desktop, o Project requer que você esteja envolvido em uma atividade formal específica: o gerenciamento de projeto. O gerenciamento de projeto pode ser uma mistura estimulante de desafios técnicos, organizacionais e sociais. O Project Management Institute (PMI) é a organização líder de gerenciamento de projeto profissional. O PMI enfoca na configuração de padrões de gerenciamento de projeto, desenvolve e oferece programas educacionais e certifica gerentes de projeto. A certificação PMI mais conhecida é a Project Management Professional (PMP).

O "Guide to the Project Management Body of Knowledge" – publicado pelo PMI e referenciado como o PMBOK, descreve as práticas de gerenciamento de projeto, áreas de conhecimento e terminologia geralmente aceitas. Além disso, o PMI publica os jornais Project Management Journal e PM Network. Você pode aprender mais sobre o PMI na Web em www.pmi.org.

Palavras finais

Existem, claro, muitas organizações comerciais ou sem fins lucrativos que valem a pena dedicadas ao Project e ao gerenciamento de projeto além daquelas que descrevemos aqui. O Project desfruta de uma posição líder no diverso, e às vezes controverso, mas sempre interessante mundo do gerenciamento de projetos.

Sempre que você estiver usando seu próprio Project, ou necessitar de conhecimentos de gerenciamento de projeto, ou ainda de desenvolvimento de carreira, pode encontrar hoje uma grande variedade de organizações de suporte e parceiros. Os autores desejam a você o maior sucesso!

Apêndice C

Usando os arquivos de exercícios se estiver conectado ao Project Server

Este apêndice trata de alguns ajustes que você talvez precise fazer se estiver executando o Microsoft Project Professional conectado ao Microsoft Project Server. Esse apêndice também fornece algumas informações preliminares sobre o Project Server e o gerenciamento empresarial de projeto, e vincula a informações adicionais.

Alterando as configurações de conta se estiver conectado ao Project Server

Se você tem o Project Professional e ele está configurado para o Microsoft Project Server, existem alguns ajustes que você deve fazer para evitar a publicação inadvertida dos arquivos de exercícios deste livro no seu Project Server.

1. Na barra de tarefas do Windows, clique no botão **Iniciar**.

   O menu Iniciar aparece.

2. No menu **Iniciar**, aponte para **Todos os programas**, clique em **Microsoft Office** e em **Microsoft Project 2010**.

   Dependendo de como as opções da sua empresa tiverem sido configuradas no Project Professional, você talvez seja solicitado a escolher uma conta do Project Server. Se for assim, complete a etapa 3. Do contrário, pule para a etapa 4.

3. Se a caixa de diálogo **Logon** for exibida, na caixa **Perfil**, selecione **Computador** e clique em **OK**.

   Escolher essa opção configura o Project Professional para trabalhar independentemente do seu Project Server e ajuda a garantir que os dados dos arquivos de exercícios usados neste livro não serão publicados por acidente no seu Project Server.

   O Project aparece. Em seguida, você vai examinar ou ajustar algumas opções da empresa.

4. Na guia **Arquivo**, clique em **Informações** e, em seguida, em **Gerenciar Contas**.

   A caixa de diálogo Contas do Project Server é exibida.

5. Note o valor de **Conta atual**:

   - Se o valor de **Conta atual** for outra coisa que não *Computador*, abaixo de **Ao Iniciar,** clique em **Escolher uma conta** e em **OK**.

   Ou

   - Se o valor de **Conta atual** for *Computador*, clique em **Cancelar**.

   Selecionar "Escolher uma conta" fará com que o Project Professional solicite uma conta com a qual trabalhar quando você iniciá-lo. Isso ajuda a garantir que os arquivos de exercícios deste livro não serão publicados acidentalmente no seu Project Server.

   Quando precisar trabalhar com informações do seu Project Server, quando solicitado a escolher um perfil na inicialização do Project, clique no nome do perfil do Project Server.

6. Saia e reinicie o Project Professional. Se solicitado a escolher um perfil, clique em **Computador** e em **OK**.

   O Project Professional é exibido. Você agora é capaz de trabalhar com os arquivos de exercícios conforme descrito nos capítulos deste livro.

Introdução ao Gerenciamento empresarial de projetos (Enterprise Project Management)

Este apêndice apresenta algumas diferenças entre o gerenciamento de projeto de desktop (conforme você praticou neste livro) e o gerenciamento empresarial de projetos *baseado no Project Server*. O Project Server é a pedra angular do Microsoft Enterprise Project Management (EPM) Solution (nós vamos nos referir a ele como "EPM baseado no Project Server"). O EPM é uma das práticas mais complexas, mas potencialmente a mais compensadora, que uma grande organização pode adotar.

Algumas vantagens organizacionais do EPM baseado no Project Server incluem:

- Capturar as melhores práticas da sua empresa com referência a modelos de fluxo de trabalho e capacidades de recursos nos modelos da empresa.
- Aumentar a percepção em relação à carga de trabalho e disponibilidade dos recursos em todos os projetos e outras atividades na sua organização.
- Desenvolver maneiras consistentes de descrever e controlar as atividades do projeto em toda a organização.
- Coletar uma faixa ampla de dados relativos aos projetos e relatar esses dados de maneira informativa e oportuna.

Embora você possa ser o único usuário do Project na sua empresa, o verdadeiro "usuário" do EPM é a empresa inteira; portanto, o conjunto de ferramentas de software é correspondentemente mais complexo do que a simples execução do Project em um único computador. Por esse motivo, a abordagem completa dos detalhes do EPM está muito além do escopo deste livro. Entretanto, queremos ilustrar o EPM baseado no Project Server, para que você possa começar a determinar se ele pode desempenhar uma função útil na sua empresa. Para a maioria das empresas, acreditamos que a resposta será "sim", mas do interesse inicial no EPM baseado no Project Server até a sua implementação total existe uma série de etapas complexas. Esperamos que esta breve introdução possa ajudá-lo a formular algumas ideias de como o EPM baseado no Project Server pode melhorar o desempenho da sua empresa.

Se você completou os capítulos anteriores deste livro, já tem uma boa introdução ao gerenciamento de projeto na escala de um gerente de projeto único com projetos que possuem dezenas de recursos trabalhando em centenas de tarefas. Agora, você pode praticar o gerenciamento de projeto nessa escala. Na verdade, com um *pool* de recursos e recursos de múltiplos projetos, como projetos consolidados, um único gerente deve ser capaz de ficar à frente de vários projetos em várias etapas de conclusão com o Project sendo executado em um único computador.

Agora, imagine dezenas de gerentes de projetos planejando e controlando centenas de projetos, cada um deles com centenas ou mesmo milhares de recursos e tarefas — todos dentro de uma única empresa. O gerenciamento de projeto nessa escala requer um alto grau de planejamento, coordenação e padronização. Esse é o domínio do EPM: planejamento, coordenação e execução de um grande número de projetos simultaneamente em uma grande empresa.

Pense em suas experiências passadas ou atuais trabalhando em projetos em uma grande empresa e tente responder a perguntas do tipo:

- Os possíveis projetos foram avaliados em relação às metas e aos objetivos da organização, de forma que os projetos selecionados para execução se alinharam com as metas da organização?
- Os projetos foram definidos e examinados de maneira consistente que permitissem comparações precisas?
- As atribuições de recursos foram feitas com conhecimento total de disponibilidade, localização e habilidades de cada recurso?
- O executivo principal da empresa tem uma imagem clara do status de cada projeto?

Se a sua resposta a essas perguntas for "não", provavelmente a empresa não pratica o EPM. Não há dúvida de que muitas empresas grandes podem obter muitos benefícios ao adotar o EPM; entretanto, essa não é uma tarefa fácil, ou eles já o teriam implementado. O êxito com o EPM requer muita força de vontade do principal executivo da empresa (o executivo financeiro), um grupo bem treinado de administradores, gerentes de projeto e de recursos, e uma infraestrutura de software capaz de permiti-lo.

A seguir, estão alguns recursos que irão ajudá-lo a avaliar, planejar e implantar uma solução EPM baseada no Project Server:

- Explore as opções de colaboração disponíveis para o Project Professional. Para fazer isso, na guia Arquivo, clique em Salvar e Enviar.
- Reveja todo o material relevante sobre a área do Project Server no site do Office Online. Encontre-o na Web em http://office.com e navegue para a página do Project Server.
- Considere participar de um treinamento em sala de aula sobre a implantação do EPM do Microsoft Learning. Verifique os site da Microsoft Learning para obter informações sobre o Project Server: http://www.microsoft.com/learning.
- Se você está em uma organização que é relativamente nova para a disciplina do gerenciamento de projeto ou falta um grupo de TI (Tecnologia da Informação) interno experiente, considere trabalhar no processo de implantação do Project Server com um parceiro Project reconhecido. Você pode começar sua pesquisa por uma empresa parceira qualificada aqui: http://pinpoint.microsoft.com.

Nós esperamos que essa breve introdução possa dar a você e à sua empresa um bom início na exploração das ferramentas e práticas do EPM.

Apêndice D

Usando o Microsoft Project 2010 Passo a Passo em sala de aula: sugestões para instrutores

Este livro é adequado para vários ambientes e necessidades de aprendizado, incluindo:

- Treinamento individualizado
- Treinamento em sala de aula com instrutor

Se você é um instrutor preparando material de treinamento para entregar em sala de aula, este apêndice oferece algumas sugestões para integrar melhor este livro nos seus planos de lições ou currículo.

Correspondendo o conteúdo às necessidades educacionais

A tabela a seguir descreve a organização deste livro e como você, como um instrutor, pode incorporá-lo no ambiente de treinamento da sala de aula.

Nível do livro	Foco do treinamento
Livro inteiro	Atribuir durante todo o curso ou na parte que enfoca o desenvolvimento das capacidades do Microsoft Project 2010.
Parte	Parte 1, "Um projeto simples". Inclui os Capítulos 1 a 6. O Capítulo 1 é uma introdução ao Project, especialmente ajustado para os novatos. Os Capítulos 2 a 5 abordam um ciclo de vida do projeto completo e apresenta tarefas, recursos, atribuições, formatação e recursos de monitoramento do Project. Os capítulos na Parte 1 seguem uma sequência lógica. Se seus alunos têm alguma experiência com o Project 2010, você talvez decida pular a Parte 1. A Parte 2 (Capítulos 7 a 14), "Agendamento avançado". Aborda um ciclo de vida do projeto completo e apresenta recursos mais avançados relativos a tarefas, recursos, atribuições, formatação e atividades de monitoramento do Project. Os capítulos da Parte 2 seguem uma sequência lógica. A Parte 3 (Capítulos 15 a 18), "Assuntos especiais". Aborda alguns assuntos que não fazem parte de um ciclo de vida do projeto, mas são importantes para um treinamento bem detalhado do Project. Os capítulos da Parte 3 não estão em uma sequência específica.
Capítulo	Cada capítulo é uma solução de aprendizado completa que enfoca um conjunto de recursos importantes do Project. A maioria dos capítulos deste livro requer o uso de pelo menos um e, às vezes, vários arquivos de exercícios. Se você tem áreas de recursos específicas que deseja abordar, pode atribuir os capítulos baseados no assunto. Por exemplo, se deseja enfocar características de recursos no Project, pode atribuir o Capítulo 3, "Configure recursos", seguido do Capítulo 8, "Ajuste os detalhes dos recursos" e possivelmente o Capítulo 18, "Consolide projetos e recursos" (se deseja tratar de pool de recursos). Vários capítulos incluem os boxes "Foco do gerenciamento de projeto", nas quais os princípios ou questões de gerenciamento de projeto são apresentados no contexto da funcionalidade do Project. Essas barras laterais são uma grande oportunidade para ampliar as discussões e atividades em sala de aula, para abranger as práticas de gerenciamento de projetos.
Seção	Cada capítulo consiste em várias seções. No início de cada capítulo, você encontrará os objetivos de aprendizado tratados nesse capítulo. Os objetivos informam as metas educacionais de cada seção para que você e seus alunos entendam que habilidades irão dominar. Neste livro, as seções são fortemente sequenciais dentro do capítulo; os alunos devem completar as seções na ordem em que aparecem. Se você precisar atribuir apenas algumas seções de um capítulo, verifique em que estado o arquivo de exercício do capítulo deve estar no início de cada seção atribuída. Em alguns casos, você talvez precise criar versões específicas de arquivos de exemplo para a seção.

Nível do livro	Foco do treinamento
A parte explicativa da seção	Cada seção é mais ou menos dividida entre uma parte explicativa, que define os conceitos principais, e a atividade prática (o procedimento numerado). Ao apresentar os conceitos principais para os alunos, você talvez queira elaborar sobre o conteúdo fornecido. Por exemplo, se você está ensinando gerenciamento de projeto em um curso de engenharia, talvez queira fornecer exemplos e termos mais específicos de engenharia na sua explicação.
Atividade prática por seção	A atividade prática por seção deve ser completada pelos alunos ou por um instrutor enquanto é observado pelos alunos. Os procedimentos são bem ilustrados para que os alunos possam verificar seus resultados em relação às ilustrações. Os alunos podem trabalhar nas atividades práticas fora da sala de aula, ou na sala de aula, se ela estiver equipada com computadores. Para ambientes de laboratório, você pode achar útil trabalhar com pares de alunos para que um complete a atividade prática enquanto o outro lê as instruções, e ambos discutam os resultados. Eles podem então alternar as funções entre as seções.
Arquivos de exercícios	Este livro inclui instruções sobre como fazer download dos arquivos de exercícios usados em atividades práticas deste livro. Caso os arquivos de exercícios se tornem impróprios para os novos usuários (por exemplo, alunos que completam as atividades mas sobrescrevem os arquivos de exercícios originais), você pode reinstalar novos arquivos de exercícios a partir da Web.

As seções e os capítulos neste livro variam em termos de número de páginas e, para as atividades práticas, tempo de conclusão. Por essa razão, recomendamos que você atribua tempo aos alunos para que possa estimar melhor a duração das práticas. Um usuário experiente do Project deve ser capaz de completar qualquer capítulo neste livro em uma hora; um usuário novato do Project, entretanto, pode requerer um tempo substancialmente maior.

Dependendo do ambiente da sua sala de aula e dos objetivos do treinamento, você pode achar que várias estratégias institucionais são efetivas, incluindo:

- O instrutor conduz uma palestra ou discussão por meio da parte explicativa de uma seção e demonstra a atividade prática no Project.
- O instrutor conduz uma palestra e atribui alunos para completar a atividade prática nos computadores da sala de aula ou laboratório.
- O instrutor conduz uma palestra e atribui aos alunos o complemento da atividade prática fora da sala de aula.
- O instrutor atribui leitura e conclusão das atividades práticas aos alunos, para serem concluídas fora da sala de aula.

Essas são apenas algumas opções possíveis.

Ensinando gerenciamento de projeto com o Project

Um princípio importante da estratégia educacional do livro é que o sucesso com o Project é construído sobre o sucesso com a prática de gerenciamento de projeto básico. Embora o Project seja um aplicativo cheio de recursos, o domínio dos seus recursos isoladamente não é garantia de sucesso no gerenciamento de projeto. Por essa razão, você encontrará material sobre a prática de gerenciamento de projetos em todo este livro. Consulte, por exemplo:

- Os muitos boxes "Foco do gerenciamento do projeto" em todos os capítulos
- Apêndice A, "Um breve curso em gerenciamento de projeto "
- Apêndice B, "Um roteiro para desenvolver seu projeto e sua habilidade em gerenciamento de projeto"

Este livro não prescreve uma metodologia específica de gerenciamento de projeto, mas em geral seus objetivos estão em alinhamento com o "*Guide to the Project Management Body of Knowledge (PMBOK)*" do Project Management Institute's (PMI's) e práticas de gerenciamento de projeto aceitas.

Dito isso, é importante reconhecer que algumas áreas importantes do gerenciamento de projeto estão além do escopo de atividades executadas com o Project. O recrutamento e a contratação de recursos, por exemplo, são atividades críticas para muitos projetos, mas não são atividades que o Project suporte diretamente. Se o contexto educacional for focado nas características do Project mais do que na prática do gerenciamento de projeto, mesmo assim explore esse assunto com seus alunos para que eles possam obter uma compreensão completa do gerenciamento de projeto e onde especificamente o Project pode suportá-los melhor.

Glossário

acumulação Método pelo qual um projeto incorre no custo de uma tarefa ou um recurso. Os três tipos de acumulação são início, rateado e fim.

agendamento controlado pelo empenho Método de agendamento no qual o trabalho de uma tarefa permanece constante independentemente do número de recursos atribuídos a ela. À medida que os recursos são adicionados a uma tarefa, a duração diminui, mas o trabalho total permanece o mesmo e é distribuído entre os recursos atribuídos. O agendamento controlado pelo empenho é desativado por padrão, mas pode ser ativado para tarefas de unidades fixas ou de duração fixa. O agendamento controlado pelo empenho é sempre ativado para tarefas de trabalho fixo.

alocação Parte da capacidade de um recurso dedicada ao trabalho em uma tarefa específica.

anotação Informações (incluindo arquivos vinculados ou embutidos) que você deseja associar a uma tarefa, recurso ou atribuição.

atribuição Associação de um recurso de trabalho (uma pessoa ou uma parte de equipamento) a uma tarefa. Você também pode atribuir um recurso material ou de custo a uma tarefa, mas esses recursos não têm efeito sobre o trabalho ou a duração.

AutoFiltro Em uma tabela, modo rápido de visualizar ou organizar apenas as informações de tarefas ou recursos que atendem aos critérios escolhidos.

barra de progresso Representação gráfica em uma barra no modo de exibição Gráfico de Gantt que mostra a quantidade de uma tarefa concluída.

calendário Configurações que definem os dias e horas úteis de um projeto, recursos ou tarefas.

calendário base Calendário que pode servir como calendário do projeto ou de tarefa. Um calendário base também define os períodos úteis padrão para calendários de recursos. O Microsoft Project inclui três calendários base, denominados Standard (ou Padrão), 24 horas e Turno da noite. Você pode personalizá-los ou usá-los como uma base para o seu próprio calendário base.

calendário base do turno da noite Calendário base incluído no Microsoft Project designado a acomodar um turno de trabalho entre 23:00 e 08:00, também chamado de turno de trabalho do "cemitério".

calendário base padrão Calendário base incluído no Microsoft Project designado a acomodar um turno de trabalho das 09:00 às 18:00 de segunda a sexta.

calendário de recursos Os dias e horas úteis e não úteis de um recurso de trabalho específico.

calendário de tarefa Calendário base que é usado por uma tarefa específica. Um calendário de tarefa define os períodos úteis e não úteis da tarefa, independente das definições do calendário do projeto.

calendário do projeto Calendário base que é usado pelo projeto inteiro. O calendário do projeto define os dias e horas úteis e não úteis normais.

caminho crítico Série de tarefas que, se atrasadas, empurrarão a data de término de um projeto.

campo Informação de nível mais baixo (detalhe) sobre uma tarefa, recurso ou atribuição.

campo dividido em fases Valor de tarefa, recurso ou atribuição que é distribuído ao longo do tempo. Os valores de campos divididos em fases estão disponíveis no campos que aparecem do lado direito dos modos de exibição Uso das tarefas ou Uso do recurso.

campo Grupo Campo de recurso no qual você pode especificar um nome de grupo (como um departamento) ao qual você deseja associar um recurso. Se você organizar os recursos em grupos, poderá classificar, filtrar ou agrupar os recursos por grupo.

classificação Maneira de ordenar as informações sobre recursos ou tarefas em um modo de exibição pelo critério escolhido.

controle Segunda fase mais importantes do trabalho de gerenciamento de projetos. O controle inclui a coleta, inserção e análise dos valores de desempenho do projeto real, como trabalho nas tarefas e durações reais.

CRTR Significa "Custo Real do Trabalho Realizado", e COTR significa "Custo Orçado do Trabalho Realizado. OAT significa "Orçamento ao Término" e IDC significa "Índice de Desempenho de Custo"

custo Recursos necessários para executar um projeto, incluindo as pessoas que realizarão o trabalho, o equipamento usado e os materiais consumidos à medida que o trabalho for concluído. O custo é um dos lados do modelo do triângulo do projeto.

custos fixos Quantidade definida de dinheiro orçado para uma tarefa. Essa quantidade é independente dos custos dos recursos e da duração da tarefa.

data de status Data que você especifica (não necessariamente a data atual) que determina o modo como o Microsoft Project calcula os dados de valor acumulado.

delimitação Maneira como o trabalho de um recurso em uma tarefa é agendado ao longo do tempo. O Microsof Project inclui várias delimitações de trabalho predefinidas que você pode aplicar em uma atribuição. Por exemplo, uma delimitação crescente agenda uma quantidade de trabalho no início de uma atribuição e, então, agenda quantidades crescentes de trabalho de acordo com o tempo. Você também pode delimitar manualmente uma atribuição editando os valores de trabalho em um modo de exibição de uso, como o modo de exibição Uso do recurso. A aplicação de uma delimitação predefinida ou de uma delimitação manual faz com que o Project exiba um ícone de delimitação de trabalho na coluna Indicadores.

dependência Vínculo entre uma tarefa predecessora e uma tarefa sucessora. Uma dependência controla o início ou o término de uma tarefa em relação ao início ou término de outra. A dependência mais comum é término-a-início (TI), na qual a data de término da tarefa predecessora determina a data de início da tarefa sucessora.

divisão Interrupção em uma tarefa, representada na barra de Gantt como uma linha pontilhada entre os segmentos de uma tarefa. Você pode dividir uma tarefa várias vezes.

duração Extensão do período previsto para concluir uma tarefa.

duração decorrida (ou transcorrida) Extensão ininterrupta de tempo decorrido para terminar uma tarefa, com base em um dia de 24 horas e uma semana de 7 dias. A duração decorrida não é limitada pelos calendários de projeto, recurso ou tarefa; ele é contínuo.

duração fixa Tipo de tarefa na qual o valor da duração é fixo. Se você alterar a quantidade de trabalho previsto para a tarefa, o Microsoft Project irá recalcular as unidades da atribuição de recurso para cada recurso. Se alterar a duração ou as unidades, o Project irá recalcular o trabalho.

EAT Indicador de valor acumulado; o acrônimo de Estimativa Ao Término. Na análise de valor acumulado, é o custo previsto para concluir uma tarefa com base no desempenho até a data de status (EAT = CRTR + [OAT - COTR]/IDC).

EDA (ou IDA) Indicador de valor acumulado; o acrônimo de Índice de Desempenho de Agendamento (ou IDA, como é referenciado na Ajuda do Project). Na análise de valor acumulado, é a razão entre o trabalho realizado e o agendado (EDA = COTR/COTA).

EDT – Estrutura de Divisão de Trabalho (WBS, Work Breakdown Structure) Identificação de cada tarefa em um projeto que reflete a localização dessa tarefa na hierarquia do projeto.

EPM – Gerenciamento Empresarial de Projetos Ou enterprise project management. Gerenciamento de projetos praticado de uma maneira formal e consistente em toda uma empresa ou organização.

escala de tempo Aparece em um modo de exibição, como o modo de exibição Gráfico de Gantt ou Uso do recurso, como uma faixa ao longo da parte superior do painel e indica as unidades de tempo. Para personalizar a escala de tempo, faça o seguinte: na guia Exibição, no grupo Zoom, clique na seta para baixo à direita da caixa Escala de tempo e clique em Escala de Tempo.

escopo Produto ou serviço a ser fornecido por um projeto, e o trabalho necessário para entregá-lo. Para o planejamento do projeto, é útil distinguir entre escopo do produto e do projeto. O escopo é um lado do modelo de triângulo do projeto.

escopo do produto Qualidade, características e funções (geralmente chamados de especificações) do resultado do projeto.

escopo do projeto Trabalho necessário para produzir um resultado com qualidade, características e funções combinadas.

escritório de programas Departamento dentro de uma organização que supervisiona uma coleção de projetos (como produção de asas e motores), cada um deles contribuindo para um resultado completo (como um avião) e para os objetivos estratégicos da empresa.

estrutura de tópicos Hierarquia de tarefas de resumo e subtarefas dentro do Microsoft Project, correspondendo normalmente às fases principais do trabalho.

etapa Evento significativo que é alcançado dentro do projeto, ou fixado no projeto. No Microsoft Project, as etapas são normalmente representadas como tarefas de duração zero.

faixa de opções (ribbon interface) Design de interface de usuário usado pelos aplicativos do Microsoft Office 2010. Na faixa de opções, os comandos são organizados em grupos e guias para acesso rápido.

fase Sequência de tarefas que representa uma parte importante do trabalho do projeto. No Microsoft Project, as fases são representadas por tarefas de resumo.

filtro Em um modo de exibição, maneira de ver ou realçar apenas as informações sobre tarefas ou recursos que atendem aos critérios escolhidos.

fórmula de agendamento Representação de como o Microsoft Project calcula o trabalho, baseado na duração e nas unidades de recurso de uma atribuição. A fórmula de agendamento é Duração × Unidades = Trabalho.

gerente de linha Gerente de um grupo de recursos, também denominado gerente funcional. Um gerente de linha também poderá ter habilidades e responsabilidades de um gerente de projeto, dependendo da estrutura da organização.

gerente de recursos Pessoa que supervisiona o uso dos recursos nas atividades do projeto especificamente para gerenciar a alocação de tempo e os custos dos recursos. Um gerente de recursos também pode ter funções e responsabilidades de gerenciamento de projeto, dependendo da estrutura da organização.

grupo (Agrupamento) Maneira de reordenar as informações sobre tarefas ou recursos em uma tabela e exibir os valores de resumo para cada grupo. Você pode especificar os vários níveis de grupos. (O termo grupo também é usado para fazer referência ao campo Grupo de recursos, o qual não está relacionado.)

hiperlink Link (vínculo) para outro arquivo, um local específico em um arquivo, uma página na Internet ou uma página em uma intranet.

identificação de tarefa Número exclusivo que o Microsoft Project atribui a cada tarefa em um projeto. Na tabela Entrada, a ID da tarefa aparece na coluna mais à esquerda.

linha de base Plano de projeto original, salvo para comparação posterior com o plano de projeto revisado ou atualizado. A linha de base inclui as datas de início e de término planejadas, durações e valores de trabalho das tarefas e atribuições, assim como seus custos planejados. Os planos do Project podem ter até 11 linhas de base.

macro Conjunto de instruções gravadas ou programadas que executam uma ação específica quando iniciadas. As macros no Microsoft Project usam o Microsoft Visual Basic for Applications (VBA).

mapa de exportação Especificações para exportar campos do Microsoft Project para outros formatos de arquivo, como o formato delimitado por tabulações. O Project inclui vários mapas de exportação, que você pode modificar ou usar como estão.

mapa de importação/exportação Conjunto de especificações para importar/exportar dados específicos de campos do Microsoft Project. O Project inclui vários mapas embutidos, que você pode modificar ou usar como são. Os mapas de importação e exportação são, às vezes, denominados mapas de dados.

margem de atraso Quantidade de tempo que uma tarefa pode ser atrasada sem atrasar uma tarefa sucessora (margem de atraso permitida) ou a data de término do projeto (margem de atraso total). A margem de atraso também é conhecida como flutuante.

margem de atraso negativa Quantidade de tempo que as tarefas se sobrepõem devido a um conflito entre restrições e relações entre tarefas. A margem de atraso negativa também pode indicar a quantidade de tempo que deve ser economizada para que as tarefas sucessoras não sejam atrasadas. A margem de atraso negativa indica que não há tempo agendado suficiente para a tarefa e é geralmente causada por datas de restrição ou dependências de tarefas.

margem de atraso permitida Quantidade de tempo que uma tarefa pode ser atrasada sem atrasar a data de início de outra tarefa.

margem de atraso total Quantidade de tempo que uma tarefa pode ser atrasada sem atrasar a data de término do projeto.

medida de desempenho Medida da quantidade de um resultado que pode ser concluída ao longo de um determinado período de tempo, normalmente expressa como uma razão. Por exemplo, "pintar uma parede por dia" descreve uma quantidade de um resultado (uma parede pintada) que pode ser produzida em um determinado período de tempo (um dia). Observe que o período de tempo usado em uma métrica é trabalho, não tempo decorrido.

menu de atalho Menu que você exibe quando aponta para um item na tela e, em seguida, clica com o botão direito do mouse. Os menus de atalho contêm apenas os comandos que se aplicam ao item para o qual você está apontando.

modelo Formato de arquivo que permite a reutilização dos planos de projeto existentes como base para novos planos de projeto. O Project inclui vários modelos relacionados a vários setores, e você pode criar seus modelos.

modelo global Modelo do Microsoft Project denominado Global.mpt que contém os modos de exibição, tabelas, filtros e outros itens padrão que o Project usa.

modo de exibição Representação visual das tarefas ou recursos do projeto. As três categorias de modos de exibição são gráficos, planilhas e formulários. Os modos de exibição permitem inserir, organizar e examinar as informações em vários formatos.

modo de exibição Gráfico de Gantt Modo de exibição predefinido do Microsoft Project composto de uma tabela (por padrão, a tabela Entrada) no lado esquerdo e um gráfico de barras no lado direito, que mostra o plano de projeto ao longo do tempo.

OAT Indicador de valor acumulado; o acrônimo de Orçamento ao Término. Esse valor equivale ao custo da linha de base.

Object Linking and Embedding (OLE) Protocolo que permite a transferência de informações, como um gráfico ou texto (denominado um objeto), para documentos em programas diferentes.

operações continuadas Atividade que não tem uma data de término planejada e é repetitiva por natureza. Os exemplos incluem contabilidade, gerenciamento de recursos humanos e algumas tarefas de produção.

Organizador No Microsoft Project, caixa de diálogo na qual você pode copiar modos de exibição, tabelas, filtros e outros itens entre o modelo Global.mpt e outros planos, ou entre dois planos diferentes.

patrocinador Pessoa ou organização que fornece suporte financeiro e patrocina a equipe de projeto dentro da organização maior.

planejamento Primeira e principal fase do trabalho de gerenciamento de projeto. O planejamento inclui todo o trabalho de desenvolvimento da agenda de um projeto até o ponto em que o controle do trabalho real começa.

planejamento de baixo para cima Método de desenvolvimento de um plano de projeto que inicia com as tarefas de nível mais baixo e as organiza em etapas amplas.

planejamento de cima para baixo Método de desenvolvimento de um plano de projeto que identifica as fases de nível mais alto ou tarefas de resumo antes de dividi-las em componentes de nível mais baixo ou subtarefas.

plano participante do compartilhamento Plano de projeto que está vinculado a um pool de recursos. Os planos participantes usam recursos de um pool de recursos.

plano provisório Valores de início e de término de uma tarefa, salvos para comparação posterior. Cada plano no Microsoft Project pode ter, no máximo, 10 planos provisórios.

pool de recursos Plano que outros projetos usam para obter informações sobre seus recursos. Os pools de recursos contêm informações sobre atribuições de tarefas de recursos de todos os planos de projeto (denominados planos participantes do compartilhamento) vinculados ao pool de recursos.

prazo final Valor de data que você pode inserir para uma tarefa indicando o prazo final no qual ela deve estar concluída. Se a data de término agendada de uma tarefa for posterior a esse prazo final, você será notificado pelo Microsoft Project. A vantagem de inserir datas de prazo final é que elas não restringem as tarefas.

predecessora Tarefa cuja data de início ou término determina o início ou término de outra tarefa ou tarefas, denominadas sucessoras.

prioridade da tarefa Classificação numérica entre 0 e 1000 da importância de uma tarefa e da conveniência de redistribuição de recurso. Se necessário, as tarefas com a prioridade mais baixa são atrasadas ou divididas em primeiro lugar. O valor padrão é 500.

programa de destino Programa no qual você coloca os dados durante uma troca entre o Microsoft Project e outro programa.

programa de origem Durante a troca de dados entre o Microsoft Project e outro programa, programa no qual os dados residem originalmente.

projeto Esforço temporário empreendido para criar um produto ou serviço exclusivo.

projeto consolidado Plano no Microsoft Project que contém um ou mais planos de projeto inseridos. Os projetos inseridos estão vinculados ao projeto consolidado para que todas as alterações feitas nos inseridos sejam refletidas no consolidado e vice-versa. Um plano de projeto consolidado também é conhecido como um projeto mestre.

projeto inserido No Microsoft Project, plano que é inserido em outro plano, denominado plano consolidado. Um projeto inserido também é conhecido como um subprojeto.

real Dado sobre o progresso efetivo da tarefa registrado em um plano do Microsoft Project. Antes de registrar os dados reais, o plano de projeto contém informações agendadas ou planejadas. A comparação das informações do projeto planejadas com os dados reais ajuda o gerente a controlar melhor a execução do projeto.

recurso de custos Tipo de recurso usado para representar os custos financeiros associados às tarefas em um projeto. Use os recursos de custos para contabilizar categorias padrão de custos que você deseja controlar em um projeto, como custos de viagens ou alimentação. Um recurso de custos não trabalha e não tem efeito sobre o agendamento de uma tarefa à qual ele está atribuído.

recursos Pessoas, equipamentos e materiais (e os custos associados de cada um deles) necessários para concluir o trabalho em um projeto.

recursos de trabalho Pessoas e os equipamentos que fazem o trabalho do projeto.

recursos materiais Bens de consumo que são usados à medida que o projeto avança. Como nos recursos de trabalho, você atribui recursos materiais às tarefas. Diferente dos recursos de trabalho, os recursos materiais não têm efeito no montante total de trabalho agendado em uma tarefa.

redistribuição de recursos Método de resolver a superalocação de um recurso atrasando a data de início de uma atribuição ou de uma tarefa inteira, ou dividindo o trabalho de uma tarefa. O Microsoft Project pode redistribuir recursos de modo automático ou você pode fazê-lo manualmente.

regra 8/80 Diretriz geral que diz respeito à estimativa de duração da tarefa. As durações de tarefas entre oito horas (ou um dia) e 80 horas (10 dias úteis ou duas semanas) geralmente são dimensionadas para uma duração gerenciável.

relação Tipo de dependência entre duas tarefas, indicada visualmente por uma linha de vínculo. Os tipos de relações incluem término-a-início (TI), início-a-início II), término-a-término (TT) e início-a-término (IT). Também conhecida como um vínculo, uma relação lógica, uma dependência entre tarefas ou uma relação de precedência.

relatório Formato designado para impressão. O Microsoft Project inclui vários relatórios predefinidos, cada um deles enfocando aspectos específicos dos dados do projeto. Você também pode definir seus próprios relatórios. Outro tipo de relatório é um relatório visual, que exporta dados estruturados para o Microsoft Excel ou Microsoft Visio para análise e representação gráfica.

restrição Limitação, como Deve Terminar Em (DTE) ou Não Terminar Depois De (NTDD), que você pode colocar na data de início ou de término de uma tarefa.

restrição flexível Tipo de restrição que fornece ao Microsoft Project a flexibilidade de alterar as datas de início e de término (mas não a duração) de uma tarefa. O Mais Breve Possível (OMBP) e O Mais Tarde Possível (OMTP) são exemplos de restrições flexíveis.

restrição inflexível Tipo de restrição que força uma tarefa a começar ou a terminar em uma determinada data. Deve Iniciar Em (DIE) e Deve Terminar Em (DTE) são restrições inflexíveis.

restrição semiflexível Tipo de restrição que dá ao Microsoft Project a flexibilidade para alterar as datas de início e término de uma tarefa dentro de um limite de datas. Não Iniciar Antes De (NIAD), Não Iniciar Depois De (NIDD), Não Terminar Antes De (NTAD), Não Terminar Depois De (NTDD) são restrições semiflexíveis.

resultado Produto, serviço ou evento final que um projeto pretende produzir.

risco Evento que descreve a probabilidade de conclusão (ou não) do projeto no prazo, dentro do orçamento e de acordo com as especificações (ou, menos provavelmente, uma oportunidade para melhorar o desempenho do projeto).

sequência Ordem cronológica na qual as tarefas ocorrem. Uma sequência é ordenada da esquerda para a direita na maioria dos modos de exibição que incluem uma escala de tempo, como o modo de exibição Gráfico de Gantt.

stakeholders Pessoas ou organizações que podem ser afetadas pelas atividades do projeto (aquelas que "têm interesse" no seu sucesso). Essas pessoas incluem também os recursos que trabalham no projeto assim como outras pessoas externas (como clientes) ao trabalho do projeto.

subalocado Condição dos recursos quando eles são atribuídos a menos trabalho do que sua capacidade normal. Por exemplo, um recurso de horário integral que tem apenas 25 horas de trabalho atribuído em uma semana de 40 horas está subalocado.

sucessora Tarefa cujo início ou término é dependente de outra tarefa ou tarefas, denominadas predecessoras.

superalocado Condição dos recursos quando estão atribuídos a mais trabalho do que sua capacidade de trabalho normal.

tabela Apresentação em planilha dos dados do projeto, organizados em colunas verticais e linhas horizontais. Cada coluna representa um dos muitos campos do Project e cada linha representa uma única tarefa ou recurso. Em um modo de exibição de uso, as linhas adicionais representam as atribuições.

tabela Entrada Grade do lado esquerdo do modo de exibição Gráfico de Gantt padrão. É a tabela padrão de início do Project, no modo de exibição Gráfico de Gantt.

tabelas de taxas de custo Taxas de pagamento de recursos são armazenadas na guia Custos da caixa de diálogo Informações sobre o recurso. Você pode ter até cinco tabelas de taxas de custo separadas por recurso.

tarefa Atividade do projeto que tem um ponto de início e um de término. Uma tarefa é o bloco de construção básico de um projeto.

tarefa agendada automaticamente Tarefa para a qual o Microsoft Project ajusta dinamicamente a data de início e de término levando em conta as alterações de agendamento em um plano de projeto.

tarefa agendada manualmente Tarefa para a qual o Microsoft Project não define uma data de início ou de término ou a duração automaticamente. Essa tarefa pode incluir qualquer tipo de valor na maioria dos campos.

tarefa de resumo Tarefa que resume as subtarefas abaixo dela e das quais é composta. No Microsoft Project, as fases do trabalho do projeto são representadas por tarefas de resumo.

tarefa de resumo do projeto Tarefa de resumo que contém informações de nível superior, como duração, trabalho e custos para o projeto inteiro. A tarefa de resumo do projeto tem uma identificação de tarefa igual a 0 e é exibida por meio do grupo Mostrar/Ocultar da guia Formato.

tarefa fantasma Tarefa que representa um link de um plano para outro no Microsoft Project. As tarefas fantasma aparecem como barras cinzas.

tarefa recorrente Tarefa que é repetida em intervalos estabelecidos. Você pode criar uma tarefa recorrente que é repetida durante um número fixo de vezes ou que termina em uma data específica.

tarefas não críticas Tarefas que têm uma margem de atraso diferente (maior que) 0 (zero). As tarefas não críticas podem terminar dentro de suas margens de atraso sem afetar a data de conclusão do projeto.

taxa de consumo fixa Quantidade fixa de um recurso material a ser consumida na conclusão de uma atribuição.

taxa de consumo variável Quantidade de um recurso material a ser consumido que será alterada se a duração da tarefa à qual o recurso está atribuído for alterada.

tempo Duração agendada de tarefas individuais e do projeto global. O tempo é um lado do modelo do triângulo de projeto.

tempo de avanço Sobreposição entre tarefas que têm uma relação. Por exemplo, um tempo de avanço faz com que a tarefa sucessora em uma relação término-a-início (TI) comece antes do término de sua tarefa predecessora. No Microsoft Project, você insere o tempo de avanço como um tempo de retardo negativo.

tempo de retardo Atraso entre tarefas que têm uma relação (ou dependência). Por exemplo, um tempo de retardo faz com que a tarefa sucessora em uma relação término-a-início (TI) comece algum tempo depois da conclusão de sua tarefa predecessora.

tipo de tarefa Definição aplicada a uma tarefa que determina o modo como o Microsoft Project agendará a tarefa, baseado no valor da fórmula de agendamento que está fixado. Os três tipos de tarefas são unidades fixas, duração fixa e trabalho fixo.

totalmente alocado Condição de um recurso quando o trabalho total de suas atribuições de tarefas é exatamente igual à sua capacidade de trabalho.

trabalho Esforço total agendado para uma tarefa, um recurso, uma atribuição de recurso ou um projeto inteiro. O trabalho é medido em pessoas-hora e poderá não corresponder à duração da tarefa. O trabalho é uma variável na fórmula de agendamento: Duração × Unidades = Trabalho.

trabalho fixo Tipo de tarefa na qual o valor do trabalho é fixo. Se você alterar a duração da tarefa, o Microsoft Project recalcula as unidades da atribuição de recursos de cada tarefa. Se você alterar as unidades ou o trabalho, o Project recalcula a duração.

triângulo do projeto Modelo conhecido de gerenciamento de projetos no qual tempo, custo e escopo são representados como os três lados de um triângulo. Uma alteração em um lado afetará pelo menos um dos outros dois lados. Existem muitas variações desse modelo.

unidades Modo padrão de medir a capacidade de um recurso trabalhar quando você o atribui a uma tarefa no Microsoft Project. As unidades são uma variável da fórmula de agendamento: Duração × Unidades = Trabalho.

unidades fixas Tipo de tarefa na qual o valor das unidades da atribuição de recurso é fixo. Se você alterar a duração de uma tarefa, o Microsoft Project irá recalcular a quantidade de trabalho agendado para a tarefa. Se alterar as unidades de trabalho, o Project irá recalcular a duração.

unidades máximas Capacidade máxima (conforme inserida no campo Unid. Máximas) de um recurso para executar tarefas. Se você alocar o recurso além da sua capacidade, o Microsoft Project avisará que o recurso está superalocado.

variação Desvio do cronograma ou do orçamento estabelecido pelo plano atual em comparação à linha de base.

vínculo Relação lógica entre tarefas que controla a sequência e a dependência. Nos modo de exibição Gráfico de Gantt e Diagrama de rede, os vínculos aparecem como linhas entre as tarefas.

Índice

Símbolos e números

A

B

C

D

E

F

G

H

I

J

L

M

N

O

P

R

S

T

U

V

W

X

Z